특별부록
활용도 높은 플래시 콘텐츠 113선

−부록 CD 2에 수록−

Effect

애프터 이펙트를 이용한 파티클

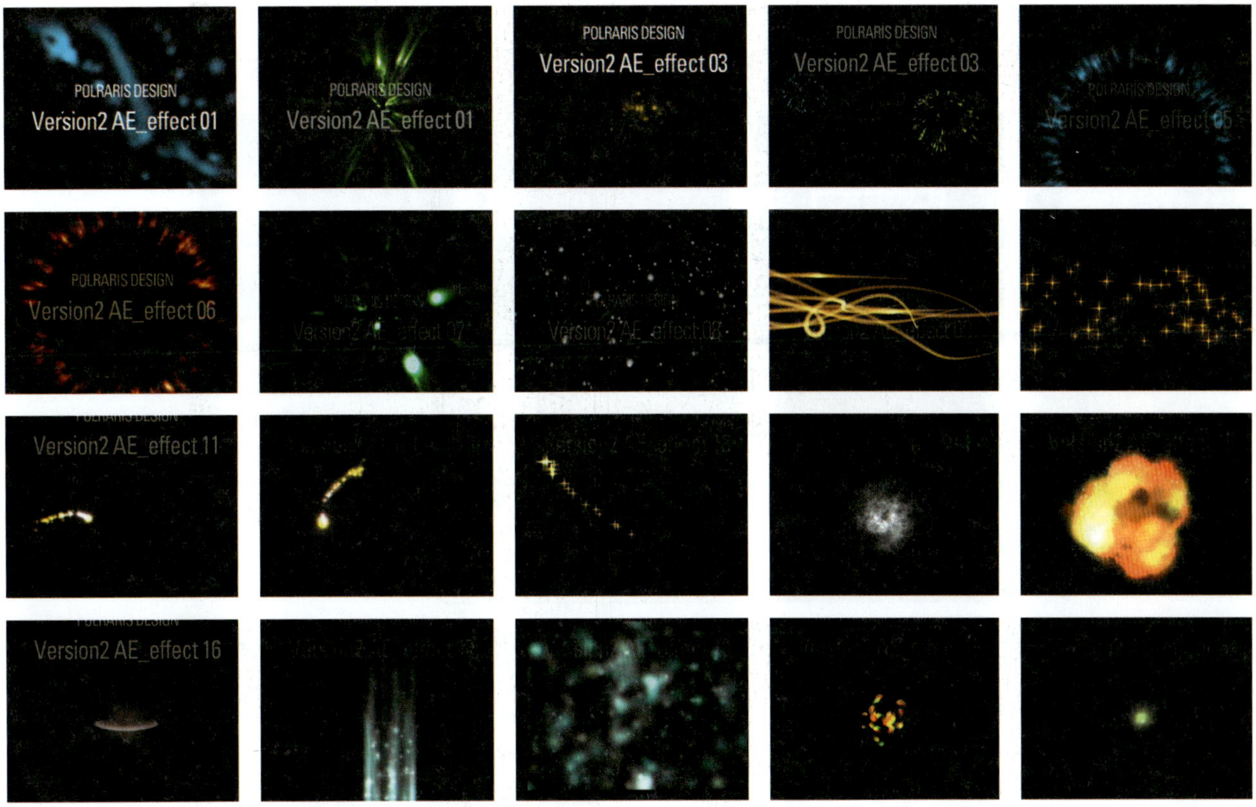

POLRARIS DESIGN
Version2 AE_effect 01

POLRARIS DESIGN
Version2 AE_effect 01

POLRARIS DESIGN
Version2 AE_effect 03

POLRARIS DESIGN
Version2 AE_effect 03

POLRARIS DESIGN
Version2 AE_effect 05

POLRARIS DESIGN
Version2 AE_effect 06

Version2 AE_effect 07

Version2 AE_effect 08

Version2 AE_effect 11

Version2 AE_effect 16

FLASH ICON

플래시 아이콘

올플래시 탬플릿

 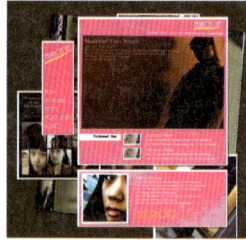  

이미지 갤러리

 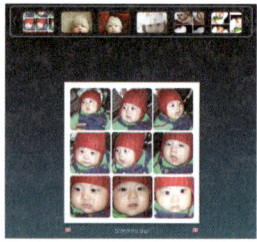 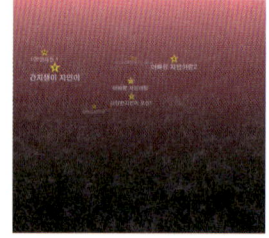 

쇼핑몰 배너

   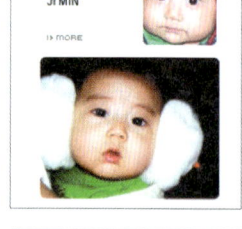

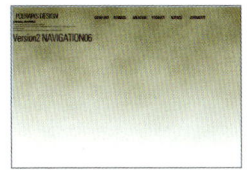    

    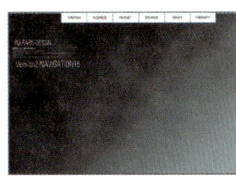

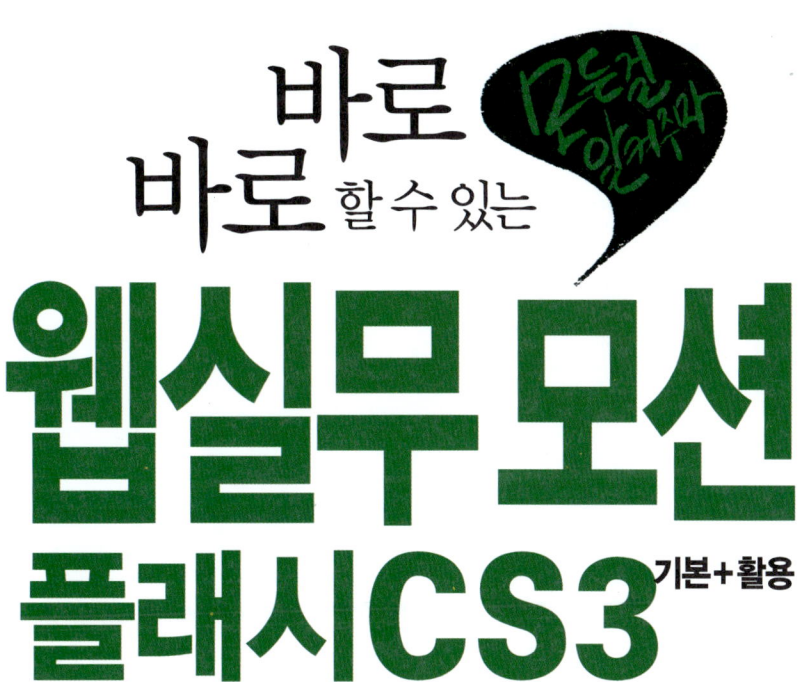

바로 바로 할 수 있는

12등걸 알려주마

웹실무 모션
플래시 CS3 기본+활용

임진우 저 | 제우미디어 출판기획 2팀 기획

제우미디어

| 저 자 | 임진우

현) 메가존 플래시팀 팀장
전) 아이파트너즈 멀티팀 메인 스크립터
전) designpop 인터렉티브 미디어 팀장

프로젝트 | 하나투어 / 아이나비 체험관 / 르노삼성 / 캐논코리아 / 소빅스 / 아모레 / 푸르덴셜 생명 /
소지섭 사이트 등 다수

디자인 정글 아카데미 강의
  - 웹 스페셜 리스트 과정 웹 모션 강의
  - 웹 디자인 실무 프로젝트 과정 웹 모션 강의
  - 임진우의 플래시 웹 모션 포트폴리오 워크숍
  - 웹 디자이너를 위한 실무 플래시 내비게이션 워크숍
마산 무학여고 플래시 특강
이화여대병설미디어고교 플래시 특강
어도비 IT 집중화 교육 실무 플래시 특강
MFD(Macromedia Flash Developer)
컨텐츠몰 dcp 활동 플래시 소스 200여 종 개발

네이버 카페 | http:cafe.naver.com/jwflashmotion.cafe
e-mail | polraris@naver.com

바로바로 할 수 있는 웹실무 모션 플래시 CS3

초판 1 쇄 : 2008년 1월 16일
초판 7 쇄 : 2011년 6월 22일

글쓴이 | 임진우
펴낸이 | 서인석
펴낸곳 | (주)제우미디어
출판등록 | 제 3-429호
등록일자 | 1992년 8월 17일
주소 | 서울시 마포구 상수동 324-1 한주빌딩 5층
전화 | 02-3142-6843
팩스 | 02-3142-0075
www.jeumedia.com

가격 : 24,000원
ISBN 978-89-5952-113-5 13000

파본 및 잘못된 책은 바꾸어 드립니다.
홈페이지 : www.jeumedia.com

| 만든 사람들 |

출판사업부총괄 | 손대현
기획 | 한혜영, 신소연
디자인 | 디자인 결
일러스트 | 천소
영업 | 김한호, 김동욱, 김경훈, 정원용, 김소영
제작 | 신우D.P.K, 정민제본

강성규 땡굴이의 플래시 액션스크립트 결정적 비밀22 저자

●● 플래시는 가장 간편하면서도 화려한 모션을 만들어 내는 대표적인 그래픽 도구입니다. 플래시를 배우려는 대부분의 사람들은 간단한 사용법만 익히면 멋진 모션을 손쉽게 만들어 낼 수 있다는 매력 때문에 접근을 합니다. 하지만 막상 플래시를 배우기 시작하면 원하는 결과를 만들어 내는 것이 결코 간단하지 않다는 것을 알게 됩니다. 특히나 다이나믹하고 인터랙티브한 모션을 만들려면 액션스크립트라는 프로그래밍 언어를 사용해야 한다는 사실을 알게 되는 순간, 처음의 자신감은 부담감으로 다가오는 경우가 많습니다.

플래시 모션은 크게 타임라인 모션과 액션스크립트 모션 두 가지로 구분할 수 있습니다. 타임라인 모션은 말 그대로 타임라인이라는 시간적 개념을 이용해 프레임과 프레임의 연결을 통해 모션을 구현하는 것이고, 액션스크립트 모션은 텍스트 형태로 되어 있는 코드를 사용자가 직접 제작해서 모션을 구현하는 것을 말합니다. 그렇다면 이 두 가지 중에 어떤 것으로 더 효과적인 모션을 만들어 낼 수 있을까요? 정답은 '플래시 모션은 타임라인 모션과 액션스크립트 모션이 결합되었을 때 최고의 효과를 만들어 낼 수 있다' 입니다. 타임라인 모션으로만 할 수 있는 모션이 있고, 액션스크립트 모션으로만 할 수 있는 모션이 있기 때문입니다. 이 말은 타임라인 모션만 할 수 있는 사람은 플래시로 만들 수 있는 모션의 50%만 할 수 있다는 의미입니다. 액션스크립트 모션만 할 수 있는 사람도 마찬가지입니다.

따라서 플래시로 만들 수 있는 모션을 100% 활용하려면 타임라인 모션과 액션스크립트 모션 모두를 공부해야 합니다. 그렇다면 이 두 가지 모션 제작 방법 중 어느 것을 먼저 공부하는 것이 좋을까요? 타임라인 모션은 모션을 제작할 때 시각적인 방법으로 접근합니다. 액션스크립트 모션은 머릿속에 모션 결과에 대한 예측 값을 가지고 제작을 합니다. 이 말은 액션스크립트 모션은 플래시로 만들어 낼 수 있는 모션의 결과를 많이 알고 있을수록 그 결과 또한 많은 차이를 가질 수 있다는 뜻입니다. 즉, 타임라인 모션을 통해 가장 기본적인 플래시 모션부터 공부하고 타임라인 모션을 활용할 수 있는 수 많은 모션을 직접 경험한 다음 타임라인 모션의 한계를 느낄 때 액션스크립트를 공부하기 시작하는 것이 플래시 모션을 공부하는 가장 좋은 학습 순서라고 생각합니다.

플래시 모션의 기초를 튼튼하게 쌓으려면 먼저 기본적인 타임라인 모션을 충분히 학습하는 것이 중요하고, 다양한 실무 예제를 통해 모션에 대한 생각의 폭을 넓혀가야 합니다. 이 책은 바로 이러한 플래시 모션 학습에 있어서 가장 기본적인 부분은 물론 다양한 실무 예제까지도 함께 다루고 있습니다. 플래시 모션을 위한 기초 스킬 업과 실무에서 바로 사용할 수 있는 실무 모션 비법 전수까지, 쉽게 따라 하면서 재미있게 학습할 수 있도록 구성되어 있습니다.

특히 툴 위주의 설명으로 이뤄진 기존 책들과는 차별화된 편집으로, 플래시 모션을 배우는 데 독자들이 반드시 알고 있어야 하는 부분들을 체계적으로 소개하고 있으며, 오랜 시간 수 많은 프로젝트를 진행하면서 다양한 연구를 통해 최적화된 모션 제작 방법을 꾸준히 발전시켜온 저자만의 웹실무 모션 비법을 배울 수 있는 효과적인 책입니다.

● 감상평 ❶

정유리 웹 디자이너 / j5yuri@naver.com

●● 실무에 쓰이는 플래시 모션이 궁금하다면!

통통 튀는 모션, 부드러운 모션, 기타 모든 느낌을 플래시라는 툴로 똑같이 구현해 보라고 하면 키프레임을 찍는 위치, 중심점의 위치, 또 Ease 값을 어디에 어떻게 주는가, 가이드 라인을 어떻게 활용하는가 등 개인적인 활용에 따라 달라진다는 것을 이 책을 통해 배울 수 있었다. 그냥 생각 없이 예제를 따라 하기만 하면 막상 혼자 다른 것에 활용할 때는 어떻게 할지 감이 잡히지 않는다. 이것을 내 것으로 만들 수 있게끔 많은 노하우를 책 속에 담아주신 임진우 선생님께 정말 감사 드리며, 이 책을 먼저 베타테스트 할 수 있게 되어 정말 영광으로 생각한다.

플래시를 공부하면서 서점에서 많은 플래시 책을 살펴보고 또 일부는 구입하여 공부하면서 느꼈던 것이 플래시 툴이나 간단한 예제와 함께한 책은 많지만 진정한 실무 모션을 다룬 책은 없다는 것이다. 특히 기본적인 툴과 플래시 기능은 알지만 활용을 어떻게 할지 막막하게 생각했던 분이라면 이 책과 함께 시작하라고 강력 추천하는 바이다. 차분하게 따라 해 보고 원리를 생각하면서 학습하다 보면 '아~ 이런 느낌을 주기 위해서는 이렇게 해야 하는 거구나' 하고 느낄 수 있을 것이다. 물론 이것을 내 것으로 만들 수 있도록 꾸준히 연습하는 것은 꼭 필요하다. 이 책과 함께 자신만의 감각을 찾을 수 있기를 바란다.

● 감상평 ❷

김지현 대학생 / happy9461@hanmail.net

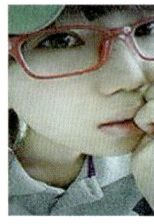

●● 고등학생 때 강의를 들으면서 알게 된 임진우 선생님. 처음 강의를 들을 때는 지금까지의 수업과 다른 방식에 놀라웠다. 선생님께서 만드신 홈페이지를 보면 정말 감탄이 저절로 나오고 열심히 해야겠다는 생각이 머릿속 깊이 박히게 된다. 그런 선생님 책의 베타테스터가 될 수 있어서 정말 영광이었다. 다른 플래시 책들은 이해가 잘 안 돼서 조금 보다가 그만두는 일이 많았는데, 이 책은 정말 초보자도 이해할 수 있도록 쉽고 자세히 설명해 주었고, 플래시를 아는 사람도 '이런 기능이 있었나?' '이런 액션을 쓸 수도 있구나' 하고 느끼게 될 것이다. 부록 CD만 하더라도 정말 다양한 소스들을 건질 수 있다. 이제 막 조금씩 플래시를 알아가는 사람이라면 꼭 한번 봐야 하는 책이다. 작은 차이로 명품을 만들 수 있게 만들어 주는 책! 강력 추천한다.

● 감상평 ❸

임아랑 웹 디자이너 / whlikear2@naver.com

●● 실무 노하우와 기존에는 없던 막강한 스킬이 숨어 있는 비법서!!

플래시에 대해 잘 알지 못하는 내가 과연 잘 할 수 있을까 하는 마음으로 시작한 베타테스터였다. 하지만 꼼꼼한 설명과 예제로 잘 따라 할 수 있었고, 어느덧 이 책을 끝낼 무렵에는 스킬 업이 된 나 자신을 발견할 수 있었다. 웹 디자인에서 플래시는 빼 놓을 수 없는 존재이지만 무작정 플래시만 한다고 해서 퀄리티가 높아지는 것은 아니라고 생각한다. 바로 '모션감'이 있어야 그 생생함을 웹에 담을 수 있다. 이 책은 모션감을 배우는 데 적절한 책이다. 플래시를 이제 막 시작한 디자이너들이나 플래시를 공부하는 사람들이 보면 꼭 도움이 될 거라 생각한다. 실무 노하우와 기존에는 없던 막강한 스킬이 숨어 있는 이 책에서 남들과는 다른 모션감을 전수 받길 바란다.

● 감상평 ❹

서순화 웹 디자이너 / mona4826@nate.com

●● 단순한 툴설명은 이제 그만~! 흔하디 흔한 플래시 책들과는 비교할 수 없는, 기다리고 기다리던 책이다. 이런 책의 베타테스터를 할 수 있는 기회를 주셔서 감사하고, 정말 좋은 경험이었다. 우리들이 찾는 플래시 책은 단순히 툴만 알고자 하는 것이 아니다. 플래시에 대해 갈증을 느끼고 있던 때에 드디어 원하던 책을 만나게 되었다. 이 책은 초보들에게도 플래시는 '어렵지 않다! 할 수 있다!' 는 자신감을 심어준다.

초보들도 따라 할 수 있지만 결코 어설프지 않은 감각적인 모션을 경험할 수 있다. 임쌤이 친절하고 이해하기 쉽게 풀어 놓은 설명들로 누구든지 홈페이지에 생명력을 불어넣을 수 있는 능력을 키우고, 플래시를 즐겨 사용하는 분들도 그동안 알고 있던 기능들을 다른 방법으로도 표현이 가능하다는 걸 알 수 있을 것이다. 실무에 바로 적용할 수 있는 예제들로 알짜만 모아 놓은 책이라 확신한다. 임쌤이 아낌없이 펼쳐놓은 노하우를 지금부터 경험해 보세요! 화이팅!

●● 플래시 CS3가 출시 되고 많은 책들이 나왔습니다. 하지만 대부분 액션스크립트나 툴 위주로 접근할 뿐 플래시에서 꼭 필요한 '모션' 을 다루는 책은 극히 드물었습니다.

●● 보통 모션 작업을 '노가다' 라고 부르며 시간이 오래 걸린다고 생각합니다. 아마도 그런 부분 때문에 액션스크립트가 많은 사랑을 받지 않았나 합니다. 분명 모션 작업은 많은 시간을 필요로 하고, 손이 많이 가는 작업입니다. 그래서 자칫 잘못 만들었다가 어색한 결과물에 당황해 '아 나는 모션은 아니야' 라며 포기하는 분들도 많습니다. 하지만 모션 작업물은 손을 많이 대면 댈수록, 시간을 투자하면 할수록 더 좋아지고 멋진 결과물로 변합니다. 이 책은 모션 실무 작업에 바로 활용할 수 있는 갖가지 팁과 다양한 예제를 통해 모션 작업을 풀어나가는 요령을 알려줍니다.

●● 모션도 결국 하나의 디자인적 표현입니다.
필자가 3년간 강의를 하면서 만난 많은 디자이너나 플래시를 하고자 하는 이들이 가장 어려워하는 점은 '어떻게 모션을 시작해야 하는가' 에 대한 부분이었습니다. 전 항상 그런 분들께 "무엇을 알리고자 하는가" 하고 되묻습니다. 먼저 주제 위주로 전반적인 흐름을 잡고 차근차근 접근해 가다 보면 어느새 모션을 완성할 수 있습니다.

●● 쉽게 말해서 내가 만든 모션에서 정말 강조하고 싶은 게 무엇이고, 그걸 어떤 아이디어로 접근할 것인가에 대한 고민을 하다 보면 어떻게 모션을 시작해야 할지 실마리를 잡을 수 있습니다. 또 하나, 자신이 표현할 수 있는 기술이 10가지라면 모션에 그 10가지를 다 넣을 필요는 없습니다. 간혹 학생들이 만든 결과물을 보면, 그 안에 자기가 할 줄 아는 다양한 표현들이 모두 들어가 있습니다. 이럴 경우 모션이 주제의 본질을 가리고 보는 눈만 현란하게 만들어 버립니다. '버릴 건 버려라' 는 말을 항상 기억 하면서, 작업하고자 하는 모션에 가장 어울리는 표현 한두 가지에 집중해서 표현하는 것이 더 효과적입니다. 이 책을 통해서 더 많은 사람이 플래시 모션에 한걸음 다가가고, 자신의 생각을 더욱 쉽게 표현 할 수 있는 능력을 키웠으면 합니다.

●● 마지막으로 이 책이 출판되기까지 도움을 주신 많은 분들께 감사를 드리고 싶습니다. 먼저 책을 쓸 수 있게 항상 조언과 도움을 주신 유광열 선생님과 이지연 선생님께 감사를 드립니다. 출판의 기회를 주신 제우미디어와 여러 가지로 부족한 저에게 많은 도움을 주신 한혜영 팀장님께 감사 드립니다. 책에 사용된 디자인을 제공해 주신 디자인팝의 임창원 형님, 펜타클의 이창수 팀장님, 지금은 멋진 디자이너로 비상중인 웹 실무반의 한주현, 장기주, 홍혜린, 정순미, 신명선 모두에게 감사 드립니다.

●● 많은 분량임에도 꼼꼼히 점검해 주신 베타테스터분들에게도 감사 드리고, 힘든 업무 속에서도 즐겁게 일해 주는 메가존 플래시팀원에게도 감사 드립니다.
마지막으로 언제나 저에게 많은 힘이 되어 주는 사랑하는 나의 아내 선경이와 기쁨을 주는 아들 지민이에게 사랑하고 감사하다는 말 전하고 싶습니다.

2008년 1월 3일
또 한번의 추억을 완성하며

● 이 책의 구성

➡ 본책

바로바로 할 수 있는 웹실무 모션 플래시 CS3
3개의 PART로 총 492페이지로 구성돼 있습니다.

➡ 본문 페이지

● **PREVIEW** : 본문에서 만들 예제 미리보기입니다.

● **본문 페이지** : 본문 안에 다뤄진 예제에 대한 설명과 따라하기를 제시합니다.

● **이번 단원을 마치며(저자 한마디)** : 이번 단원을 마치며 꼭 알고 있어야 할 내용을 다시 한번 정리해서 알려줍니다.

● **도전 예제-한번 만들어 봅시다!** : 본문에서 다룬 내용을 응용할 수 있도록 예제를 제시합니다.

● **참고** : 인트로에 있는 플래시 CS3 기초 가이드와 실무 Tip과 관련된 내용을 참고할 수 있도록 안내합니다.

● **잠깐** : 놓치기 쉬운 부분을 짚어 줍니다.

● **A/S** : 본문의 예제와 이 책에 대한 궁금증은 네이버 카페(http:cafe.naver.com/jwflashmotion.cafe)로 문의하기 바랍니다.

▲ PREVIEW

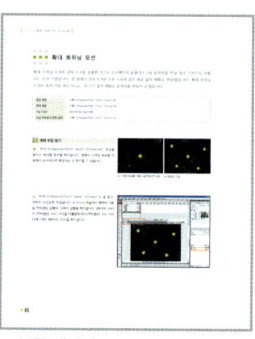

▲ 본문 페이지

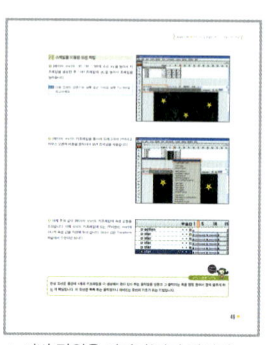

▲ 이번 단원을 마치며(저자 한마디)

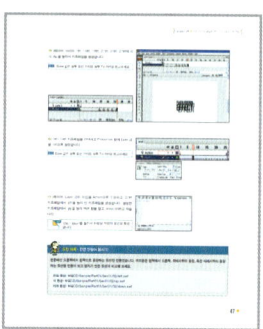

▲ 도전 예제 · 한번 만들어 봅시다!

→ 부록 CD-ROM

CD1

- **예제** : 본문에 있는 예제를 따라 하는데 필요한 자료 파일과 완성 파일이 담겨 있습니다.
- **동영상 강의** : 웹실무 모션에 도움이 되는 내용으로 총 14개의 강좌 파일이 담겨 있습니다.
  - ❶ 멀티 프레임 이해하기
  - ❷ 키프레임 다루기
  - ❸ 모션의 그룹화 이해하기
  - ❹ 모션 그룹화를 이용한 파티클 만들기
  - ❺ 모션의 그룹화를 이용한 레이어 구조 설계
  - ❻ CS3 모션 카피 + CS3 포토샵에서 이미지 불러오기
  - ❼ 텍스트 모션의 기초
  - ❽ Easing 이해하기
  - ❾ Blur 모션 주기
  - ❿ Scale 조정과 Blur를 이용한 Z축 만들어 주기
  - ⓫ 그라디언트 쉐이프 트윈
  - ⓬ 중심점에 따른 모션 변화
  - ⓭ 이미지 부드럽게 만들기
  - ⓮ 감속 모션과 탄성 모션

- **코덱** : 동영상 강좌를 보기 위해 필요한 Tscc.exe

**이 책의 동영상 강의는 웹실무 모션의 기본 이해를 위해 제작되었습니다.
동영상 강의를 먼저 듣고 책을 보시면 이해하는 데 도움이 됩니다.**

CD2(특별부록)

- **실무 활용도 높은 플래시 콘텐츠 113선 수록**
  - ❶ 애프터 이펙트를 이용한 파티클 20선
  - ❷ 플래시 아이콘 50선
  - ❸ 올플래시 탬플릿 4선
  - ❹ Xml을 이용한 이미지 갤러리 7선
  - ❺ 쇼핑몰 배너 10선
  - ❻ Xml을 이용한 내비게이션 소스 22선

PART 01 플래시 모션을 위한 기초 스킬 업!

01-1 감속 트위닝 모션

트위닝을 이용한 좌표 값에 감속운동을 적용합니다.

01-2 탄성 트위닝 모션

트위닝을 이용한 좌표 값에 탄성운동을 적용합니다.

01-3 확대 트위닝 모션

트위닝을 이용한 스케일 값에 감속운동을 적용합니다.

01-4 축소 트위닝 모션

트위닝을 이용한 스케일 값에 감속운동을 적용합니다.

02-1 무비클립 중심점에 따른 모션 변화

중심점 설정을 이해하고 모션 움직임을 고려한 중심점 설정을 해 봅니다.

02-2 모션의 그룹화 기법

빠른 작업과 모션의 다양한 장면을 손쉽게 만들기 위해 모션을 그룹화 하는 방법을 알아봅니다.

02-3 무비클립 변화 주기(프로퍼티 이용 기법)

알파나 Advanced를 이용한 비주얼 이미지 등장 기법에 대해 알아봅니다.

03-1 다중 마스크 기법1

대상 이미지에 같은 형태의 패턴 움직임으로 마스크가 적용되어 등장하는 모션에 대해서 알아봅니다.

03-2 다중 마스크 기법2

대상 이미지에 불규칙한 형태의 패턴 움직임으로 마스크가 적용되어 등장하는 모션에 대해서 알아봅니다.

03-3 다중 마스크 기법3

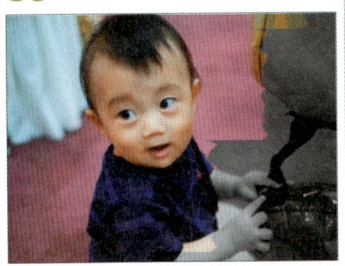

붓으로 칠해지는 듯한 느낌의 마스크 적용법에 대해서 알아봅니다.

03-4 프레임 바이 프레임 마스크 기법

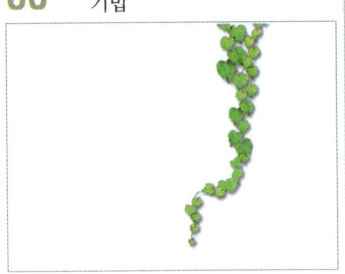

이미지를 프레임마다 마스크 적용할 영역에 대해 그려 주어서 전체 이미지가 순차적으로 보이게 하는 기법에 대해서 알아봅니다.

04-1 곡선 모션의 필수 가이드 모션

가이드 라인을 이용한 모션에 대해서 알아보고, 가이드 적용 옵션을 이해합니다.

04-2 하나의 가이드에 여러 이미지 등장

하나의 가이드에 순차적으로 이미지가 등장하는 모션을 만들어 봅니다.

04-3 가이드 마스크 기법을 이용한 라인 효과

가이드 라인에 마스크를 적용하는 방법에 대해서 알아봅니다.

PART 02 바로 만들어 쓸 수 있는 실무 모션 비법 전수

01-1 트렌드 텍스트 모션 기법1

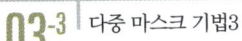

평생 함께해도 좋을 이름 **친구**

하단에서 튀어 나오는 듯한 텍스트 모션에 대해서 알아보고 응용해 봅니다.

01-2 트렌드 텍스트 모션 기법2

Z축 느낌이 드는 텍스트 모션에 대해서 알아보고 응용해 봅니다.

01-3 트렌드 텍스트 모션 기법3

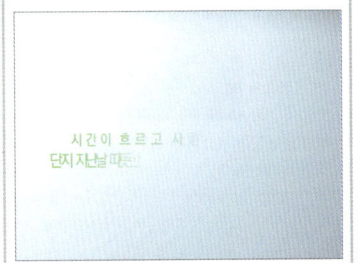

시간이 흐르고 사람
단지 지난날따른

양 옆에서 순차적으로 등장하는 텍스트 모션에 대해서 알아보고 응용해 봅니다.

02-1 별 이펙트 모션1

별이 등장하는 모션을 만들어 봅니다.

02-2 별 이펙트 모션2

파티클 효과의 기초에 대해서 알아봅니다.

02-3 구름 흘러가기

배경의 구름이 흘러 가는 느낌이 드는 모션을 만들어 봅니다.

02-4 담배 연기 이펙트

담배 연기가 피어나는 느낌의 모션을 만들어 봅니다.

02-5 물방울 효과

물방울 이미지를 이용해 물방울이 아래에서 위로 올라가는 모션을 만들어 봅니다.

02-6 스피커 이펙트1

스피커가 움직이는 느낌의 모션을 만들어 봅니다.

02-7 스피커 이펙트2

스피커 움직임에 음표가 날아가는 느낌을 추가하는 작업을 해 봅니다.

02-8 원 파티클 효과

파티클 효과를 응용해 봅니다.

03-1 3개 이미지 돌리기

여러 개의 이미지가 돌아 가는 느낌을 내는 기법에 대해서 알아봅니다.

03-2 블러를 이용한 이미지 등장

축을 이용한 움직임에서 블러 설정에 대해 알아보고 응용해 봅니다.

03-3 제품에 빛 지나가기

강조하고자 하는 제품에 빛이 지나가는 느낌을 줘 봅니다.

03-4 꽃 피어나기

꽃이 피어나는 작업을 통해 다량의 오브젝트 등장을 이해합니다.

03-5 폭죽 터트리기

폭죽이 터지는 효과를 만들어 응용해 봅니다.

03-6 폭파 파티클 효과

이미지를 이용한 폭파 모션을 만들어 봅니다.

04-1 나비 날리기

나비 이미지를 이용해 나비가 자연스럽게 날아가는 모션을 만들어 봅니다.

04-2 움직이는 물고기 만들기

물고기 이미지를 이용해 물고기가 헤엄치는 모습을 만들어 봅니다.

04-3 달리는 자동차 만들기

자동차가 움직이는 느낌의 모션을 만들어 봅니다.

PART 03 디자인에 날개를 달아 보자

01 파티클 비주얼 모션 만들기

외부 프로그램에서 만든 비주얼 효과를 이용해 스토리가 있는 모션을 만들어 봅니다.

02 인트로 비주얼 모션 만들기

인트로 느낌의 모션을 만들어 봅니다.

03 오브젝트 비주얼 모션 만들기

오브젝트가 등장하고 마우스에 반응하는 모션에 대해서 알아봅니다.

04 올플래시 비주얼 모션 만들기

올플래시에 필요한 레이어 구조나 모션에 대해서 알아봅니다.

05 일러스트 비주얼 모션 만들기

일러스트를 표현하는 모션을 만들어 봅니다.

06 정적인 비주얼 모션 만들기

배경에 큰 이미지가 있을 때 필요한 모션에 대해서 알아봅니다.

07 프레임 구조를 이용한 비주얼 모션 만들기

화면을 전체적으로 이용하는 큰 움직임에 대해서 알아봅니다.

● PART 01 │ 플래시 모션을 위한 기초 스킬 업!

● PART 02 | 바로 만들어 쓸 수 있는 실무 모션 비법 전수

● PART 03 디자인에 날개를 달아 보자

•• 플래시는 Adobe(어도비)사에서 만든 툴로 전세계적으로 널리 이용되고 있습니다. 특히 인터렉티브한 웹 사이트, 풍부한 미디어 광고, 교육용 미디어, 매력적인 프레젠테이션, 게임 등의 제작에 많이 사용되고 있습니다. 이 단원에서는 플래시 CS3의 추가된 기능과 인터페이스, 그리고 플래시 초보자를 위한 플래시만의 공통된 특성과 기능에 대해서 알아보도록 하겠습니다.

01 인터페이스 살펴보기

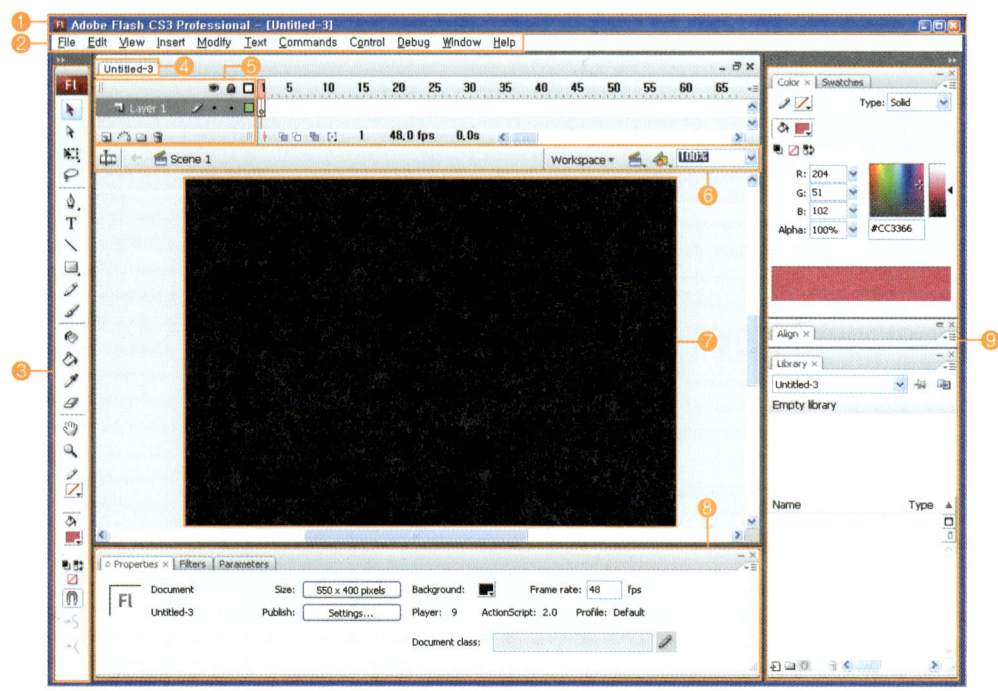

❶ **제목 바** : 작업중인 플래시 무비 파일의 제목을 보여 줍니다.

❷ **메뉴 바** : 플래시 CS3에 있는 모든 기능을 항목별로 정리해 보여 줍니다.

❸ **드로잉 툴바** : 작업시 필요한 툴을 모아 놓은 곳입니다.

❹ **도큐먼트 탭** : 문서의 이름을 보여 주는 탭입니다. 여러 개의 문서를 작업할 때 탭을 클릭하면 해당 문서로 이동합니다.

❺ **타임라인** : 키 프레임 애니메이션을 작업하는 곳으로, 모션 트위닝 같은 부분을 설정합니다.

❻ **에디트 툴바** : 현재 작업 중인 위치를 나타내고, 심볼 편집 모드로 이동하게 합니다.

❼ **스테이지** : 실제 작업물이 나타나는 곳입니다. 드로잉 툴로 오브젝트를 그리거나 편집할 수 있습니다.

❽ **프로퍼티 창** : 오브젝트의 세부 속성이나 필터 효과를 줄 수 있는 곳입니다.

❾ **패널 그룹** : 패널을 모아 놓은 곳으로, 사용자가 자주 사용하는 패널을 추가할 수 있습니다.

02 타임라인 패널

타임라인 패널은 플래시의 오브젝트를 시간의 흐름에 따라 움직이게 하거나 제어하는 곳으로, 레이어, 프레임, 키프레임 등으로 구성되어 있습니다. 레이어는 포토샵의 레이어와 마찬가지로 상위 레이어가 제일 위에 보입니다. 타임라인 패널에서는 프레임을 삽입, 선택, 복사, 이동할 수 있습니다.

1. 타임라인의 다양한 적용

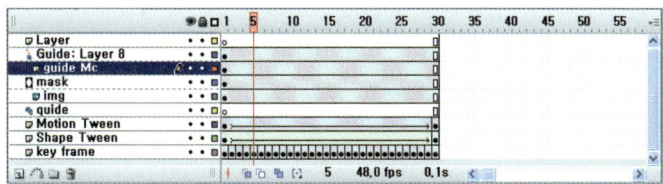

2. 프레임 구분하기

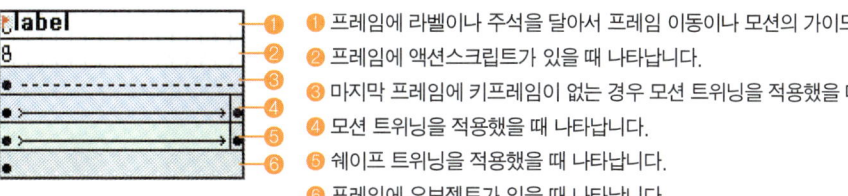

❶ 프레임에 라벨이나 주석을 달아서 프레임 이동이나 모션의 가이드를 잡습니다.

❷ 프레임에 액션스크립트가 있을 때 나타납니다.

❸ 마지막 프레임에 키프레임이 없는 경우 모션 트위닝을 적용했을 때 나타납니다.

❹ 모션 트위닝을 적용했을 때 나타납니다.

❺ 쉐이프 트위닝을 적용했을 때 나타납니다.

❻ 프레임에 오브젝트가 있을 때 나타납니다.

3. 프레임 삭제 및 늘려 주기

❶ **다중 프레임 선택 :** Shift 를 누른 상태에서 원하는 프레임의 처음과 끝을 클릭합니다.

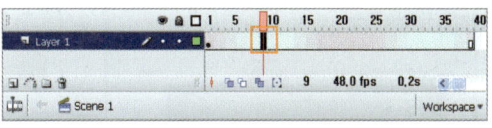

▲ Shift +click으로 시작 프레임 선택

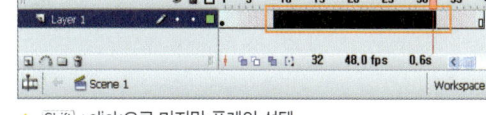

▲ Shift +click으로 마지막 프레임 선택

❷ **프레임 복사하기 :** 복사할 대상인 프레임 구간을 선택한 뒤에 Alt 를 누른 상태에서 드래그하면 프레임을 복사할 수 있습니다.

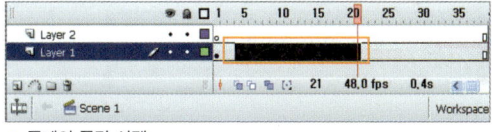

▲ 프레임 구간 선택

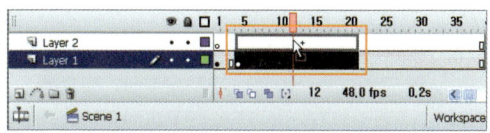

▲ Alt 를 누른 상태에서 드래그

4. 프레임 늘리고 줄이기

상단 프레임을 선택하고 F5 를 누르면 프레임이 전체적으로 늘어나고, Shift + F5 를 누르면 프레임이 전체적으로 줄어듭니다.

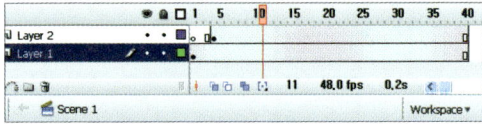

03 심볼 편집 모드 이동

❶ 편집 모드로 이동할 오브젝트 선택 후 마우스 더블클릭

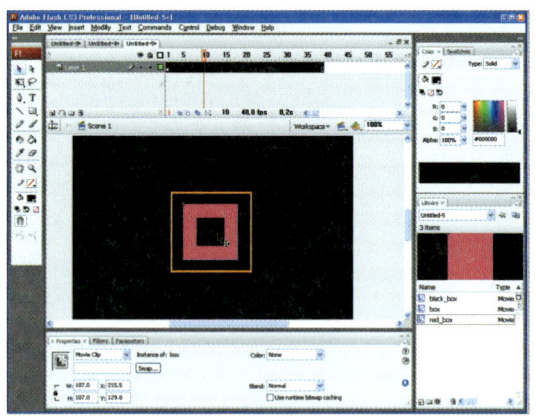

❷ 편집 모드로 이동하면 해당 타임라인이 해당 심볼의 타임라인으로 전환되고 에디트 바에 현재 심볼의 위치가 나타납니다.

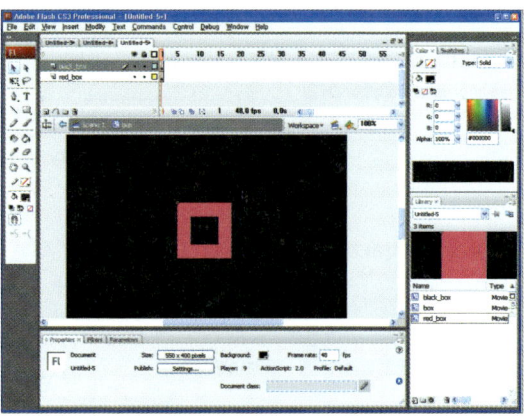

04 이미지 로드하기

플래시 작업을 하다 보면 다양한 이미지를 로드하는 경우가 있습니다. 이미지는 미리 포토샵에서 편집된 이미지를 로드하고 배경이 투명한 이미지를 위해서 png 파일을 로드합니다.

❶ Ctrl + R 을 눌러서 임포트할 이미지를 찾고 열기를 클릭합니다.

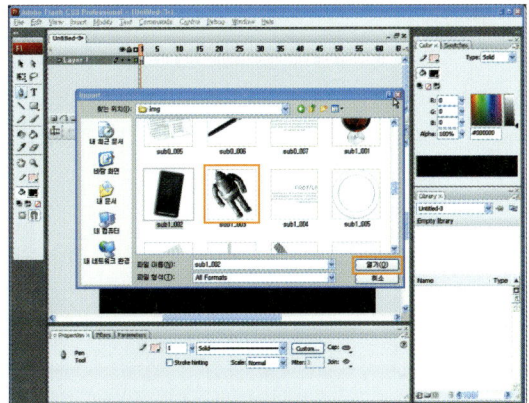

❷ 화면에 임포트된 이미지를 확인합니다.

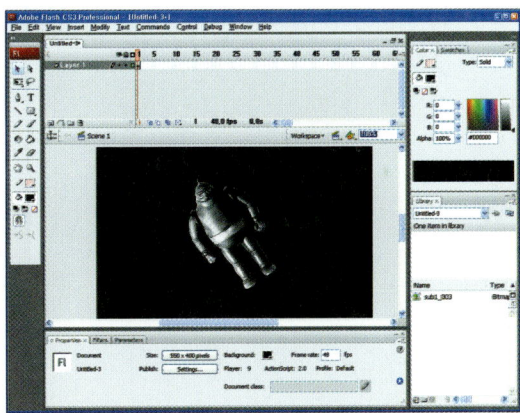

05 PSD 이미지 로드하기

CS3에서는 psd 파일에 있는 이미지를 레이어별로 임포트할 수 있습니다.

❶ Ctrl + R 을 눌러서 임포트할 psd를 찾고 열기를 클릭합니다.

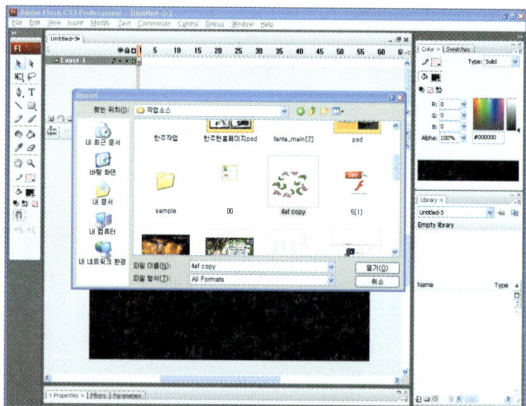

❷ psd에 있는 레이어가 분리되어 설정 값을 조정할 수 있는 속성 창이 나옵니다.

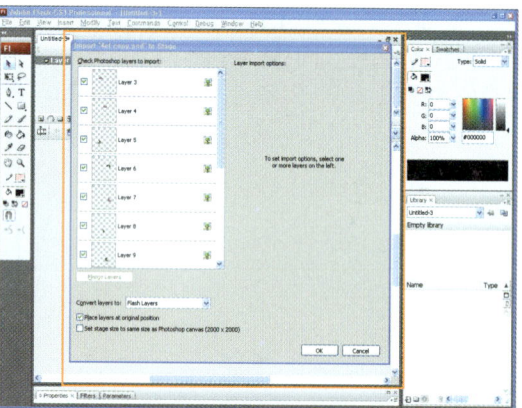

❸ 임포트할 이미지를 선택하고 옵션을 투명하게 저장으로 바꾸어 준 후 OK를 클릭합니다.

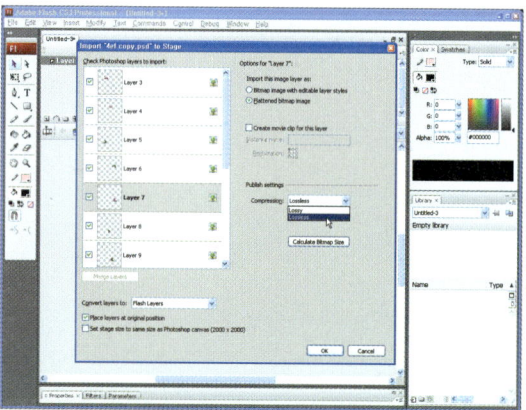

❹ 이미지가 png 형태로 로드된 걸 확인할 수 있습니다.

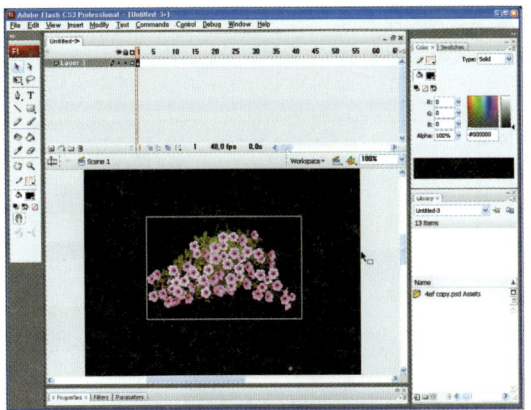

06 심볼 복사

❶ **화면 중앙에 복사:** 심볼의 복사를 위해 Ctrl + C 를 누른 후 Ctrl + V 로 복제를 하면 화면 중앙에 복제됩니다.

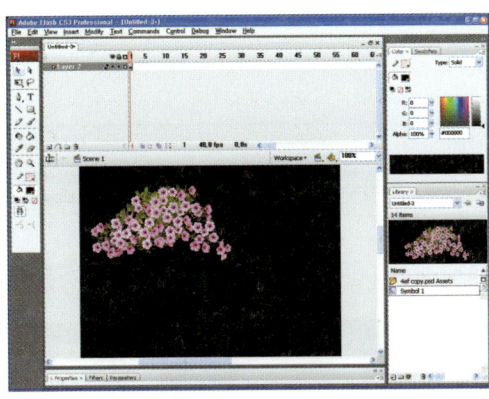

▲ Ctrl + C

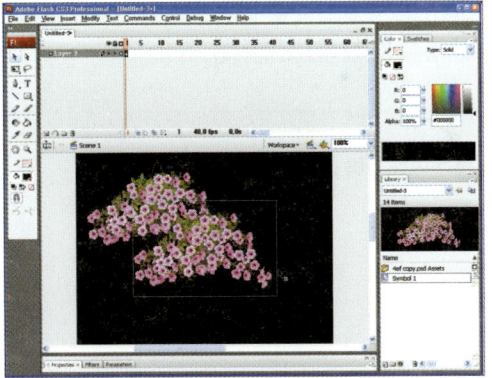

▲ Ctrl + V

❷ **같은 위치에 복사:** Ctrl + C 를 누른 후 Ctrl + Shift + V 로 복제를 하면 같은 위치에 복제가 됩니다. 같은 레이어에 복제가 되어 겹쳐 있는 상태가 됩니다.

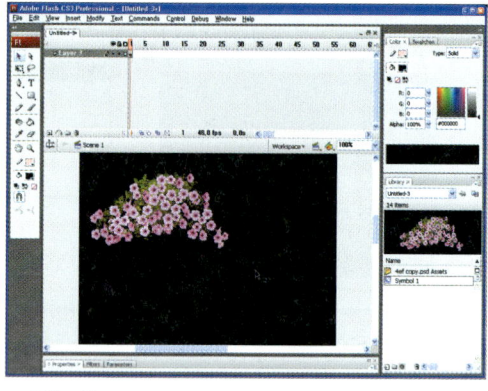

▲ Ctrl + C

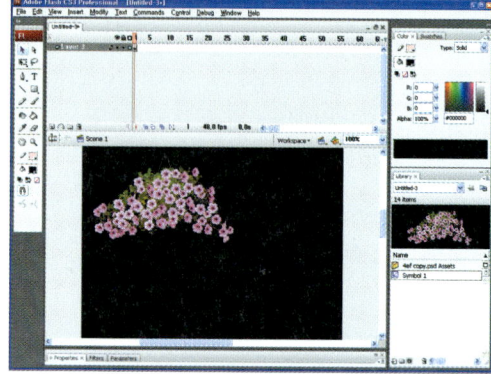

▲ Ctrl + Shift + V

07 마스크 적용하기

마스크는 전체 영역 중 일부 영역만을 보여 주는 기법입니다. 마스크 레이어는 영역이 될 부분이고, 이미지 레이어는 가려질 대상이 됩니다.

❶ 화면과 같이 레이어 구성을 합니다.

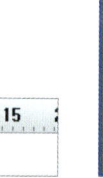

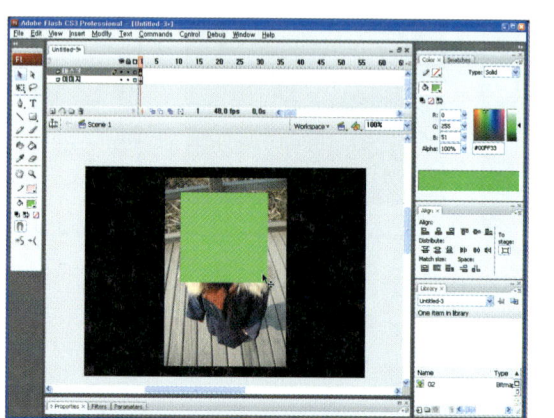

❷ 마스크 레이어에 오른쪽 마우스를 클릭해서
Mask 옵션을 선택합니다.

❸ 마스크가 적용되는 걸 확인할 수 있습니다.

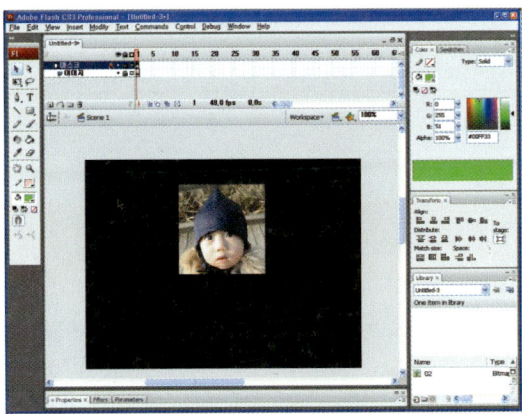

08 단축키를 이용한 키프레임 만들기

❶ F5 **프레임 만들기**: 원하는 프레임 선택 후 클릭

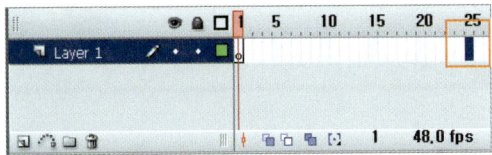

▲ 프레임 선택

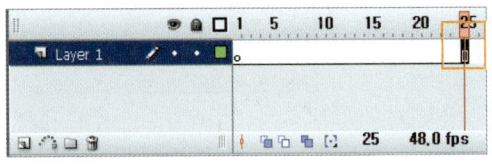

▲ F5를 눌러서 프레임 늘려 주기

❷ F6 **키프레임 만들기**: 원하는 프레임 선택 후 클릭

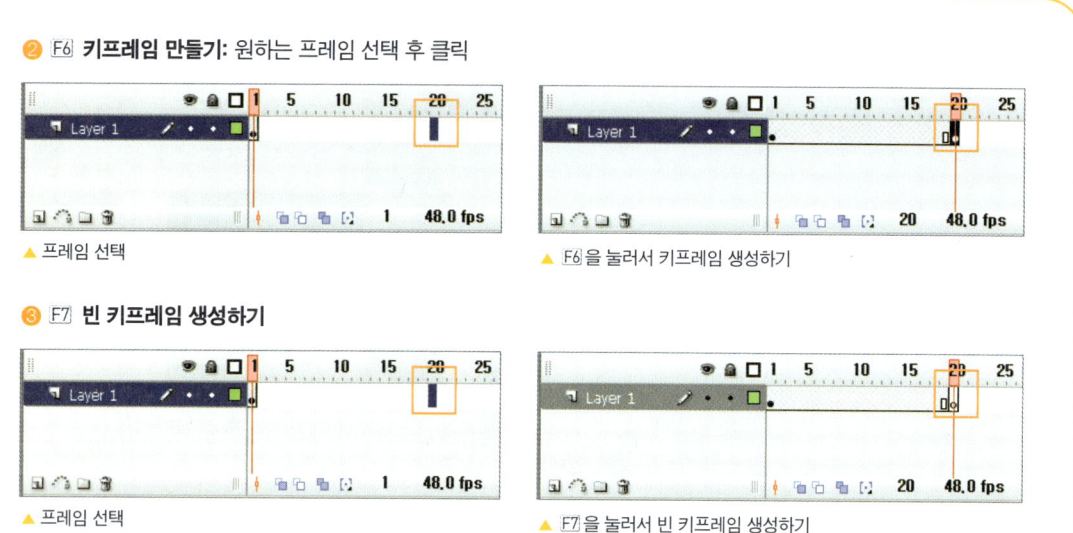

▲ 프레임 선택

▲ F6을 눌러서 키프레임 생성하기

❸ F7 **빈 키프레임 생성하기**

▲ 프레임 선택

▲ F7을 눌러서 빈 키프레임 생성하기

09 가이드 레이어 만들기

가이드 레이어는 심볼의 움직이는 경로를 미리 만들어 놓고 그 라인에 따라 움직일 수 있도록 합니다.

❶ 타임라인에 있는 가이드 레이어 추가 버튼을 눌러서 가이드 레이어를 생성합니다.

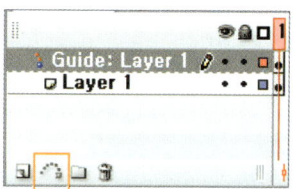

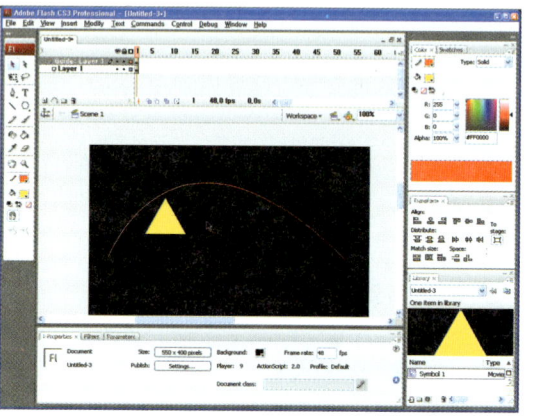

❷ 타임라인의 Layer1 레이어의 1번과 20번 프레임에 F6 을 눌러 키프레임을 만들고 각각의 키프레임에 있는 심볼의
위치를 라인의 시작과 끝에 맞춥니다.

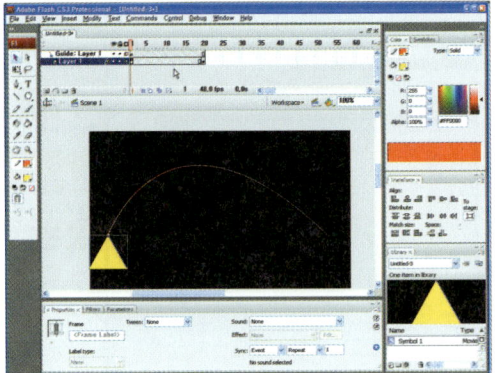

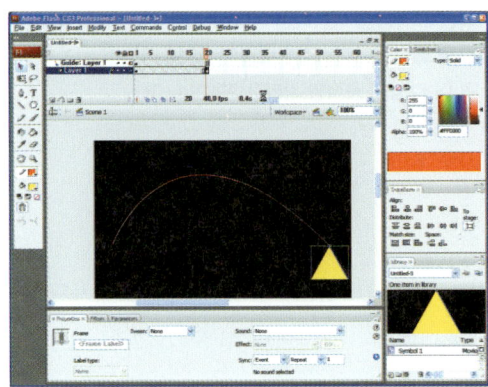

▲ 시작 위치 　　　　　　　　　　　　　　　　　　▲ 끝 위치

❸ 모션 트위닝을 적용하고 확인 합니다.

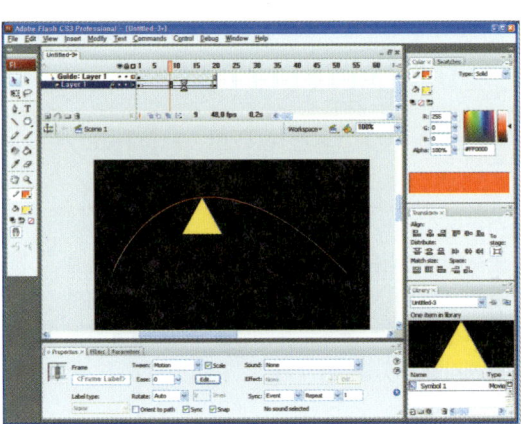

10 Scale과 Rotation 속성 창

작업을 하다 보면 오브젝트의 로테이션과 스케일 값을 수시로 조정하
게 됩니다. 이때 Ctrl + Alt + S 를 누르면 로테이션과 스케일 값을 손
쉽게 조절하는 창이 나옵니다.

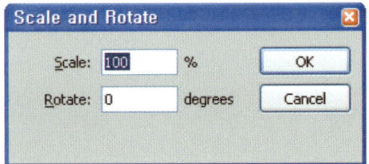

11 Easing EDIT

모션 트위닝을 적용하면 가속이나 감속을 위해 Ease 값을 조정합니다. 그와 더불어 EDIT 기능을 사용하면 더 다양한 움직임 처리가 가능합니다.

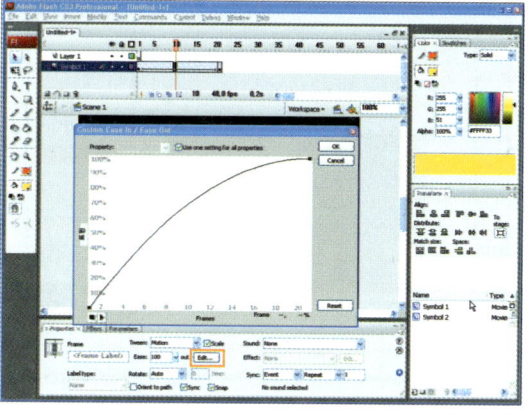

12 이미지 부드럽게 처리하기

플래시로 불러온 이미지의 스케일이나 로테이션을 조절하면 이미지가 깨지는 현상이 나타납니다. 이때 Library 이미지의 프로퍼티 속성을 조절하면 부드럽게 처리할 수 있습니다.

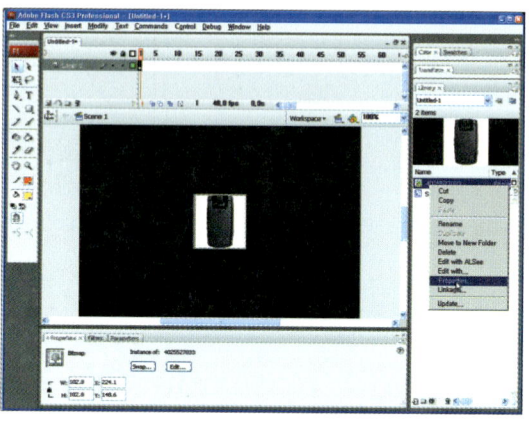

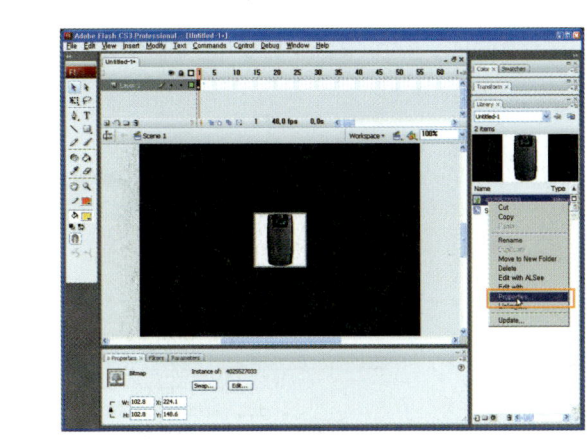

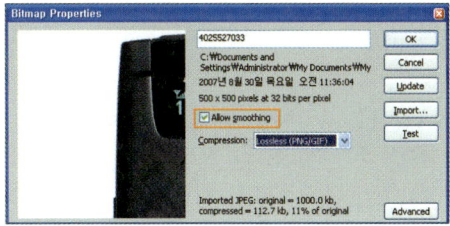

● INTRO ❷ 실무 모션 가이드 실무 Tip

●● 실무 모션 가이드 실무 Tip은 이 책에서 사용하는 모션 기법에 쓰이는 플래시 툴과 기초 부분을 정리한 것입니다. 액션스크립트의 레이블 서적처럼 책상 옆에 두고 필요할 때 찾아서 사용하세요.

01 FPS 설정하기

플래시 초기 fps, 즉 프레임 속도는 12fps로 설정되어 있습니다. 필자가 실무에서 다양하게 써 본 결과 48fps가 모션과 CPU를 고려 했을 때 가장 적절합니다. fps가 높을수록 더욱 박진감 넘치는 모션 작업을 할 수 있지만 CPU에 부담을 줄 수 있습니다. 이런 점 때문에 48fps 정도로 세팅하는 게 좋습니다. 세팅 방법은 Menu-Modify-Document에서 Frame rate를 48로 설정한 후 OK를 클릭하면 됩니다.

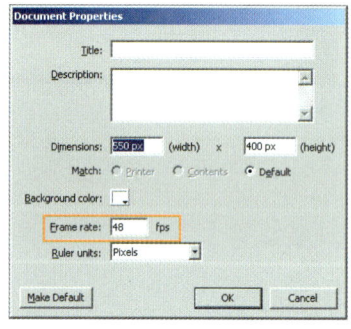

02 단축키 보기

1. File 메뉴

명령	단축키	역할
New	Ctrl + N	새 창 열기
Open	Ctrl + O	파일 열기
Open as Library	Ctrl + Shift + O	다른 파일에 라이브러리 열기
Close	Ctrl + W	화면 닫기
Save	Ctrl + S	저장하기
Save as	Ctrl + Shift + S	다른 이름으로 저장하기
Import	Ctrl + R	플래시로 파일 불러오기
Export Movie	Ctrl + Alt + Shift + S	무비 만들기
Publish Settings	Ctrl + Shift + F12	퍼블리시 세팅하기
Publish	Ctrl + F12	퍼블리싱하기
Print	Ctrl + P	프린트 하기
Quite	Ctrl + Q	프로그램 종료

2. Edit 메뉴

명령	단축키	역할
Undo	Ctrl + Z	취소하기
Redo	Ctrl + Y	되돌리기
Cut	Ctrl + X	잘라내기
Copy	Ctrl + C	복사하기
Paste	Ctrl + V	붙여넣기
Paste In Place	Ctrl + Shift + V	같은 위치에 붙여넣기
Clear	Delete	지우기
Duplicate	Ctrl + D	복제하기
Select All	Ctrl + A	전체 선택
Deselect All	Ctrl + Shift + A	선택 취소
Copy Frames	Ctrl + Alt + C	프레임 복사하기
Paste Frames	Ctrl + Alt + V	프레임 붙여넣기
Edit Symbols	Ctrl + E	심볼 편집하기

3. View 메뉴

명령	단축키	역할
100%	Ctrl + 1	화면 100% 보기
Show Frame	Ctrl + 2	프레임 크기에 맞춰 보기
Show All	Ctrl + 3	화면에 맞춰 보기
Outline	Ctrl + Alt + Shift + O	라인으로 보기
Fast	Ctrl + Alt + Shift + F	안티안리어싱 비활성화
Antialias	Ctrl + Alt + Shift + A	안티안리어싱 활성화
Antialias Text	Ctrl + Alt + Shift + T	텍스트 안티안리어싱 적용
Timeline	Ctrl + Alt + T	타임라인 열기나 닫기
Rulers	Ctrl + Alt + Shift + R	자 열기
Guide	Ctrl + Alt + Shift + G	가이드 열기
Snap	Ctrl + Alt + G	스냅 활성화

4. Insert 메뉴

명령	단축키	역할
Convert to Symbol	F8	심볼 만들기
New Symbol	Ctrl + F8	새 심볼 만들기
Frame	F5	프레임 늘리기
Delete Frame	Shift + F5	프레임 삭제
Key Frame	F6	무비클립이 있는 키프레임 만들기
Blank Key Frame	F7	빈 키프레임 만들기
Clear Key Frame	Shift + F6	키프레임 삭제

5. Modify 메뉴

명령	단축키	역할
Info	Ctrl + I	Info 열기
Transform	Ctrl + T	Transform 열기
Align	Ctrl + K	Align 열기
Group	Ctrl + G	그룹 만들기
Ungroup	Ctrl + Shift + G	그룹 해제
Break Apart	Ctrl + B	분리하기

- Ctrl + J : 작업장 사이즈 변경
- Ctrl + Shift + D : 여러 객체 레이어 배포
- Ctrl + − : 줌아웃
- Ctrl + Alt + S : scale and rotate
- Ctrl + = : 줌인

03 모션의 중심점 설정

❶ 심볼을 마우스로 선택하고 키보드의 Q 버튼을 누르면 아래와 같이 Free Transform Tool이 활성화 됩니다.

❷ 가운데 흰 원이 모션에 필요한 움직임의 중심점이 됩니다. 흰 원에 마우스가 올라가면 아래와 같이 바뀌고 드래그해서 원하는 곳으로 갈 수 있습니다.

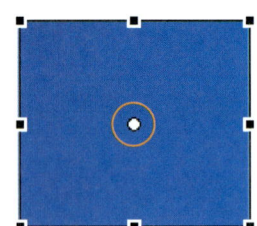
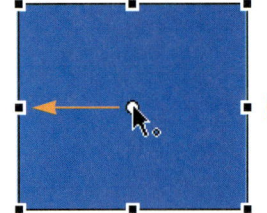
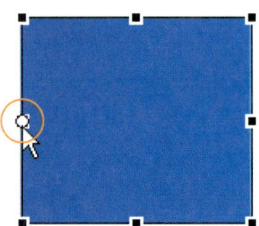

04 가이드 레이어 만들기

가이드 레이어는 디자인 요소의 정확한 위치 설정을 위한 기능으로, 도큐먼트 창에 밑그림을 넣어둔다고 생각하면 됩니다. 가이드 처리는 사용자 편의를 위한 기능으로, 도큐먼트 창에서는 보이지만 swf로 퍼블리싱한 결과물에서는 보이지 않습니다.

❶ File-Import-Import to Stage를 선택해서 원하는 이미지 파일을 스테이지에 불러 옵니다.

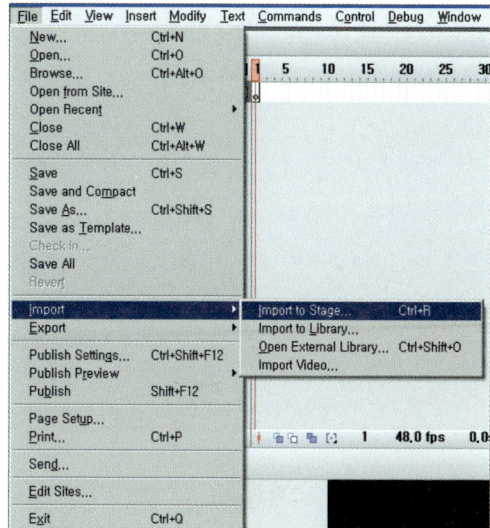

❷ 해당 레이어를 선택하고 Guide를 고르면 가이드 처리가 됩니다.

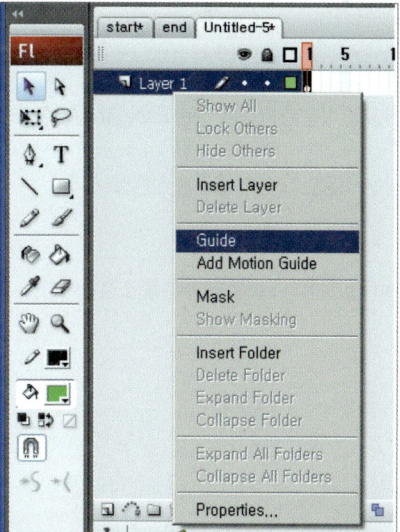

05 마스크 만들기

하단에 있는 레이어의 오브젝트나 이미지를 마스크가 되는 상단 이미지의 영역만큼 보여 줍니다.

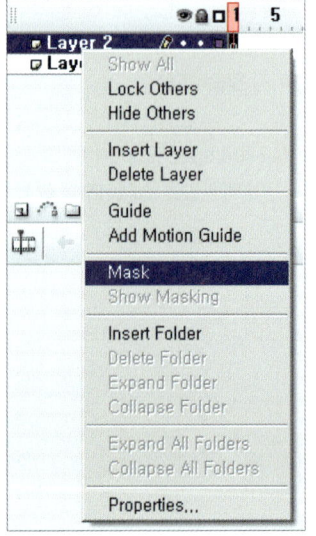

06 Ease 값의 이해

모션 트위닝을 적용한 다음에 하는 Ease 값 설정은 모션의 맛을 살려 주는 양념 같은 역할을 합니다.

❶ 트위닝을 적용한 모션의 중간을 선택합니다

❷ Properties 창에서 Ease 값 부분을 조정합니다.

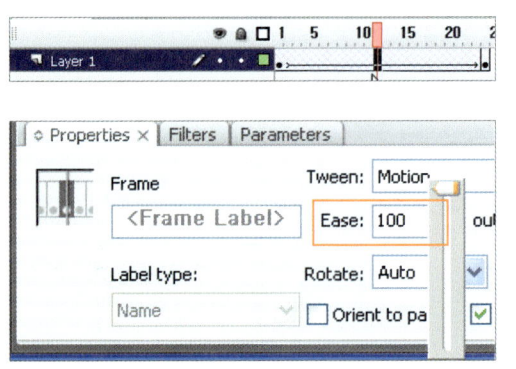

07 키프레임의 프레임 이동

키프레임 전체를 움직일 경우

❶ 움직일 첫 프레임을 선택합니다.

❷ 첫 프레임에서 클릭한 채 드래그해서 움직일 마지막 프레임을 선택합니다.

❸ 움직일 모든 프레임을 고르고 마우스를 누른 상태로 드래그하여 프레임을 이동합니다.

08 Align 패널 이해하기

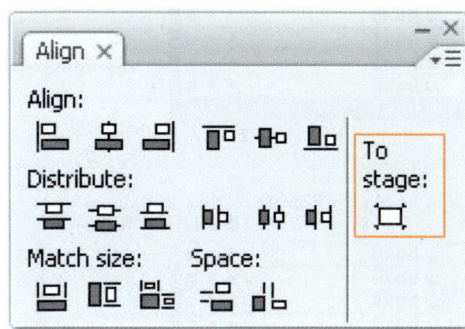

🔲 :오브젝트 기준으로 정렬
🔲 :스테이지 기준으로 정렬

Align

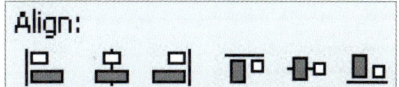

앞에서 부터 순서대로 왼쪽 정렬, 가로 가운데 정렬, 오른쪽 정렬, 위쪽 정렬, 세로 가운데 정렬, 아래쪽 정렬
오브젝트 간 또는 스테이지와 오브젝트 간의 정렬을 할 경우 사용합니다.

Distribute

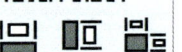

앞에서 부터 순서대로 위쪽으로 분배, 세로 가운데 분배, 아래로 분배, 왼쪽으로 분배, 수평 가운데 분배, 오른쪽으로 분배
오브젝트나 스테이지의 기준점을 중심으로 같은 간격을 유지하도록 지정해 주는 부분입니다.

Math Size

앞에서 부터 순서대로 폭 일치, 높이 일치, 폭과 높이 일치
오브젝트 또는 스테이지를 기준으로 크기를 일치시킵니다.

Space

앞에서 부터 순서대로 세로로 일정한 간격, 가로로 일정한 간격
오브젝트와 오브젝트들 사이의 공간을 일정하게 정렬해 줍니다.

09 다중 키프레임 만들기

드래그를 이용한 기법

❶ 드래그해서 레이어에 있는 키프레임 선택하기

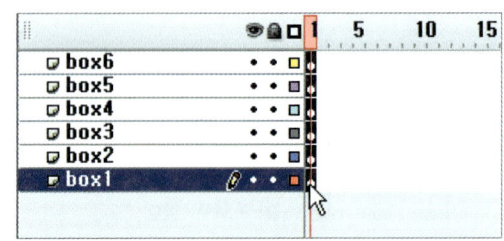

❷ Alt 누른 채로 마우스를 드래그하여 복제할 프레임까지 키프레임 이동

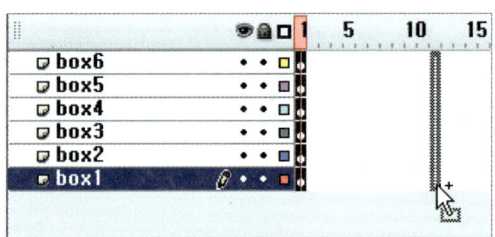

❸ 드래그를 멈추고 복제 확인

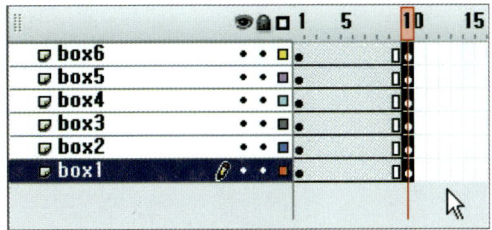

F6 **단축키를 이용한 기법**

❶ 추가할 키프레임 선택

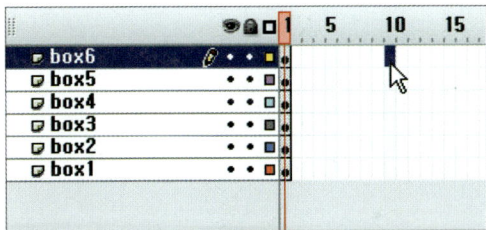

❷ 오른쪽 마우스 버튼 클릭한 채로 추가할 레이어 드래그

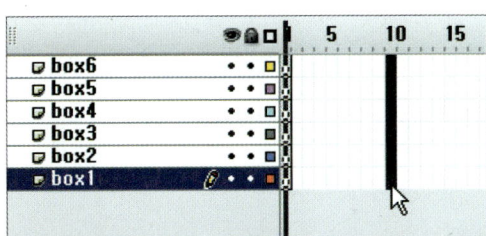

❸ F6 을 눌러서 키프레임 생성

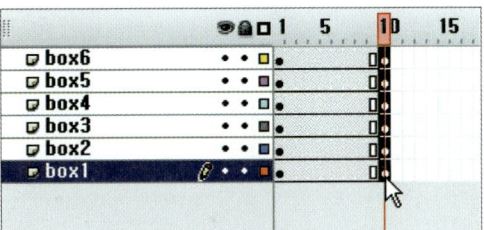

PART
01

플래시 모션을 위한
기초 스킬 업!

PART 01에서는 플래시 모션 공부를 시작 하기 위해 사용자가 알아야 할 내용을 전반적으로 다룹니다.
메뉴와 여러 가지 패널의 기능에 대해 살펴보고 플래시 모션에 필요한 특별한 기능에 대해서
알아보도록 하겠습니다. 플래시 모션의 시작을 위한 가장 기본이 되는 부분인 동시에 제일 중요한 부분입니다.

S E C T I O N

작은 차이가 명품을 만든다
: 트위닝 모션 기법

트위닝 모션은 우리가 습관적으로 사용하는 모션 기법입니다. 하지만 이 기본을 얼마나 잘 다루느냐에 따라서 전체적인 모션의 스타일이 달라집니다. 화려하고 멋진 모션의 시작은 트위닝 모션 기법에서부터 비롯됩니다. 이번 섹션에서는 감속 · 탄성 · 확대 · 축소 모션에 설정되는 프레임 길이와 Ease 값 등을 설정하는 법에 대해서 알아보도록 하겠습니다.

P R E V I E W

01 감속 트위닝 모션　　　　　　　　　　　　　　　　　⊚ Sample/Part01/Sec01/01/end.swf

▲ 왼쪽에서 텍스트 등장 　　　　　　　　　　　　　　▲ 반동을 준 후 원위치

02 탄성 트위닝 모션　　　　　　　　　　　　　　　　　⊚ Sample/Part01/Sec01/02/end.swf

▲ 오른쪽에서 텍스트 등장 　　　　　　　　　　　　　▲ 2번 반동 후 원위치

03 확대 트위닝 모션　　　　　　　　　　　　　　◎ Sample/Part01/Sec01/03/end.swf

▲ 스케일 속성을 이용해 순차적으로 등장　　　▲ 랜덤하게 모든 별 등장

04 축소 트위닝 모션　　　　　　　　　　　　　　◎ Sample/Part01/Sec01/04/end.swf

▲ 원 등장, 텍스트 모션 등장　　　　　　　　　▲ 원에 반복 모션

감속 트위닝 모션

아주 작은 차이가 모션의 퀄리티를 높입니다. 지금부터 그 작은 차이에 숨겨진 비밀에 대해서 이야기 해 보겠습니다. 모든 사물의 운동방향과 운동량에 대한 이해만 있으면 그 비밀을 알 수 있습니다. 트위닝 모션은 그 비밀을 만드는 열쇠로, 키프레임과 키프레임 사이에 적용합니다. 지금부터 만들 감속 트위닝 모션은 모든 모션의 기본입니다. 앞으로 여러분이 작업하는 모션에 항상 기본으로 적용되어야 할 기법이므로 샘플과 비슷한 느낌이 나도록 만들어 봅시다.

완성 파일	부록CD/Sample/Part01/Sec01/01/end.fla
예제 파일	부록CD/Sample/Part01/Sec01/01/start.fla
Key Point	운동방향에 따른 모션 제작
모션 미리보기(등장 모션)	부록CD/Sample/Part01/Sec01/01/end.swf

예제 파일 열기

❶ '부록CD/Sample/Part01/Sec01/01/end.swf' 파일을
열어서 제작할 모션을 확인합니다. 미리 완성된 파일에서 봤
듯이 텍스트가 왼쪽에서 오른쪽으로 등장합니다. 자세히 보면
왼쪽에서 가운데로 모션이 될 때 텍스트가 좀더 오른쪽으로
밀렸다가 가운데로 움직이는 것을 알 수 있습니다.

▲ 왼쪽에서 텍스트 등장   ▲ 반동을 준 후 원위치

> **잠깐**
> **감속 모션** : 등장하는 진행방향으로 좀더 움직임을 준 후 원위치하는 모션을 학습합니다.

❷ '부록CD/Sample/Part01/Sec01/01/start.fla' 를 열고,
새로운 이름으로 저장합니다. [Library] 패널에서 예제에 사용
될 무비클립 심벌과 그래픽 심벌을 확인합니다.

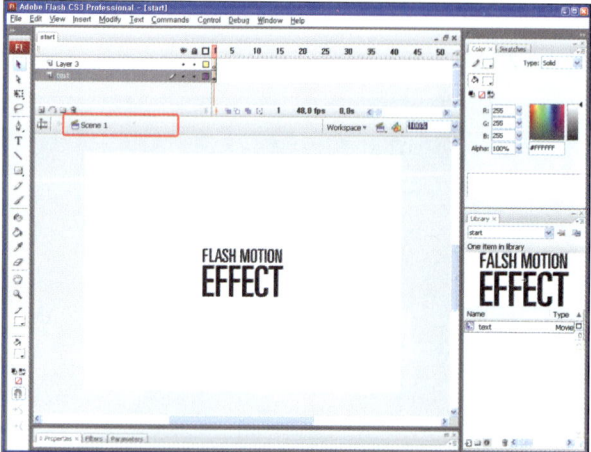

❸ [레이어: text]의 1번, 15번, 25번에 각각 F6 을 눌러서 키
프레임을 생성합니다.

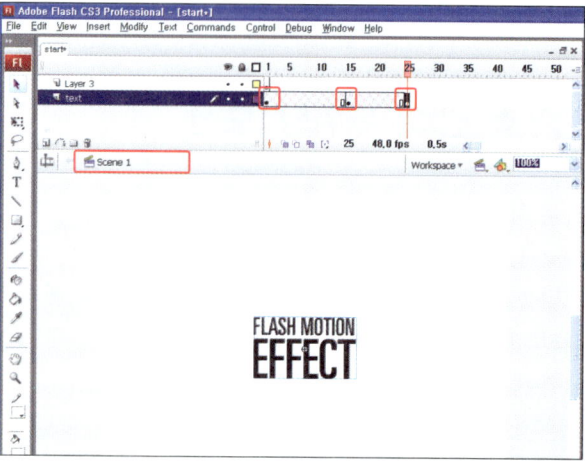

2 등장하면서 반동 주기

❶ [레이어 :text]의 키프레임을 선택하고 마우스 오른쪽 버튼을 클릭하여 모션 트위닝을 적용합니다.

참고 Ease 값은 실무 모션 가이드 실무 Tip 6번을 참고하세요.

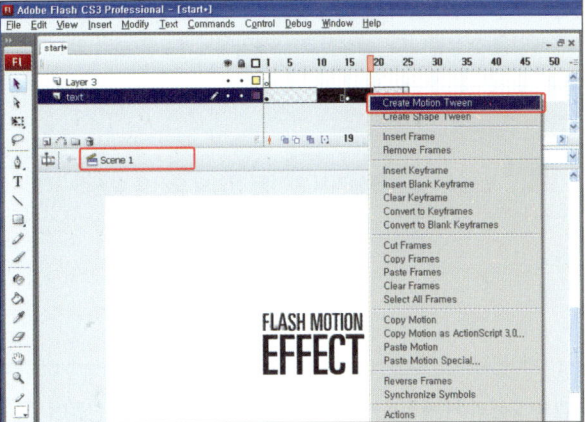

❷ 1번~15번 키프레임을 선택하고 Properties 창에 Ease 값을 100으로 설정합니다. 이번에는 15번~25번 키프레임을 선택하고 Properties 창에 Ease 값을 100으로 설정합니다.

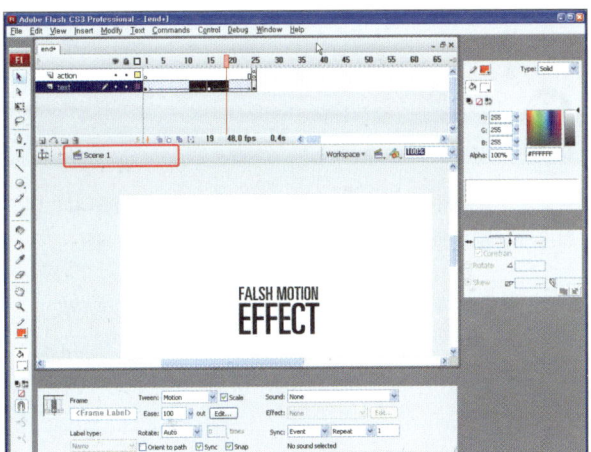

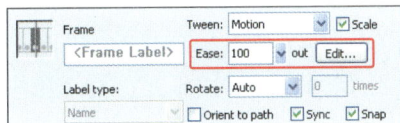

❸ 아래 표와 같이 [레이어: text]의 1번, 15번, 25번 키프레임에 무비클립을 차례대로 선택 후 속성 값들을 조정합니다. 좌표 값은 Properties 패널에서 수정합니다.

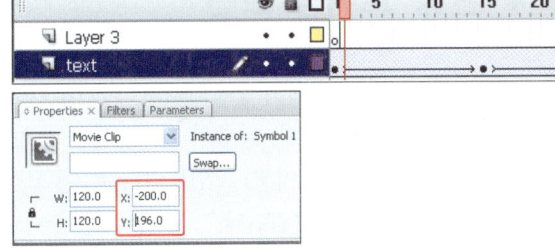

프레임	1	15	25
X좌표, Y좌표	-200, 196	286, 196	276, 196

 잠깐 프레임 값은 실무 모션 가이드 실무 Tip 1번을 참고하세요.

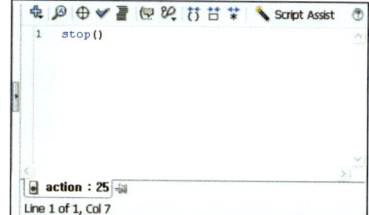

❹ [레이어: Layer 3]의 이름을 Action으로 수정하고, 25번 키프레임에서 F7 을 눌러 빈 키프레임을 생성합니다. 생성한 키프레임에서 F9 를 눌러 액션 창을 열고 stop( )이라고 적습니다.

> Ctrl + Enter 를 눌러서 완성된 작업의 모션을 확인합니다.

이번 단원을 마치며

감속 모션의 키 포인트는 진행방향보다 더 큰 움직임을 만들어 주는 데 있습니다. 보통 등장 모션을 작업할 경우 2개의 키프레임을 만들어 움직임을 줍니다. 하지만 중간에 원래 정지 해야 할 위치보다 진행방향으로 더 밀어 주는 키프레임을 만들면 더욱 더 디테일한 모션이 생성됩니다. 키프레임을 하나 더 만드는 아주 작은 차이지만 이런 것이 모여서 여러분이 만드는 작업물의 퀄리티가 높아집니다.

도전 예제 – 한번 만들어 봅시다!

본문에선 왼쪽에서 오른쪽으로 등장하는 모션만 만들었습니다. 여러분은 오른쪽에서 왼쪽, 위에서부터 등장, 혹은 아래서부터 등장하는 모션을 만들어 보고 필자가 만든 모션과 비교해 보세요.

오른쪽 등장: 부록CD/Sample/Part01/Sec01/01/right.swf
위 등장: 부록CD/Sample/Part01/Sec01/01/up.swf
아래 등장: 부록CD/Sample/Part01/Sec01/01/down.swf

탄성 트위닝 모션

탄성 트위닝 모션은 감속 모션의 응용입니다. 아기자기한 모션이나 통통 튀는 모션 작업을 진행할 때 기본적으로 사용되는 모션 기법입니다. 다중의 키프레임을 생성한 후 키프레임에 있는 오브젝트의 움직임을 점차 감소시키는 느낌으로 만드는 것이 키 포인트입니다. 이 모션 기법 역시 기본 중의 기본입니다. 통통거리는 느낌이 나도록 연습에 연습은 필수입니다.

완성 파일	부록CD/Sample/Part01/Sec01/02/end.fla
예제 파일	부록CD/Sample/Part01/Sec01/02/start.fla
Key Point	탄성 모션 제작
모션 미리보기(등장 모션)	부록CD/Sample/Part01/Sec01/02/end.swf

1 예제 파일 열기

❶ '부록CD/Sample/Part01/Sec01/02/end.swf' 파일을 열어서 제작할 모션을 확인합니다. 미리 완성된 파일에서 봤듯이 텍스트가 오른쪽에서 등장해 진동을 하면서 제자리를 찾아가는 모습을 볼 수 있습니다. X축 기준으로 움직이는 오브젝트가 멈추는 곳의 위치가 100이고, 오른쪽에서 등장할 경우 오브젝트의 위치를 80 〉 120 〉 90 〉 110 〉100 이런 식으로 점점 힘이 감소되면서 100의 위치에 가도록 하는 것이 탄성 움직임입니다.

▲ 붉은 라인 기준으로 왼쪽으로 이동

▲ 붉은 라인 기준으로 오른쪽으로 이동

▲ 붉은 라인 기준으로 왼쪽으로 2차 이동

▲ 붉은 라인 기준으로 오른쪽으로 2차 이동

▲ 붉은 라인에 정지하기

 잠깐
탄성 모션: 오브젝트가 멈출 위치를 기준으로 움직임이 왔다 갔다 하다가 점점 그 폭이 줄어들어 결국 멈추는 게 핵심입니다.

❷ '부록CD/Sample/Part01/Sec01/02/start.fla' 를 열고, 새로운 이름으로 저장합니다. [Library] 패널에서 예제에 사용될 무비클립 심벌과 그래픽 심벌을 확인합니다.

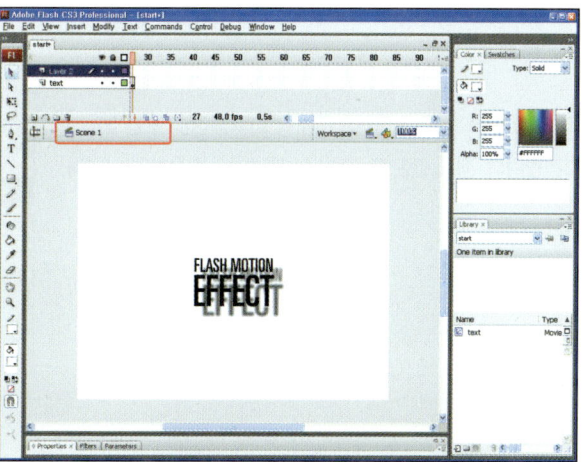

❸ [레이어: text]의 1번, 15번, 18번, 21번, 24번, 27번에 각 각 F6 을 눌러서 키프레임을 생성합니다.

참고 Ease 값은 실무 모션 가이드 실무 Tip 6번을 참고하세요.

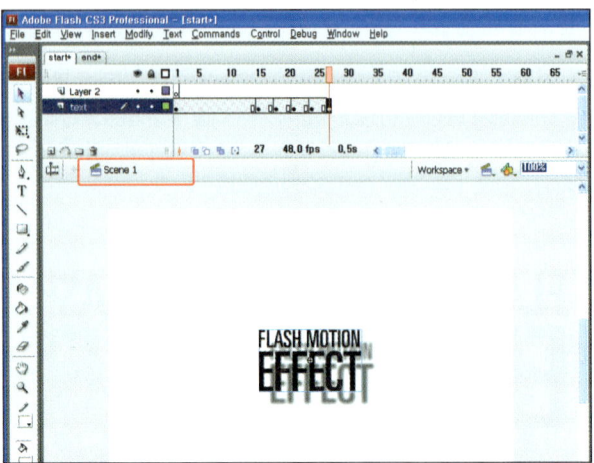

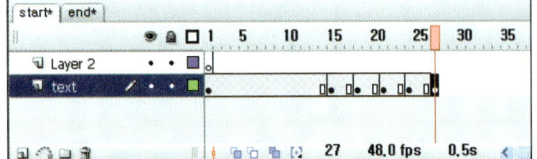

2 탄성 모션 작업

❶ [레이어: text]의 키프레임을 선택하고 마우스 오른쪽 버튼 을 클릭하여 모션 트위닝을 적용합니다.

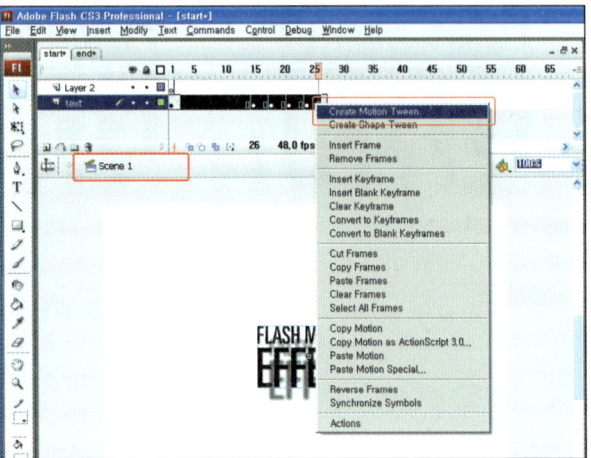

❷ 아래 표와 같이 [레이어: text]의 키프레임에 속성 값들을 조정합니다. 좌표 값은 Properties 패널에서 수정하면 됩니다.

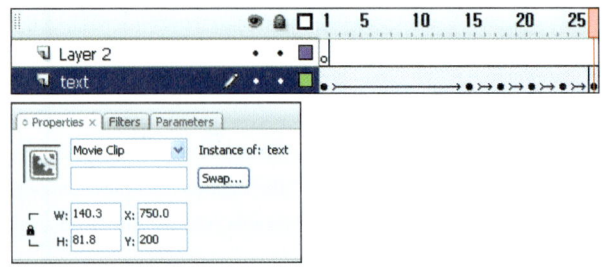

프레임	1	15	18	21	24	27
X좌표, Y좌표	750, 200	265, 200	285, 200	270, 200	280, 200	275, 200

❸ 1번~15번 키프레임을 선택하고 Properties 창에 Ease 값을 -50으로 설정합니다.

 참고 Ease 값은 실무 모션 가이드 실무 Tip 6번을 참고하세요.

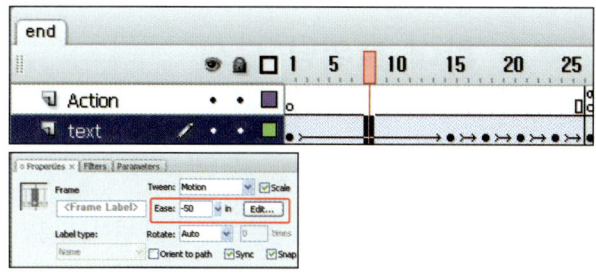

❹ [레이어: Layer 2]의 이름을 Action으로 수정하고, 27번 키프레임에서 F7 을 눌러 빈 키프레임을 생성합니다. 생성한 키프레임에서 F9 를 눌러 액션 창을 열고, stop( )이라고 적습니다.

잠깐 Ctrl + Enter 를 눌러서 완성된 작업의 모션을 확인합니다.

 이번 단원을 마치며

탄성 모션은 중간에 4개의 키프레임을 더 생성해서 왔다 갔다 하는 움직임을 만들고 그 움직이는 폭을 점점 줄여서 결국 멈추게 하는 게 핵심입니다. 이 모션은 톡톡 튀는 움직임이나 재미있는 모션의 기초가 되는 기법입니다.

도전 예제 - 한번 만들어 봅시다!

본문에선 오른쪽에서 왼쪽으로 등장하는 모션만 만들었습니다. 여러분은 왼쪽에서 오른쪽, 위에서부터 등장, 혹은 아래서부터 등장하는 모션을 만들어 보고 필자가 만든 모션과 비교해 보세요.

왼쪽 등장: 부록CD/Sample/Part01/Sec01/02/left.swf
위 등장: 부록CD/Sample/Part01/Sec01/02/up.swf
아래 등장: 부록CD/Sample/Part01/Sec01/02/down.swf

확대 트위닝 모션

확대 트위닝 모션은 감속 모션을 응용한 것으로 오브젝트의 등장이나 Z축 움직임을 만들 경우 기본으로 사용되는 모션 기법입니다. 앞 장에서 감속 모션은 X축, Y축과 같은 좌표 값의 변화로 만들었습니다. 확대 트위닝 모션은 축의 이동 대신 Scale, 즉 크기 값의 변화로 움직임을 만들어 보겠습니다.

완성 파일	부록CD/Sample/Part01/Sec01/03/end.fla
예제 파일	부록CD/Sample/Part01/Sec01/03/start.fla
Key Point	확대 트위닝 모션 제작
모션 미리보기(등장 모션)	부록CD/Sample/Part01/Sec01/03/end.swf

1 예제 파일 열기

❶ '부록CD/Sample/Part01/Sec01/03/end.swf' 파일을 열어서 제작할 모션을 확인합니다. 별들이 스케일 속성을 이용해서 순차적으로 등장하는 걸 확인할 수 있습니다.

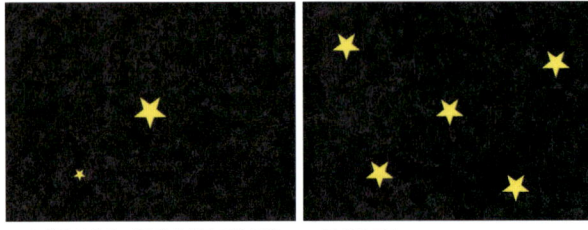

▲ 스케일 속성을 이용해 순차적으로 등장   ▲ 완성된 모습

❷ '부록CD/Sample/Part01/Sec01/03/start.fla' 를 열고, 새로운 이름으로 저장합니다. [Library] 패널에서 예제에 사용될 무비클립 심벌과 그래픽 심벌을 확인합니다. [레이어: star]의 [무비클립: star_mc]를 더블클릭하여 [무비클립: star_mc] 안에 5개의 [레이어: star]를 확인합니다.

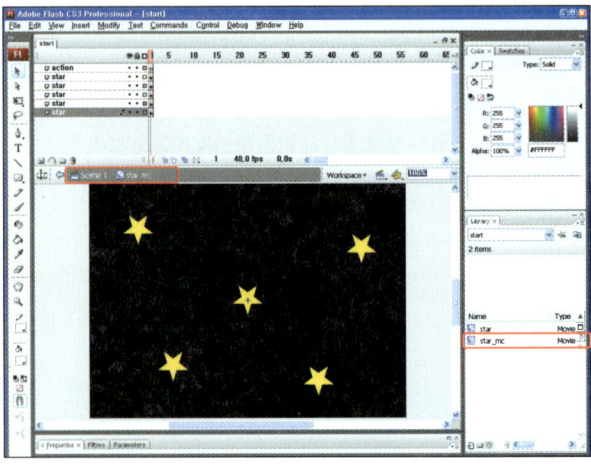

② 스케일을 이용한 모션 작업

❶ [레이어: star]의 1번, 7번, 13번에 각각 F6 을 눌러서 키
프레임을 생성한 후 15번 프레임에 F5 를 눌러서 프레임을
늘려줍니다.

> 참고 다중 프레임 만들기는 실무 모션 가이드 실무 Tip 9번을
> 참고하세요.

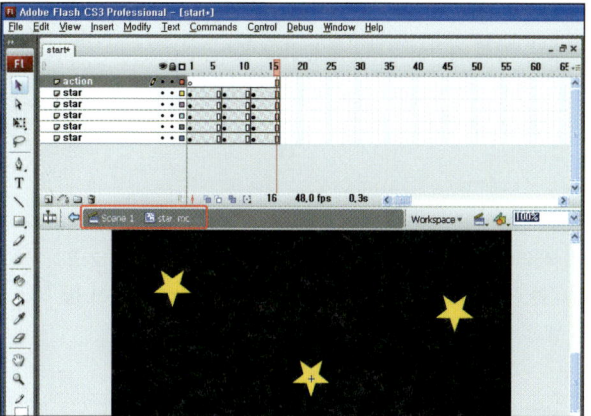

❷ [레이어: star]의 키프레임을 동시에 드래그하여 선택하고
마우스 오른쪽 버튼을 클릭하여 모션 트위닝을 적용합니다.

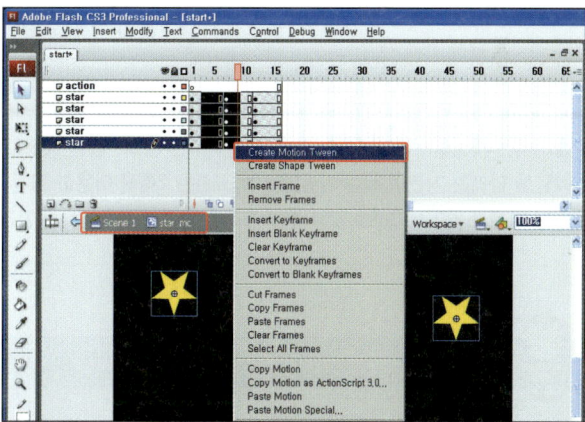

❸ 아래 표와 같이 [레이어: star]의 키프레임에 속성 값들을
조정합니다. 이때 각각의 키프레임에 있는 [무비클립: star]에
하나씩 속성 값을 지정해 줘야 합니다. Scale 값은 Transform
패널에서 수정하면 됩니다.

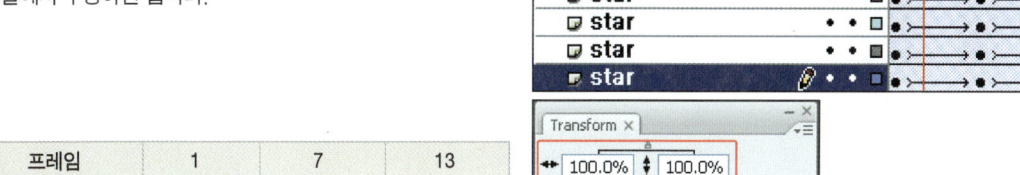

프레임	1	7	13
X scale, Y scale	10, 10	121, 121	100, 100

> 잠깐 Ctrl + T 를 누르면 Transform 패널이 나타납니다.

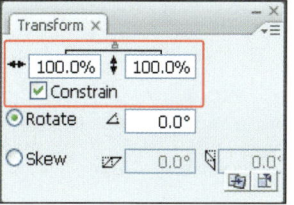

④ 그림과 같이 키프레임의 시작 위치를 조정한 후 32번 프레임에서 F5 를 눌러서 프레임을 늘려줍니다.

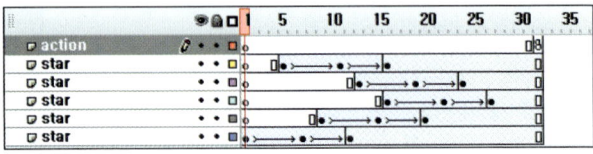

참고 키프레임의 프레임 이동은 실무 모션 가이드 실무 Tip 7번을 참고하세요.

⑤ [레이어: action]의 32번 키프레임에서 F7 을 눌러 빈 키프레임을 생성합니다. 생성한 키프레임에서 F9 를 눌러 액션 창을 열고 stop( )이라고 적습니다.

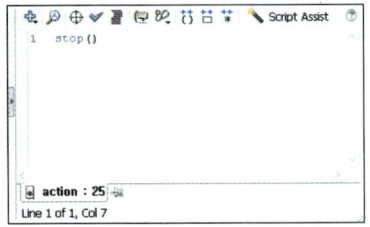

잠깐 Ctrl + Enter 를 눌러서 완성된 작업의 모션을 확인합니다.

이번 단원을 마치며

플래시는 특성상 X축과 Y축만 있습니다. 하지만 Scale 값을 적절히 이용하면 Z축 움직임을 만들 수 있습니다. 탄성 모션은 Z축 움직임을 만드는 기본이 되는 기법입니다. 요즘은 Z축을 이용한 공간감을 만드는 것이 모션 트렌드입니다. 플래시에서는 Z축의 좌표 구현 체계가 없어서 Scale 값과 블러 효과를 적절히 사용해서 공간감을 만들어 줍니다.

도전 예제 - 한번 만들어 봅시다!

응용.swf를 열고 여러분도 한번 만들어 보세요.

응용: 부록CD/Sample/Part01/Sec01/03/응용.swf

●●●● 축소 트위닝 모션

축소 트위닝 모션은 다이내믹한 등장이나 긴장감을 유발하는 모션에 잘 어울리는 기법입니다. 특히 Z축이 없는 플래시 좌표에서 공간감을 나타내 줍니다. 축소 트위닝 모션은 기본 중의 기본으로, 이러한 기본기가 있어야 나중에 만들 멋진 모션을 응용해서 만들 수 있습니다.

완성 파일	부록CD/Sample/Part01/Sec01/04/end.fla
예제 파일	부록CD/Sample/Part01/Sec01/04/start.fla
Key Point	축소 모션 제작
모션 미리보기(등장 모션)	부록CD/Sample/Part01/Sec01/04/end.swf

1 예제 파일 열기

❶ '부록CD/Sample/Part01/Sec01/04/end.swf' 파일을 열어서 제작할 모션을 확인합니다.

▲ 원 등장, 텍스트 모션 등장   ▲ 원에 반복 모션

❷ '부록CD/Sample/Part01/Sec01/04/start.fla' 를 열고, 새로운 이름으로 저장합니다. [Library] 패널에서 예제에 사용될 무비클립 심벌과 그래픽 심벌을 확인합니다.

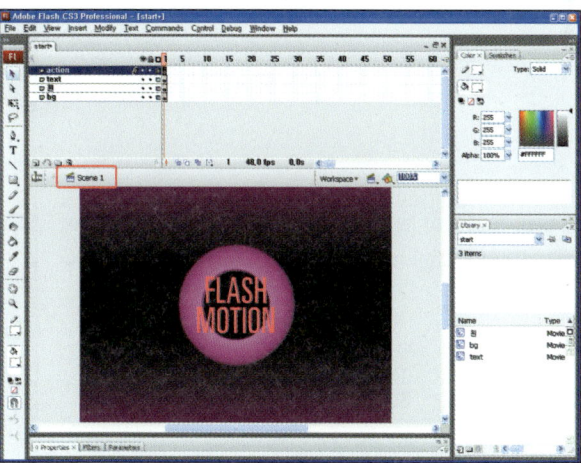

2 텍스트와 원 모션 완성하기

❶ [레이어: text], [레이어: 원]의 1번, 9번, 13번에 각각 F6 을 눌러서 키프레임을 만들고 15번 프레임에서 F5 를 눌러 레이어들의 프레임 길이를 맞추어 줍니다.

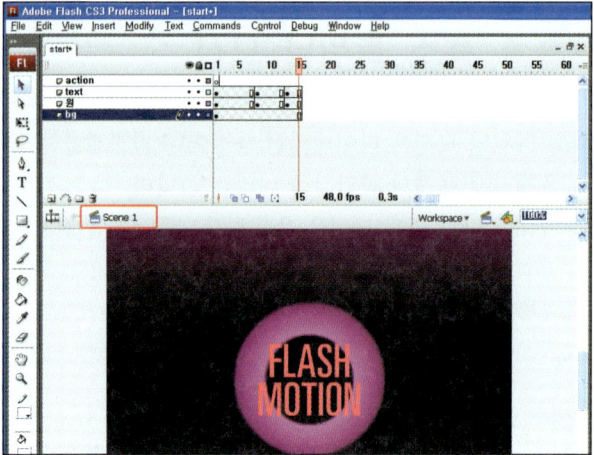

❷ [레이어: text], [레이어: 원]의 키프레임을 선택하고 오른쪽 마우스를 클릭해서 모션 트위닝을 적용합니다.

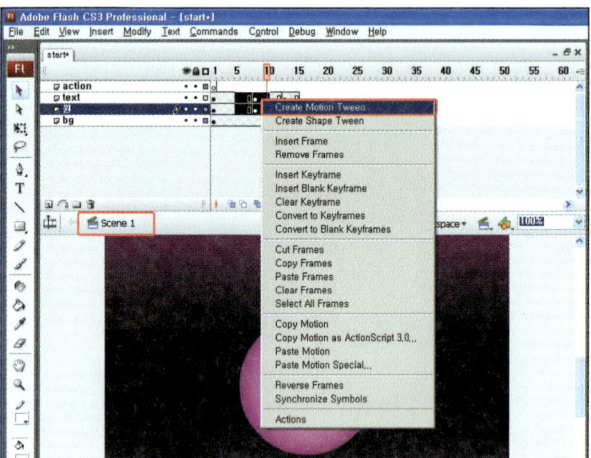

❸ 아래 표와 같이 [레이어: text], [레이어: 원]의 키프레임에 속성 값들을 조정합니다. Scale 값은 Transform 패널에서 수정하면 됩니다.

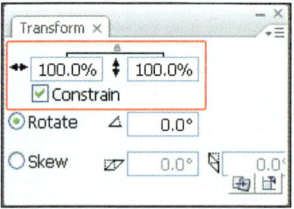

프레임	1	8	13
X scale, Y scale	300, 300	90, 90	100, 100

❹ 그림과 같이 키프레임의 시작 위치를 조정합니다.

> 참고 키프레임의 프레임 이동은 실무 모션 가이드 실무 Tip 7번을 참고하세요.

❺ [레이어: action]의 22번 키프레임에서 F7 을 눌러 빈 키프레임을 생성합니다. 생성한 키프레임에서 F9 를 눌러 액션 창을 열고 stop( )이라고 적습니다.

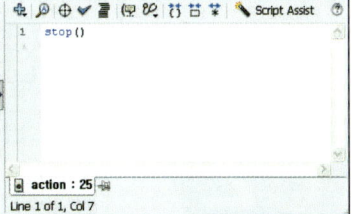

 잠깐
Ctrl + Enter 를 눌러서 완성된 작업의 모션을 확인합니다.

이번 단원을 마치며

지금까지 배운 모션 기법은 다양한 모션을 만들기 위한 기초가 됩니다. 여러 번 반복해 가속이나 반동 모션감에 익숙해질 수 있도록 합니다. 이런 모션감과 더불어 여러분들이 생각해야 할 부분은 리듬감입니다. 모션 작업에는 어떠한 틀이나 제약이 있는 건 아니지만 강하게 강조되는 부분에서는 과감한 강조를 주고 다른 부분의 모션은 노멀하게 만들어 전체적인 밸런스를 맞추는 것도 중요합니다. 앞으로 배울 여러 가지 모션을 통해 이러한 모션감과 리듬감, 그리고 모션의 일관성까지 알아보고 배워 보도록 하겠습니다.

 도전 예제 - 한번 만들어 봅시다!

응용.swf를 열어 여러분도 한번 만들어 보세요.

응용: 부록CD/Sample/Part01/Sec01/04/응용.swf

SECTION

모션의 시작
: 무비클립 다루기

무비클립의 다양한 속성을 이해해서 플래시 스킬을 높여 봅시다. 무비클립은 앞으로 진행되는 모션 작업에 꼭 필요한 필수 요소로, 이번 장에서 배운 기법을 응용해서 모든 모션 작업이 이루어집니다. 반드시 이해하고 마스터하기 바랍니다. 특히 모션의 그룹화 기법은 복잡한 모션을 간단하게 만들 수 있는 방법입니다. 꼭 이해하고 여러분의 스킬로 만들기 바랍니다.
Welcome to flash Motion World!!

PREVIEW

01 무비클립 중심점에 따른 모션 변화 ⊙ 부록CD/Sample/Part01/Sec02/01/end.swf

▲ 자동차 등장 → 정지

▲ 자동차 정지 → 사라짐

02 모션의 그룹화 기법 ⊙ 부록CD/Sample/Part01/Sec02/02/end.swf

▲ 비행기 등장

▲ 비행기 등장 완료

⑱ 무비클립 변화 주기(프로퍼티 이용 기법)　　　　　⊙ 부록CD/Sample/Part01/Sec02/03/end.swf

▲ 배경 이미지 등장　　　　　　　　　　　　▲ 아기 이미지 등장

● ● ● ●
● ● ● ● **무비클립 중심점에 따른 모션 변화**
● ● ● ●

스테이지에 오브젝트를 만들 때 놓치기 쉬운 부분 중 하나가 중심점 설정입니다. 중심점의 위치는 속성 창에서 설정할 수 있고 이것에 따라 모션의 모양이 크게 달라집니다. 그 중심점의 역할과 앞으로 여러분이 만들 모션에 따라 중심점의 위치를 설정하는 방법을 배워 보겠습니다.

완성 파일	부록CD/Sample/Part01/Sec02/01/end.fla
예제 파일	부록CD/Sample/Part01/Sec02/01/start.fla
Key Point	모션의 진행 방향이나 효과에 따른 무비클립의 중심점 위치 이동
모션 미리보기(등장 모션 〉 정지 모션 〉 사라지는 모션)	부록CD/Sample/Part01/Sec02/01/end.swf
모션 형태	탄력적인 느낌

1 예제 파일 열기

❶ '부록CD/Sample/Part01/Sec02/01/end.swf' 파일을 열어서 제작할 모션을 확인합니다. 전체적인 모션 흐름은 등장→정지→사라짐 이렇게 3가지로 이루어집니다.

▲ 자동차 등장　　　　▲ 등장 후 모션　　　　▲ 사라지는 모션　　　　▲ 사라지는 모션

❷ '부록CD/Sample/Part01/Sec02/01/start.fla' 를 열고, 새로운 이름으로 저장합니다. [Library] 패널에서 예제에 사용될 무비클립 심벌과 그래픽 심벌을 확인할 수 있습니다. 자동차의 움직임은 [레이어: car_move_mc]의 1번 키프레임에 있는 [무비클립: car_move_mc] 안에서 작업됩니다. 스테이지에서 [무비클립: car_move_mc]를 더블클릭합니다.

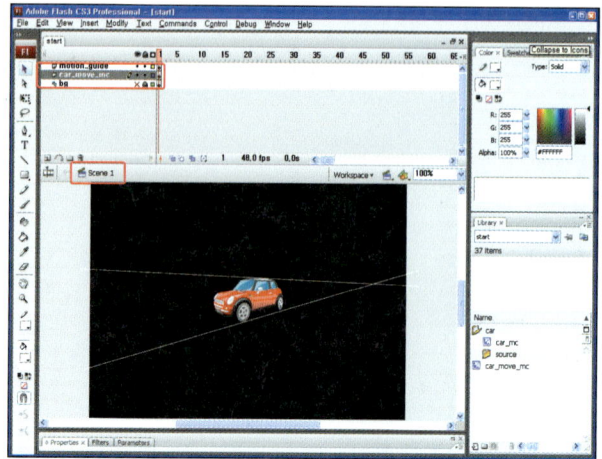

❸ 타임라인의 레이어 추가 버튼을 눌러 레이어 3개를 추가합니다. 각각의 레이어 이름을 [등장], [정지], [사라짐]으로 바꿉니다. [무비클립: car_move_mc]에서 등장 · 정지 · 사라짐 3개의 레이어 구성을 확인할 수 있습니다.

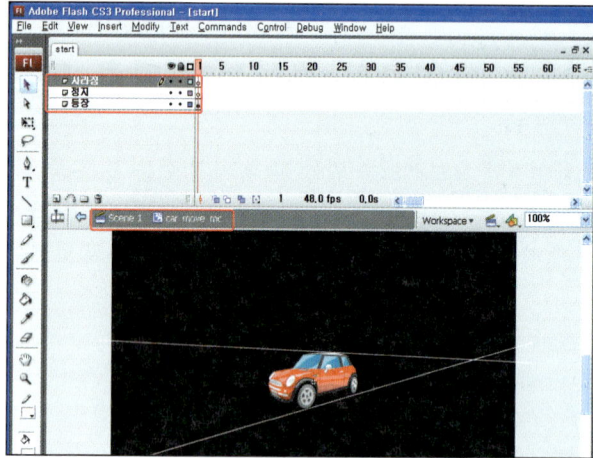

2 자동차 등장 모션 만들기

지금부터 등장에 관한 모션 작업을 해 보겠습니다. 자동차 디자인은 3차원 느낌이 납니다. 따라서 모션의 전체적인 움직임은 X축, Y축, Scale 값의 변화로 이루어집니다. 필자가 미리 그려 놓은 흰 선을 기준으로 움직임을 만들어 보겠습니다.

❶ [레이어: 등장]의 1번, 15번, 20번, 25번, 30번 프레임에 각각 F6 을 눌러서 키프레임을 만들어 줍니다.

❷ 아래 표와 같이 [레이어: 등장]에 F6 을 키프레임으로 생성하고 속성 값들을 조정합니다. 좌표 값은 Properties 패널에서, Scale 값은 Transform 패널에서 수정합니다.

프레임	1	15	20	25	30
X scale, Y scale	65, 50	90, 100	105, 100	95, 100	100, 100
X좌표, Y좌표	173, -17	-53, 20	-28, 20	-31, 20	-30, 20

❸ 1프레임에서 15프레임 사이, 15프레임에서 20프레임 사이, 20프레임에서 25프레임 사이, 25프레임에서 30프레임 사이에 모션 트위닝을 적용합니다.

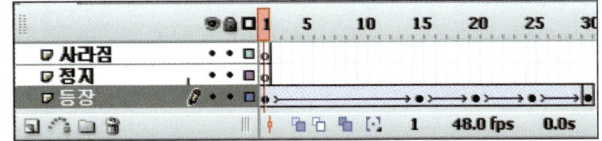

❹ 위와 같이 설정한 후 모션을 확인하면 자동차의 왼쪽 끝부분을 기준으로 모양이 줄었다가 커지는 느낌의 모션이 만들어집니다. 아래와 같이 [무비클립: car_move_mc]의 모션 중심점이 좌측 중간으로 설정되어 있기 때문입니다.

참고 실무 모션 가이드 실무 Tip 3번을 참고하세요.

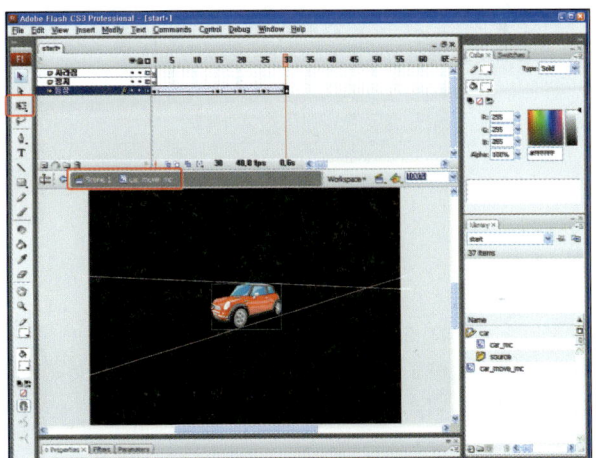

3 멈춘 자동차 모션 만들기

[무비클립: car_move_mc]가 정지했을 때 부릉부릉하며 자동차가 위아래로 움직이는 느낌을 만들어 보겠습니다. 이 움직임은 [레이어: 정지]에서 만듭니다.

❶ [레이어: 등장]에 30번 키프레임에 있는 [무비클립: car_move_mc]를 복사(Ctrl + C)합니다.

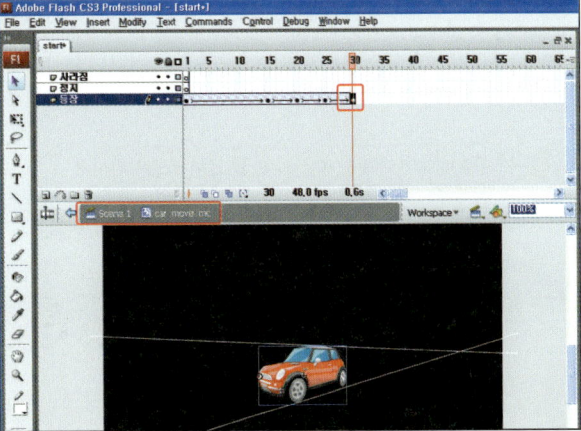

❷ [레이어: 정지]의 31번 프레임에서 F7 을 눌러서 빈 키프레임을 생성한 후 Ctrl + Shift + V 를 눌러서 같은 위치에 붙여넣기합니다.

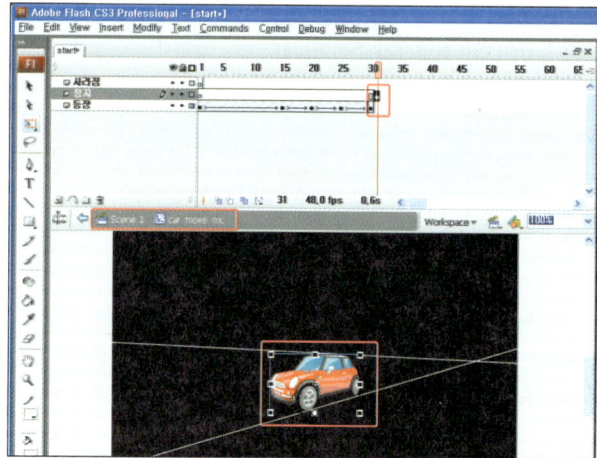

❸ 아래에서 위로 움직이는 느낌을 위해서 [무비클립: car_move_mc]의 모션 중심점을 하단 가운데로 이동합니다.

참고 실무 모션 가이드 실무 Tip 3번을 참고하세요.

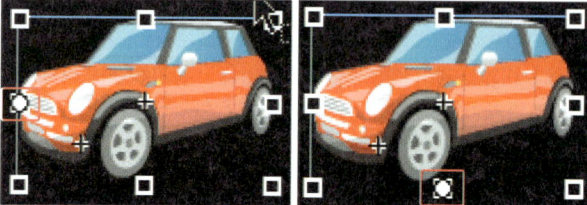

❹ 35, 39, 43, 47, 52, 55, 59, 62번 키프레임에 각각 키프레임(F6)을 생성하고 아래 표와 같이 속성을 만듭니다. Scale 값은 Transform 패널에서 수정합니다.

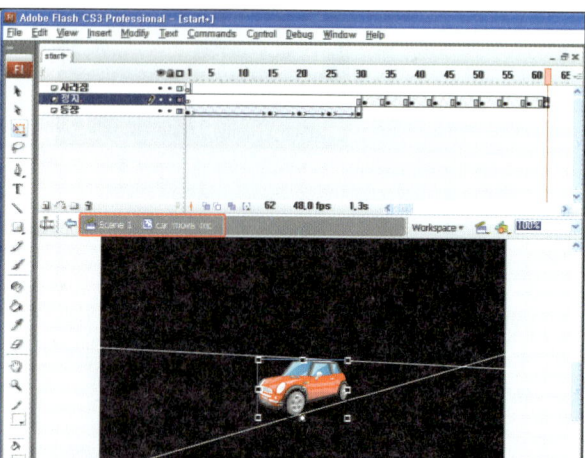

잠깐 Transform 패널은 Ctrl + T 를 눌러서 활성화시켜 주세요.

프레임	31	35	39	43	47	52	55	59	62
Y scale	100	95	100	95	100	95	100	95	100

⑤ 31번~62번 프레임 전체를 선택한 후 마우스 오른쪽 버튼을 클릭하여 모션 트위닝을 적용합니다.

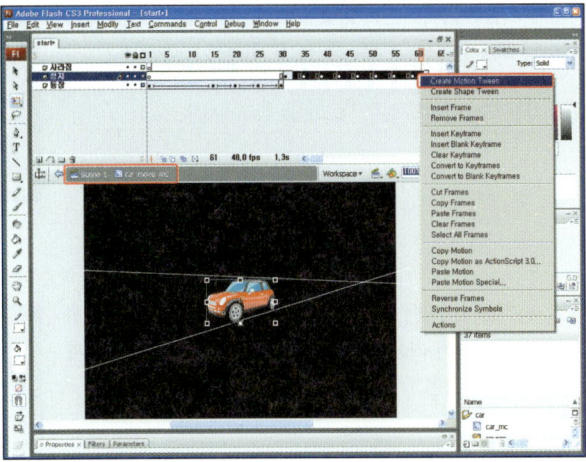

4 사라지는 모션 만들기

이번 모션은 자동차가 사라지는 모션으로, 사라짐 레이어에서 작업합니다.

❶ [레이어: 정지]에 62번 프레임에 있는 [무비클립: car_move_mc]를 복사합니다.

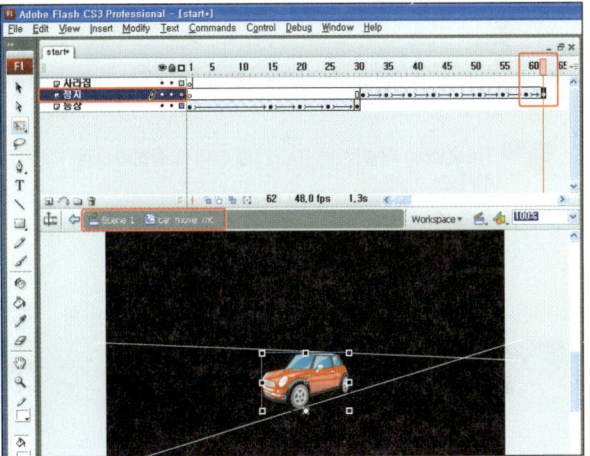

❷ [레이어: 사라짐]의 63번 프레임에서 F7 을 눌러서 빈 키 프레임을 생성한 후 Ctrl + Shift + V 를 눌러서 같은 위치에 붙여넣기합니다.

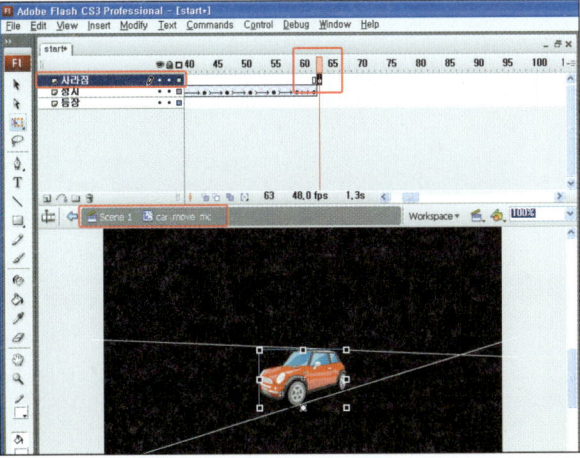

아래에서 위로 움직이는 느낌을 위해서 [무비클립: car_move _mc]의 모션 중심점을 우측 중간으로 이동해 보겠습니다.

참고 실무 모션 가이드 실무 Tip 3번을 참고하세요.

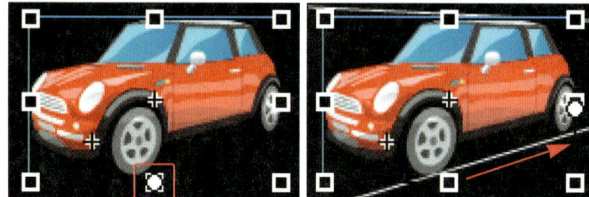

❸ 63번, 68번, 78번 프레임에 각각 키프레임(F6)을 생성하고 아래 표와 같이 속성을 만듭니다. 좌표 값은 Properties 패널에서, Scale 값은 Transform 패널에서 수정합니다.

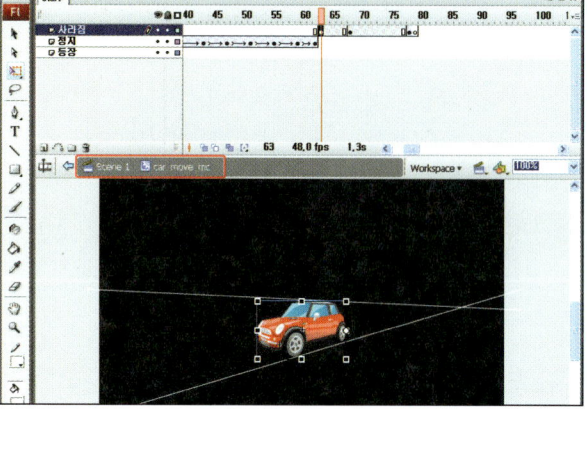

프레임	63	68	78
X scale, Y scale	100, 100	88, 100	255, 255
X, Y좌표	-31, 20	-20, 20	-488, 88

잠깐 Transform 패널은 Ctrl + T 를 눌러서 활성화시켜 주세요.

❹ 63번~78번 프레임 전체를 선택한 후 마우스 오른쪽 버튼을 클릭하여 모션 트위닝을 적용합니다.

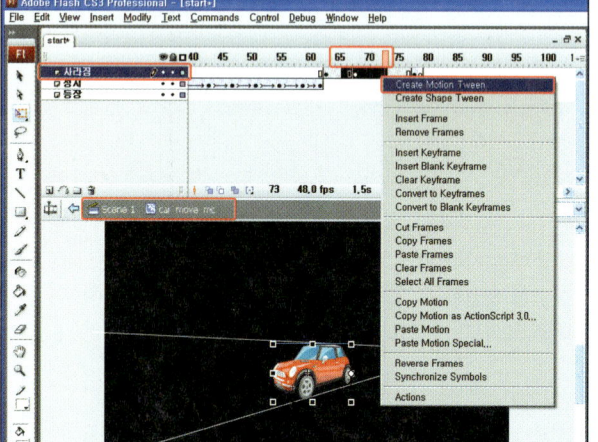

❺ 79번 프레임에서 F7 을 눌러 빈 프레임을 만들고 100번 프레임에서 F5 를 눌러 빈 프레임을 늘려 주어서 자동차가 사라진 다음 다시 등장 할 때까지 시간차를 만들어 줍니다.

참고 Ease 값은 실무 모션 가이드 실무 Tip 6번을 참고하세요.

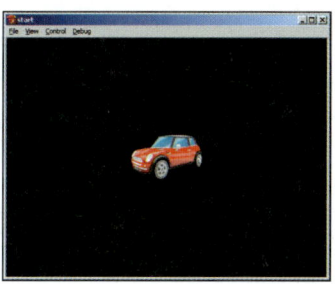
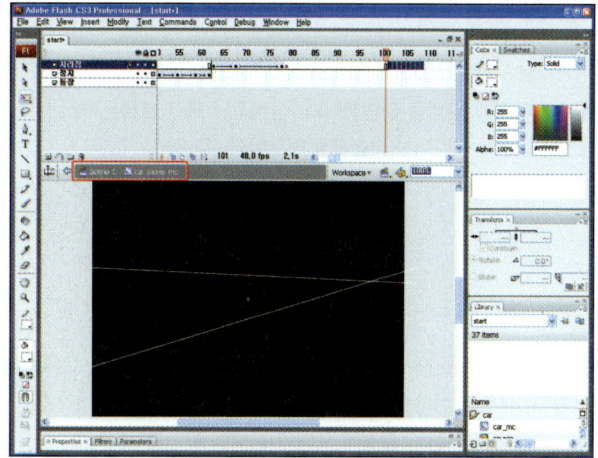

 Ctrl + Enter 를 눌러서 완성된 작업의 모션을 확인합니다.

이번 단원을 마치며

모션의 움직임을 필자가 정한 위치로 만들었지만 그것이 정해진 값이라고는 할 수 없습니다. 모션은 상당히 주관적인 작업입니다. 작업을 할 때 어떤 모션을 만들지 생각한 다음 Ctrl + Enter 를 통해서 생성된 테스트무비의 모션을 눈으로 직접 확인하고 어색한 부분이 있으면 수정하면서 작업을 해야 합니다. 처음에는 필자가 정한 위치와 사이즈 대로 작업을 해 보고 다음에는 여러분의 감으로 위치와 스케일을 조정하면서 작업해 보세요.

모션의 그룹화 기법

프로젝트를 진행하다 보면 다양한 모션이 한 화면에서 이루어집니다. 보는 사람은 그냥 화면에 대고 이것 저것을 고치라고 쉽게 이야기하지만 실무에서 제작을 하는 사람은 위치나 사이즈 변경에 민감합니다. 복잡하고 다양한 모션일수록 키프레임을 많이 만들기 때문입니다. 이번에 배울 모션의 그룹화 기법을 이해하면 위치나 사이즈 등을 수정하거나 다양한 파티클 효과를 써 더 쉽고 다양하게 제작할 수 있습니다.

완성 파일	부록CD/Sample/Part01/Sec02/02/end.fla
예제 파일	부록CD/Sample/Part01/Sec02/02/start.fla
Key Point	그래픽 심볼의 속성 중 Play Once의 이해
모션 미리보기(비행기 모션)	부록CD/Sample/Part01/Sec02/02/end.swf

1 예제 파일 열기

❶ '부록CD/Sample/Part01/Sec02/02/end.swf' 파일을 열어서 제작할 모션을 확인합니다. 전체적인 모션 흐름은 비행기가 멀리서 나타나는 모션으로 이루어집니다.

▲ 비행기 등장　　　　　　　　　▲ 비행기 등장 완료

❷ '부록CD/Sample/Part01/Sec02/02/start.fla' 를 플래시로 열고, 새로운 이름으로 저장합니다. [Library] 패널에서 예제에 사용될 무비클립 심벌과 그래픽 심벌을 확인합니다. 스테이지에서 [무비클립: 비행기 모션]을 더블클릭합니다. [레이어: 비행기 모션]을 확인합니다.

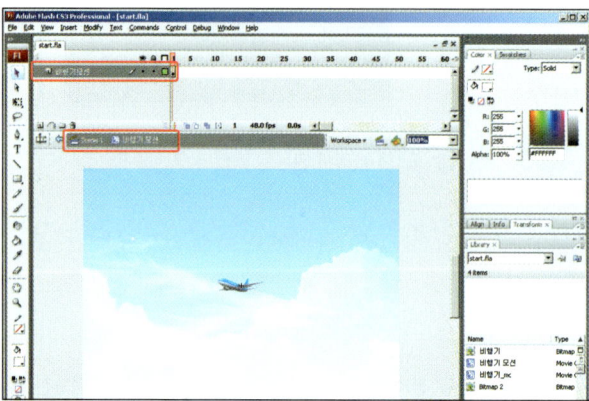

❸ 타임라인의 1번 프레임과 154번 프레임에 각각 F6 을 눌러서 키프레임을 생성하고 마우스 오른쪽 버튼을 클릭하여 모션 트위닝을 적용합니다.

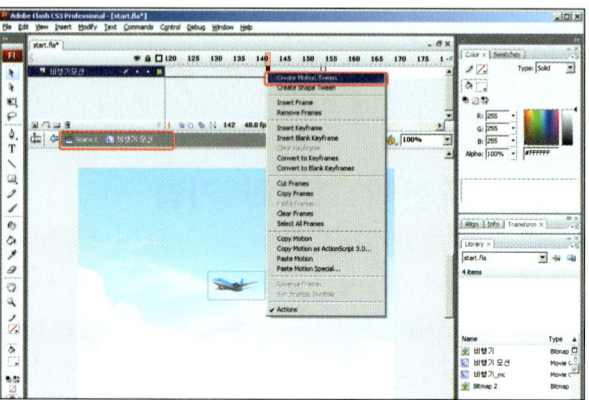

❹ 1번 키프레임과 154번 프레임에 있는 [무비클립: 비행기_mc]의 속성을 아래 표와 같이 설정합니다.

프레임	1	154
X scale, Y scale	20, 20	100, 100
X좌표, Y좌표	120, 10	0, 0

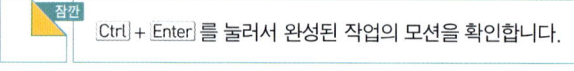

잠깐
Ctrl + Enter 를 눌러서 완성된 작업의 모션을 확인합니다.

2 모션의 그룹화 이해하기

비행기가 점점 커지면서 등장하는 모션이 만들어진 걸 확인할 수 있습니다. Scene 1에서 등장하는 모션은 그
대로 유지하면서 비행기의 등장 위치를 위나 아래로 옮기려면 무비클립을 이동하면 됩니다. 즉 움직임 같은
모션 작업은 무비클립으로 작업해서 만들고 무비클립의 위치나 프레임 순서는 Scene 1에서 설정해 주면 됩
니다. 이때 Scene 1의 타임라인에서는 무비클립 안에 만든 모션을 확인할 수는 없습니다. 지금부터 무비클립
이나 그래픽 심볼 안에 만들어진 모션을 확인하는 방법을 알아보겠습니다.

❶ 메인 타임라인에 [레이어: 비행기모션]의 [무비클립: 비행
기모션]을 선택합니다.

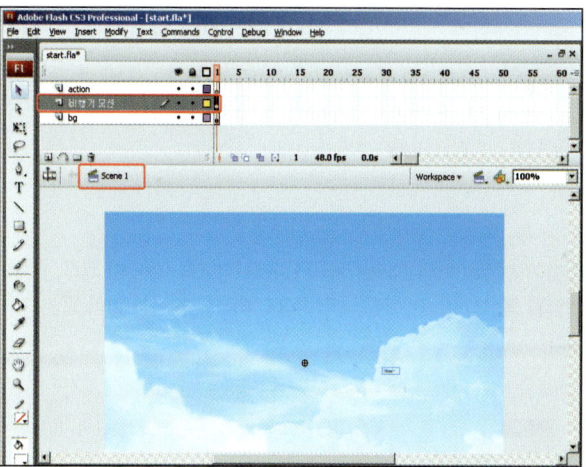

❷ 프로퍼티에서 속성을 MovieClip에서 Graphic으로 전환
합니다.

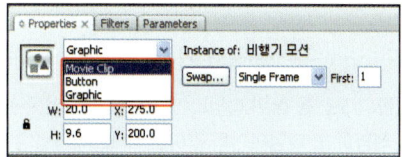

❸ 프로퍼티 속성에서 프레임 속성을 Play Once로 바꿉니다.

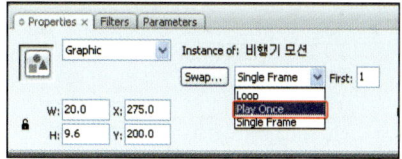

❹ 무비클립에 모션이 154프레임까지 있기 때문에 타임라인의 프레임을 F5 를 눌러 154프레임까지 늘립니다.

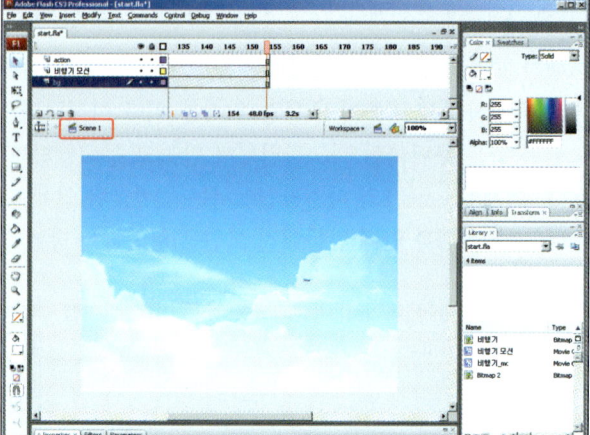

> 잠깐 키프레임을 드래그하면 [무비클립: 비행기모션] 안에서 만들어진 모션을 타임라인에서 확인할 수 있습니다.

❺ action 레이어의 154번 키프레임에서 F7 을 눌러 빈 키프레임을 생성한 다음 F9 를 눌러 stop( )이라고 액션을 넣어 줍니다.

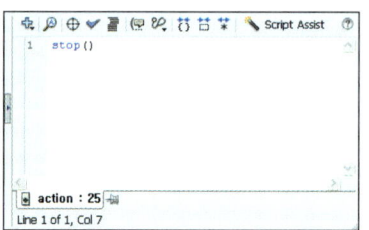

> 잠깐 Ctrl + Enter 를 눌러서 완성된 작업의 모션을 확인합니다.

이번 단원을 마치며

Play Once는 해당 심볼의 모션을 상위 타임라인 기준으로 보여 주는 속성을 가지고 있습니다. [무비클립: 비행기모션]이 가지는 전체 모션 길이는 154프레임이고, 타임라인의 길이도 154프레임입니다. 만약에 타임라인의 프레임이 100프레임에서 멈춘다면 [무비클립: 비행기모션]의 100프레임까지만 모션이 이루어집니다. 타임라인의 길이가 300프레임일 경우에는 [무비클립: 비행기모션]의 154프레임까지 모션이 보이고, 154프레임에서 멈춘 상태로 진행됩니다. 앞으로 책에서 다룰 대부분의 모션은 이 방식을 이용해서 진행됩니다. 동영상 강좌를 통해서 이 작업을 완벽하게 이해하기 바랍니다.

무비클립 변화 주기(프로퍼티 이용 기법)

디자인 작업에서 비주얼 이미지의 등장 모션을 처리할 때 많이 쓰는 방법이 마스크 기법과 Properties 속성 창의 여러 속성 값을 이용한 등장 기법입니다. Properties 속성을 이용한 다양한 등장 기법에 대해 알아보겠 습니다.

완성 파일	부록CD/Sample/Part01/Sec02/03/end.fla
예제 파일	부록CD/Sample/Part01/Sec02/03/start.fla
Key Point	Properties 속성 창의 속성을 이용한 등장 모션 배우기
모션 미리보기(배경 및 비주얼 이미지 등장)	부록CD/Sample/Part01/Sec02/03/end.swf

1 예제 파일 열기

❶ '부록CD/Sample/Part01/Sec02/03/end.swf' 파일을 열어서 제작할 모션을 확인합니다. 전체적인 모션 흐름은 배 경 및 비주얼 이미지 등장에 의해 이루어집니다.

▲ 배경 이미지 등장　　　　▲ 아기 이미지 등장

❷ '부록CD/Sample/Part01/Sec02/03/start.fla' 를 플래시 로 열고, 새로운 이름으로 저장합니다. [Library] 패널에서 예 제에 사용될 무비클립 심벌과 그래픽 심벌을 확인합니다. 스 테이지에서 [무비클립: img_mc]를 더블클릭합니다. [레이어: 배경]에 [무비클립: 배경], [레이어: 지민1]에 [무비클립: 지 민]을 확인합니다.

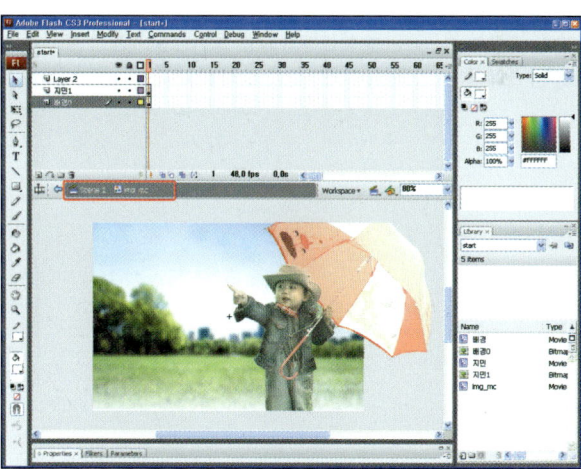

2 배경 비주얼 등장

❶ [레이어: 배경]의 1번 프레임과 33번 프레임에 각각 F6 을 눌러서 키프레임을 생성하고 모션 트위닝을 적용한 후 100번 프레임에 F6 을 눌러 프레임을 늘려 줍니다.

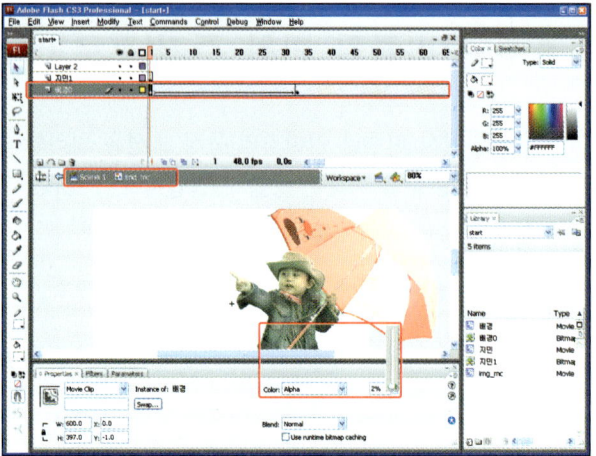

❷ [레이어: 배경]의 1번 프레임에 있는 [무비클립: 배경]을 선택하고 Properties에 Alpha를 0%로 설정합니다.

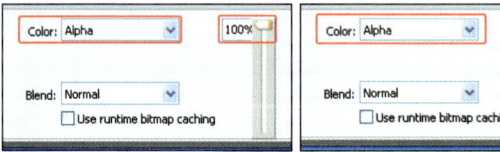

3 아기 비주얼 등장

❶ [레이어: 지민1]의 34번 프레임과 100번 프레임에 각각 F6 을 눌러서 키프레임을 생성하고 모션 트위닝을 적용한 후 100번 프레임에 F6 을 눌러 프레임을 늘려 줍니다.

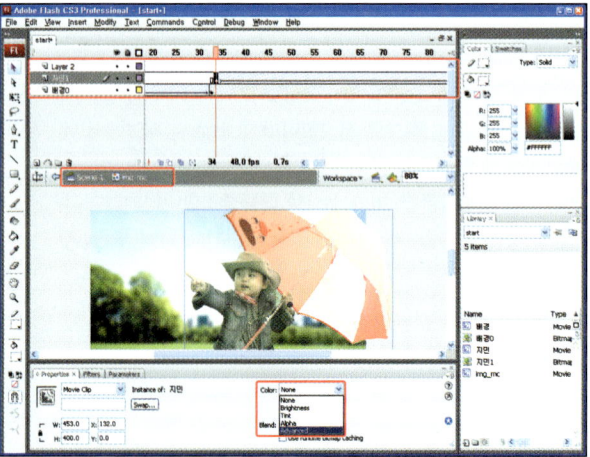

❷ [레이어: 지민1]의 34번 프레임에 있는 [무비클립: 지민]을
선택하고 Properties에 Advanced를 선택합니다.

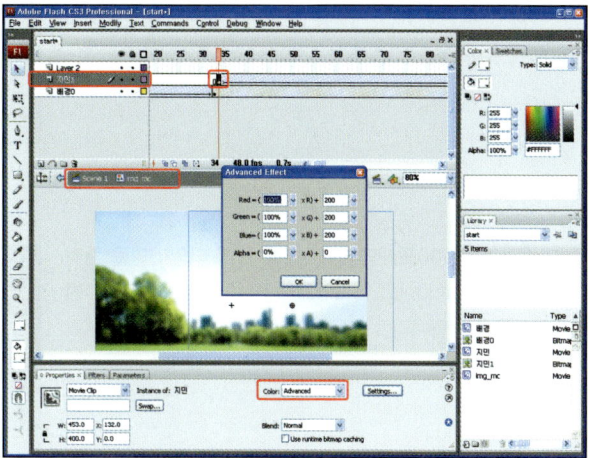

❸ Settings…를 눌러서 속성 창을 열고 다음과 같이 속성을
적습니다.

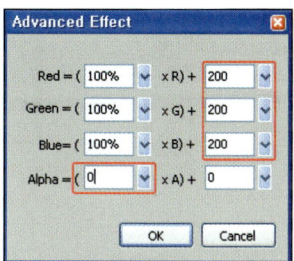

❹ [레이어: 지민1]의 34번 키프레임에 있는 [무비클립: 지민]
을 선택하고 표와 같이 속성을 만듭니다. 좌표 값은 Properties
패널에서 수정합니다.

프레임	34	100
X좌표, Y좌표	132, 0	222, 0

4️⃣ 타임라인에서 마무리하기

앞서 배운 그래픽 심볼의 속성을 이용한 모션 만들기 기법을
적용합니다.

❶ 메인 타임라인에서 img_mc를 선택합니다.

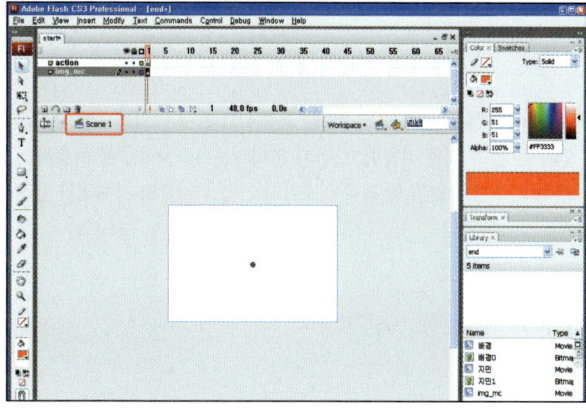

❷ Properties 패널에서 속성을 Graphic - Play Once로 선택합니다.

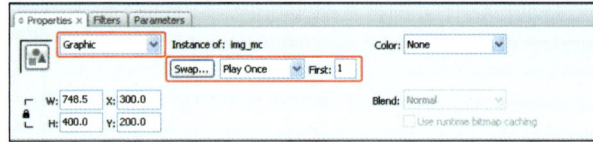

❸ 타임라인의 100프레임에서 F5 를 눌러 타임라인을 늘려주고 [레이어: action]의 100키프레임에서 F7 을 눌러서 빈 키프레임을 생성합니다.

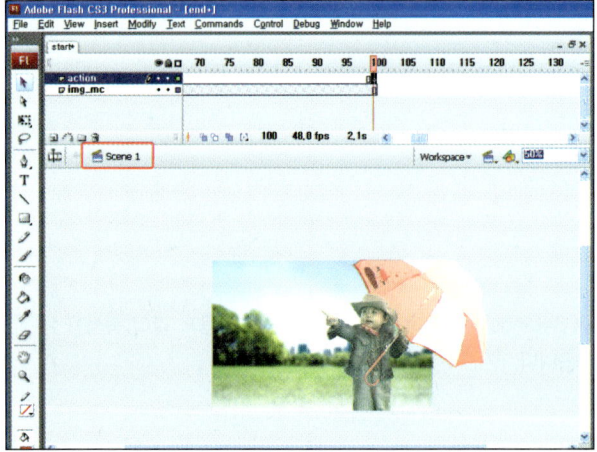

❹ [레이어: action]의 마지막 빈 키프레임에 F9 를 눌러 액션 창을 열고 stop( )을 적습니다.

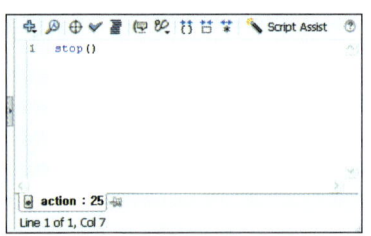

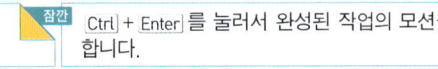
잠깐 Ctrl + Enter 를 눌러서 완성된 작업의 모션을 확인합니다.

이번 단원을 마치며

Advanced를 이용해서 비주얼을 등장시키는 경우 알파 값으로 등장하는 느낌과는 다른 모션이 만들어집니다. 지금 만든 배경 같은 경우는 알파 값을 이용하고, 아기 이미지는 Advanced를 이용해서 등장시킵니다. 차이점을 눈으로 확인할 수 있을 것입니다. 여러분이 비주얼 작업을 할 경우 이 2가지 기법을 적절히 사용해서 등장시켜 주면 됩니다.

SECTION

03 특별한 등장 : 마스크 모션 기법

메인 비주얼이 등장하는 방법으로 속성 값을 이용한 기법과 마스크 기법을 많이 사용합니다. 이 중 마스크는 전체 영역 중 특정 부분만을 보이게 하는 기법입니다. 이번 장에서는 웹 사이트에서 많이 사용하는 다중 마스크 기법에 대해서 알아보겠습니다.

PREVIEW

01 다중 마스크 기법1 ⊙ 부록CD/Sample/Part01/Sec03/01/end.swf

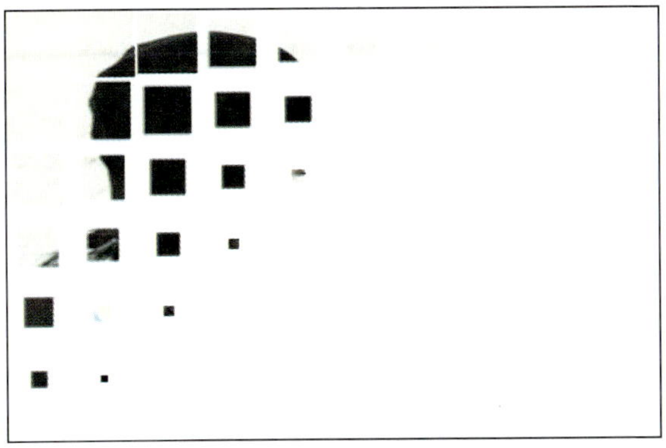

▲ 다중 마스크 시작

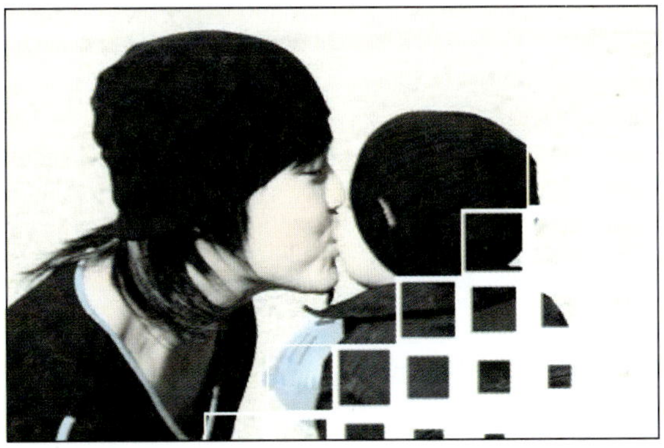

▲ 다중 마스크 완성

02 다중 마스크 기법2 ⊙ 부록CD/Sample/Part01/Sec03/02/end.swf

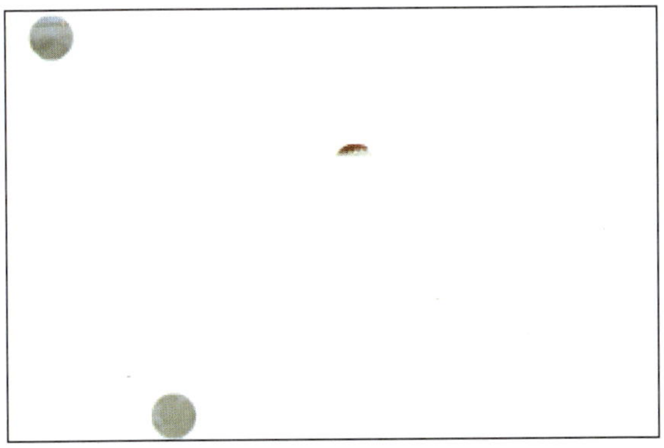

▲ 원 다중 마스크 등장

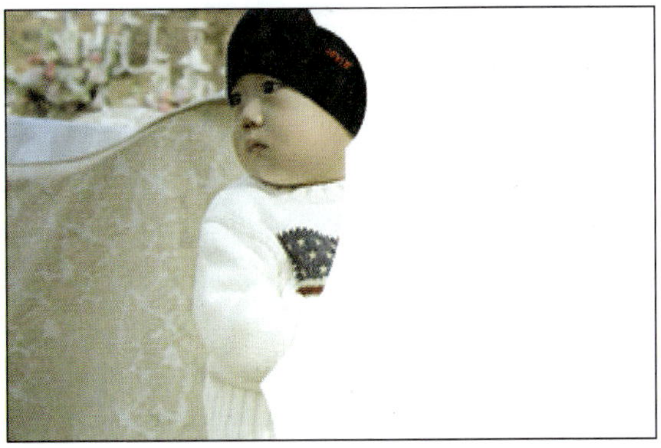

▲ 원 다중 마스크 완성

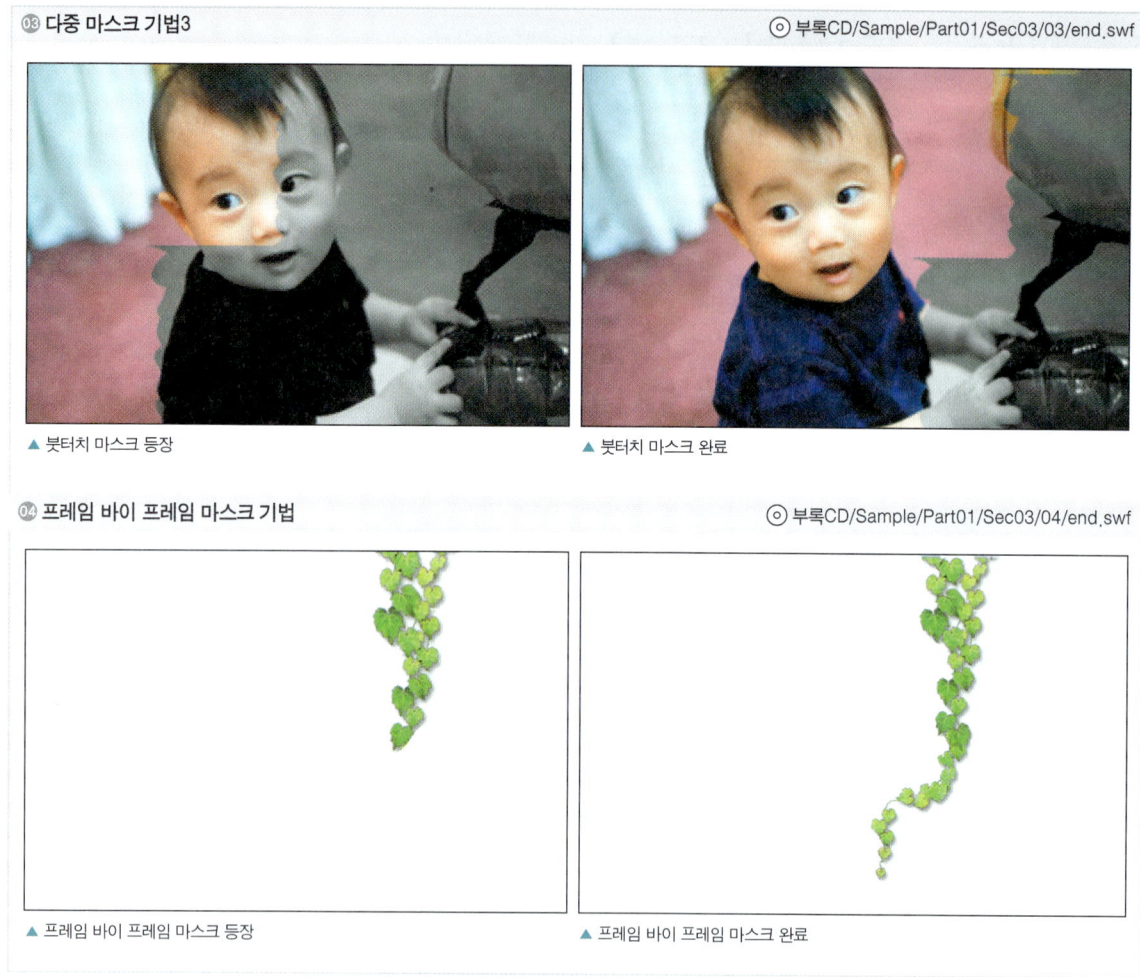

③ 다중 마스크 기법3 　　　　　　　　　　　　　　　　◉ 부록CD/Sample/Part01/Sec03/03/end.swf

▲ 붓터치 마스크 등장　　　　　　　　　　　　　▲ 붓터치 마스크 완료

④ 프레임 바이 프레임 마스크 기법　　　　　　　　◉ 부록CD/Sample/Part01/Sec03/04/end.swf

▲ 프레임 바이 프레임 마스크 등장　　　　　　　▲ 프레임 바이 프레임 마스크 완료

● 다중 마스크 기법1

사이트에 비주얼을 등장시킬 때 사용되는 방법 중 하나가 마스크 기법입니다. 이 마스크 기법 중 여러 개의 무비클립을 그룹화하여 만드는 다중 마스크 기법에 대해서 알아보겠습니다. 다중 그룹화 기법을 응용하면 마스크 영역이 될 심볼에 모션을 줄 수 있습니다. 사이트에서 비주얼이 등장할 때 특별하게 보일 수 있도록 작업해 보겠습니다.

완성 파일	부록CD/Sample/Part01/Sec03/01/end.fla
예제 파일	부록CD/Sample/Part01/Sec03/01/start.fla
Key Point	다중 마스크 모션 제작
모션 미리보기(등장 모션)	부록CD/Sample/Part01/Sec03/01/end.swf

1 예제 파일 열기

❶ '부록CD/Sample/Part01/Sec03/01/end.swf' 파일을 열어서 제작할 모션을 확인합니다.

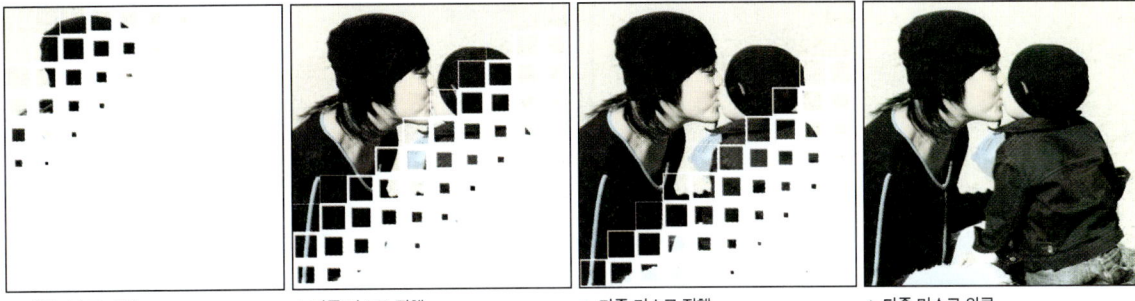

▲ 다중 마스크 시작   ▲ 다중 마스크 진행   ▲ 다중 마스크 진행   ▲ 다중 마스크 완료

❷ '부록CD/Sample/Part01/Sec03/01/start.fla' 를 플래시
로 열고, 새로운 이름으로 저장합니다. [Library] 패널에서 예
제에 사용될 무비클립 심벌과 그래픽 심벌을 확인합니다.

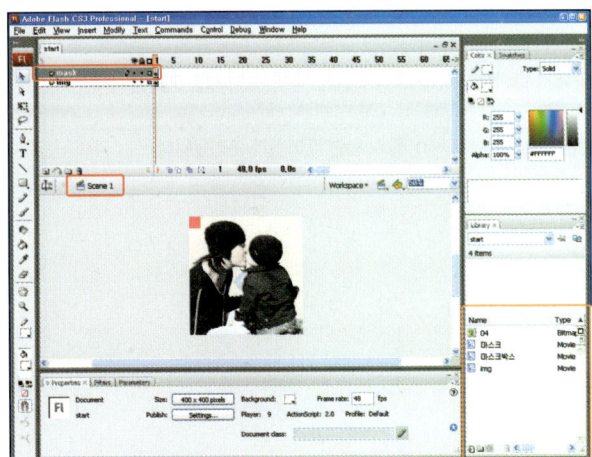

2 가로/세로 마스크 만들기

❶ [레이어: mask]의 [무비클립: 마스크박스]를 선택하고 같
은 간격으로 가로로 10개 복사합니다. 복사한 [무비클립: 마스
크박스]들 전체를 선택하고 F8 을 눌러서 [무비클립: 마스크
가로]로 등록합니다.

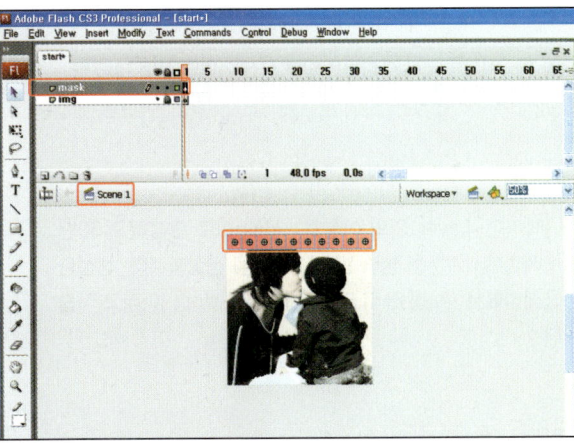

❷ 등록한 [무비클립: 마스크가로]를 같은 간격으로 세로로
10개 복사합니다. 이번에는 복사한 [무비클립: 마스크가로] 전
체를 선택하고 F8 을 눌러서 [무비클립: 마스크세로]로 등록
합니다.

참고 Align 패널은 실무 모션 가이드 실무 Tip 8번을 참고하세요.

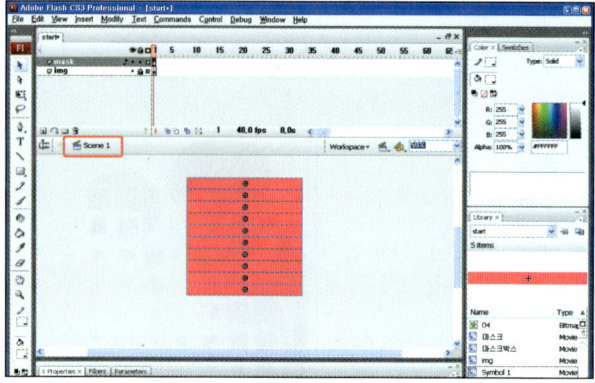

3 세로 마스크 프레임 구성

❶ [무비클립: 마스크세로]를 더블클릭합니다. [레이어:
Layer1]에 있는 무비클립을 모두 선택하고 오른쪽 마우스를 클
릭해서 Distribute to Layers를 선택해 레이어를 분리합니다.

참고 Ctrl + Shift + D 를 누르면 레이어가 분리됩니다.

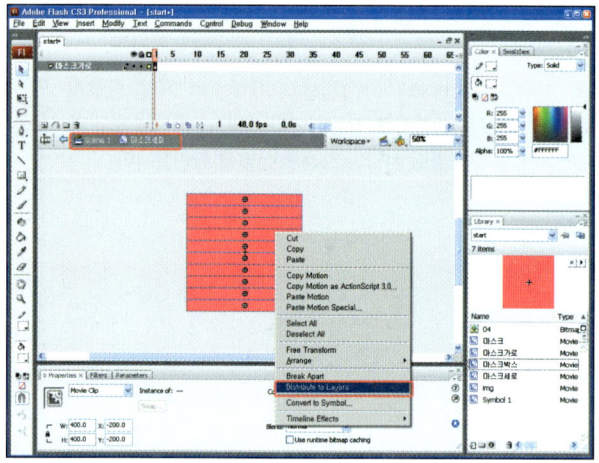

❷ 분리한 레이어에 있는 무비클립의 시작 위치를 그림과 같
이 이동한 후 모든 레이어의 80번 프레임에 F5 를 눌러서 레
이어의 프레임 길이를 맞춰 줍니다.

참고 키프레임의 프레임 이동은 실무 모션 가이드 실무 Tip 7번
을 참고하세요.

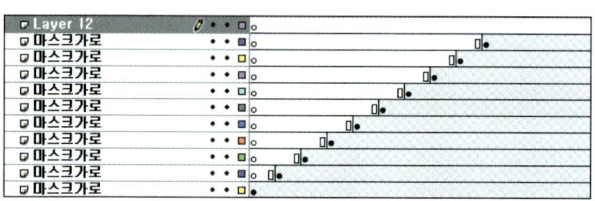

❸ [레이어: Layer12]의 이름을 Action으로 수정하고 80번
키프레임에서 F7 을 눌러 빈 키프레임을 생성합니다. 생성한
키프레임에서 F9 를 눌러 액션 창을 열고 stop( )이라고 적습
니다.

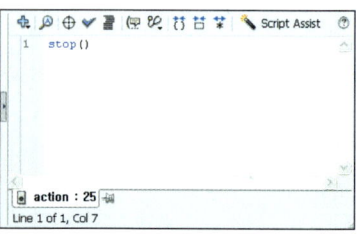

④ 가로 마스크 프레임 구성

❶ [무비클립: 마스크세로]에 있는 [무비클립: 마스크가로] 중 하나를 더블클릭합니다. [레이어: Layer1]에 있는 무비클립을 모두 선택하고 오른쪽 마우스를 클릭해서 Distribute to Layers를 선택해 레이어를 분리합니다.

참고 Ctrl + Shift + D 를 누르면 레이어가 분리됩니다.

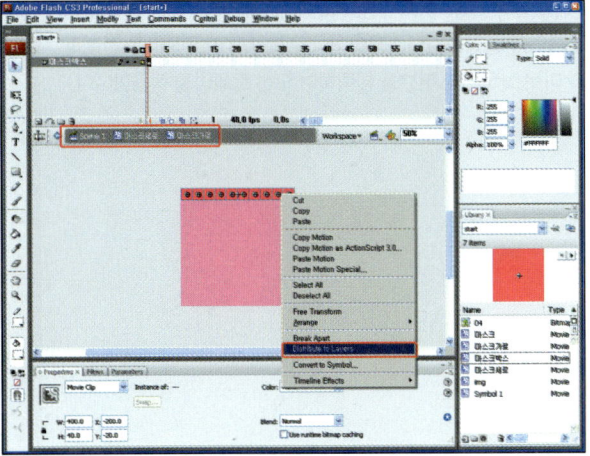

❷ 분리한 레이어에 있는 무비클립의 시작 위치를 아래와 같이 이동합니다.

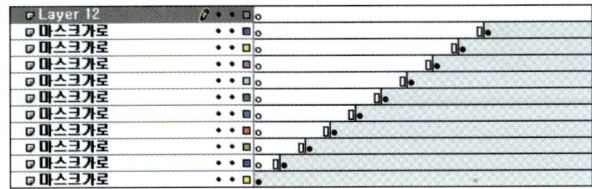

❸ [레이어: Layer1]의 이름을 Action으로 수정하고 80번 키프레임에서 F7 을 눌러 빈 키프레임을 생성합니다. 생성한 키프레임에서 F9 를 눌러 액션 창을 열고 stop( )이라고 적습니다.

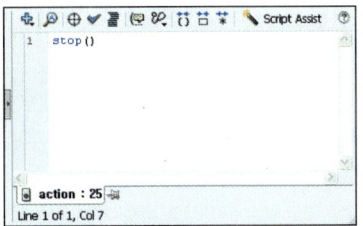

⑤ 박스 모션 만들기

❶ [무비클립: 마스크가로]에 있는 [무비클립: 마스크박스] 중 하나를 선택하고 더블클릭합니다.

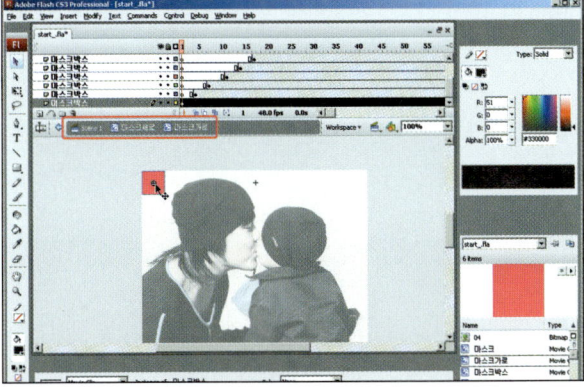

❷ [레이어: Layer1]의 1번, 20번 키프레임에 F6 을 눌러서 키 프레임을 생성합니다. [레이어: Layer1]의 키프레임을 선택하 고 마우스 오른쪽 버튼을 클릭하여 모션 트위닝을 적용합니다.

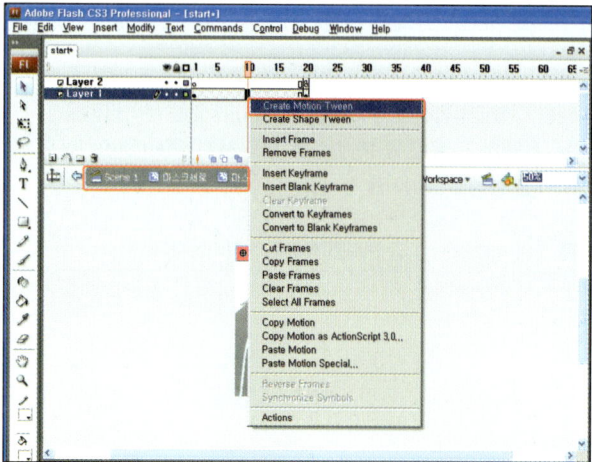

❸ 아래 표와 [레이어: Layer1]의 키프레임에 속성 값들을 조 정합니다. Scale 값은 Transform 패널에서 수정합니다.

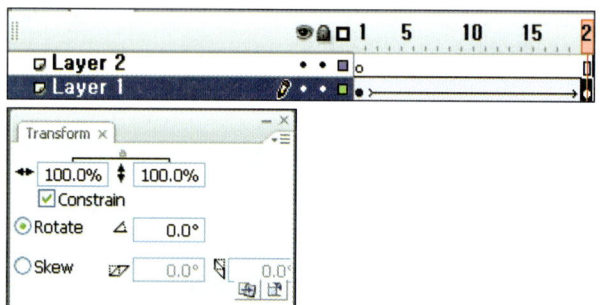

프레임	1	20
X scale, Y scale	1, 1	100, 100

❹ [레이어: Layer2]의 이름을 Action으로 수정하고 20번 키프 레임에서 F7 을 눌러 빈 키프레임을 생성합니다. 생성한 키프 레임에서 F9 를 눌러 액션 창을 열고 stop( )이라고 적습니다.

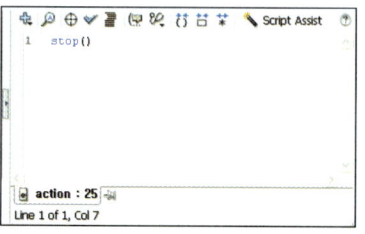

6 완성된 모션 확인하기

❶ 메인 타임라인으로 돌아가서 [레이어: mask]를 선택하고
마우스 오른쪽 버튼을 클릭해서 마스크를 적용합니다.

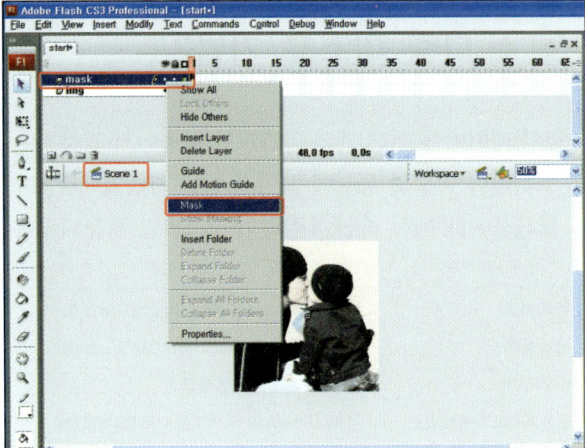

> **잠깐** Ctrl + Enter 를 눌러서 완성된 작업의 모션을 확인
> 합니다.

이번 단원을 마치며

다중 마스크는 무비클립 안에서 만들어지는 모션이 순차적으로 등장할 경우 같은 모션으로 마스크가 만들어집니다. 이를 응용해서
다중 마스크 기법을 만들 수 있습니다. 마스크 박스 안에 있는 모션을 바꾸면 다양한 다중 마스크가 됩니다.

 도전 예제 - 한번 만들어 봅시다!

응용.swf를 열어 여러분도 한번 만들어 보세요.

> 응용: 부록CD/Sample/Part01/Sec03/01/응용.swf

다중 마스크 기법2

다중의 레이어에 여러 개의 마스크를 만들어서 적용하는 마스크 기법에 대해서 알아보겠습니다. 이 기법은 포토 갤러리나 비주얼 등장에 많이 쓰이는 기법입니다. 마스크로 모션을 좀더 다양한 효과로 만들어 보고, 가이드 모션을 이용해서 곡선 움직임의 마스크가 적용되도록 해 보겠습니다.

완성 파일	부록CD/Sample/Part01/Sec03/02/end.fla
예제 파일	부록CD/Sample/Part01/Sec03/02/start.fla
Key Point	운동방향에 따른 모션 제작
모션 미리보기(등장 모션)	부록CD/Sample/Part01/Sec03/02/end.swf

1 예제 파일 열기

❶ '부록CD/Sample/Part01/Sec03/02/end.swf' 파일을 열어서 제작할 모션을 확인합니다.

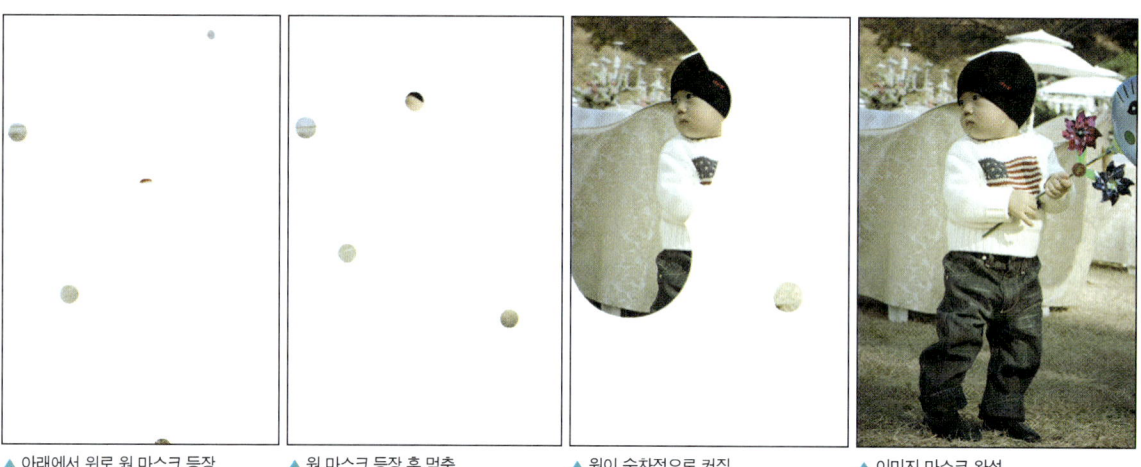

▲ 아래에서 위로 원 마스크 등장   ▲ 원 마스크 등장 후 멈춤   ▲ 원이 순차적으로 커짐   ▲ 이미지 마스크 완성

❷ '부록CD/Sample/Part01/Sec03/02/start.fla' 를 플래시로 열고, 새로운 이름으로 저장합니다. [Library] 패널에서 예제에 사용될 무비클립 심벌과 그래픽 심벌을 확인합니다.

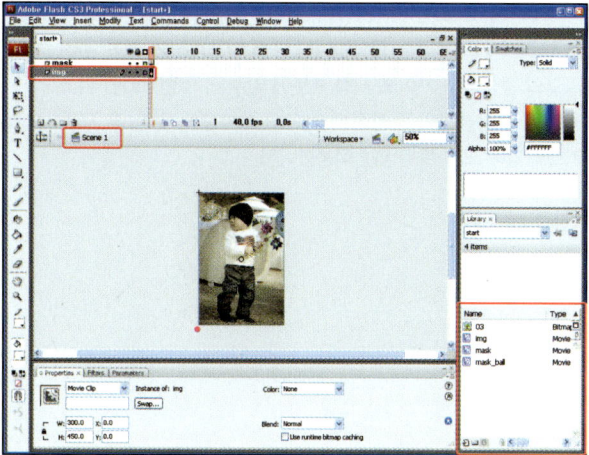

2 무비클립 확인

❶ [레이어: Mask]에 [무비클립: mask]를 더블클릭합니다. [레이어: mask_ball]에 [무비클립: mask_ball]을 확인합니다.

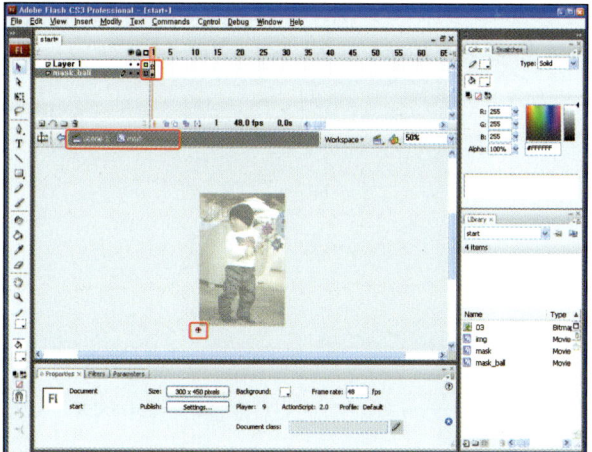

3 원이 등장하고 커지는 모션 만들기

❶ 가이드 레이어와 가이드 모션을 만듭니다.

참고 │ 플래시 CS3 기초 가이드의 9번 가이드 레이어 만들기를 참고하세요.

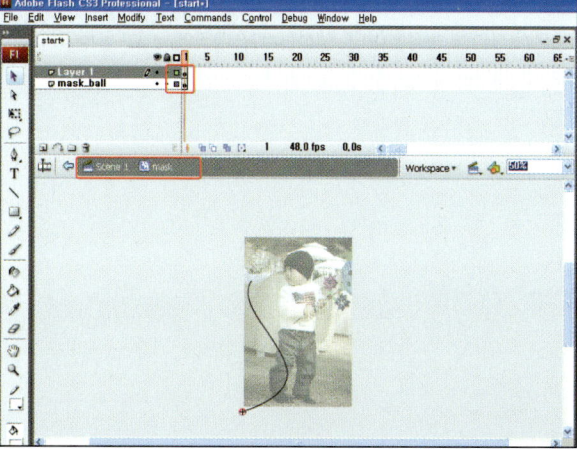

❷ [레이어: mask_ball]의 1번, 26번, 55번 키프레임에 F6 을 눌러서 키프레임을 생성합니다. 1번 키프레임에 있는 무비클립의 중심점을 가이드 시작 부분에 맞추고 26번, 55번 키프레임의 무비클립의 중심점은 가이드 끝부분에 맞춘 후 모든 키프레임에 모션 트위닝을 적용합니다.

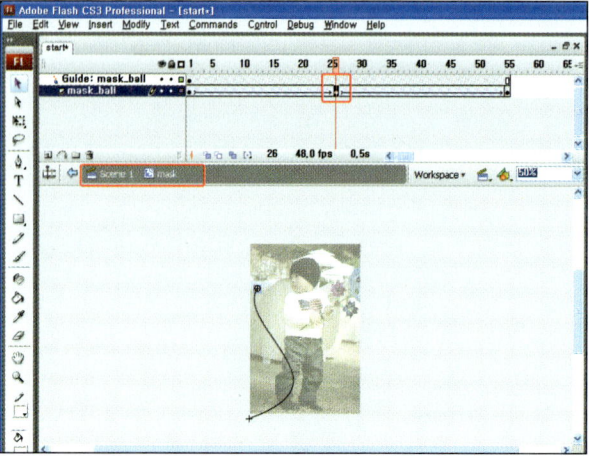

❸ 55번 키프레임의 [레이어:mask_ball]을 2500% 확대합니다. Scale 값은 Transform 패널에서 수정합니다.

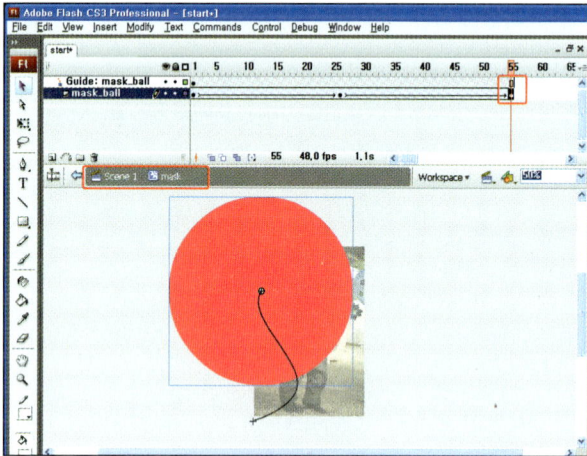

잠깐 Transform 패널은 Ctrl + T 를 눌러서 활성화시켜줍니다.

❹ 새로운 레이어를 추가하고 55번 키프레임에서 F7 을 눌러 빈 키프레임을 생성합니다. 생성한 키프레임에서 F9 를 눌러 액션 창을 열고 stop( )이라고 적습니다.

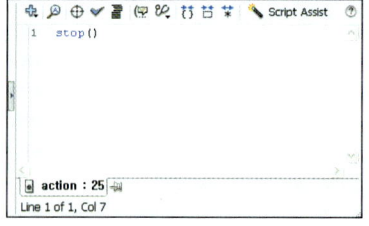

4 원 모션에 마스크 적용하기

❶ 메인으로 와서 타임라인으로 이동하여 그림과 같이 레이어를 생성하고 [레이어: img]와 [레이어: mask]를 4개 만듭니다. 이때 Mask 레이어와 img 레이어를 copy frame 한 후 paste frame을 반복해서 4개 만들면 됩니다.

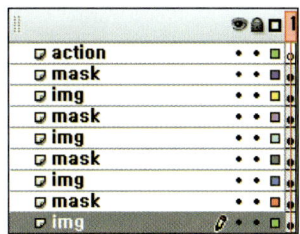

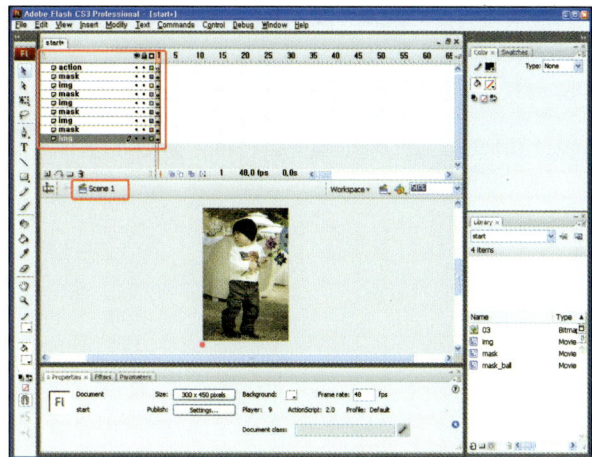

❷ [레이어: mask]의 [무비클립: mask]의 위치를 이동해서 이미지가 모두 보이도록 만들어 줍니다.

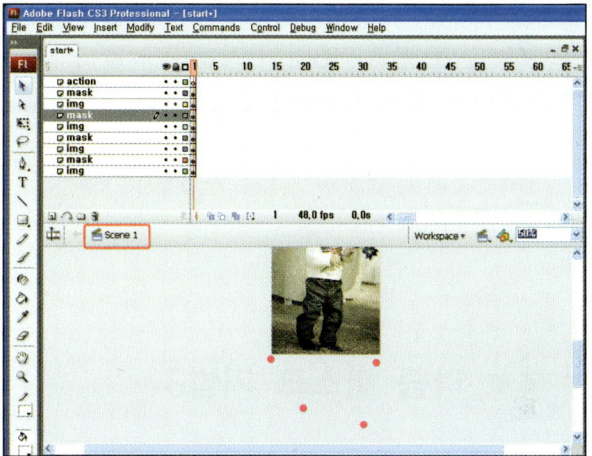

❸ 각각의 [레이어: mask]를 선택하고 마우스 오른쪽 버튼을 클릭하여 Mask를 적용합니다.

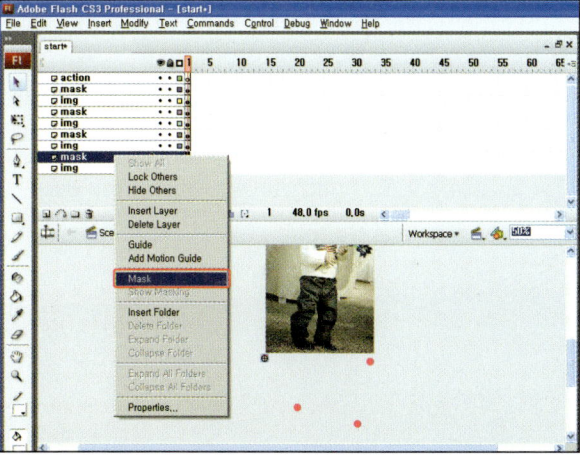

❹ 그림과 같이 무비클립의 시작 위치를 이동합니다. 이동 후 모든 레이어의 45번 프레임에 F5 를 눌러 레이어의 프레임 길이를 맞춰 줍니다.

참고 키프레임의 프레임 이동은 실무 모션 가이드 실무 Tip 7번을 참고하세요.

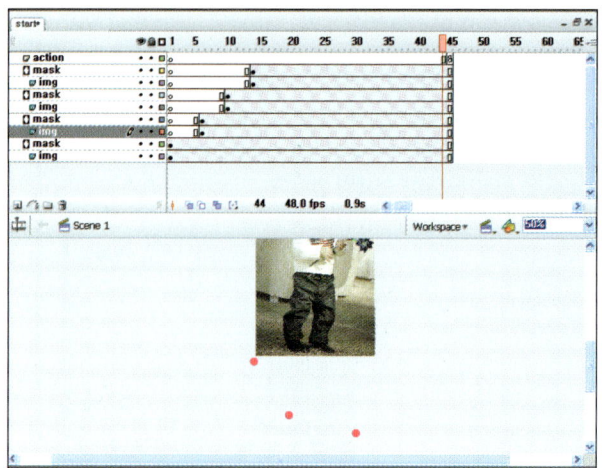

❺ 새로운 레이어를 추가하고 45번 키프레임에서 F7 을 눌러 빈 키프레임을 생성합니다. 생성한 키프레임에서 F9 를 눌러 액션 창을 열고 stop( )이라고 적습니다.

잠깐 Ctrl + Enter 를 눌러서 완성된 작업의 모션을 확인합니다.

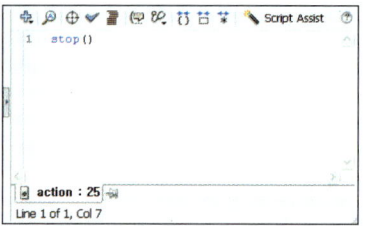

●●● 다중 마스크 기법3

붓으로 그리는 듯한 느낌의 마스크를 만들어 보겠습니다. 이 역시 다중 마스크를 응용한 기법입니다. 이 기법은 마스크가 그려지는 부분에 대해서 기존과 다르게 쉐이프 트위닝을 적용합니다. 자, 재미있는 마스크 기법을 시작해 볼까요?

완성 파일	부록CD/Sample/Part01/Sec03/03/end.fla
예제 파일	부록CD/Sample/Part01/Sec03/03/start.fla
Key Point	붓터치 느낌의 모션
모션 미리보기(등장 모션)	부록CD/Sample/Part01/Sec03/03/end.swf

1 예제 파일 열기

❶ '부록CD/Sample/Part01/Sec03/03/end.swf' 파일을 열어서 제작할 모션을 확인합니다.

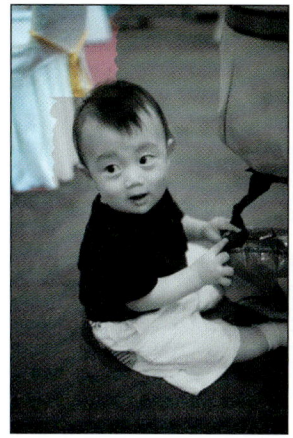

▲ 붓터치 모션 등장

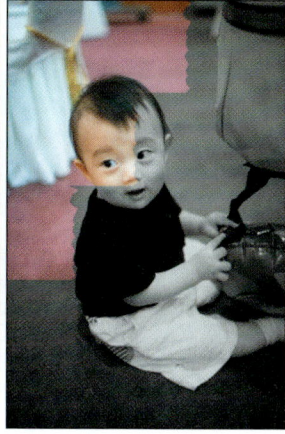

▲ 붓터치 모션 등장

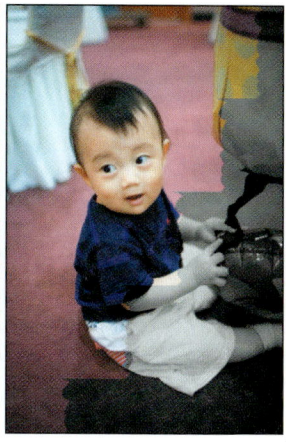

▲ 붓터치 모션 등장

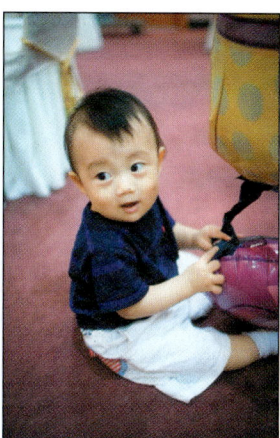

▲ 이미지 마스크 완성

❷ '부록CD/Sample/Part01/Sec03/03/start.fla' 를 플래시로 열고, 새로운 이름으로 저장합니다. [Library] 패널에서 예제에 사용될 무비클립 심벌과 그래픽 심벌을 확인합니다.

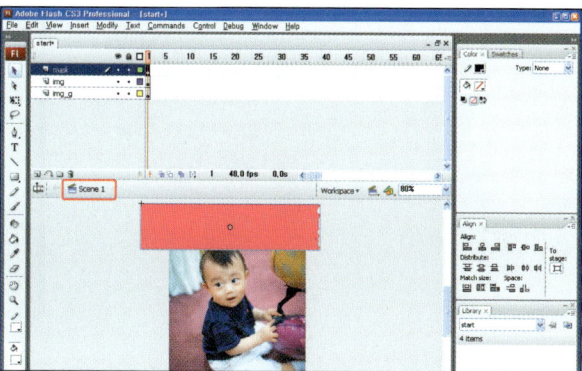

2 무비클립 구성 확인

❶ [레이어: Mask]에 [무비클립: mask]를 더블클릭합니다. [레이어: mask_line]에 [무비클립: mask_line]을 확인합니다.

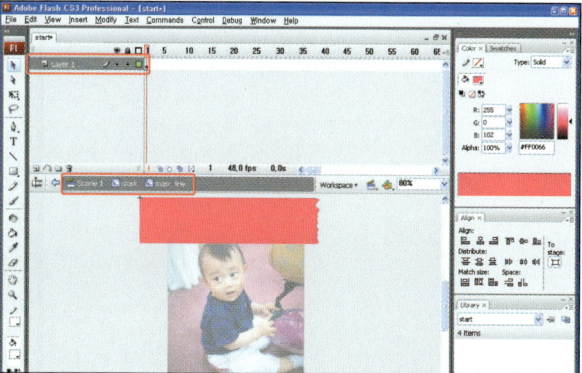

3 붓터치 모션 만들기

❶ [레이어: mask_line]에 [무비클립: mask_line]을 더블클릭
합니다. [레이어: Layer1]의 1번과 70번에 F6 을 눌러서 키프
레임을 생성합니다.

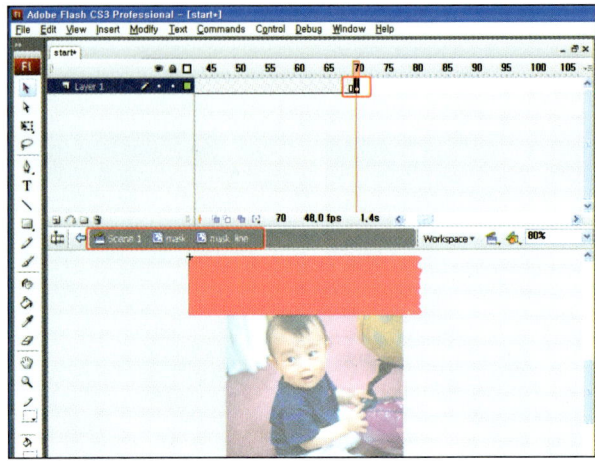

❷ 1번 키프레임에 있는 오브젝트를 왼쪽으로 이동합니다.

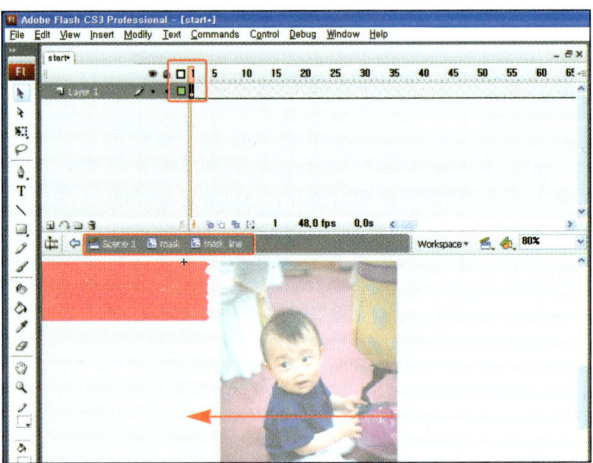

❸ 키프레임을 선택하고 마우스 오른쪽 버튼을 클릭하여 쉐이
프 트위닝을 적용합니다.

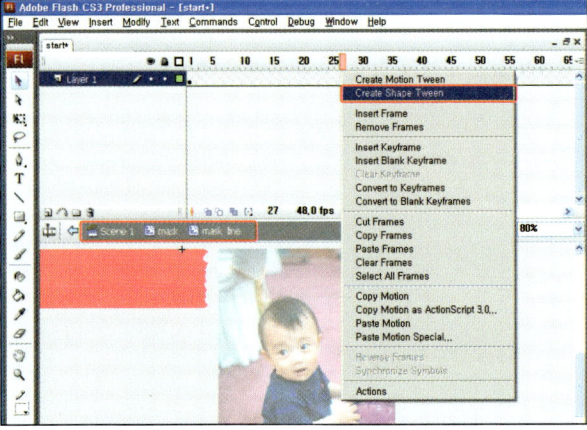

❹ [레이어: Layer2]의 이름을 Action으로 수정하고 70번 키프레임에서 F7 을 눌러 빈 키프레임을 생성합니다. 생성한 키프레임에서 F9 를 눌러 액션 창을 열고 stop( )이라고 적습니다.

③ 전체적인 마스크 모션을 위한 붓터치 모션 복사

❶ [무비클립: Mask]의 편집 창으로 이동합니다.

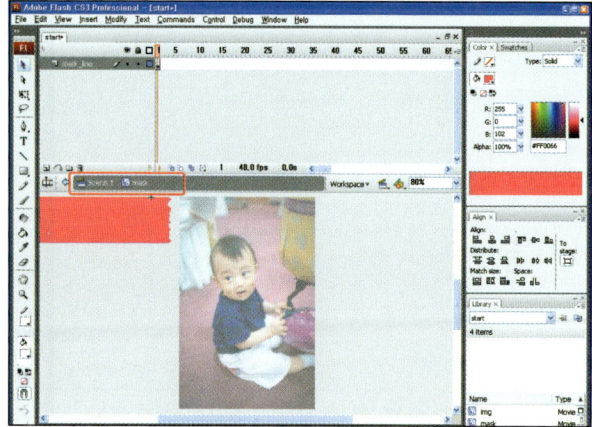

❷ [무비클립: mask_line]을 5개 복사해서 화면에 배치합니다.

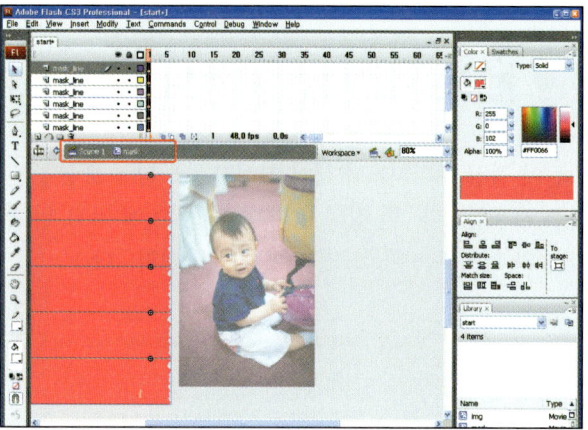

❸ 레이어에 있는 시작 위치를 그림과 같이 이동합니다. 이동 후 모든 레이어의 40번 프레임에 F5 를 눌러 레이어의 프레임 길이를 맞춰 줍니다.

참고 키프레임의 프레임 이동은 실무 모션 가이드 실무 Tip 7번을 참고하세요.

❹ 레이어를 추가하고 이름을 Action으로 수정합니다. 40번 키프레임에서 F7 을 눌러 빈 키프레임을 생성합니다. 생성한 키프레임에서 F9 를 눌러 액션 창을 열고 stop( )이라고 적습니다.

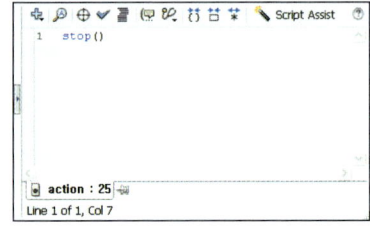

❺ 메인 타임라인으로 이동합니다. [레이어: mask]를 선택하고 마우스 오른쪽 버튼을 클릭하여 Mask를 적용합니다.

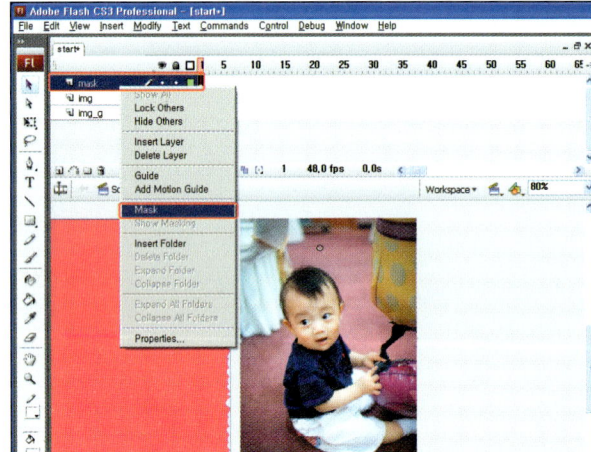

 Ctrl + Enter 를 눌러서 완성된 작업의 모션을 확인합니다.

●●● 프레임 바이 프레임 마스크 기법

그림이 점점 그려지거나 색이 칠해지는 느낌의 모션을 만들 때 사용하는 기법입니다. 글씨가 써지는 느낌에도 자주 사용합니다. 한 장의 이미지를 레이어에 두고 위 레이어에 프레임 바이 프레임으로 색칠을 해서 이미지가 점차 덮이도록 마스크를 적용하는 방식입니다.

완성 파일	부록CD/Sample/Part01/Sec03/04/end.fla
예제 파일	부록CD/Sample/Part01/Sec03/04/start.fla
Key Point	색이 칠해지는 느낌의 모션
모션 미리보기(등장 모션)	부록CD/Sample/Part01/Sec03/04/end.swf

1 예제 파일 열기

❶ '부록CD/Sample/Part01/Sec03/04/end.swf' 파일을 열어서 제작할 모션을 확인합니다.

▲ 프레임 마스크를 이용한 나뭇잎 등장　　▲ 프레임 마스크를 이용한 나뭇잎 등장　　▲ 프레임 마스크를 이용한 나뭇잎 등장　　▲ 프레임 마스크를 이용한 나뭇잎 등장 완료

❷ '부록CD/Sample/Part01/Sec03/04/start.fla' 를 플래시로 열고, 새로운 이름으로 저장합니다. [Library] 패널에서 예제에 사용될 무비클립 심벌과 그래픽 심벌을 확인합니다.

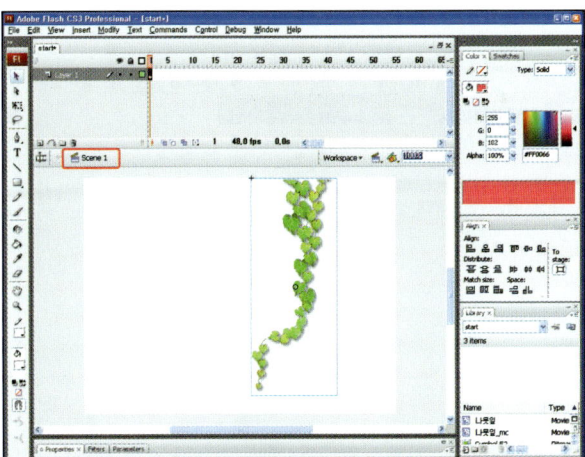

2 프레임 바이 프레임 마스크 만들기

❶ [레이어: 나뭇잎_mc]에 [무비클립: 나뭇잎_mc]를 더블클릭합니다.

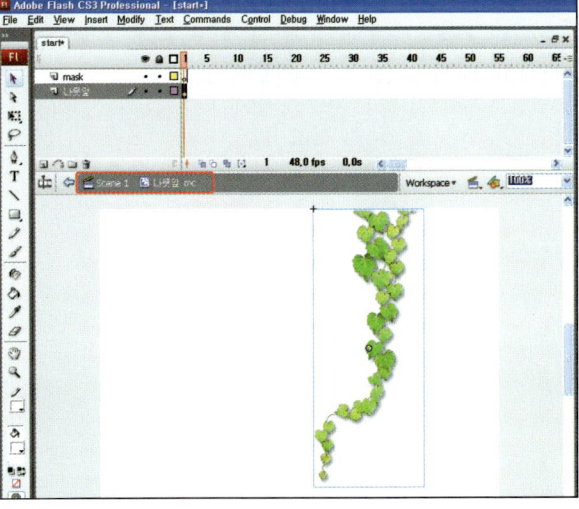

❷ Brush Tool을 선택하고 Mask 레이어에 조금씩 색칠을 해서 나뭇잎을 가려 줍니다. 이때 키프레임(F6)을 추가하면서 칠해야 마스크가 자연스럽게 적용됩니다.

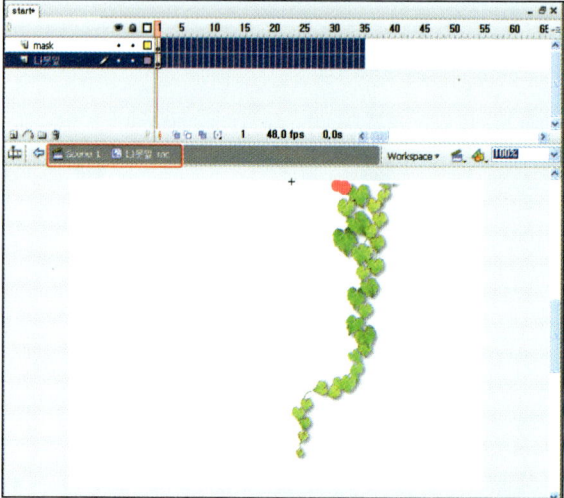

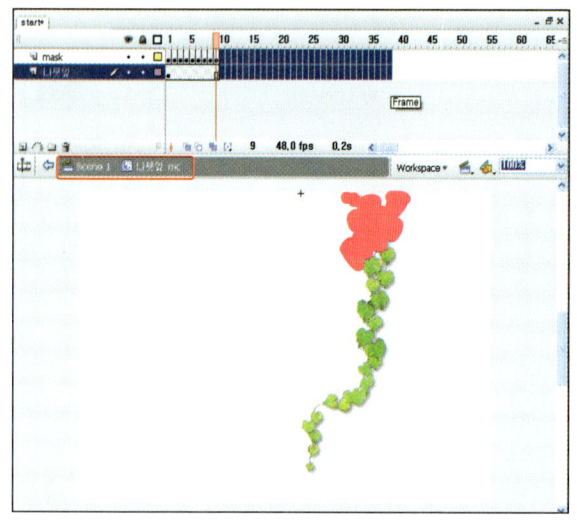

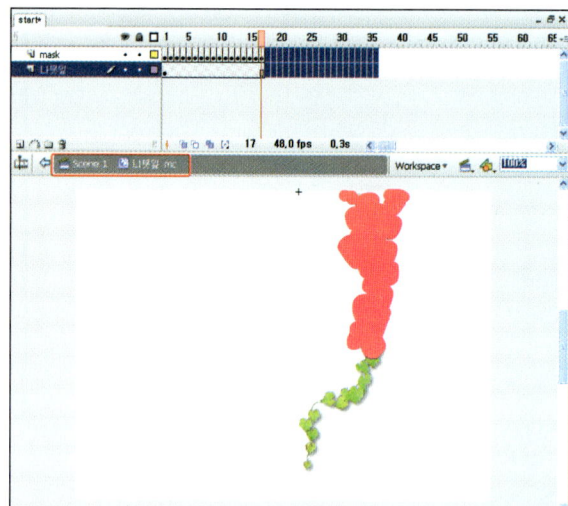

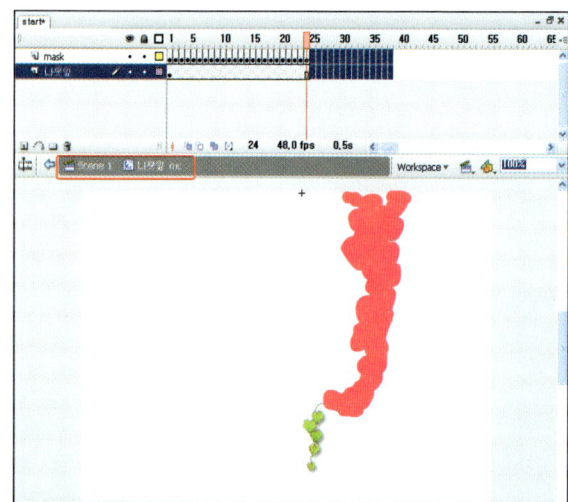

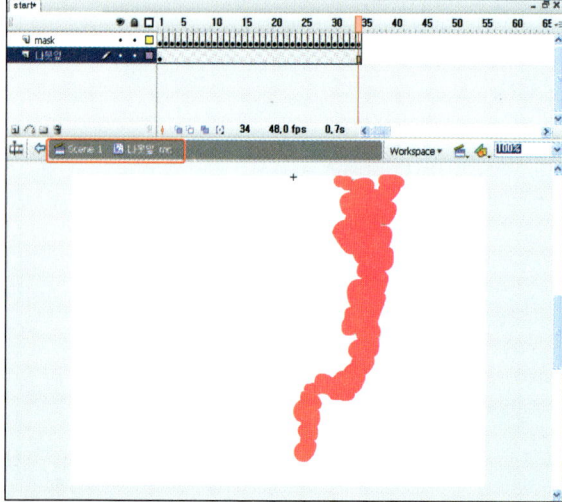

▲ Mask 레이어에서 한 칸 칠하고 키프레임(F6)을 추가하고 한 칸 칠하고 키프레임(F6)을 추가하면서 완성하기

❸ [레이어: mask]를 선택하고 마우스 오른쪽 버튼을 클릭하여 Mask를 적용합니다.

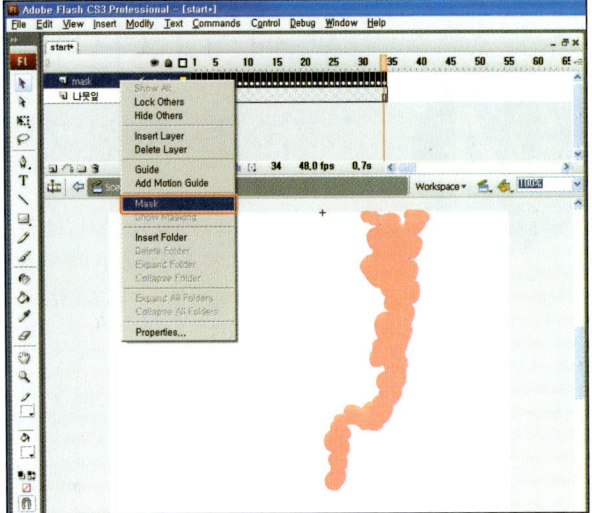

❹ 레이어를 추가하고 이름을 Action으로 수정합니다. 34번 키프레임에서 F7 을 눌러 빈 키프레임을 생성합니다. 생성한 키프레임에서 F9 를 눌러 액션 창을 열고 stop( )이라고 적습니다.

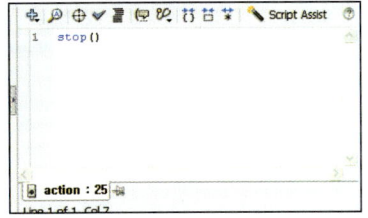

 잠깐 Ctrl + Enter 를 눌러서 완성된 작업의 모션을 확인합니다.

이번 단원을 마치며

마스크는 해당 이미지나 오브젝트를 특정 영역이나 오브젝트로 가려서 가려진 부분이 보이도록 하는 것이 기본입니다. 이 기본을 토대로 다양한 효과들이 만들어지고 사용되고 있습니다. 이러한 마스크의 특성을 잘 이해하고 더욱 더 다양한 느낌의 마스크를 만들어 보세요.

 도전 예제 - 한번 만들어 봅시다!

응용.swf를 열어 여러분도 한번 만들어 보세요.

부록CD/Sample/Part01/Sec03/04/응용.swf

SECTION

곡선 모션의 즐거움
: 가이드 모션 기법

타임라인에서 키프레임을 생성해서 모션을 주면 직선으로 움직입니다. 직선 말고 곡선이나 좀더 부드러운 움직임을 원할 경우엔 가이드를 이용합니다. 이를 가이드 모션이라 하고, 개체가 주어진 길을 따라 움직일 수 있도록 길을 만들어 주는 걸 모션 가이드라고 합니다. 이번 장에서는 가이드로 만들 수 있는 여러 가지 기법들을 알아보고 응용해 보겠습니다.

PREVIEW

① 곡선 모션의 필수 가이드 모션　　　　　　　　◎ 부록CD/Sample/Part01/Sec04/01/end.swf

▲ 무당벌레 등장 　　　　　　　　　　　　　　　▲ 가이드에 따라 무당벌레 움직임

② 하나의 가이드에 여러 이미지 등장　　　　　　◎ 부록CD/Sample/Part01/Sec04/02/end.swf

▲ 희미하게 이미지 등장 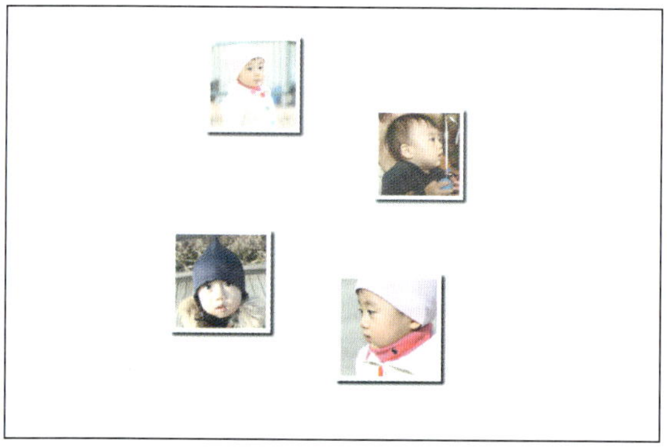　　　　　　　　　　　　▲ 나선 움직임으로 이미지 등장 완료

⑬ 가이드 마스크 기법을 이용한 라인 효과　　　　　　　⊙ 부록CD/Sample/Part01/Sec04/03/end.swf

▲ 라인에 따른 가이드 마스크 기법　　　　　　　　　　　▲ 라인에 따른 가이드 마스크 기법

● 곡선 모션의 필수 가이드 모션

날아가는 무당벌레의 움직임을 만들면서 가이드 모션의 기본기를 다져 보겠습니다. 특히 움직이는 방향에 따라 오브젝트가 바라보는 시선을 돌려 주는 모션을 어떤 식으로 처리하는지 주의해서 보기 바랍니다. 지금까지 직선운동을 하는 모션만 만들어 봤지만 이번 예제를 통해 곡선운동을 하는 모션 작업을 해 보도록 합니다.

완성 파일	부록CD/Sample/Part01/Sec04/01/end.fla
예제 파일	부록CD/Sample/Part01/Sec04/01/start.fla
Key Point	무당벌레 움직임 모션
모션 미리보기(등장 모션)	부록CD/Sample/Part01/Sec04/01/end.swf

1 예제 파일 열기

❶ '부록CD/Sample/Part01/Sec04/01/end.swf' 파일을 열어서 제작할 모션을 확인합니다.

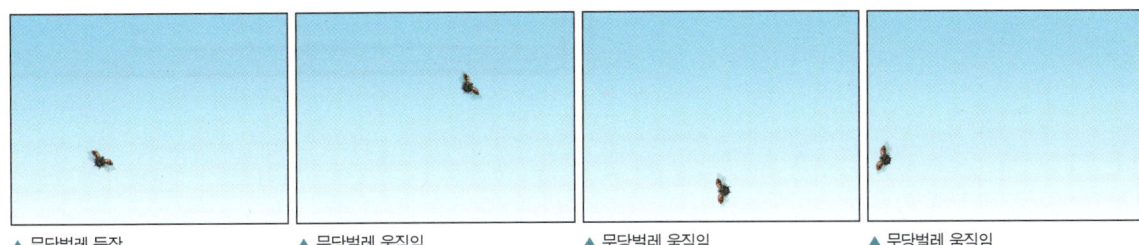

▲ 무당벌레 등장　　　　▲ 무당벌레 움직임　　　　▲ 무당벌레 움직임　　　　▲ 무당벌레 움직임

❷ '부록CD/Sample/Part01/Sec04/01/start.fla' 를 플래시
로 열고, 새로운 이름으로 저장합니다. [Library] 패널에서 예
제에 사용될 무비클립 심벌과 그래픽 심벌을 확인합니다.

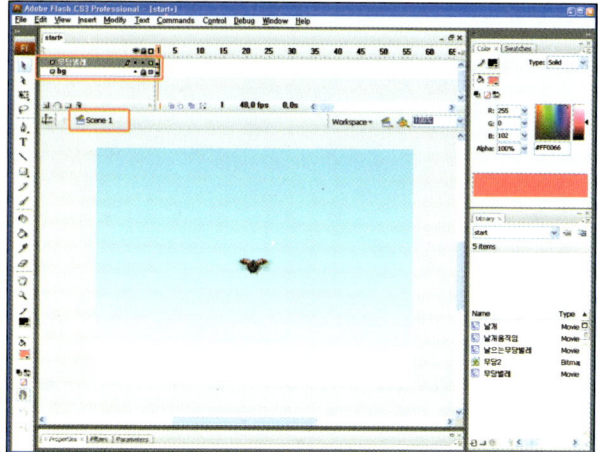

2 가이드 레이어 만들기

❶ [레이어: 무당벌레]를 선택하고 가이드 레이어를 생성합
니다.

참고 가이드 생성은 기초 가이드 Tip 9번을 참고하세요.

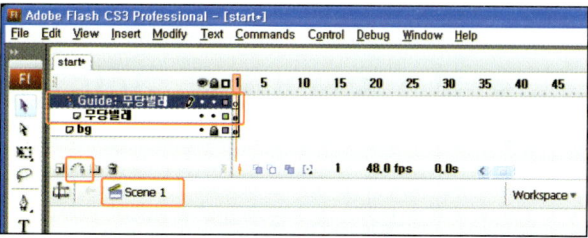

3 가이드 라인 그리기

❶ [Guide: 무당벌레]에 펜 툴을 이용해서 곡선 라인을 그립
니다.

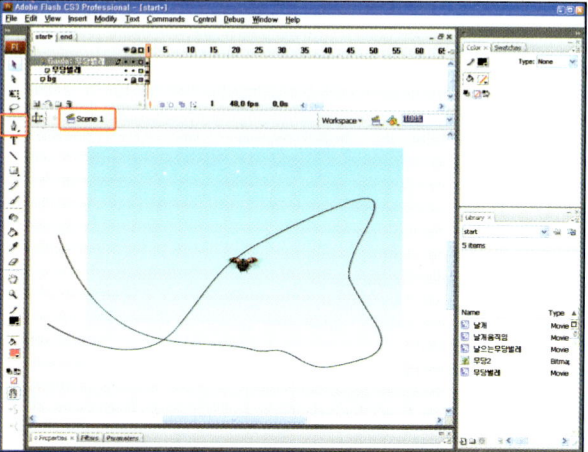

❷ [레이어: 무당벌레], [Guide: 무당벌레], [레이어: bg]의 350 프레임에서 F5 를 눌러 프레임을 만들고, [레이어: 무당벌레]의 350번 키프레임에서 F6 을 눌러 키프레임을 생성합니다.

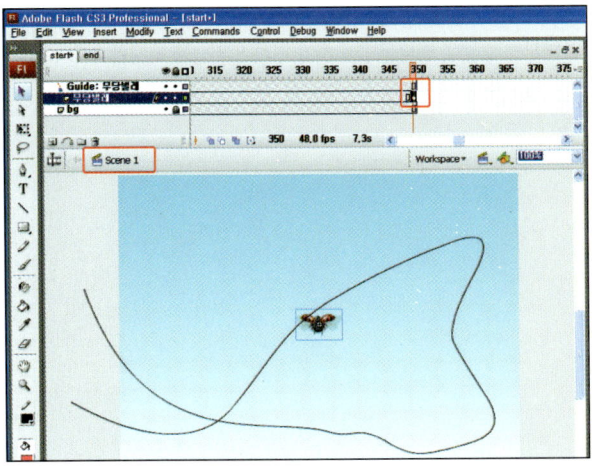

4 모션 트위닝 주기

❶ [레이어: 무당벌레]의 1번 키프레임에 있는 [무비클립: 날으는 무당벌레]를 선택하고 그림과 같이 가이드 라인이 시작하는 위치로 이동합니다.

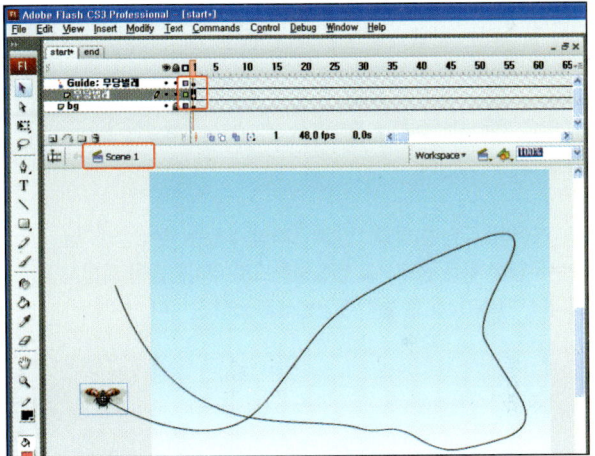

❷ [레이어: 무당벌레]의 350번 키프레임에 있는 [무비클립: 날으는무당벌레]를 선택하고 그림과 같이 가이드 라인이 끝나는 위치로 이동합니다.

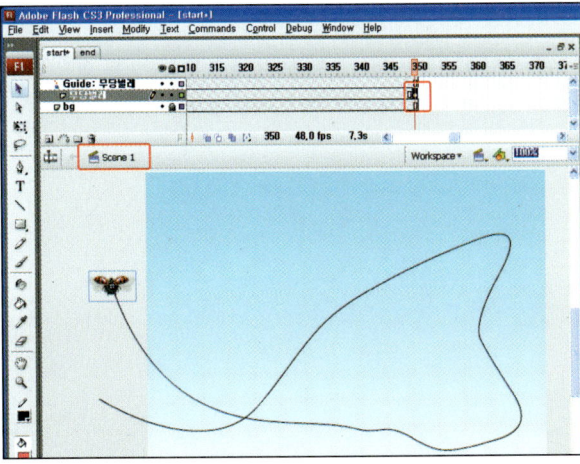

❸ [레이어: 무당벌레]의 1번과 350번 키프레임 사이를 선택하고 마우스 오른쪽 버튼을 클릭하여 모션 트위닝을 적용합니다.

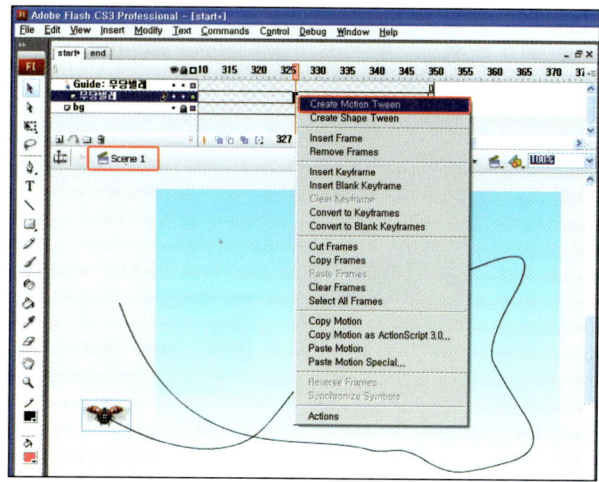

5 움직이는 방향으로 몸통 돌려 주기

현재 모션을 보면 무당벌레가 하늘을 보면서 어색하게 움직이고 있습니다. 자연스럽게 하려면 무당벌레의 진행방향과 머리가 일치해야 합니다.

❶ [레이어: 무당벌레]의 1번 키프레임에 있는 [무비클립: 날으는무당벌레]를 선택하고 진행방향으로 무비클립을 회전시킵니다. 단축키 Q를 눌러 무당벌레를 돌려 줍니다.

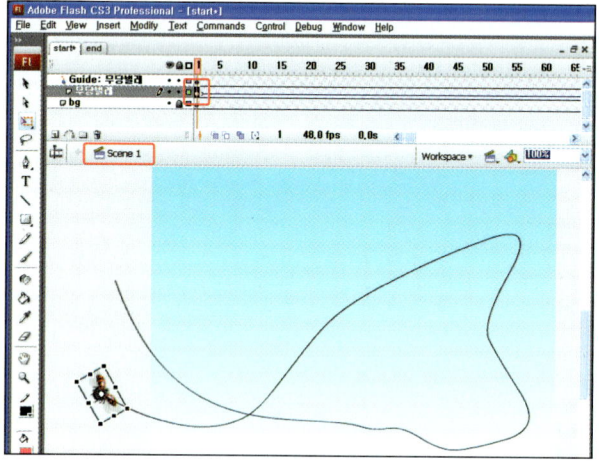

❷ [레이어: 무당벌레]의 350번 키프레임에 있는 [무비클립: 날으는무당벌레]를 선택하고 진행방향으로 무비클립을 회전시킵니다. 단축키 Q를 눌러 무당벌레를 돌려 줍니다.

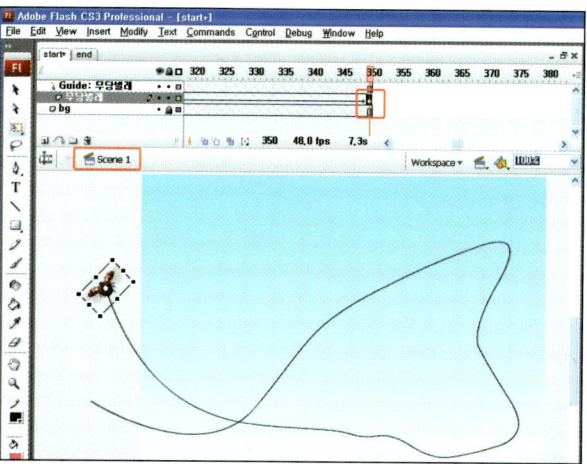

❸ 모션을 확인하면 중간에 무당벌레가 뒤로 날아가는 모습이 보입니다. [레이어: 무당벌레]의 시작 프레임에서 끝 프레임까지 모두 선택한 후 Properties 창에서 Orient to path를 체크해 이 문제를 해결합니다.

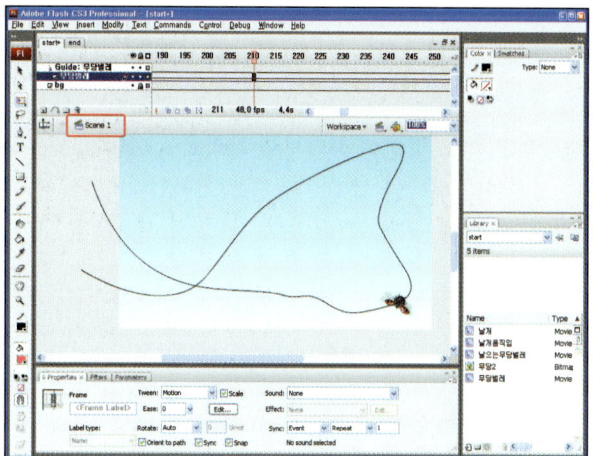

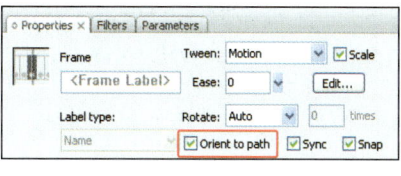

잠깐 ｜ Ctrl + Enter 를 눌러서 완성된 작업의 모션을 확인합니다.

이번 단원을 마치며

단순한 오브젝트에 가이드 모션을 줄 경우 방향에 대해 고민할 필요가 없지만 무당벌레나 형태가 있는 사물일 경우 움직이는 방향에 맞춰서 움직임을 만들어 줘야 할 필요가 있습니다. 무당벌레가 돌면서 뒤로 날아간다면 어색하겠죠. 진행 방향을 어디로 할 것인가에 따라서 Orient to path를 선택하고 사물의 방향을 미리 설정하면 설정한 방향대로 움직임을 만들수 있습니다.

도전 예제 - 한번 만들어 봅시다!

응용.swf를 열어 여러분도 한번 만들어 보세요.

응용: 부록CD/Sample/Part01/Sec04/01/응용.swf

하나의 가이드에 여러 이미지 등장

하나의 가이드 라인을 따라서 순차적으로 이미지가 등장하는 모션을 만들어 보도록 하겠습니다. 화려한 느낌의 모션이나 파티클 등에 사용하는 기법입니다. 잘 따라해 보고 파티클이나 특별한 움직임을 만들 때 응용해 보도록 합시다.

완성 파일	부록CD/Sample/Part01/Sec04/02/end.fla
예제 파일	부록CD/Sample/Part01/Sec04/02/start.fla
Key Point	하나의 가이드 라인을 이용한 등장 모션
모션 미리보기(등장 모션)	부록CD/Sample/Part01/Sec04/02/end.swf

1 예제 파일 열기

❶ '부록CD/Sample/Part01/Sec04/02/end.swf' 파일을 열어서 제작할 모션을 확인합니다.

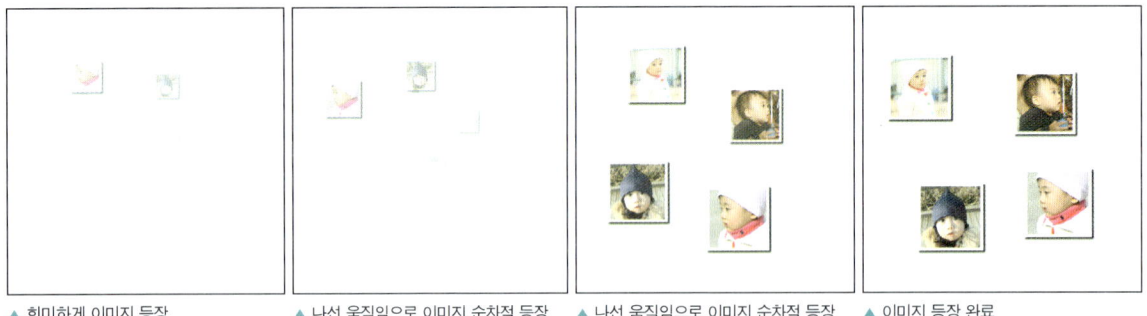

▲ 희미하게 이미지 등장　　▲ 나선 움직임으로 이미지 순차적 등장　　▲ 나선 움직임으로 이미지 순차적 등장　　▲ 이미지 등장 완료

❷ '부록CD/Sample/Part01/Sec04/02/start.fla' 를 플래시로 열고, 새로운 이름으로 저장합니다. [Library] 패널에서 예제에 사용될 무비클립 심벌과 그래픽 심벌을 확인합니다.

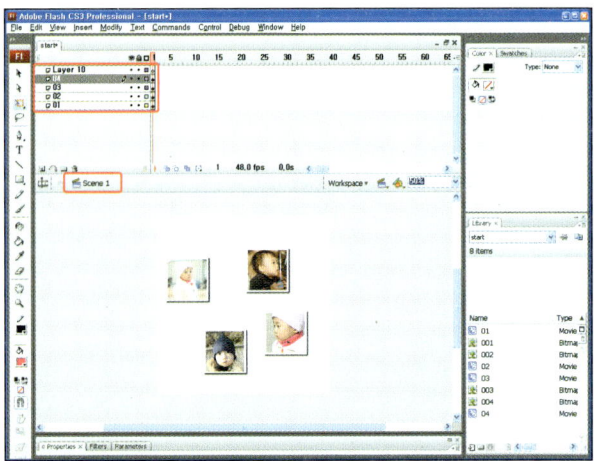

2 레이어 구성하기

❶ [레이어: 04]를 선택하고 가이드 레이어를 생성합니다.

> 참고 가이드 생성은 기초 가이드 Tip 9번을 참고하세요.

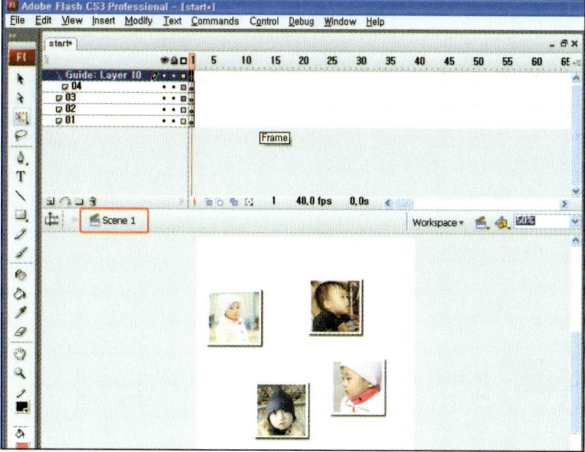

❷ [레이어: 03], [레이어: 02], [레이어: 01]을 선택하고 한꺼번에 드래그하여 [레이어: 04] 아래로 이동해서 [Guide: 04]의 영향을 받게 합니다.

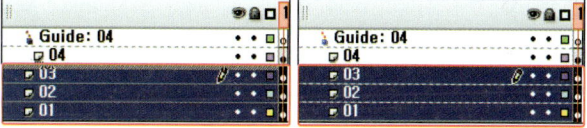

3 가이드 라인에 따른 움직임 만들기

❶ 그림과 같이 생성한 가이드 레이어를 나선형으로 만들고 [무비클립: 01]~[무비클립: 04]의 중심점이 라인에 걸치도록 작업합니다.

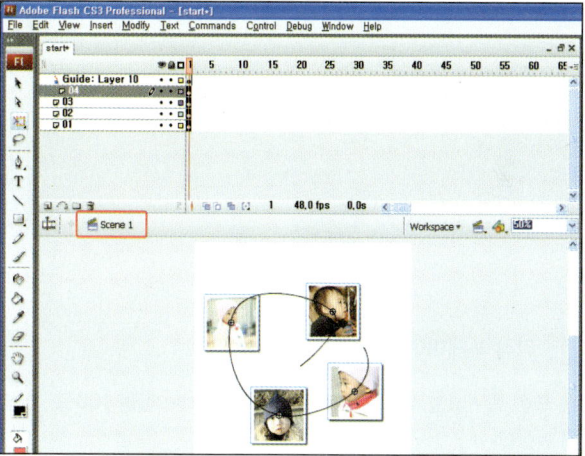

❷ 전체 프레임을 60프레임으로 늘려 주고, [레이어: 01]~[레이어: 04]의 60번 프레임에서 F6 을 눌러서 키프레임을 생성합니다.

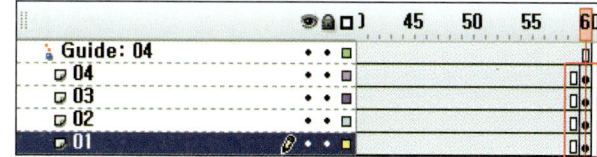

❸ [레이어: 01]~[레이어: 04]의 1번 키프레임에서 각각의 무비클립을 가이드 라인의 시작점으로 이동하고 Scale을 10으로 설정합니다.

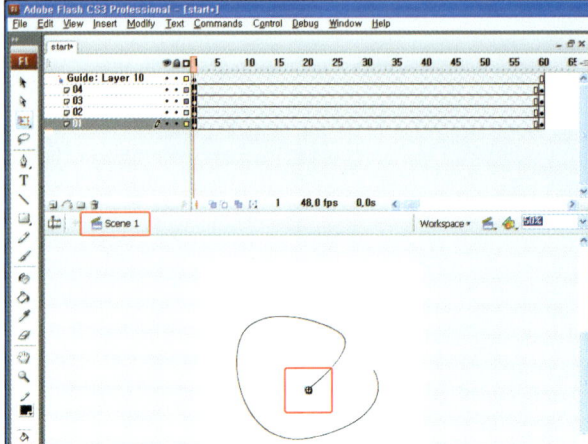

> **잠깐** Scale은 Transform 패널을 활성화시켜서 변경합니다. Transform 패널은 Ctrl + T 를 눌러서 활성화시켜 줍니다.

❹ [레이어: 01]~[레이어: 04]의 1번 키프레임에서 각각 무비클립의 Alpha 값을 0으로 설정하고 모션 트위닝을 적용합니다.

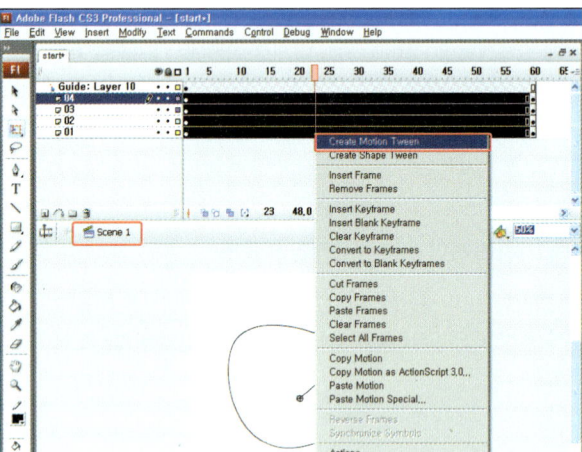

4 각각의 레이어에 프레임 조절하기

❶ 모션 트위닝을 적용한 부분을 선택하고 Ease 값을 100으로 설정합니다.

> **참고** Ease 값은 실무 모션 가이드 실무 Tip 6번을 참고하세요.

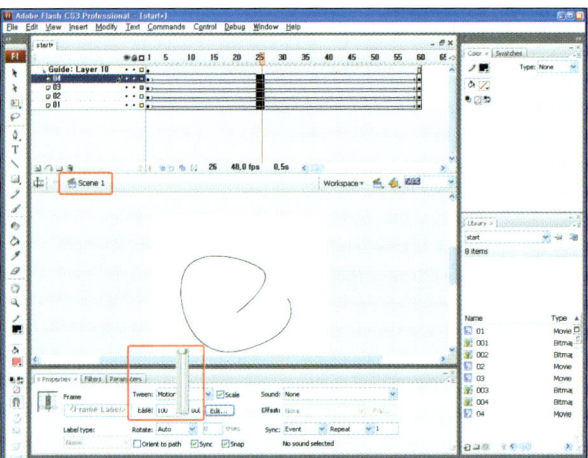

❷ 그림과 같이 각각의 레이어의 시작 위치를 이동한 후 40번 키프레임에서 F5 를 눌러 모든 레이어의 프레임 길이를 맞춰 줍니다.

참고 키프레임의 프레임 이동은 실무 모션 가이드 실무 Tip 7번 을 참고하세요.

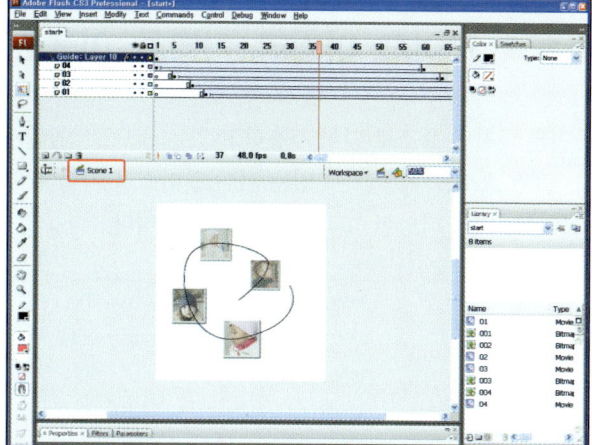

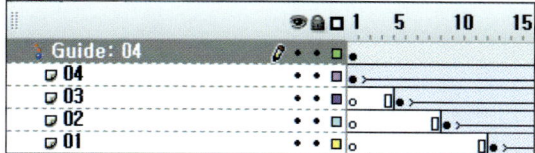

❸ 레이어 하나를 생성하고 레이어 이름을 Action으로 수정하고 72번 키프레임에서 F7 을 눌러 빈 키프레임을 생성합니다. 생성한 키프레임에서 F9 를 눌러 액션 창을 열고 stop( )이라고 적습니다.

잠깐 Ctrl + Enter 를 눌러서 완성된 작업의 모션을 확인합니다.

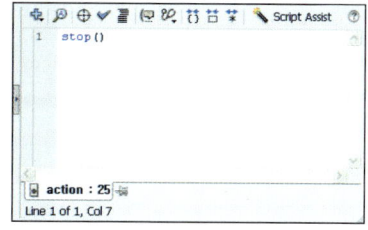

이번 단원을 마치며

하나의 가이드를 이용한 모션은 앞의 오브젝트를 따라가는 모양으로 만들어집니다. 좀더 다양한 오브젝트를 통하면 화려한 모션이 가능합니다. 잘 익혀서 이 책에서 다룰 파티클 예제 때 응용해 보도록 합시다.

도전 예제 - 한번 만들어 봅시다!

응용.swf를 열어 여러분도 한번 만들어 보세요.

응용: 부록CD/Sample/Part01/Sec04/02/응용.swf

가이드 마스크 기법을 이용한 라인 효과

라인은 디자인 요소로 많이 사용하고 있는 것으로, 플래시에서 모션 효과를 줄 수 있는 더 없이 좋은 요소입니다. 그런 요소를 활용할 수 있는 가이드 마스크 기법에 대해서 알아보겠습니다. 이번에 배운 모션의 그룹화를 이용해서 더욱 다양한 효과를 만들 수 있습니다.

완성 파일	부록CD/Sample/Part01/Sec04/03/end.fla
예제 파일	부록CD/Sample/Part01/Sec04/03/start.fla
Key Point	라인 효과 모션
모션 미리보기(등장 모션)	부록CD/Sample/Part01/Sec04/03/end.swf

1 예제 파일 열기

❶ '부록CD/Sample/Part01/Sec04/03/end.swf' 파일을 열어서 제작할 모션을 확인합니다.

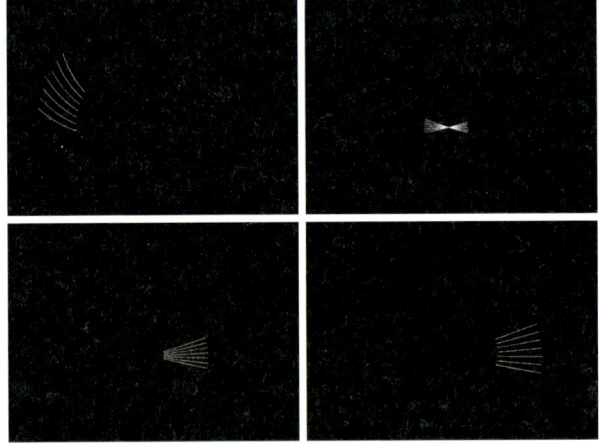

❷ '부록CD/Sample/Part01/Sec04/03/start.fla'를 플래시로 열고, 새로운 이름으로 저장합니다. [Library] 패널에서 예제에 사용될 무비클립 심벌과 그래픽 심벌을 확인합니다.

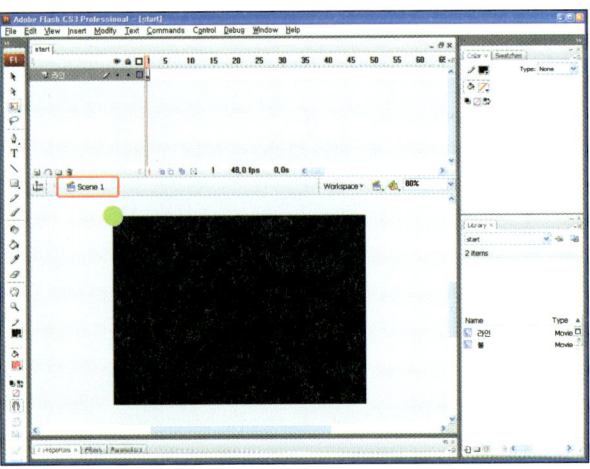

2 레이어 구성하기

❶ [레이어: 라인]에 [무비클립: 라인]을 더블클릭합니다. [레이어: 공]에 [무비클립: 볼]을 확인합니다.

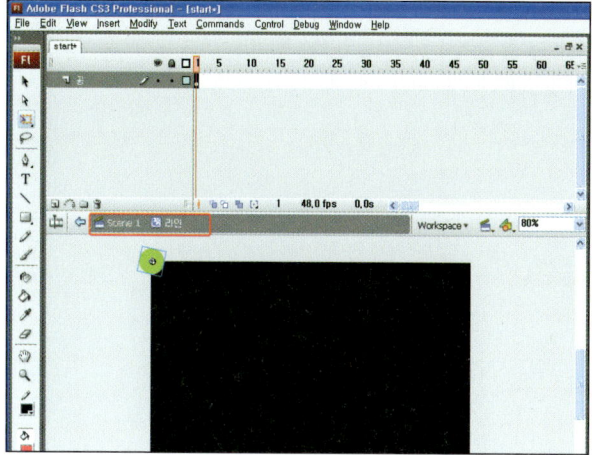

3 가이드 라인 만들기

❶ 가이드 레이어를 생성합니다.

참고 가이드 생성은 기초 가이드 Tip 9번을 참고하세요.

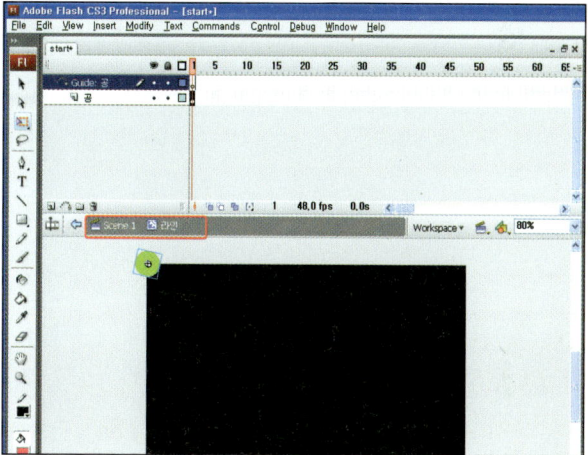

❷ 펜 툴을 이용해서 라인을 그립니다.

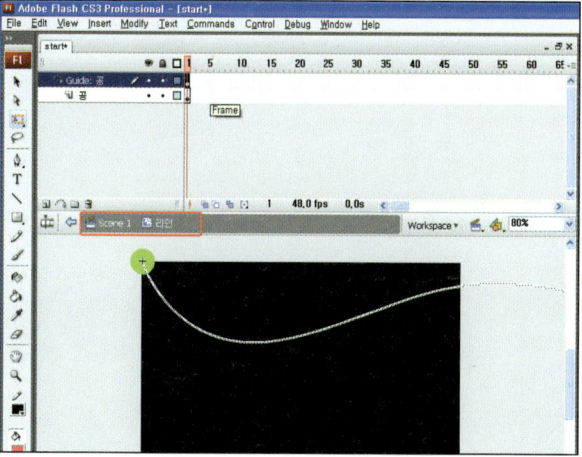

❸ 프레임을 146까지 늘려 주고 [레이어: 공]은 146번 프레임 에서 F6 을 눌러서 키프레임을 생성합니다.

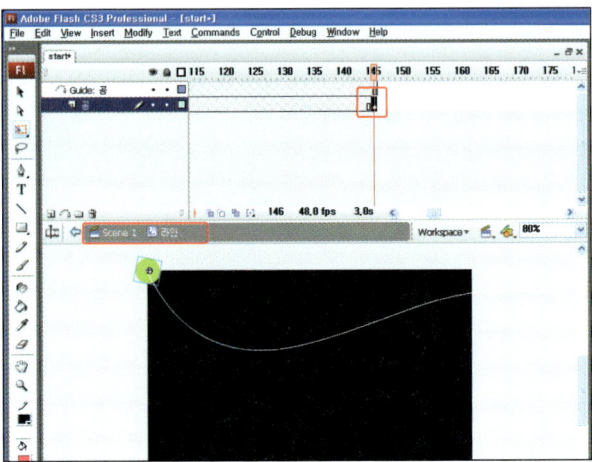

❹ 146번 키프레임의 볼을 선택하고 라인의 끝부분과 일치하 게 합니다.

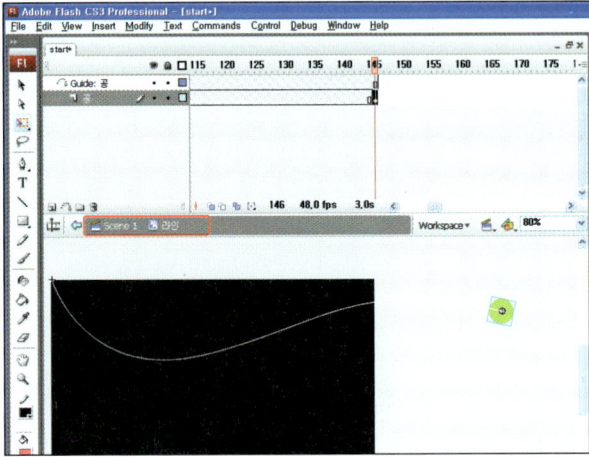

❺ 프레임 중간을 선택하고 모션 트위닝을 적용합니다.

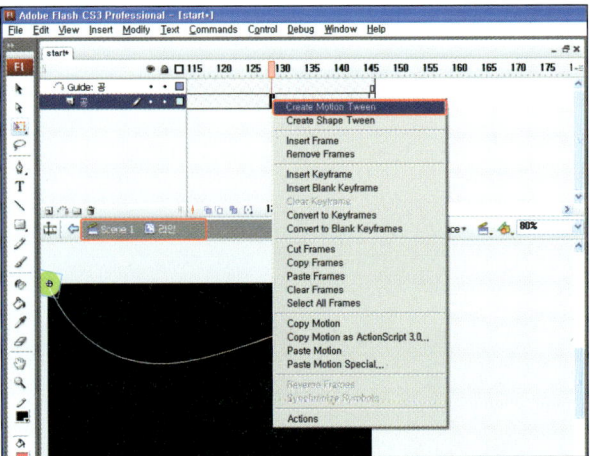

3 가이드 라인에 마스크 적용하기

❶ [Guide: 공] 위에 빈 레이어 2개를 생성하고 마우스 오른쪽
버튼을 클릭하여 Mask를 적용합니다.

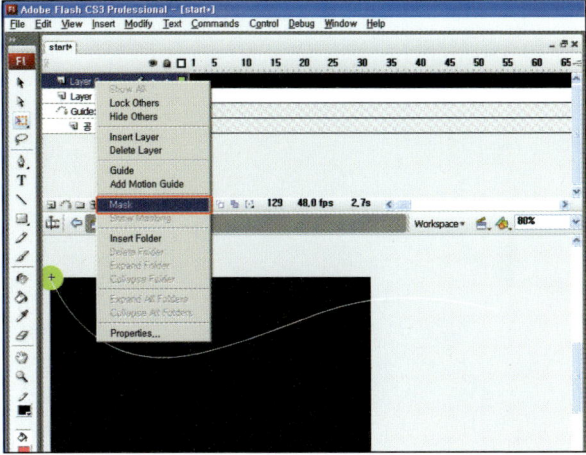

❷ 마스크를 적용한 2개의 레이어를 선택하고 마우스 오른쪽
버튼을 클릭하여 Copy frame합니다.

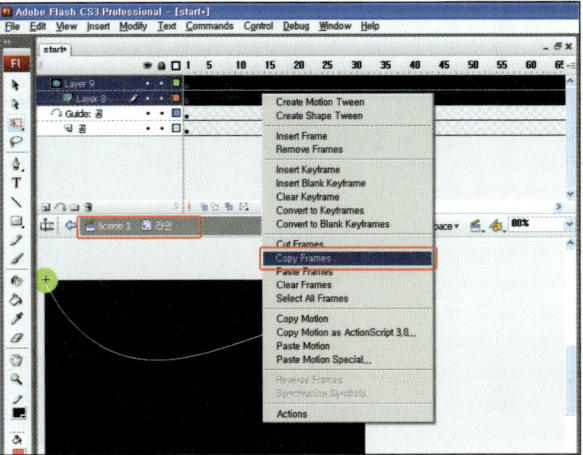

❸ [레이어: 공]을 선택하고 레이어를 생성한 후 마우스 오른
쪽 버튼을 클릭하여 Paste Frames를 골라 복사한 마스크 레
이어들이 가이드 레이어에 영향을 받도록 합니다.

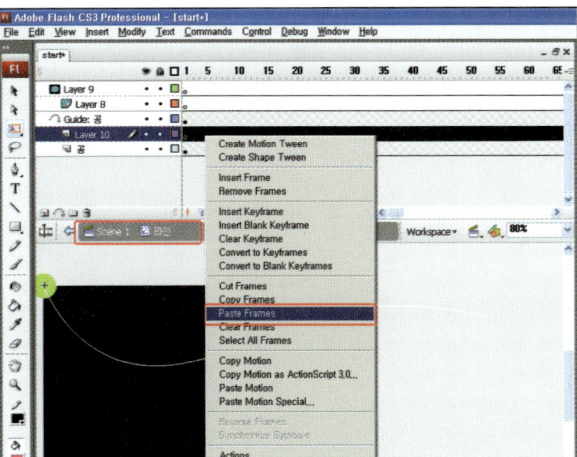

❹ [레이어: 공]을 고르고 마우스 오른쪽 버튼을 클릭하여 Cut Frames를 선택합니다.

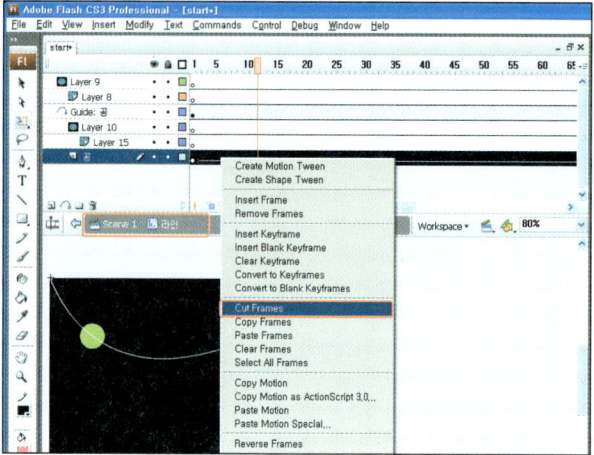

❺ [Guide: 공] 하단의 마스크를 적용하는 레이어를 선택하고 마우스 오른쪽 버튼을 클릭하여 Paste Frames를 적용합니다.

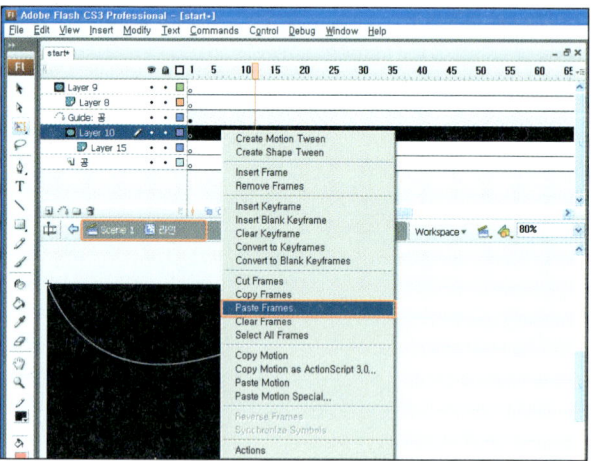

❻ [Guide: 공]의 라인을 선택하고 Ctrl + C 를 눌러서 복사합니다. 마스크가 적용되는 레이어를 선택하고 Ctrl + Shift + V 를 눌러서 복사한 라인을 붙여넣기한 후 레이어 이름을 라인으로 수정합니다.

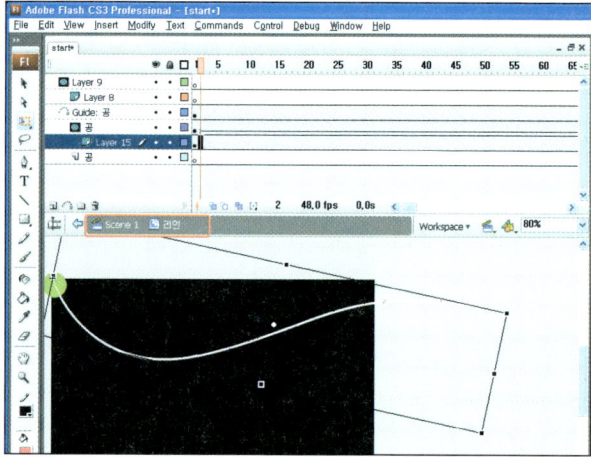

⑦ 마스크는 면만 가능하고 라인 속성은 적용이 안 되므로 [레이어: 라인]에 라인을 선택하고 메뉴에서 Modify - Shape - Convert Lines to Fills를 적용합니다.

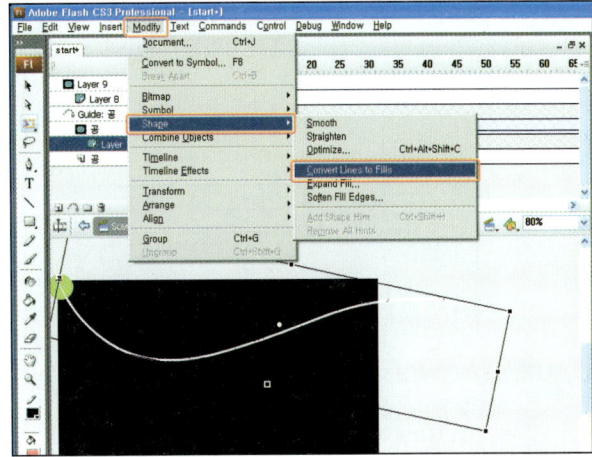

⑧ 빈 레이어들을 삭제합니다.

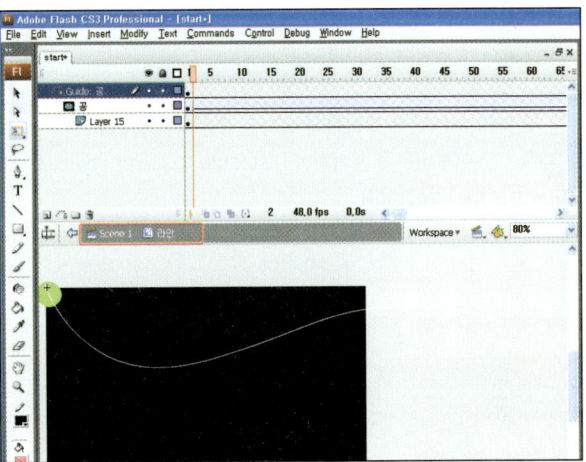

4 모션의 그룹화 만들기

❶ 메인 타임라인으로 이동합니다.

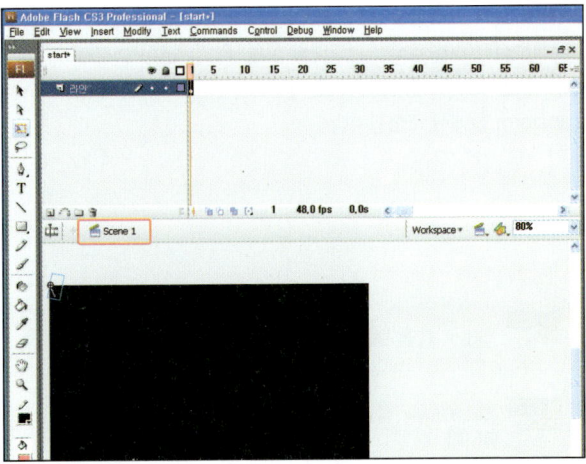

❷ [레이어: 라인]의 프레임을 100프레임까지 늘려 주고, Part1-Sec02-02에서 배운 **모션의 그룹화 기법**을 적용합니다.

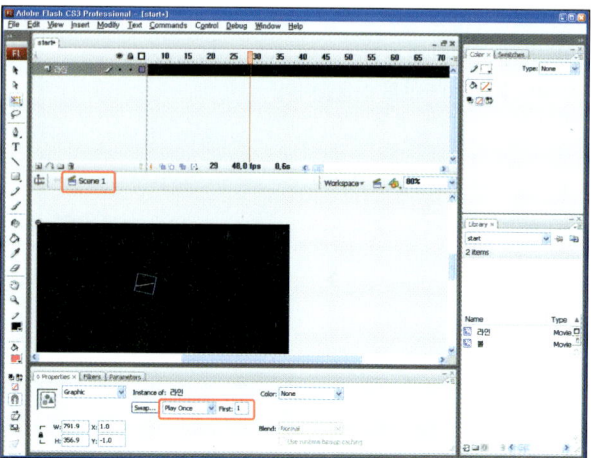

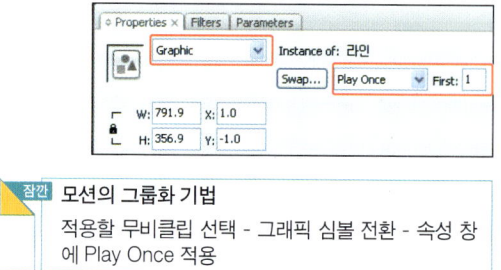

잠깐 **모션의 그룹화 기법**
적용할 무비클립 선택 - 그래픽 심볼 전환 - 속성 창에 Play Once 적용

❸ 모션의 그룹화 기법을 적용하면 타임라인에서 라인의 모션을 확인할 수 있습니다. [레이어: 라인]에 있는 [그래픽심볼: 라인]을 선택하고 Ctrl + C 를 누르고 Ctrl + Shift + V 를 5번 누른 후 [레이어: 라인] 레이어에 복사된 모든 무비클립을 골라 마우스 오른쪽 버튼을 클릭하여 Distribute to Layer (Ctrl + Shift + D)를 적용합니다.

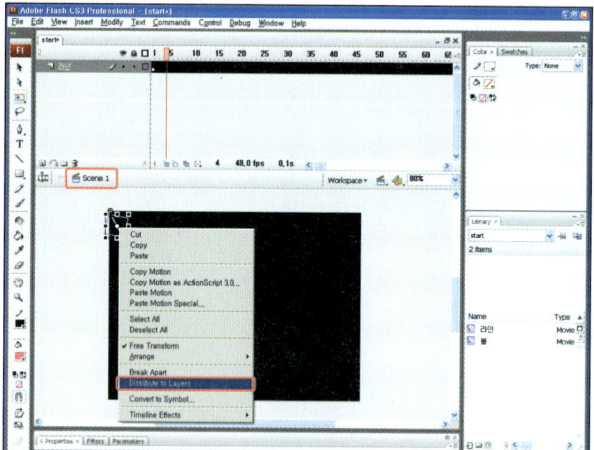

❹ 가장 밑에 있는 [레이어: 라인]의 [그래픽 심볼: 라인]부터 위에 있는 [레이어: 라인]의 [그래픽 심볼: 라인]까지 Rotation 속성 값을 5도씩 증가시켜 줍니다. Rotation 속성 값은 Transform 창에서 조정합니다.

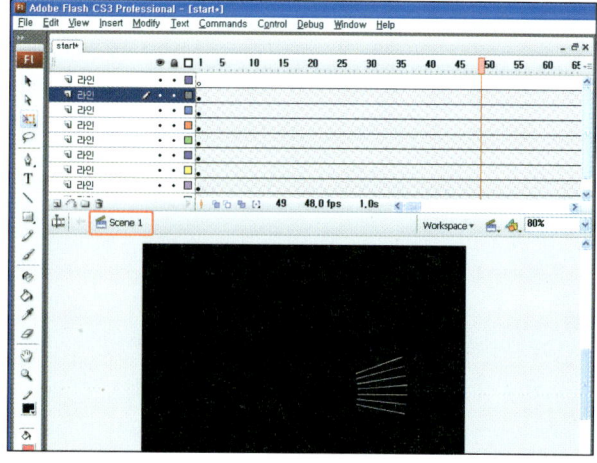

잠깐 Ctrl + T 를 누르면 Transform 창이 활성화 됩니다.

잠깐 Ctrl + Enter 를 눌러서 완성된 작업의 모션을 확인합니다.

가이드 라인이 적용된 레이어 안에서 직접 마스크를 적용할 수는 없습니다. 다른 곳에서 미리 적용한 마스크를 이용해서 만드는 것이 이번 마스크 가이드의 핵심입니다.

도전 예제 - 한번 만들어 봅시다!

응용.swf를 열어 여러분도 한번 만들어 보세요.

응용: 부록CD/Sample/Part01/Sec04/03/응용.swf

PART

02

바로 만들어 쓸 수 있는
실무 모션 비법 전수

PART 02에서는 플래시 모션의 기본기를 응용한 다양한 표현 기법에 대해서 알아보도록 하겠습니다.

PART 01에서 배운 기본기를 토대로 응용하고 본인만의 기술로 표현하도록 해 봅니다.

다양한 예제를 만드는 가운데 자신만의 스타일로 만들 수 있도록 해 보세요.

웹모션의 필수 노가다지만 괜찮아!
: 텍스트 모션

웹 사이트에서 없으면 정말 심심해지는 모션이 바로 텍스트 모션입니다. 텍스트 모션은 간단한 모션이 모여서 만들어 내는 패턴의 모션이라고 생각하면 됩니다. 이번 장에서는 다양한 텍스트 모션을 만들어 보고 이를 응용할 수 있는 힘을 기르도록 하겠습니다.

자, 재미있는 텍스트 모션을 시작해 봅시다.

PREVIEW

01 트렌드 텍스트 모션 기법1　　　　　　　　　◎ 부록CD/Sample/Part02/Sec01/01/end.swf

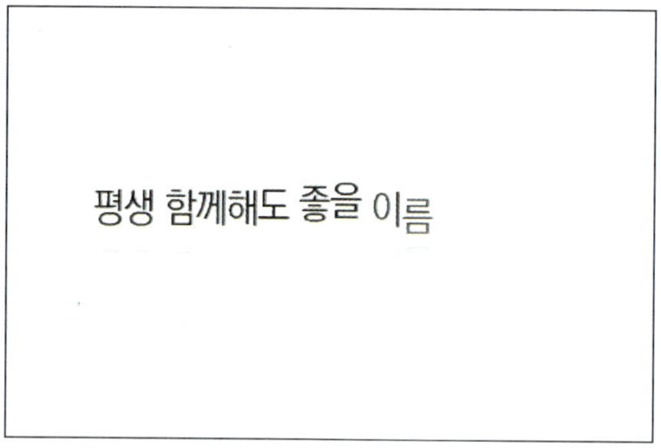

평생 함께해도 좋을 이름	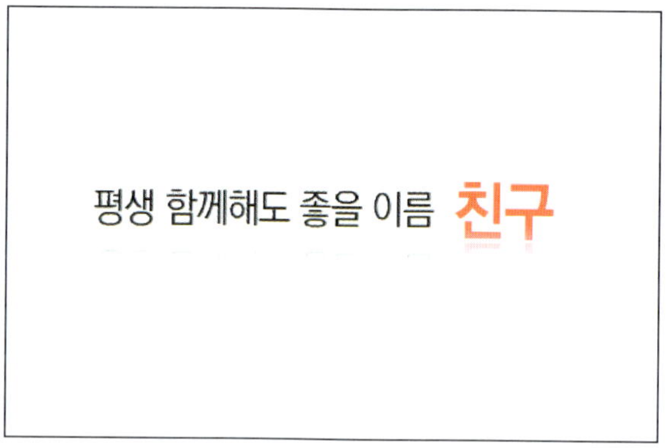 평생 함께해도 좋을 이름 **친구**
▲ 텍스트가 아래서 위로 등장	▲ 텍스트가 아래서 위로 등장

02 트렌드 텍스트 모션 기법2　　　　　　　　　◎ 부록CD/Sample/Part02/Sec01/02/end.swf

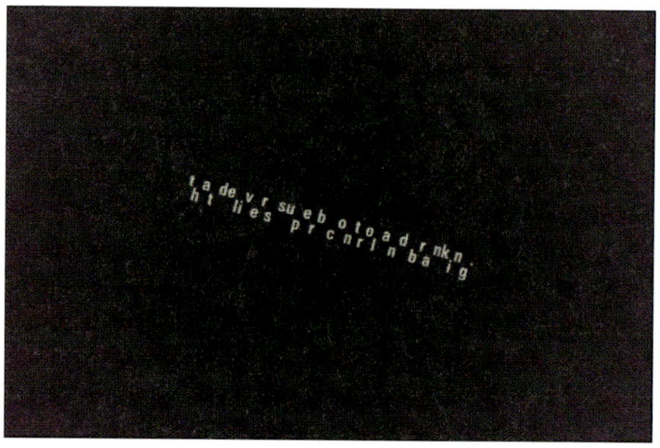

	that delivers superb control and branking.
▲ 흩어진 텍스트 등장	▲ 텍스트가 모이면서 사라지는 모션

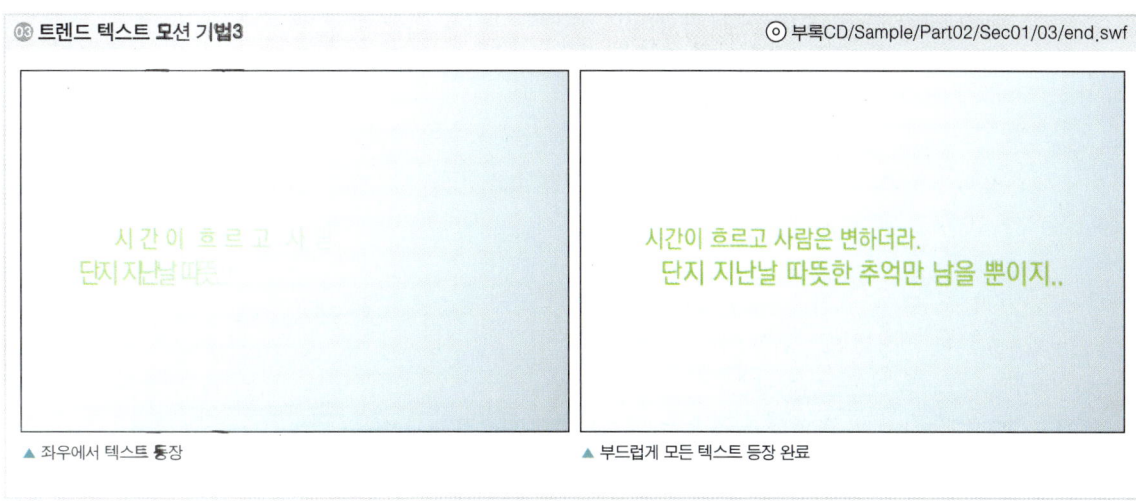

① 트렌드 텍스트 모션 기법3　　　　　　　　　　　◎ 부록CD/Sample/Part02/Sec01/03/end.swf

▲ 좌우에서 텍스트 등장　　　　　　　　　　　　　▲ 부드럽게 모든 텍스트 등장 완료

트렌드 텍스트 모션 기법1

아래에서 위로 등장하는 느낌의 텍스트 모션입니다. 웹 사이트를 보면 마치 텍스트가 유리 바닥에 비치는 듯한 디자인을 종종 만날 수 있습니다. 이런 텍스트 모션을 만들고 사이트에서 활용할 수 있는 유리 바닥에 텍스트가 비치는 효과도 같이 배워 보도록 하겠습니다. 작업에 들어가기 전에 완성된 모션의 움직임을 여러 번 보고 움직임을 기억한 후에 만들어 보는 것이 좋습니다.

완성 파일	부록CD/Sample/Part02/Sec01/01/end.fla
예제 파일	부록CD/Sample/Part02/Sec01/01/start.fla
Key Point	튀어 나오는 듯한 텍스트 모션
모션 미리보기(하단에서 상단으로 튀어 나오듯 등장하는 텍스트 모션)	부록CD/Sample/Part02/Sec01/01/end.swf

1 예제 파일 열기

① '부록CD/Sample/Part02/Sec01/01/end.swf' 파일을 열어서 제작할 모션을 확인합니다.

평생　　　　　평생 함께해도　　　　평생 함께해도 좋을 이름　　　평생 함께해도 좋을 이름 친구

▲ 한 글자씩 텍스트 등장　▲ 한 글자씩 텍스트 등장　▲ 한 글자씩 텍스트 등장　▲ 텍스트 등장 완료

❷ '부록CD/Sample/Part02/Sec01/01/start.fla' 를 플래시로 열고, 새로운 이름으로 저장합니다. [Library] 패널에서 예제에 사용될 무비클립 심벌과 그래픽 심벌을 확인합니다.

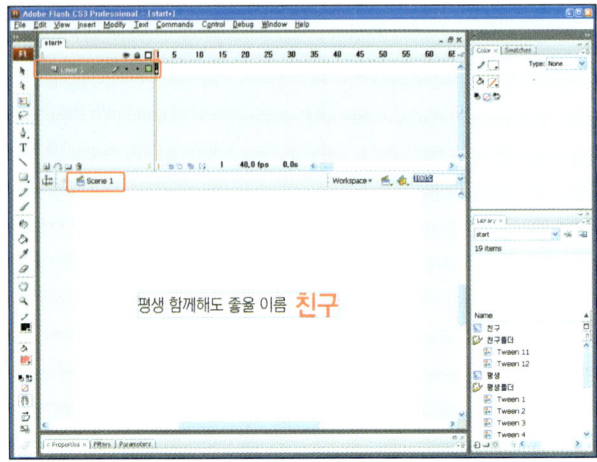

❷ 레이어 구성 확인

❶ [레이어: text_mc]의 [무비클립: text_mc]를 더블클릭해서 [무비클립: text_mc]의 편집 모드로 이동합니다. [무비클립: text_mc] 안에 있는 [무비클립: text_motion]을 더블클릭해서 [무비클립: text_motion]의 편집 모드로 이동합니다.

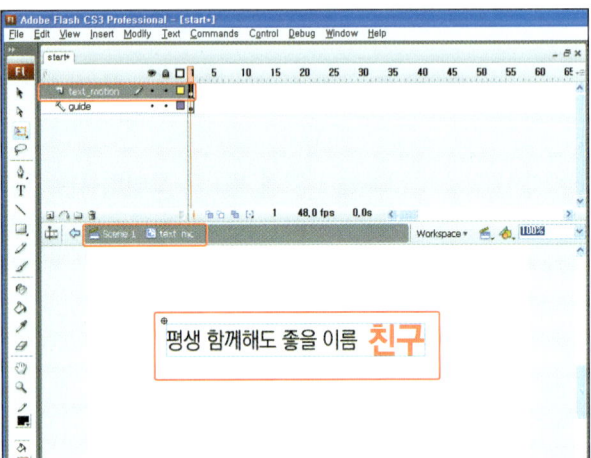

❷ [무비클립: text_motion] 안에 있는 [레이어: 친구]와 [레이어: 평생 함께해도 좋을 이름]을 확인합니다.

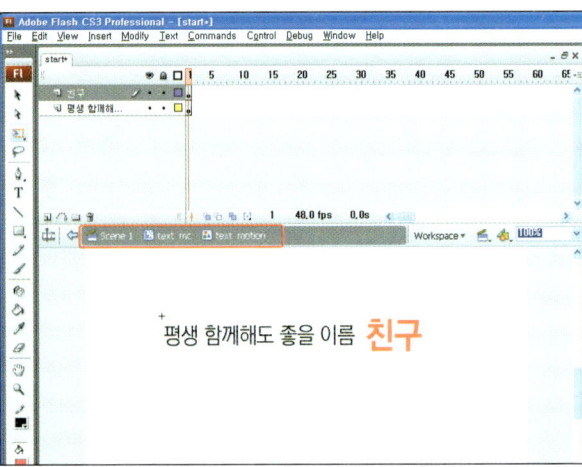

3 텍스트에 모션 주기

❶ [레이어: 평생 함께해도 좋을 이름]을 더블클릭해서 편집 모드로 이동합니다.

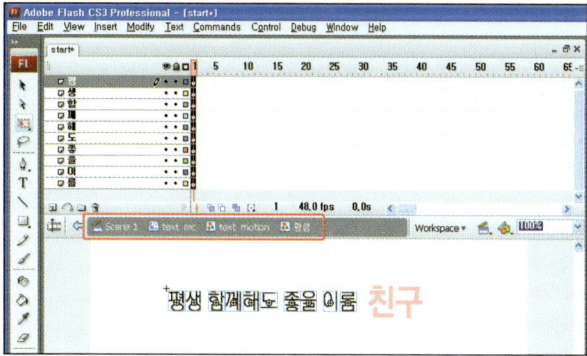

❷ 레이어 전체에 각각 10번 프레임과 16번 프레임에서 F6 을 눌러 키프레임을 생성합니다.

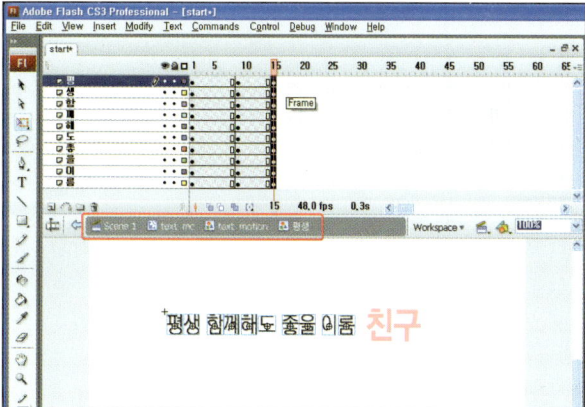

❸ 레이어 전체에 있는 각각의 키프레임에 아래 표와 같이 속성 값을 설정합니다. Y좌표 값과 Alpha 값은 Properties 패널에서 수정합니다.

참고 실무 모션 가이드 실무 Tip 6번을 참고하세요.

프레임	1	10	16
Y좌표	68	14	18
Alpha	0	100	100

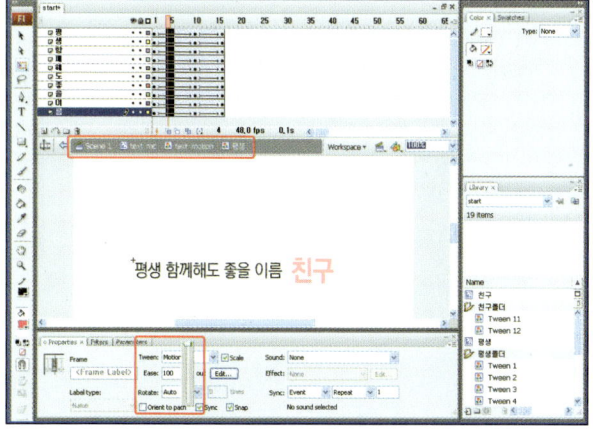

잠깐 전체 프레임에 모션 트위닝을 적용하고 1번 프레임과 10번 프레임을 선택하고 Ease 값을 100으로 설정합니다.

❹ 레이어들의 시작 위치를 그림처럼 2프레임 간격으로 이동합니다.

> 참고 키프레임의 프레임 이동은 실무 모션 가이드 실무 Tip 7번을 참고하세요.

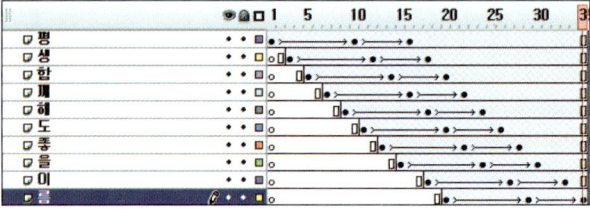

4 '친구' 텍스트에 모션 주기

❶ [무비클립: text_motion]으로 이동하고 [레이어: 친구]와 [레이어: 평생 함께해도 좋을 이름]을 확인합니다.

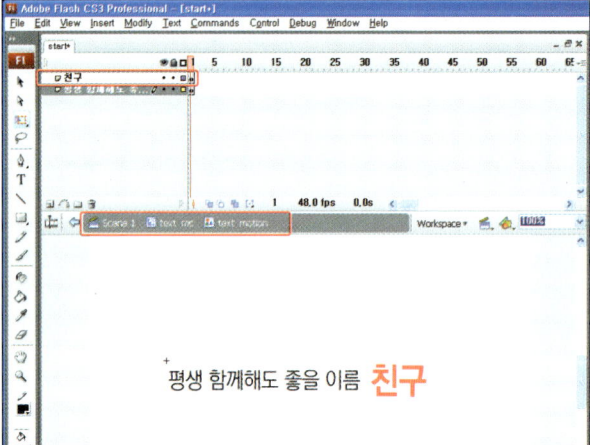

❷ [레이어: 친구]에 [무비클립: 친구]를 더블클릭해서 편집 모드로 이동합니다.

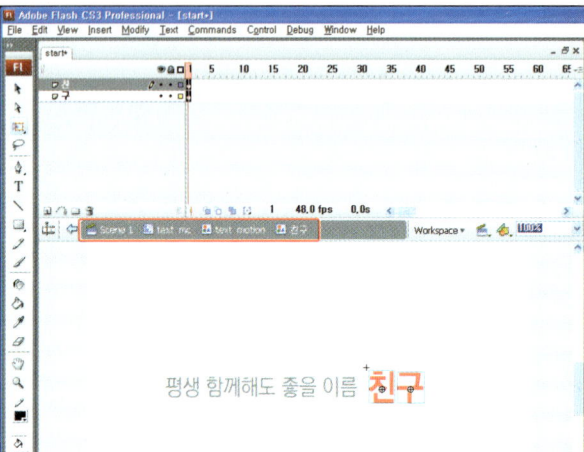

❸ 레이어 전체에 각각 10번 프레임과 16번 프레임에서 F6 을 눌러 키프레임을 생성합니다.

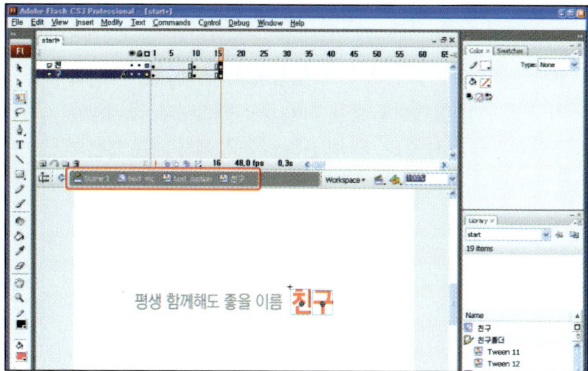

❹ 레이어 전체에 있는 각각의 키프레임에 아래 표와 같이 속성 값을 설정합니다. Y좌표 값과 Alpha 값은 Properties 패널에서 수정합니다.

참고 실무 모션 가이드 실무 Tip 6번을 참고하세요.

프레임	1	10	16
Y좌표	68	14	18
Alpha	0	100	100

잠깐 전체 프레임에 모션 트위닝을 적용하고 1번 프레임과 10번 프레임을 선택하고 Ease 값을 100으로 설정합니다.

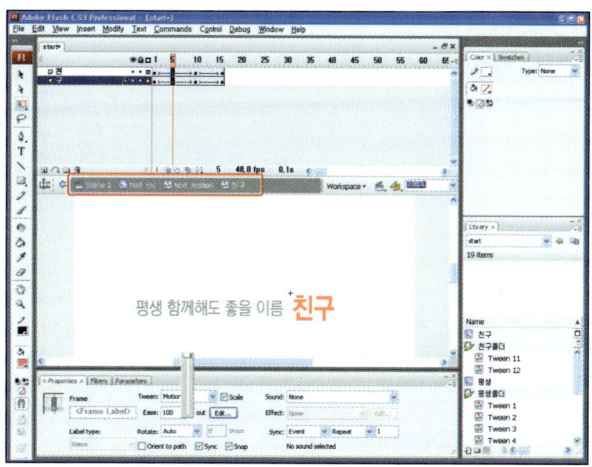

❺ 레이어들의 시작 위치를 그림처럼 2프레임 간격으로 이동한 후 20프레임에서 F5 를 눌러 프레임의 길이를 일치시켜줍니다.

참고 키프레임의 프레임 이동은 실무 모션 가이드 실무 Tip 7번을 참고하세요.

5 전체 모션을 위한 프레임 구조 만들기

❶ [무비클립: text_motion]으로 이동하고 [무비클립: 친구]와
[무비클립: 평생 함께해도 좋을 이름]을 선택합니다. 프레임을
50프레임까지 늘려 주고, Part01-Sec02-02에서 배운 모션의
그룹화 기법을 적용합니다.

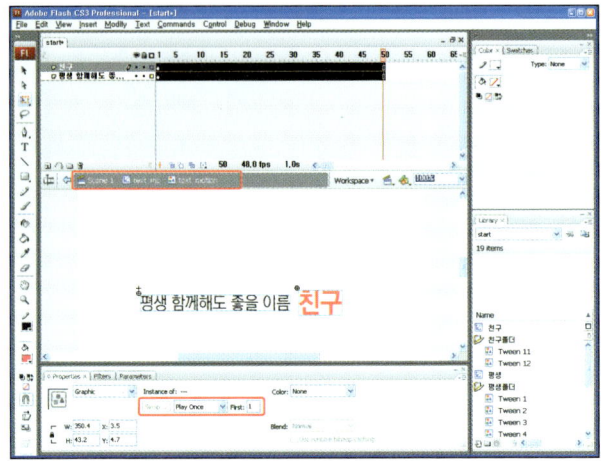

❷ [레이어: 친구]에 있는 [무비클립: 친구]의 시작 위치를 30
프레임으로 드래그해서 이동합니다.

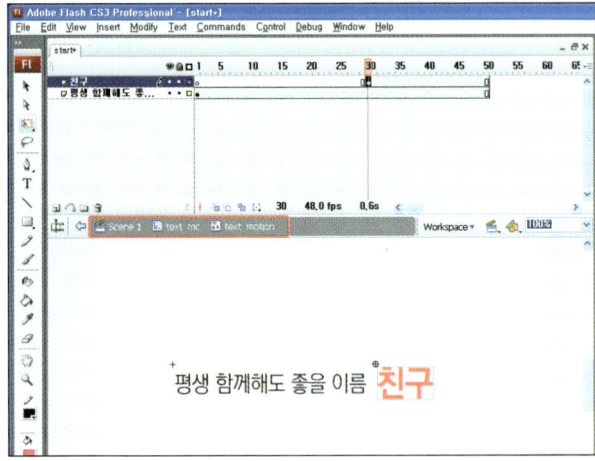

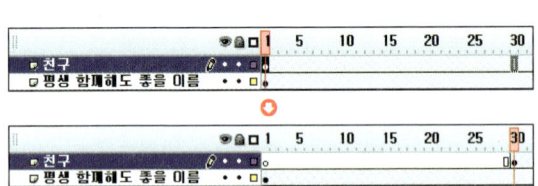

❸ 레이어를 생성하고 이름을 Action으로 수정하고 50번 키
프레임에서 F7 을 눌러 빈 키프레임을 생성합니다. 생성한
키프레임에서 F9 를 눌러 액션 창을 열고 stop( )이라고 적습
니다.

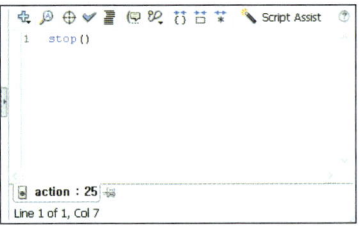

6 바닥에 비치는 효과 만들기

❶ [무비클립: text_mc]의 편집 창으로 이동합니다.

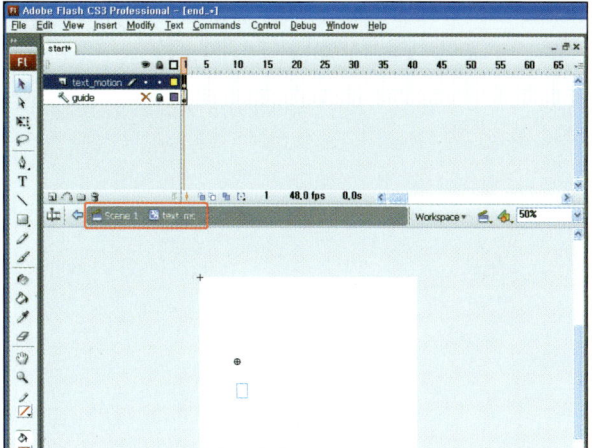

❷ 프레임을 50프레임까지 늘려 줍니다.

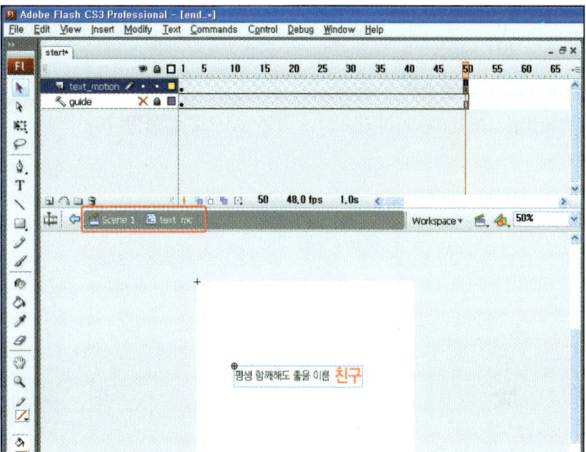

❸ [무비클립: text_motion]을 선택하고 Part01-Sec02-02에
서 배운 모션의 그룹화 기법을 적용합니다.

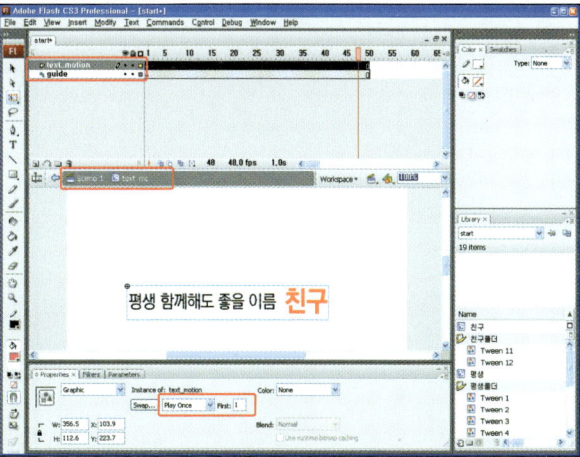

❹ 레이어를 하나 더 생성하고 [레이어: 그림자]라고 한 후 [무비클립: text_motion]을 복사해서 붙여넣기합니다.

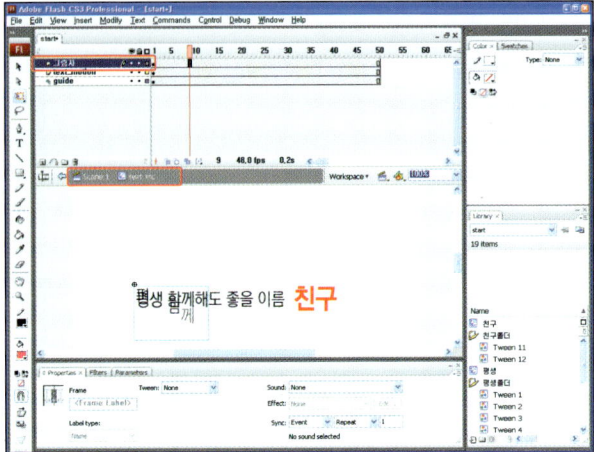

❺ [레이어: 그림자]에 있는 [무비클립: text_motion]을 고른 후 메뉴에서 Modify - Transform - Flip Vertical를 선택하고 무비클립을 하단으로 이동합니다. [레이어: 그림자]에 있는 [무비클립: text_motion]의 Alpha 값을 50으로 설정합니다.

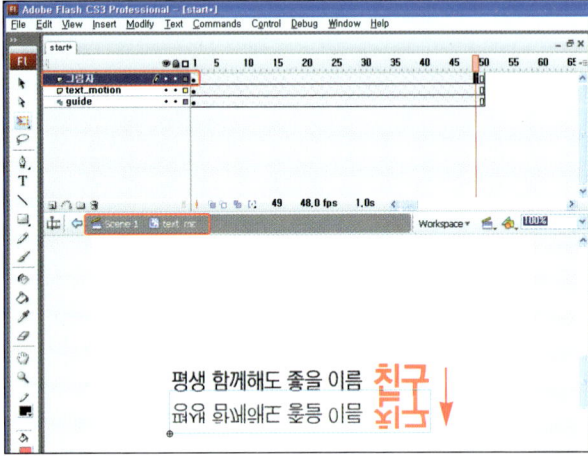

❻ 레이어를 하나 더 생성하고 [레이어: 그림자효과]라고 한 후 박스를 그립니다.

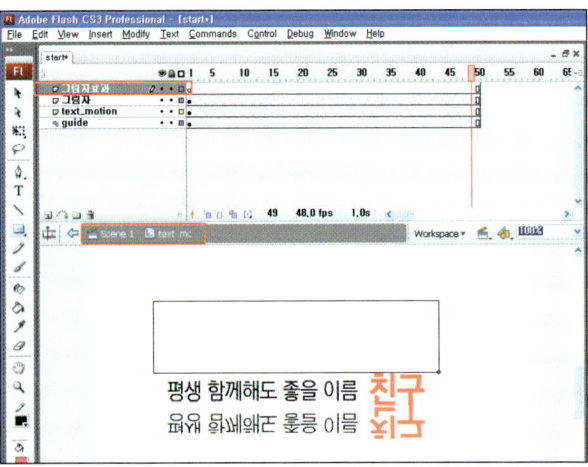

❼ 그라디언트 효과를 위에서 아래로 점점 진하게 설정합니다.

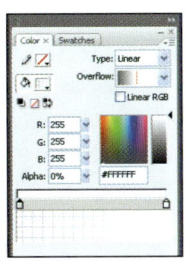

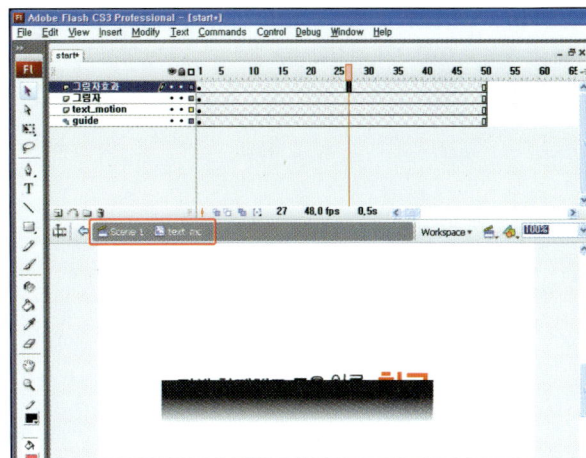

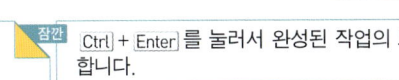

> **잠깐** Ctrl + Enter 를 눌러서 완성된 작업의 모션을 확인합니다.

●●●● 트렌드 텍스트 모션 기법2

이번에 제작할 텍스트 모션은 Scale을 이용해서 Z축 움직임을 생성하고 움직임 속에 텍스트 모션이 진행되는 스타일의 모션으로, 인트로 작업에 적합한 방법입니다. 플래시에는 깊이를 의미하는 Z축의 개념이 없습니다. 따라서 플래시에서 Z축 느낌을 만들려면 Scale 값이나 블러를 이용해 작업합니다. 이번 장에서 그런 느낌을 맛보기 바랍니다.

완성 파일	부록CD/Sample/Part02/Sec01/02/end.fla
예제 파일	부록CD/Sample/Part02/Sec01/02/start.fla
Key Point	Z축을 활용한 텍스트 모션
모션 미리보기(등장 모션)	부록CD/Sample/Part02/Sec01/02/end.swf

1 예제 파일 열기

❶ '부록CD/Sample/Part02/Sec01/02/end.swf' 파일을 열어서 제작할 모션을 확인합니다.

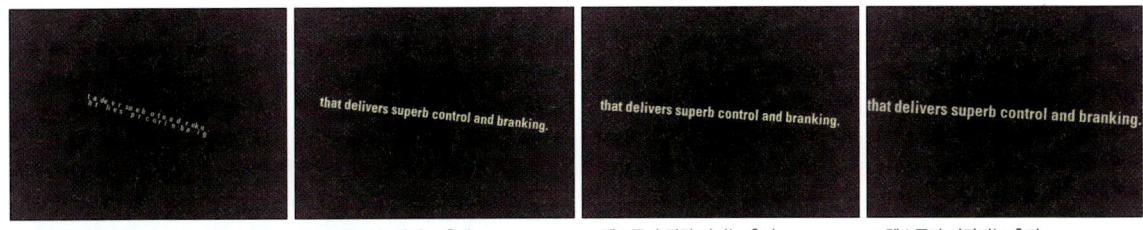

▲ 멀리서 텍스트 등장　　▲ 텍스트가 모아지는 효과　　▲ 텍스트가 점점 커지는 효과　　▲ 텍스트가 사라지는 효과

❷ '부록CD/Sample/Part02/Sec01/02/start.fla'를 플래시로 열고, 새로운 이름으로 저장합니다. [Library] 패널에서 예제에 사용될 무비클립 심벌과 그래픽 심벌을 확인합니다.

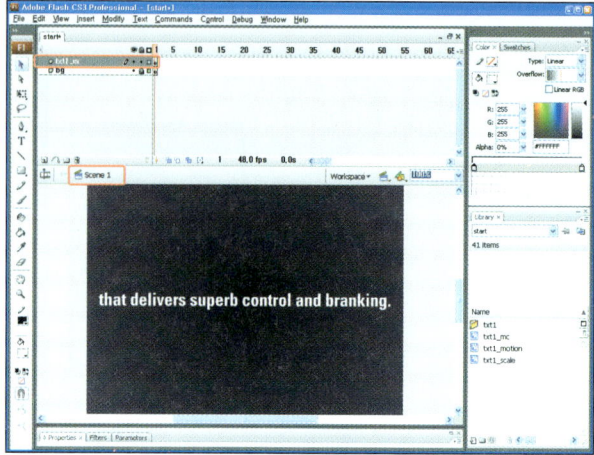

2 텍스트 모션 만들기

❶ [Library]에 txt1_mc를 더블클릭해서 편집 모드로 이동합니다.

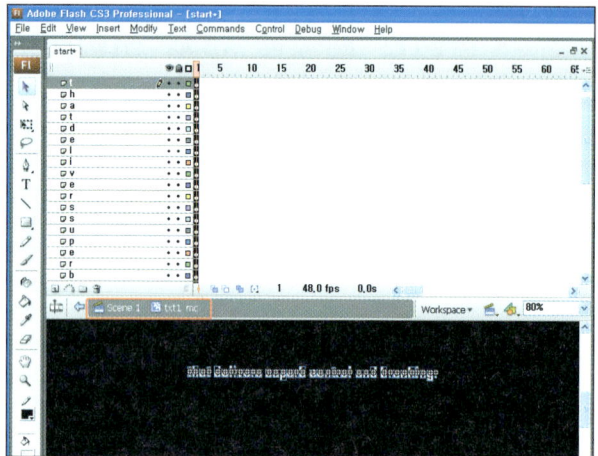

❷ 레이어 전체를 40프레임까지 늘려 주고, 40번 프레임에서 F6 을 눌러 키프레임을 생성합니다.

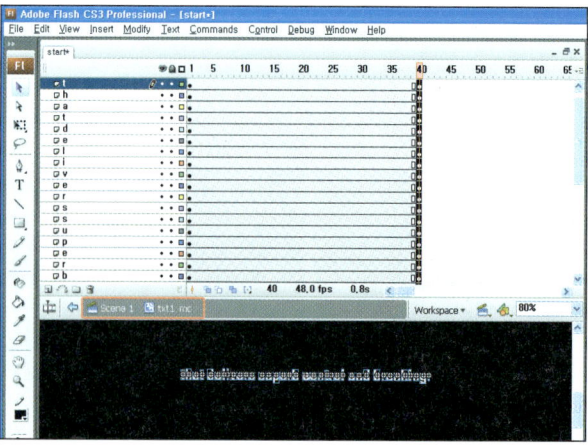

❸ 1번 키프레임으로 이동해서 그림처럼 텍스트의 위치를 상하로 이동합니다.

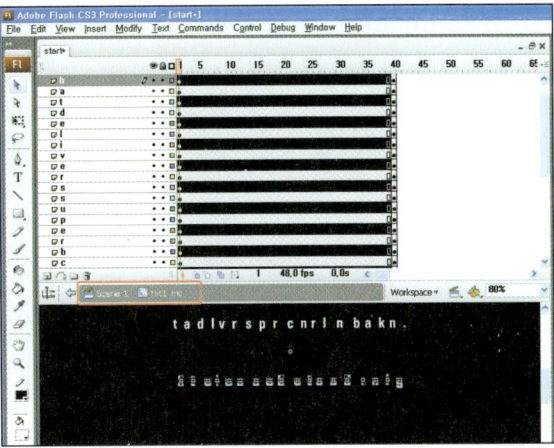

❹ 1번 키프레임에 있는 무비클립을 모두 선택하고 Ctrl + Alt + S 를 눌러 전체적으로 50% 줄입니다.

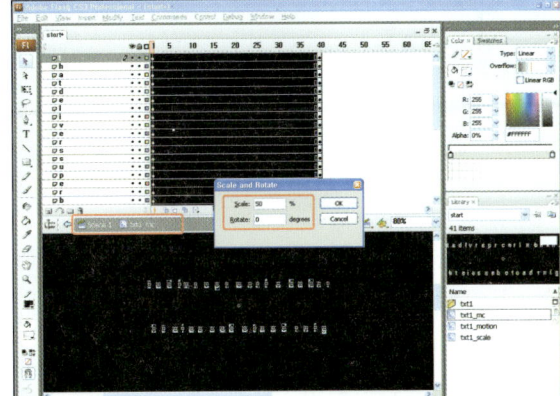

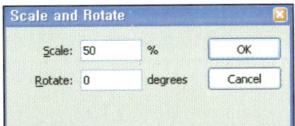

❺ 모션 트위닝을 적용하고 Ease 값을 100으로 설정합니다.

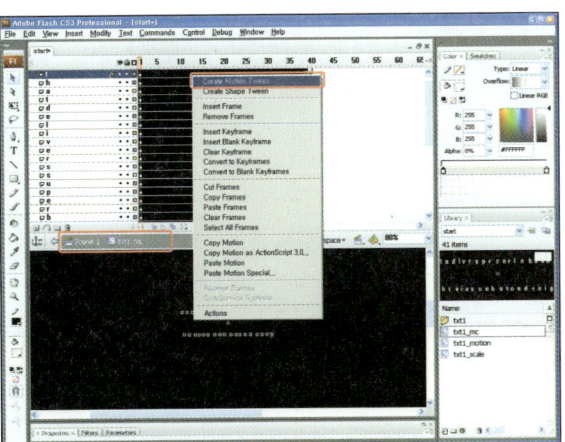
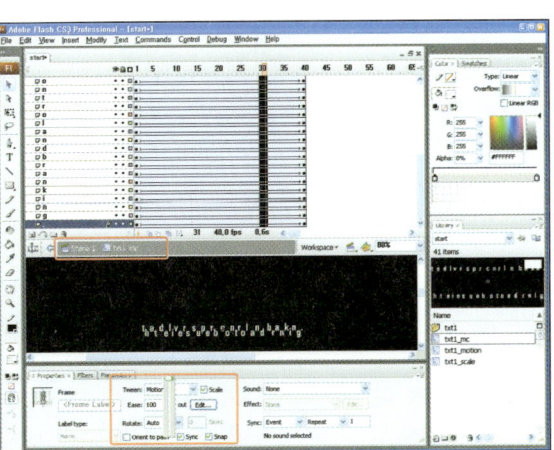

3 텍스트가 점점 커지는 모션 만들기

❶ [Library]에 [무비클립: txt1_scale]을 더블클릭해서 편집 모드로 이동합니다.

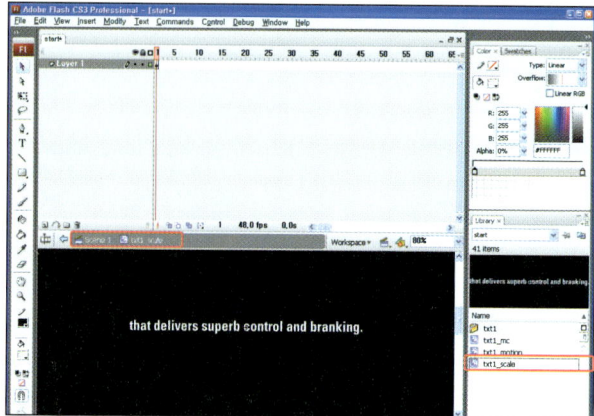

❷ [txt1_mc]를 선택하고 Part01-Sec02-02에서 배운 모션의 **그룹화 기법**을 적용합니다.

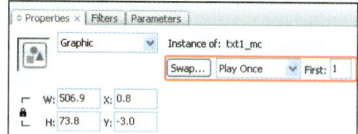

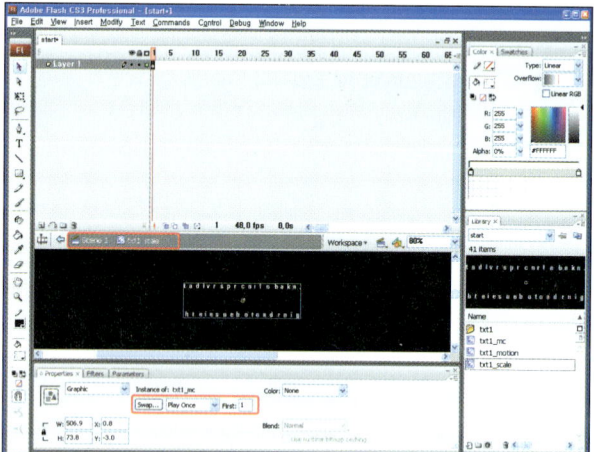

❸ 130번 프레임에 F6 을 눌러 키프레임을 생성해 주고, Ctrl + Alt + S 를 눌러 전체적으로 200% 확대합니다.

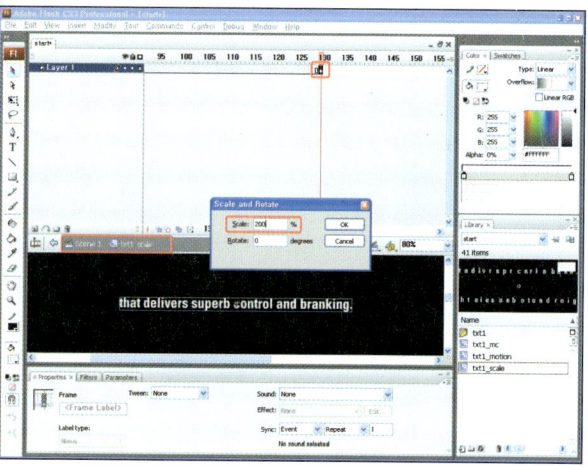

④ 1번~130번 프레임의 중간을 선택하고 모션 트위닝을 적용합니다.

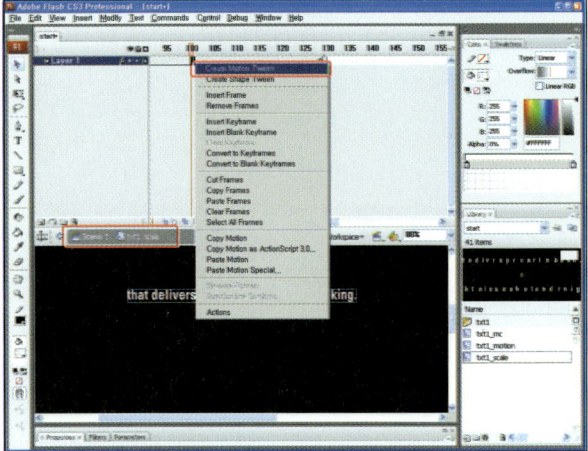

4 로테이션과 스케일 조절하기

❶ [Library]에 [무비클립: txt1_motion]을 더블클릭해서 편집 모드로 이동합니다.

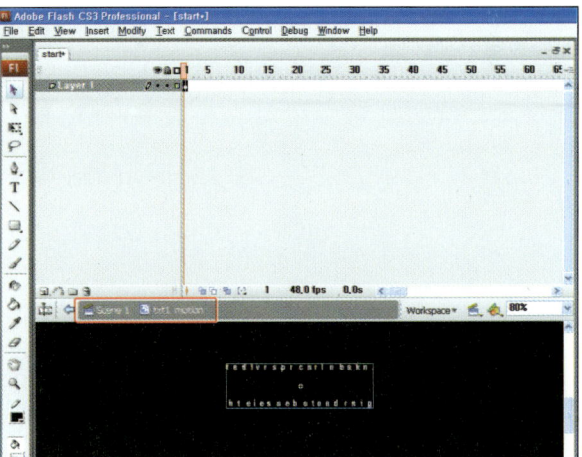

❷ [무비클립: txt1_scale]을 선택하고 Part01-Sec02-02에서 배운 **모션의 그룹화 기법**을 적용합니다.

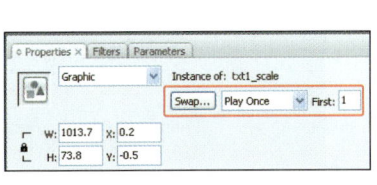

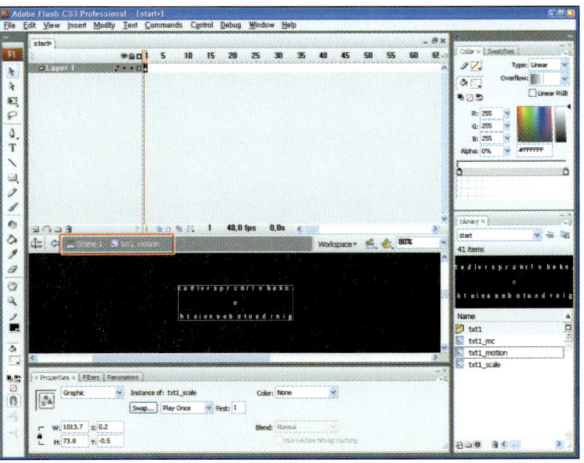

❸ 1번, 50번, 89번, 95번 프레임에 각각 키프레임을 생성하고 아래 표와 같이 속성 값을 설정합니다. 속성 값은 Transform 창에서 설정합니다.

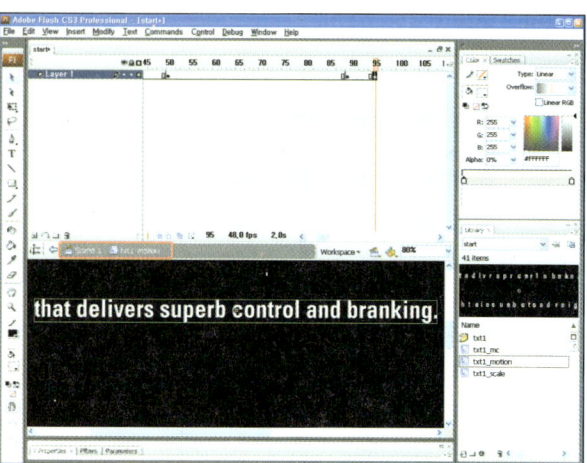

프레임	1	50	89	95
Scale	50	100	100	200
Rotation	20	7	4	2
Alpha	100	100	100	0

잠깐 Ctrl + T 를 눌러서 Transform 패널을 활성화시켜 줍니다.

❹ 모션 트위닝을 적용하고 97번 프레임에서 F7 을 눌러 빈 키프레임을 생성합니다.

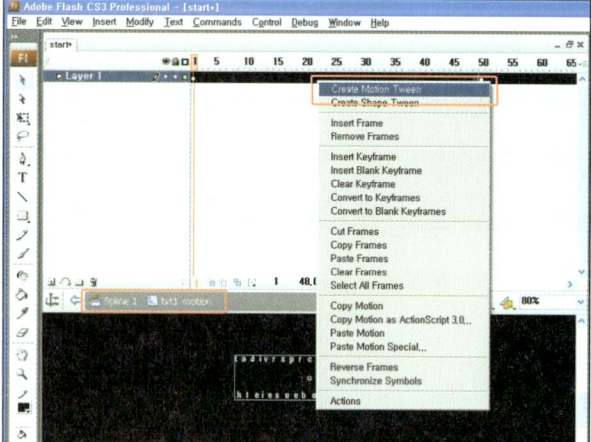

⑤ 타임라인에서 모션의 그룹화 적용하기

❶ 메인 타임라인으로 이동한 후 프레임을 150프레임까지 늘 립니다.

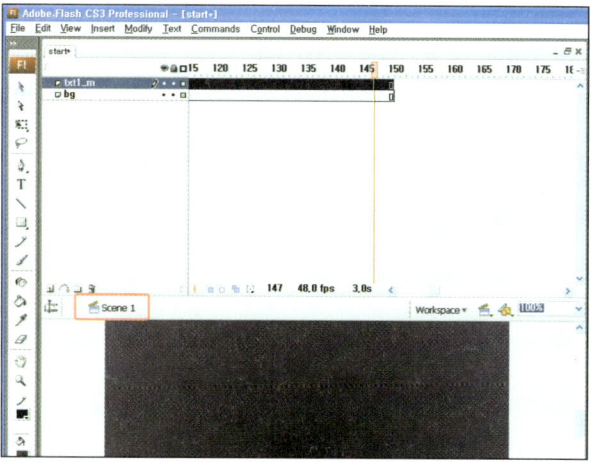

② [무비클립: txt1_motion]을 선택하고 Part01-Sec02-02에서 배운 모션의 그룹화 기법을 적용합니다.

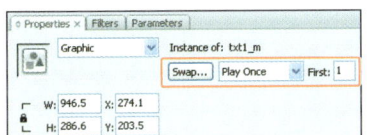

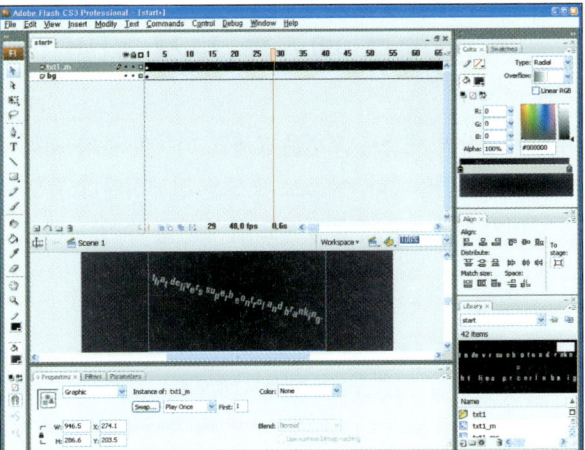

잠깐 　Ctrl + Enter 를 눌러서 완성된 작업의 모션을 확인합니다.

이번 단원을 마치며

이번 예제 같은 경우는 글씨가 움직이는 무비클립, 스케일이 커지는 무비클립, 돌아가는 무비클립 이렇게 크게 3가지의 무비클립으로 움직임을 만들었습니다. 다중의 모션일 경우 한 움직임씩 무비클립으로 만들고 제어하는 게 수정이나 모션의 디테일함을 살릴 수 있는 방법 중 하나입니다. 흔히들 처음에 모션작업을 진행할 경우 한 번에 모든 움직임을 만들려고 합니다. 이 방법은 수정이나 모션의 디테일함에 있어서 좋은 방법은 아닙니다. 모션작업을 할 때 움직임을 분리하고 각각의 움직임이 합쳐지는 걸 생각하고 만들어 보는 습관을 키우도록 합시다.

도전 예제 - 한번 만들어 봅시다!

응용.swf를 열어 여러분도 한번 만들어 보세요.

응용: 부록CD/Sample/Part02/Sec01/02/응용.swf

트렌드 텍스트 모션 기법3

이번에 제작할 텍스트 모션은 X좌표 이동이 주가 되는 작업입니다. 부드러운 느낌의 모션이나 흐르는 모션에 사용하는 기법입니다. 텍스트 모션은 전체적인 흐름도 중요하지만 텍스트 한 글자의 움직임을 정확히 기억하면 나머지 텍스트들의 움직임도 쉽게 만들 수 있습니다.

완성 파일	부록CD/Sample/Part02/Sec01/03/end.fla
예제 파일	부록CD/Sample/Part02/Sec01/03/start.fla
Key Point	X축을 활용한 텍스트 모션
모션 미리보기(등장 모션)	부록CD/Sample/Part02/Sec01/03/end.swf

1 예제 파일 열기

❶ '부록CD/Sample/Part02/Sec01/03/end.swf' 파일을 열어서 제작할 모션을 확인합니다.

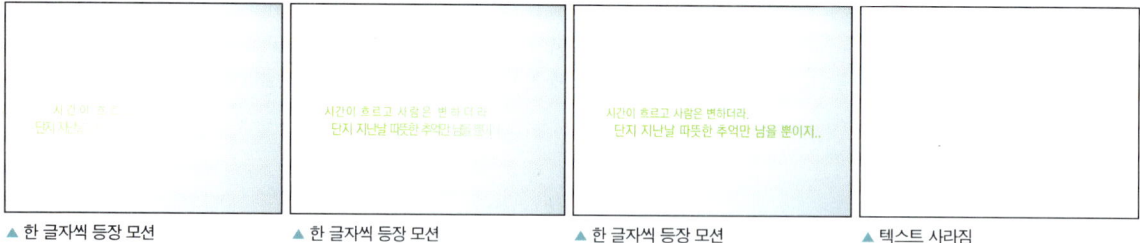

▲ 한 글자씩 등장 모션   ▲ 한 글자씩 등장 모션   ▲ 한 글자씩 등장 모션   ▲ 텍스트 사라짐

❷ '부록CD/Sample/Part02/Sec01/03/start.fla' 를 플래시로 열고, 새로운 이름으로 저장합니다. [Library] 패널에서 예제에 사용될 무비클립 심벌과 그래픽 심벌을 확인합니다.

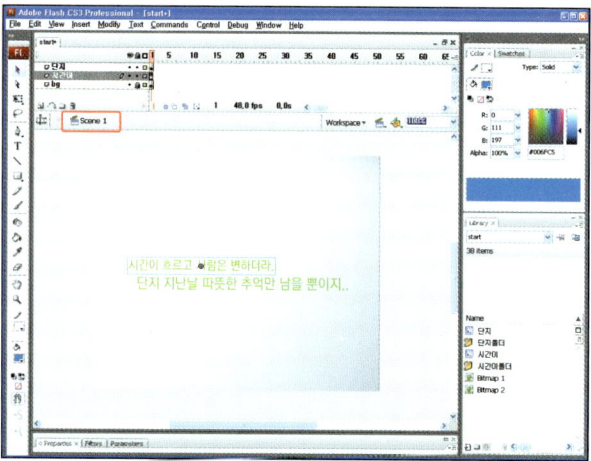

2 레이어 구성 확인하기

❶ [Library]에 [무비클립: 시간이]를 더블클릭해서 편집 모드로 이동합니다.

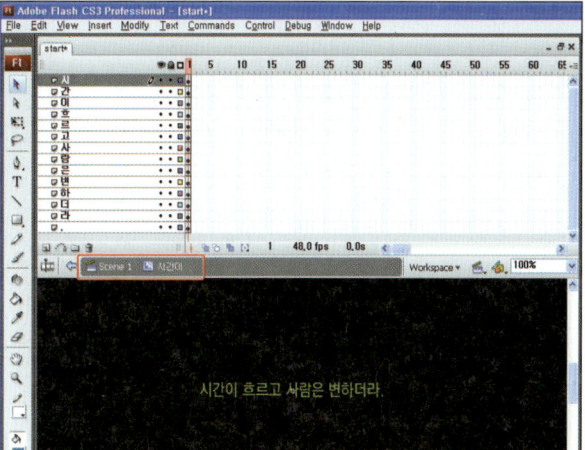

❷ [무비클립: 시간이]에 전체 무비클립의 길이를 40프레임까지 늘리고, 40번 프레임에서 F6 을 눌러서 키프레임을 생성합니다.

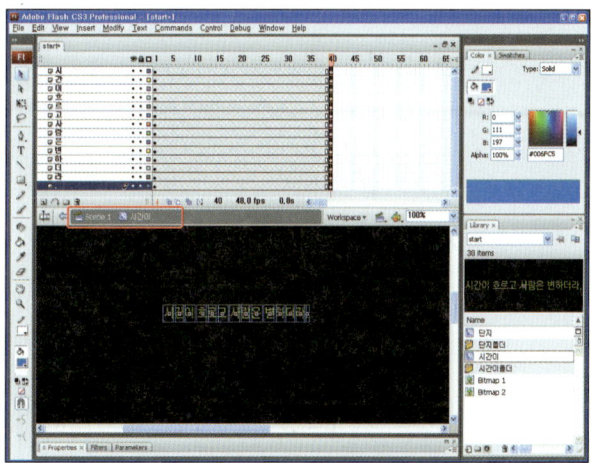

❸ 1번 키프레임에 있는 무비클립을 모두 선택하고 우측으로 70픽셀 이동합니다.

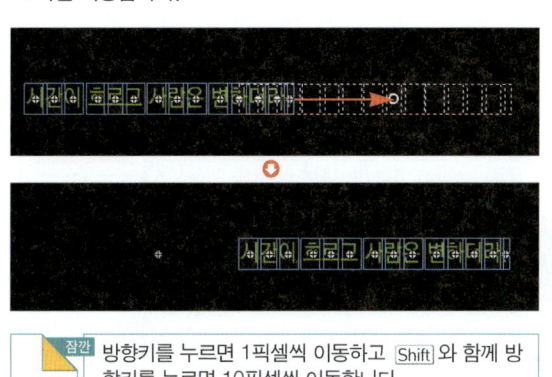

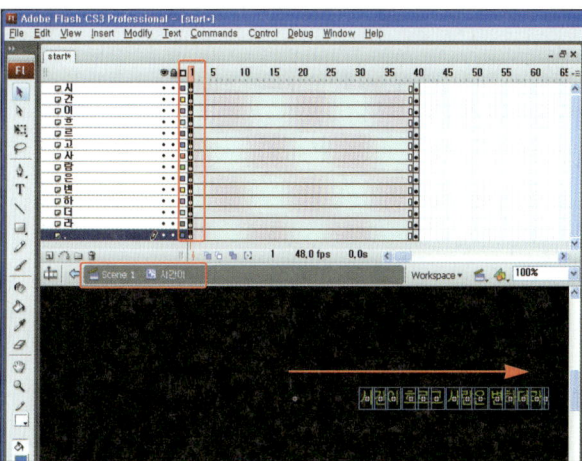

> **잠깐** 방향키를 누르면 1픽셀씩 이동하고 Shift 와 함께 방향키를 누르면 10픽셀씩 이동합니다.

❹ 1번 키프레임에 있는 무비클립의 Alpha 값을 모두 0으로 설정하고 모션 트위닝을 적용합니다.

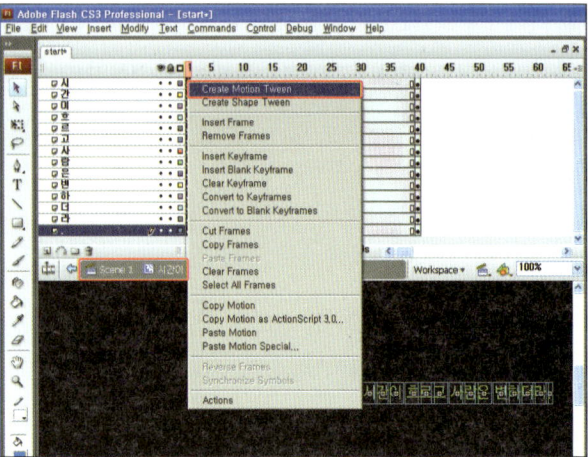

❺ Ease 값을 100으로 설정합니다.

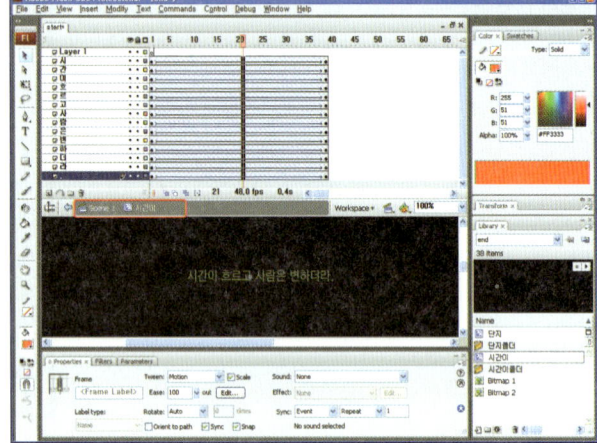

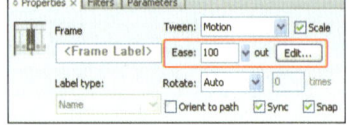

❻ 각각의 레이어에 있는 무비클립의 시작 위치를 2프레임씩 이동하고, 74프레임에 F5 를 눌러 모든 레이어의 키프레임 길이를 맞춰 줍니다.

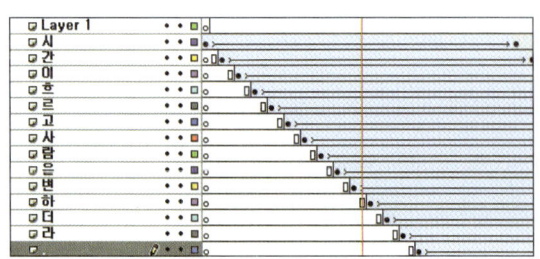

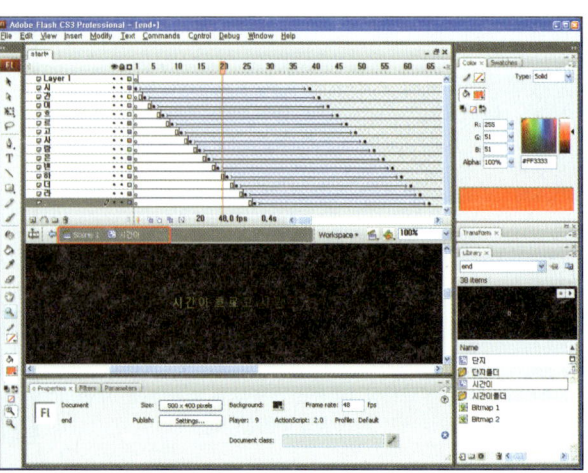

3 텍스트 모션 만들기

❶ [Library]에 [무비클립: 단지]를 더블클릭해서 편집 모드로 이동합니다.

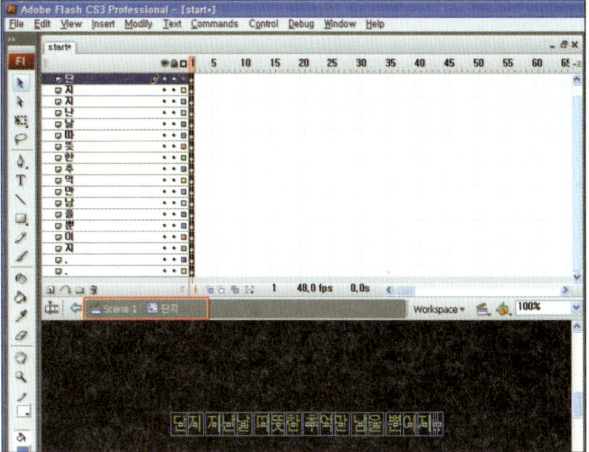

❷ [무비클립: 단지] 안에 있는 모든 레이어의 프레임을 40프레임까지 늘리고 40번 키프레임에 F6 을 눌러서 키프레임을 생성합니다.

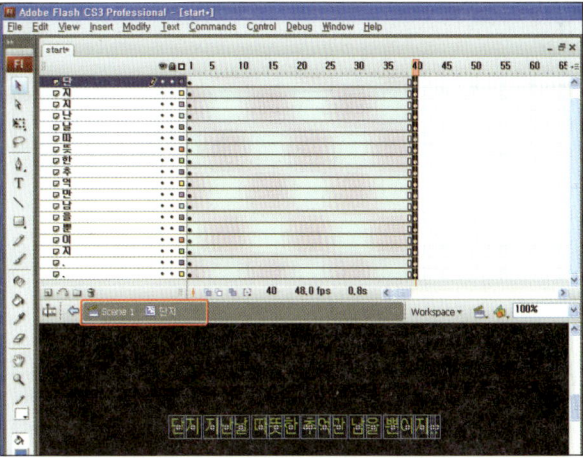

❸ 1번 키프레임에 있는 무비클립들을 선택하고 좌측으로 70픽셀 이동합니다.

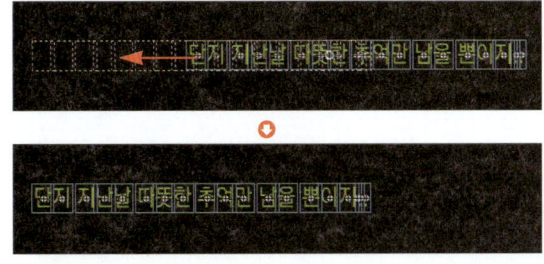

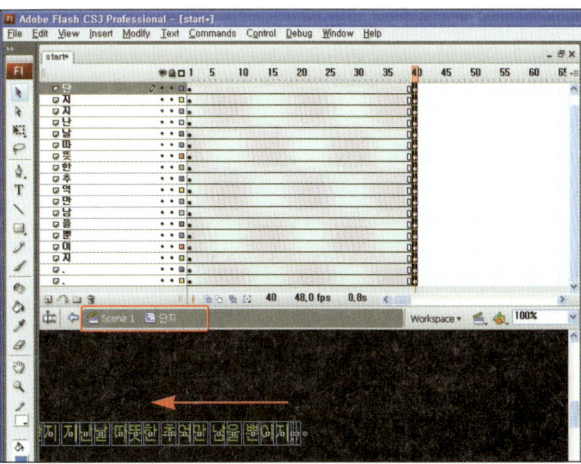

> 잠깐 방향키를 누르면 1픽셀씩 이동하고 Shift 와 함께 방향키를 누르면 10픽셀씩 이동합니다.

❹ 1번 키프레임에 있는 무비클립의 Alpha 값을 모두 0으로 설정하고 모션 트위닝을 적용합니다.

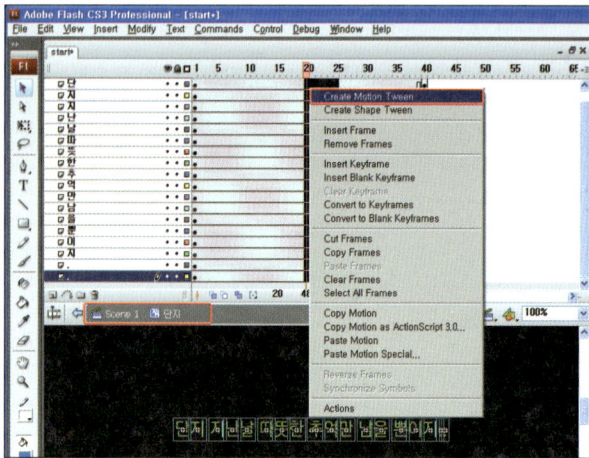

❺ Ease 값을 100으로 설정합니다.

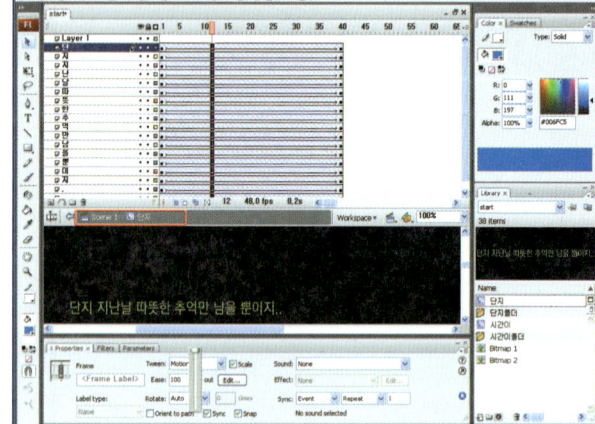

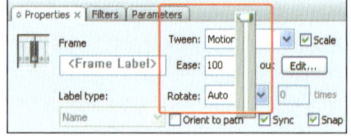

❻ 각각의 레이어에 있는 무비클립의 시작 위치를 2프레임씩 이동하고, 마지막 프레임 기준으로 모든 레이어에 프레임을 생성합니다.

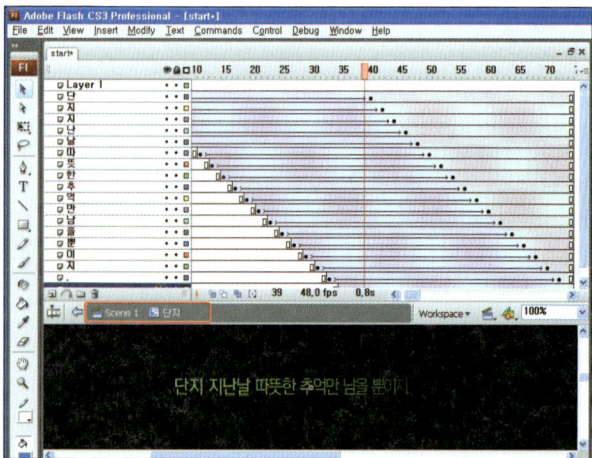

4 모션의 그룹화 적용하기

❶ 메인 타임라인으로 이동 후 70프레임까지 늘립니다.

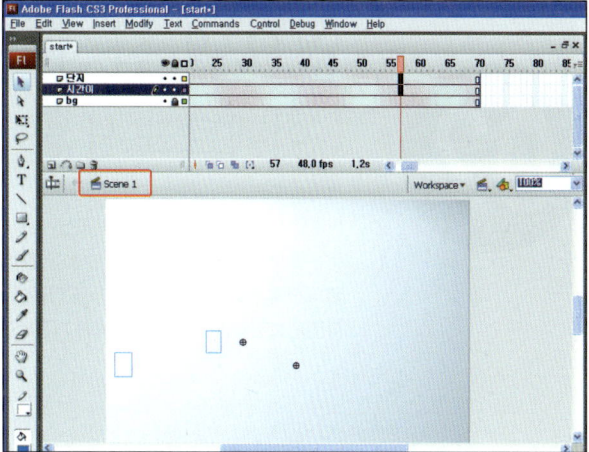

❷ [무비클립: 단지]와 [무비클립: 시간이]를 선택하고 Part01-Sec02-02에서 배운 **모션의 그룹화 기법**을 적용합니다.

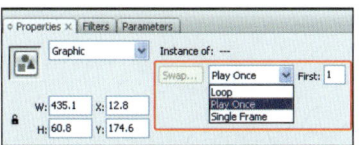

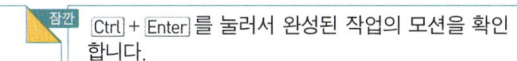

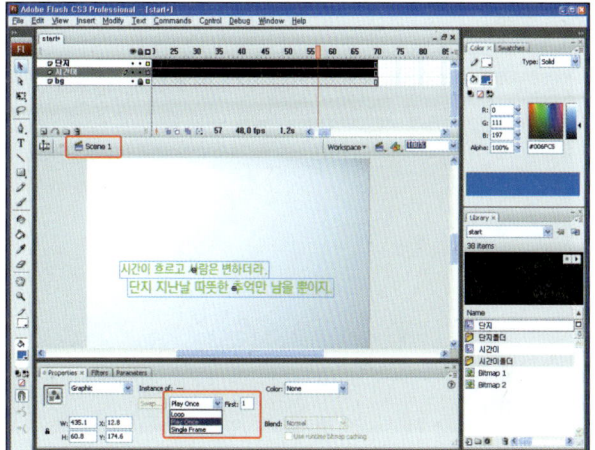

> **잠깐** Ctrl + Enter 를 눌러서 완성된 작업의 모션을 확인합니다.

이번 단원을 마치며

텍스트 모션의 경우 복잡한 움직임보다는 텍스트 자체에 간단한 모션 적용 후 프레임의 시작 위치 조절을 통해서 순차적으로 모션이 만들어질 때 전체적으로 하나의 모션이 만들어지는 경우가 대부분입니다. 즉 여러분이 어떠한 텍스트 모션이 만들고 싶다면 저번 장에서 배운 모션의 기초를 토대로 한 글자에 모션을 만들어 보고 전체적으로 그 모션을 적용하면 됩니다. 텍스트가 많아지면 단순한 작업의 반복이지만 텍스트가 전달하고자 하는 의미가 중요한 만큼 신경을 많이 써야 하는 작업입니다. 다양한 종류의 텍스트 모션을 만들어 보고 연습해 보도록 합시다.

SECTION 02

없으면 심심하다 있으면 빛이 난다!
: 이펙트 모션

비주얼과 함께 등장하는 이펙트 모션….

이펙트 모션은 말 그대로 다른 것들을 강조해 주기 위한 모션입니다. 특히 이펙트는 사운드 효과가 적용 안 되는 웹 모션에 커다란 흐름이나 방향을 만들어 주는 중요한 요소입니다. 이번 장에서는 다양한 이펙트 모션을 배우고 적용해 보겠습니다. 지금까지 배운 기본기를 토대로 여러 가지 오브젝트와 가이드를 응용해 봅니다.

P R E V I E W

01 별 이펙트 모션1 ⊙ 부록CD/Sample/Part02/Sec02/01/end.swf

▲ 별 이펙트가 하단에서 등장

▲ 별 이펙트 완성

02 별 이펙트 모션2 ⊙ 부록CD/Sample/Part02/Sec02/02/end.swf

▲ 별들이 원을 그리면서 등장

▲ 별이 점점 커지면서 나선모양으로 돌기

03 구름 흘러가기　　　　　　　　　　　　　　　　　　　　　◉ 부록CD/Sample/Part02/Sec02/03/end.swf

▲ 구름 흘러가기　　　　　　　　　　　　　　　　　　　　▲ 구름 흘러가기

04 담배 연기 이펙트　　　　　　　　　　　　　　　　　　　　◉ 부록CD/Sample/Part02/Sec02/04/end.swf

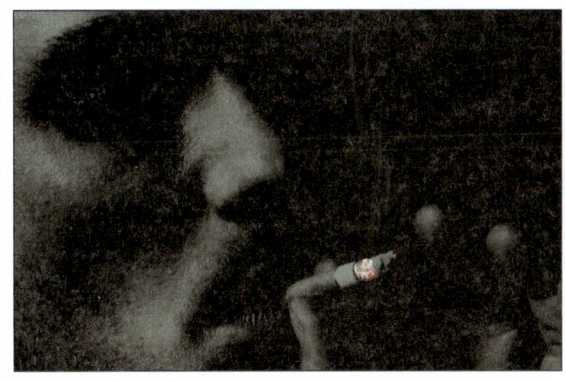 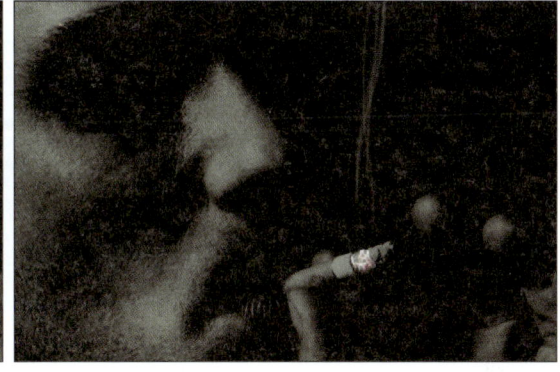

▲ 담배 연기 이펙트 시작　　　　　　　　　　　　　　　▲ 담배 연기 이펙트 완성

05 물방울 효과　　　　　　　　　　　　　　　　　　　　　　◉ 부록CD/Sample/Part02/Sec02/05/end.swf

▲ 물방울 모션 등장　　　　　　　　　　　　　　　　　　▲ 물고기 움직이기

▲ 물방울 확대

▲ 물방울 사라짐

06 스피커 이펙트1 ⊙ 부록CD/Sample/Part02/Sec02/06/end.swf　　**07** 스피커 이펙트2 ⊙ 부록CD/Sample/Part02/Sec02/07/end.swf

▲ 스피커 움직임　　▲ 스피커 움직임　　　▲ 음표 나타나는 모션　　▲ 음표 나타나는 모션

08 원 파티클 효과 ⊙ 부록CD/Sample/Part02/Sec02/08/end.swf

▲ 원 파티클

▲ 원 파티클

별 이펙트 모션1

아래에서 위로 등장하는 느낌의 별 모션입니다. 처음 등장하는 위치를 엇갈리게 한 후 등장 시점을 랜덤하게 해서 마치 아래서 위로 별이 뿌려지는 느낌이 듭니다. 이펙트 모션에서는 랜덤하게 등장하는 기법을 자주 사용합니다. 이것은 프레임의 시작 위치를 조절함으로써 가능한 기법입니다. 이번 장에서 잘 보고 익히세요.

완성 파일	부록CD/Sample/Part02/Sec02/01/end.fla
예제 파일	부록CD/Sample/Part02/Sec02/01/start.fla
Key Point	별 뿌려지는 모션
모션 미리보기(하단에서 상단으로 튀어 나오 듯이 등장하는 별 모션)	부록CD/Sample/Part02/Sec02/01/end.swf

1 예제 파일 열기

❶ '부록CD/Sample/Part02/Sec02/01/end.swf' 파일을 열어서 제작할 모션을 확인합니다.

▲ 별무리 이펙트 등장   ▲ 별무리 이펙트 등장

▲ 별무리 이펙트 등장   ▲ 별무리 이펙트 등장 완료

❷ '부록CD/Sample/Part02/Sec02/01/start.fla' 를 플래시로 열고, 새로운 이름으로 저장합니다. [Library] 패널에서 예제에 사용될 무비클립 심벌과 그래픽 심벌을 확인합니다.

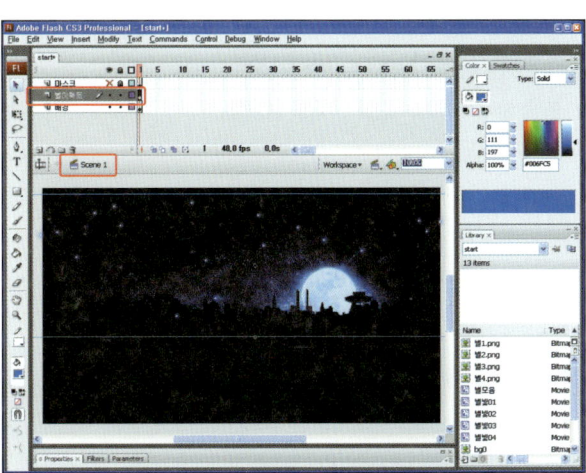

2 별 이펙트 모션 만들기

❶ [Library]에 [무비클립: 별 모음]을 더블클릭해서 편집 모드로 이동합니다.

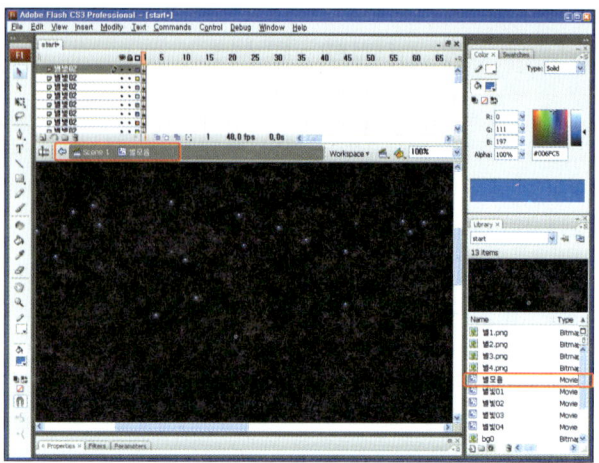

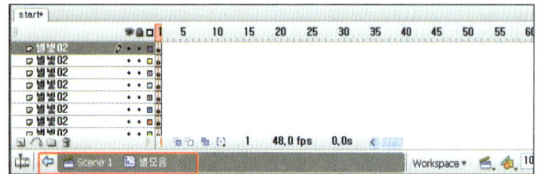

❷ [무비클립: 별모음] 안에 있는 모든 별빛 레이어를 선택하고 40번 프레임에서 F6 을 눌러서 키프레임을 생성합니다.

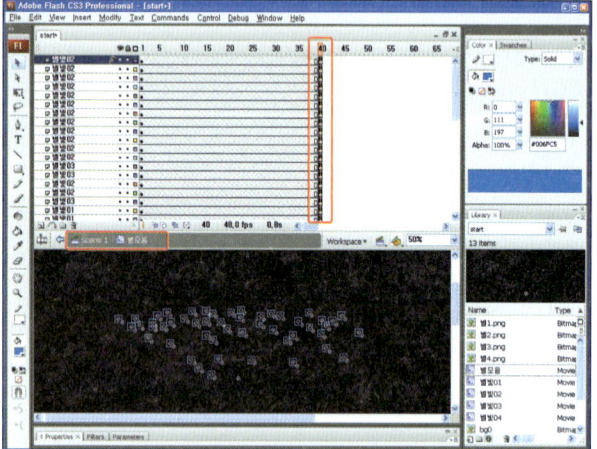

❸ 1번 키프레임에 있는 무비클립을 모두 선택하고 Ctrl + Alt + S 를 눌러서 Scale 값을 50으로 설정합니다.

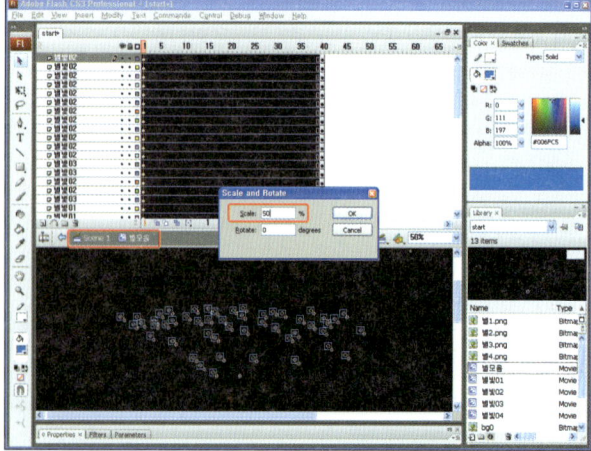

❹ 1번 키프레임에 있는 무비클립들의 전체적인 위치를 하단으로 20픽셀씩 이동합니다.

> **참고** 오브젝트를 선택한 후 Shift를 누른 채로 화살표를 움직이면 크게 움직입니다. 키보드 방향키를 누를 때마다 1픽셀씩 이동, Shift+방향키를 누르면 1픽셀씩 이동합니다.

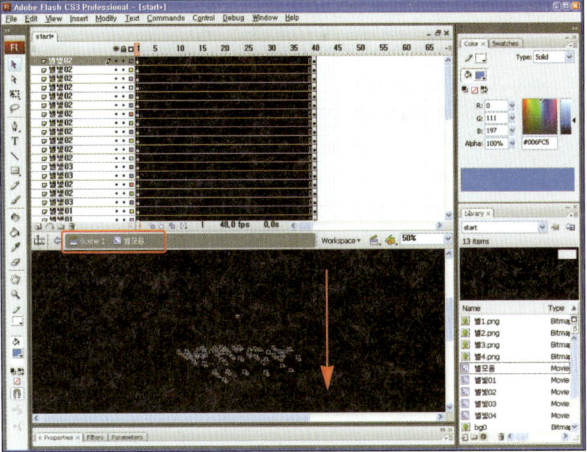

❺ 기준점을 중심으로 왼쪽에 있는 무비클립을 모두 선택하고 오른쪽으로 40픽셀씩 이동합니다.

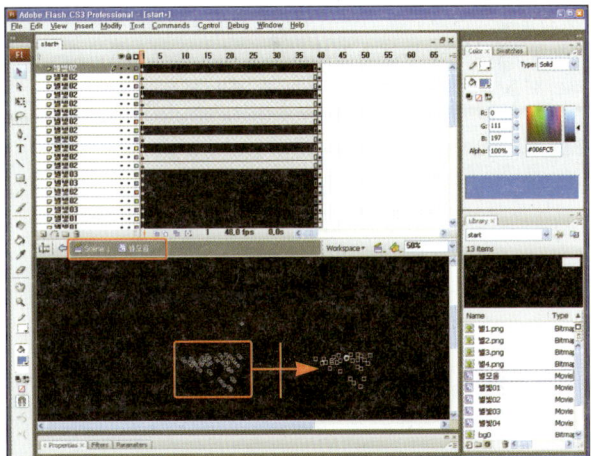

❻ 1번 키프레임에 있는 무비클립을 모두 선택하고 전체 무비클립을 가운데 기준으로 40픽셀씩 이동합니다. 현재 별무리가 가운데를 기준으로 좌우가 바뀐 형태가 되었습니다.

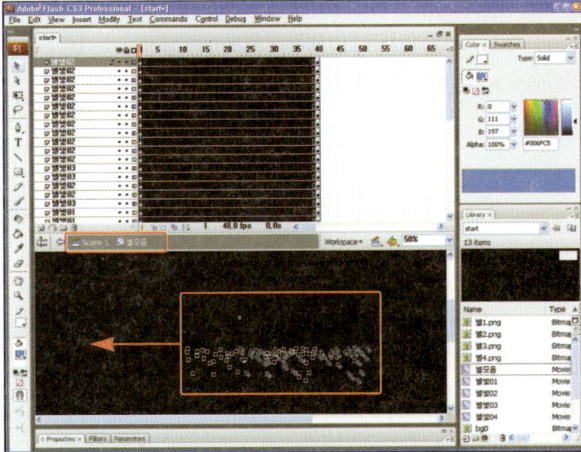

❼ 레이어 전부를 선택하고 모션 트위닝을 적용한 후 Ease 값을 100으로 설정합니다.

참고 Ease 값은 실무 모션 가이드 실무 Tip 6번을 참고하세요.

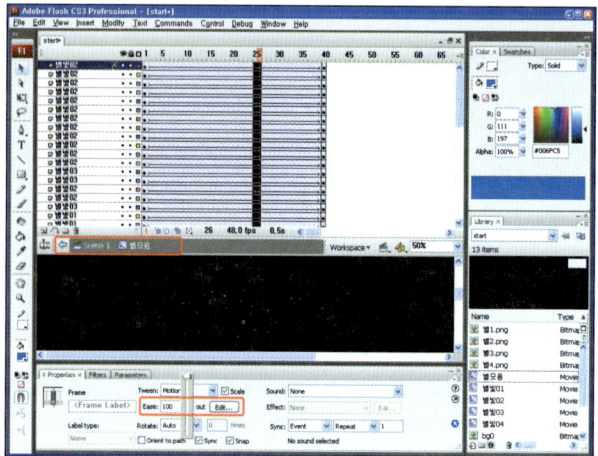

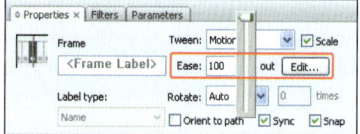

❽ 랜덤한 등장 효과를 위해 레이어에 있는 무비클립의 시작 위치를 랜덤하게 이동하고, 전체 100프레임 안에서 등장이 마무리 되도록 합니다.

참고 키프레임의 프레임 이동은 실무 모션 가이드 실무 Tip 7번을 참고하세요.

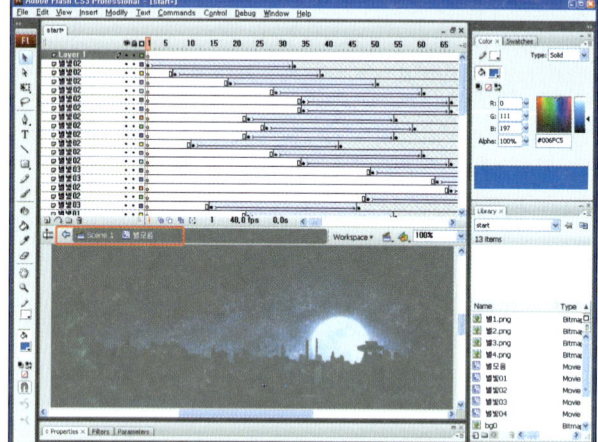

❾ 레이어를 생성하고 이름을 Action으로 수정하고, 100번 키프레임에서 F7 을 눌러 빈 키프레임을 생성합니다. 생성한 키프레임에서 F9 를 눌러 액션 창을 열고 stop( )이라고 적습니다.

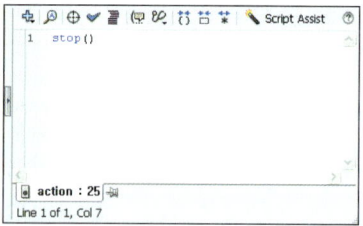

⓿ 메인 타임라인으로 이동해 [레이어: 마스크]를 선택하고 마우스 오른쪽 버튼을 클릭하여 마스크를 적용합니다. 여기서 마스크를 적용하는 이유는 배경과 어울리게 등장하기 위해서입니다.

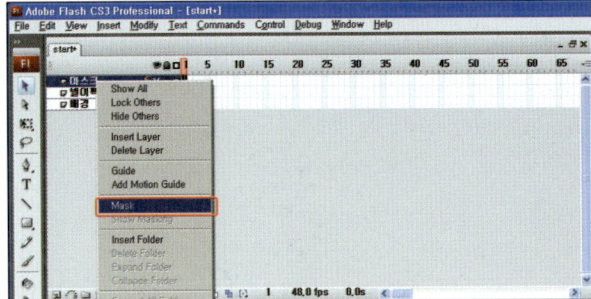

잠깐 | Ctrl + Enter 를 눌러서 완성된 작업의 모션을 확인합니다.

별 이펙트 모션2

가이드 라인을 이용해서 별 모양의 오브젝트가 등장하고, 이 이펙트가 랜덤한 느낌이 나도록 해 보겠습니다. 모션을 이루는 무비클립을 생성하고 그 무비클립을 복제해서 다양한 효과로 만듭니다. 그룹화된 무비클립에 블러 효과를 줘서 깊이 있게 바꿔 보겠습니다.

완성 파일	부록CD/Sample/Part02/Sec02/02/end.fla
예제 파일	부록CD/Sample/Part02/Sec02/02/start.fla
Key Point	가이드를 이용한 모션
모션 미리보기(등장 모션)	부록CD/Sample/Part02/Sec02/02/end.swf

1 예제 파일 열기

❶ '부록CD/Sample/Part02/Sec02/02/end.swf' 파일을 열어서 제작할 모션을 확인합니다.

▲ 별들이 원을 그리면서 등장 ▲ 별이 점점 커지면서 나선모양으로 돌기 ▲ 별이 점점 커지면서 나선모양으로 돌기 ▲ 별들이 원을 그리면서 사라짐

❷ '부록CD/Sample/Part02/Sec02/02/start.fla' 를 플래시로 열고, 새로운 이름으로 저장합니다. [Library] 패널에서 예제에 사용될 무비클립 심벌과 그래픽 심벌을 확인합니다.

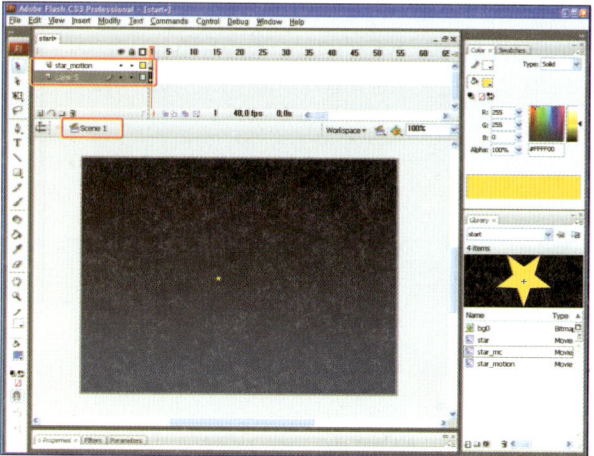

2 별 움직임 모션 만들기

❶ [Library]에 [무비클립: star_mc]를 더블클릭해서 편집 모드로 이동합니다.

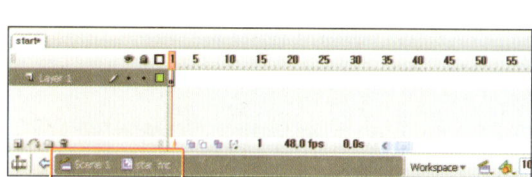

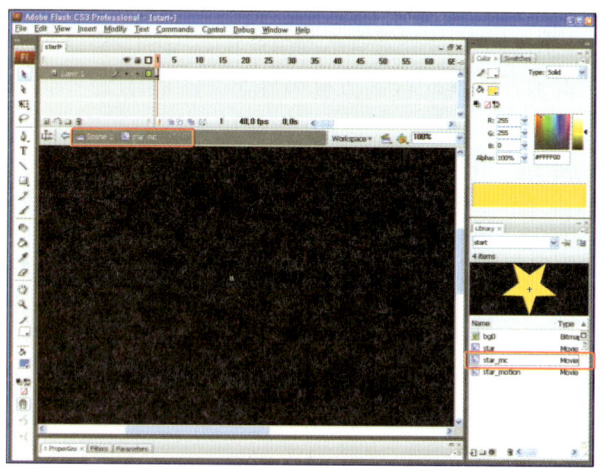

❷ 가이드 레이어를 생성하고 연필 툴을 이용해서 그림처럼 나선을 만들어 줍니다.

참고 가이드 생성은 기초 가이드 Tip 9번을 참고하세요.

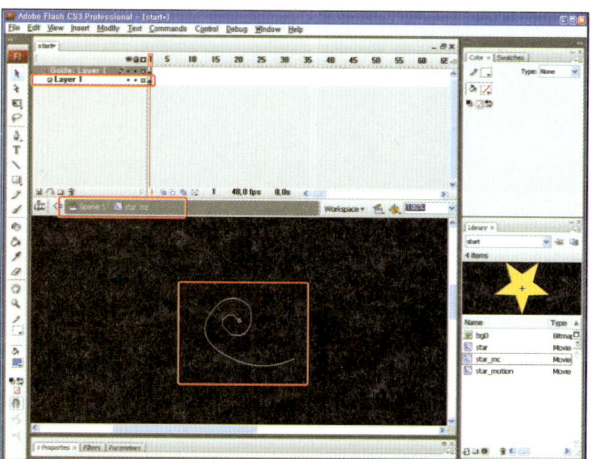

❸ 가이드 라인 레이어와 [레이어: Layer 1]의 프레임은 116 프레임까지 늘려 주고, [레이어: Layer 1]에 65번과 116번 프레임에서 F6 을 눌러서 키프레임을 생성합니다.

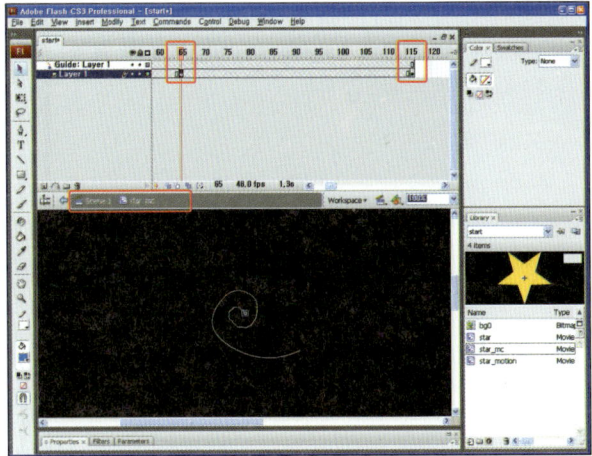

❹ 65번 키프레임에 있는 [무비클립: star]의 위치를 그림처럼 가이드 라인의 끝부분으로 옮기고 Ctrl + Alt + S 를 눌러서 Scale 값을 200으로 설정합니다.

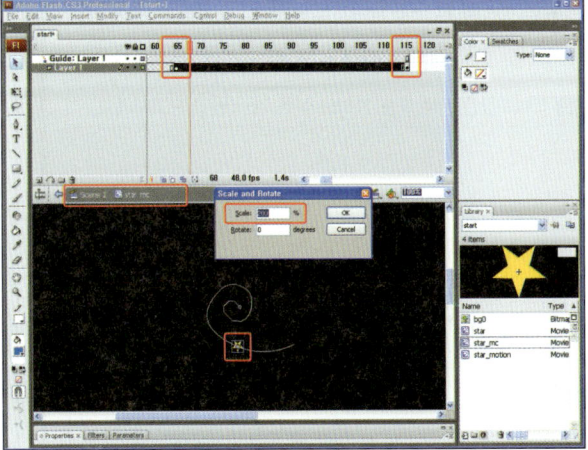

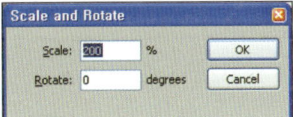

❺ 116번 키프레임에 있는 [무비클립: star]의 Alpha 속성을 0으로 설정하고 위치를 가이드의 마지막 부분으로 옮깁니다.

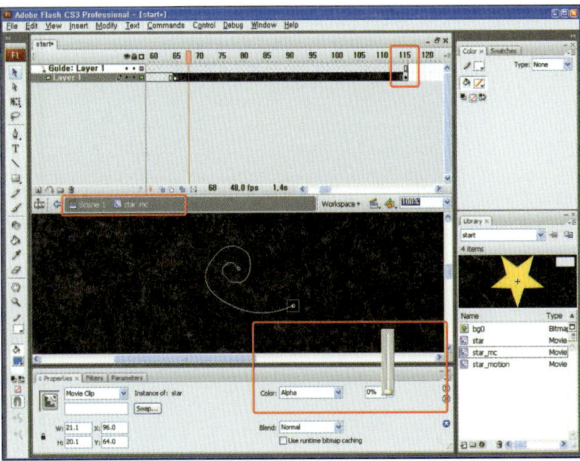

❻ 1번 키프레임에 있는 [무비클립: star]의 위치를 그림처럼 가이드 라인의 처음 부분으로 옮기고 Ctrl + Alt + S 를 눌러서 Scale 값을 50으로 설정합니다.

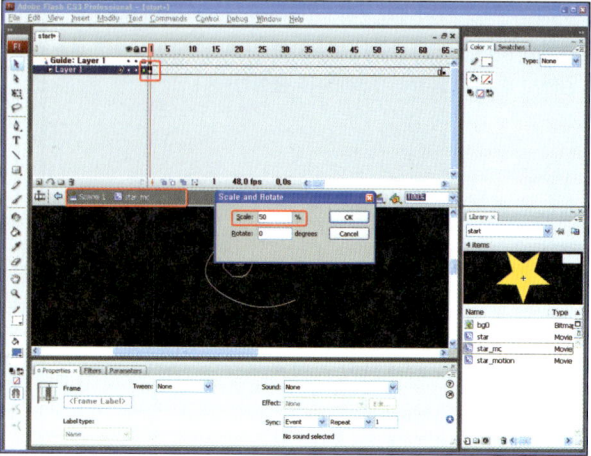

❼ 모션 트위닝을 적용하고 1번과 66번 프레임의 트위닝에 그림과 같이 Ease 값과 Rotate 값을 설정합니다.

참고 Ease 값은 실무 모션 가이드 실무 Tip 6번을 참고하세요.

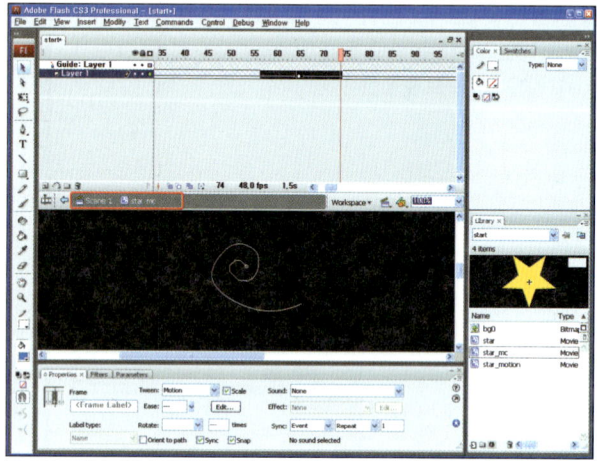

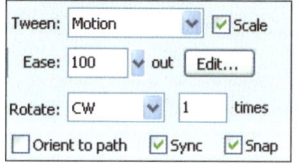

❽ 레이어를 하나 더 생성하고 프레임을 160까지 늘립니다.

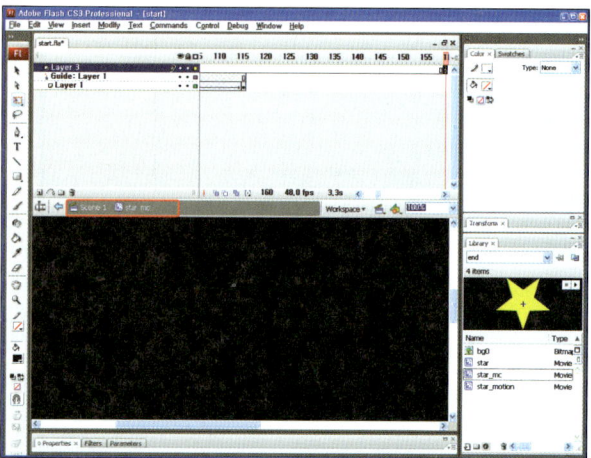

3 무비클립을 복제해서 파티클 만들기

❶ [Library]에 [무비클립: star_motion]을 더블클릭해서 편집 모드로 이동합니다. [무비클립: star_mc]를 선택하고 Ctrl + C 를 눌러서 복사합니다. Ctrl + Shift + V 를 눌러서 복사한 [무비클립: star_mc]를 6번 붙여넣기합니다. Ctrl + Shift + V 를 누르면 복사한 무비클립과 같은 위치에 복제가 됩니다.

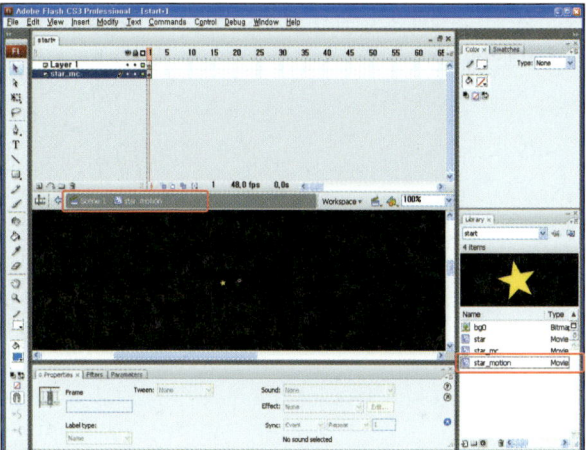

❷ [레이어: star_mc]에 있는 복제한 무비클립 모두를 선택하고 오른쪽 마우스를 누르고 Distribute to Layers를 선택합니다.

> 참고 Ctrl + Shift + D 를 누르면 레이어 분리가 됩니다.

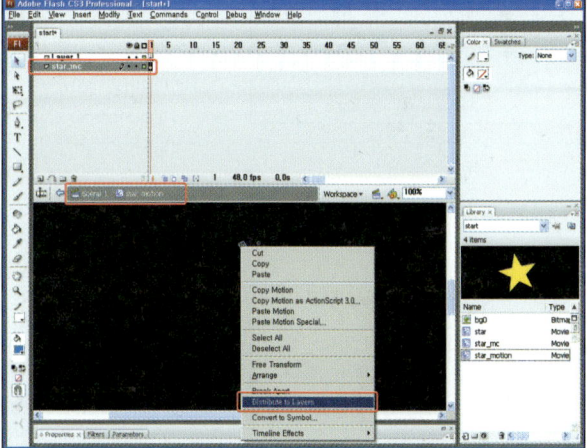

❸ 무비클립의 위치를 랜덤하게 움직이고, Transform 창에서 각각 무비클립의 Rotate 값을 바꿉니다. Rotate 값도 마찬가지로 임의대로 넣으면 됩니다.

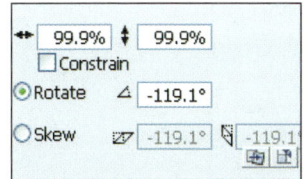

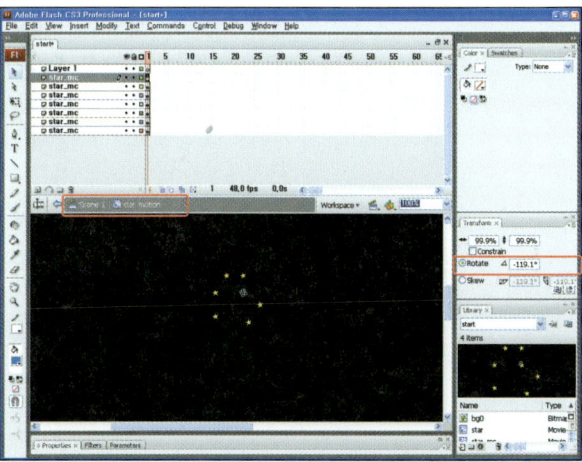

❹ 각각의 무비클립에서 [Ctrl] + [Alt] + [S]를 눌러 Scale 값을 랜덤하게 바꿉니다.

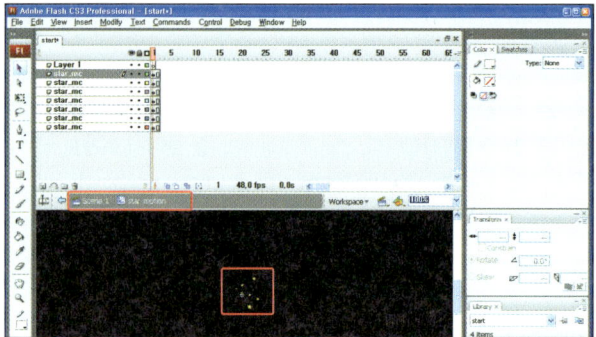

❺ 무비클립의 Tint 값을 랜덤하게 바꿉니다.

참고 Tint 값을 Properties에서 바꿀 수 있습니다.

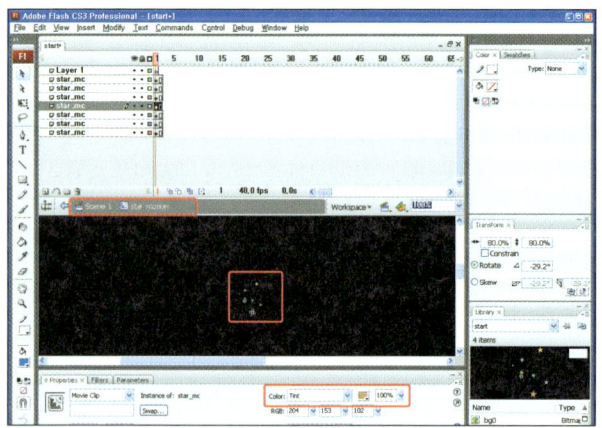

❻ 전체 프레임을 60프레임까지 늘립니다.

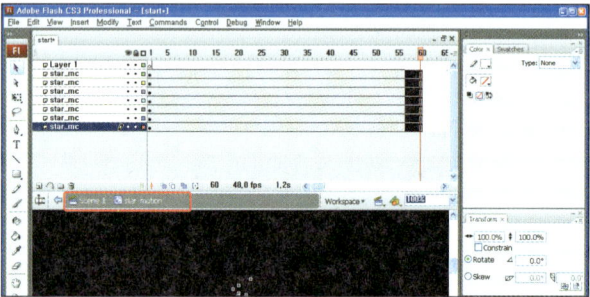

❼ 레이어를 생성해 이름을 Action으로 수정하고, 60번 키프레임에서 [F7]을 눌러 빈 키프레임을 생성합니다. 생성한 키프레임에서 [F9]를 눌러 액션 창을 열고 stop( )이라고 적습니다.

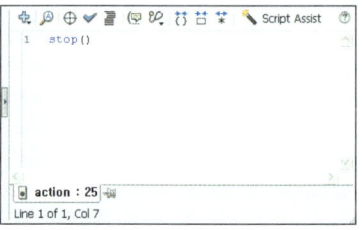

4 블러 효과로 공간감 만들기

❶ 메인 타임라인으로 이동해 [무비클립: star_motion]을 선택하고 Ctrl + C 를 눌러서 복사합니다. Ctrl + Shift + V 를 눌러서 복사한 [무비클립: star_motion]을 2번 붙여넣기합니다. Ctrl + Shift + V 를 쓰면 복사한 무비클립과 같은 위치에 복제가 됩니다. [레이어: star_motion]에 있는 복제한 무비클립 모두 선택한 후 오른쪽 마우스를 누르고 Distribute to Layers를 선택합니다.

참고 Ctrl + Shift + D 를 누르면 레이어가 분리됩니다.

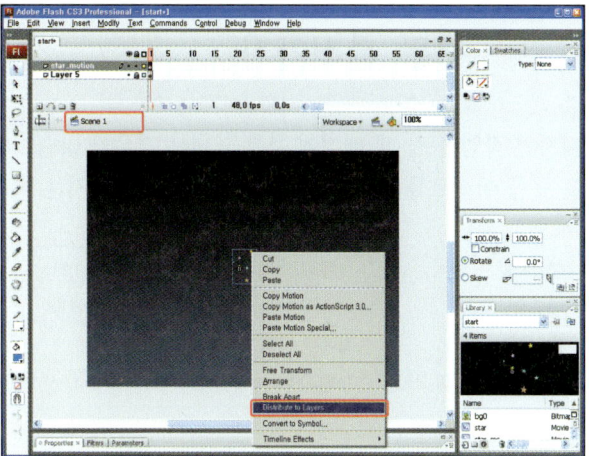

❷ 2개의 [레이어: star_motion]에 있는 무비클립의 스케일 값을 50%로 잡고, Rotate 값도 각각 30, 80으로 설정합니다.

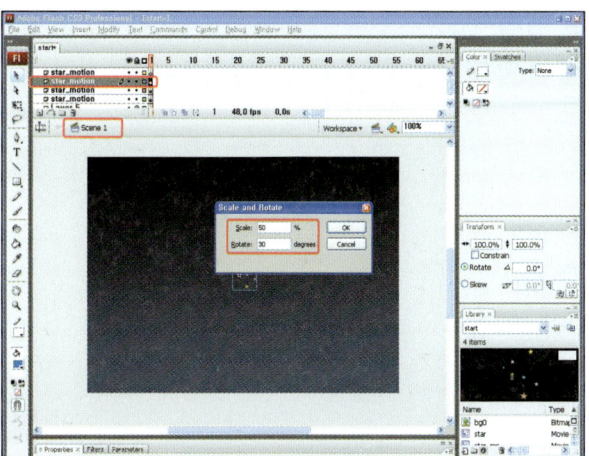

❸ Scale 값을 준 2개의 무비클립을 선택하고 Fliter 값 중에 Blur를 Blur X: 5, Blur Y: 5를 적용합니다.

잠깐 Ctrl + Enter 를 눌러서 완성된 작업의 모션을 확인합니다.

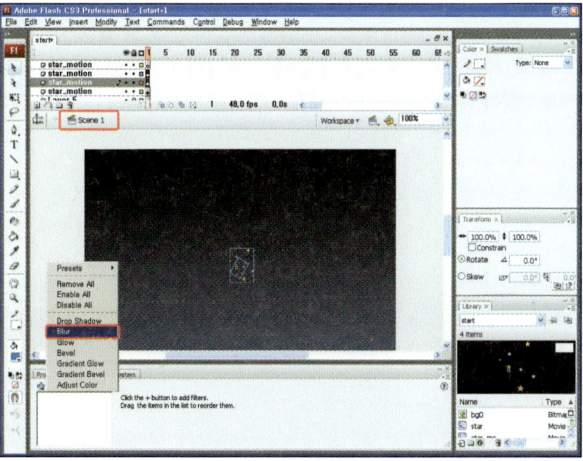

구름 흘러가기

디자인 작업을 할 때 배경에 구름을 넣는 경우가 많습니다. 구름 중에서도 디자인 요소를 잘 살려주는 흘러 가는 구름 이펙트를 만들어 보겠습니다. 구름 이미지는 미리 만들어진 이미지를 이용해서 작업합니다.

완성 파일	부록CD/Sample/Part02/Sec02/03/end.fla
예제 파일	부록CD/Sample/Part02/Sec02/03/start.fla
Key Point	흘러가는 구름 모션
모션 미리보기(등장 모션)	부록CD/Sample/Part02/Sec02/03/end.swf

1 예제 파일 열기

❶ '부록CD/Sample/Part02/Sec02/03/end.swf' 파일을
열어서 제작할 모션을 확인합니다.

▲ 구름 흐르는 모션   ▲ 구름 흐르는 모션

▲ 구름 흐르는 모션   ▲ 구름 흐르는 모션

❷ '부록CD/Sample/Part02/Sec02/03/start.fla' 를 플래시
로 열고, 새로운 이름으로 저장합니다. [Library] 패널에서 예
제에 사용될 무비클립 심벌과 그래픽 심벌을 확인합니다.

2 구름이 흘러 가는 모션 만들기

❶ [Library]에 [무비클립: 구름움직임]을 더블클릭해서 편집
모드로 이동합니다.

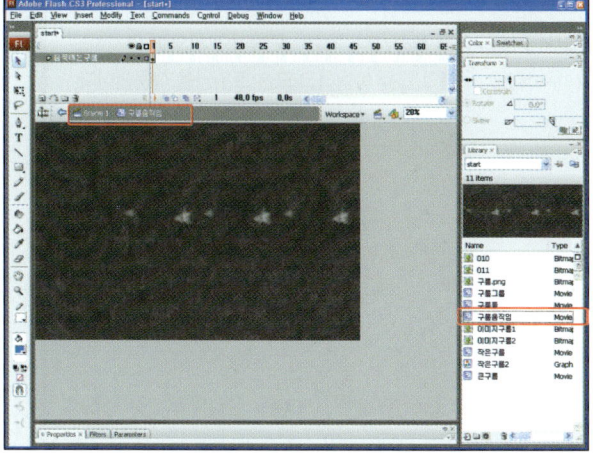

❷ 구름이 흘러 가는 모션을 만들려면 [무비클립: 구름그룹]을
좌에서 우로 움직여야 합니다. 이때 주의할 점은 마지막 키프
레임에 있는 구름의 위치와 1번 키프레임에 있는 구름 모양의
위치가 일치해야 한다는 것입니다.

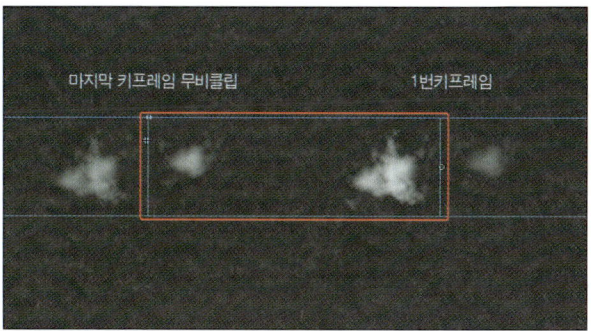

참고 무비클립 안의 모션은 stop( ) 액션 없이는 마지막 프레임에
서 다시 1번 프레임으로 이동합니다. 따라서 모션이 계속해
서 반복되어 보이게 하려면 1번 프레임의 모양과 마지막 프
레임의 모양이 같아야 자연스럽게 연결이 됩니다.

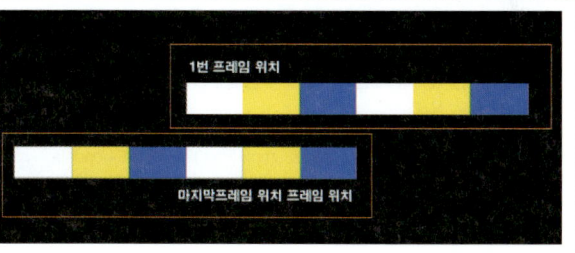

❸ 프레임을 2000프레임까지 늘리고, 2000번 프레임에 [F6] 을 눌러서 키프레임을 생성시킨 후 1번 프레임의 모양과 일치하도록 [무비클립: 구름그룹]을 이동하고 모션 트위닝을 적용합니다.

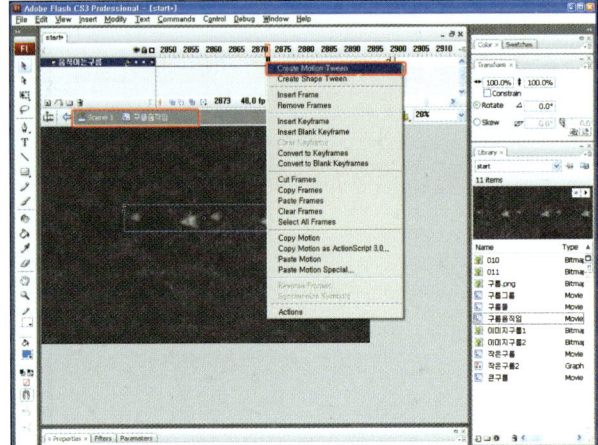

 [Ctrl] + [Enter] 를 눌러서 완성된 작업의 모션을 확인합니다.

구름 모션은 만드는 방법은 간단하지만 그 활용도는 매우 높은 효과입니다. 여러분이 디자인한 작업물에 잘 어울리도록 구름을 수정하거나 속도를 조절해 주는 센스가 필요합니다.

담배 연기 이펙트

알파 값을 적절히 사용하고 무비클립을 여러 개 겹쳐서 작업하면 연기가 피어 오르는 듯한 느낌을 만들 수 있습니다. 이번 장에서는 그런 기법을 이용해서 연기 느낌의 모션을 만들어 보겠습니다.

완성 파일	부록CD/Sample/Part02/Sec02/04/end.fla
따라하기 파일	부록CD/Sample/Part02/Sec02/04/start.fla
Key Point	담배 연기 느낌 모션
모션 미리보기(등장 모션)	부록CD/Sample/Part02/Sec02/04/end.swf

1 예제 파일 열기

❶ '부록CD/Sample/Part02/Sec02/04/end.swf' 파일을 열어서 제작할 모션을 확인합니다.

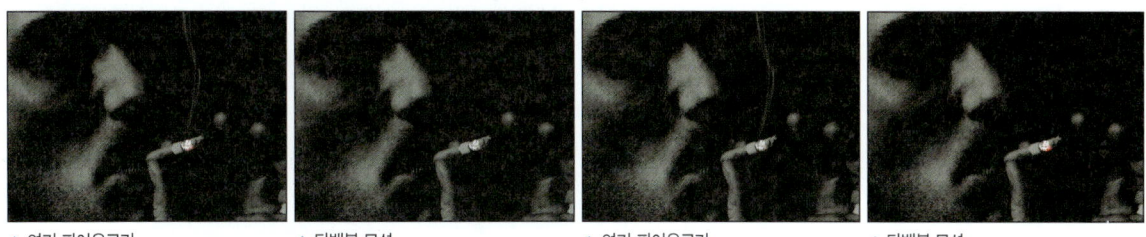

▲ 연기 피어오르기　　▲ 담뱃불 모션　　▲ 연기 피어오르기　　▲ 담뱃불 모션

❷ '부록CD/Sample/Part02/Sec02/04/start.fla' 를 플래시로 열고, 새로운 이름으로 저장합니다. [Library] 패널에서 예제에 사용될 무비클립 심벌과 그래픽 심벌을 확인합니다.

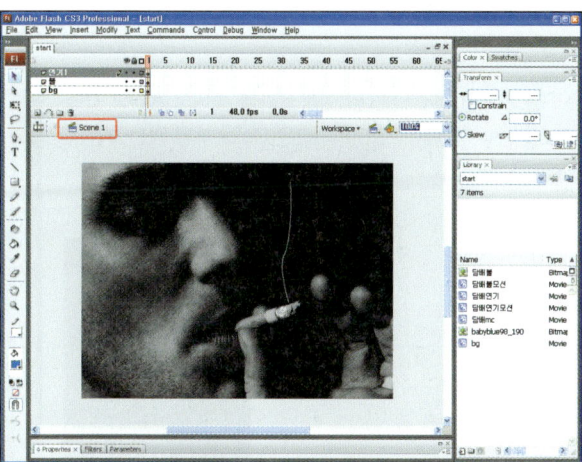

2 연기 만들기

❶ [Library]에 [무비클립: 담배연기모션]을 더블클릭해서 편집 모드로 이동합니다.

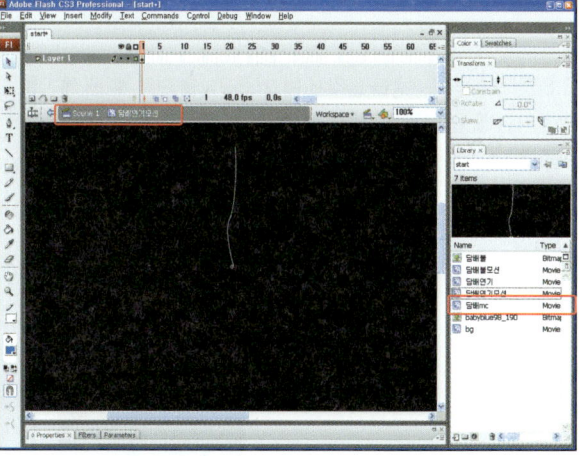

❷ 45번 프레임에서 F6 을 눌러서 키프레임을 생성합니다.

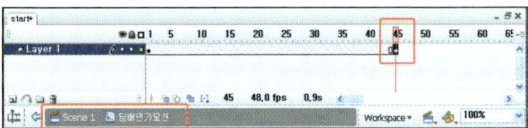

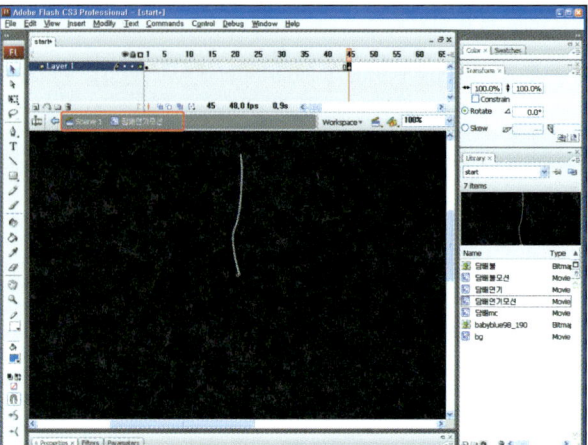

❸ 1번 키프레임에 있는 라인의 크기를 줄이고 Alpha 값을
0으로 만듭니다. 쉐이프의 알파 값은 Color 패널 라인 부문에
서 주면 됩니다.

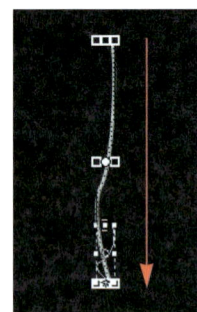

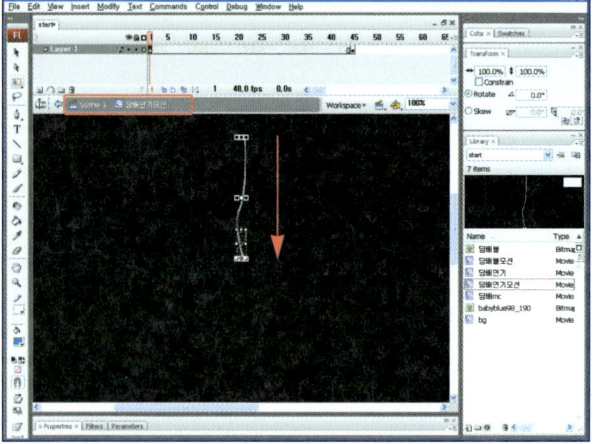

❹ 85번 프레임에 F7 을 눌러서 빈 키프레임을 만든 후 펜 툴
이나 라인 툴을 이용해 그림처럼 위로 올라간 위치에 라인을
그립니다.

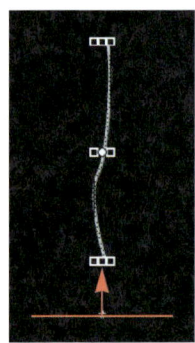

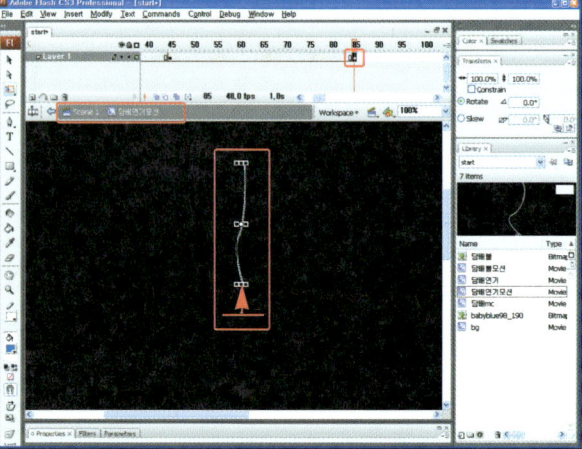

❺ 125번 프레임에 F7 을 눌러서 빈 키프레임을 만든 후 펜 툴이나 라인 툴을 이용해 그림처럼 위로 올라간 위치에 라인 을 그립니다.

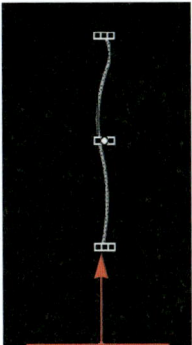

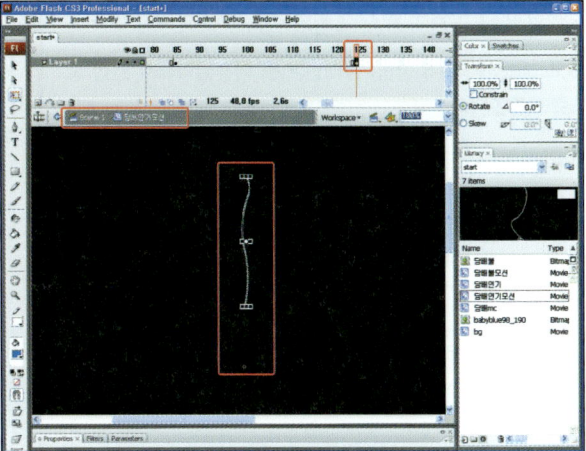

❻ 200번 프레임에 F7 을 눌러서 빈 키프레임을 만든 후 펜 툴이나 라인 툴을 이용해 그림처럼 위로 올라간 위치에 라인 을 그리고 Alpha 값을 0으로 설정합니다.

참고 라인의 Alpha 값은 Color 패널에서 수정할 수 있습니다.

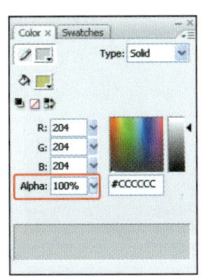

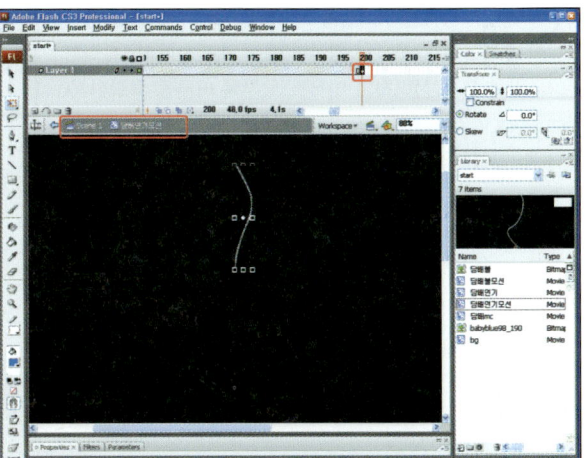

참고 Onion skin outlines를 체크하고 작업을 하면 이전 키프레임에 있는 오브젝트의 위치를 확인할 수 있습니다.

❼ 전체 프레임을 선택하고 쉐이프 트위닝을 적용합니다. 전 체적으로 트위닝 결과를 확인해 보고 라인이 뒤집어지거나 움 직임이 어색한 키프레임은 다시 그려서 필자가 만든 예제 파 일처럼 올라가게 만들어 줍니다.

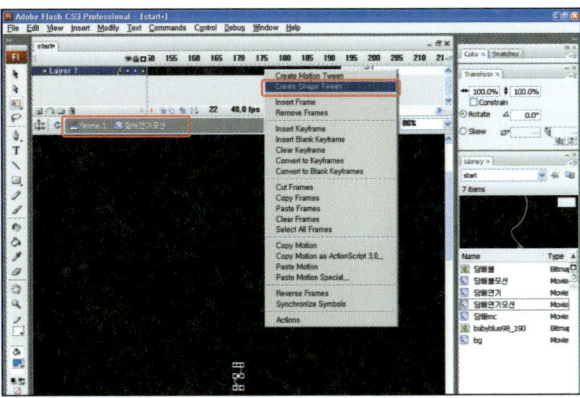

3 알파 값 조절로 연기가 피어나는 느낌 만들기

① [Library]에 [무비클립: 담배연기]를 더블클릭해서 편집 모드로 이동합니다.

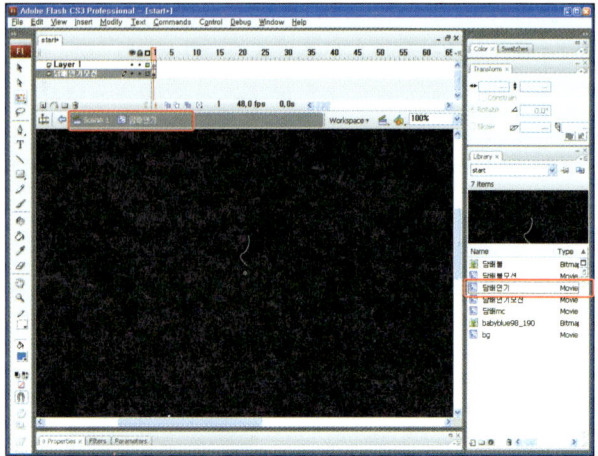

② [무비클립: 담배연기모션]을 선택하고 Ctrl + C 를 눌러서 복사한 후 Ctrl + Shift + V 를 4번 눌러 복제합니다. 복제한 무비클립을 모두 선택하고 마우스 오른쪽 버튼을 클릭한 후 Distribute to Layers를 선택해서 각각의 레이어로 분리합니다. [무비클립: 담배연기모션]의 첫 프레임에 Outlines를 클릭해 아웃라인으로 보이도록 합니다.

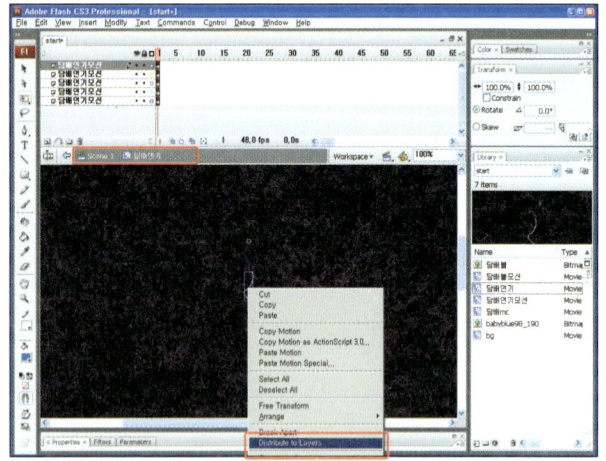

> **잠깐** Ctrl + Shift + D 를 누르면 레이어 분리가 됩니다.

> **잠깐** Outline은 타임라인 창에서 박스 선모양을 눌러서 오브젝트를 라인 형태로 보이게 합니다.

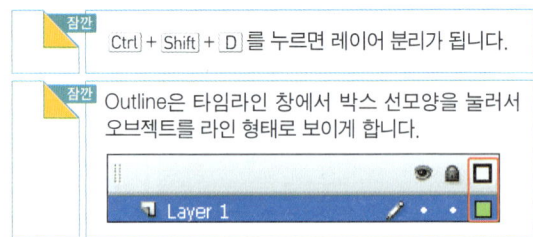

③ 각각의 무비클립 위치를 그림처럼 같은 간격으로 이동하고, 전체적으로 Alpha 값을 20%로 설정합니다.

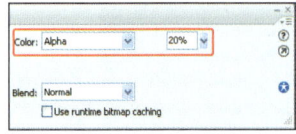

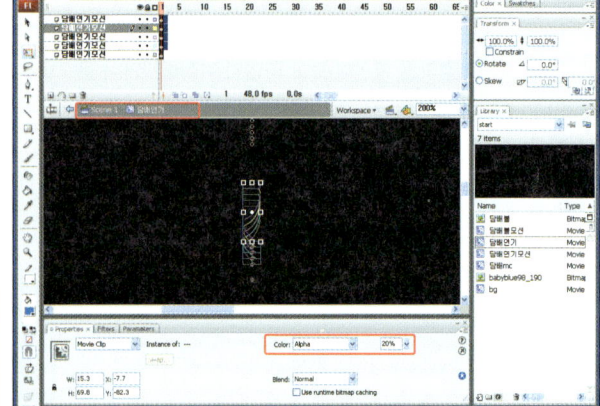

④ 메인 타임라인으로 이동해서 레이어 2개를 더 생성한 후 각각 [레이어: 연기2]와 [레이어: 연기3]으로 이름을 바꿉니다. [레이어: 연기2]에 [레이어: 연기1]에 있는 [무비클립: 담배연기]를 복사해서 붙여넣기합니다. 붙여넣기한 [무비클립: 담배연기]의 길이를 늘립니다.

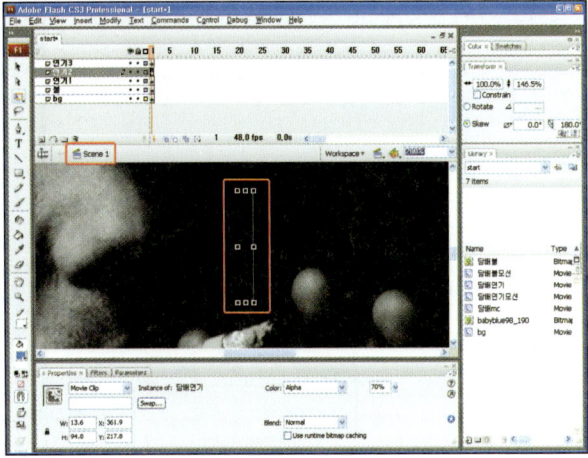

⑤ [레이어: 연기2]에 있는 [무비클립: 담배연기]를 선택하고 Modify - Transform - Flip Horizantel를 골라 수평 이동합니다.

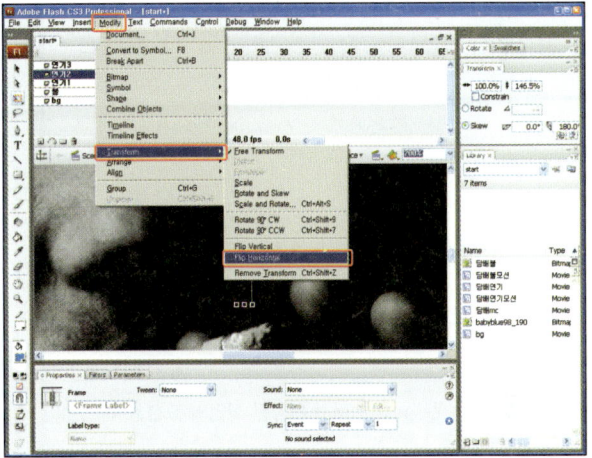

⑥ [레이어: 연기3]에 [레이어: 연기1]에 있는 [무비클립: 담배연기]를 복사해서 붙여넣기합니다. 붙여넣기한 [무비클립: 담배연기]의 넓이를 늘립니다.

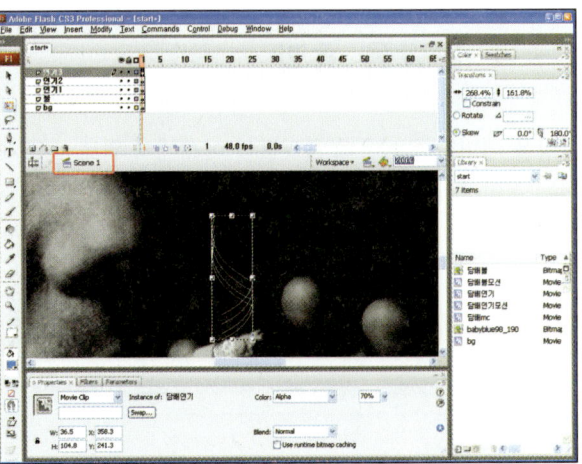

❼ 무비클립 모두를 선택하고 Alpha 값을 70%로 설정합니다.

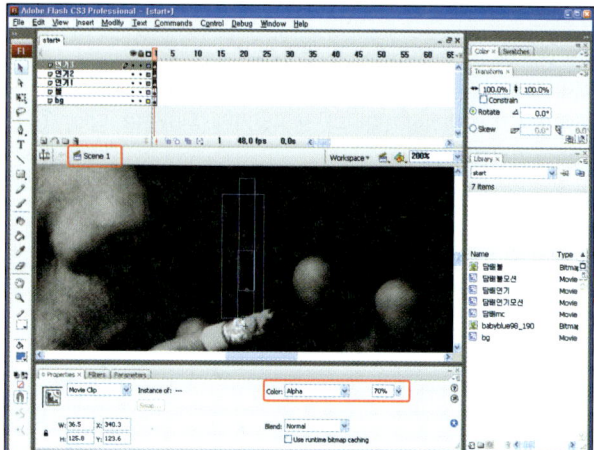

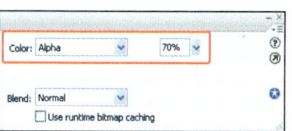

❽ 무비클립 모두를 선택해 Fliter - Bulr를 적용하고 수치는 2로 설정합니다.

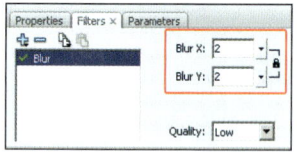

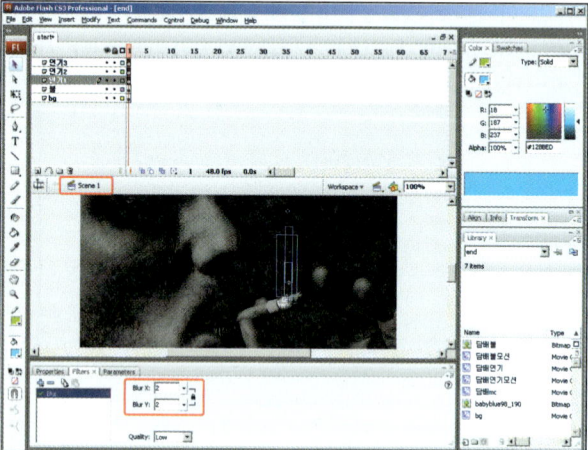

 Ctrl + Enter 를 눌러서 완성된 작업의 모션을 확인합니다.

물방울 효과

물방울 이미지를 이용해 물방울이 아래에서 위로 올라가는 느낌의 모션을 만들어 보겠습니다. 물속에서 움직이는 것이라서 랜덤한 느낌과 약간은 느린 듯한 느낌을 표현하는 데 중점을 두었습니다.

완성 파일	부록CD/Sample/Part02/Sec02/05/end.fla
예제 파일	부록CD/Sample/Part02/Sec02/05/start.fla
Key Point	물속에서 물방울이 올라가는 느낌
모션 미리보기(등장 모션)	부록CD/Sample/Part02/Sec02/05/end.swf

1 예제 파일 열기

❶ '부록CD/Sample/Part02/Sec02/05/end.swf' 파일을 열어서 제작할 모션을 확인합니다.

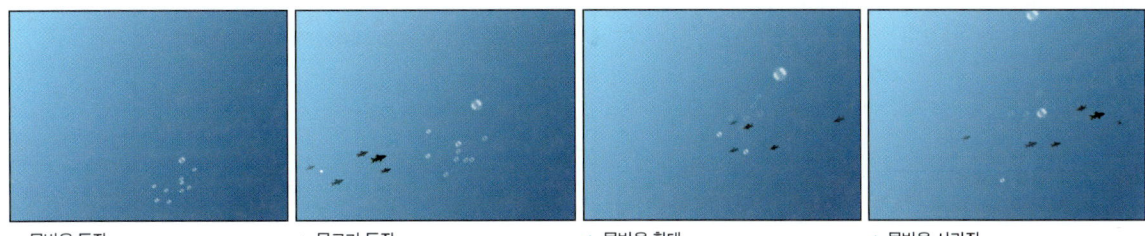

▲ 물방울 등장　　　　　▲ 물고기 등장　　　　　▲ 물방울 확대　　　　　▲ 물방울 사라짐

❷ '부록CD/Sample/Part02/Sec02/05/start.fla' 를 플래시로 열고, 새로운 이름으로 저장합니다. [Library] 패널에서 예제에 사용될 무비클립 심벌과 그래픽 심벌을 확인합니다.

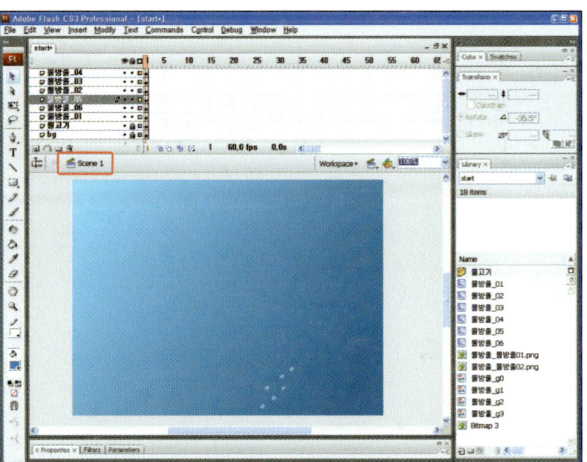

2 가이드 라인을 이용한 물방울 만들기

❶ [Library]에 [무비클립: 물방울_01]을 더블클릭해서 편집 모드로 이동합니다.

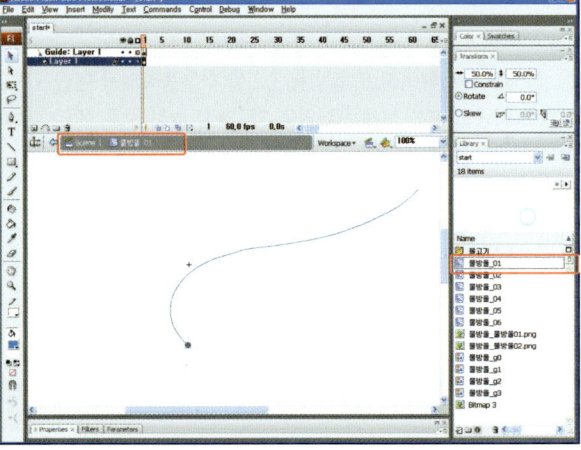

❷ 전체 프레임을 470까지 늘려 주고, 470번 프레임에서 F6 을 눌러 키프레임을 생성한 다음 [그래픽: 물방울_g1]의 위치를 가이드 라인의 맨 마지막으로 이동합니다. [그래픽: 물방울 _g1]의 Scale 값도 100으로 설정합니다.

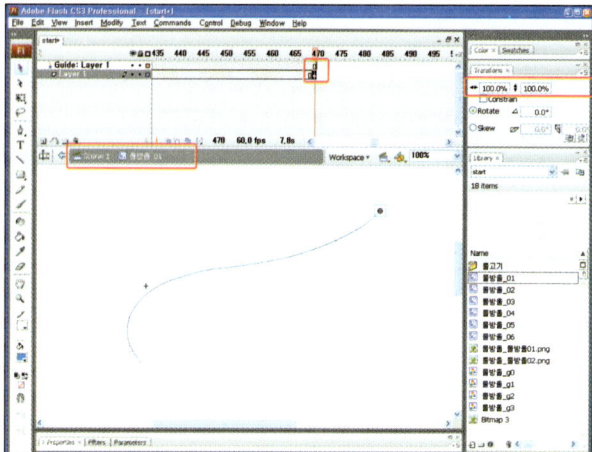

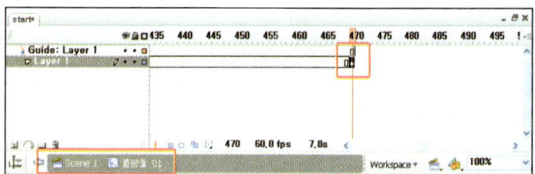

❸ 프레임 중간을 선택하고 모션 트위닝을 적용합니다.

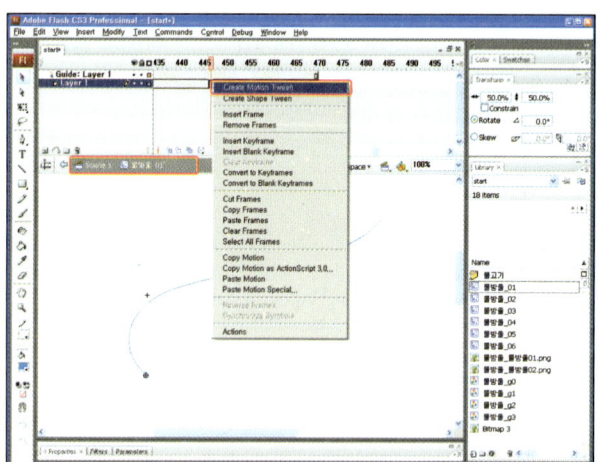

❹ [Library]에 [무비클립: 물방울_02]를 더블클릭해서 편집 모드로 이동합니다. 전체 프레임을 357까지 늘려 주고, 357번 프레임에서 F6 을 눌러 키프레임을 생성한 다음 [그래픽: 물방울_g1]의 위치를 가이드 라인의 맨 마지막으로 이동합니다. [그래픽: 물방울_g1]의 Scale 값도 100으로 설정합니다. 이때 Transform 창을 이용해서 수정하세요.

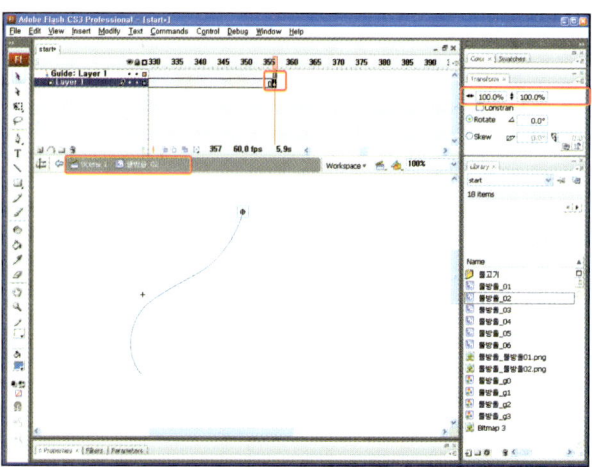

> 잠깐
> Ctrl + T 를 누르면 Transform 패널이 나타납니다.

❺ 프레임 중간을 선택하고 모션 트위닝을 적용합니다.

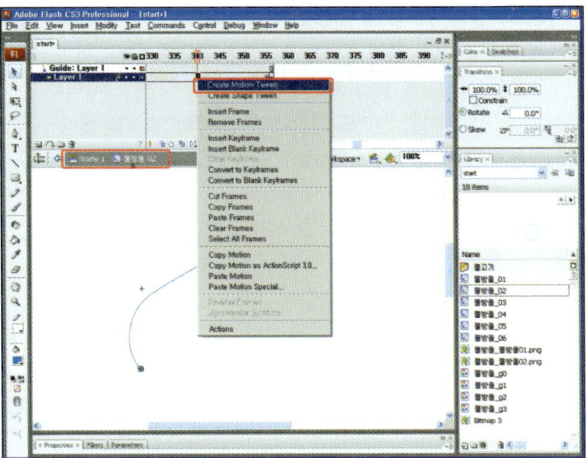

❻ [Library]에 [무비클립: 물방울_03]을 더블클릭해서 편집 모드로 이동합니다. 전체 프레임을 285까지 늘려 주고, 285 번 프레임에서 [F6]을 눌러 키프레임을 생성한 다음 [그래픽: 물방울_g1]의 위치를 가이드 라인의 마지막으로 이동합니다. [그래픽: 물방울_g1]의 Scale 값도 100으로 설정합니다. Alpha 값도 0으로 설정합니다.

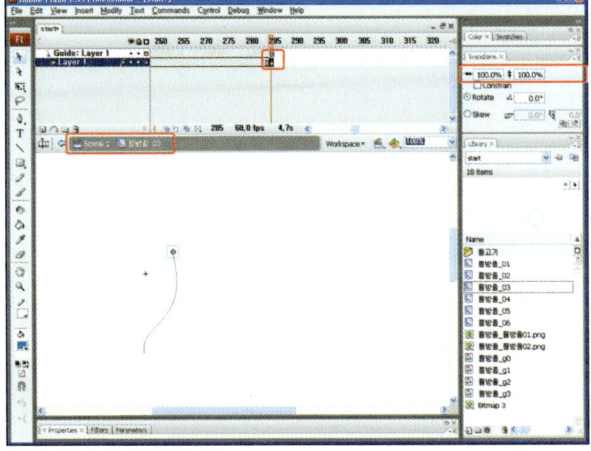

> **잠깐**
> [Ctrl] + [T]를 누르면 Transform 패널이 나타납니다.

❼ 프레임 중간을 선택하고 모션 트위닝을 적용합니다.

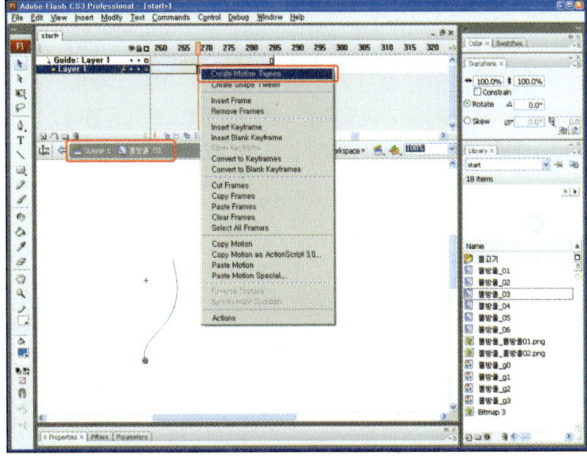

❽ [Library]에 [무비클립: 물방울_04]를 더블클릭해서 편집 모드로 이동합니다. 전체 프레임을 271까지 늘려 주고, 271 번 프레임에서 F6 을 눌러 키프레임을 생성한 다음 [그래픽: 물방울_g1]의 위치를 가이드 라인의 맨 마지막으로 이동합니다. [그래픽: 물방울_g1]의 Scale 값도 100으로 설정합니다. Alpha 값도 0으로 설정합니다.

잠깐
Ctrl + T 를 누르면 Transform 패널이 나타납니다.

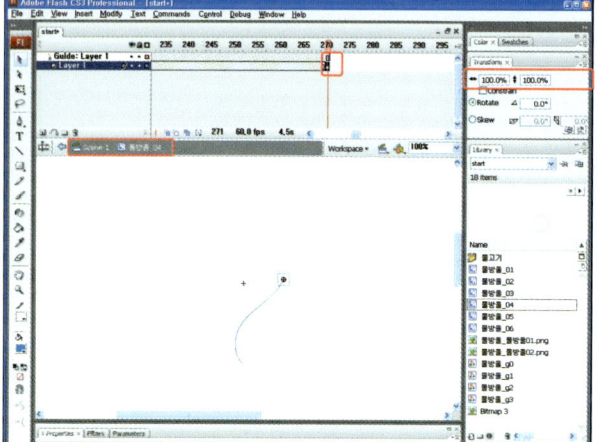

❾ 프레임 중간을 선택하고 모션 트위닝을 적용합니다.

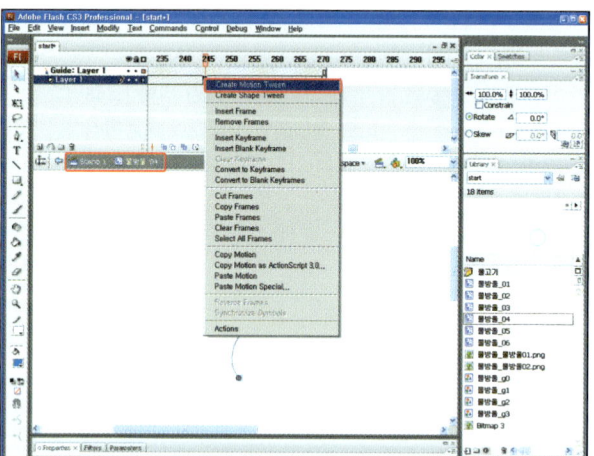

❿ [Library]에 [무비클립: 물방울_05]를 더블클릭해서 편집 모드로 이동합니다. 전체 프레임을 347까지 늘려 주고, 347 번 프레임에서 F6 을 눌러 키프레임을 생성한 다음 [그래픽: 물방울_g3]의 위치를 가이드 라인의 맨 마지막으로 이동합니다. [그래픽: 물방울_g3]의 Scale 값도 200으로 설정합니다.

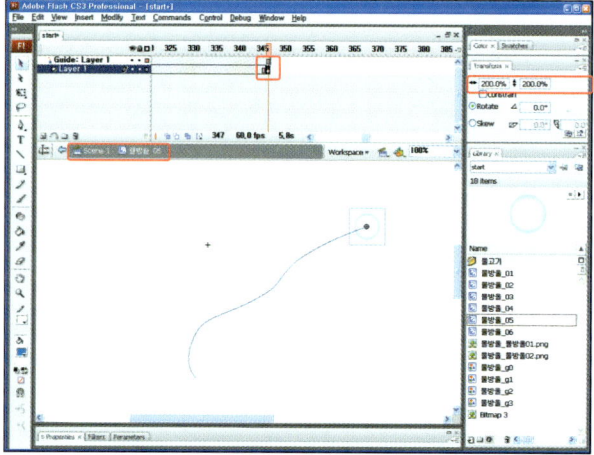

⑪ 프레임 중간을 선택하고 모션 트위닝을 적용합니다.

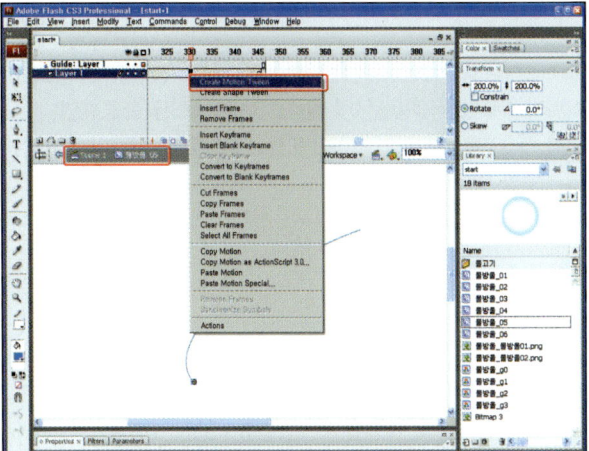

⑫ [Library]에 [무비클립: 물방울_06]을 더블클릭해서 편집
모드로 이동합니다. 전체 프레임을 396까지 늘려 주고, 396
번 프레임에서 F6 을 눌러 키프레임을 생성한 다음 [그래픽:
물방울_g3]의 위치를 가이드 라인의 맨 마지막으로 이동합니
다. [그래픽: 물방울_g3]의 Scale 값도 100으로 설정합니다.

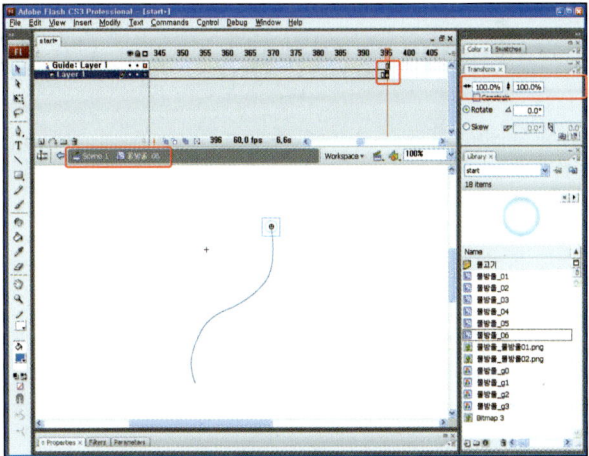

⑬ 프레임 중간을 선택하고 모션 트위닝을 적용합니다.

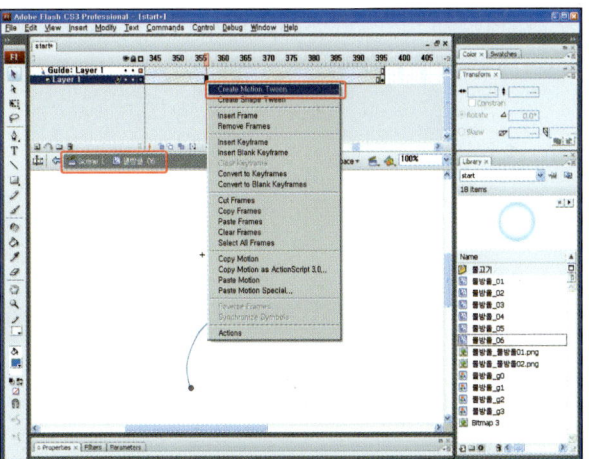

물방울 개수 늘리기

❶ 메인 타임라인으로 이동해 레이어를 여러 개 생성한 후 라이브러리에 있는 [물방울_01~물방울_06]의 무비클립을 화면으로 드래그해서 각각의 레이어에 붙여넣기를 해서 무비클립의 개수를 좀더 늘립니다.

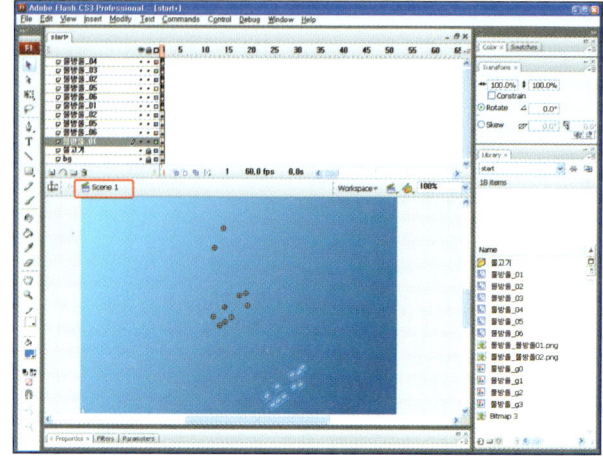

잠깐 Ctrl + Enter 를 눌러서 완성된 작업의 모션을 확인합니다.

스피커 이펙트1

이번 예제는 비교적 간단한 무비 움직임으로 재미있는 요소를 만드는 기법입니다. 디자인 요소로 스피커를 만드는 경우가 종종 있는데 이때 스피커가 살짝 살짝 움직이면 디테일이 살아납니다.

완성 파일	부록CD/Sample/Part02/Sec02/06/end.fla
예제 파일	부록CD/Sample/Part02/Sec02/06/start.fla
Key Point	Scale을 이용한 모션
모션 미리보기(스피커가 쿵쿵거리는 느낌)	부록CD/Sample/Part02/Sec02/06/end.swf

 예제 파일 열기

❶ '부록CD/Sample/Part02/Sec02/06/end.swf' 파일을 열어서 제작할 모션을 확인합니다.

▲ 스피커 확대 움직임   ▲ 배경 번쩍이기   ▲ 스피커 축소 움직임

❷ '부록CD/Sample/Part02/Sec02/06/start.fla' 를 플래시로 열고, 새로운 이름으로 저장합니다. [Library] 패널에서 예제에 사용될 무비클립 심벌과 그래픽 심벌을 확인합니다.

② 스피커 확대·축소 모션

❶ [Library]에 [무비클립: 스피커움직임]을 더블클릭해서 편집 모드로 이동합니다.

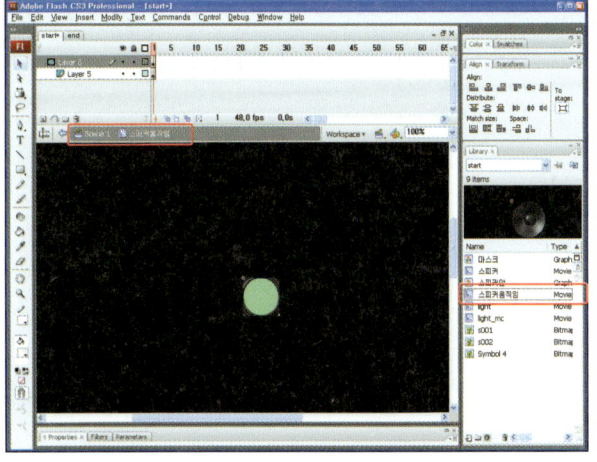

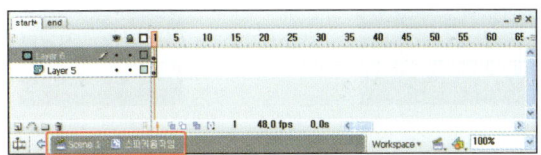

❷ [레이어: Layer5]의 4번, 8번,12번 프레임에 각각 F6 을 눌러서 키프레임을 생성하고 처음 시작은 그림처럼 4프레임에서 한 후 [레이어: Layer 6]의 12번 프레임에서 F6 을 눌러서 프레임의 길이를 맞춰 줍니다.

❸ 8번 키프레임에 있는 무비클립을 선택하고 Ctrl + Alt + S 를 눌러서 Scale 속성 창을 활성화시키고 크기를 106으로 설정합니다.

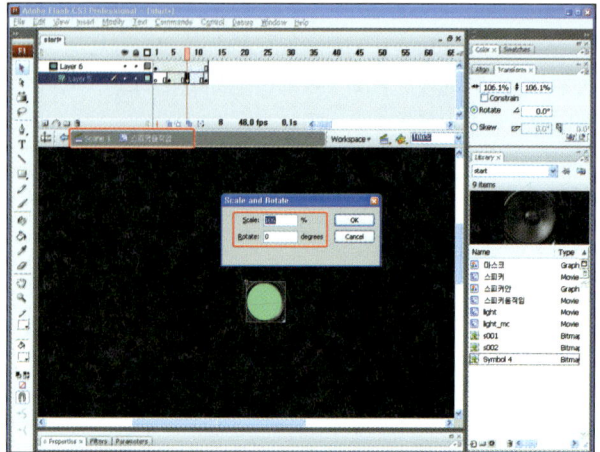

❹ 프레임을 선택하고 모션 트위닝을 적용합니다.

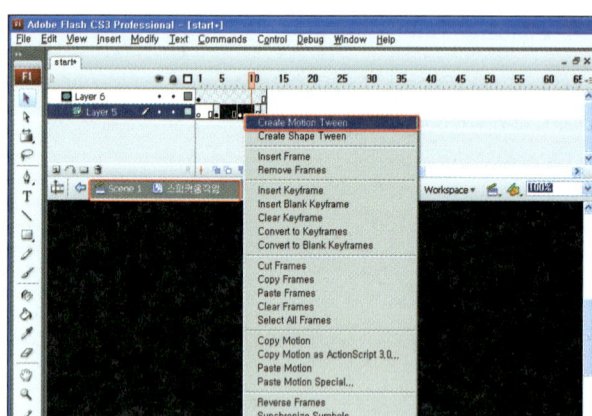

잠깐 Ctrl + Enter 를 눌러서 완성된 작업의 모션을 확인합니다.

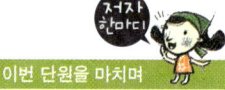

이번 단원을 마치며

스피커가 움직이는 간단한 요소를 작업했습니다. 다음 예제는 지금 작업한 움직임에 다른 이펙트를 추가하는 기법입니다. 이런 요소들이 추가될수록 작업물의 퀄리티가 향상됩니다.

스피커 이펙트2

앞에서 작업한 스피커 움직이는 추가 요소를 만들어 넣도록 하겠습니다. 모든 모션은 이런 식으로 하나 하나 씩 요소를 추가해서 퀄리티를 높일 수 있습니다.

완성 파일	부록CD/Sample/Part02/Sec02/07/end.fla
예제 파일	부록CD/Sample/Part02/Sec02/07/start.fla
Key Point	파티클 기법을 이용한 모션 효과
모션 미리보기(음표가 날아가는 효과)	부록CD/Sample/Part02/Sec02/07/end.swf

1 예제 파일 열기

❶ '부록CD/Sample/Part02/Sec02/07/start.fla' 를 플래시로 열고, 새로운 이름으로 저장합니다. [Library] 패널에서 예제에 사용될 무비클립 심벌과 그래픽 심벌을 확인합니다.

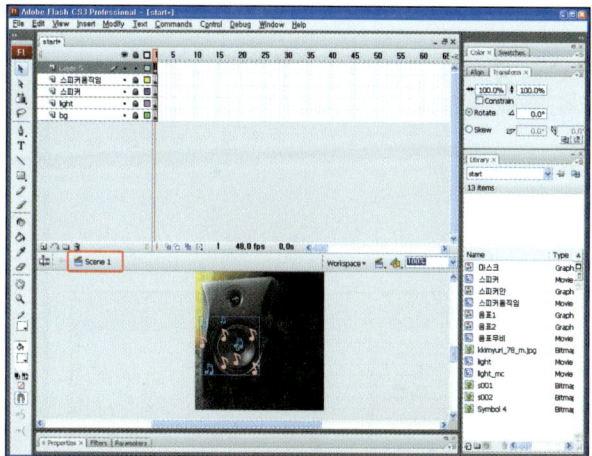

2 음표 파티클 추가하기

❶ '부록CD/Sample/Part02/Sec02/07/end.swf' 파일을 열어서 제작할 모션을 확인합니다.

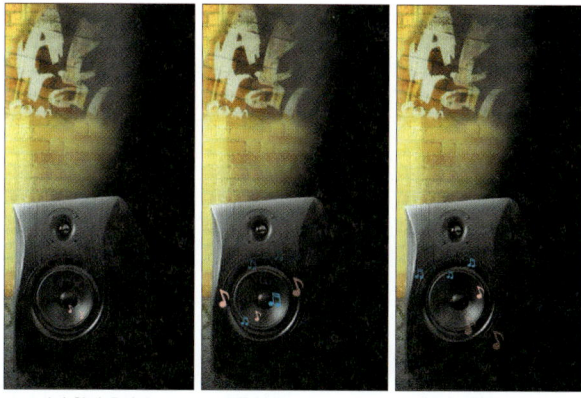

▲ 스피커 확대 움직임　　▲ 음표 등장　　▲ 음표 사라짐

❷ [Library]에 [무비클립: 음표무비]를 더블클릭해서 편집 모드로 이동합니다.

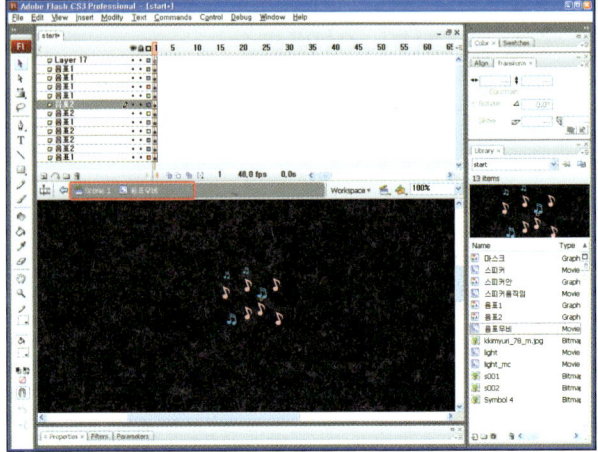

❸ [레이어: Layer 17]을 제외한 모든 레이어의 15번과 25번 프레임에서 F6 을 눌러서 키프레임을 생성합니다.

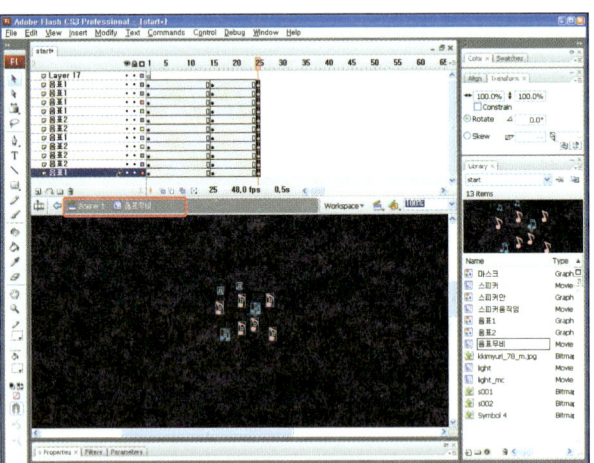

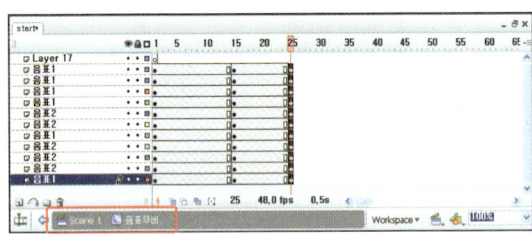

❹ 1번 키프레임에 있는 무비클립을 모두 선택하고 Ctrl + Alt + S 를 눌러서 Scale 속성 창을 활성화한 후 Scale 값을 10으로 설정합니다.

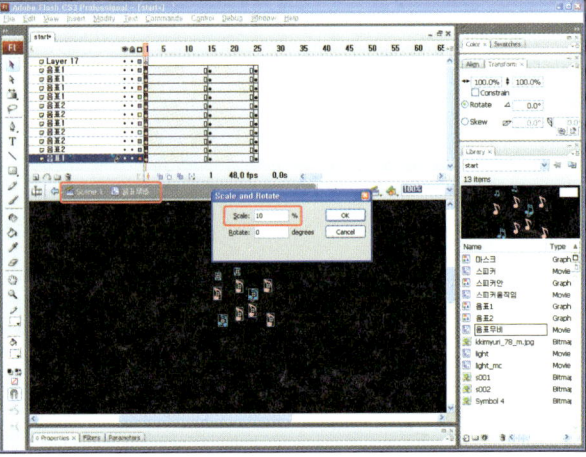

❺ 25번 키프레임에 있는 무비클립을 모두 선택하고 Ctrl + Alt + S 를 눌러서 Scale 속성 창을 활성화한 후 Scale 값을 120으로 설정합니다. Alpha 값을 0%로 설정합니다.

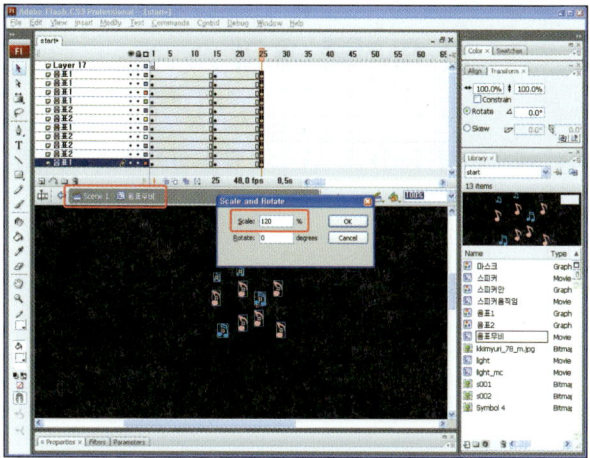

❻ 프레임 전체를 선택하고 모션 트위닝을 적용합니다.

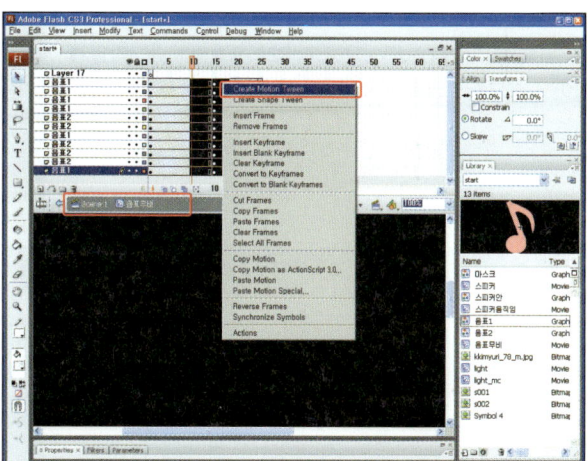

❼ 프레임 전체 모션의 시작 지점을 랜덤하게 이동한 후 [레이어: Layer17]의 60번 프레임에 F7 을 눌러서 빈 키프레임을 생성해 줍니다.

> 참고 키프레임의 프레임 이동은 실무 모션 가이드 실무 Tip 7번을 참고하세요.

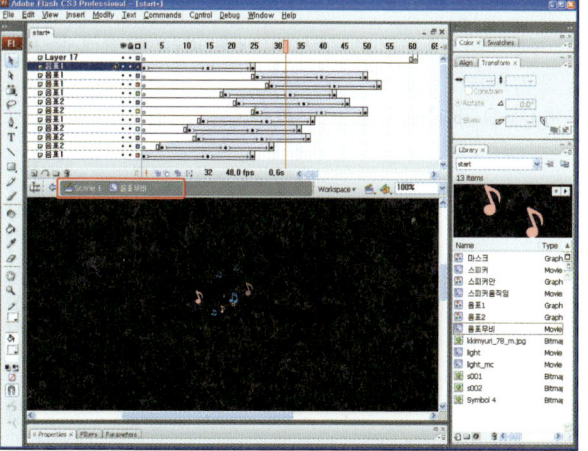

> 잠깐 Ctrl + Enter 를 눌러서 완성된 작업의 모션을 확인합니다.

 **원 파티클 효과**

이번 예제를 통해 파티클 만드는 법을 알아보고, 파티클의 역할과 어떤 방향으로 제작해야 할지에 대해서 배워 보겠습니다.

완성 파일	부록CD/Sample/Part02/Sec02/08/end.fla
예제 파일	부록CD/Sample/Part02/Sec02/08/start.fla
Key Point	다중 파티클 효과 기법
모션 미리보기(파티클 효과)	부록CD/Sample/Part02/Sec02/08/end.swf

1 예제 파일 열기

❶ '부록CD/Sample/Part02/Sec02/08/end.swf' 파일을 열어서 제작할 모션을 확인합니다.

▲ 원 파티클 등장   ▲ 원 파티클 갯수 증가

▲ 원 파티클 확대   ▲ 원 파티클 사라짐

❷ '부록CD/Sample/Part02/Sec02/08/start.fla' 를 플래시로 열고, 새로운 이름으로 저장합니다. [Library] 패널에서 예제에 사용될 무비클립 심벌과 그래픽 심벌을 확인합니다.

2 원 파티클 모션 만들기

❶ [Library]에 [무비클립: ball pa]를 더블클릭해서 편집 모드로 이동합니다.

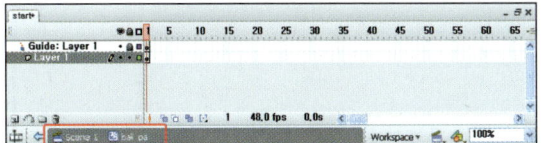

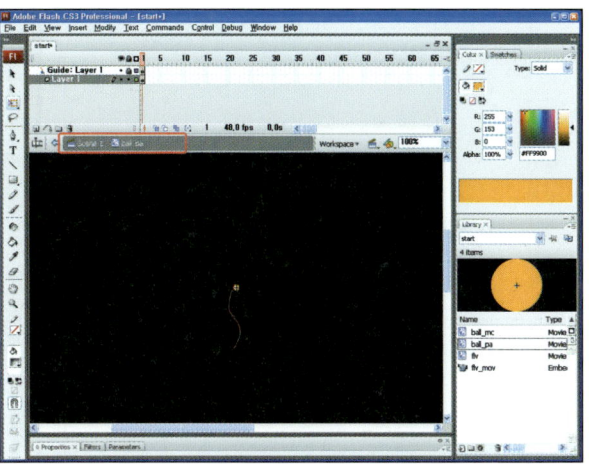

❷ [레이어: Layer 1]의 1번, 14번, 35번 프레임에서 F6 을 눌러서 키프레임을 생성한 후 가이드 레이어의 35번 프레임에 F5 를 눌러서 프레임을 늘려 줍니다.

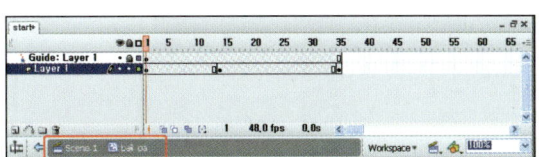

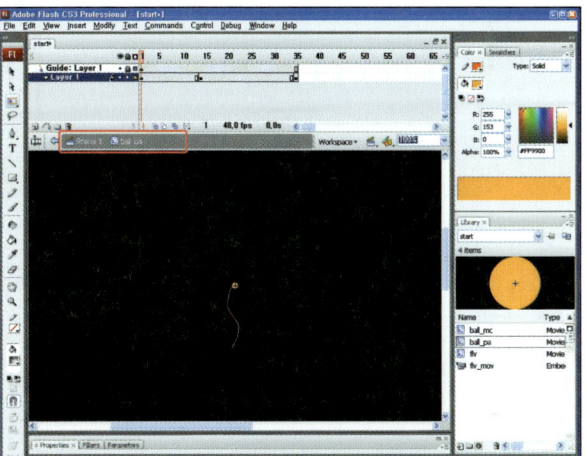

❸ 14번 키프레임의 무비클립을 라인 중간에 오도록 이동합니다.

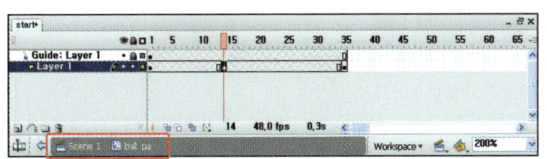

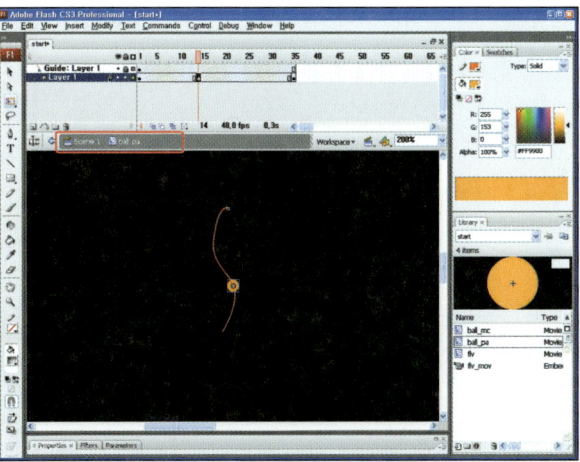

❹ 35번 키프레임에 있는 무비클립을 라인 끝으로 이동하고, Alpha 값을 0으로 설정합니다.

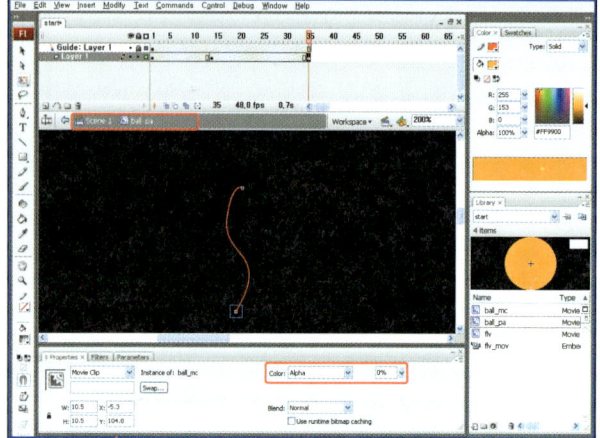

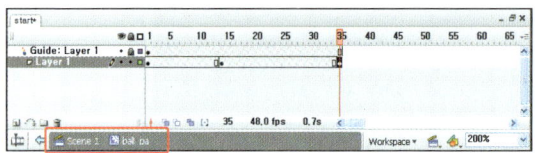

❺ 레이어를 하나 더 만들고 36프레임에 F7 을 눌러 빈 키프레임을 만들어 줍니다.

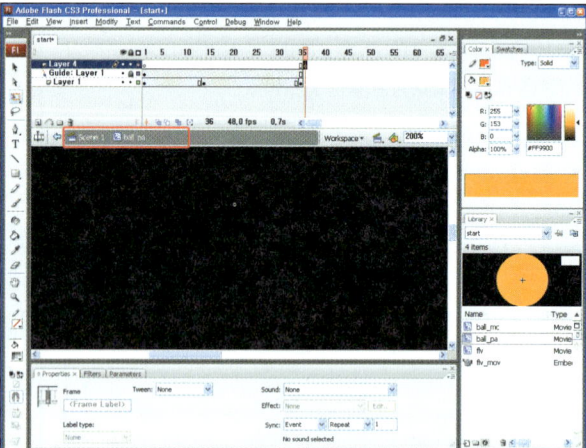

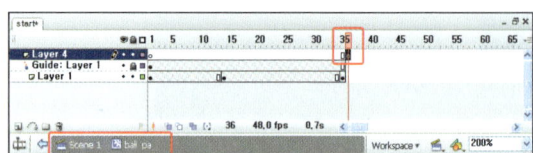

❻ [레이어: Layer 1]의 프레임을 선택하고 모션 트위닝을 적용합니다.

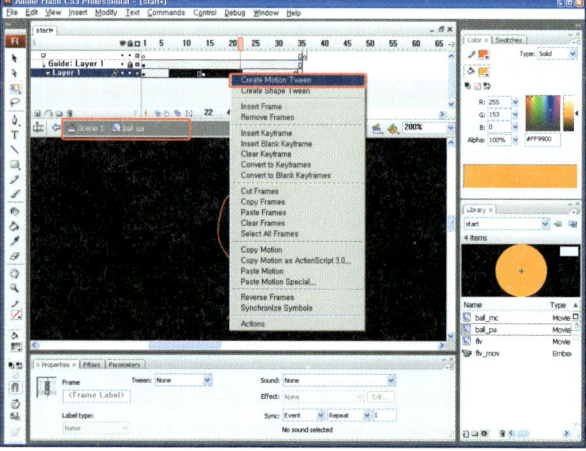

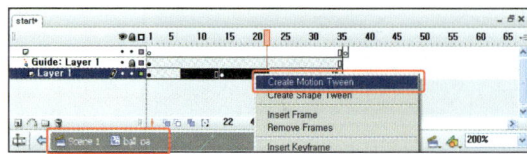

3 원 파티클 모션 프레임 구조 만들기

❶ 메인 타임라인의 이펙트 레이어 23프레임에 키프레임을 생성하고 [무비클립: ball pa]를 Library에서 드래그해 화면에 놓습니다.

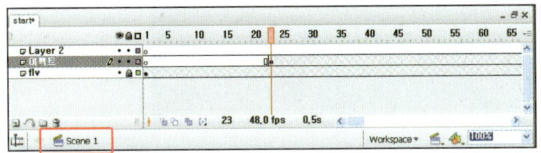

❷ [무비클립: ball pa]를 선택하고 F8 을 눌러서 '파티클모음 1' 이라는 이름으로 무비클립을 등록합니다.

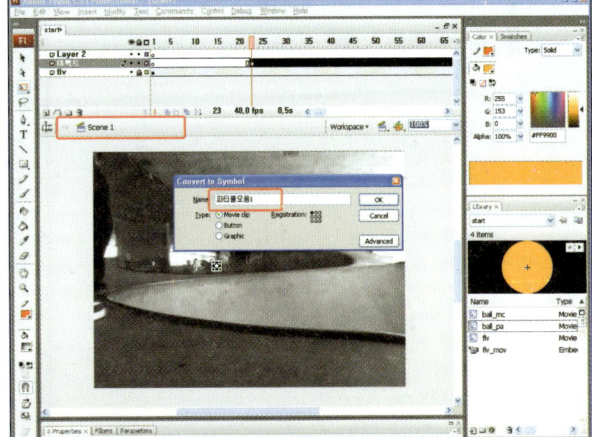

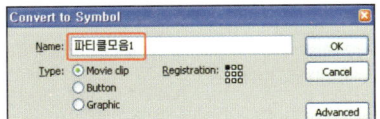

❸ [파티클모음1]을 선택하고 F8 을 눌러서 '파티클모음2' 라는 이름으로 무비클립을 등록합니다.

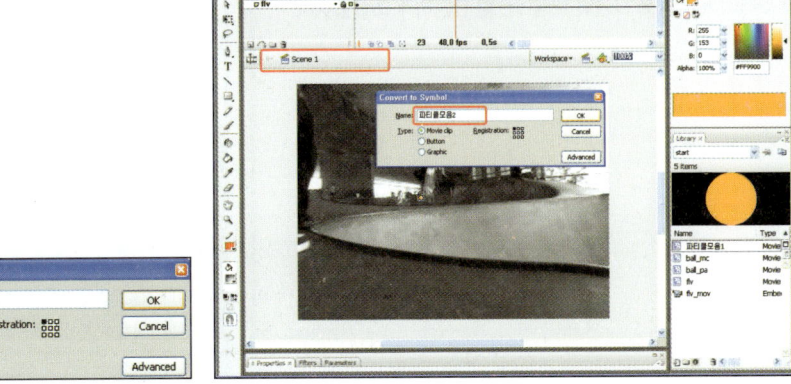

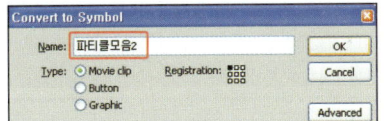

❹ [Library]에 [무비클립: 파티클모음1]을 더블클릭해서 편집
모드로 이동합니다.

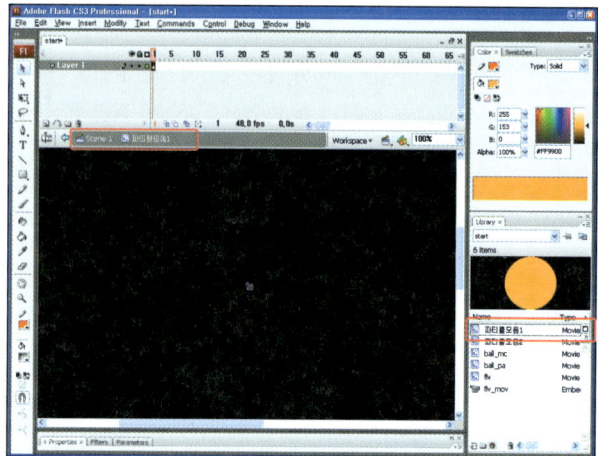

❺ [무비클립: ball_pa]를 선택하고 Part01-Sec02-02에서 배
운 **모션의 그룹화 기법**을 적용합니다.

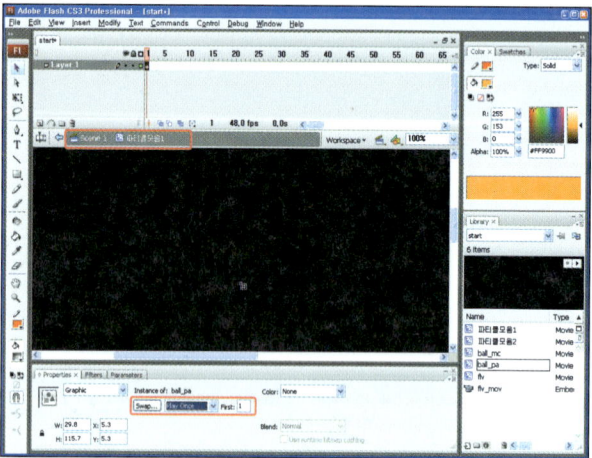

❻ [무비클립: ball_pa]를 선택하고 Ctrl + C 를 눌러 복사하고
Ctrl + V 를 눌러 12개를 복제합니다. 복제한 무비클립을 각
각의 레이어에 놓고 크기와 로테이션을 랜덤하게 조절합니다.

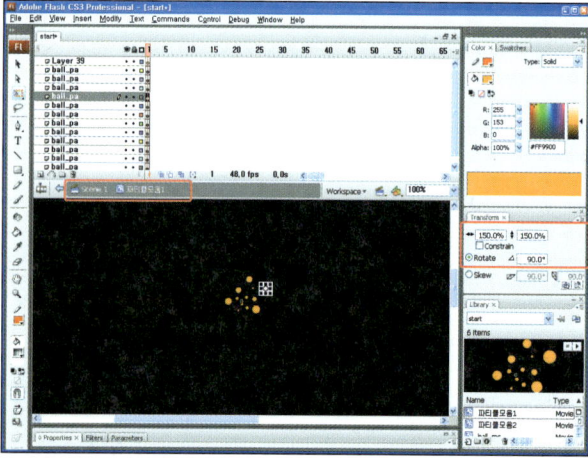

❼ 프레임을 전체적으로 50프레임까지 늘립니다.

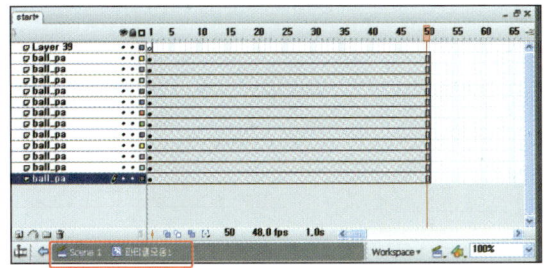

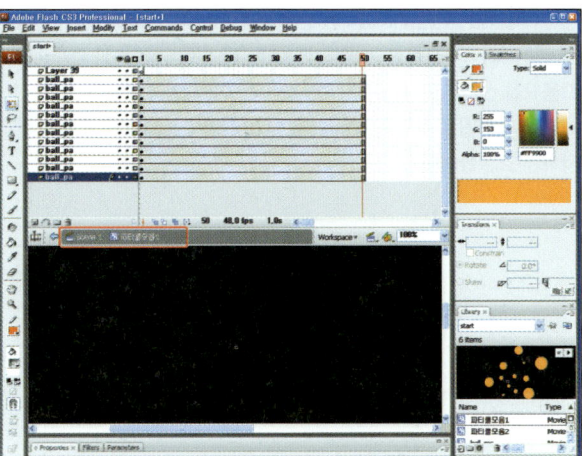

❽ 무비클립의 시작 위치를 그림처럼 랜덤하게 이동합니다.

> 참고 키프레임의 프레임 이동은 실무 모션 가이드 실무 Tip 7번
> 을 참고하세요.

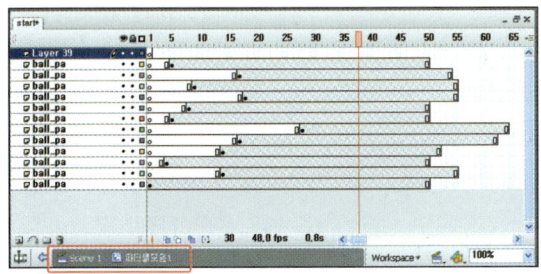

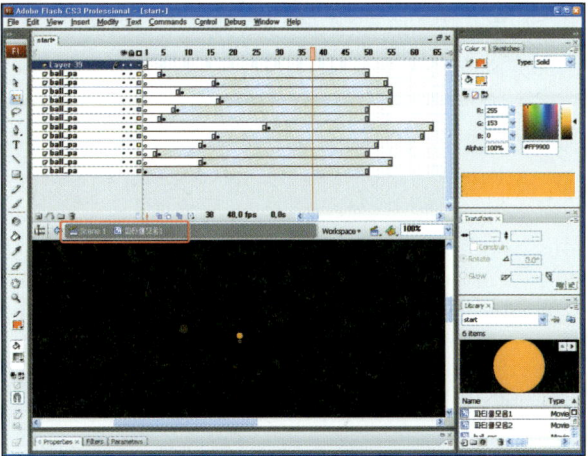

4 파티클 개체수 늘려 주기

❶ [Library]에 [무비클립: 파티클모음2]를 더블클릭해서 편집
모드로 이동합니다.

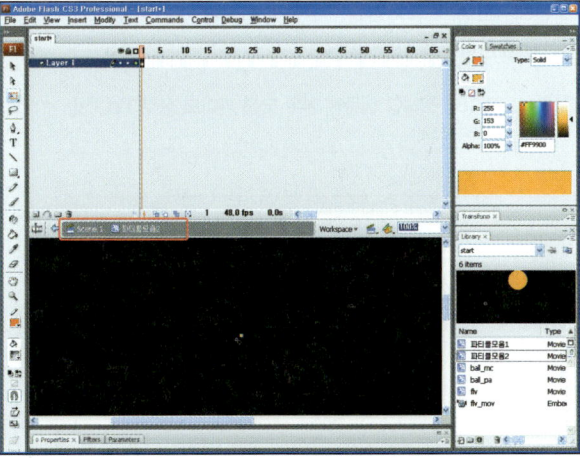

❷ [무비클립: 파티클모음1]을 선택하고 Part01-Sec02-02에서 배운 **모션의 그룹화 기법**을 적용합니다. [무비클립: 파티클모음1]을 선택하고 Ctrl + C 를 눌러서 9개를 복제합니다. 복제한 무비클립을 각각의 레이어에 놓고 크기와 로테이션을 랜덤하게 조절합니다.

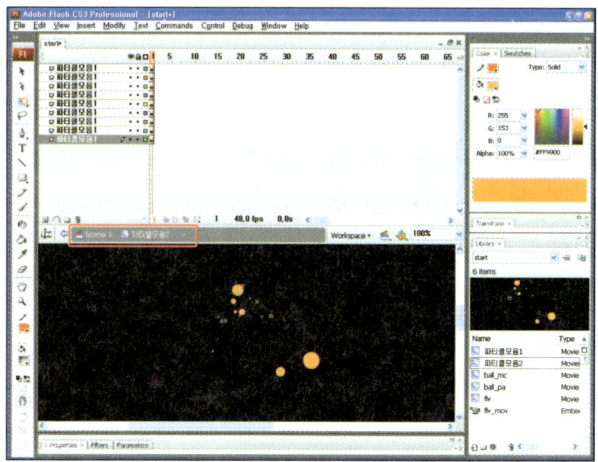

❸ 모든 레이어의 50프레임을 선택하고 F5 를 눌러 프레임을 50프레임까지 늘립니다.

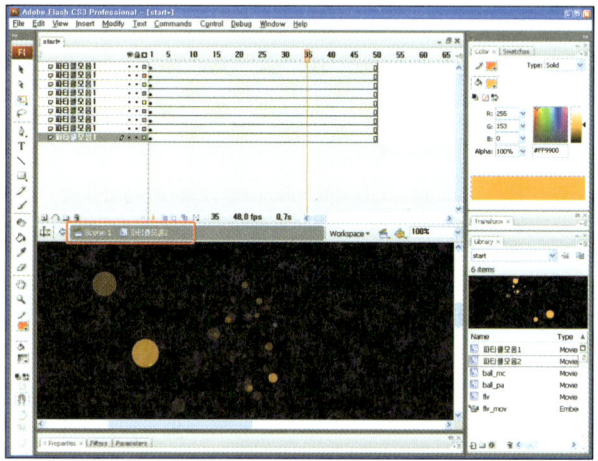

❹ 전체적인 시작 프레임을 랜덤하게 이동하고 스케일과 로테이션을 랜덤하게 조정합니다.

> 참고 키프레임의 프레임 이동은 실무 모션 가이드 실무 Tip 7번을 참고하세요.

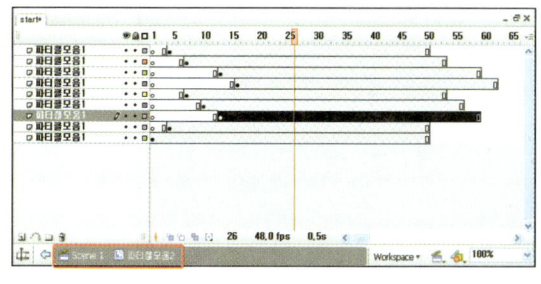

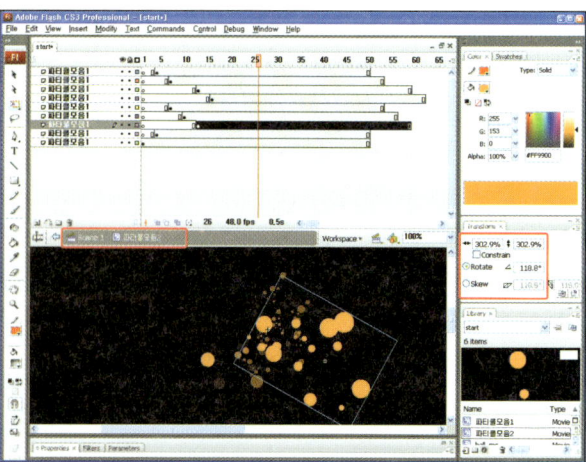

❺ 레이어 하나를 생성해 레이어 이름을 Action으로 수정하고, 80번 키프레임에서 F7
을 눌러 빈 키프레임을 생성합니다. 생성한 키프레임에서 F9 를 눌러 액션 창을 열고
stop( )이라고 적습니다.

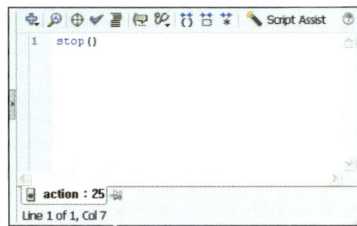

5 오브젝트 움직임에 따라 파티클 움직이기

❶ 메인 타임라인으로 이동해 이펙트 레이어의 41번과 60번
프레임에서 F6 을 눌러서 키프레임을 만듭니다.

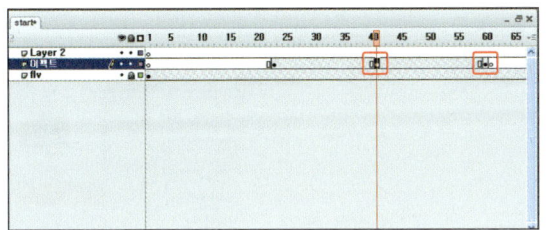

❷ 각각의 무비클립의 위치를 보드 끝부분이 따라가도록 무비
클립을 이동합니다.

▲ 23키프레임   ▲ 41키프레임   ▲ 60키프레임

❸ 23번 키프레임에 있는 무비클립의 Scale 값을 10으로 바꿉니다.

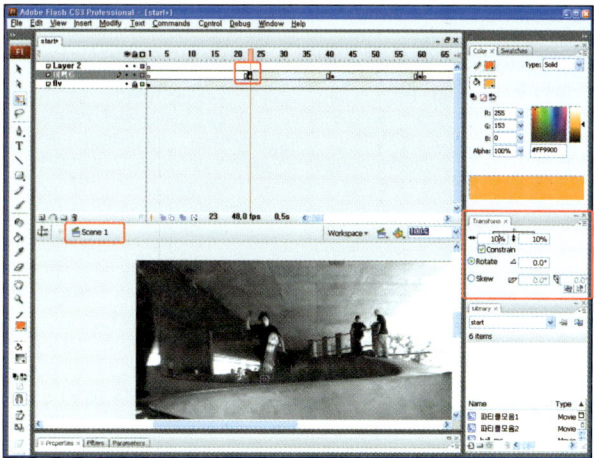

❹ [레이어: 이펙트]의 61번 프레임에 F7 을 눌러 빈 키프레임을 만든 후 [레이어: 이펙트]의 프레임 중간을 드래그하여 선택한 후 모션 트위닝을 적용합니다.

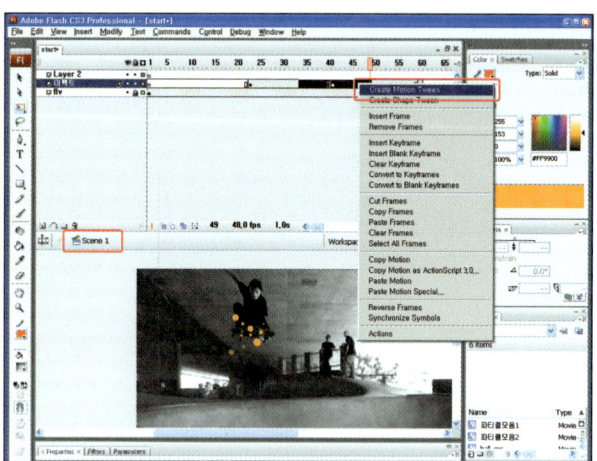

잠깐 Ctrl + Enter 를 눌러서 완성된 작업의 모션을 확인합니다.

이번 단원을 마치며

파티클 모션의 경우 자체 모션이 주는 의미는 크게 없으나 전체적인 모션 흐름에서 좀더 강한 느낌을 냅니다. 같은 동선에 맞추어서 파티클 효과를 넣어 주면 해당 모션의 퀄리티가 높아집니다. 주의할 점은 너무 과도한 파티클은 전체적인 모션의 흐름을 망칠 수가 있습니다. 모션 중 강조되는 부분에서 파티클 효과를 넣어 주도록 합니다.

SECTION 03

평범한 등장은 저리 가라
주제를 부각시키자! : 비주얼 모션

'디자인 = 비주얼' 이라고 할 정도로 디자인에서 가장 큰 비중을 차지하는 '비주얼'. 비주얼 모션은 표현하고자 하는 비주얼의 특징이나 느낌을 잘 파악하고 만드는 게 제일 중요합니다. 이번 장에서는 비주얼을 강조해서 등장시키는 여러 가지 효과를 알아보고 응용할 수 있는 능력을 키워 봅니다.

PREVIEW

---

01 3개 이미지 돌리기
⊙ 부록CD/Sample/Part02/Sec03/01/end.swf

▲ 첫 번째 이미지 확대 　　　　　▲ 두 번째 이미지 확대 　　　　　▲ 세 번째 이미지 확대

---

02 블러를 이용한 이미지 등장
⊙ 부록CD/Sample/Part02/Sec03/02/end.swf

CAR MANUFACTURERS
UNVEIL GREENER "CONCEPT CARS"

CAR MANUFACTURERS
UNVEIL GREENER "CONCEPT CARS"

▲ 텍스트와 자동차 등장 　　　　　▲ 나머지 텍스트 등장

⓭ 제품에 빛 지나가기
◉ 부록CD/Sample/Part02/Sec03/03/end.swf

▲ 이퀄라이저 효과

▲ 상단으로 이동하면 사라지기

⓮ 꽃 피어나기
◉ 부록CD/Sample/Part02/Sec03/04/end.swf

▲ 꽃봉오리 등장

▲ 꽃 전체 피어나기

⓯ 폭죽 터트리기
◉ 부록CD/Sample/Part02/Sec03/05/end.swf

▲ 여러 개의 폭죽이 터지는 모션

▲ 폭죽이 사라지는 모션

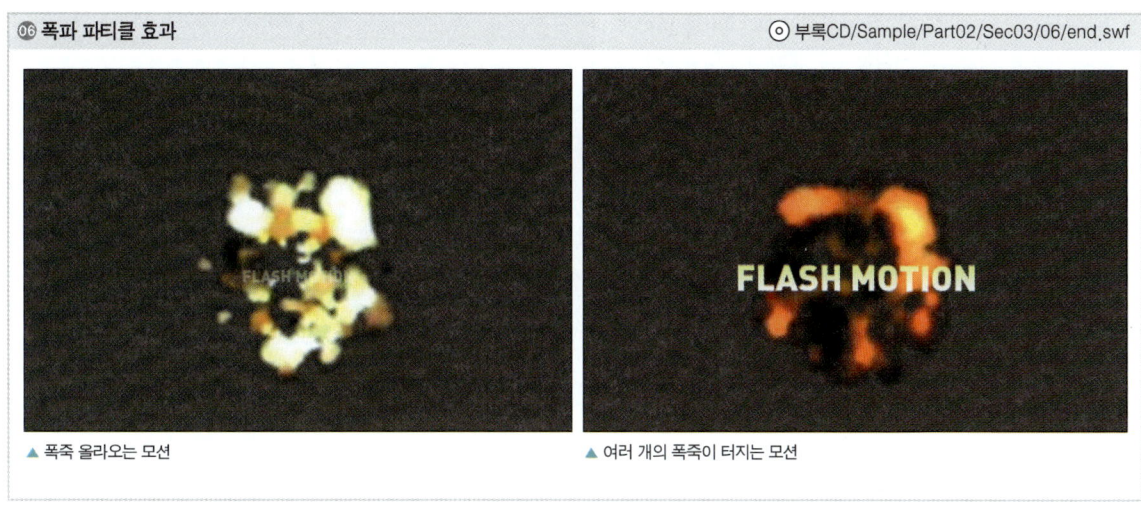

06 폭파 파티클 효과   ◉ 부록CD/Sample/Part02/Sec03/06/end.swf

▲ 폭죽 올라오는 모션

▲ 여러 개의 폭죽이 터지는 모션

3개 이미지 돌리기

3개의 이미지를 돌아가면서 보여주는 기법입니다. 블러와 프레임 간의 타이밍을 잘 맞추어서 작업하면 멋진 효과를 만들 수 있습니다. 블러 효과의 사용법에 대해서 알아보고 응용해 봅시다.

완성 파일	부록CD/Sample/Part02/Sec03/01/end.fla
예제 파일	부록CD/Sample/Part02/Sec03/01/start.fla
Key Point	블러 효과를 이용해서 3개의 이미지가 로테이션되는 모션
모션 미리보기(이미지가 돌아가는 모션)	부록CD/Sample/Part02/Sec03/01/end.swf

1 예제 파일 열기

❶ '부록CD/Sample/Part02/Sec03/01/end.swf' 파일을 열어서 제작할 모션을 확인합니다.

▲ 첫 번째 이미지 확대

▲ 두 번째 이미지 확대

▲ 세 번째 이미지 확대

❷ '부록CD/Sample/Part02/Sec03/01/start.fla' 를 플래시로 열고, 새로운 이름으로 저장합니다. [Library] 패널에서 예제에 사용될 무비클립 심벌과 그래픽 심벌을 확인합니다.

2 첫 번째 이미지 돌려 주기

❶ [Library]에 [무비클립: img_mc]를 더블클릭해서 편집 모드로 이동합니다.

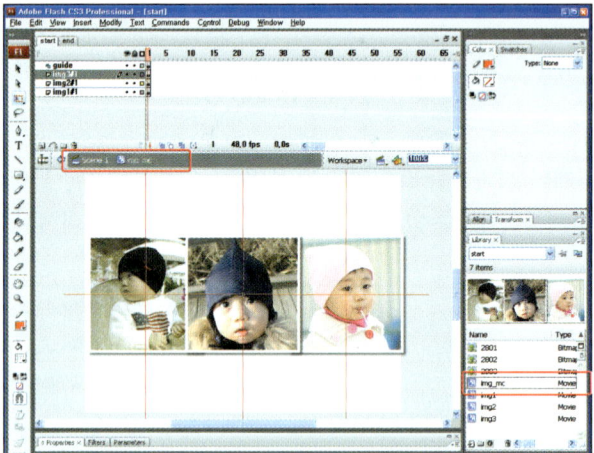

❷ [무비클립: img_mc] 안에 있는 [무비클립: img1]과 [무비클립: img2]의 Scale을 50%로 설정합니다.

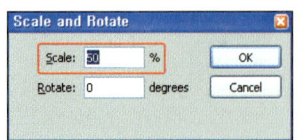

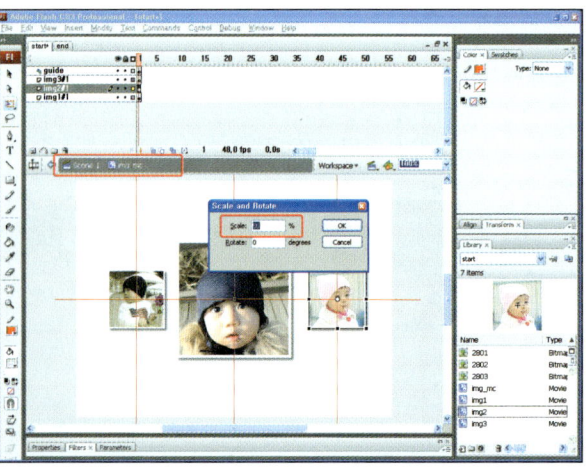

잠깐 Ctrl + Alt + S 를 누르면 Scale and Rotate 창이 나타납니다.

❸ [무비클립: img1, img2]에 Filter - Blur를 적용합니다.

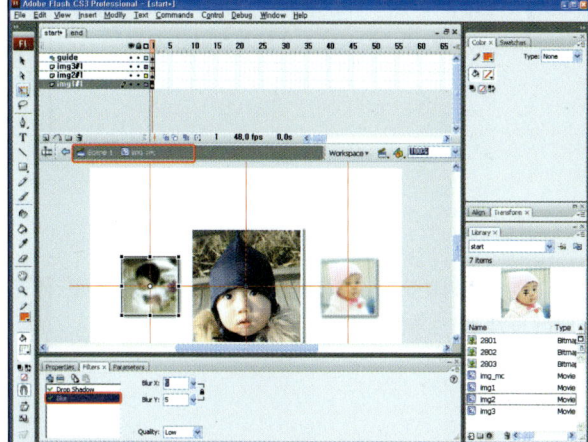

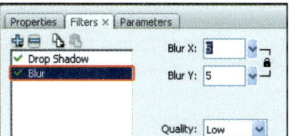

❹ 가이드 레이어의 30번 프레임에 F5 를 눌러 프레임을 늘려준 후 나머지 레이어에 전체적으로 30번 프레임에서 F6 을 눌러서 키프레임을 생성합니다.

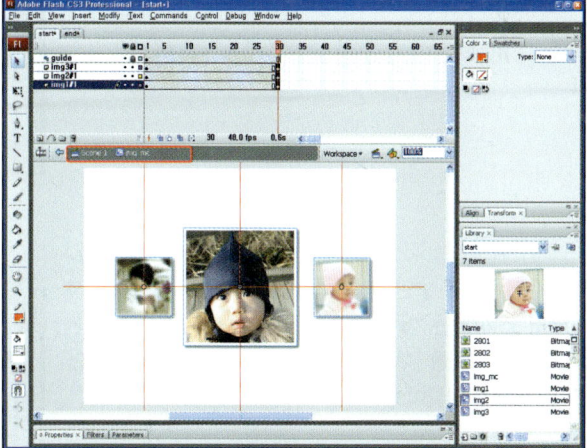

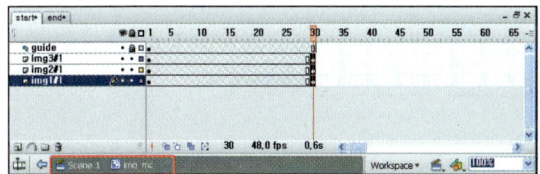

❺ 전체적으로 50번 프레임에서 F6 을 눌러서 키프레임을 생성합니다.

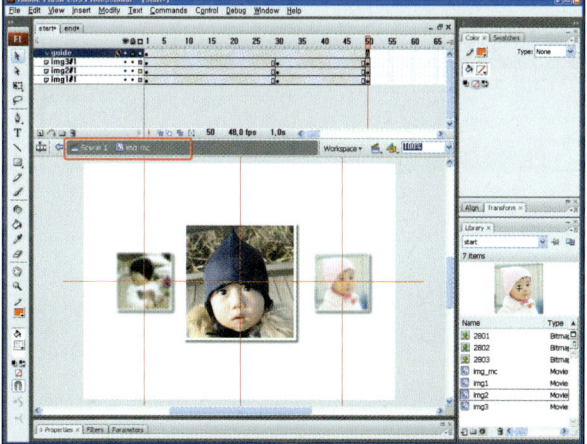

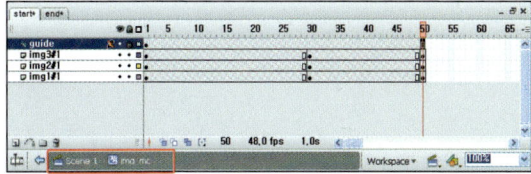

⑥ 50번 키프레임에 있는 무비클립들은 그림과 같이 이동하고 Scale과 속성 값, Blur를 전과 동일하게 설정합니다.

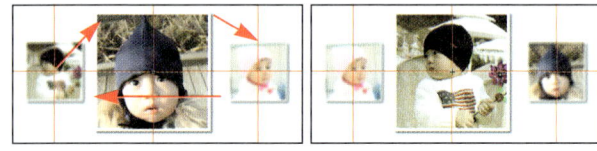

▲ 이동 전　　　　　　　　▲ 이동 후

⑦ 30번 키프레임과 50번 키프레임 사이의 프레임을 선택하고 모션 트위닝을 적용합니다.

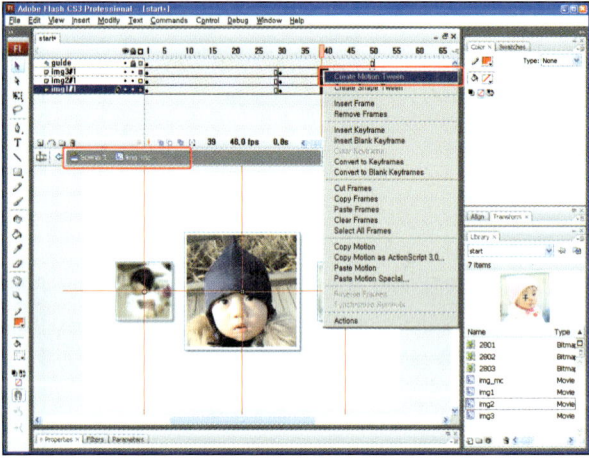

⑧ 트위닝 결과를 보면 [레이어: img2#1]의 움직임이 이미지 위에서 겹쳐지는 어색한 느낌입니다. 따라서 [레이어: img2#1]의 위치를 [레이어: img1#1]의 하단으로 옮겨 자연스러운 모션을 만들어 줍니다.

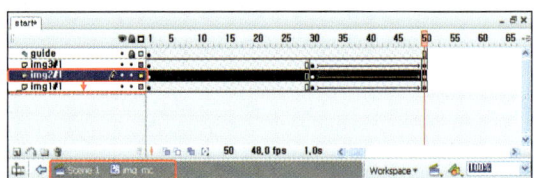

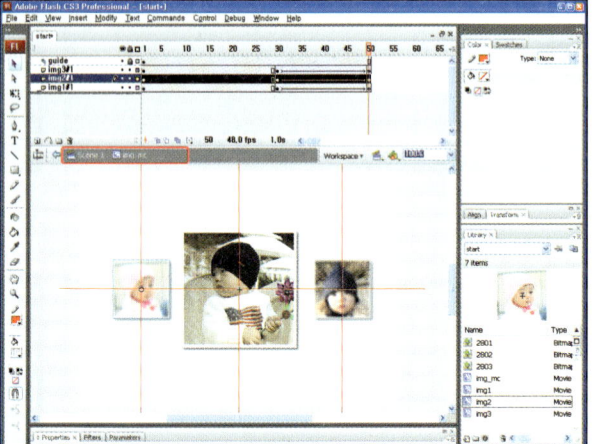

❾ 전체 프레임을 100까지 늘립니다.

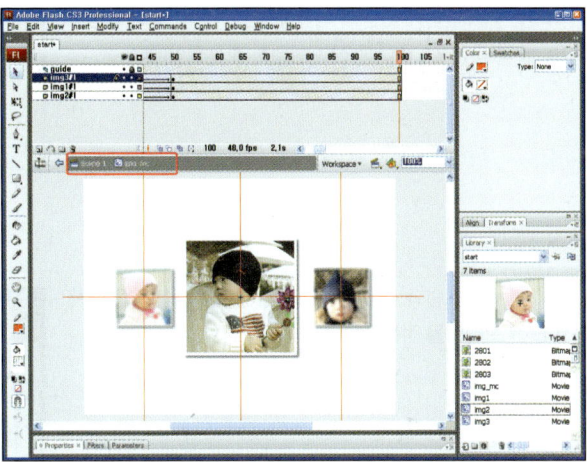

3 두 번째 이미지 돌려 주기

❶ 레이어를 3개 생성하고 50번 키프레임에 있는 무비클립을 선택한 후 Alt 를 누른 채로 드래그해서 생성한 레이어에 복제합니다. 레이어 이름은 아래서부터 각각 img3#2, img1#2, img2#2로 바꿉니다.

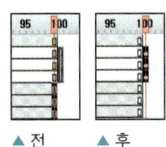

▲ 전   ▲ 후

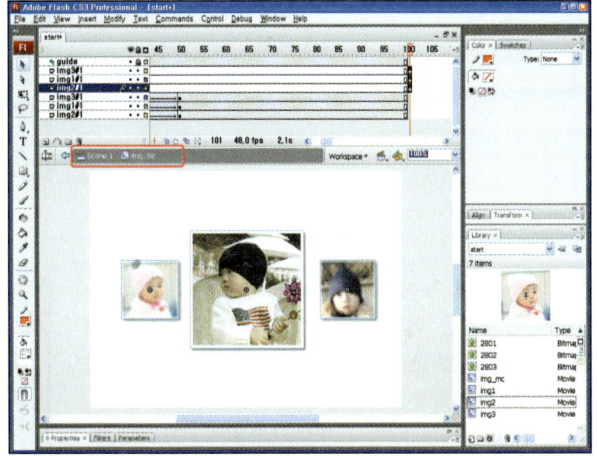

❷ 생성한 [레이어: img3#2, img1#2, img2#2]를 120번 프레임에서 F6 을 눌러서 키프레임을 생성합니다.

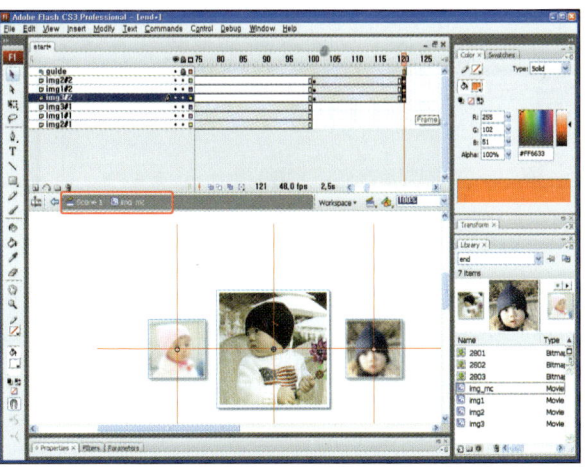

❸ 120번 키프레임에 있는 무비클립들은 그림과 같이 이동하고 Scale과 속성 값, Blur를 전과 동일하게 설정합니다.

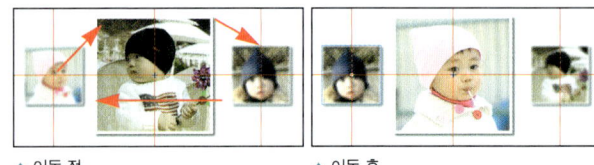

▲ 이동 전   ▲ 이동 후

❹ 100번 키프레임과 120번 키프레임 사이의 프레임을 선택하고 모션 트위닝을 적용합니다.

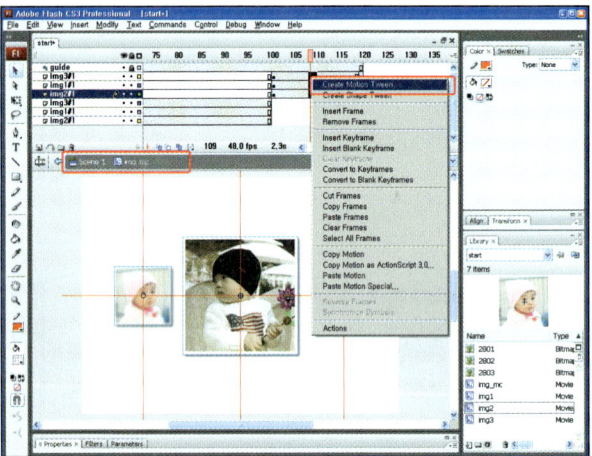

❺ 트위닝 결과를 보면 [레이어: img3#2]의 움직임이 이미지 위에서 겹쳐지는 어색한 느낌입니다. 따라서 [레이어: img3#2]의 위치를 [레이어: img2#2]의 하단으로 옮겨 자연스러운 모션을 만들어 줍니다.

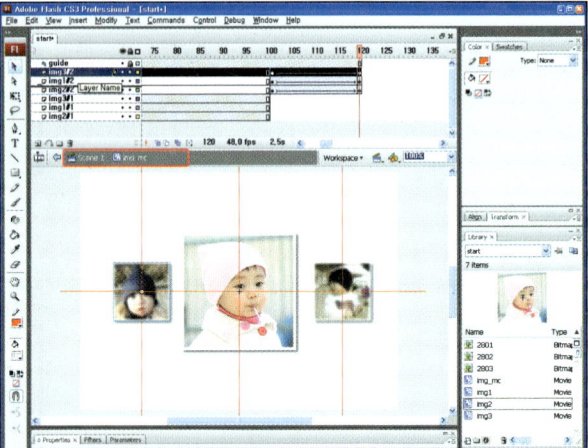

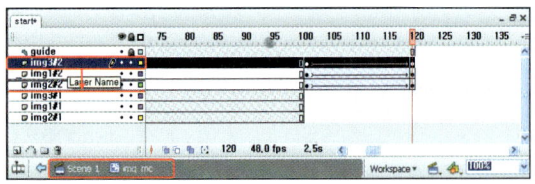

❻ 전체 프레임을 170까지 늘립니다.

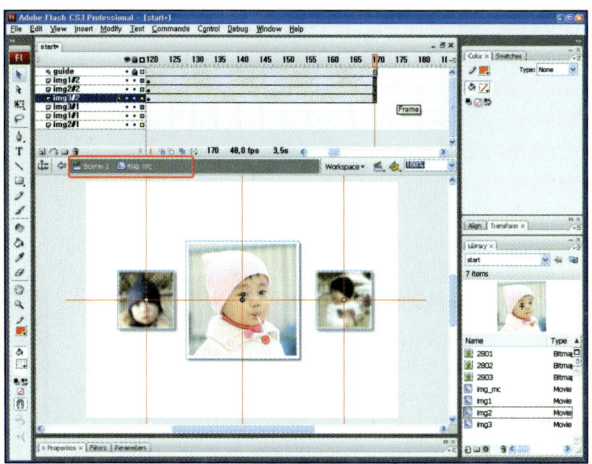

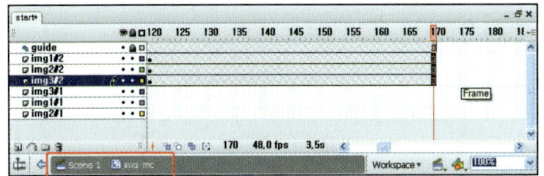

4 세 번째 이미지 돌려 주기

❶ guide 레이어 아래에 레이어를 3개 생성하고, 171번 키프레임에 있는 무비클립을 드래그해서 생성한 레이어에 복제합니다. 레이어 이름은 아래서부터 각각 img3#3, img2#3, img1#3으로 바꿉니다.

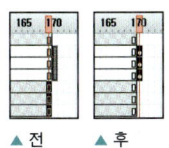

▲ 전   ▲ 후

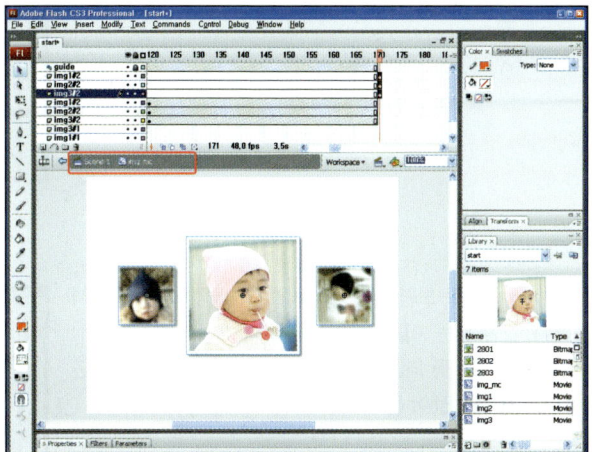

❷ 생성한 3개 레이어를 190번 프레임에서 F6을 눌러서 키프레임을 생성합니다.

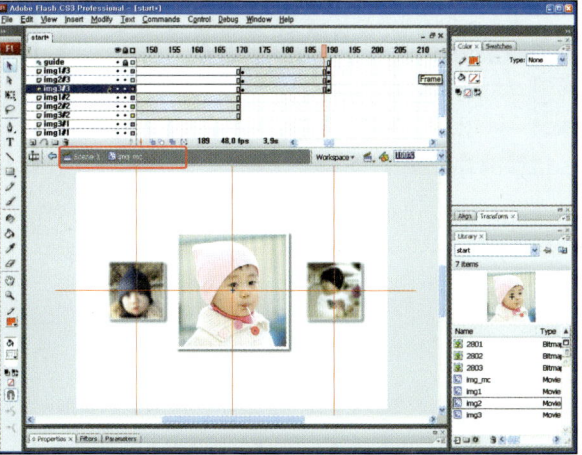

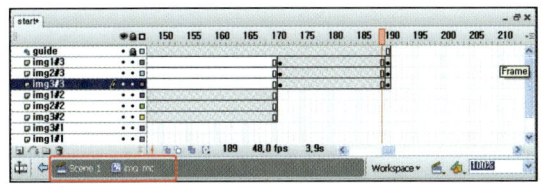

❸ 190번 키프레임에 있는 무비클립들은 그림과 같이 이동하고 Scale과 속성 값, Blur를 전과 동일하게 설정합니다.

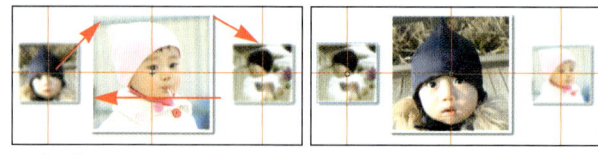

▲ 이동 전   ▲ 이동 후

❹ 프레임을 선택하고 모션 트위닝을 적용합니다.

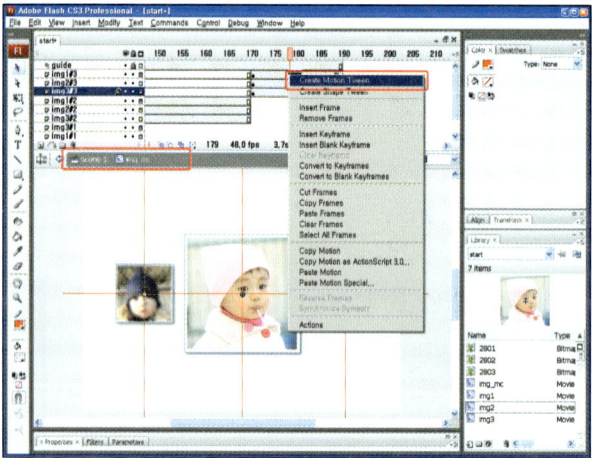

❺ 트위닝 결과를 보면 [레이어: img1#3]의 움직임이 이미지 위에서 겹쳐지는 어색한 느낌입니다. 따라서 [레이어: img1#3]의 위치를 [레이어: img3#3]의 하단으로 옮겨 자연스러운 모션을 만들어 줍니다.

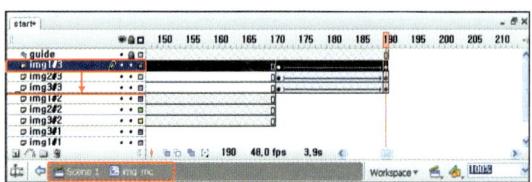

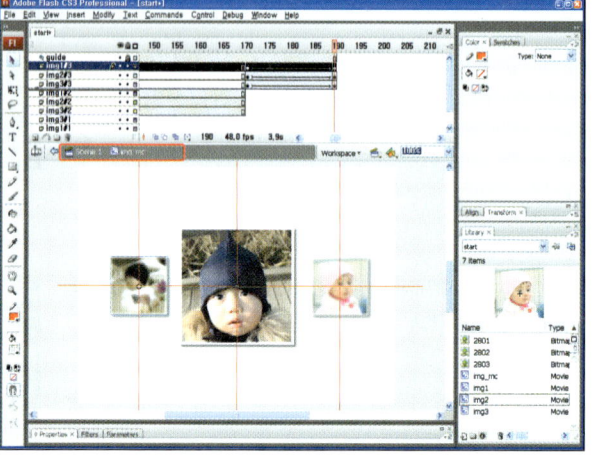

[레이어: img2#3, img3#3, img1#3] 전체 프레임을 220 까지 늘립니다.

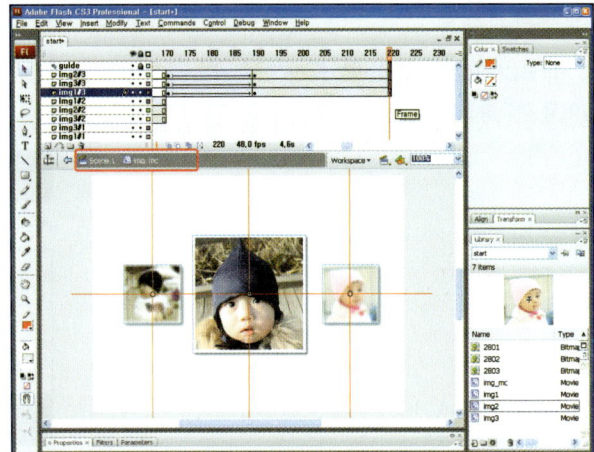

 잠깐 Ctrl + Enter 를 눌러서 완성된 작업의 모션을 확인 합니다.

도전 예제 - 한번 만들어 봅시다!

레이어의 위치 타이밍을 잘 맞추면 이런 류의 모션을 쉽게 제작할 수 있습니다. 가이드를 이용하면 더 멋진 작업물이 완성됩니다.

응용.swf를 보고 여러 가지 형태로 응용해 보기 바랍니다.
응용: 부록CD/Sample/Part02/Sec03/01/응용.swf

블러를 이용한 이미지 등장

블러 Filter를 이용해서 모션의 운동감을 더 강하게 줄 수 있습니다. 플래시8 이전에는 블러 효과를 내려면 포토샵과 같은 외부 프로그램을 이용해서 이미지로 작업했습니다. 하지만 Filter가 플래시에 적용되면서 더 간편하게 효과를 얻을 수 있게 되었습니다. 이번 장에서는 필터를 응용한 모션을 제작해 보겠습니다.

완성 파일	부록CD/Sample/Part02/Sec03/02/end.fla
예제 파일	부록CD/Sample/Part02/Sec03/02/start.fla
Key Point	블러 필터를 이용한 움직임
모션 미리보기(자동차 등장 및 텍스트 등장)	부록CD/Sample/Part02/Sec03/02/end.swf

1 예제 파일 열기

❶ '부록CD/Sample/Part02/Sec03/02/end.swf' 파일을
열어서 제작할 모션을 확인합니다.

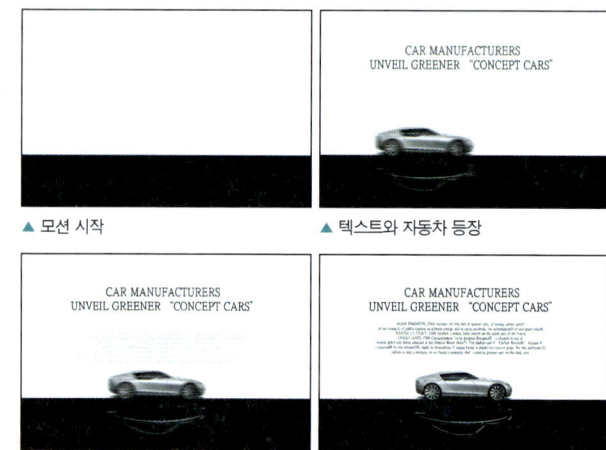

▲ 모션 시작   ▲ 텍스트와 자동차 등장

▲ 나머지 텍스트 등장   ▲ 텍스트 등장

❷ '부록CD/Sample/Part02/Sec03/02/start.fla' 를 플래시
로 열고, 새로운 이름으로 저장합니다. [Library] 패널에서 예
제에 사용될 무비클립 심벌과 그래픽 심벌을 확인합니다.

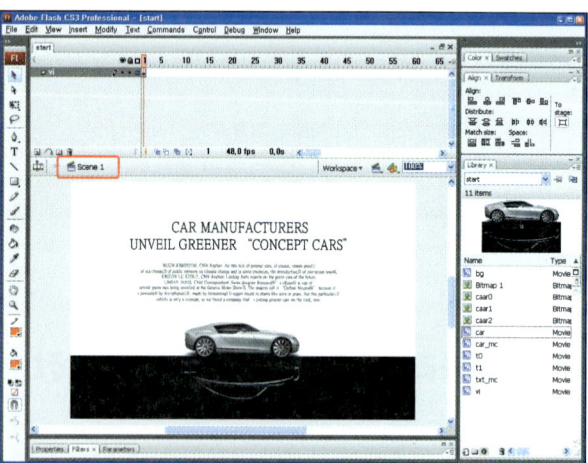

2 배경 모션 만들기

❶ [Library]에 [무비클립: bg]를 더블클릭해서 편집 모드로 이
동합니다.

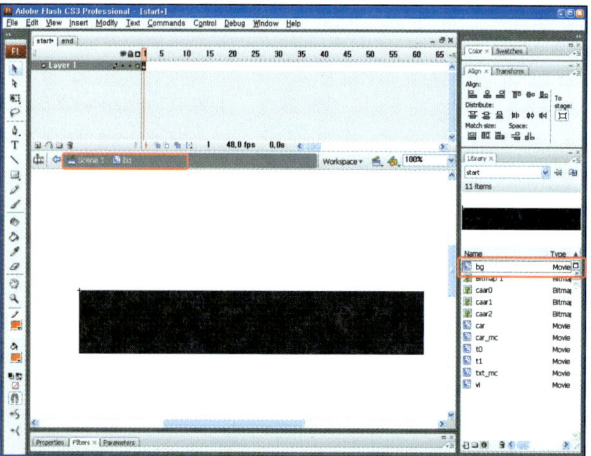

❷ 30번 프레임에서 F6 을 눌러서 키프레임을 만듭니다.

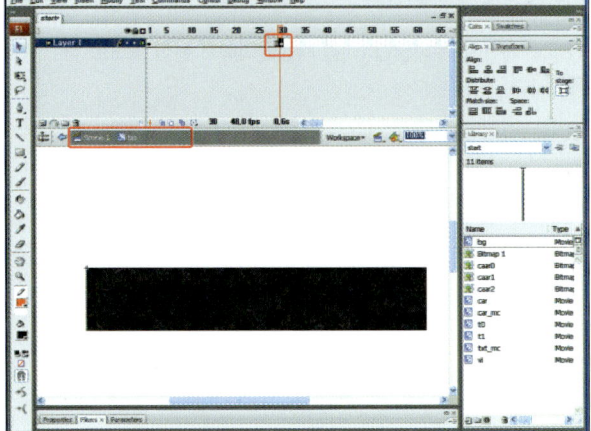

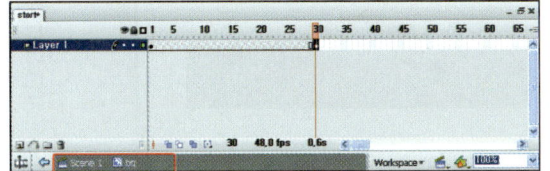

❸ 1번 키프레임에 있는 박스의 Width를 그림과 같이 줄입니다.

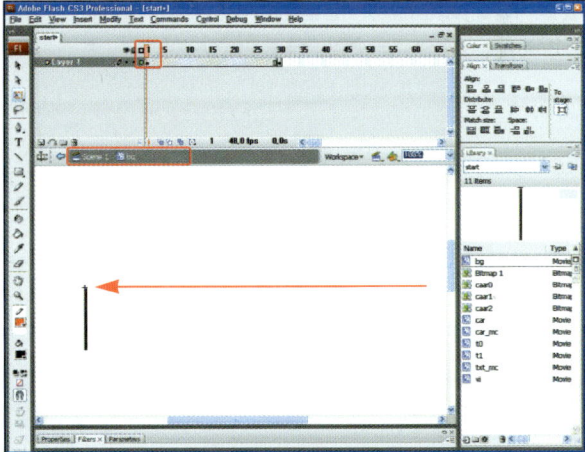

❹ 프레임 중간을 선택하고 마우스 오른쪽 버튼을 클릭하여 쉐이프 트위닝을 적용합니다.

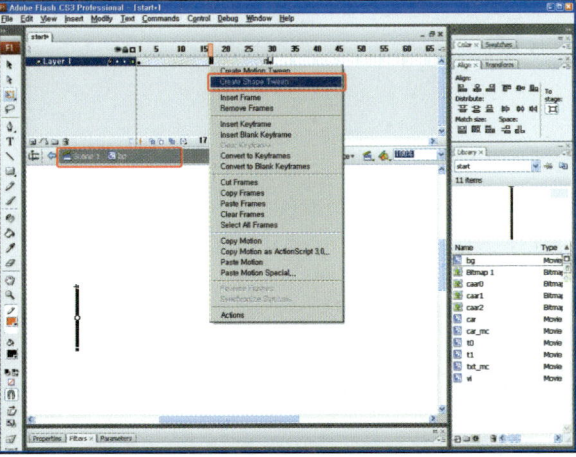

3 자동차 모션 만들기

❶ [Library]에 [무비클립: vi]를 더블클릭해서 편집 모드로 이동합니다.

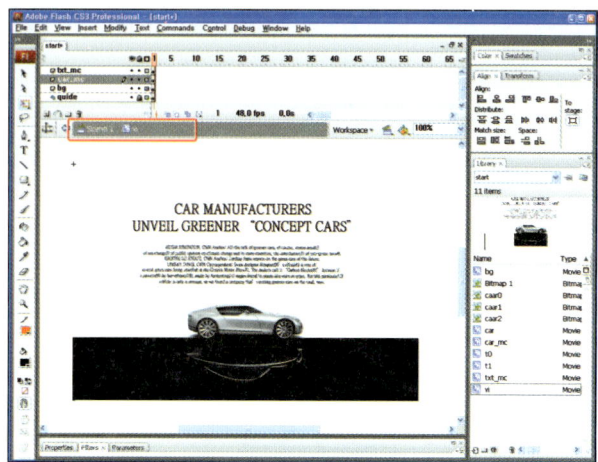

❷ [무비클립: car_mc]를 더블클릭해 [레이어: car_mc]에 있는 [무비클립: car_mc]의 편집 모드로 이동합니다.

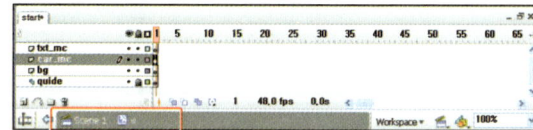

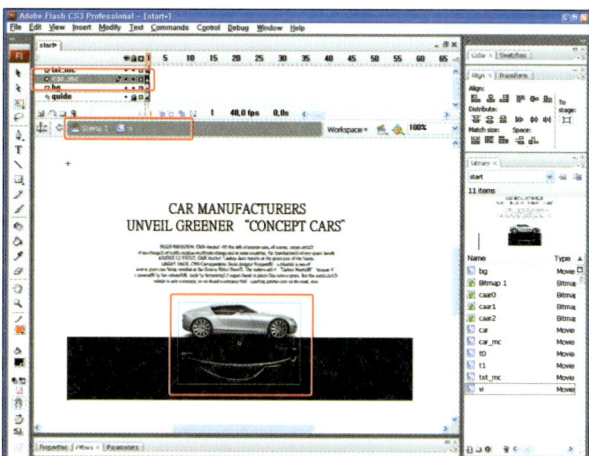

❸ 30번과 35번 프레임에서 F6 을 눌러서 키프레임을 만듭니다.

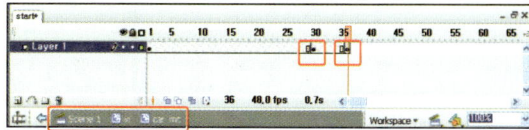

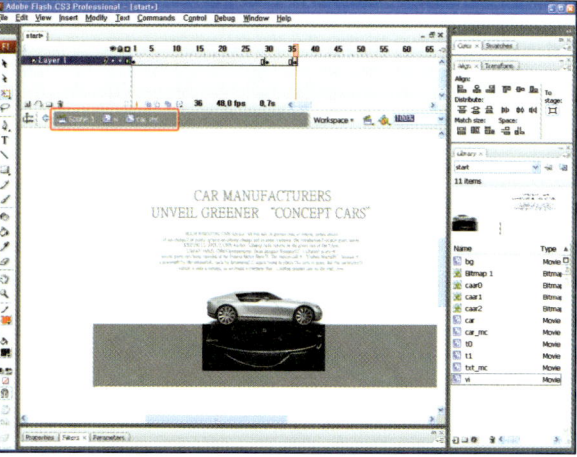

❹ 1번 키프레임에 있는 [무비클립: car]를 그림처럼 왼쪽으로 이동합니다.

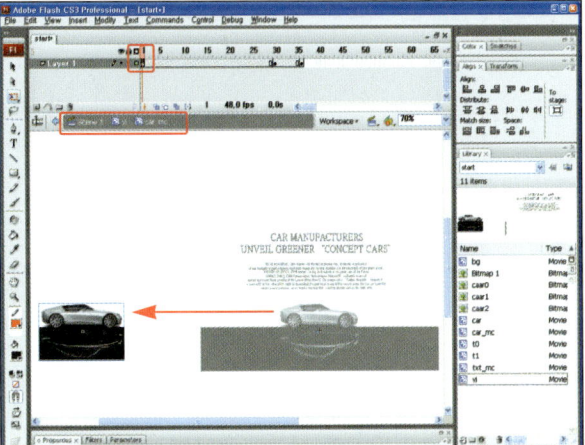

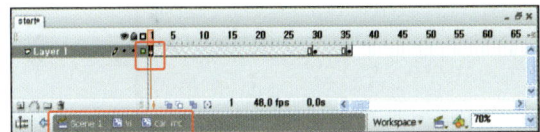

❺ 자동차가 멈출 때 나는 반동을 만들기 위해서 30번 키프레임에 있는 [무비클립: car]를 오른쪽으로 3픽셀 이동합니다.

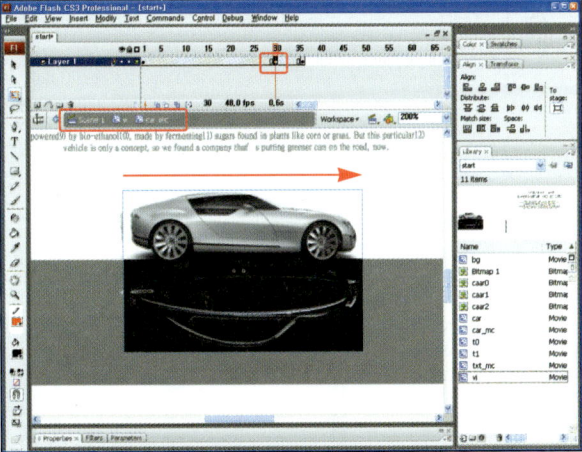

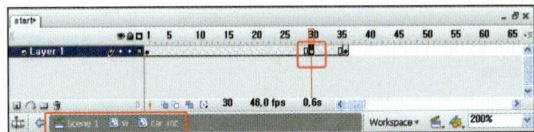

❻ 프레임 전체를 선택하고 마우스 오른쪽 버튼을 클릭하여 모션 트위닝을 적용합니다.

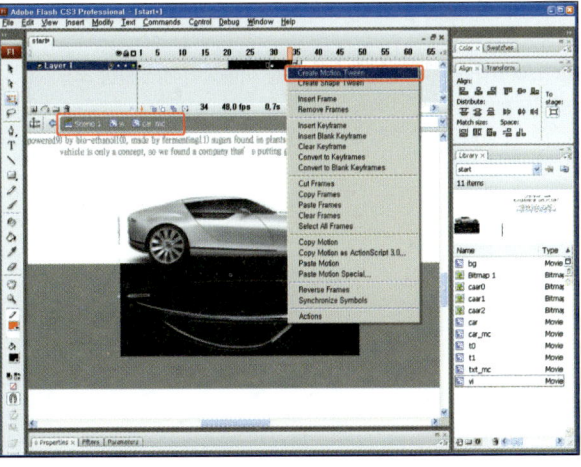

❼ 프레임 중간을 선택하고 Ease 값을 100으로 설정합니다.

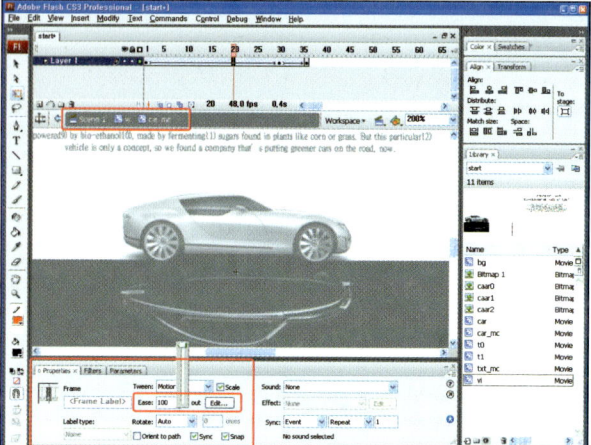

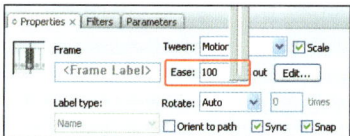

❽ 1번과 30번 키프레임에 있는 [무비클립: car]에 다음과 같은 수치로 Blur Filter를 적용합니다.

키프레임	수치
1번	Blur X : 30, Blur Y : 0
30번	Blur X : 10, Blur Y : 0

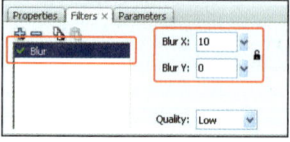

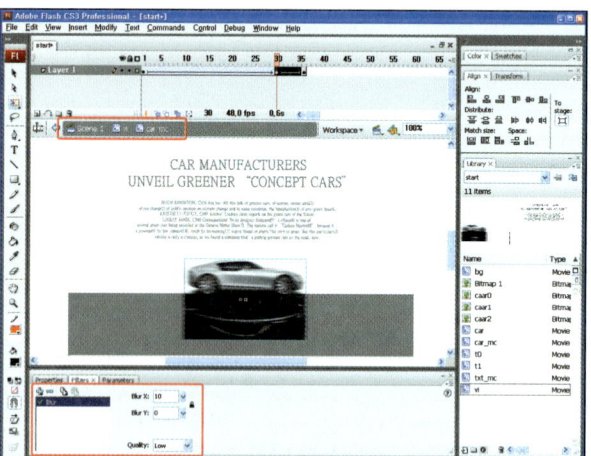

4 텍스트 모션 만들기

❶ [Library]에 [무비클립: txt_mc]를 더블클릭해서 편집 모드로 이동합니다.

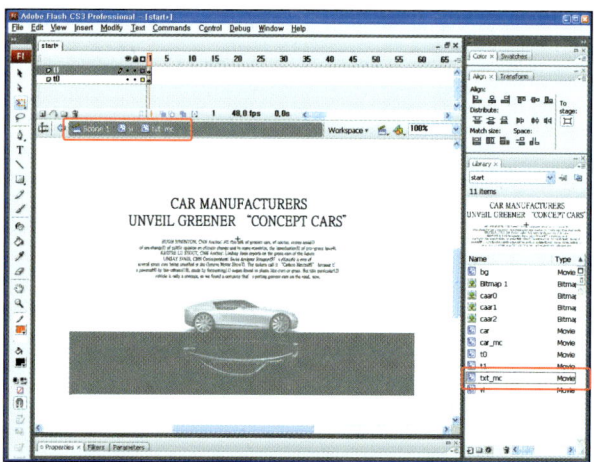

❷ 30번 프레임에 F6 을 눌러서 키프레임을 만듭니다.

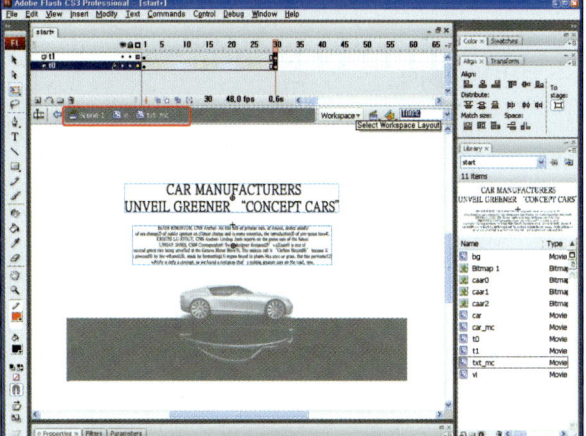

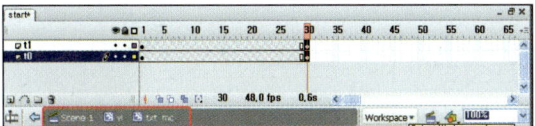

❸ 프레임 중간을 선택하고 마우스 오른쪽 버튼을 클릭하여
모션 트위닝을 적용합니다.

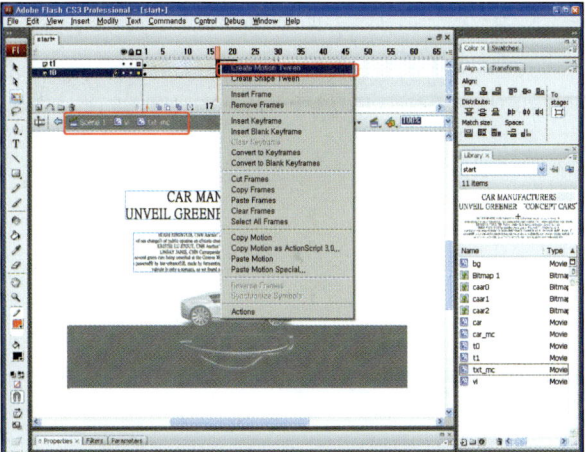

❹ Ease 값을 100으로 설정합니다.

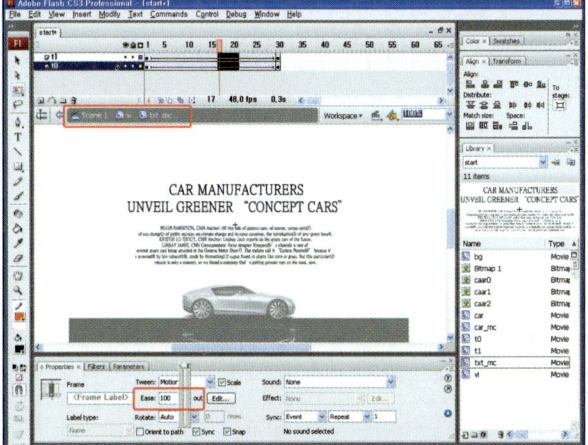

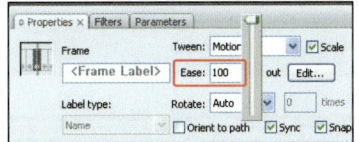

❺ 1번 키프레임에 있는 무비클립의 Alpha 값을 0으로 설정하고 무비클립을 아래로 이동해 무비클립이 아래서 위로 등장하는 모션을 만듭니다.

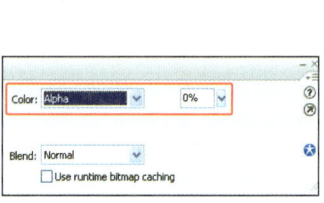

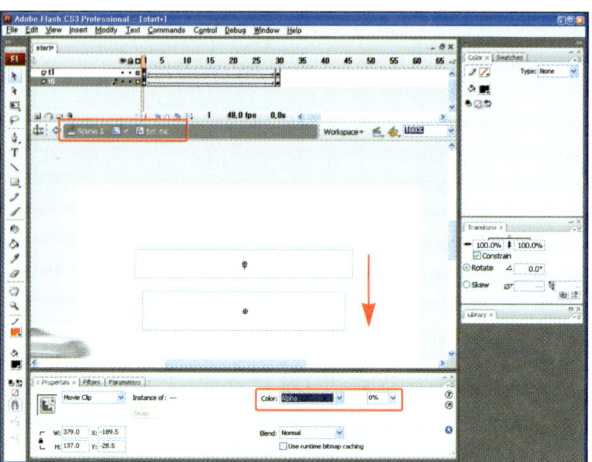

❻ [레이어 t1]의 프레임의 시작 위치를 10프레임으로 이동합니다.

참고 │ 키프레임의 프레임 이동은 실무 모션 가이드 실무 Tip 7번을 참고하세요.

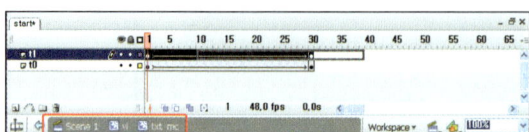

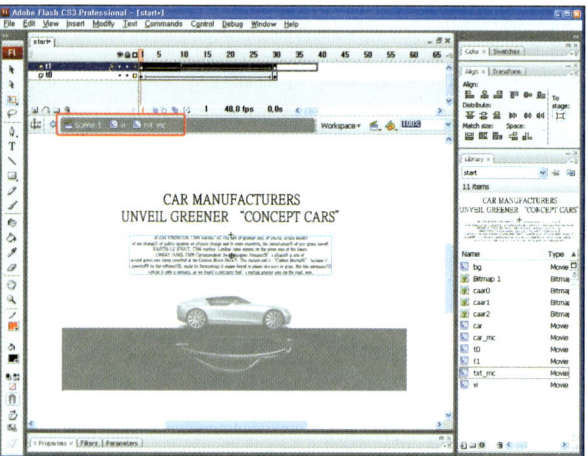

❼ 심볼에 있는 모든 레이어의 프레임 길이는 제일 긴 레이어의 마지막 프레임 길이와 맞추어 줍니다.

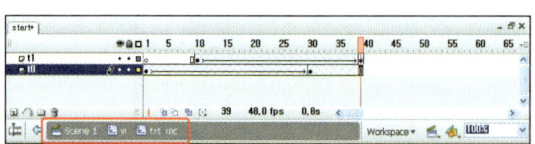

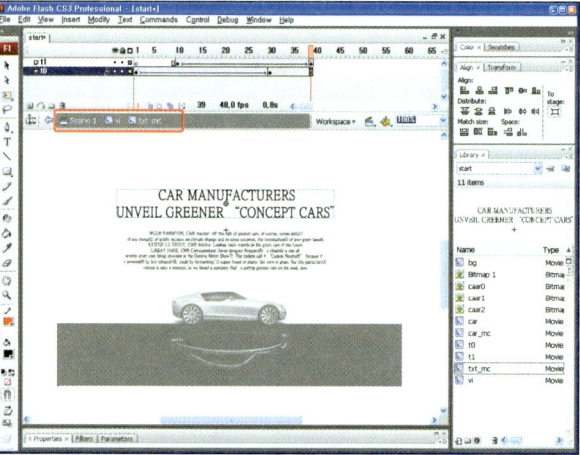

5 모션의 흐름 만들기

① [Library]에 [무비클립: vi]를 더블클릭해서 편집 모드로 이동합니다.

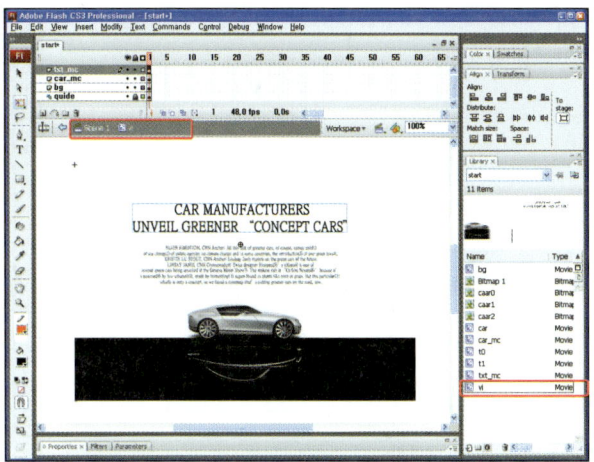

② 레이어 전체 프레임을 85번 프레임까지 늘립니다.

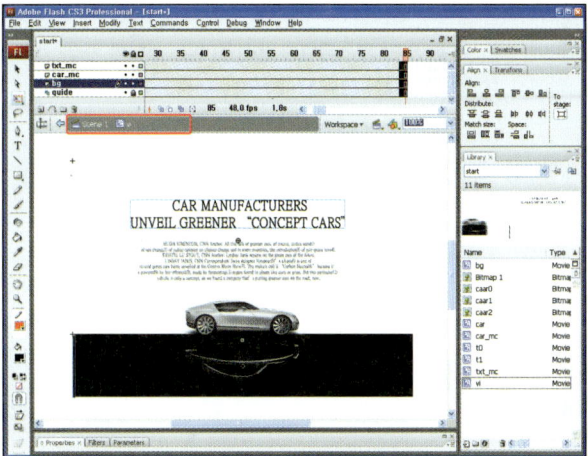

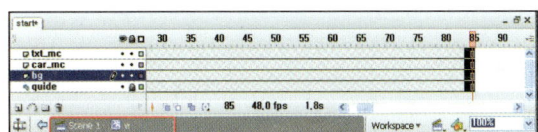

③ 모든 무비클립을 선택하고 Part01-Sec02-02에서 배운 모션의 그룹화 기법을 적용합니다.

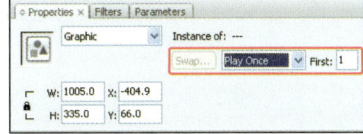

❹ [레이어: txt_mc]와 [레이어: car_mc]의 시작 위치를 40프레임으로 이동합니다.

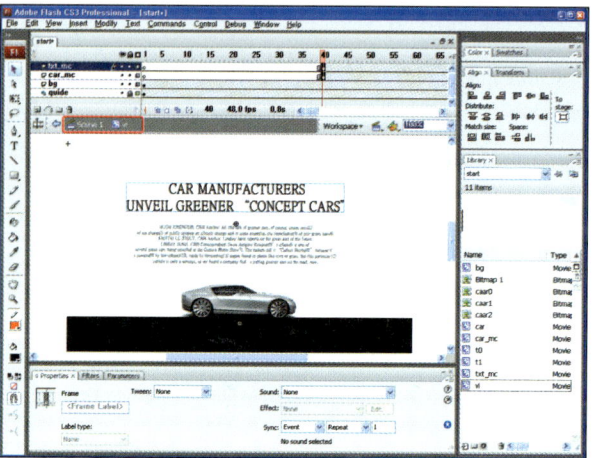

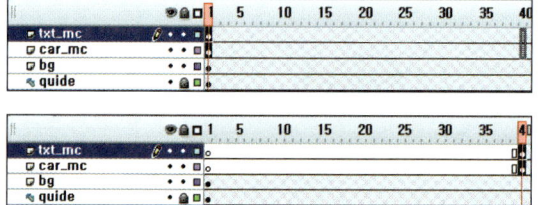

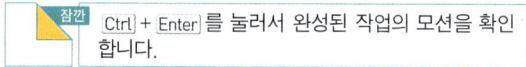

❺ 레이어를 생성해 이름을 Action으로 수정하고, 85번 키프레임에서 F7 을 눌러 빈 키프레임을 생성합니다. 생성한 키프레임에서 F9 를 눌러 액션 창을 열고 stop( )이라고 적습니다.

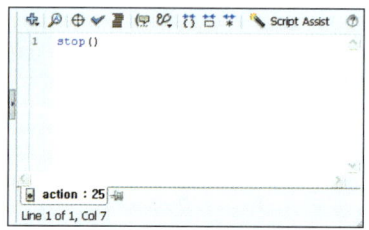

> 잠깐
> Ctrl + Enter 를 눌러서 완성된 작업의 모션을 확인합니다.

제품에 빛 지나가기

특정 비주얼을 강조하기 위해 사용하는 기법입니다. 마스크와 그라디언트 편집 툴을 이용한 쉐이프 트위닝으로 효과를 줄 수 있습니다. 이번 장에서는 그라디언트 편집 툴을 이용한 특별한 기법에 대해서 알아보고 응용해 보겠습니다.

완성 파일	부록CD/Sample/Part02/Sec03/03/end.fla
예제 파일	부록CD/Sample/Part02/Sec03/03/start.fla
Key Point	그라디언트 쉐이프 트위닝
모션 미리보기(제품 강조를 위한 그라디언트 효과)	부록CD/Sample/Part02/Sec03/03/end.swf

1 예제 파일 열기

❶ '부록CD/Sample/Part02/Sec03/03/end.swf' 파일을
열어서 제작할 모션을 확인합니다.

▲ 이퀄라이져 효과

▲ 하단에서 빛 등장

▲ 중간으로 빛 이동

▲ 상단으로 이동하면서 사라지기

❷ '부록CD/Sample/Part02/Sec03/03/start.fla' 를 플래시
로 열고, 새로운 이름으로 저장합니다. [Library] 패널에서 예
제에 사용될 무비클립 심벌과 그래픽 심벌을 확인합니다.

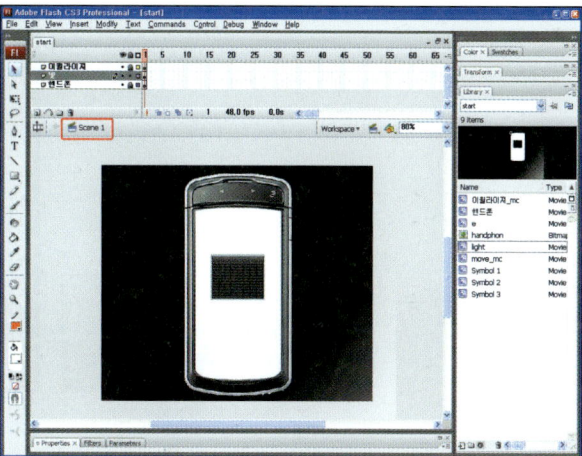

2 빛 움직임 만들기

❶ [Library]에 [무비클립: light]를 더블클릭해서 편집 모드로
이동합니다.

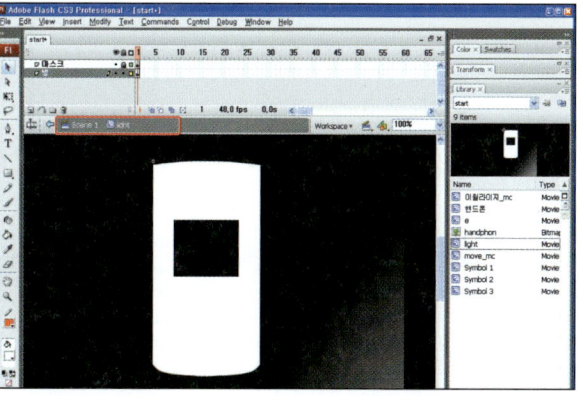

❷ 프레임을 45번 프레임까지 늘려 주고, [레이어: 빛]의 45번
프레임에서 F6 을 눌러서 키프레임을 만듭니다.

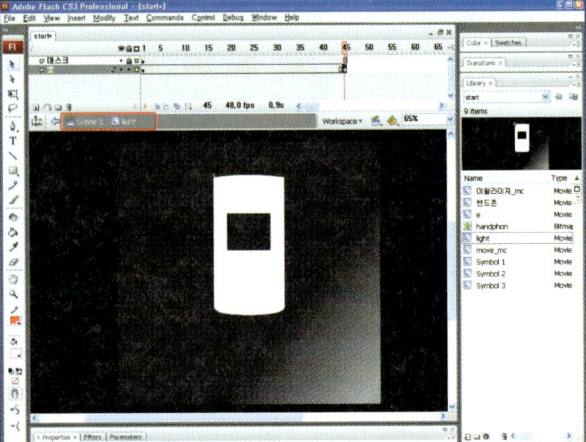

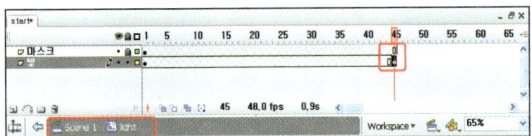

❸ 도구상자 중에 Gradient Transform Tool을 선택합니다.

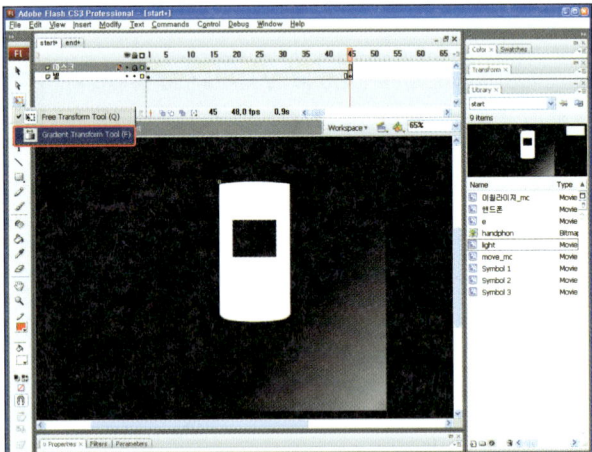

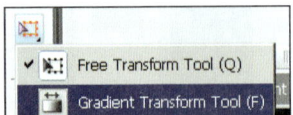

❹ [레이어: 빛]의 45번 프레임에 있는 그라디언트의 빛 움직
임을 그림처럼 대각선 방향으로 이동합니다.

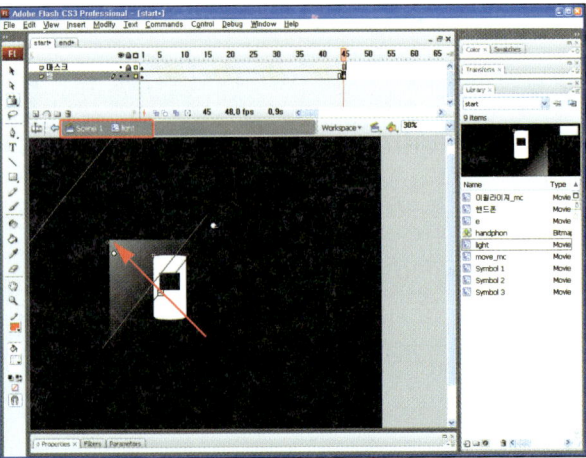

잠깐 그라디언트의 방향이나 움직임의 디테일한 설정은
도구상자 중에 Gradient Transform Tool을 이용해
서 조절이 가능합니다.

❺ 프레임 중간을 선택하고 쉐이프 트위닝을 적용합니다.

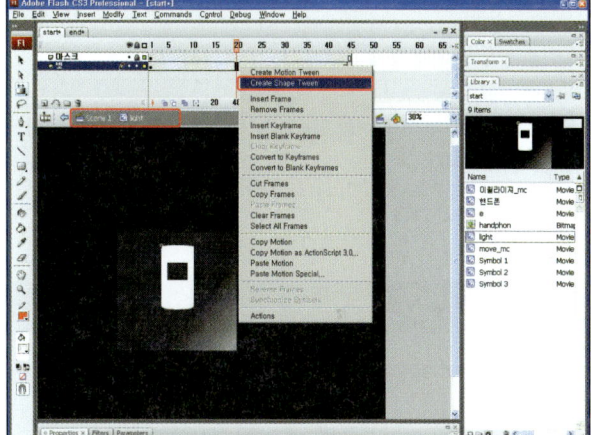

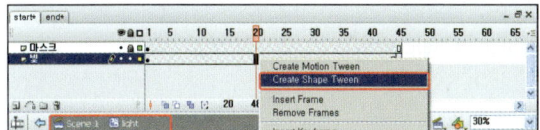

❻ [레이어: 마스크]를 선택하고 마우스 오른쪽 버튼을 클릭하여 마스크를 적용합니다.

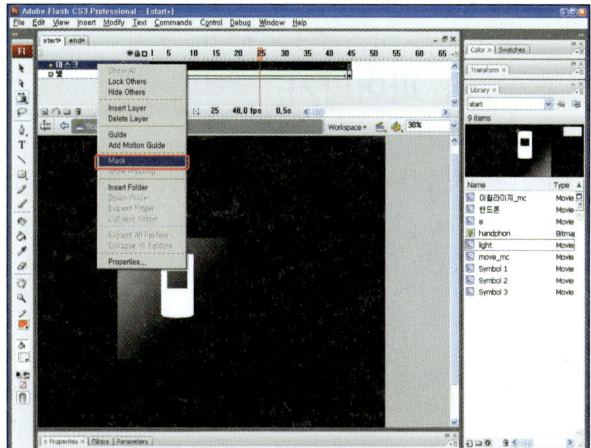

❼ 빛이 지나간 후 시간적인 딜레이를 주기 위해서 마스크의 프레임을 70까지 늘립니다.

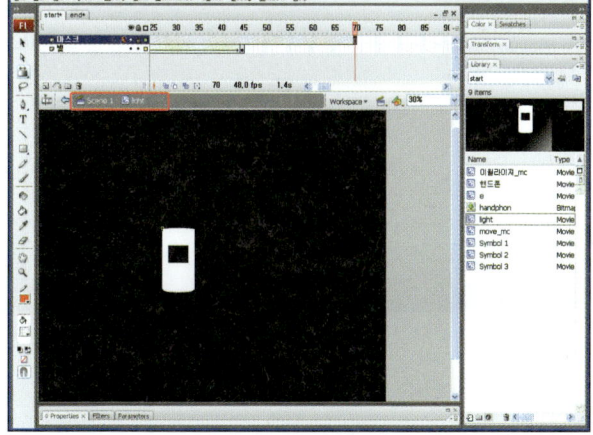

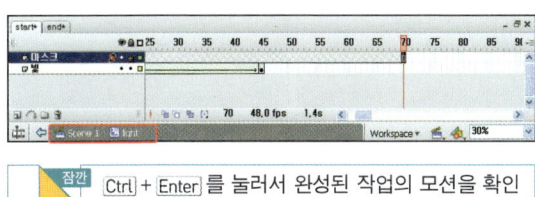

> 잠깐
> Ctrl + Enter 를 눌러서 완성된 작업의 모션을 확인합니다.

이번 단원을 마치며

Gradient Transform Tool을 이용한 빛 효과를 만들어 보았습니다. Gradient Transform Tool과 쉐이프를 이용하면 더 다양한 효과를 낼 수 있습니다.

도전 예제 - 한번 만들어 봅시다!

응용.swf를 열어 여러분도 한번 만들어 보세요.

응용: 부록CD/Sample/Part02/Sec03/03/응용.swf

꽃 피어나기

다량의 패턴소스가 등장할 때 패턴이 되는 오브젝트와 효과를 줄 오브젝트를 분리해 패턴이 되는 오브젝트는 알파로 등장하고, 효과를 주는 오브젝트는 특정 모션을 만들어서 전체적인 모션을 이루는 기법 중 하나입니다.

완성 파일	부록CD/Sample/Part02/Sec03/04/end.fla
예제 파일	부록CD/Sample/Part02/Sec03/04/start.fla
Key Point	패턴 등장과 특정 효과 이해
모션 미리보기(꽃잎이 피어나는 느낌의 효과 만들기)	부록CD/Sample/Part02/Sec03/04/end.swf

1 예제 파일 열기

❶ '부록CD/Sample/Part02/Sec03/04/end.swf' 파일을 열어서 제작할 모션을 확인합니다.

▲ 앞쪽 꽃 피기　　　　▲ 중간에 꽃 피기　　　　▲ 꽃봉오리 등장　　　　▲ 꽃 전체 피어나기

❷ '부록CD/Sample/Part02/Sec03/04/start.fla' 를 플래시로 열고, 새로운 이름으로 저장합니다. [Library] 패널에서 예제에 사용될 무비클립 심벌과 그래픽 심벌을 확인합니다.

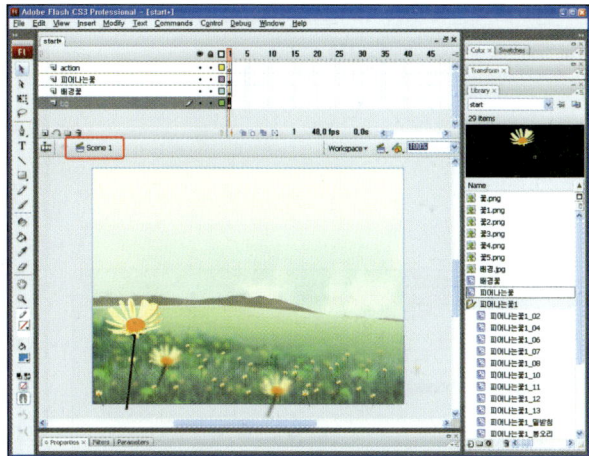

2 꽃 피어나는 모션 만들기

❶ [Library]에 [무비클립: 배경꽃]을 더블클릭해서 편집 모드로 이동합니다.

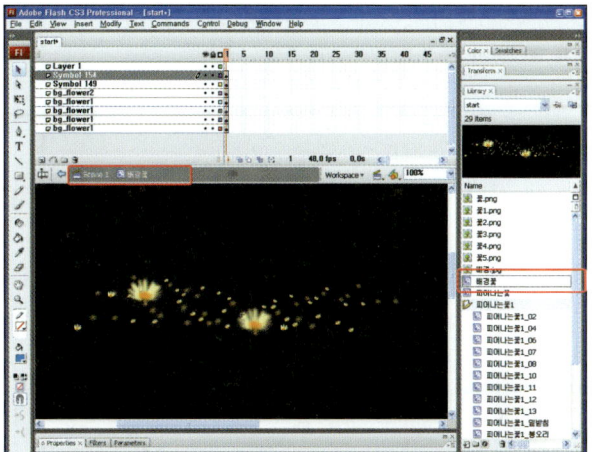

❷ 전체 레이어를 35프레임까지 늘리고, 마지막 프레임에 F6 을 눌러서 키프레임을 생성합니다.

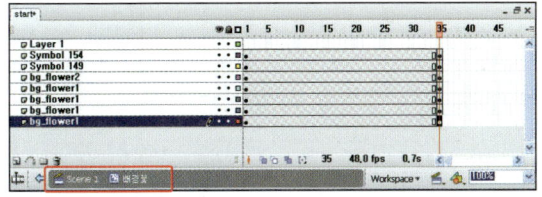

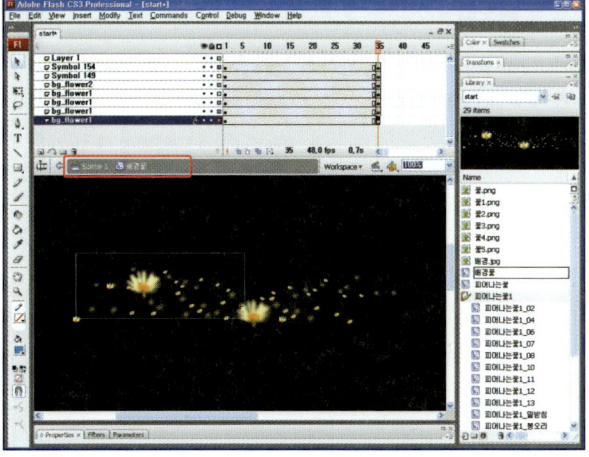

❸ 1번 키프레임에 있는 무비클립의 Alpha 값을 0%로 설정하고 모션 트위닝을 적용합니다.

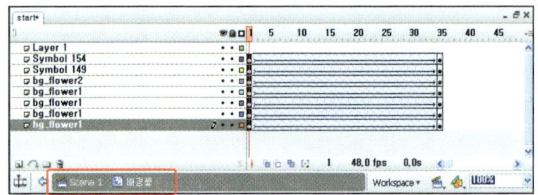

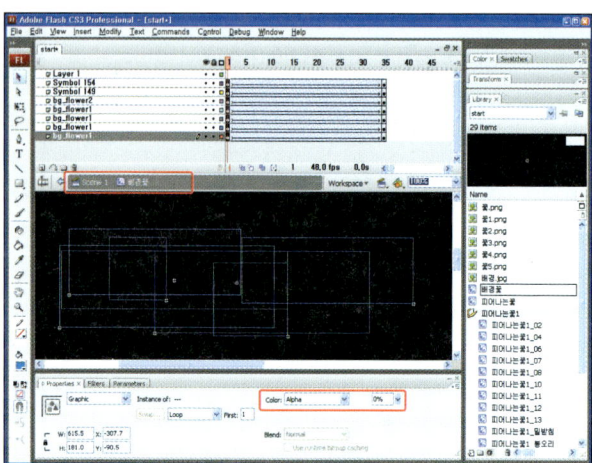

❹ 각 레이어에 시작 위치를 랜덤하게 조정하고 마지막 프레임을 일치시켜 줍니다.

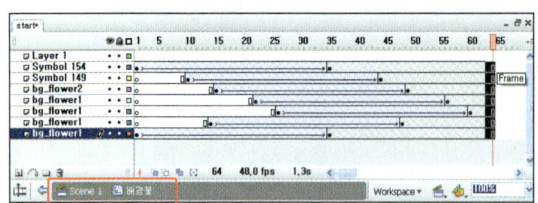

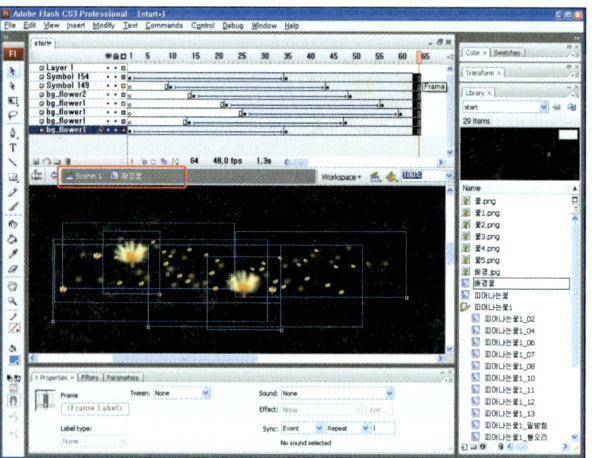

3 꽃 봉오리 피어나는 모션

❶ [Library]에 [무비클립: 피어나는꽃1_07]을 더블클릭해서 편집 모드로 이동합니다.

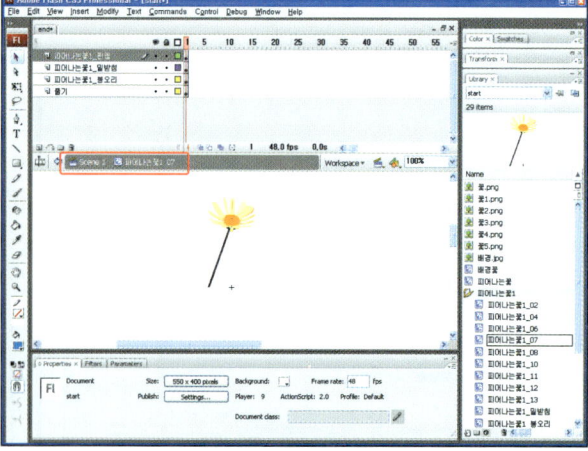

❷ [레이어: 피어나는꽃1_핀꽃]의 위치를 45프레임으로 이동해 줄기가 생기고 꽃봉오리가 피어나게 하는 작업을 진행합니다.

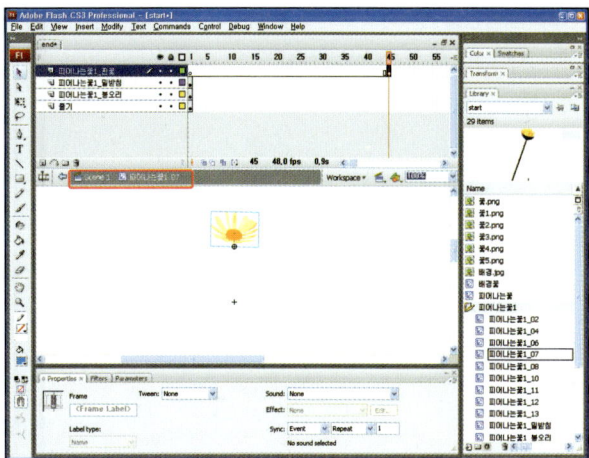

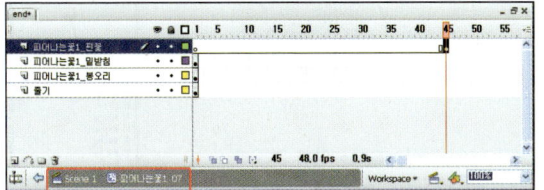

❸ 전체 프레임을 45프레임까지 늘리고, [레이어: 피어나는꽃1_밑받침]과 [레이어: 피어나는꽃1_봉오리]의 20번 프레임에 키프레임을 생성합니다.

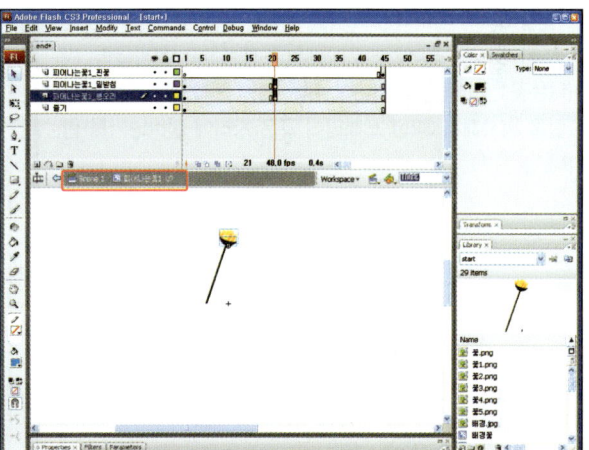

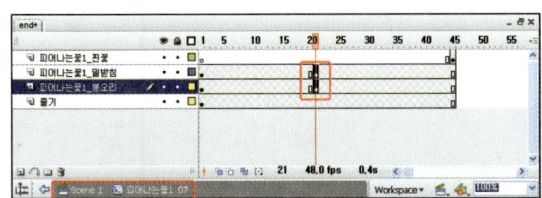

❹ [레이어: 피어나는꽃1_밑받침]과 [레이어: 피어나는꽃1_봉오리]의 1번 키프레임에 있는 무비클립을 줄기를 따라서 아래로 약간 이동시킵니다.

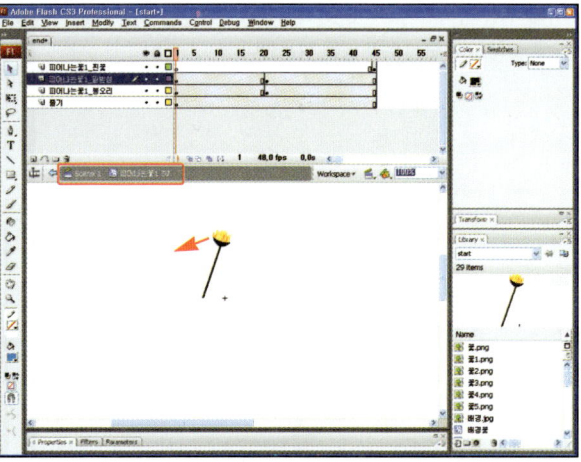

❺ 프레임 중간을 선택하고 모션 트위닝을 적용합니다.

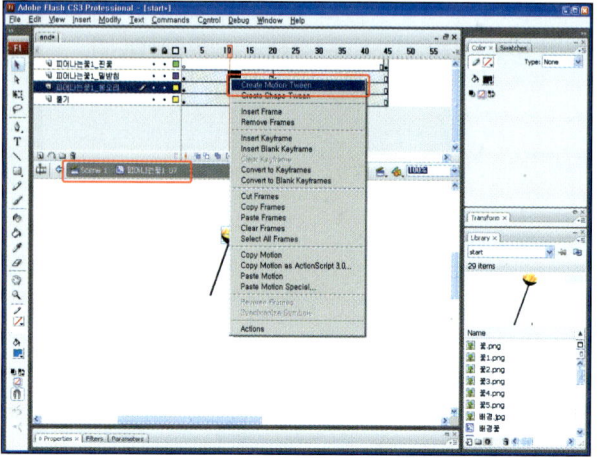

❻ 꽃봉오리가 피어나는 느낌을 위해서 [레이어: 피어나는꽃
1_핀꽃]의 32번 프레임에 키프레임을 생성하고 [무비클립: 피
어나는꽃1_핀꽃]을 놓습니다. 이때 45번 프레임에 있는 무비
클립을 복사해서 32번 프레임에 같은 자리에 붙여넣기를 합
니다.

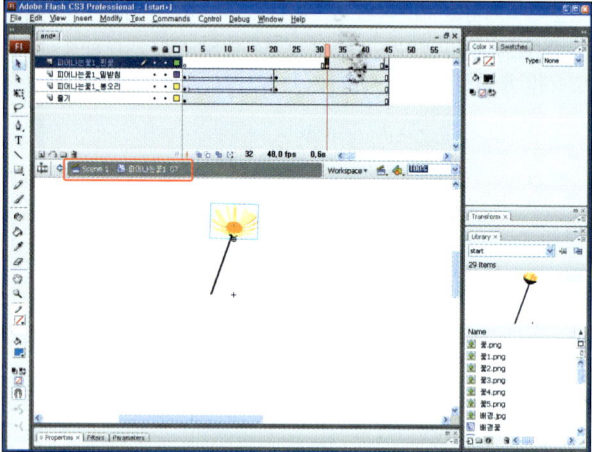

잠깐 [무비클립: 피어나는꽃1_핀꽃]의 중심점을 하단으로
이동해 주세요.

❼ [레이어: 피어나는꽃1_핀꽃]의 32번 프레임에 Alpha 값을
0으로 설정하고 모션 트위닝을 적용합니다.

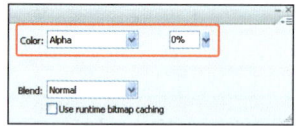

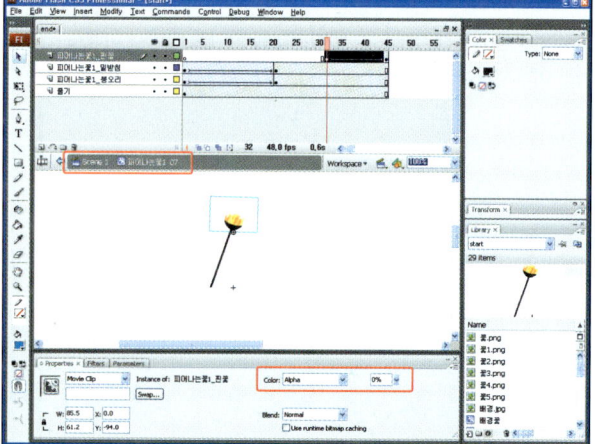

⑧ [레이어: 피어나는꽃1_봉오리]의 프레임 중 31번과 45번 프레임에 각각 키프레임을 생성시킵니다.

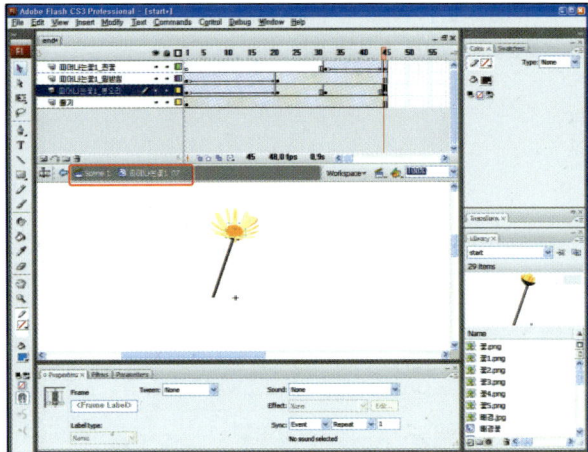

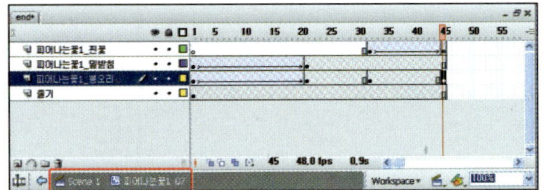

⑨ [레이어: 피어나는꽃1_봉오리]의 45번 키프레임에 있는 무비클립을 선택하고 Alpha 값을 0%로 설정합니다.

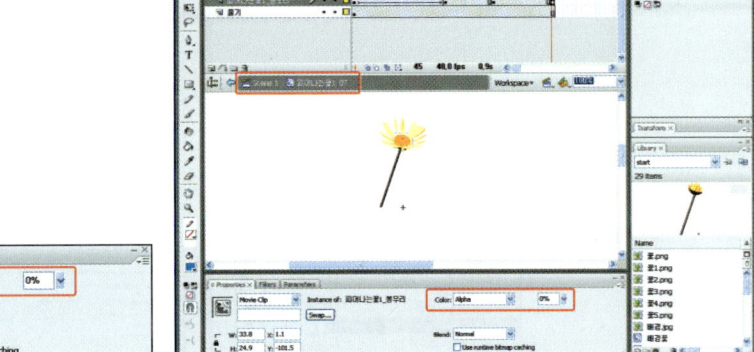

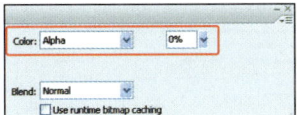

⑩ 프레임 중간을 선택하고 모션 트위닝을 적용합니다.

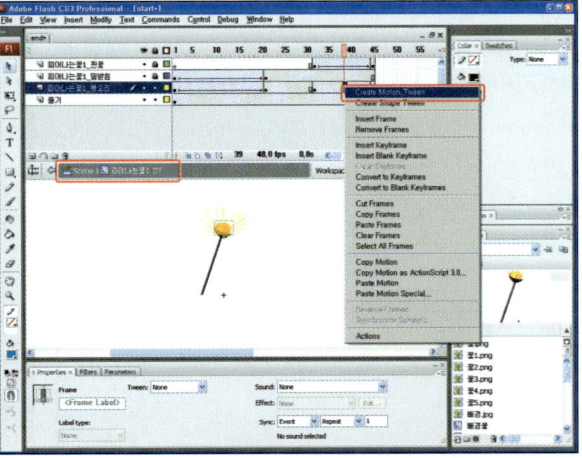

⑪ 레이어를 3개 추가하고 각각의 이름을 '라벨', '봉오리움직임', '꽃잎움직임'으로 수정합니다.

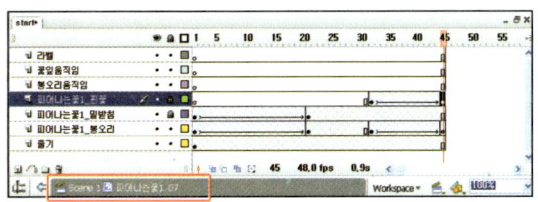

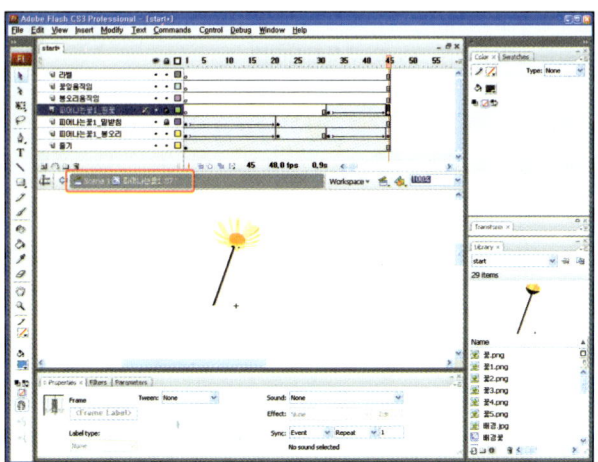

⑫ [무비클립: 피어나는꽃1_밑받침]과 [무비클립: 피어나는꽃1_핀꽃]을 Alt 를 누른 채로 드래그해 [레이어: 봉오리움직임, 꽃잎움직임]의 프레임 복사를 직접합니다.

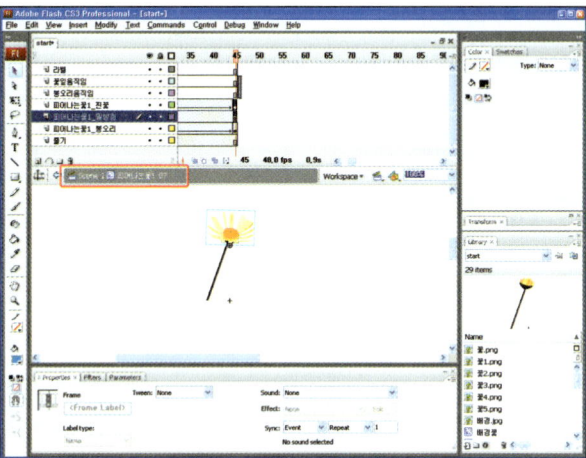

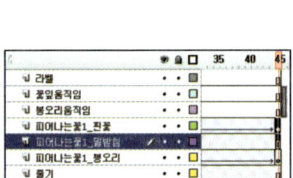

⑬ [레이어: 줄기]의 115번에 F5 를 눌러서 프레임을 늘려 주고 꽃잎움직임과 봉오리움직임은 80번과 115번에 F6 을 눌러서 키프레임을 만듭니다. 80번과 115번에 키프레임을 만듭니다.

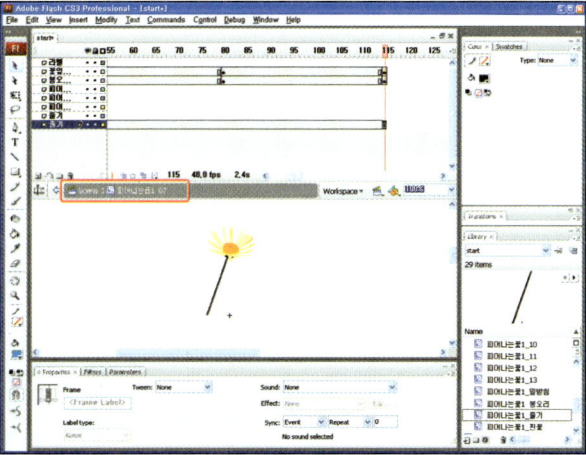

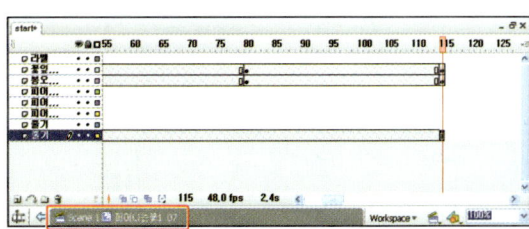

⑭ 8번 키프레임에 있는 줄기를 따라 무비클립을 5픽셀 아래로 이동합니다.

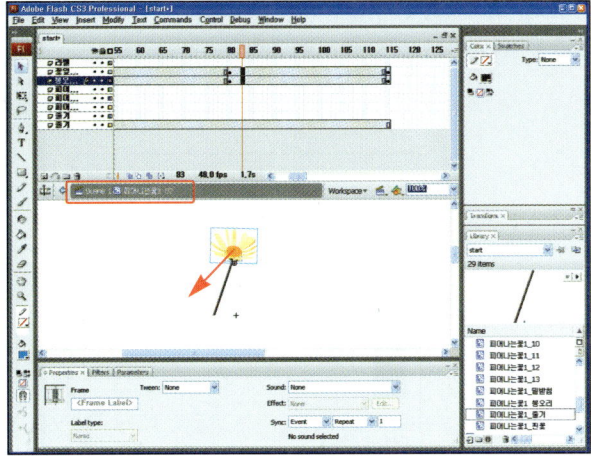

⑮ 프레임을 선택하고 모션 트위닝을 적용합니다.

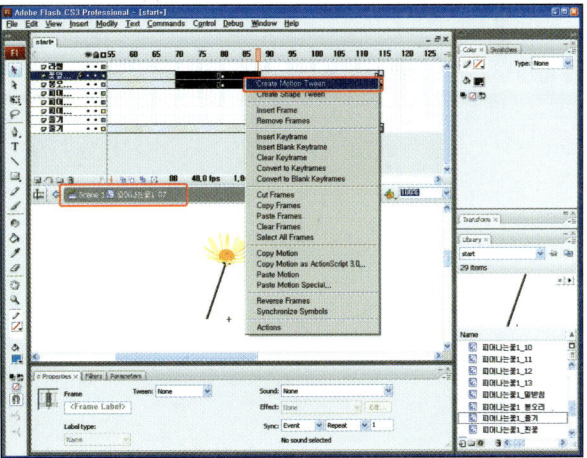

⑯ [레이어: 라벨] 46번 프레임에 F6 을 눌러 키프레임을 생성 후 키프레임의 프레임 라벨을 're' 로 설정합니다.

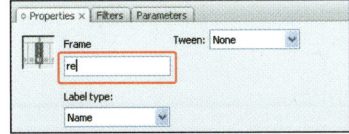

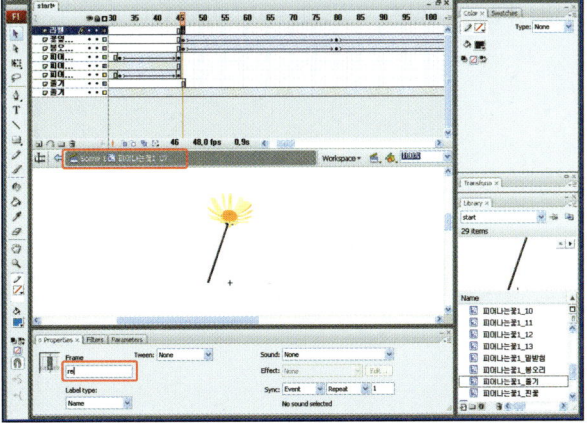

⑰ 프레임 마지막에서 F7 을 눌러 빈 키프레임을 생성하고 액션 창을 열어 gotoAndPlay("re")라고 적습니다.

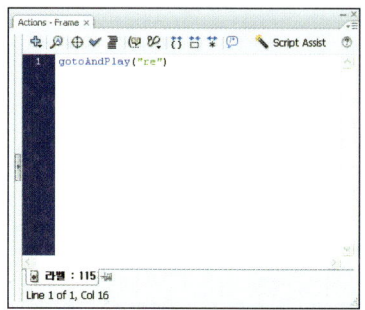

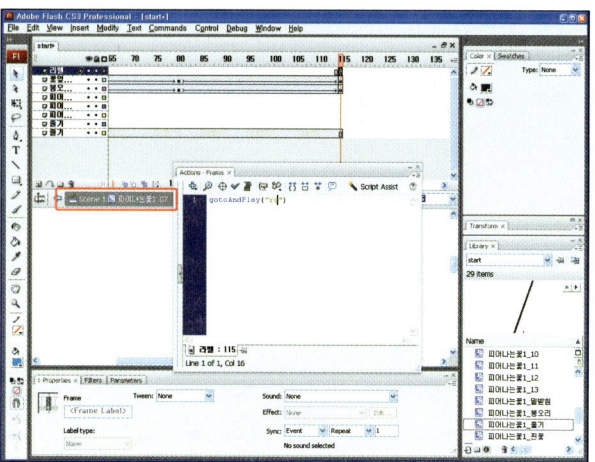

4 피어나는 꽃 모션

❶ [Library]에 [무비클립: 피어나는꽃]을 더블클릭해서 편집 모드로 이동합니다.

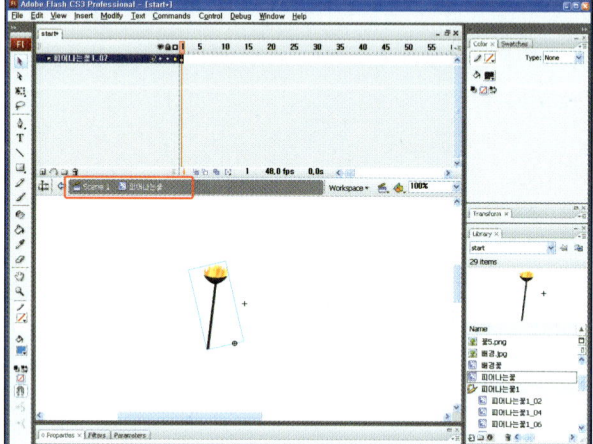

❷ 레이어를 하나 더 추가하고 [무비클립: 피어나는꽃1_07]을 복사해서 붙여넣기를 한 후 적당한 위치로 이동합니다.

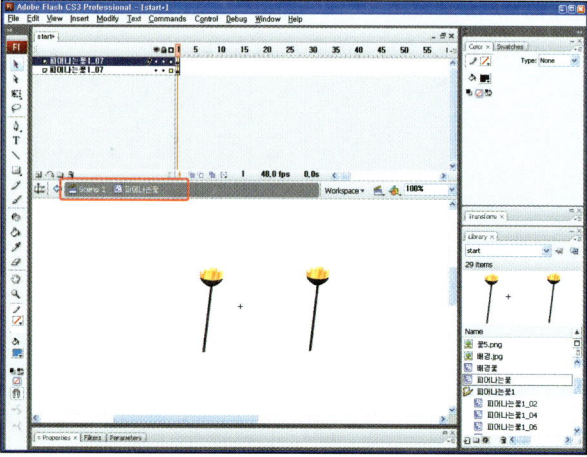

❸ 복사한 [무비클립: 피어나는꽃1_07]에서 Ctrl + Alt + S 를 눌러서 속성 창을 활성화합니다. Sclae 값을 80, Rotate 값은 20으로 설정합니다.

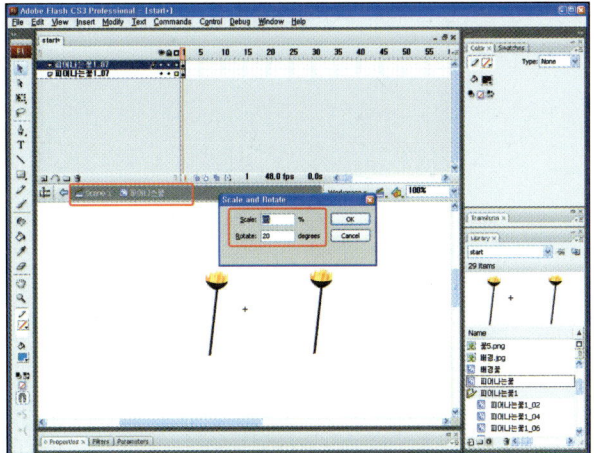

❹ 각각의 프레임을 20까지 늘리고 F6 을 눌러서 키프레임을 만듭니다.

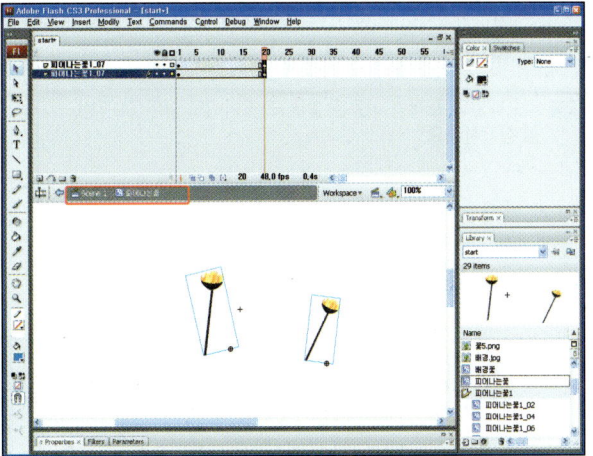

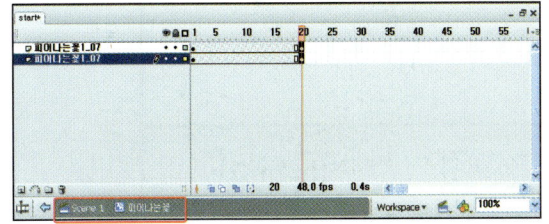

❺ 1번 키프레임에 있는 무비클립의 Alpha 값을 0으로 설정합니다.

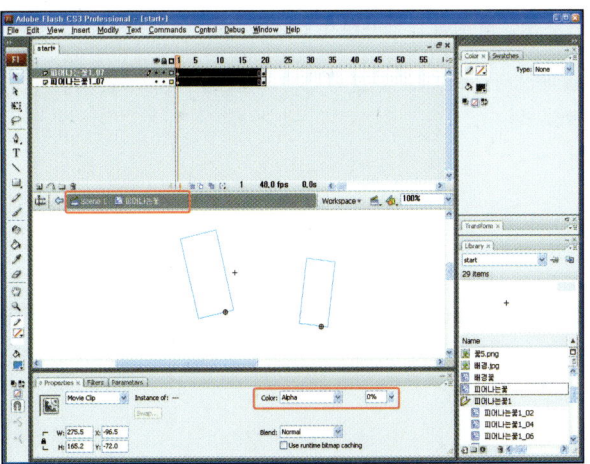

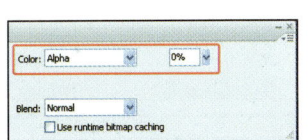

❻ 프레임 중간을 선택하고 모션 트위닝을 적용합니다.

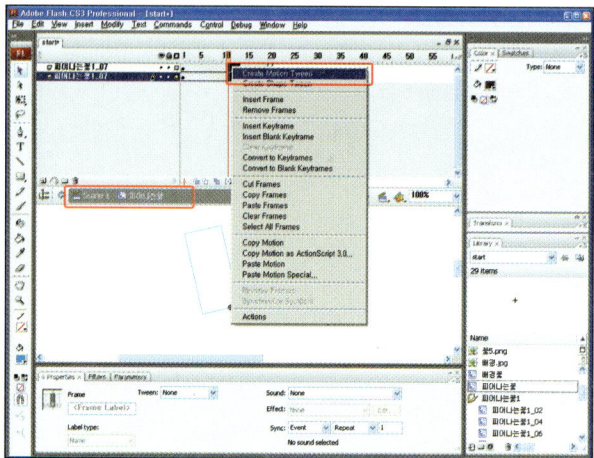

❼ 위 레이어의 시작 위치를 10번으로 이동하고, 전체적인 레이어 길이를 맞춥니다.

> 참고 키프레임의 프레임 이동은 실무 모션 가이드 실무 Tip 7번을 참고하세요.

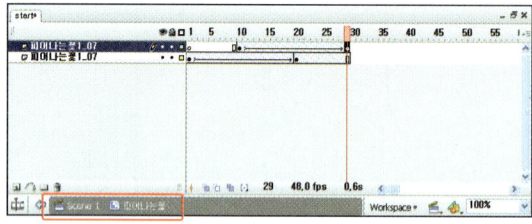

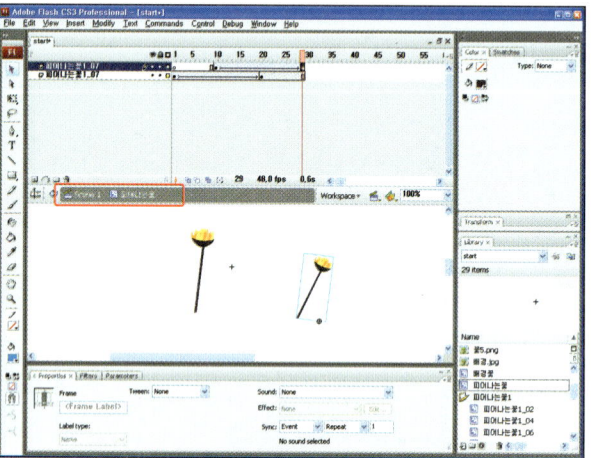

5 모션의 그룹화 적용하기

❶ 메인 타임라인으로 이동 후 전체 프레임을 120프레임까지 늘립니다.

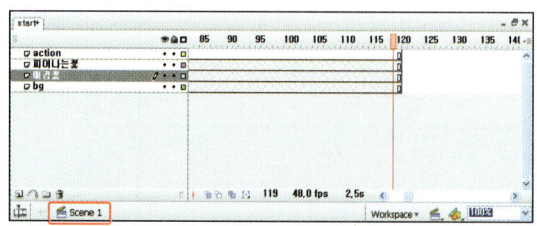

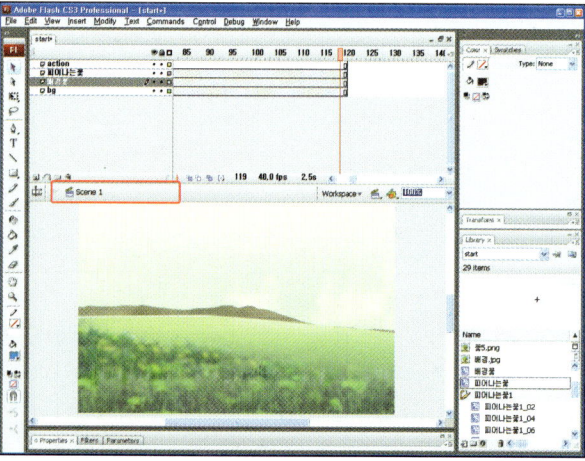

❷ [레이어: 피어나는꽃]과 [레이어: 배경꽃]에 있는 무비클립을 한꺼번에 선택하고 Part01-Sec02-02에서 배운 **모션의 그룹화 기법**을 적용하여 배경 꽃레이어가 적당히 등장한 뒤 자연스럽게 피어나는 꽃레이어를 등장시킵니다.

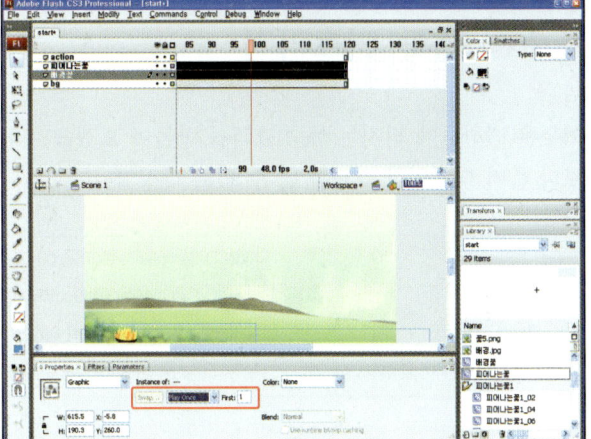

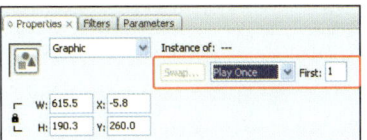

❸ [레이어: Action]의 120번 키프레임에서 F7 을 눌러 빈 키프레임을 생성합니다. 생성한 키프레임에서 F9 를 눌러 액션 창을 열고 stop( )이라고 적습니다.

> **잠깐** Ctrl + Enter 를 눌러서 완성된 작업의 모션을 확인합니다.

이번 단원을 마치며

패턴이 있는 모션은 Alpha를 이용해 전체적인 모션을 진행하고, 특징적인 모션을 만들어서 전체적인 느낌을 거기에 맞추는 것이 키 포인트입니다.

도전 예제 - 한번 만들어 봅시다!

응용.swf를 열어 여러분도 한번 만들어 보세요.

응용: 응용: 부록CD/Sample/Part02/Sec03/04/응용.swf

폭죽 터트리기

어두운 밤하늘에 터지는 폭죽 효과를 만들어 보겠습니다. 물론 액션스크립트를 이용해서 만들 수 있지만 액션보다 좀더 디테일한 효과를 낼 수 있는 과정입니다.

완성 파일	부록CD/Sample/Part02/Sec03/05/end.fla
예제 파일	부록CD/Sample/Part02/Sec03/05/start.fla
Key Point	무비클립 복제를 이용한 폭죽 터지는 느낌 만들기
모션 미리보기(폭죽이 올라와서 터지기)	부록CD/Sample/Part02/Sec03/05/end.swf

1 예제 파일 열기

① '부록CD/Sample/Part02/Sec03/05/end.swf' 파일을 열어서 제작할 모션을 확인합니다.

▲ 폭죽 올라오는 모션　　▲ 폭죽 터지는 모션

▲ 여러 개의 폭죽이 터지는 모션　　▲ 폭죽이 사라지는 모션

② '부록CD/Sample/Part02/Sec03/05/start.fla'를 플래시로 열고, 새로운 이름으로 저장합니다. [Library] 패널에서 예제에 사용될 무비클립 심벌과 그래픽 심벌을 확인합니다.

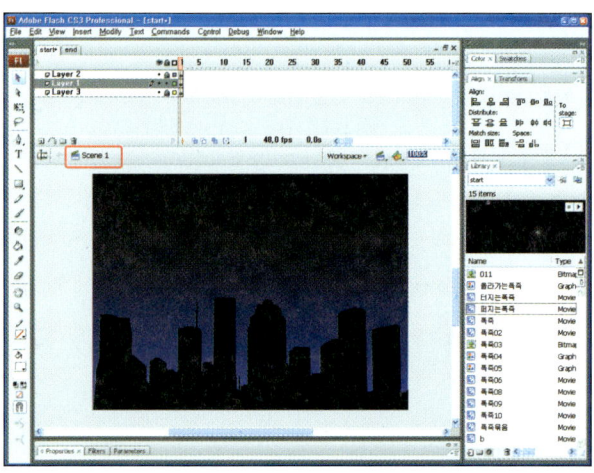

2 폭죽 터지는 효과 만들기

❶ [Library]에 [무비클립: 퍼지는폭죽]을 더블클릭해서 편집 모드로 이동합니다.

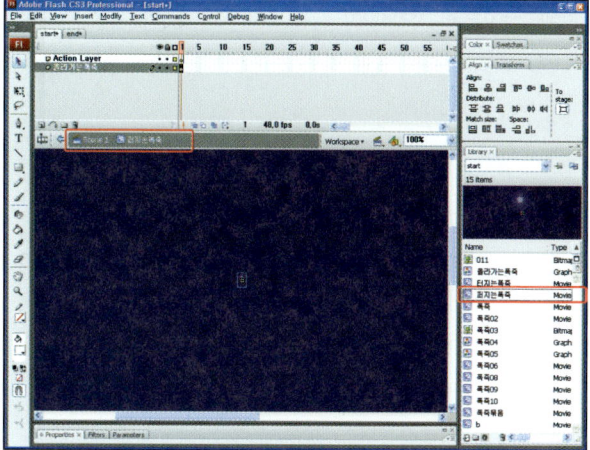

❷ [레이어: 올라가는폭죽]의 프레임을 40프레임까지 늘리고, 40번 프레임에 F6 을 눌러 키프레임을 생성합니다.

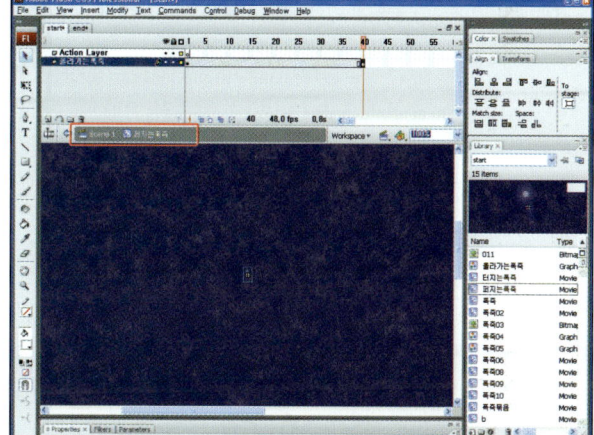

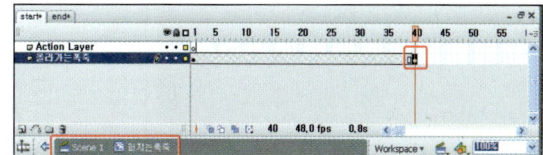

❸ 40번 키프레임에 있는 무비클립을 위쪽으로 이동합니다.

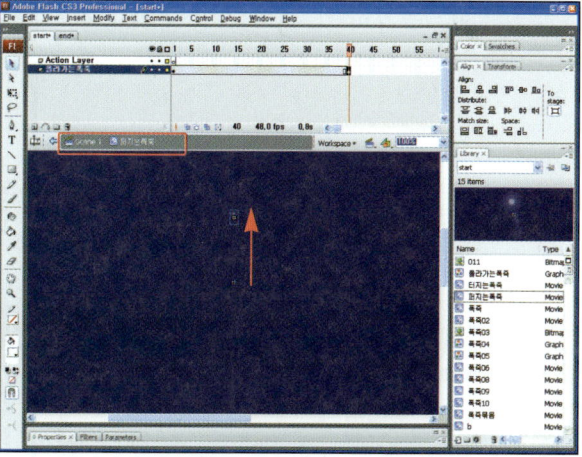

❹ 모션 트위닝을 적용합니다.

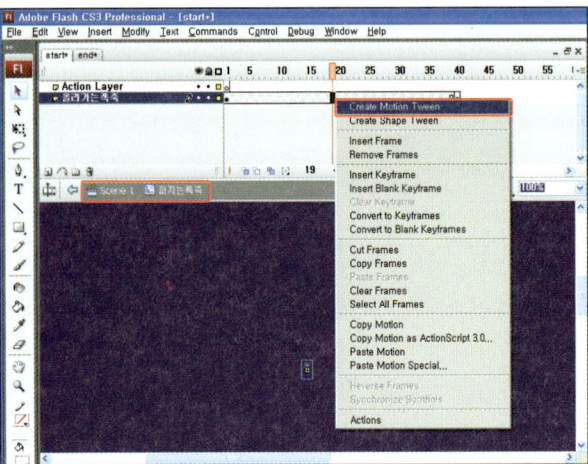

❺ 25프레임에 F6 을 누르고 키프레임을 생성시킵니다.

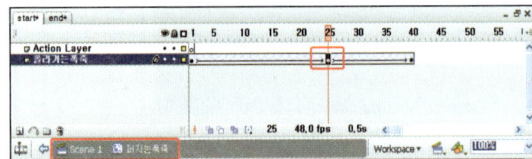

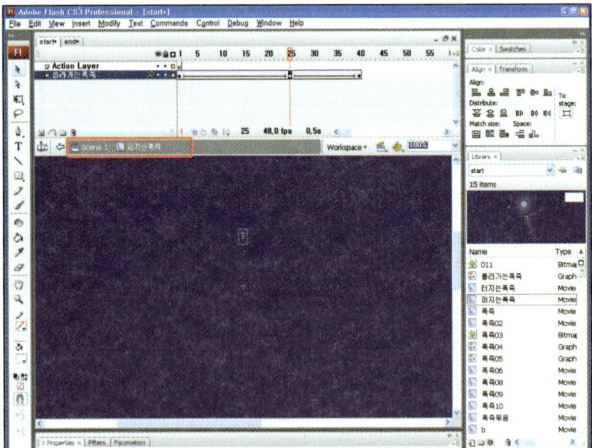

❻ 25프레임에 있는 키프레임을 드래그해서 15프레임으로 이동합니다.

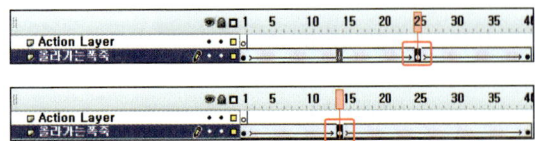

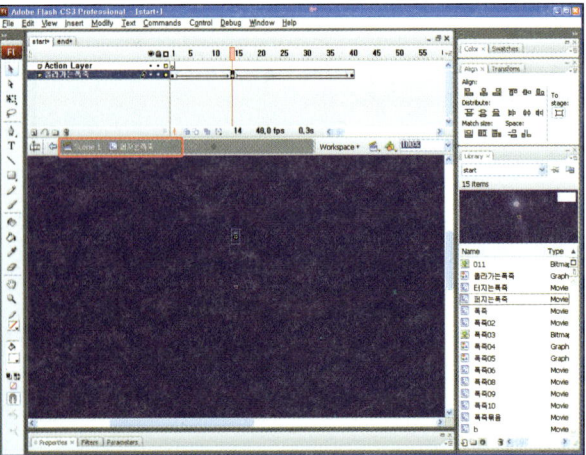

❼ 40번 키프레임에 있는 무비클립의 Alpha 값을 0%로 설정합니다.

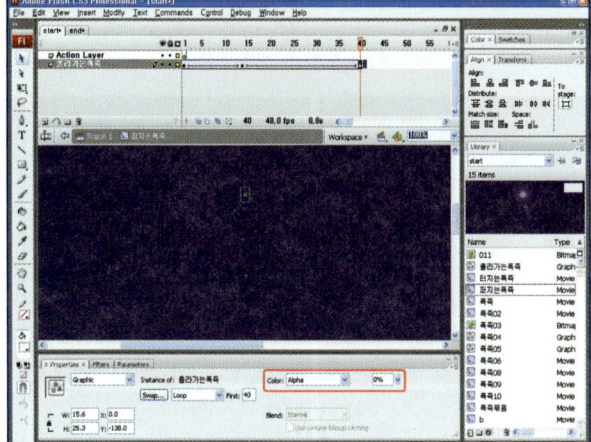

❽ Action Layer의 41번 키프레임에서 F7 을 눌러 빈 키프레임을 생성합니다. 생성한 키프레임에서 F9 를 눌러 액션 창을 열고 stop( )이라고 적습니다.

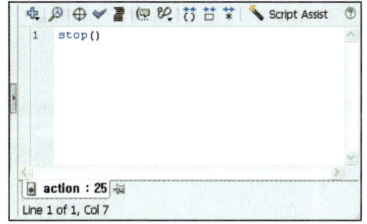

3 터지는 폭죽 만들기

❶ [Library]에 [무비클립: 터지는폭죽]을 더블클릭해서 편집모드로 이동합니다.

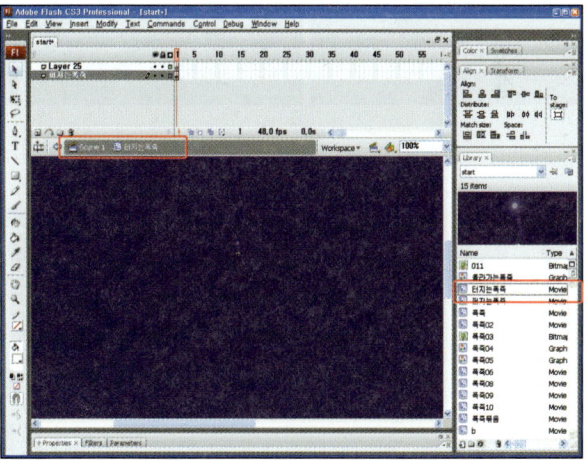

> 잠깐 [무비클립: 터지는폭죽]의 중심점을 하단으로 이동합니다.

❷ 무비클립을 30도 간격으로 12개를 복제해 폭죽이 터지는 효과를 냅니다. 복제할 때 Ctrl + Alt + S 를 이용해서 로테이션을 조절합니다.

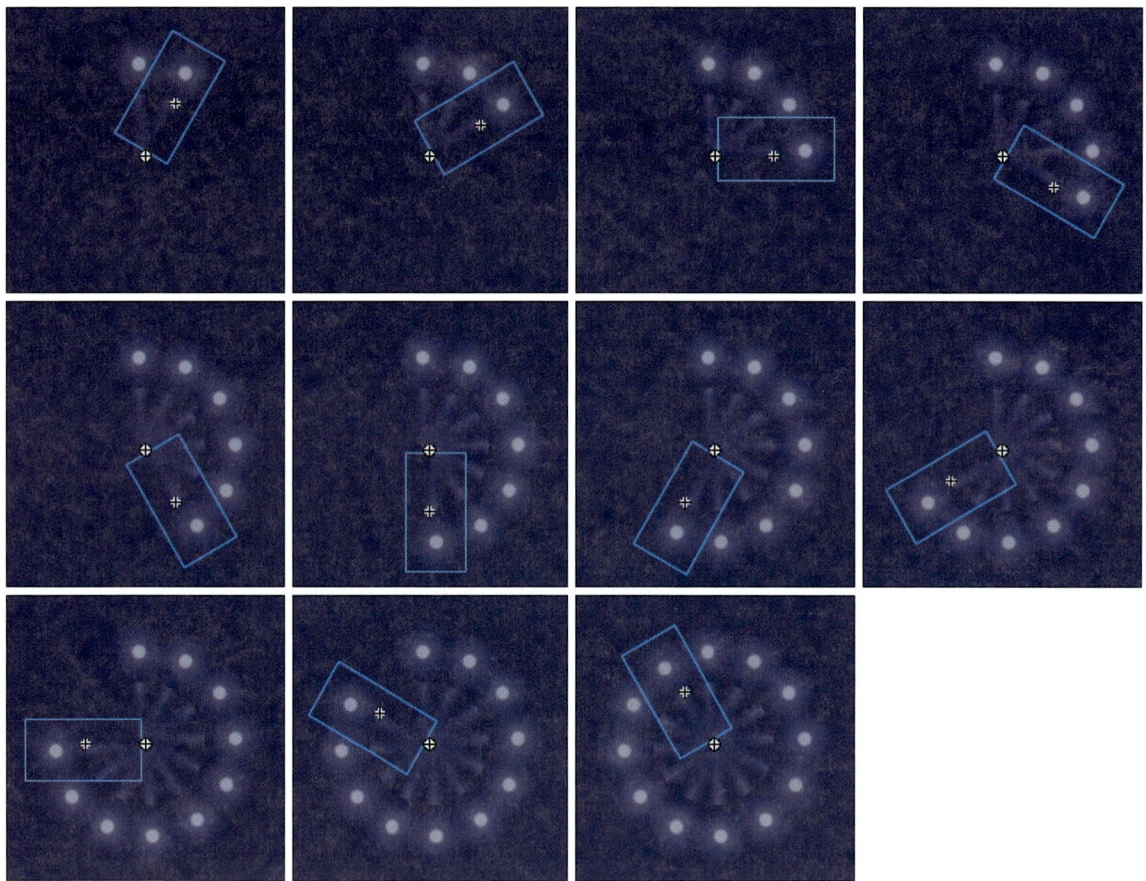

4 폭죽 모션 완성하기

❶ [Library]에 [무비클립: 폭죽]을 더블클릭해서 편집 모드로 이동합니다.

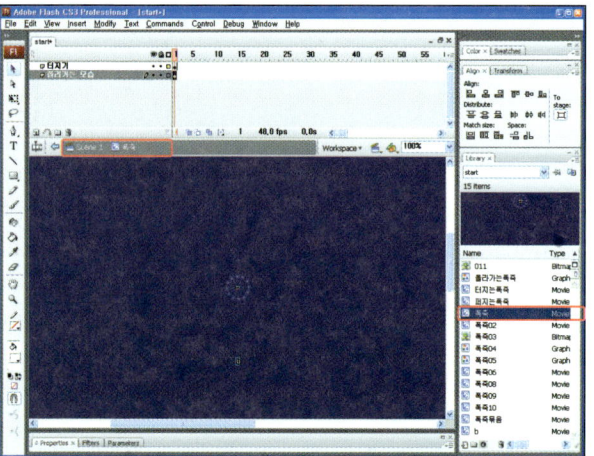

❷ [레이어: 올라가는모습]의 무비클립을 선택해 불꽃을 쏘는
모션을 만들어 보겠습니다. 20번 프레임에 키프레임을 생성
합니다.

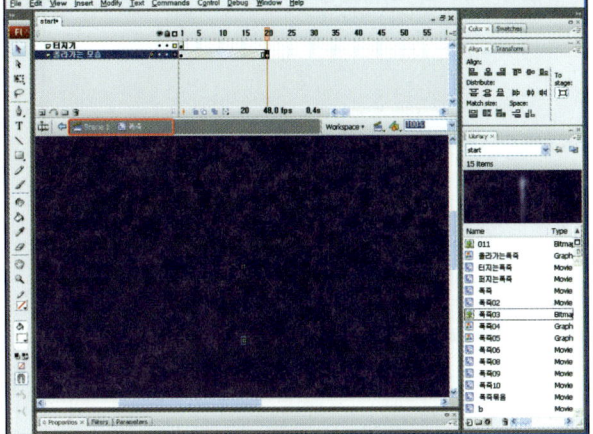

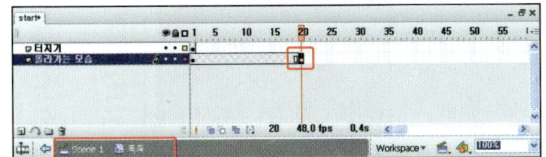

❸ 20번 키프레임에 있는 무비클립을 폭죽이 터지는 위치까
지 이동합니다.

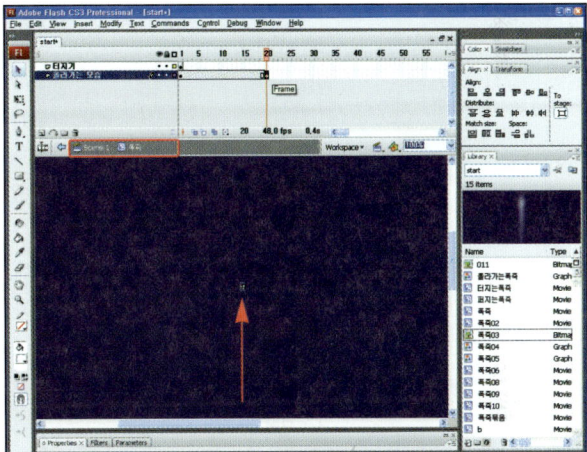

❹ 프레임 중간을 선택하고 모션 트위닝을 적용합니다.

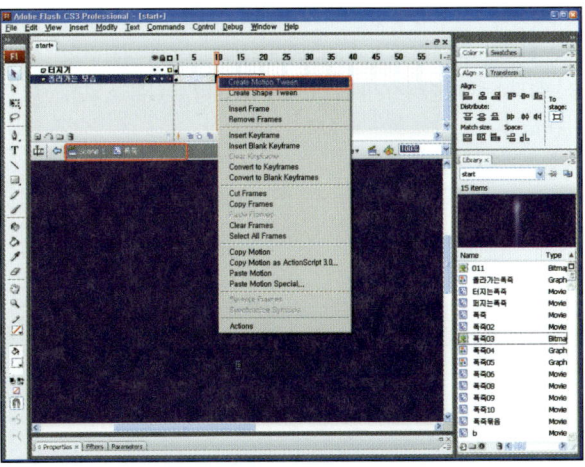

❺ 12프레임에 키프레임을 만듭니다.

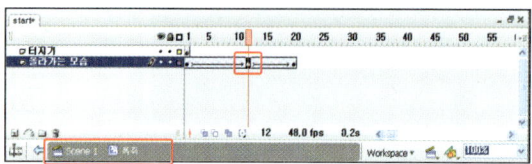

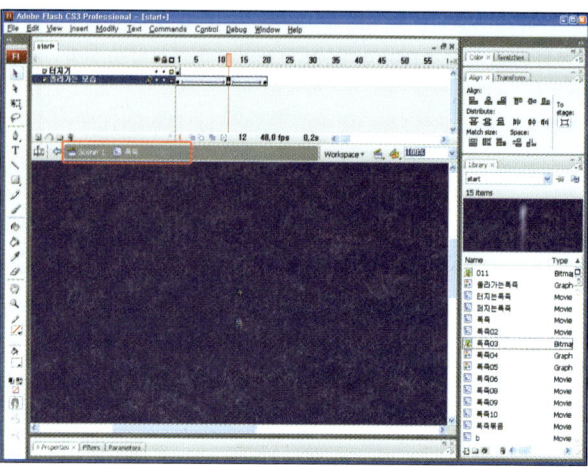

❻ 12번 키프레임을 드래그해서 8번 프레임으로 이동합니다.

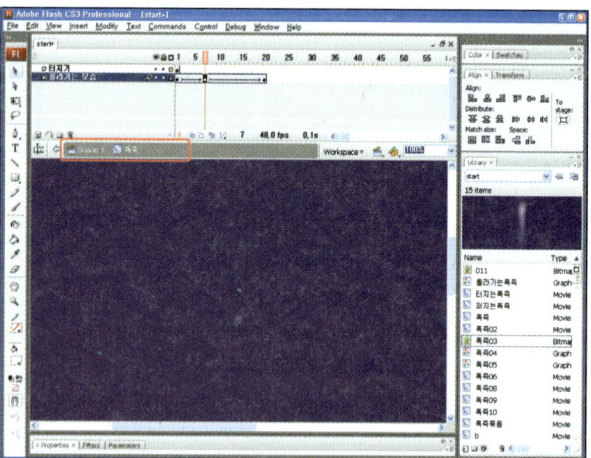

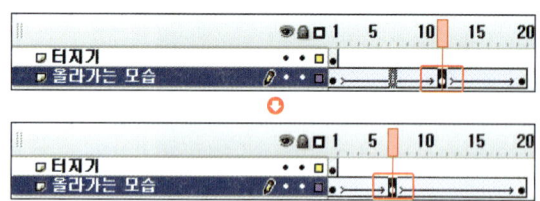

❼ [레이어: 터지기]에 있는 무비클립의 위치를 21번 프레임으로 이동합니다. 이때 [레이어: 올라오는모습]의 무비클립의 중심점과 [레이어: 터지기]에 있는 무비클립의 중심점을 일치시켜 줍니다.

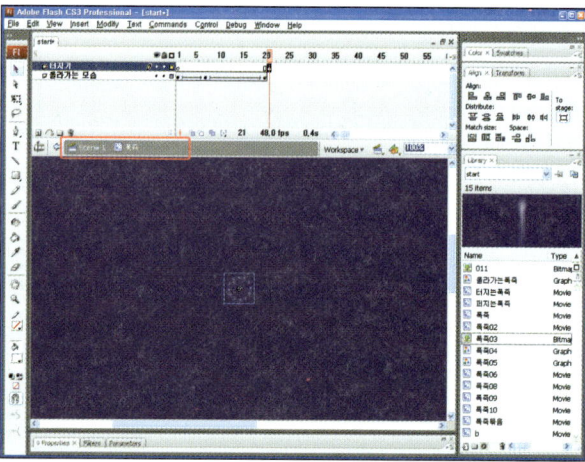

⑧ 레이어 2개를 더 만들고 F7 을 눌러 21번 프레임에 각각 빈 키프레임을 생성합니다.

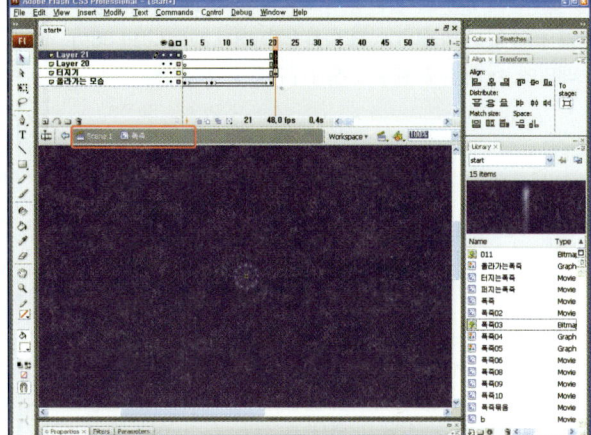

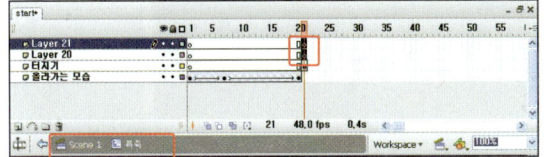

⑨ [레이어: 터지기]의 21번 프레임에 있는 무비클립을 복사해서 방금 생성한 2개의 레이어에 각각 같은 위치에 복제합니다.

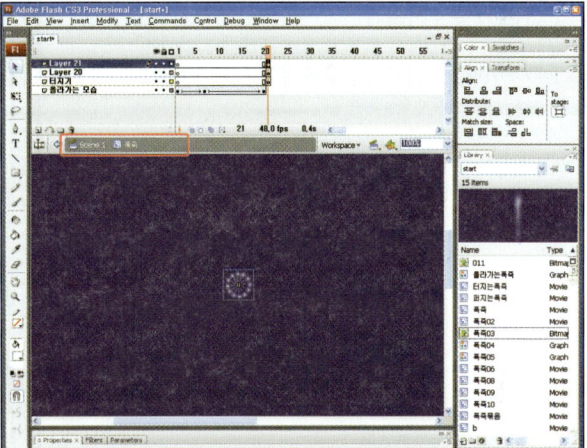

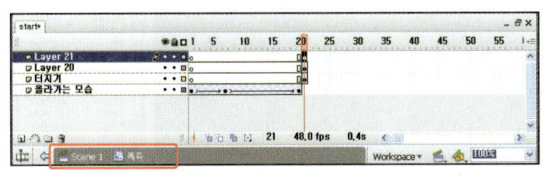

> 잠깐 Ctrl + C 로 복사한 후에 Ctrl + Shift + V 로 붙여 넣기하면 복제할 대상과 같은 위치에 복제됩니다.

⑩ 전체 프레임을 30까지 늘리고 각각의 시작 위치를 24프레임과 26프레임으로 이동합니다.

> 참고 키프레임의 프레임 이동은 실무 모션 가이드 실무 Tip 7번을 참고하세요.

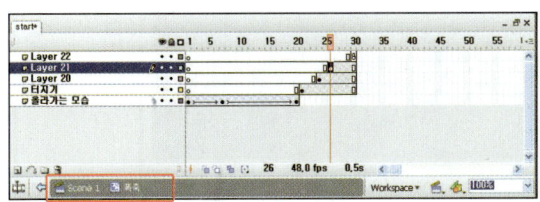

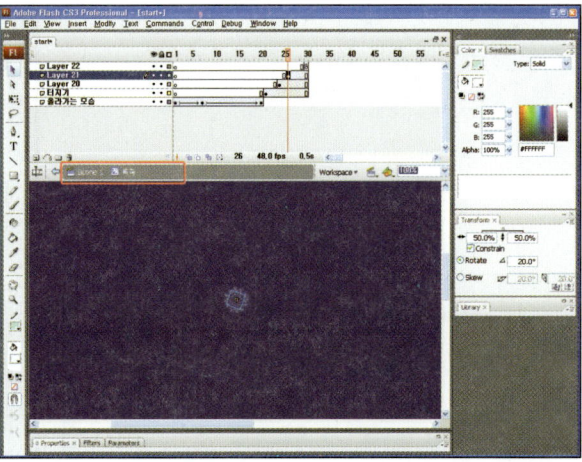

⑪ Ctrl + Alt + S 를 눌러서 각각의 Scale과 Rotation 값을 아래 표와 같이 바꿉니다. 그 다음 [레이어: Layer22]의 30번 프레임에 F7 을 눌러 빈 키프레임을 만들고 stop( )을 줍니다.

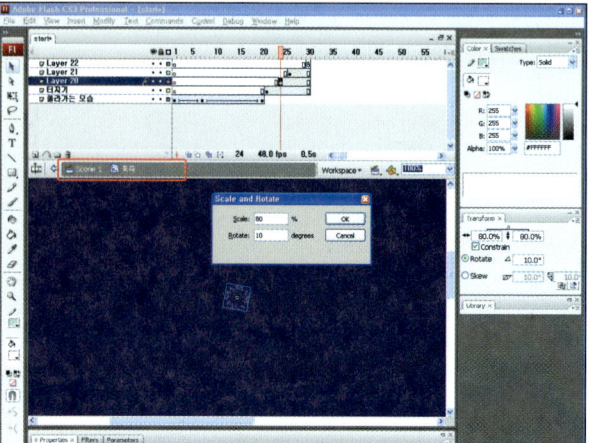

프레임	Scale	Rotation
24	80	10
26	50	20

5 다른 폭죽 추가하기

❶ [Library]에 [무비클립: 폭죽묶음]을 더블클릭해서 편집 모드로 이동합니다.

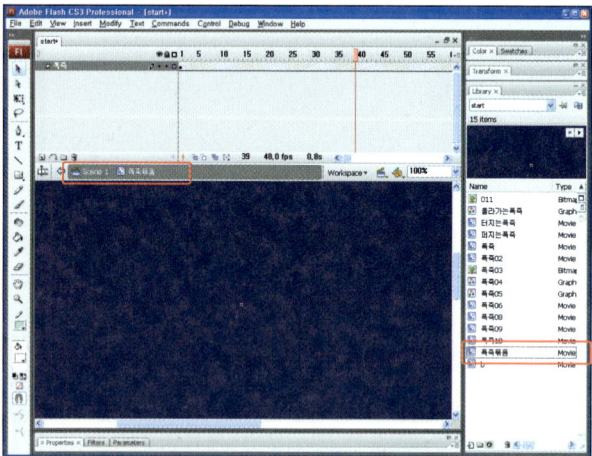

❷ 레이어를 3개 더 추가합니다.

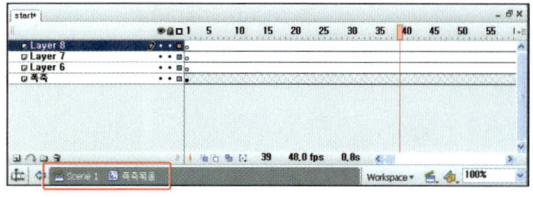

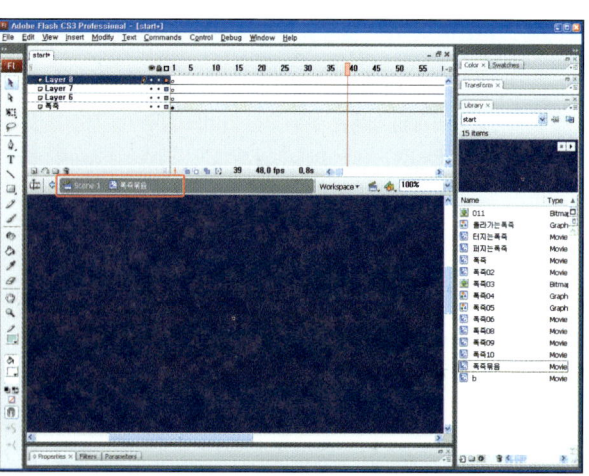

❸ [레이어: 폭죽]에 있는 무비클립을 복사해서 각각의 레이어에 붙여넣기합니다.

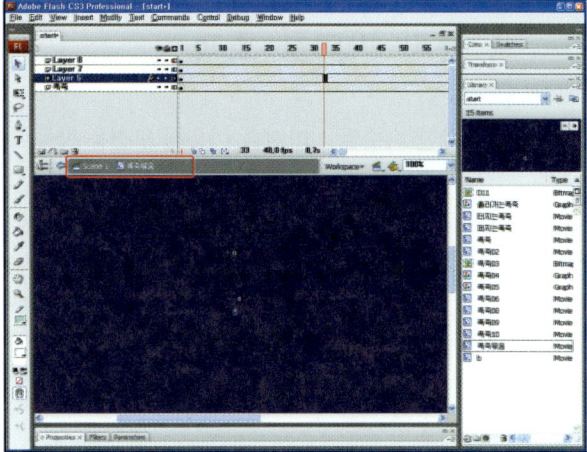

❹ 각각의 무비클립 프레임의 시작 위치를 이동합니다.

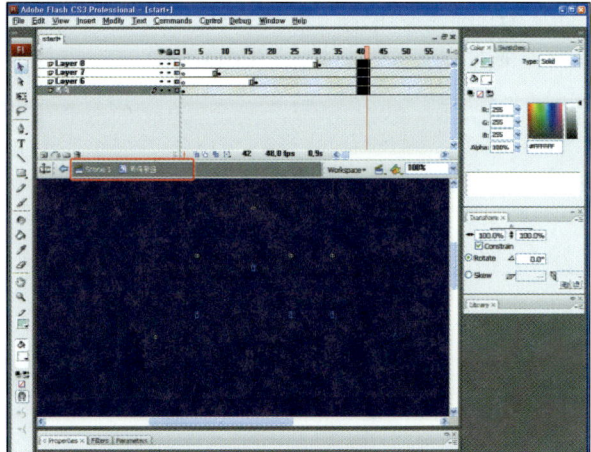

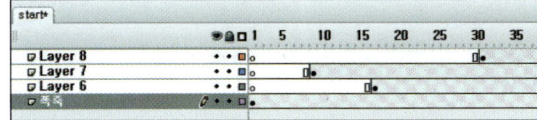

❺ 각각의 크기와 Tint 값을 원하는 대로 수정합니다.

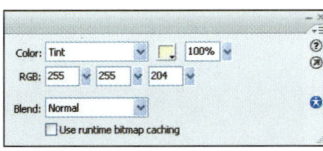

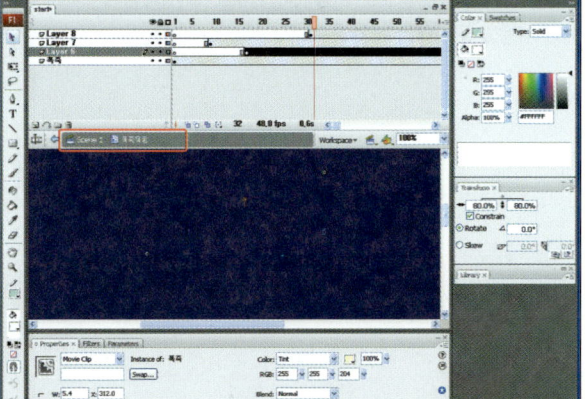

잠깐 [Ctrl] + [Enter] 를 눌러서 완성된 작업의 모션을 확인합니다.

폭파 파티클 효과

외부에서 제작한 비주얼 이미지를 이용해 모션을 만들어 강한 이펙트를 줘 보겠습니다.

완성 파일	부록CD/Sample/Part02/Sec03/06/end.fla
예제 파일	부록CD/Sample/Part02/Sec03/06/start.fla
Key Point	이미지 임포트를 이용한 폭파 이펙트 만들기
모션 미리보기(폭발하는 모션과 함께 강조될 텍스트 등장)	부록CD/Sample/Part02/Sec03/06/end.swf

1 예제 파일 열기

❶ '부록CD/Sample/Part02/Sec03/06/end.swf' 파일을
열어서 제작할 모션을 확인합니다.

▲ 폭파 파티클 등장　　　　▲ 폭파 파티클 등장

▲ 폭파 효과 사라짐　　　　▲ 텍스트 모션 사라짐

❷ '부록CD/Sample/Part02/Sec03/06/start.fla' 를 플래시
로 열고, 새로운 이름으로 저장합니다. [Library] 패널에서 예
제에 사용될 무비클립 심벌과 그래픽 심벌을 확인합니다.

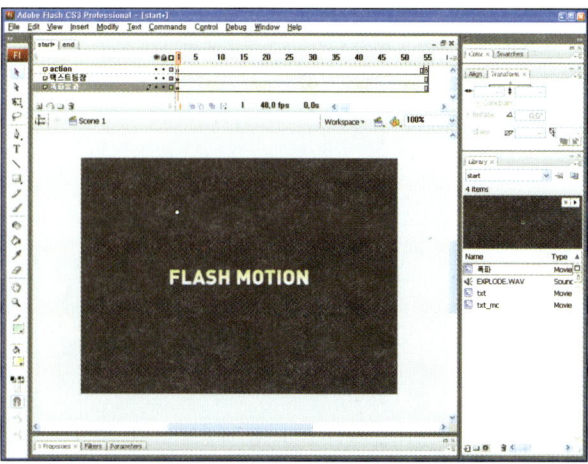

2 이미지 불러오기

❶ [Library]에 [무비클립: 폭파]를 더블클릭해서 편집 모드로
이동합니다.

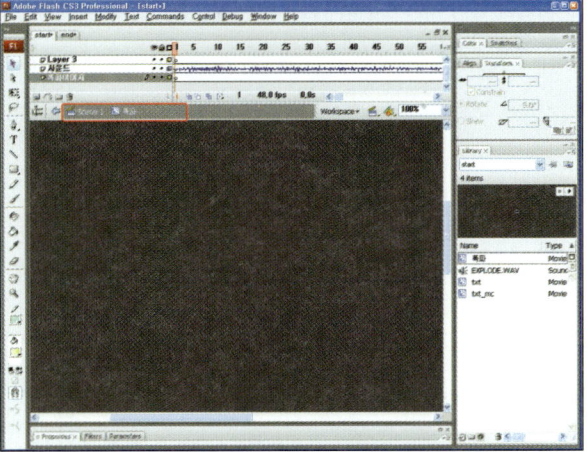

❷ [레이어: 폭파이미지] 선택 후 Ctrl + R 을 눌러서 Part02/
Sec03/06/Image에 있는 폭파 이미지를 임포트합니다. 이 때
첫 번째 image1.png 파일을 선택하고 열기를 누릅니다.

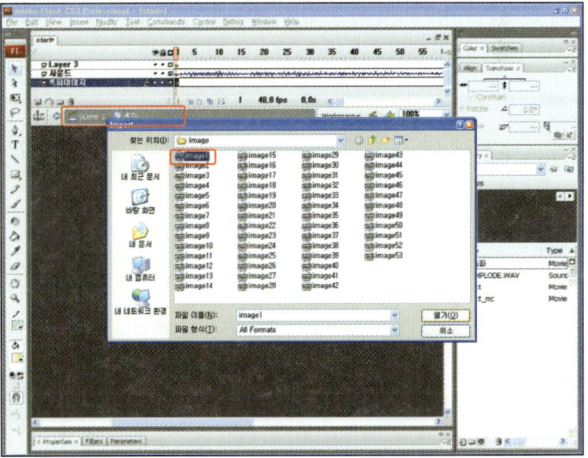

❸ 다음과 같은 경고 창은 같은 이름의 이미지를 프레임별로
순차적으로 임포트할 것인지에 대해서 물어 보는 것입니다.
'예' 를 누릅니다.

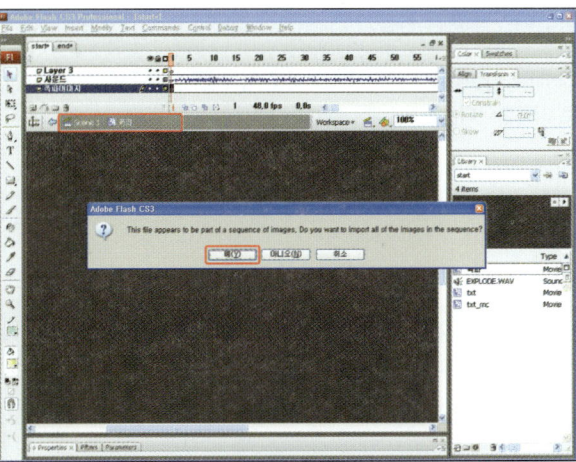

❹ 다음과 같이 이미지가 프레임에 순서대로 들어온 걸 확인할 수 있습니다.

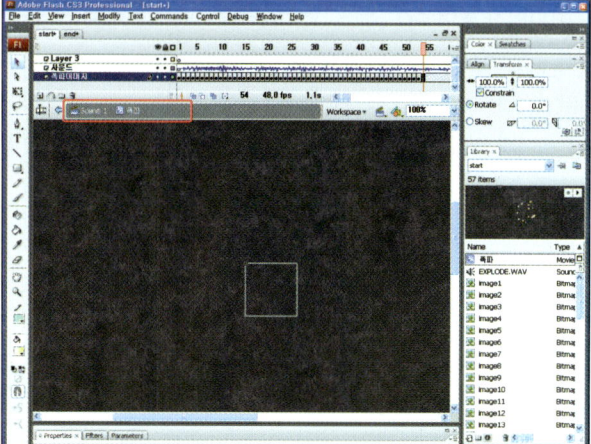

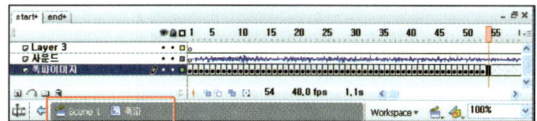

❺ [레이어: 폭파이미지]의 54번 프레임에 F7 을 눌러서 빈 키프레임을 생성합니다.

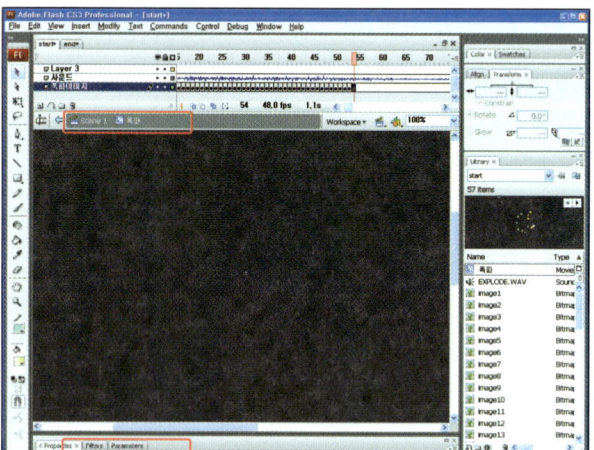

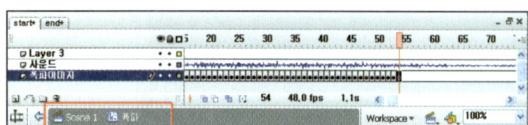

3 텍스트 모션 만들기

❶ [Library]에 [무비클립: txt_mc]를 더블클릭해서 편집 모드로 이동합니다.

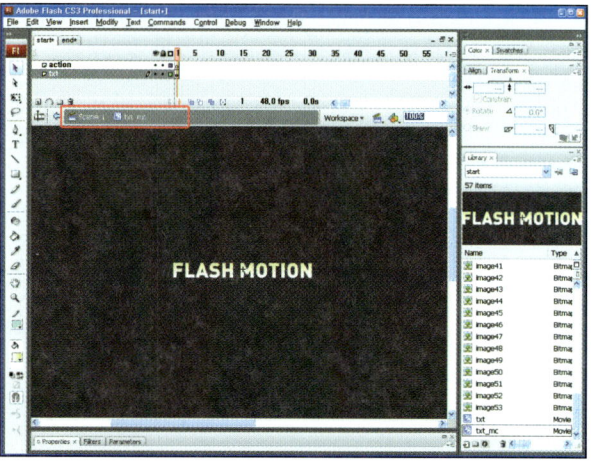

❷ [레이어: txt]의 15번과 44번 프레임에 각각 키프레임을 생성합니다.

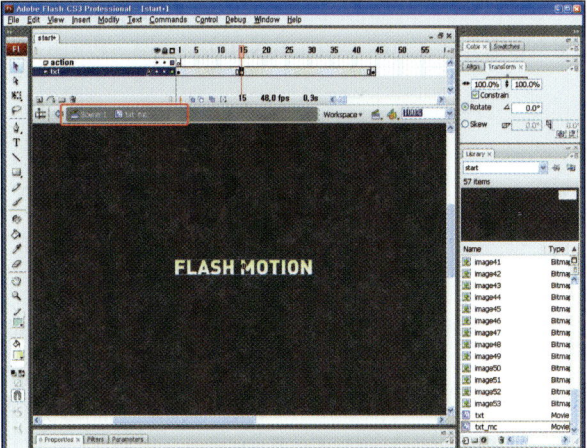

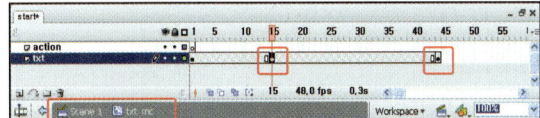

❸ [레이어: txt]의 1번, 15번, 44번 프레임에 있는 무비클립의 속성 설정을 아래 표와 같이 합니다.

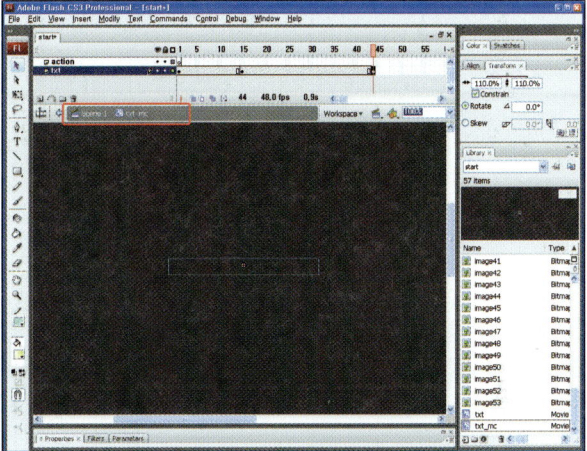

프레임	Alpha	Scale
1번	0%	10%
15번	100%	100%
44번	0%	110%

❹ 프레임을 선택하고 마우스 오른쪽 버튼을 클릭하여 모션 트위닝을 적용합니다.

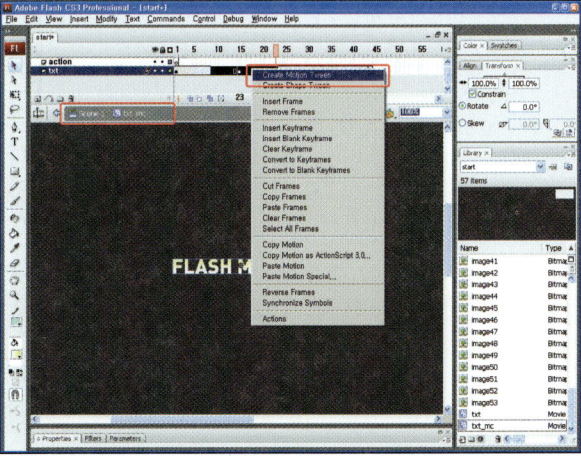

❺ [레이어: Action]의 45번 키프레임에서 F7 을 눌러 빈 키프레임을 생성한 후 F9 를 눌러 액션 창을 열고 stop( )이라고 적습니다.

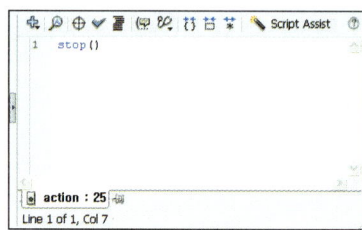

4 폭파 효과 완성하기

❶ 메인 타임라인으로 이동합니다.

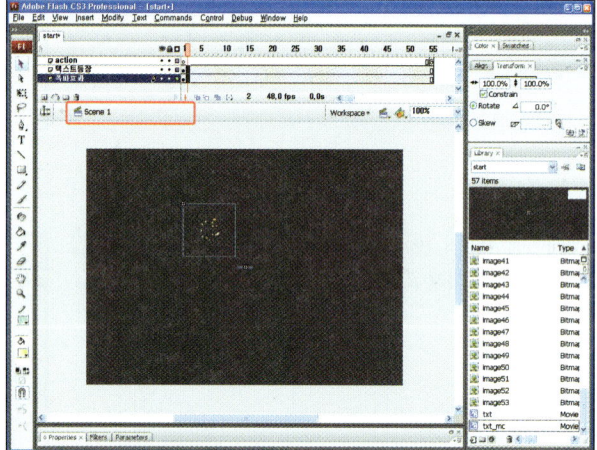

❷ [레이어: 폭파효과]에 있는 무비클립을 선택하고 Scale 값을 200%로 설정합니다.

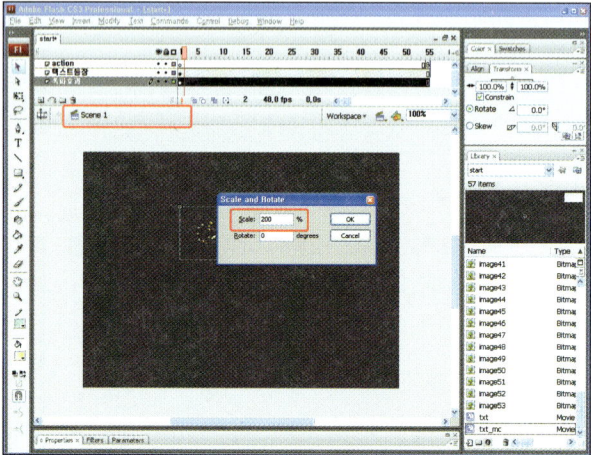

❸ [레이어: 폭파효과]에 있는 무비클립을 선택하고 Filter - Blur 효과를 5로 설정합니다.

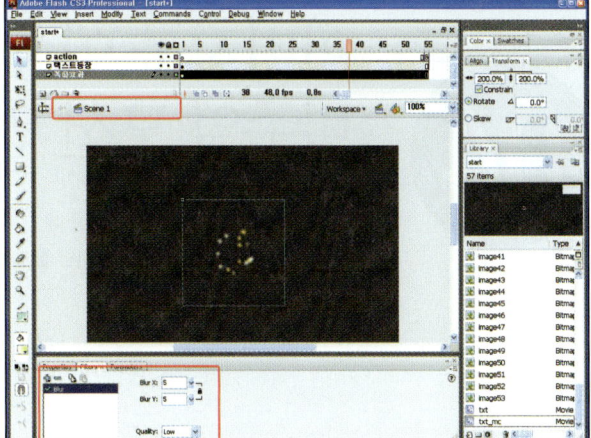

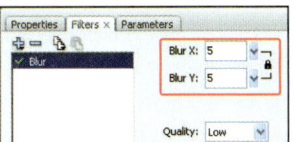

❹ [레이어: 폭파효과]에 있는 무비클립을 화면 중앙으로 옮깁니다.

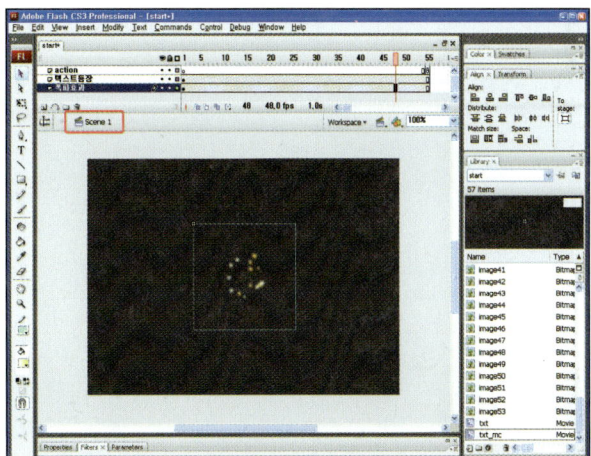

잠깐 Ctrl + Enter 를 눌러서 완성된 작업의 모션을 확인합니다.

이번 단원을 마치며

비주얼 모션의 경우 필자가 다룬 것보다 더 많은 효과들이 있습니다. 특히 디자인에 따라 그 효과는 너무나 많아집니다. 디자인의 느낌과 전체적인 모션의 흐름에 맞추어서 비주얼 모션을 만드는 것이 중요합니다. 갖가지 영상소스와 다른 사이트의 모션을 유심히 살펴보고 한번 따라해 보는 것도 실력을 키울 수 있는 좋은 방법 중에 하나입니다. 다음 장에서 배울 이미지를 이용한 모션을 만들기 전에 먼저 모션을 확인하고 어떤 방법으로 해 볼지 생각해 보고 만들어 보도록 합시다.

SECTION 04

이미지를 이용한 비주얼 모션 만들기

플래시는 다른 프로그램과 연동했을 때 더 다양한 효과를 만들어 냅니다. 특히 포토샵에서 편집한 이미지를 이용해서 작업하는 경우가 많습니다. 이번 장에서는 갖가지 이미지를 더욱 더 효과적으로 작업하는 방법을 배워 보겠습니다.

PREVIEW

01 나비 날리기 ◉ 부록CD/Sample/Part02/Sec04/01/end.swf

▲ 날개짓하는 나비 　　　　　　　　▲ 나비 사라지기

02 움직이는 물고기 만들기 ◉ 부록CD/Sample/Part02/Sec04/02/end.swf

▲ 지느러미가 움직이는 금붕어 　　　　　　　　▲ 금붕어 움직임 완성

⑩ 달리는 자동차 만들기　　　　　　　　　　　　　　　　　　　⊙ 부록CD/Sample/Part02/Sec04/03/end.swf

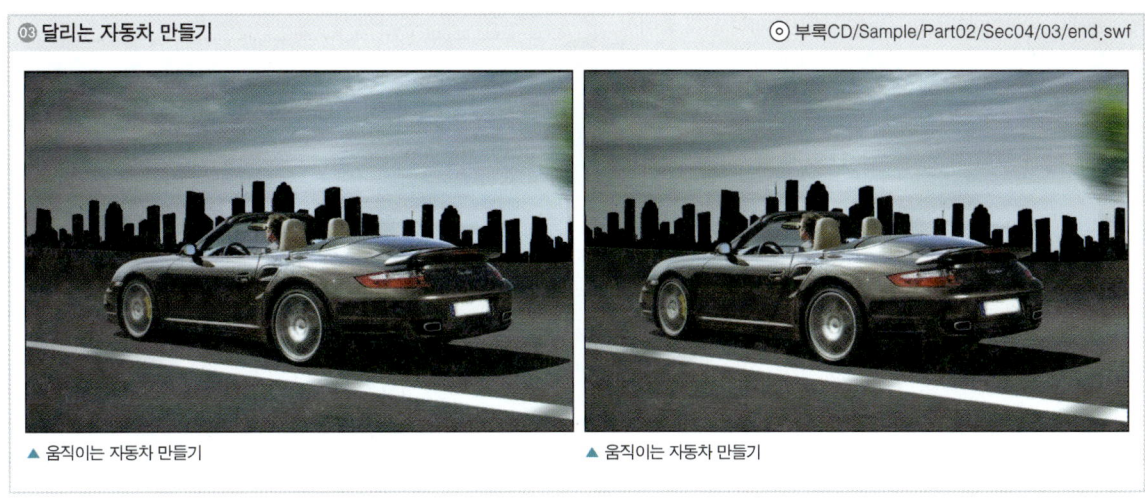

▲ 움직이는 자동차 만들기　　　　　　　　　　　　　　　▲ 움직이는 자동차 만들기

● 나비 날리기

나비의 날개와 몸통을 분리한 이미지를 이용해서 만드는 작업입니다. 플래시로도 나비가 날아가는 멋진 효과
를 만들 수 있습니다.

완성 파일	부록CD/Sample/Part02/Sec04/01/end.fla
예제 파일	부록CD/Sample/Part02/Sec04/01/start.fla
Key Point	이미지 조정을 이용한 모션 기법
모션 미리보기(나비 움직임 만들기)	부록CD/Sample/Part02/Sec04/01/end.swf

1 예제 파일 열기

① '부록CD/Sample/Part02/Sec04/01/end.swf' 파일을 열어서 제작할 모션을 확인합니다.

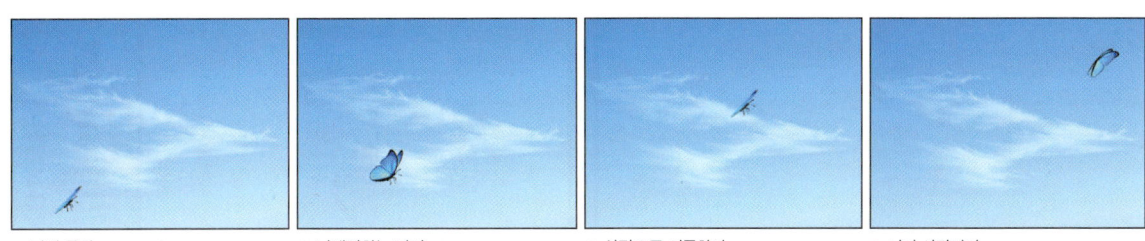

▲ 나비 등장　　　　　▲ 날개짓하는 나비　　　　　▲ 상단으로 이동하기　　　　　▲ 나비 사라지기

❷ '부록CD/Sample/Part02/Sec04/01/start.fla' 를 플래시
로 열고, 새로운 이름으로 저장합니다. [Library] 패널에서 예
제에 사용될 무비클립 심벌과 그래픽 심벌을 확인합니다.

2 날개짓하는 나비 모션 만들기

❶ [Library]에 [무비클립: 나비날개움직임_mc]를 더블클릭해
서 편집 모드로 이동합니다.

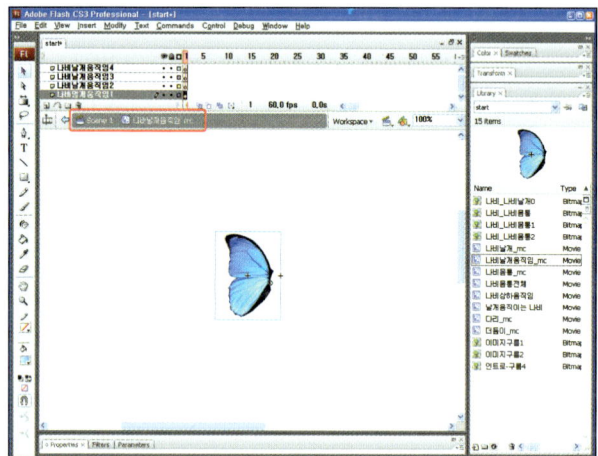

❷ [레이어: 나비날개움직임1]의 8번 프레임에 F6 을 눌러서
키프레임을 생성합니다.

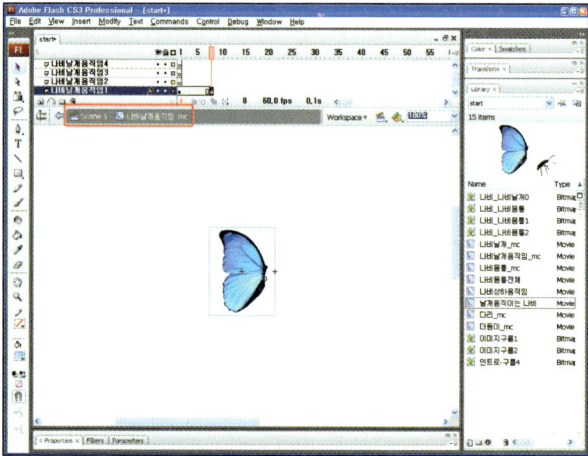

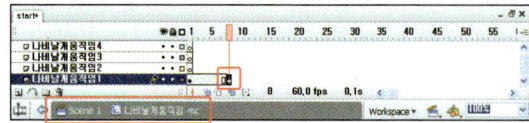

❸ 8번 프레임에 있는 무비클립의 Width를 10으로 줄입니다.

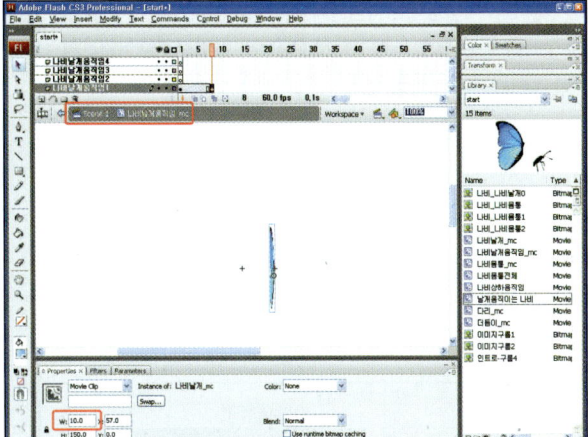

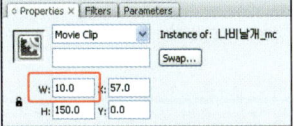

❹ Filter의 Blur 값을 X축만 5로 설정합니다.

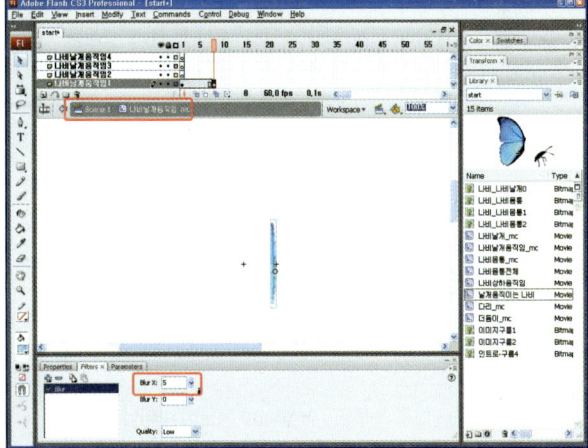

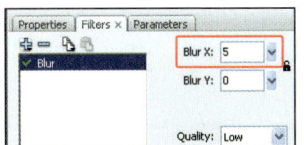

❺ 프레임 중간을 선택하고 모션 트위닝을 적용합니다.

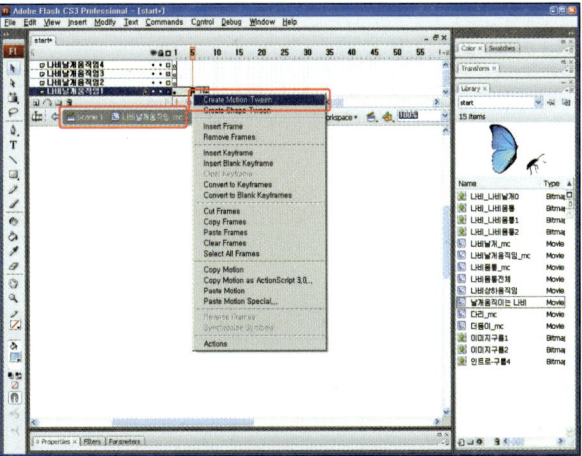

❻ [레이어: 나비날개움직임1]의 8번 프레임에 있는 무비클립
을 Alt 를 누른 채로 드래그해서 [레이어: 나비날개움직임2]의
9번 프레임으로 이동합니다.

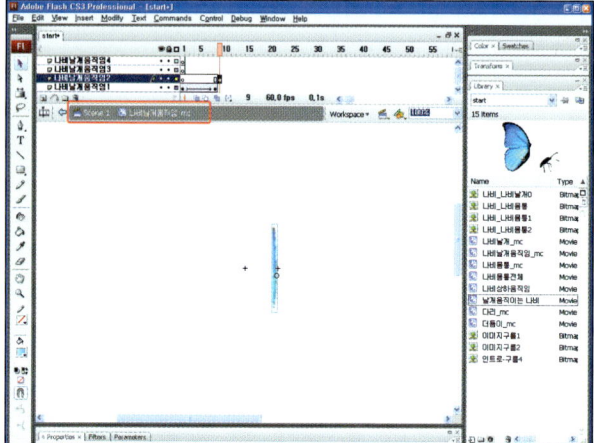

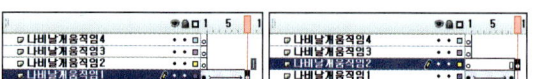

❼ Transform 창에서 Skew에 체크하고 가로로 180도 돌려
서 날개의 좌우가 바뀌도록 합니다. 무비클립을 그냥 좌우를
바꾸고 트위닝을 하면 좌우가 어색하게 바뀝니다.

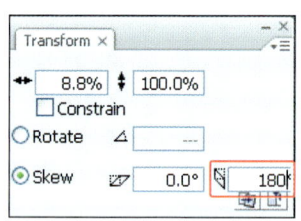

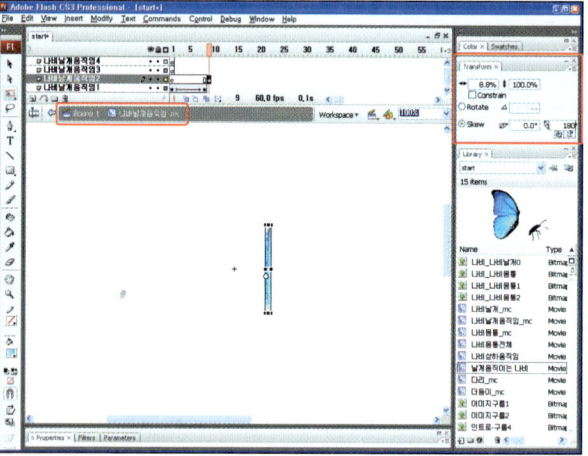

잠깐 Ctrl + T 를 누르면 Transform 패널이 나타납니다.

❽ [레이어: 나비날개움직임2]의 15번 프레임에서 F6 을 눌
러서 키프레임을 만듭니다.

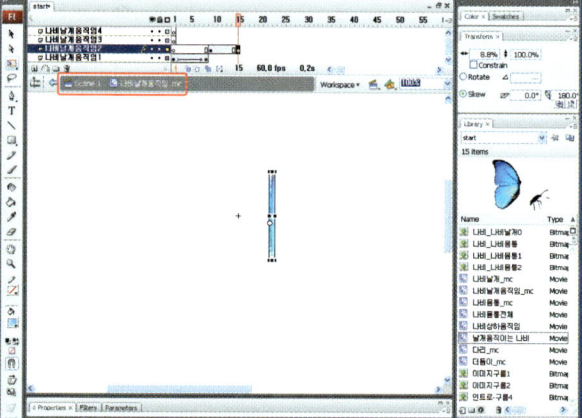

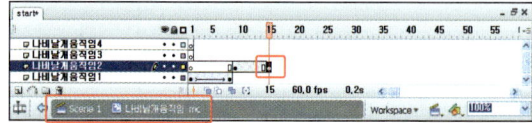

❾ [레이어: 나비날개움직임2]의 15번 프레임에 있는 무비클립의 X Scale을 80으로 설정합니다.

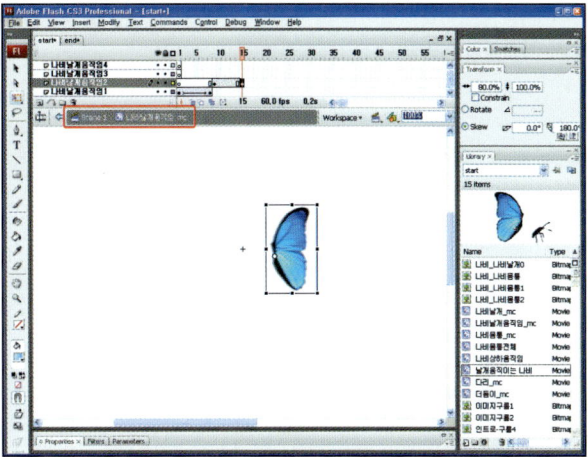

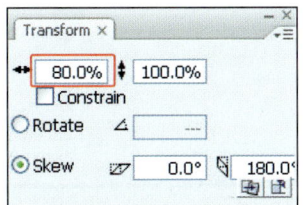

❿ 프레임 중간을 선택하고 모션 트위닝을 적용합니다.

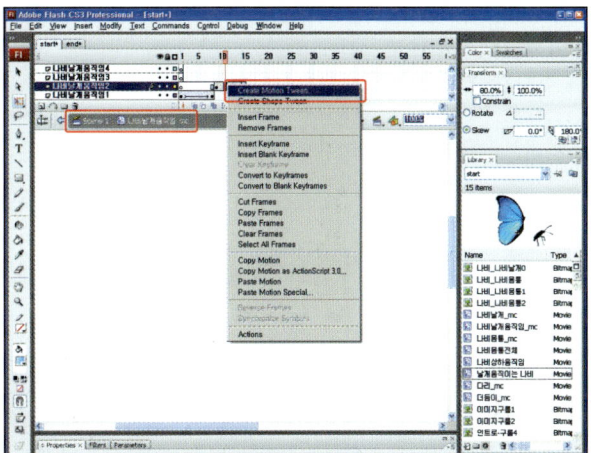

⓫ [레이어: 나비날개움직임2]의 15번 프레임에 있는 무비클립을 Alt 를 누른 채로 드래그해서 [레이어: 나비날개움직임3]의 16번 프레임으로 이동합니다.

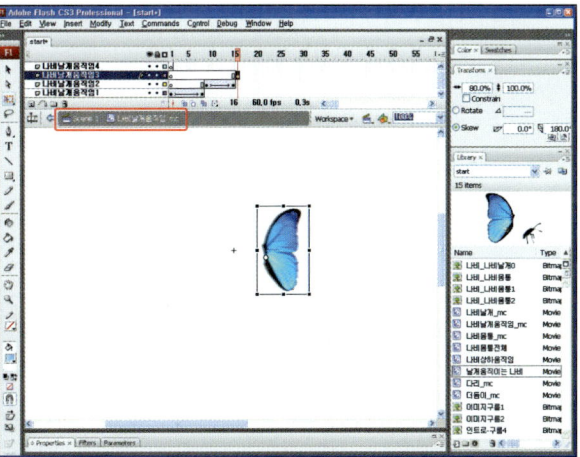

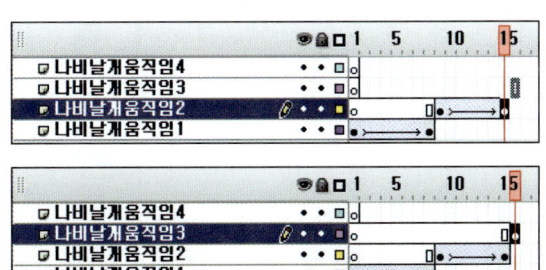

⑫ [레이어: 나비날개움직임3]의 22번 프레임에서 F6 을 눌러서 키프레임을 만듭니다.

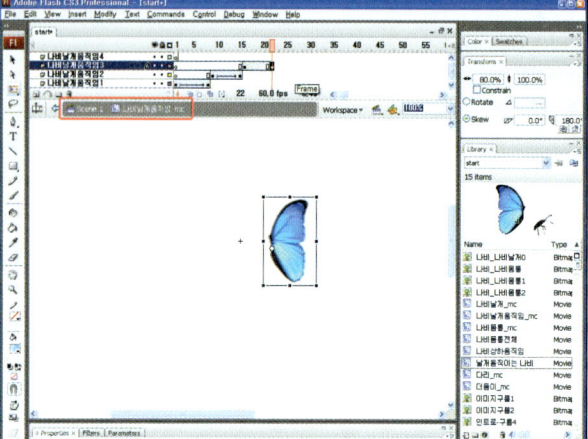

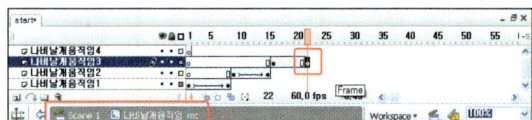

⑬ [레이어: 나비날개움직임3]의 22번 프레임에 있는 무비클립의 X Scale을 20으로 설정합니다.

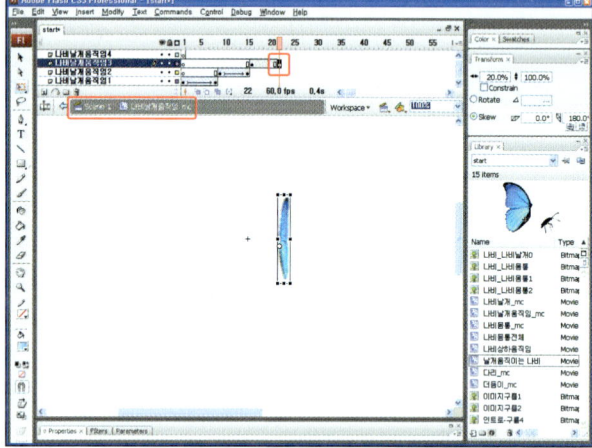

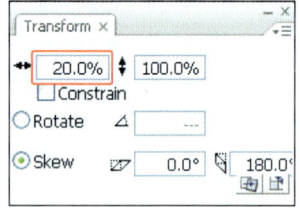

⑭ 프레임 중간을 선택하고 모션 트위닝을 적용합니다.

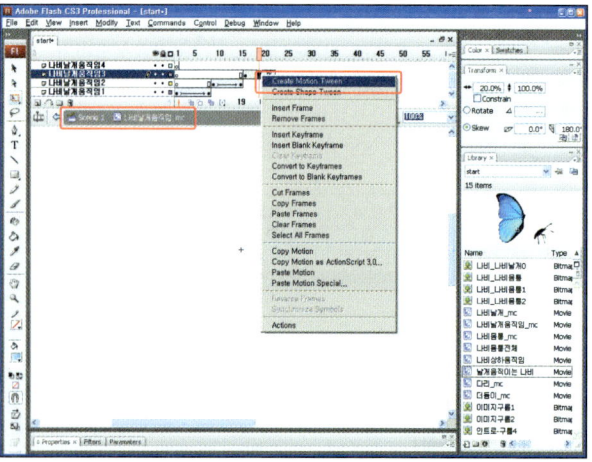

⑮ [레이어: 나비날개움직임3]의 22번 프레임에 있는 무비클립을 Alt를 누른 채로 드래그해서 [레이어: 나비날개움직임4]의 23번 프레임으로 이동합니다.

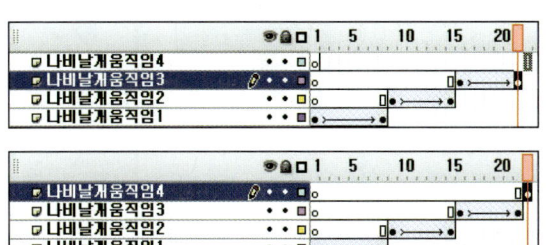

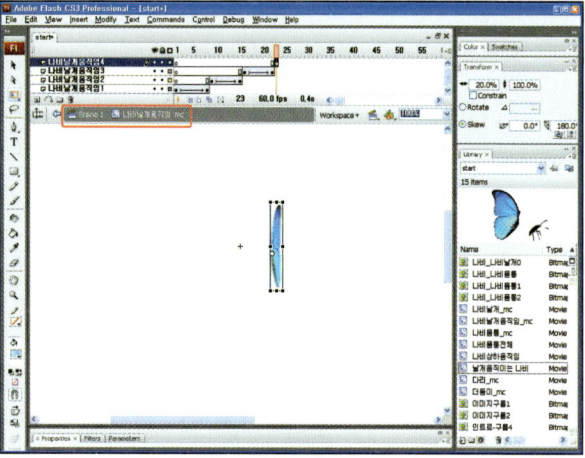

⑯ Transform 창에서 Skew를 체크하고 가로로 0도 돌려서 날개의 좌우가 바뀌도록 합니다.

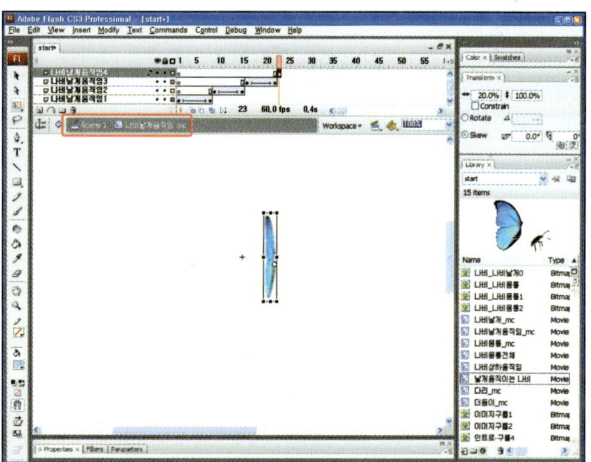

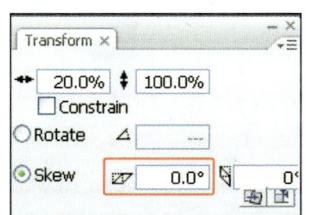

⑰ [레이어: 나비날개움직임4]의 30번 프레임에 F6을 눌러서 키프레임을 추가하고 무비클립의 X Scale을 100으로 설정합니다.

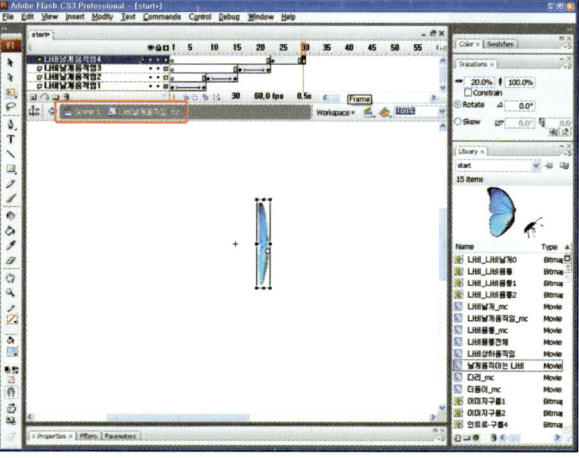

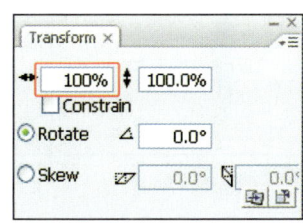

⓲ 프레임 중간을 선택하고 모션 트위닝을 적용합니다.

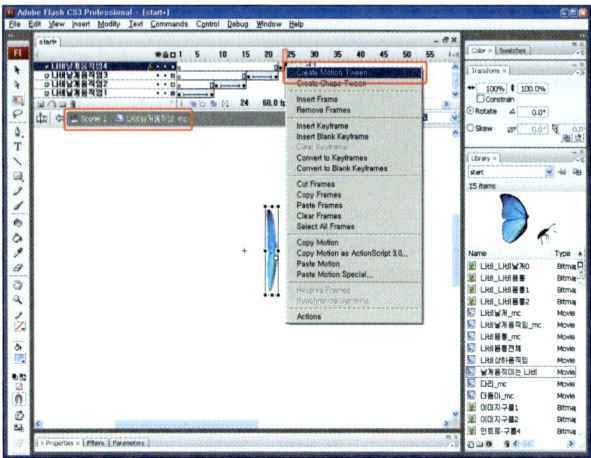

⓳ 나비 날개가 움직이는 중심점을 맞추기 위해 [레이어: 나비 날개움직임1]에 있는 무비클립의 중심점을 기준으로 라인을 긋고 각각의 레이어에 있는 무비클립들의 중심을 맞춰 줍니다. 다 됐으면 라인을 지웁니다.

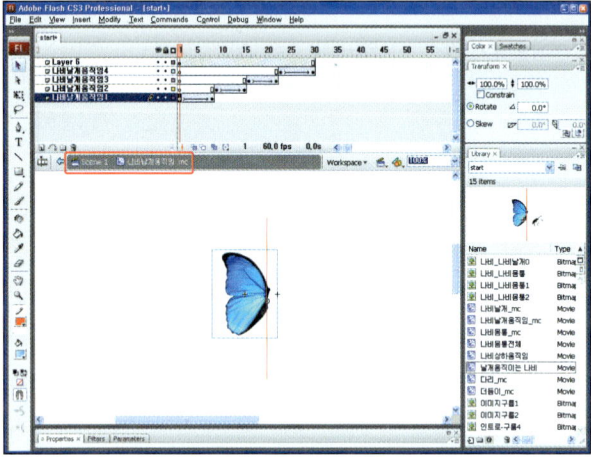

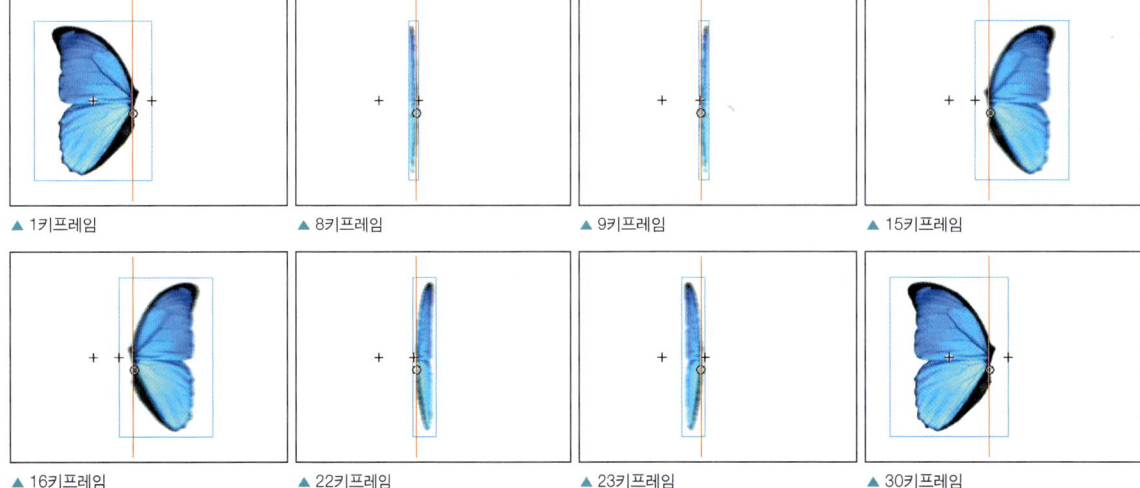

▲ 1키프레임   ▲ 8키프레임   ▲ 9키프레임   ▲ 15키프레임

▲ 16키프레임   ▲ 22키프레임   ▲ 23키프레임   ▲ 30키프레임

3 나비 모양 만들기

❶ [Library]에 [무비클립: 날개움직이는 나비]를 더블클릭해서 편집 모드로 이동합니다.

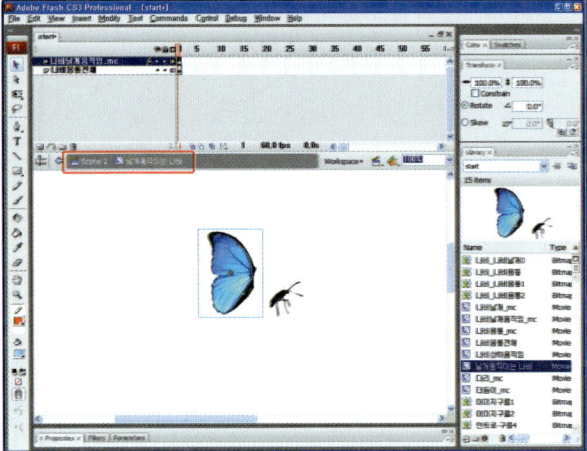

❷ 나비 몸통 전체에 맞게 [무비클립: 나비날개움직임_mc]를 돌립니다.

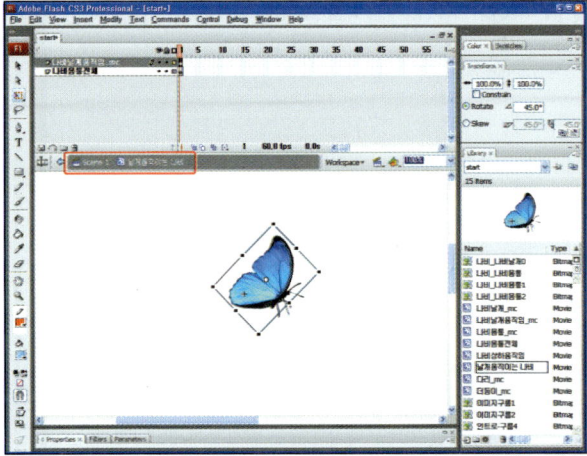

❸ 나비가 무비클립의 중심점에 오게 합니다.

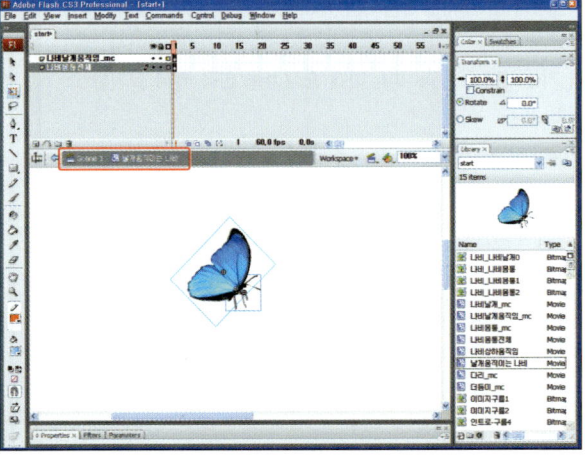

❹ 레이어를 하나 더 생성하고 [레이어: 나비몸통전체]를 아래로 이동한 후 레이어의 이름을 '뒤쪽 날개'로 설정합니다.

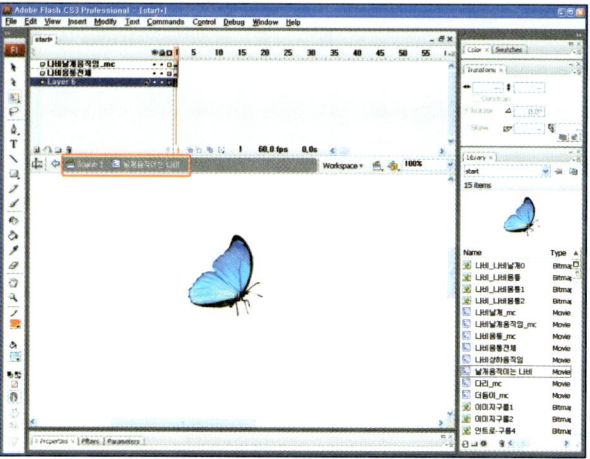

❺ [무비클립: 나비날개움직임_mc]를 복사해서 붙여넣기합니다.

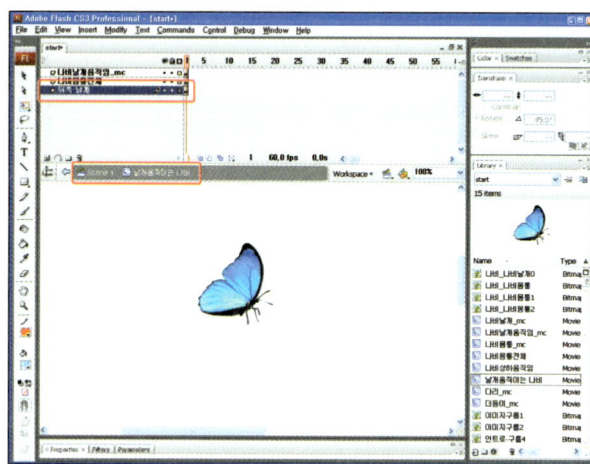

> **잠깐** Ctrl + C 로 복사한 후에 Ctrl + Shift + V 로 붙여넣기하면 복제할 대상과 같은 위치에 복제됩니다.

❻ [레이어: 나비날개움직임_mc]의 눈을 가리고 [레이어: 뒤쪽날개]에 있는 무비클립을 선택해 단축키 Q 를 눌러서 크기와 기울기를 조정합니다. 이때 중심점을 신경 써서 크기를 조정합니다.

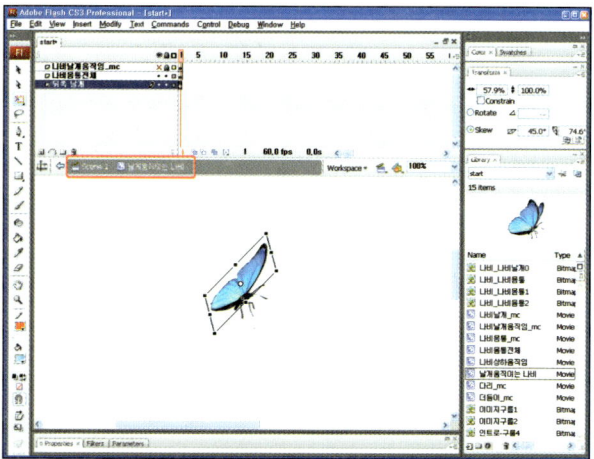

4 날개짓에 따라 상하 움직임 만들기

❶ [Library]에 [무비클립: 나비상하움직임]을 더블클릭해서
편집 모드로 이동합니다.

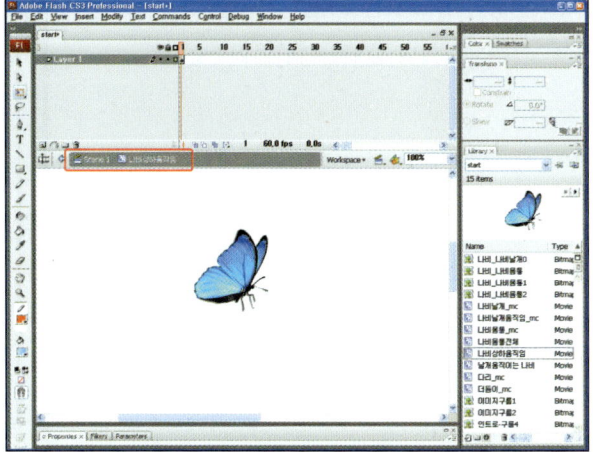

❷ 15번과 30번 프레임에 키프레임을 생성합니다.

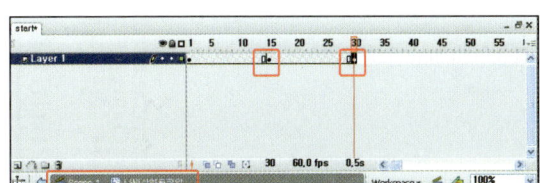

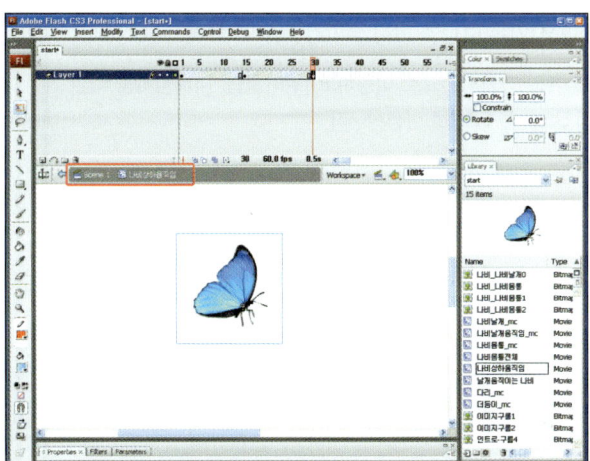

❸ 15번 키프레임에 있는 무비클립 위쪽을 20픽셀 이동합니다.

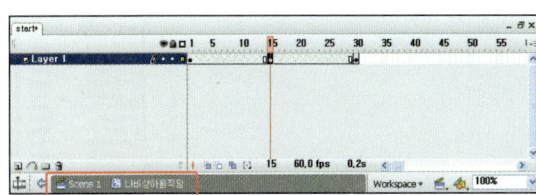

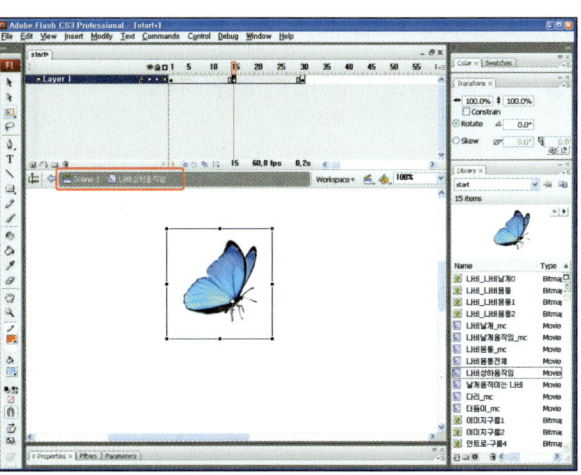

❹ 프레임을 선택하고 모션 트위닝을 적용합니다.

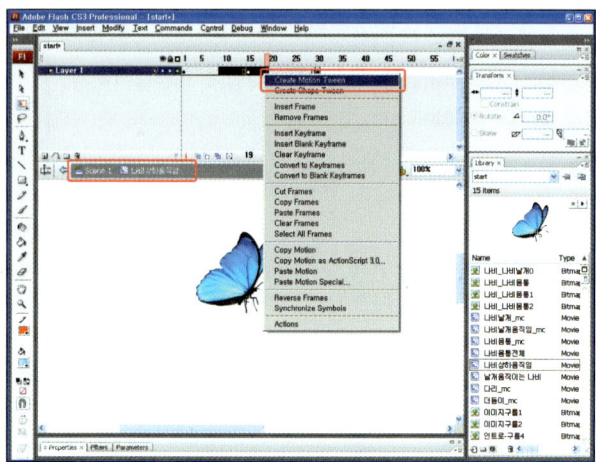

5 가이드 라인에 따라 날아가는 나비 만들기

❶ 메인 타임라인으로 이동하고 [무비클립: 나비상하움직임]의 Scale을 50으로 설정합니다.

❷ 가이드 레이어를 생성합니다.

참고 가이드 생성은 기초 가이드 Tip 9번을 참고하세요.

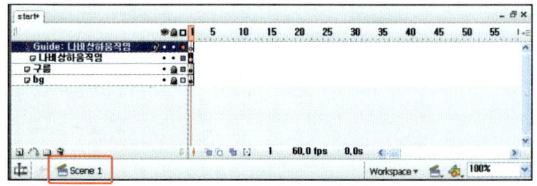

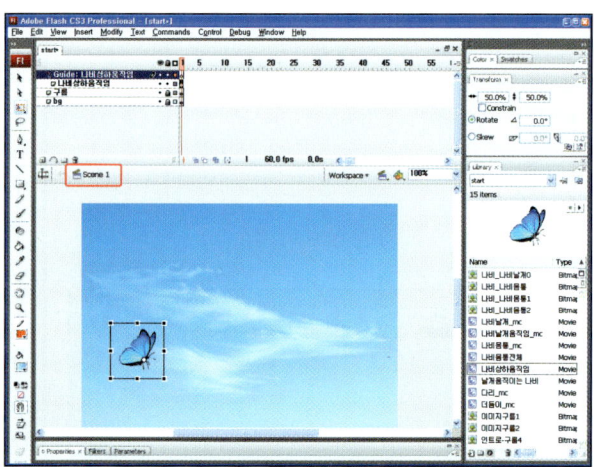

❸ 라인 툴로 나비가 움직일 라인을 그립니다.

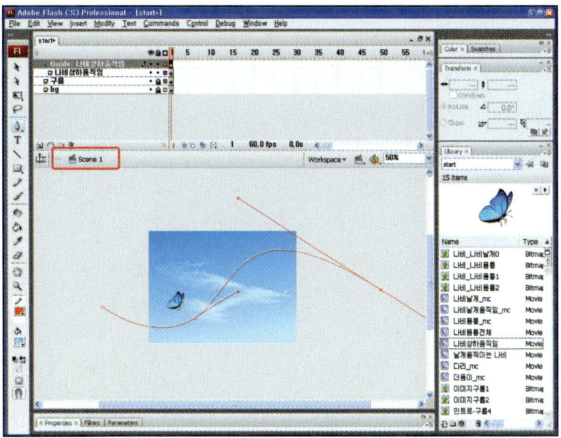

❹ 전체 프레임을 350프레임까지 늘리고 [레이어:나비상하움직임]의 300번 프레임에 F6 을 눌러서 키프레임을 생성한 후 301번 프레임에는 F7 을 눌러서 빈 키프레임을 만들어 줍니다.

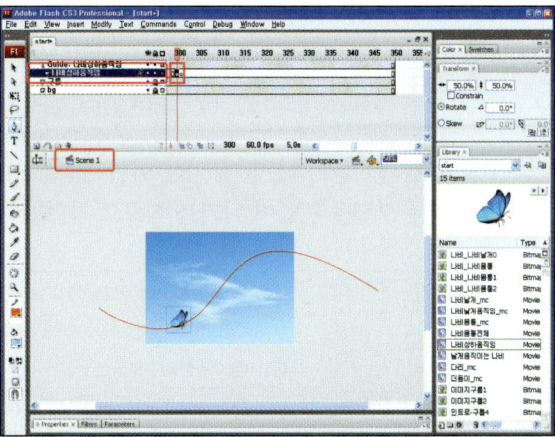

❺ 1번 키프레임에 있는 무비클립 라인은 시작 위치에, 300번 키프레임에 있는 무비클립 라인은 마지막 위치로 이동합니다.

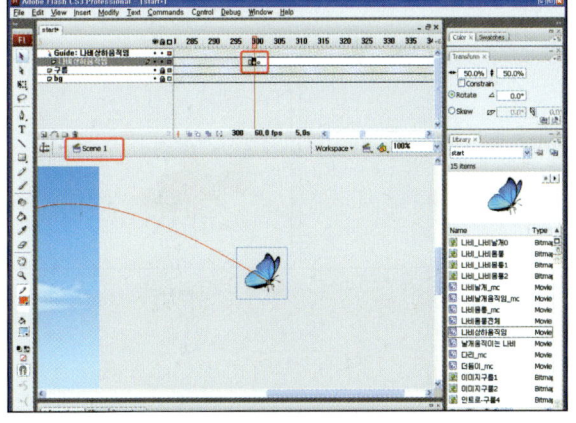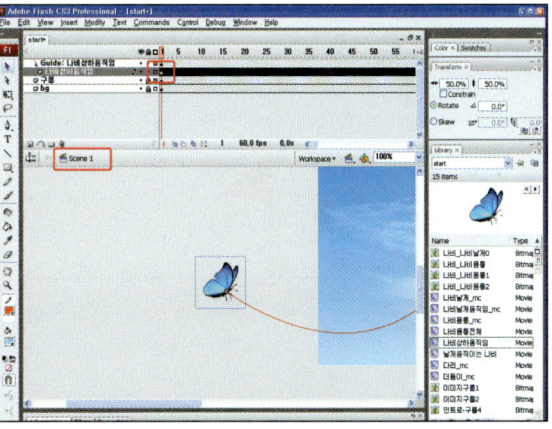

❻ 프레임을 선택하고 모션 트위닝을 적용합니다.

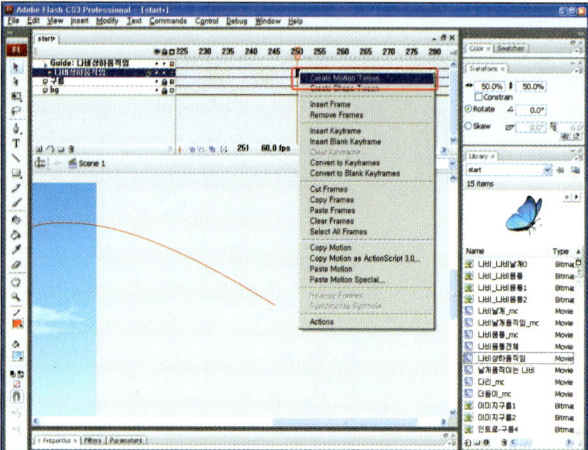

> **잠깐** Ctrl + Enter 를 눌러서 완성된 작업의 모션을 확인
> 합니다.

움직이는 물고기 만들기

금붕어에서 지느러미와 몸통을 분리한 이미지들을 이용한 비주얼 작업입니다. 작은 디테일의 움직임을 만든 후 전체가 되는 모션을 만들어 나가는 식으로 작업합니다.

완성 파일	부록CD/Sample/Part02/Sec04/02/end.fla
예제 파일	부록CD/Sample/Part02/Sec04/02/start.fla
Key Point	이미지를 이용한 비주얼 모션 만들기
모션 미리보기(물고기 만들기)	부록CD/Sample/Part02/Sec04/02/end.swf

1 예제 파일 열기

❶ '부록CD/Sample/Part02/Sec04/02/end.swf' 파일을 열어서 제작할 모션을 확인합니다.

▲ 물방울 등장　　▲ 금붕어 등장　　▲ 지느러미가 움직임　　▲ 금붕어 움직임 완성

❷ '부록CD/Sample/Part02/Sec04/02/start.fla' 를 플래시
로 열고, 새로운 이름으로 저장합니다. [Library] 패널에서 예
제에 사용될 무비클립 심벌과 그래픽 심벌을 확인합니다.

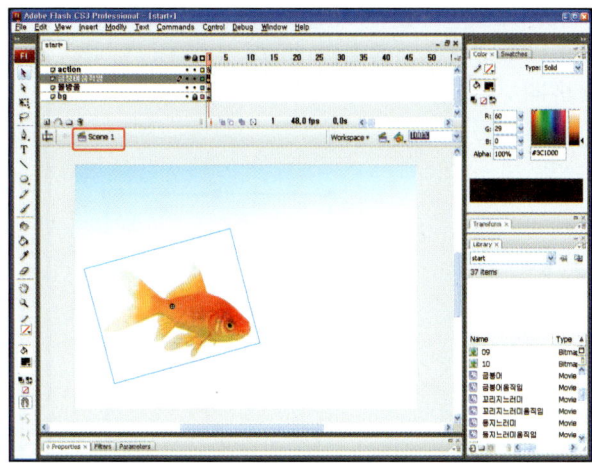

2 움직이는 꼬리 만들기

❶ [Library]에 [무비클립: 물고기꼬리움직임]을 더블클릭해서
편집 모드로 이동합니다.

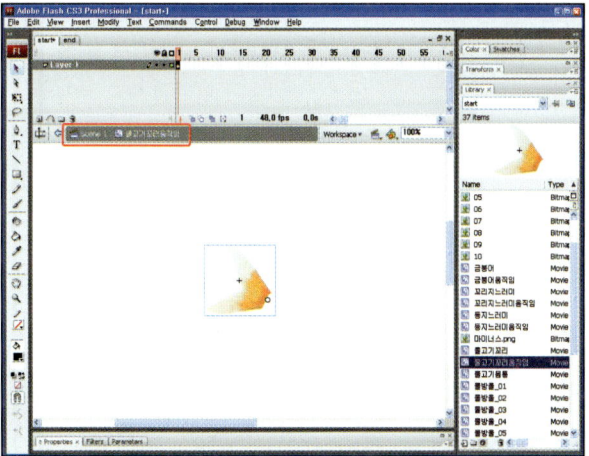

❷ 꼬리 지느러미가 좌우로 움직이는 모션을 만들어 보겠습니
다. 10번과 20번 프레임에 F6 을 눌러서 키프레임을 생성합
니다.

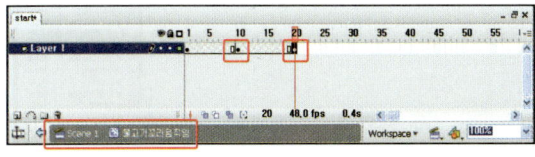

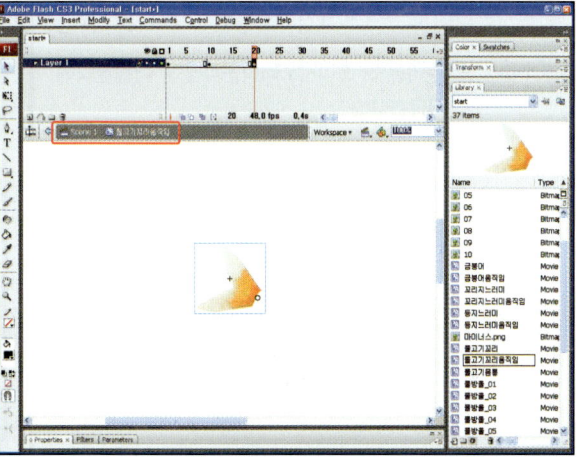

❸ 10번 키프레임에 있는 무비클립을 선택하고 단축키 Q를 눌러서 Free Transform을 활성화합니다. 무비클립의 넓이를 줄입니다.

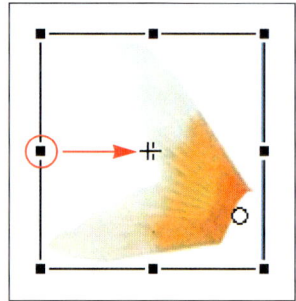

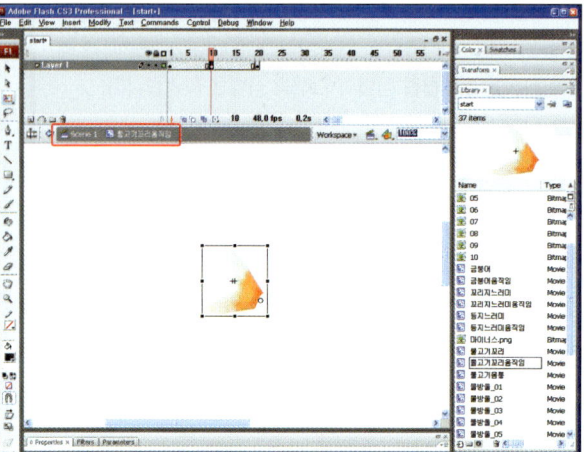

❹ 프레임 전체를 선택하고 모션 트위닝을 적용하고 1번~10번 Ease 값은 100, 11번~20번은 Ease 값을 -100으로 설정합니다.

참고 Ease 값은 실무 모션 가이드 실무 Tip 6번을 참고하세요.

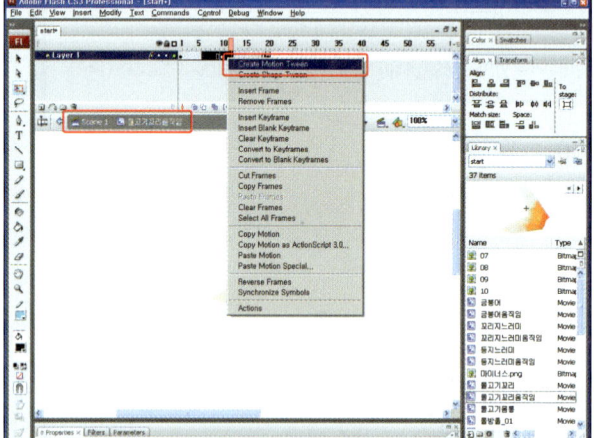

3 앞지느러미 움직임 만들기

❶ [Library]에 [무비클립: 꼬리지느러미움직임]을 더블클릭해서 편집 모드로 이동합니다.

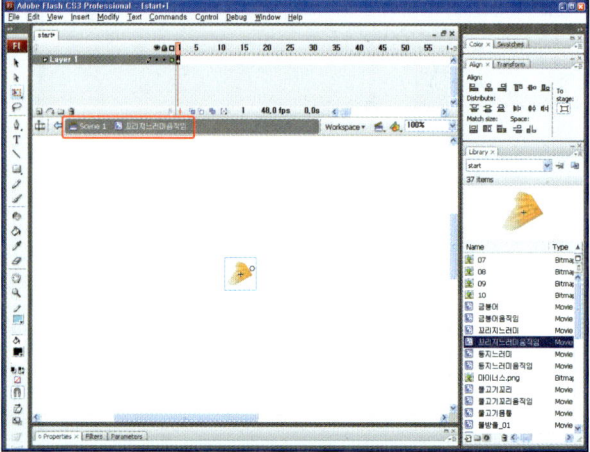

❷ 13번과 24번 프레임에서 F6 을 눌러서 키프레임을 생성합니다.

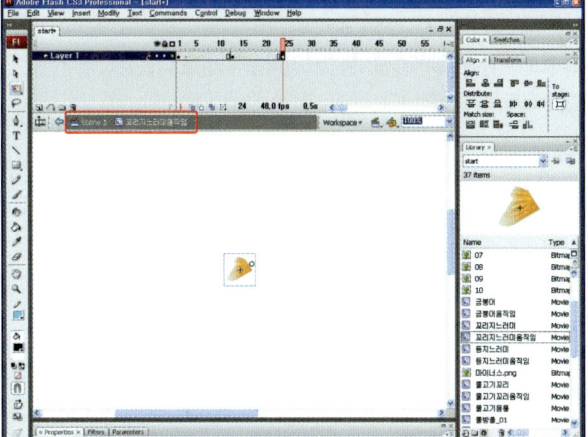

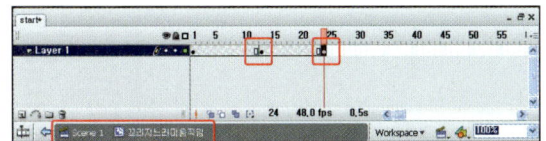

❸ 13번 프레임에 있는 무비클립을 선택하고 단축키 Q 를 눌러서 Free Transform을 활성화합니다. 무비클립의 중간 기울기를 늘립니다.

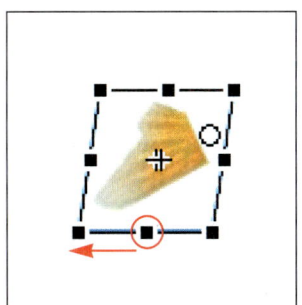

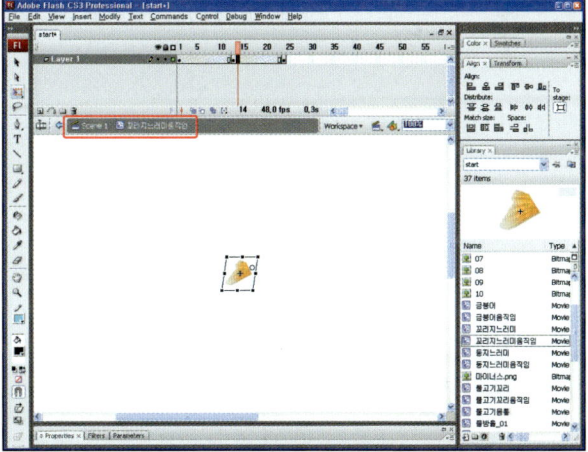

❹ 프레임 전체를 선택하고 모션 트위닝을 적용하고 1번~13번은 Ease 값 100, 14번~30번은 Ease 값 -100으로 설정합니다.

참고 Ease 값은 실무 모션 가이드 실무 Tip 6번을 참고하세요.

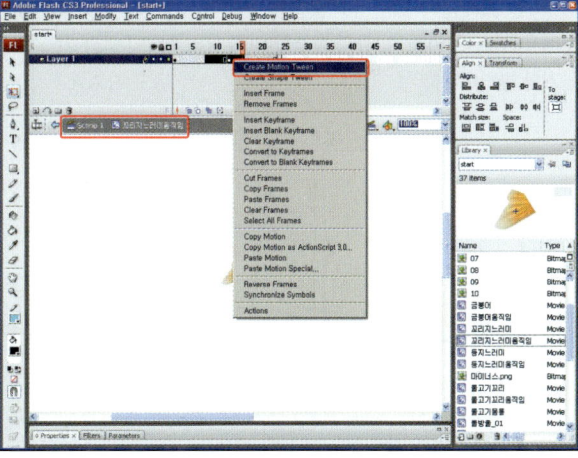

4 등지느러미 모션 만들기

❶ [Library]에 [무비클립: 등지느러미움직임]을 더블클릭해서 편집 모드로 이동합니다.

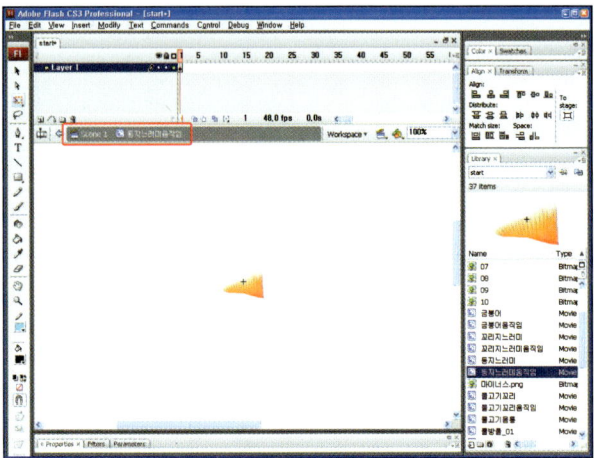

❷ 15번과 30번 프레임에서 F6 을 눌러서 키프레임을 생성합니다.

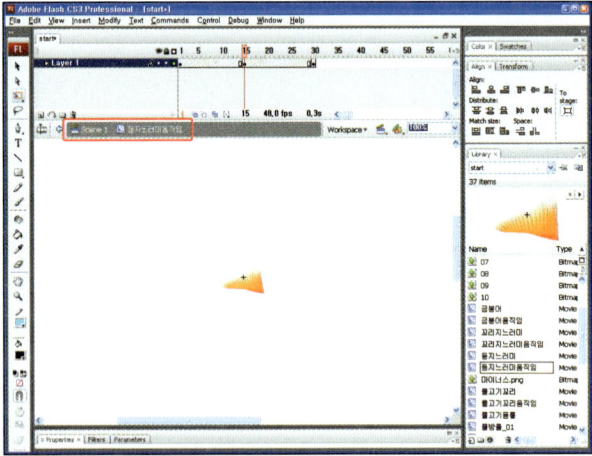

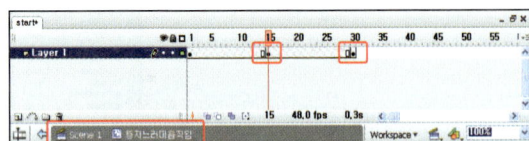

❸ 15번 프레임에 있는 무비클립을 선택하고 단축키 Q 를 눌러서 Free Transform을 활성화합니다. 무비클립의 중간 기울기를 늘립니다.

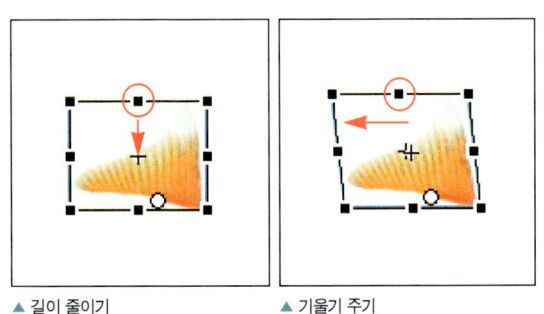

▲ 길이 줄이기　　　▲ 기울기 주기

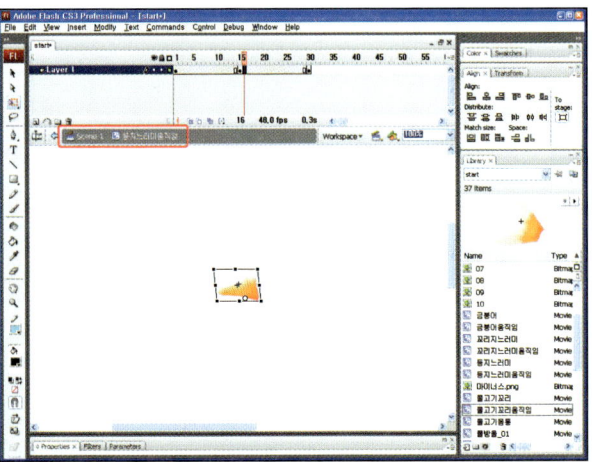

❹ 프레임 전체를 선택하고 모션 트위닝을 적용하고 1번~15번은 Ease 값 100, 16번~24번은 Ease 값 -100으로 설정합니다.

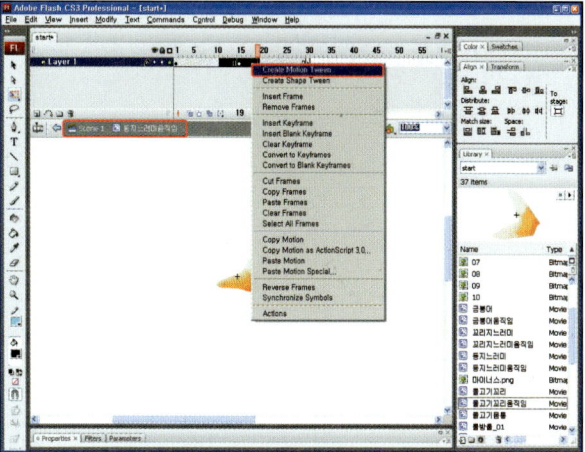

5 앞지느러미 움직임 만들기

❶ [Library]에 [무비클립: 앞지느러미움직임]을 더블클릭해서 편집 모드로 이동합니다.

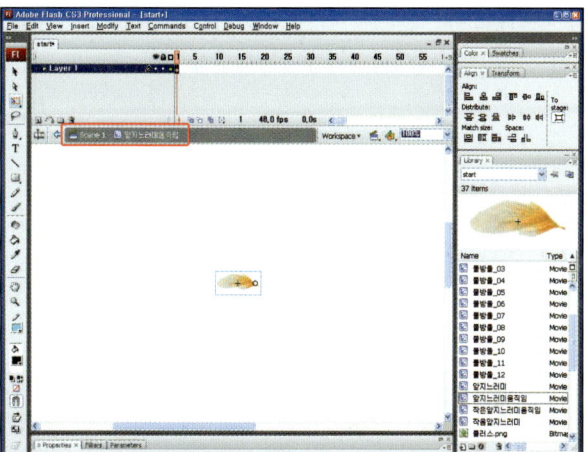

❷ 15번과 30번 프레임에서 F6 을 눌러서 키프레임을 생성합니다.

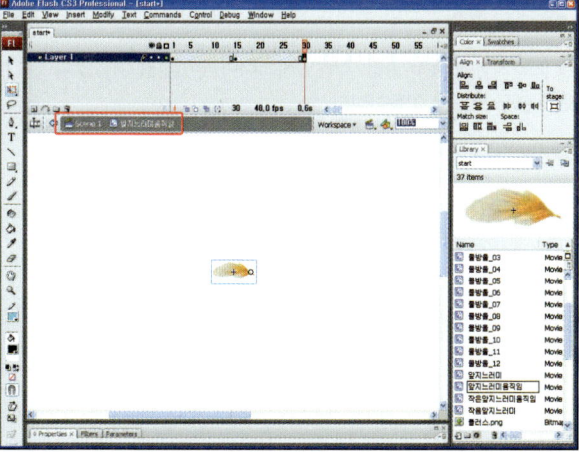

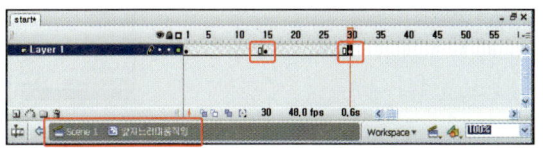

❸ 15번 프레임에 있는 무비클립을 선택하고 단축키 [Q]를 눌러서 Free Transform을 활성화합니다. 무비클립의 중간 기울기를 늘립니다.

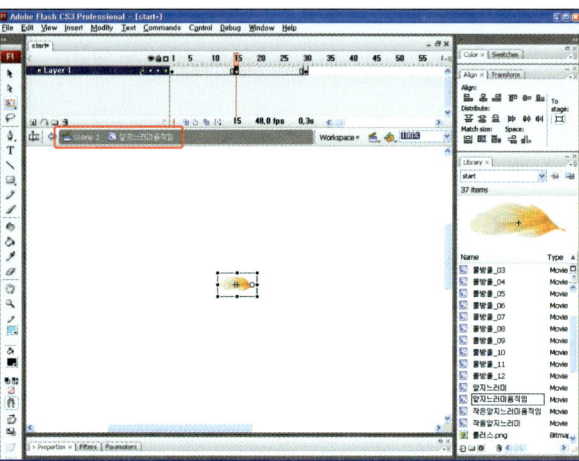

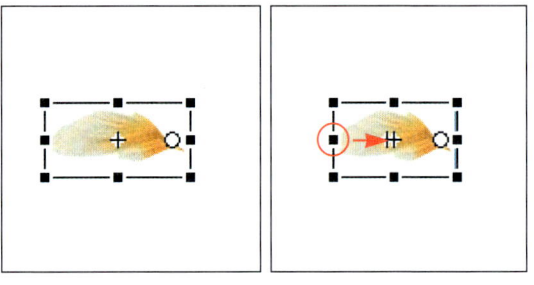

❹ 프레임 전체를 선택하고 모션 트위닝을 적용합니다.

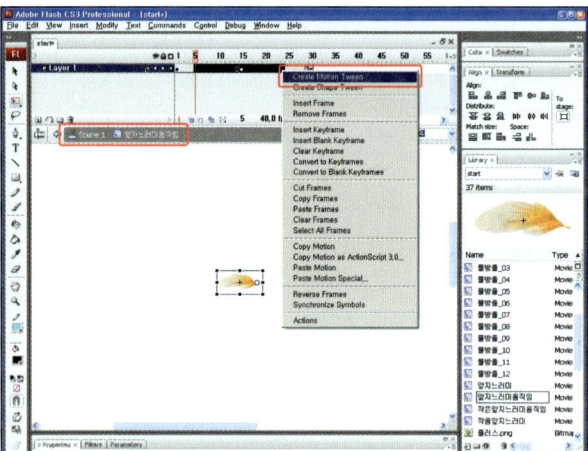

6 작은 앞지느러미 움직임 만들기

❶ [Library]에 [무비클립: 작은앞지느러미움직임]을 더블클릭해서 편집 모드로 이동합니다.

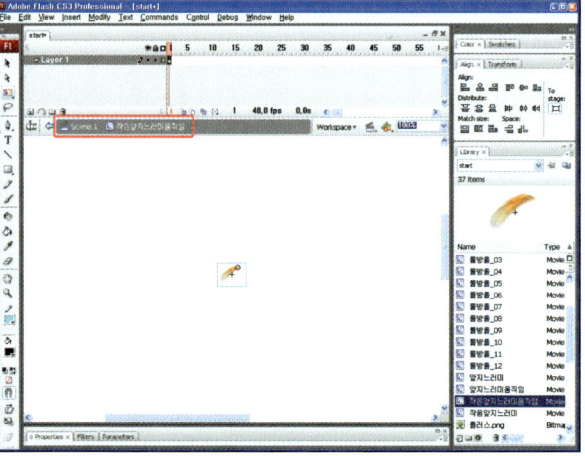

❷ 15번과 30번 프레임에서 F6 을 눌러서 키프레임을 생성
합니다.

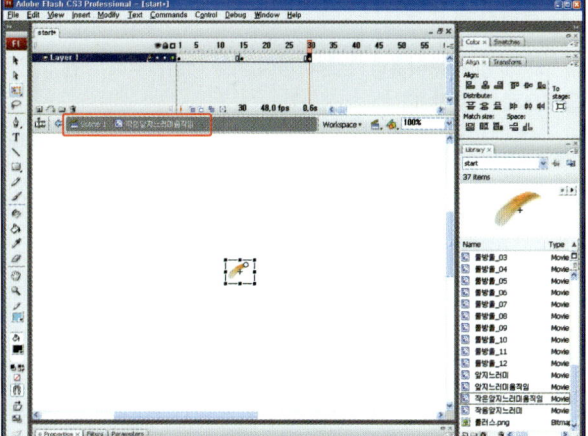

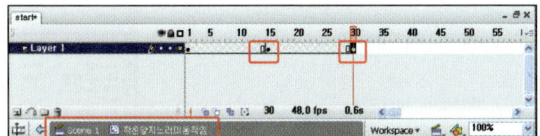

❸ 15번 프레임에 있는 무비클립을 선택하고 단축키 Q 를
눌러서 Free Transform을 활성화합니다. 무비클립의 우측 하
단에 마우스를 올리고 무비클립을 돌려 줍니다.

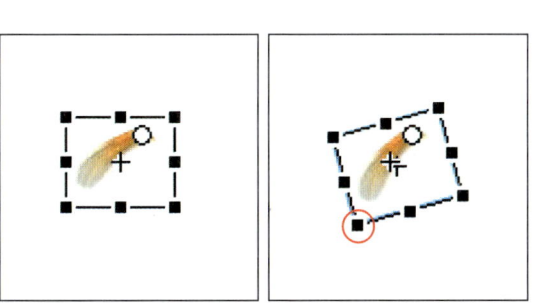

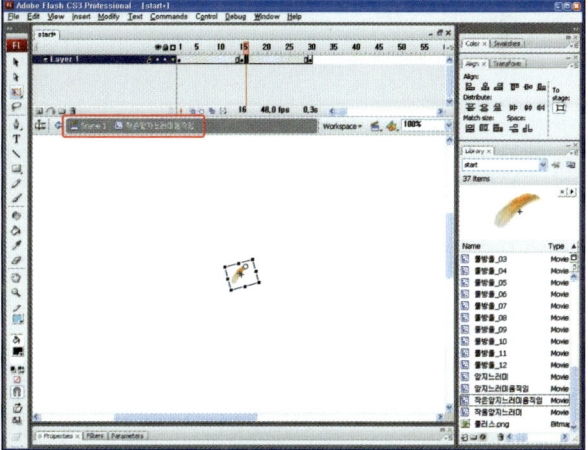

❹ 프레임 전체를 선택하고 모션 트위닝을 적용합니다.

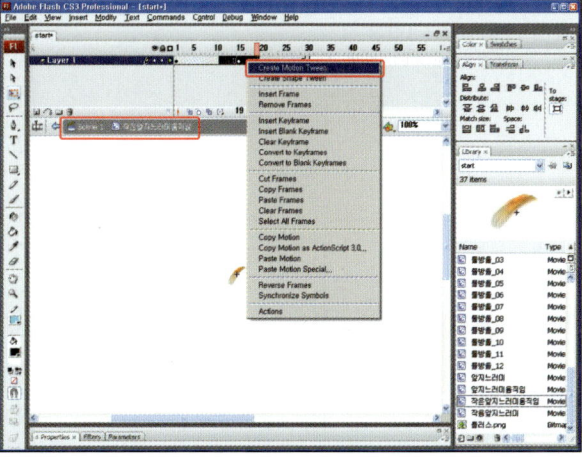

7 금붕어 상하 움직임 만들기

● [Library]에 [무비클립: 금붕어움직임]을 더블클릭해서 편집 모드로 이동합니다.

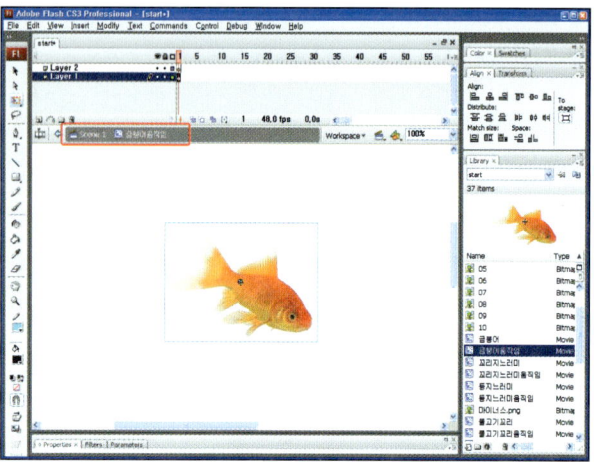

❷ 15번과 30번 프레임에서 F6 을 눌러서 키프레임을 생성합니다.

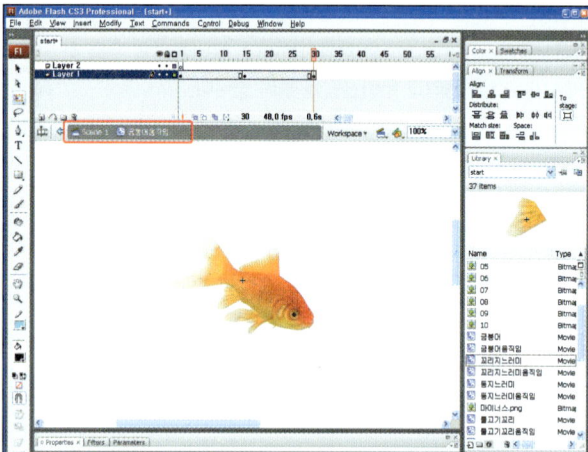

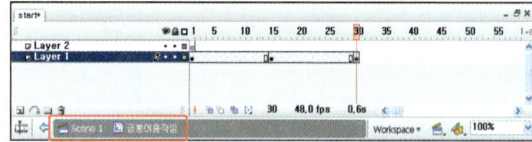

❸ 15번 프레임에 있는 무비클립을 선택하고 상단으로 5픽셀 이동합니다.

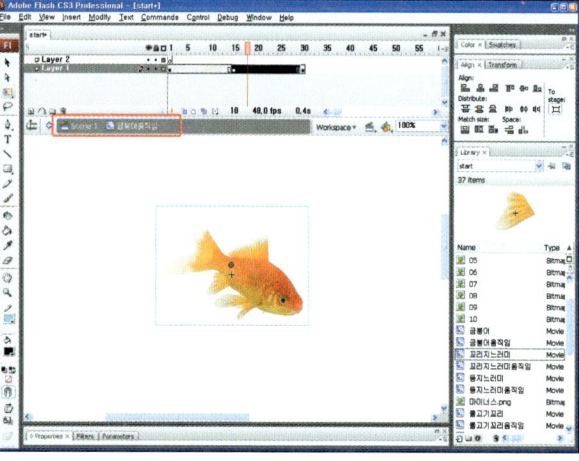

❹ 프레임을 선택하고 모션 트위닝을 적용합니다.

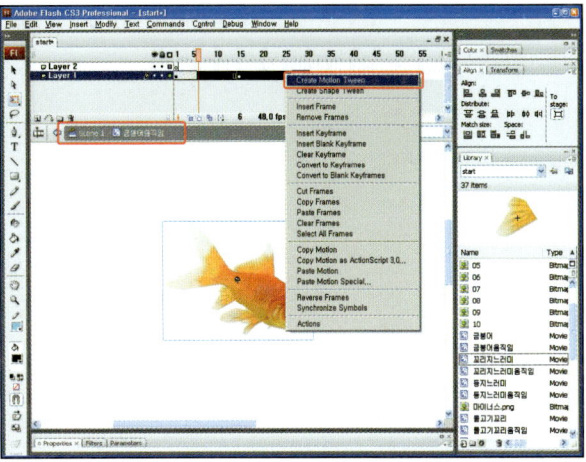

8 물고기 등장 모션

❶ 메인 타임라인으로 이동합니다.

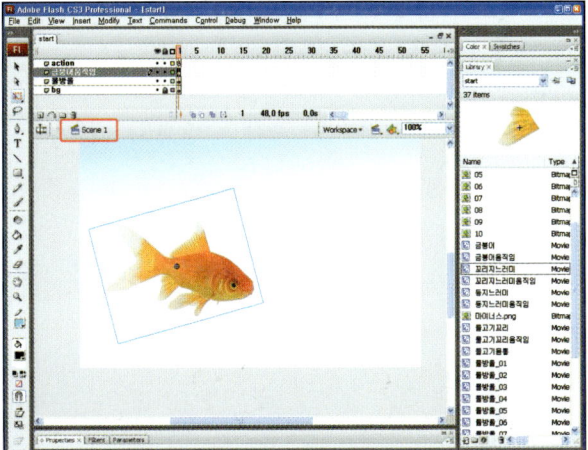

❷ 전체 프레임을 110번 프레임까지 늘리고 [레이어: 금붕어
움직임]의 110번 프레임에 F6 을 눌러서 키프레임을 생성합
니다.

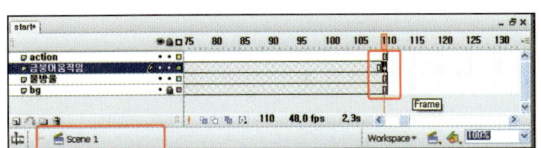

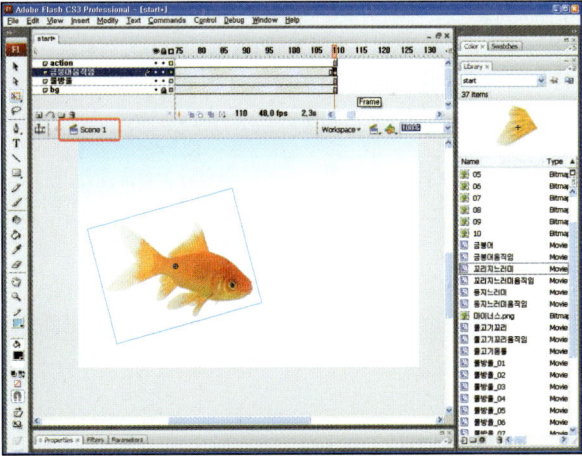

❸ 1번 키프레임의 무비클립을 화면 밖으로 이동합니다.

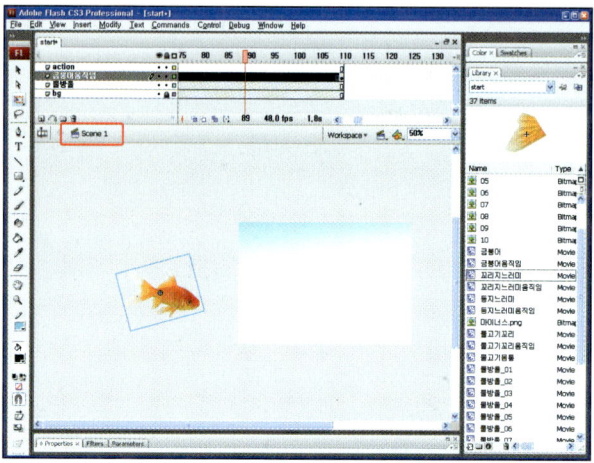

❹ 오른쪽 마우스를 클릭해서 모션 트위닝을 적용합니다.

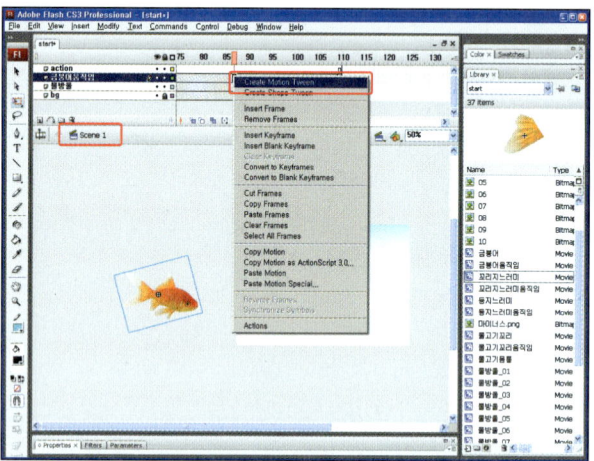

❺ 레이어를 생성하고 이름을 Action으로 수정하고, 110번 키프레임에서 F7 을 눌러 빈 키프레임을 생성합니다. 생성한 키프레임에서 F9 를 눌러 액션 창을 열고 stop( )이라고 적습니다.

> 잠깐 Ctrl + Enter 를 눌러서 완성된 작업의 모션을 확인합니다.

달리는 자동차 만들기

자동차 이미지를 이용해 자동차가 달리는 모습을 만들어 보겠습니다. 배경이 지나가는 효과를 이용하면 자동차가 움직이는 것처럼 보입니다.

완성 파일	부록CD/Sample/Part02/Sec04/03/end.fla
예제 파일	부록CD/Sample/Part02/Sec04/03/start.fla
Key Point	배경을 움직여 달리는 자동차 효과 만들기
모션 미리보기(나무 움직임, 자동차 디테일 움직임)	부록CD/Sample/Part03/Sec04/03/end.swf

1 예제 파일 열기

❶ '부록CD/Sample/Part02/Sec04/03/end.swf' 파일을 열어서 제작할 모션을 확인합니다.

▲ 나무 지나가기

▲ 자동차 움직임 만들기

▲ 자동차 좌우 움직임 만들기

▲ 자동차 좌우 움직임 만들기

❷ '부록CD/Sample/Part02/Sec04/03/start.fla' 를 플래시로 열고, 새로운 이름으로 저장합니다. [Library] 패널에서 예제에 사용될 무비클립 심벌과 그래픽 심벌을 확인합니다.

2 휠 움직임 만들기

① [Library]에 [무비클립: 휠느낌박스]를 더블클릭해서 편집 모드로 이동합니다.

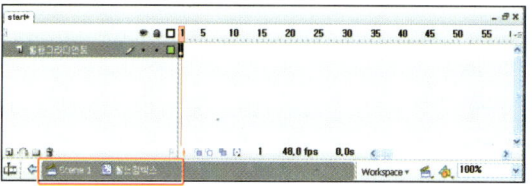

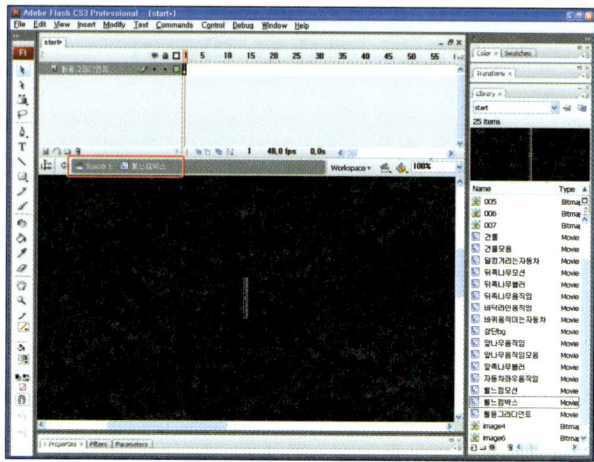

② 7번 프레임에서 F6 을 눌러서 키프레임을 생성합니다.

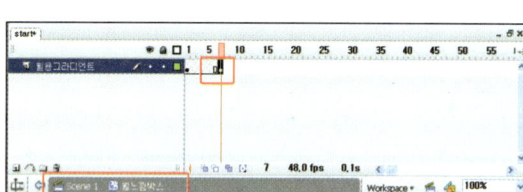

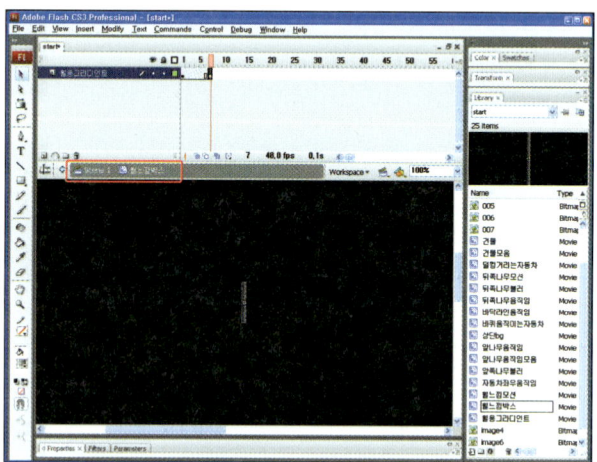

③ 프레임 중간을 선택하고 모션 트위닝을 적용합니다.

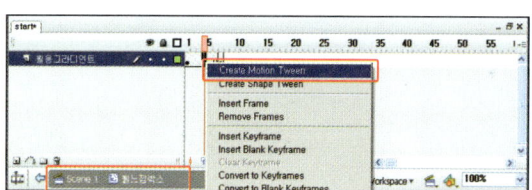

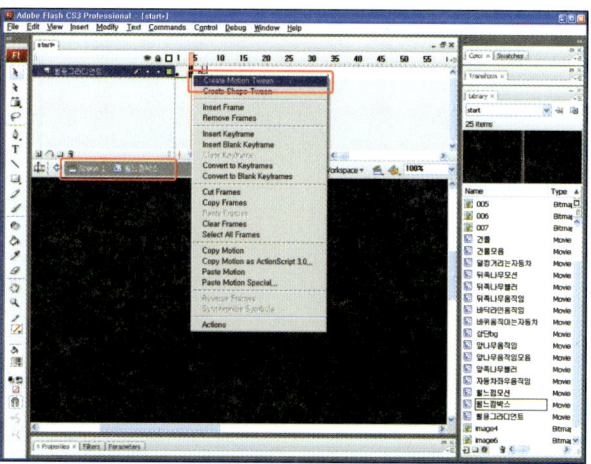

❹ Properties 창에서 Rotate를 CW와 1time으로 합니다.

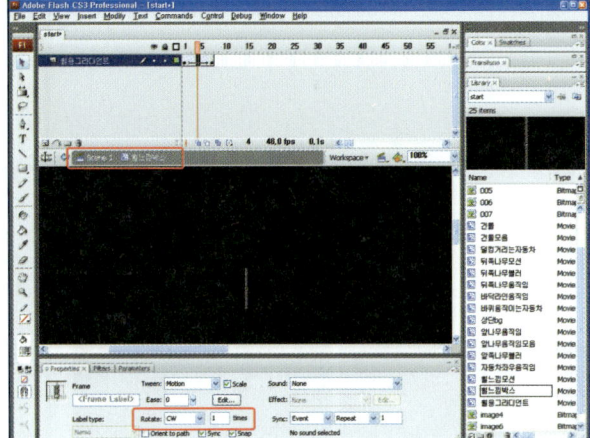

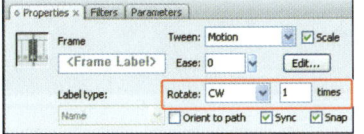

3 자동차 상하 움직임 만들기

❶ [Library]에 [무비클립: 덜컹거리는자동차]를 더블클릭해서 편집 모드로 이동합니다.

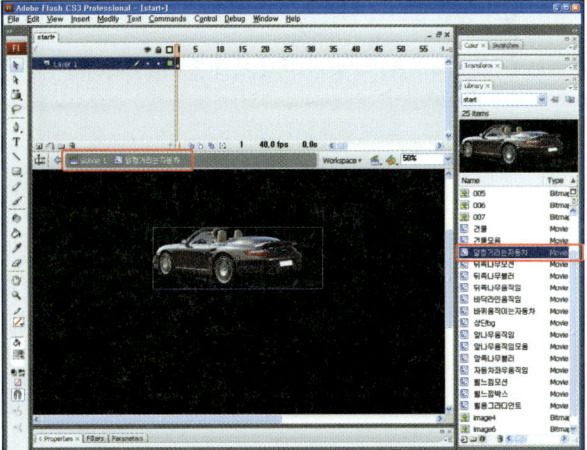

❷ 5번과 10번 프레임에 각각 F6 을 눌러서 키프레임을 만듭니다.

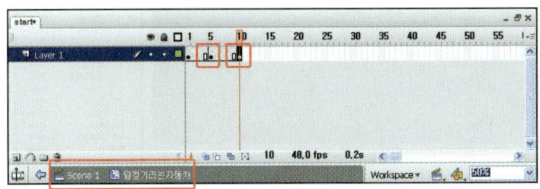

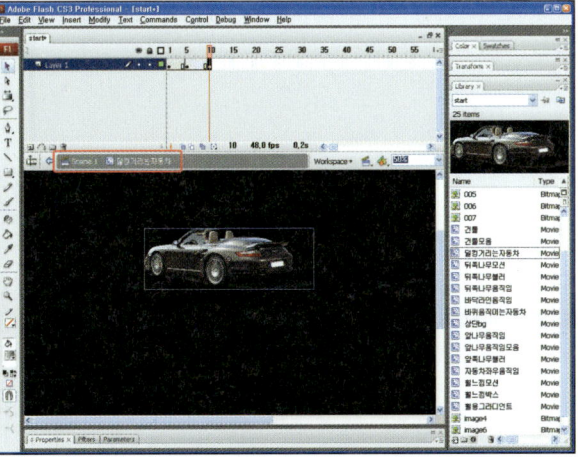

❸ 5번 프레임에 있는 무비클립을 위쪽으로 3픽셀 이동합니다.

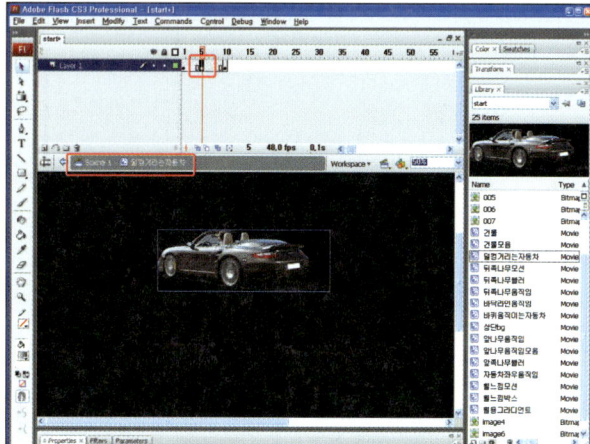

4 자동차 좌우 움직임 만들기

❶ [Library]에 [무비클립: 자동차좌우움직임]을 더블클릭해서 편집 모드로 이동합니다.

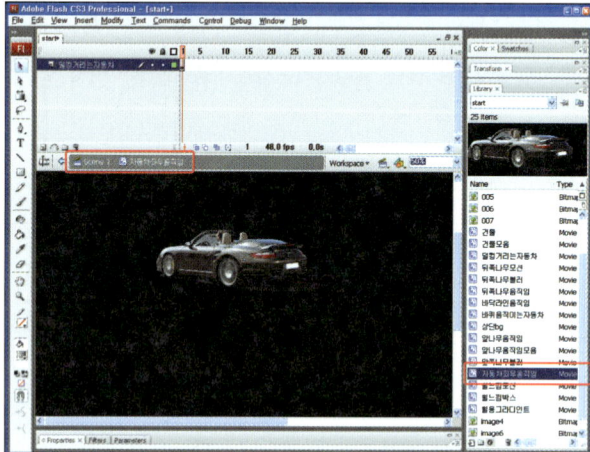

❷ 110번과 124번 프레임에 F6 을 눌러서 키프레임을 만듭니다.

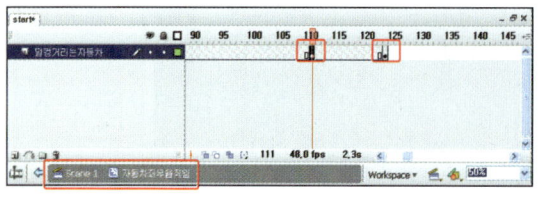

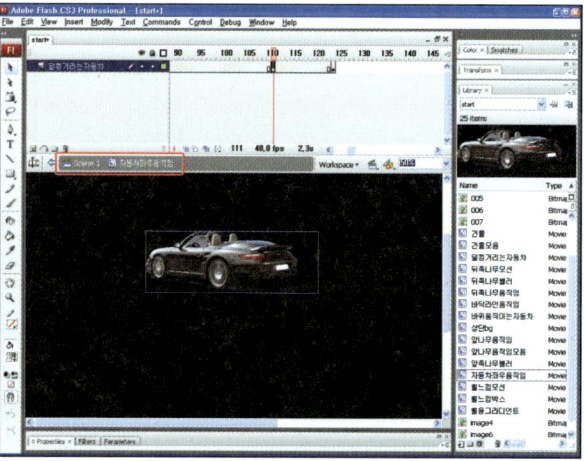

❸ 124번 키프레임에 있는 무비클립을 오른쪽으로 7픽셀, 위로 3픽셀 이동하고 모션 트위닝을 적용합니다.

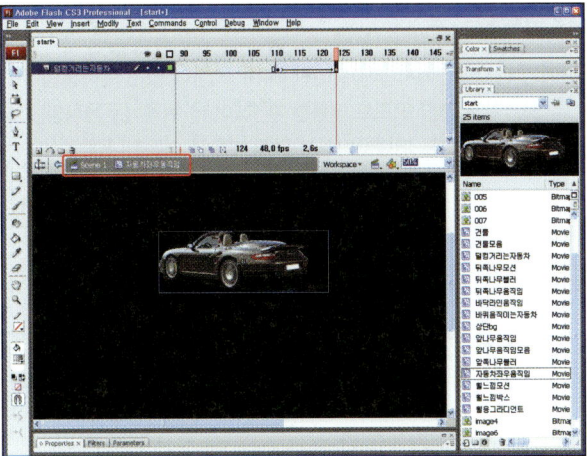

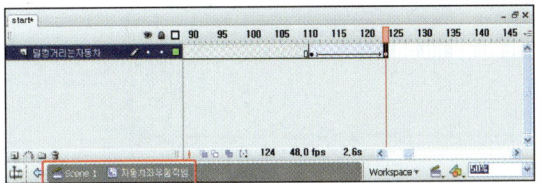

❹ 182번과 220번 프레임에 F6 을 눌러서 키프레임을 만들고 전체 프레임을 240까지 늘립니다.

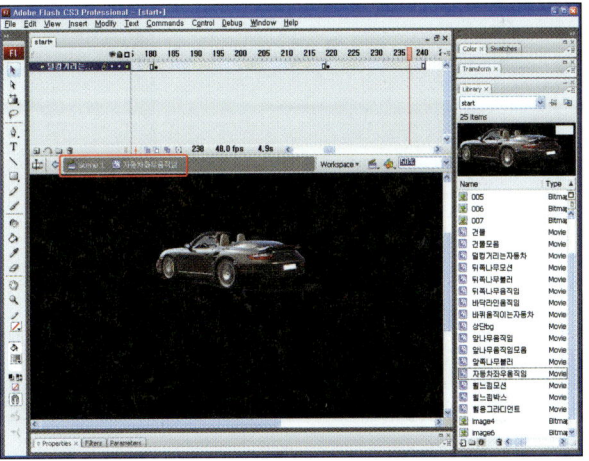

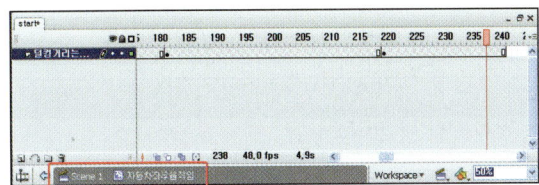

❺ 220번 키프레임에 있는 무비클립을 왼쪽으로 7픽셀, 아래로 3픽셀 이동하고 모션 트위닝을 적용합니다.

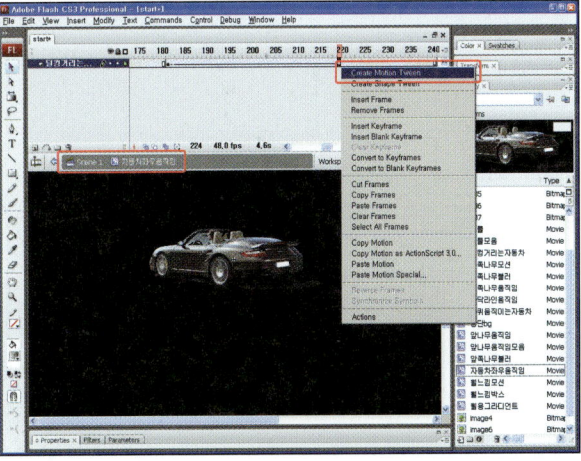

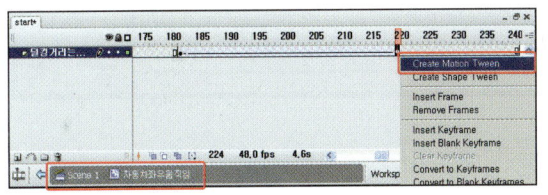

5 뒤쪽 나무 움직임 만들기

① 메인 타임라인에서 [레이어: 뒤쪽나무모션]에 있는 무비클립을 더블클릭해 편집 모드로 이동한 후 [레이어: 뒤쪽나무움직임]에 있는 무비클립을 더블클릭해서 편집 모드로 이동합니다.

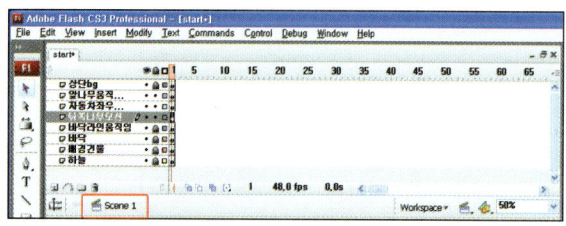

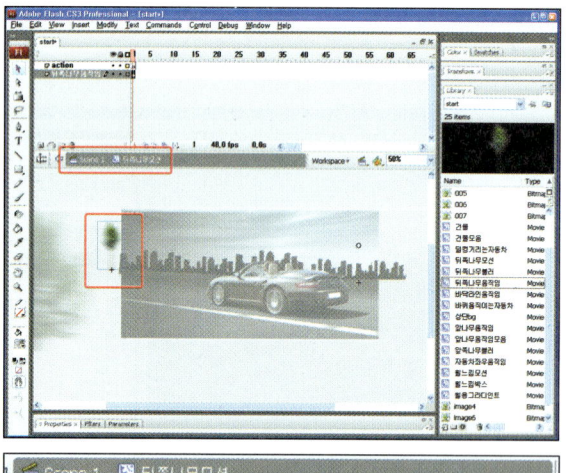

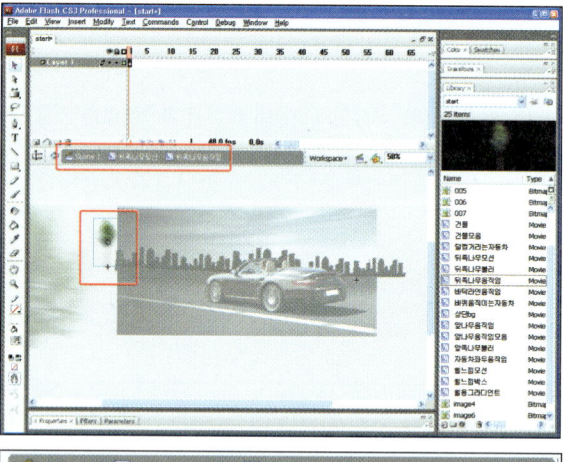

② 35번 프레임에서 F6을 눌러 키프레임을 만듭니다.

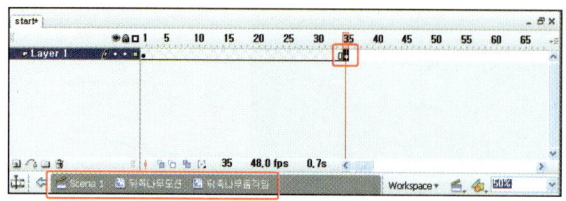

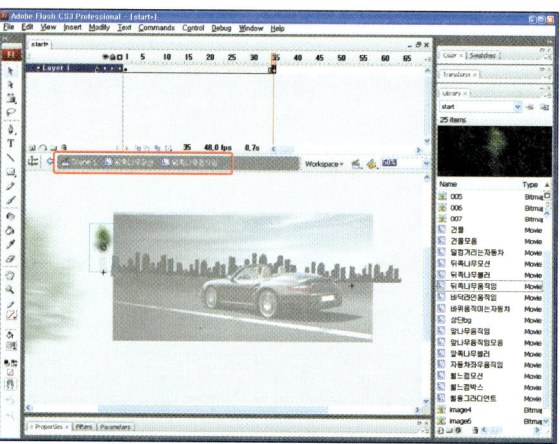

❸ 35번 프레임에 있는 무비클립을 오른쪽 화면 밖으로 이동하고, Transform 창에서 사이즈를 100으로 설정합니다. 이때 무비클립의 위치는 도로의 끝 라인을 타고 이동이 가능하도록 합니다.

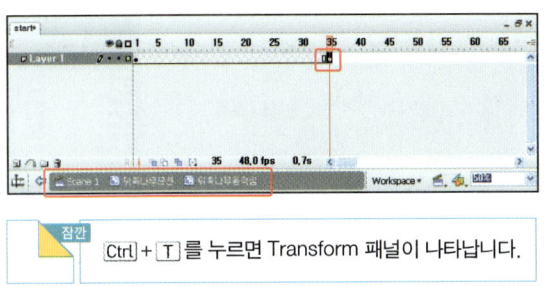

> **잠깐** Ctrl + T 를 누르면 Transform 패널이 나타납니다.

❹ 프레임 중간을 선택하고 모션 트위닝을 적용합니다.

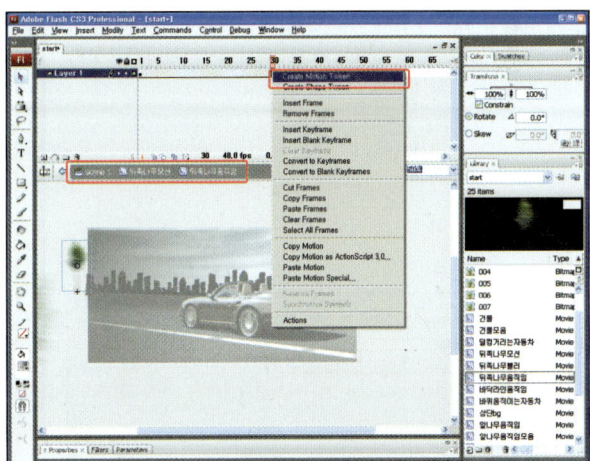

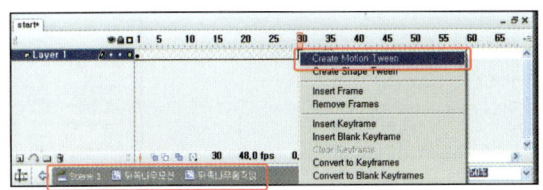

❺ 36번 프레임에서 F7 을 눌러서 빈 키프레임을 만든 후 전체 프레임을 60까지 늘립니다.

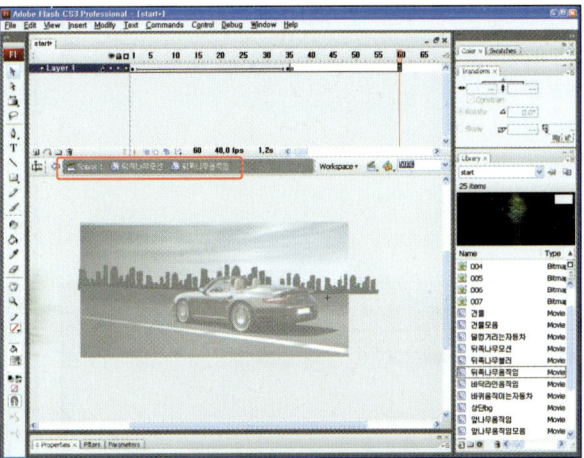

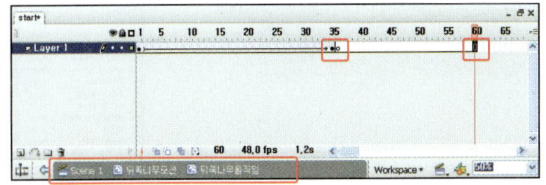

❻ 에디트 툴바의 [무비클립: 뒤쪽나무모션]을 클릭하여 [무비
클립: 뒤쪽나무모션]의 편집 창으로 이동합니다.

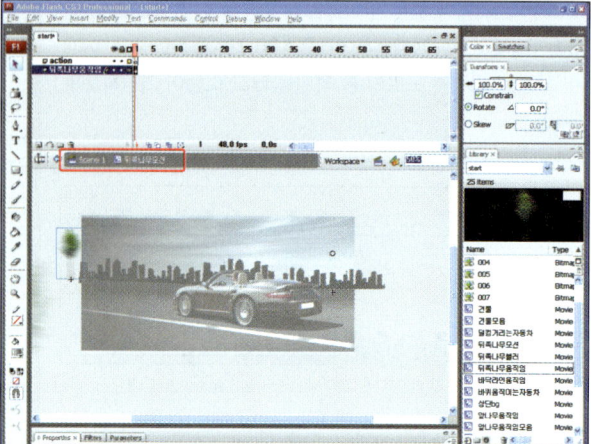

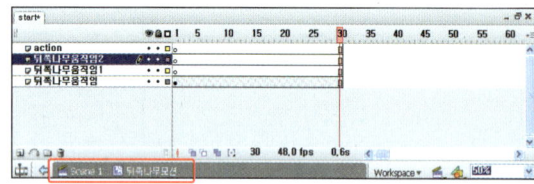

❼ 레이어 2개를 더 생성하고 전체 프레임을 35프레임까지
늘린 뒤 레이어 이름을 '뒤쪽나무움직임1', '뒤쪽나무움직임
2' 로 바꿉니다.

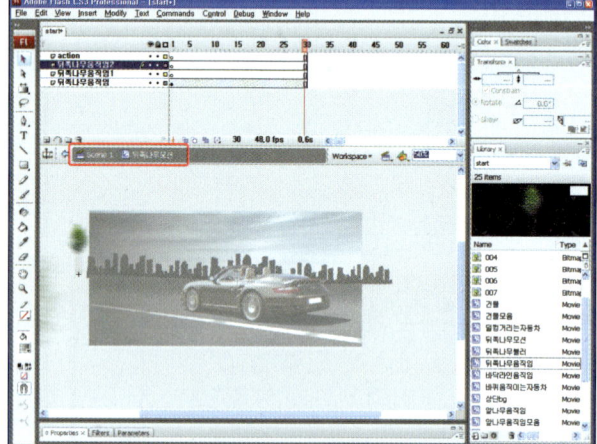

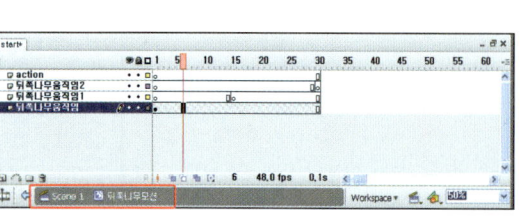

❽ [레이어: 뒤쪽나무움직임1]의 15번 프레임, [레이어: 뒤쪽
나무움직임2]의 30번 프레임에 F7 을 눌러서 빈 키프레임을
생성합니다.

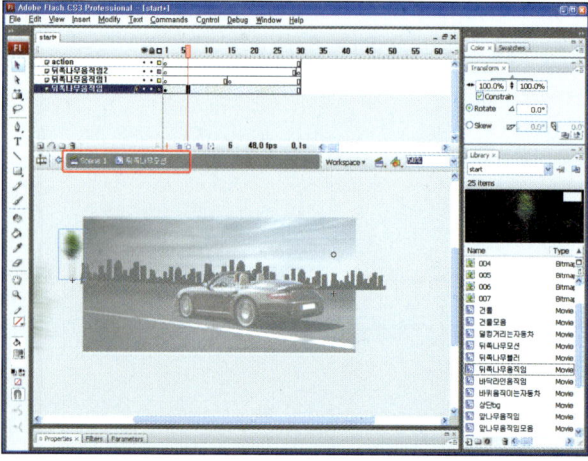

❾ [레이어: 뒤쪽나무모션]의 무비클립을 복사하고, [레이어: 뒤쪽나무움직임1]의 15번 키프레임과 [레이어: 뒤쪽나무움직임2]의 30번 키프레임에 Ctrl + Shift + V 를 눌러서 같은 위치로 복제합니다.

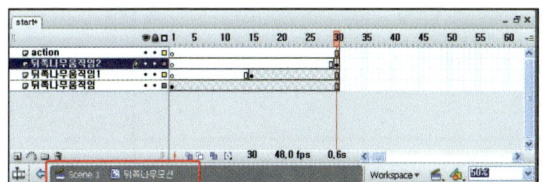

❿ Action 레이어의 30번 키프레임에서 F7 을 눌러 빈 키프레임을 생성합니다. 생성한 키프레임에서 F9 를 눌러 액션 창을 열고 stop( )이라고 적습니다.

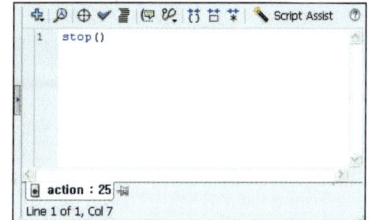

6 앞나무 움직임 모션 만들기

❶ [무비클립: 앞나무움직임모음]으로 더블클릭해서 이동합니다.

Scene 1

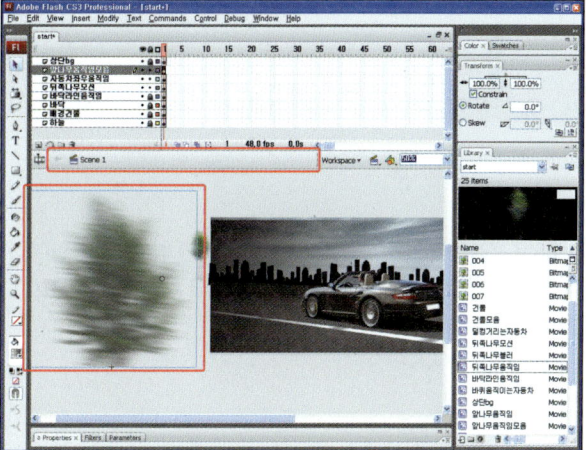

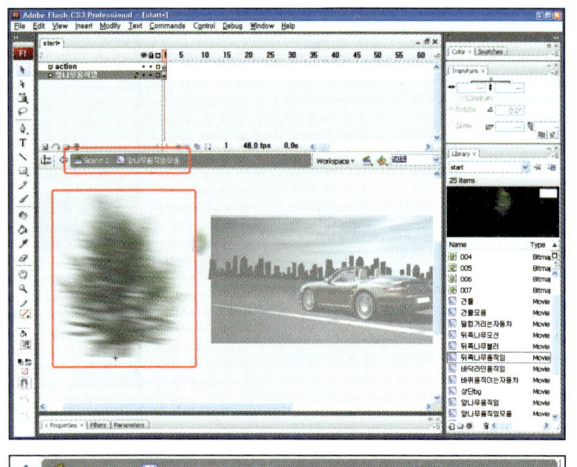
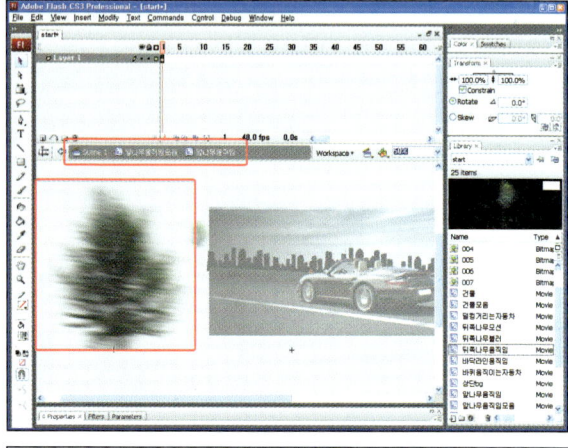

❷ [무비클립: 앞나무움직임] 편집 창의 25번 프레임에서 F6 을
눌러 키프레임을 만듭니다.

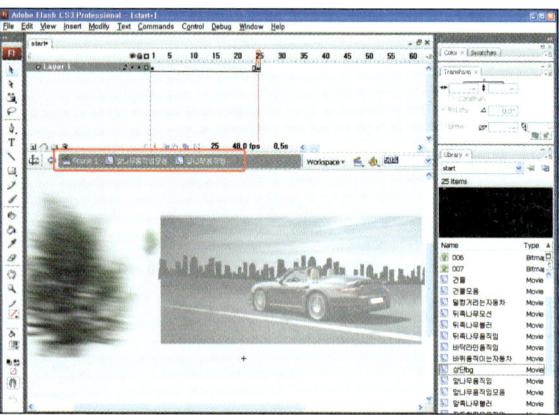

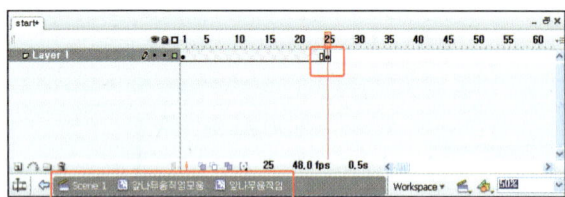

❸ 25번 프레임에 있는 무비클립을 오른쪽 화면 밖으로 이동합니
다. 이때 무비클립의 위치는 도로의 끝 라인을 타고 이동이 가능
하도록 합니다.

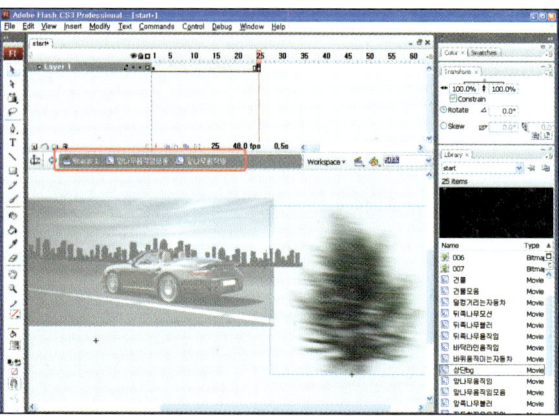

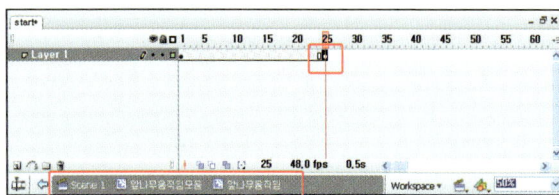

❹ 프레임 중간을 선택하고 모션 트위닝을 적용합니다.

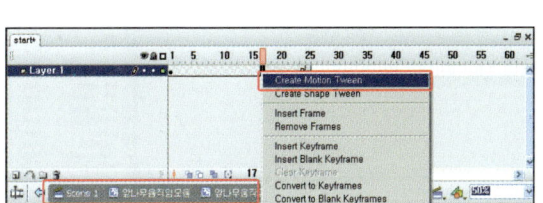

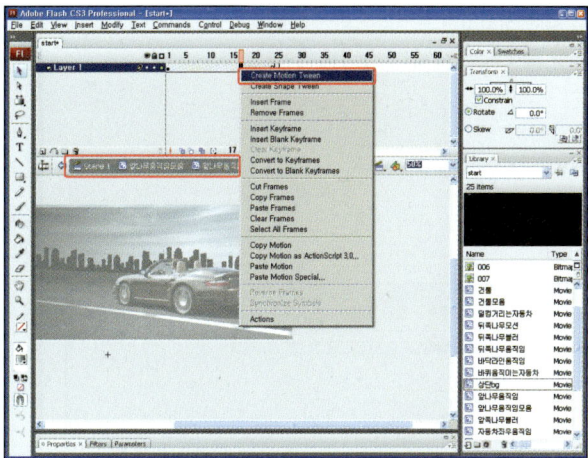

❺ 26번 프레임에서 F7 을 눌러서 빈 키프레임을 만든 후 전체 프레임을 50까지 늘립니다.

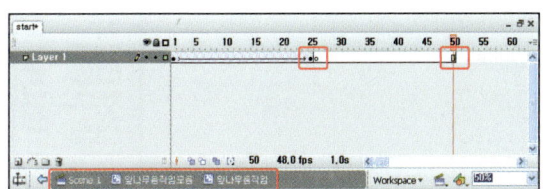

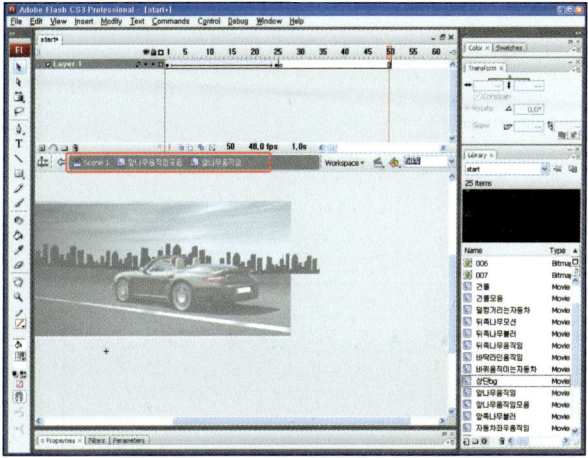

❻ [무비클립: 앞나무움직임모음]으로 이동합니다.

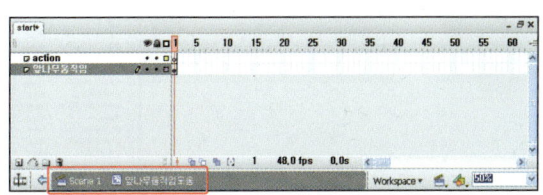

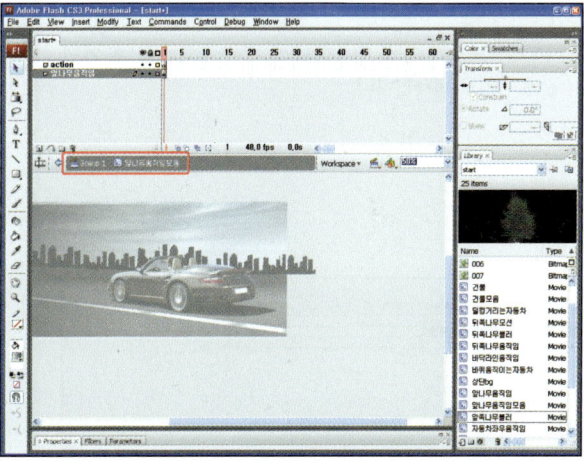

❼ 전체 레이어의 프레임을 35프레임에서 F5 를 눌러서 프레임을 늘려 줍니다.

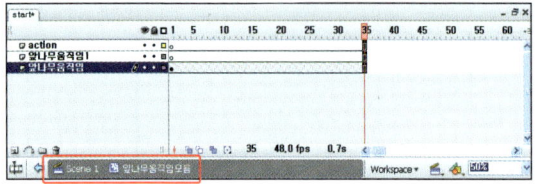

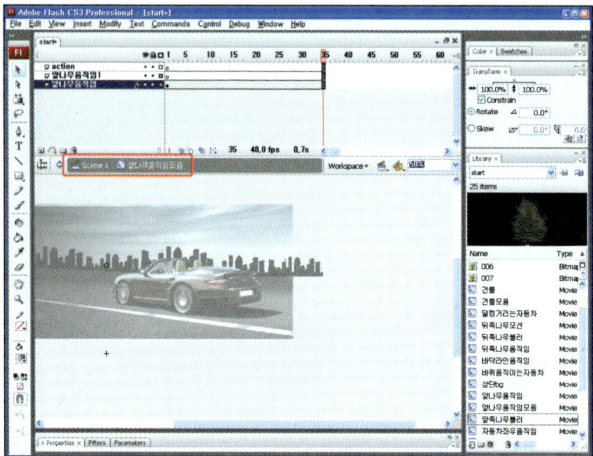

❽ [레이어: 앞나무움직임1]의 30번 프레임에서 F7 을 눌러서 빈 키프레임을 생성합니다.

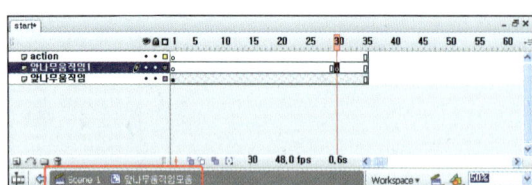

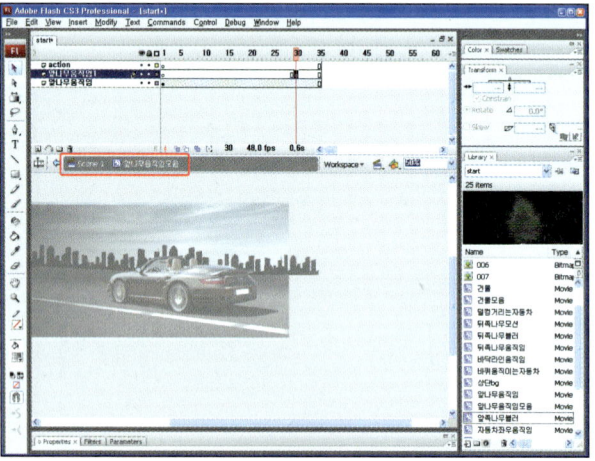

❾ [레이어: 앞나무움직임]의 무비클립을 복사하고, [레이어: 앞나무움직임1]의 30번 키프레임에 Ctrl + Shift + V 를 눌러서 같은 위치로 복제합니다.

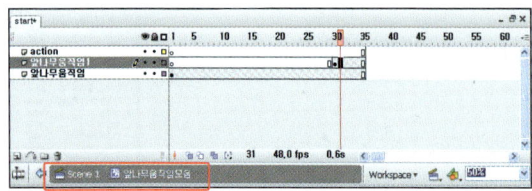

⑩ Action 레이어의 35번 키프레임에서 F7 을 눌러 빈 키프레임을 생성합니다. 생성한 키프레임에서 F9 를 눌러 액션 창을 열고 stop( )이라고 적습니다.

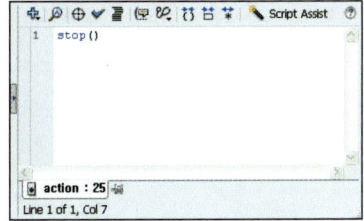

 잠깐
Ctrl + Enter 를 눌러서 완성된 작업의 모션을 확인합니다.

디자인에
날개를 달아 보자

PART 03에서는 PART 01과 PART 02에서 배운 기본기와 응용력을 토대로 실제 디자인 작업에 맞춘 플래시
모션을 제작해 보도록 합니다. PART 03에서 다루는 모션은 필자의 스타일대로 만들어진 모션입니다.
필자의 경험에서 보면 모션을 많이 만들어 보는 것만큼 좋은 것은 없습니다.
필자가 만든 모션에 만족하지 말고 다시 한번 여러분의 스타일대로 만들어 보세요.

SECTION

01 파티클 비주얼 모션 만들기

전체적인 디자인에 맞는 비주얼 모션을 만들고, 모션의 전체적인 흐름을 익힌 후에 만드는 기법에 대해서 알아보겠습니다. 예제에서 사용하는 특수한 이펙트 효과는 애프터이펙트에서 작업한 파일을 사용했습니다. 빛이 반짝거리는 효과 뒤에서 날갯짓을 하는 요정이 등장하고 요정이 움직이면서 텍스트 모션이 나옵니다. 전체적인 분위기를 위해 뒤에서 원 파티클이 움직이는 모션도 만들어 보도록 하겠습니다.

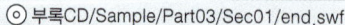

P R E V I E W

요정이 날아다니는 판타지 모션　⊙ 부록CD/Sample/Part03/Sec01/end.swf

▲ 배경이 알파 값으로 천천히 등장합니다.

▲ 빛 파티클 효과가 나오고 나비요정이 등장합니다.

▲ 떠다니는 원 파티클 효과가 나타납니다.

▲ 텍스트 모션이 나옵니다.

▲ 텍스트 모션이 나옵니다.

▲ 요정이 사라지고 배경이 없어집니다.

요정이 날아다니는 판타지 모션

나비 날개를 가진 요정이 성으로 날아가는 모션 작업을 해 보겠습니다. 날개가 움직이는 작은 모션부터 전체적인 흐름이 되는 모션까지 제작해 모션의 분류와 흐름에 대해 이해합니다.

완성 파일	부록CD/Sample/Part03/Sec01/end.fla
예제 파일	부록CD/Sample/Part03/Sec01/start.fla
Key Point	요정의 날개 움직임, 텍스트 모션, 전체적인 모션의 흐름 이해하기
모션 미리보기(요정이 날아다니는 판타지 모션)	부록CD/Sample/Part03/Sec01/end.swf

 예제 파일 열기

❶ '부록CD/Sample/Part03/Sec01/start.fla' 를 플래시로 열고, 새로운 이름으로 저장합니다. [Library] 패널에서 예제에 사용될 무비클립 심벌과 그래픽 심벌을 확인합니다.

2 배경 모션 만들기

배경이 천천히 등장하는 모션을 만들어 보겠습니다.

❶ [Library]에 [무비클립: bg등장모션]을 더블클릭해서 편집
모드로 이동합니다.

❷ [레이어: bg]의 60번 프레임에 F6 을 눌러서 키프레임을
생성합니다.

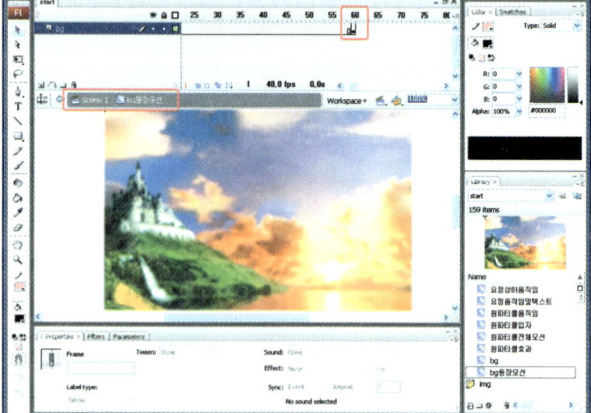

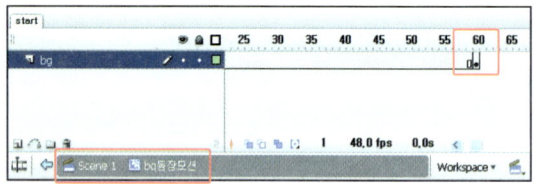

❸ 1번 프레임에 있는 무비클립의 Alpha 값을 0으로 설정합
니다.

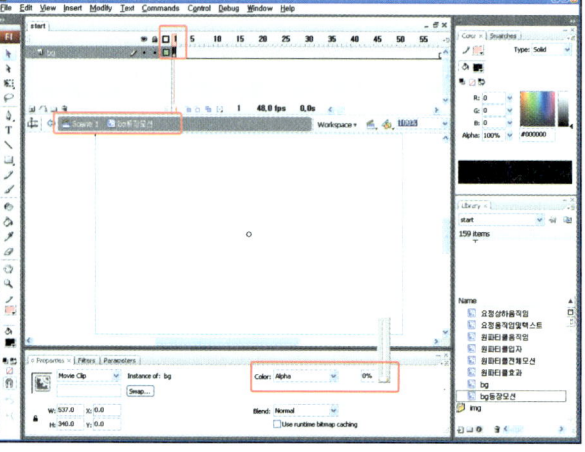

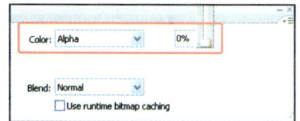

❹ 프레임 중간을 선택하고 모션 트위닝을 적용합니다.

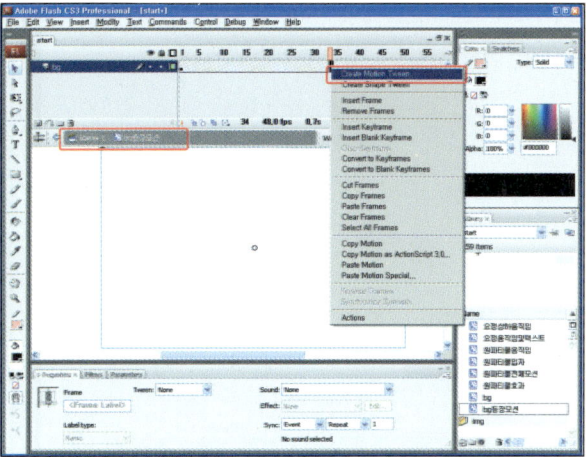

3 원 파티클 효과 만들기

원이 퍼지면서 날아가는 파티클 효과를 만들어 신비로운 느낌을 내보겠습니다.

❶ 메인 타임라인 [Library]의 [무비클립: 원파티클움직임]을 더블클릭해서 편집 모드로 이동합니다.

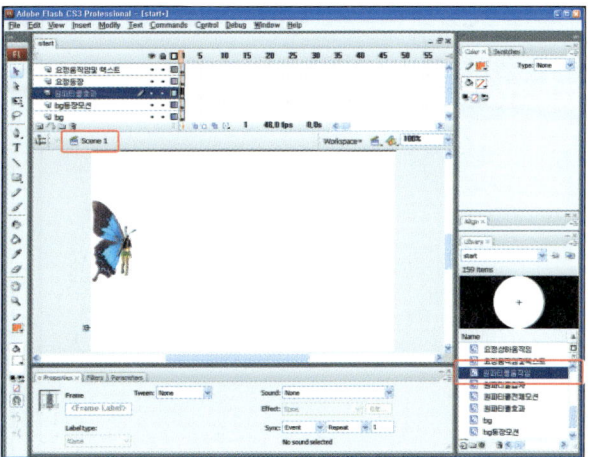

❷ 가이드 레이어의 148번 프레임에 F5를 눌러 프레임을 늘리고, [레이어: 원파티클입자]의 148번 프레임에 F6을 눌러 키프레임을 생성합니다.

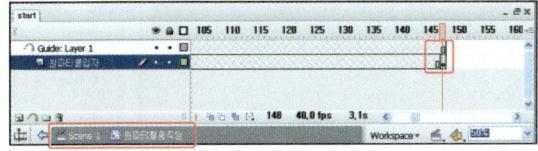

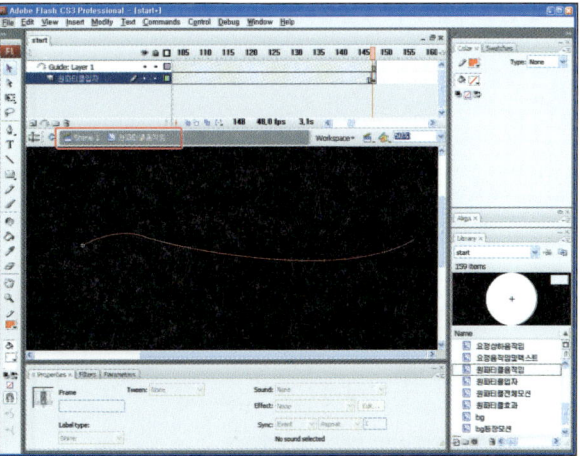

❸ [레이어: 원파티클입자]의 148번 프레임에 있는 무비클립을 가이드 라인의 마지막 부분으로 이동합니다.

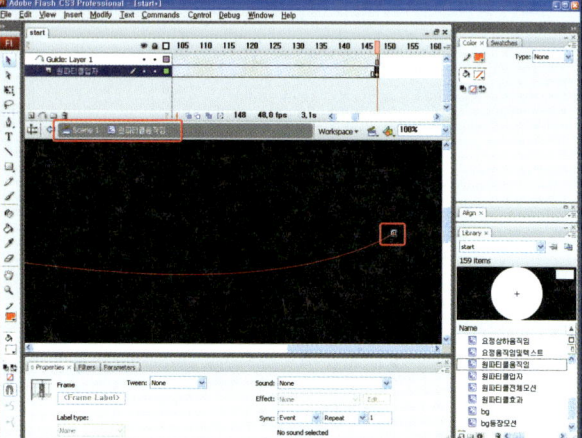

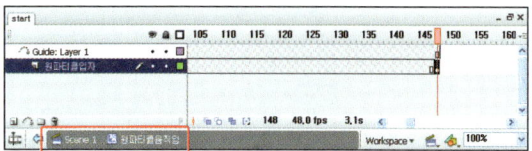

❹ 프레임 중간을 선택하고 모션 트위닝을 적용합니다.

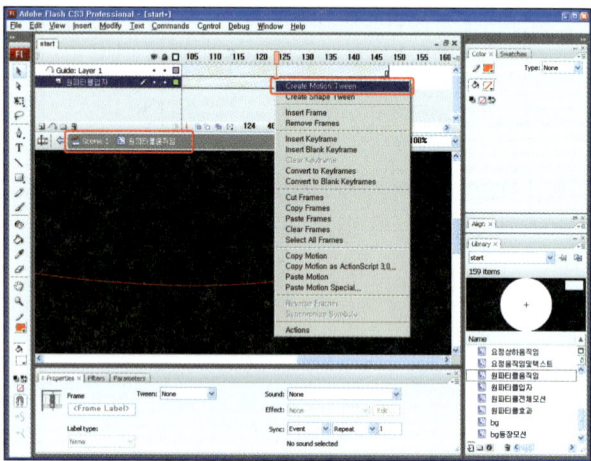

❺ 104번 프레임에서 F6 을 눌러서 키프레임을 생성합니다.

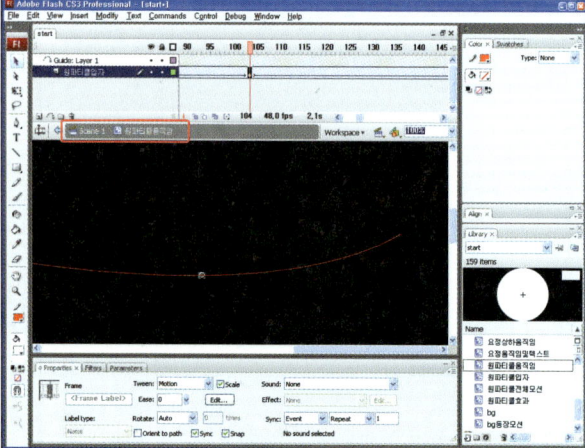

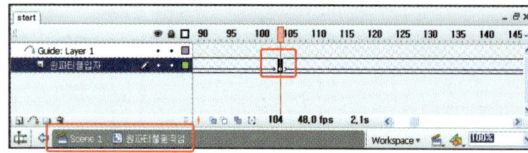

❻ 148번 프레임에 있는 무비클립의 Alpha 값을 0으로 설정합니다.

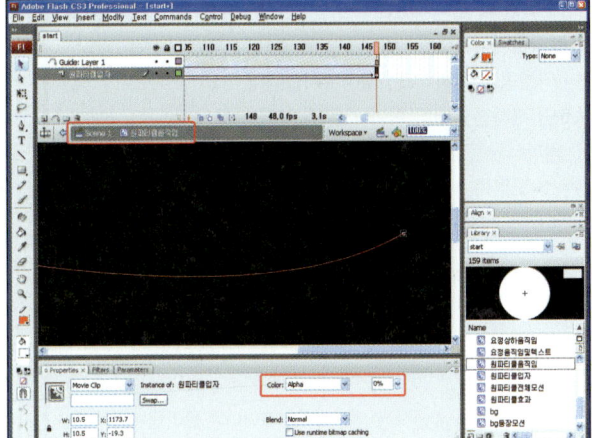

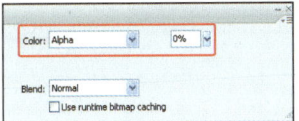

❼ [Library]의 [무비클립: 원파티클전체모션]을 더블클릭해서 편집 모드로 이동합니다.

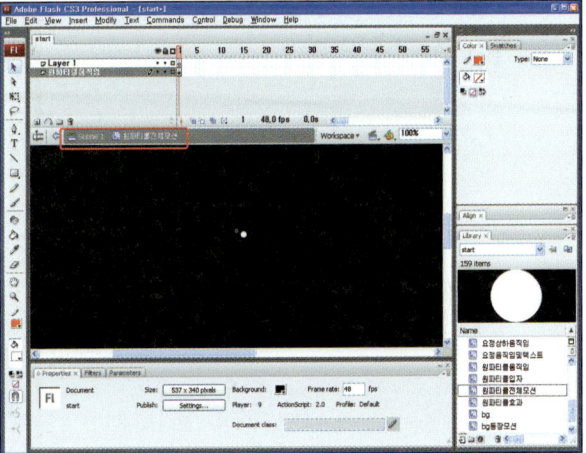

❽ [레이어: 원파티클움직임]에 있는 [무비클립: 원파티클움직임]을 선택하고 Part01-Sec02-02에서 배운 **모션의 그룹화 기법**을 적용하고 프레임을 163프레임으로 늘립니다.

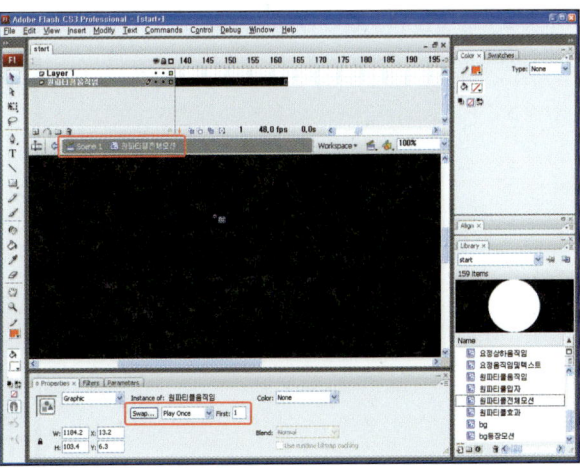

❾ [무비클립: 원파티클움직임]을 선택하고 Ctrl + C 를 눌러서 복사합니다. Ctrl + Shift + V 를 눌러서 복사한 [무비클립: 원파티클움직임]을 12번 붙여넣기합니다. Ctrl + Shift + V 를 누르면 복사한 무비클립과 같은 위치에 복제가 됩니다. [레이어: 원파티클움직임]에 있는 복제한 무비클립 모드를 선택하고 마우스 오른쪽 버튼을 클릭하여 Distribute to Layers를 선택합니다.

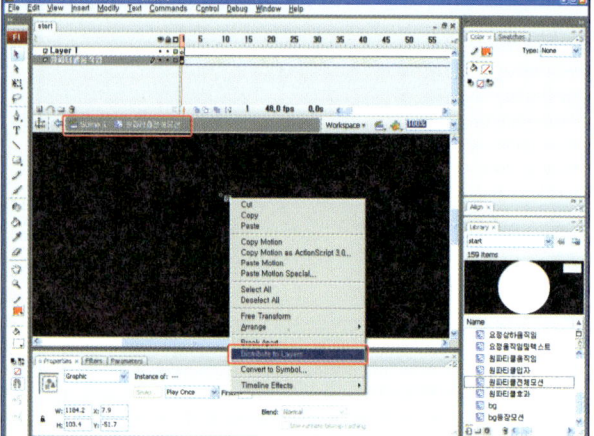

잠깐 　Ctrl + Shift + D 를 누르면 레이어가 분리됩니다.

❿ 각각의 레이어로 분리된 무비클립들의 크기와 위치 그리고 로테이션 값을 랜덤하게 설정합니다.

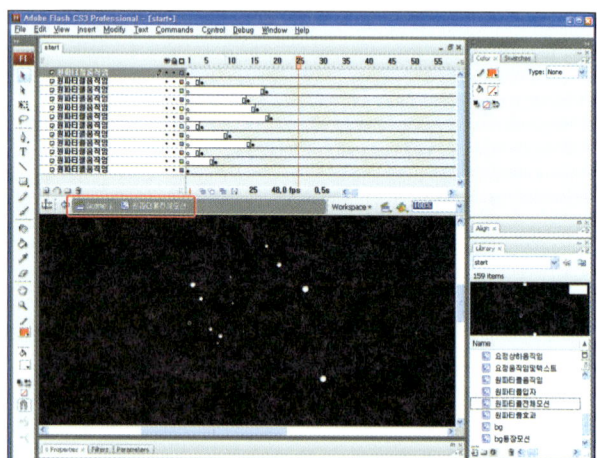

잠깐 　Ctrl + Shift + D 를 누르면 레이어가 분리됩니다.

⓫ [Library]에 있는 [무비클립: 원파티클효과]를 더블클릭해서 편집 모드로 이동합니다.

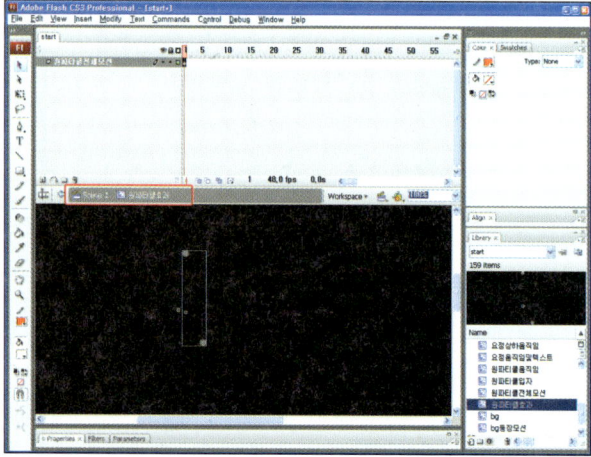

⑫ [레이어: 원파티클전체모션]의 프레임을 65프레임으로 늘립니다.

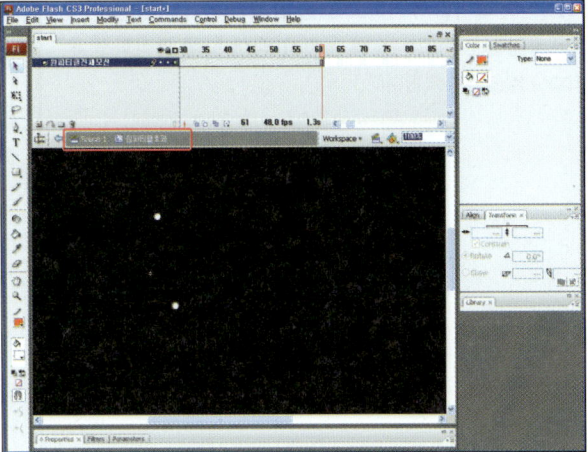

⑬ [무비클립: 원파티클전체모션]을 선택하고 Ctrl + C 를 눌러 복사합니다. Ctrl + Shift + V 를 눌러서 복사한 [무비클립: 원파티클전체모션]를 4번 붙여넣기합니다. Ctrl + Shift + V 를 누르면 복사한 무비클립과 같은 위치에 복제가 됩니다. [레이어: 원파티클전체모션]에 있는 복제한 무비클립 모드를 선택하고 마우스 오른쪽 버튼을 클릭하여 Distribute to Layers 를 선택합니다.

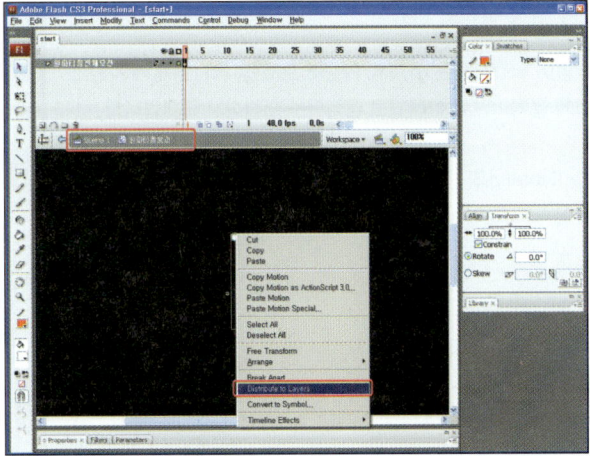

⑭ 각각의 레이어로 분리된 무비클립들의 크기와 위치 그리고 로테이션 값을 랜덤하게 설정합니다.

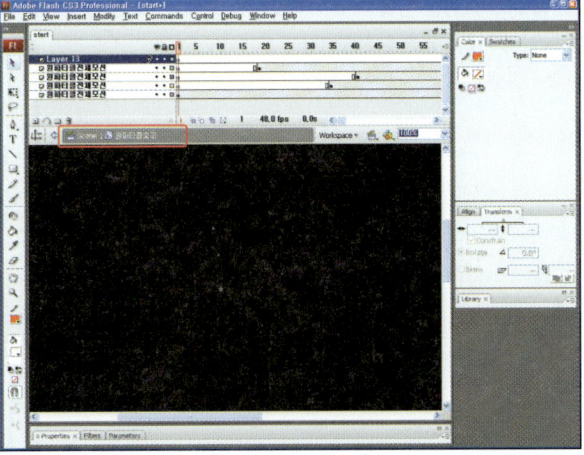

⑮ 레이어 하나를 추가하고 64번 프레임에서 F7 을 눌러서 키프레임을 만들고, F9 를 눌러서 액션 창을 활성화한 후 stop( ) 액션을 추가합니다.

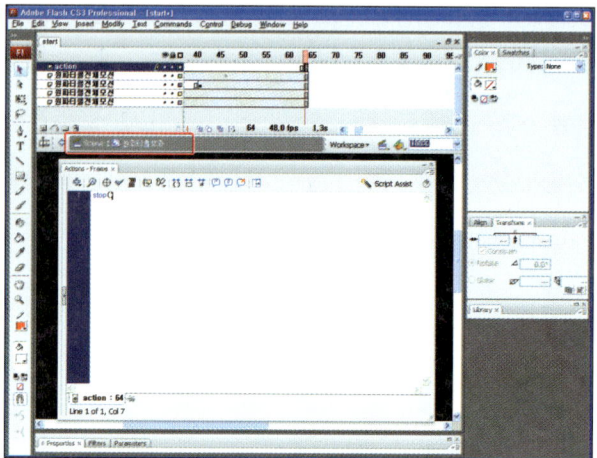

4 요정 움직임 만들기

요정이 날갯짓하는 효과를 만들어 보겠습니다. 날개가 자연스럽게 펄럭이면서 아래위로 움직이는 모션까지 구현합니다.

❶ [Library]의 [무비클립: 요정날개움직임]을 더블클릭해서 편집 모드로 이동합니다.

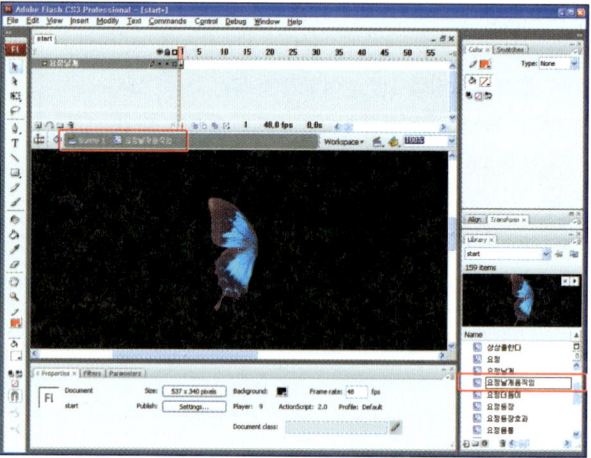

❷ [레이어: 요정날개]의 1번, 11번, 19번 프레임에 각각 F6 을 눌러서 키프레임을 생성합니다.

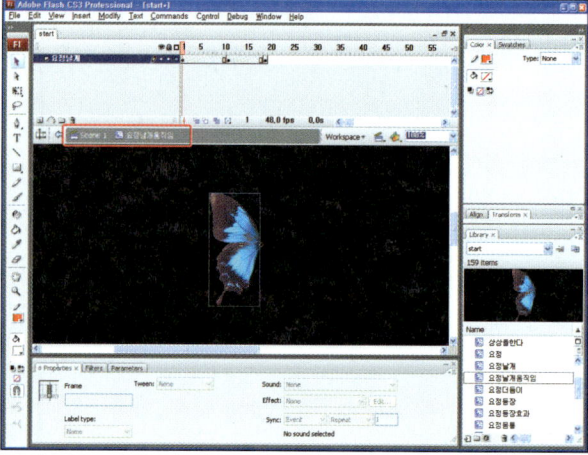

❸ 11번 키프레임에 있는 무비클립의 넓이를 줄입니다.

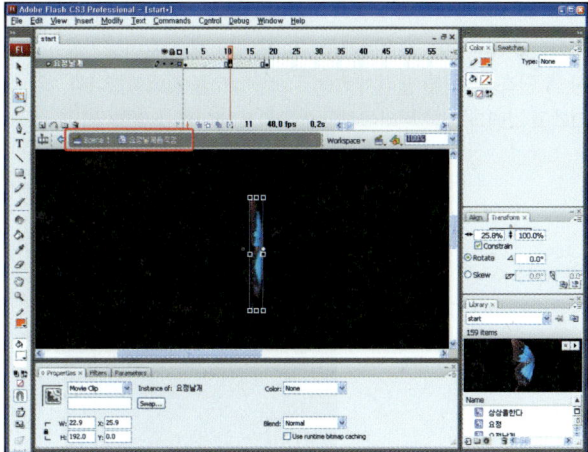

❹ 프레임 전체를 잡고 모션 트위닝을 적용합니다.

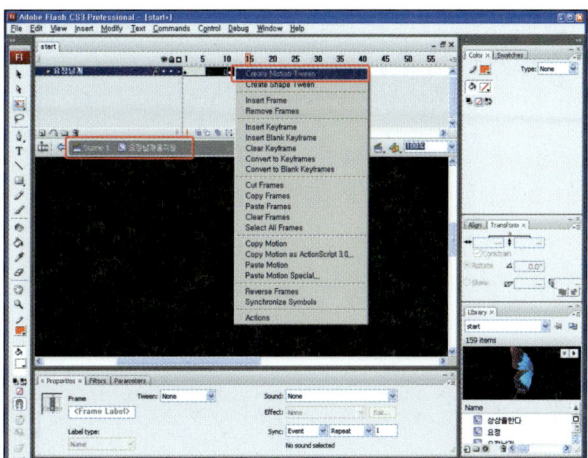

❺ [Library]의 [무비클립: 요정]을 더블클릭해서 편집 모드로 이동합니다.

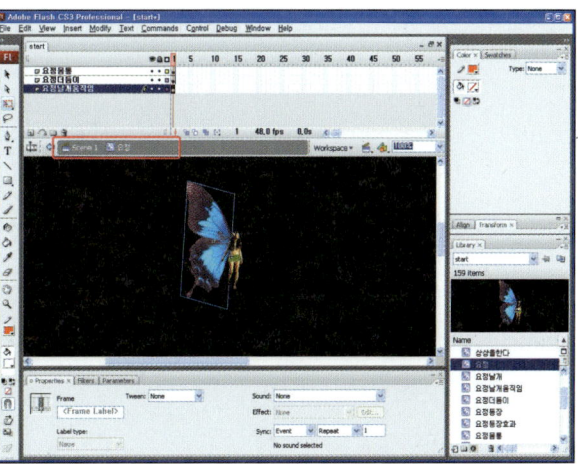

❻ 맨 아래에 레이어를 생성해 레이어 이름을 '요정뒤날개' 로
설정하고, [레이어: 요정날개움직임]을 복사해서 붙여넣기를
한 후 단축키 [Q]를 눌러서 Free Transform을 활성화합니다.
그리고 그림과 같이 무비클립의 기울기와 넓이를 조절합니다.

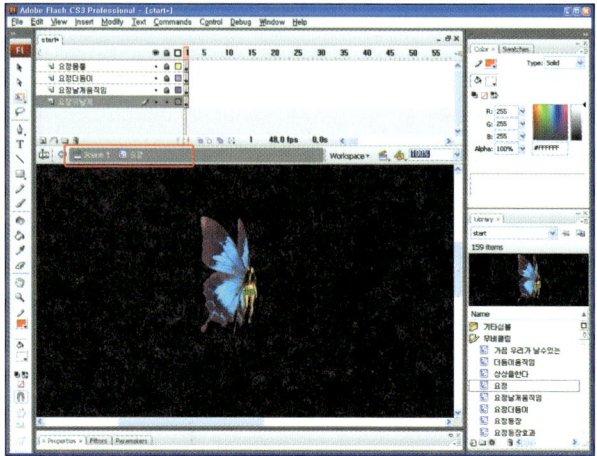

❼ [Library]의 [무비클립: 요정상하움직임]을 더블클릭해서
편집 모드로 이동합니다.

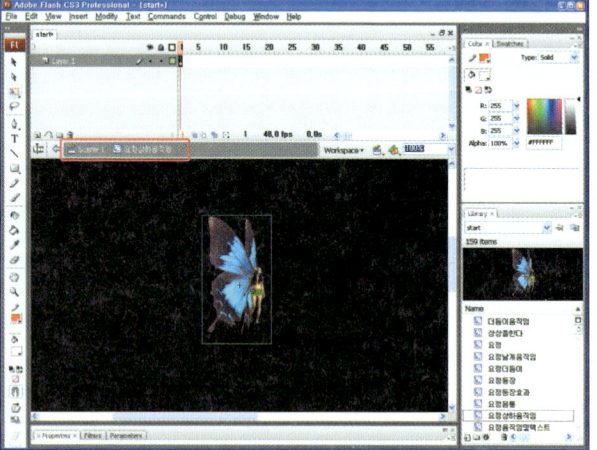

❽ 13번, 25번 프레임에 [F6] 을 눌러서 키프레임을 생성합니다.

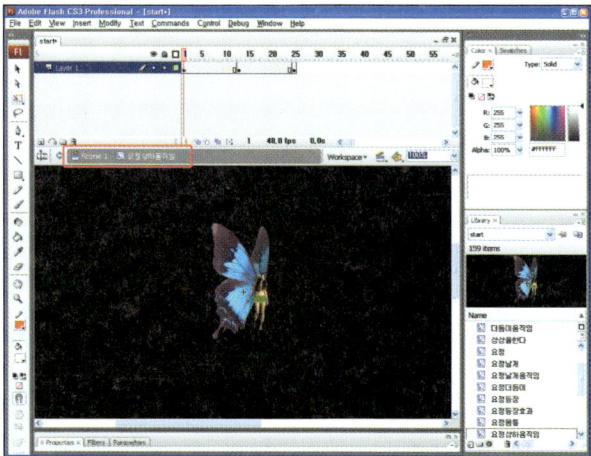

⑨ 13번 프레임에 있는 무비클립을 4픽셀 위로 움직이고, 프레임 전체를 선택해 모션 트위닝을 적용합니다.

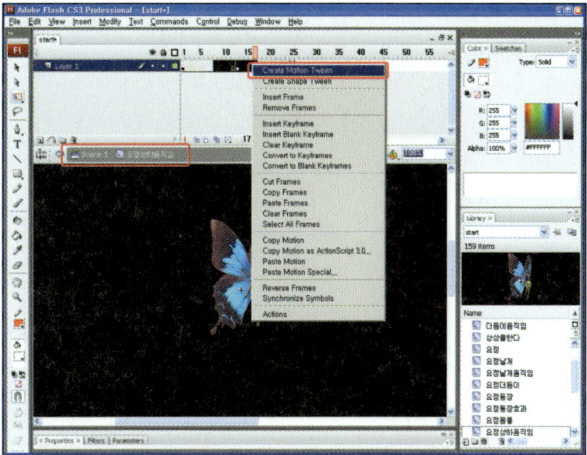

5 요정 등장 효과 만들기

날갯짓하는 요정이 빛 효과와 함께 등장하는 모션을 만들어 보겠습니다. 빛 효과는 파티클 일루젼이라는 프로그램에서 미리 만들어 놓은 효과를 이미지 시퀀스로 뽑아 놓은 것입니다. 차후에 출간할 책의 외부 프로그램 연동 부분에서 다룰 예정입니다.

❶ [Library]의 [무비클립: 요정등장]을 더블클릭해서 편집 모드로 이동합니다.

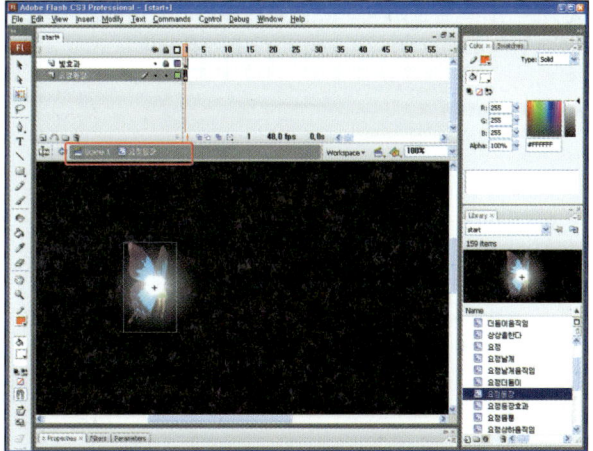

❷ 전체 프레임을 60프레임까지 늘리고, [레이어: 요정등장]의 무비클립을 35프레임으로 이동합니다.

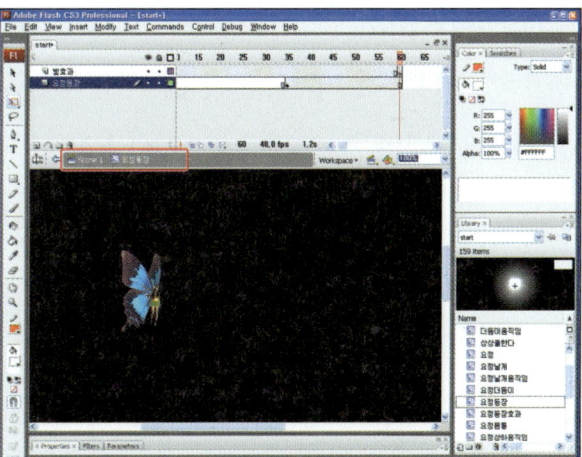

❸ [레이어: 요정등장]의 60번 키프레임에 F6 을 눌러 키프레임을 만듭니다.

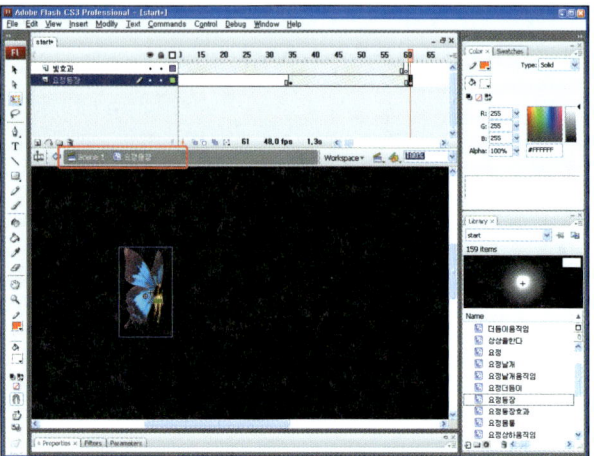

❹ [레이어: 요정등장]의 35번 프레임에 있는 무비클립의 Alpha 값을 0으로 설정하고 모션 트위닝을 적용합니다.

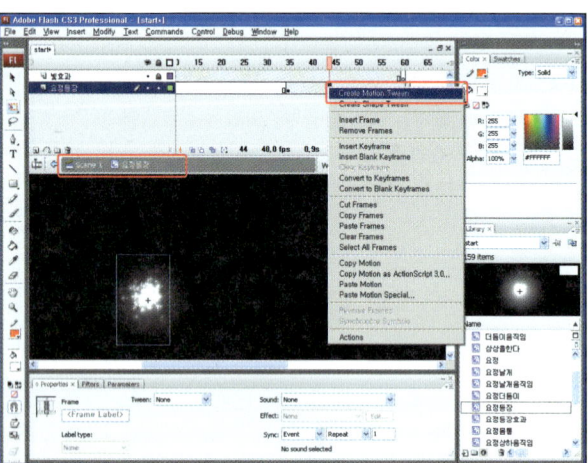

6 텍스트 효과 만들기

요정과 함께 나타날 텍스트 효과를 만들어 보겠습니다.

❶ [Library]의 [무비클립: 가끔 우리가 날수있는]을 더블클릭해서 편집 모드로 이동합니다.

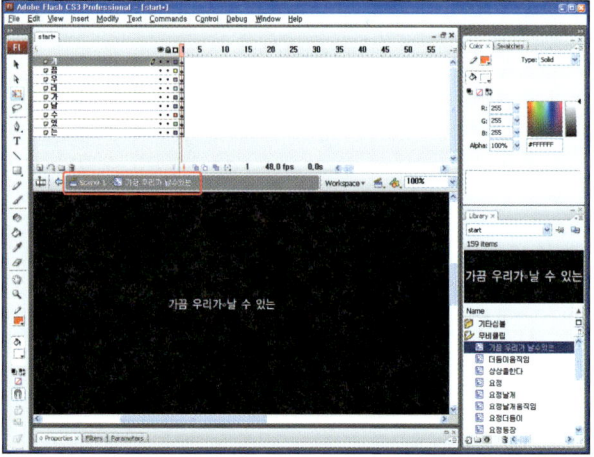

② 전체 프레임을 45프레임까지 늘리고, 45번 키프레임에 F6 을 눌러서 키프레임을 만듭니다.

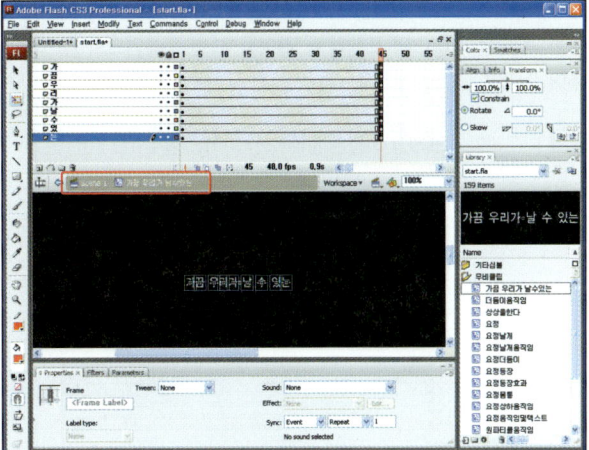

③ 1번 프레임의 무비클립을 모두 선택하고 오른쪽으로 30픽셀 이동합니다.

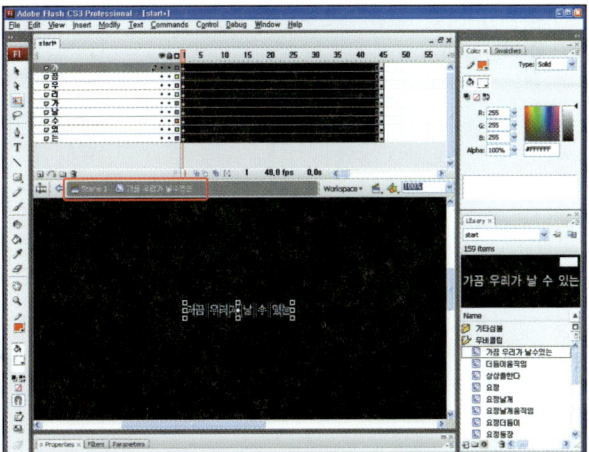

④ 프레임 전체를 선택하고 모션 트위닝을 적용합니다.

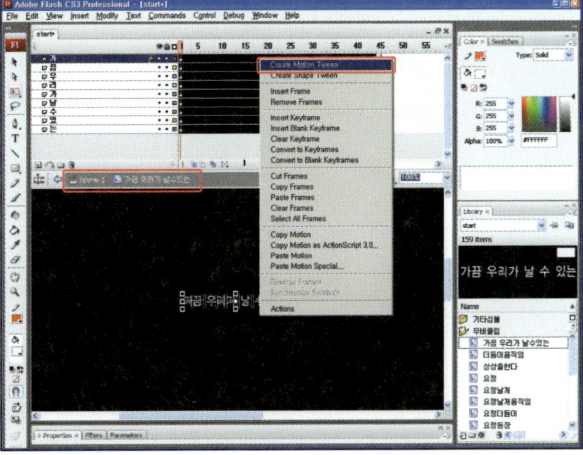

❺ 각각 레이어의 무비클립 시작 위치를 2프레임씩 밀려서 이동한 후 모든 레이어의 프레임 끝 길이를 61번 프레임으로 맞추어 줍니다.

> 참고 키프레임의 프레임 이동은 실무 모션 가이드 실무 Tip 7번을 참고하세요.

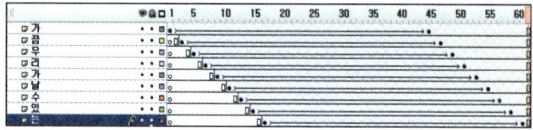

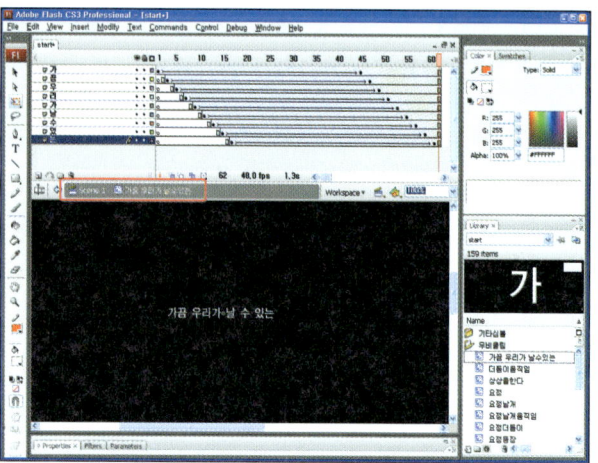

❻ [Library]의 [무비클립: 상상을한다]를 더블클릭해서 편집 모드로 이동합니다.

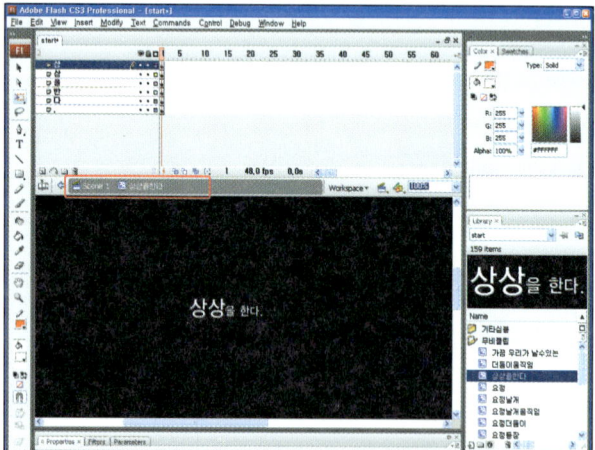

❼ 전체 프레임을 45프레임까지 늘리고, 45번 키프레임에 F6 을 눌러서 키프레임을 만듭니다.

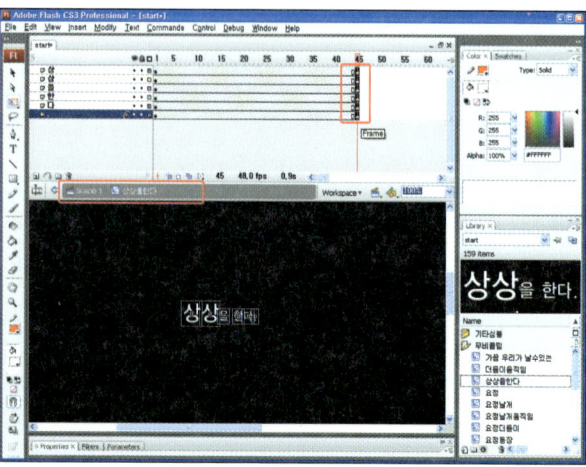

❽ 1번 프레임에 있는 무비클립을 모두 선택하고 오른쪽으로 30픽셀 이동합니다.

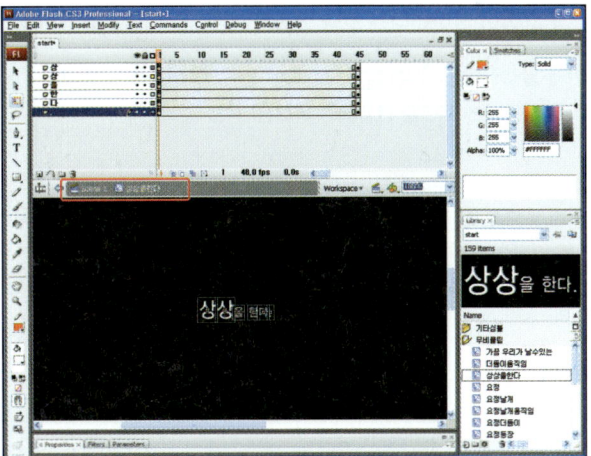

❾ 프레임 전체를 선택하고 모션 트위닝을 적용합니다.

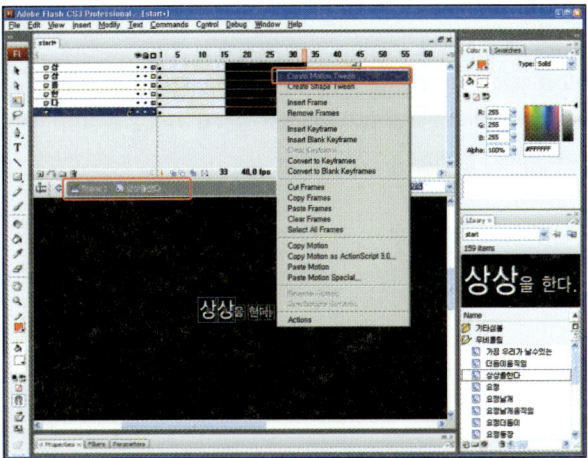

❿ 각각 레이어의 무비클립 시작 위치를 2프레임씩 밀려서 이동한 후 모든 레이어의 프레임 끝 길이를 56번 프레임으로 맞추어 줍니다.

> 참고 키프레임의 프레임 이동은 실무 모션 가이드 실무 Tip 7번을 참고하세요.

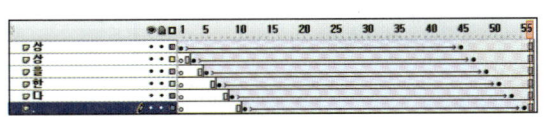

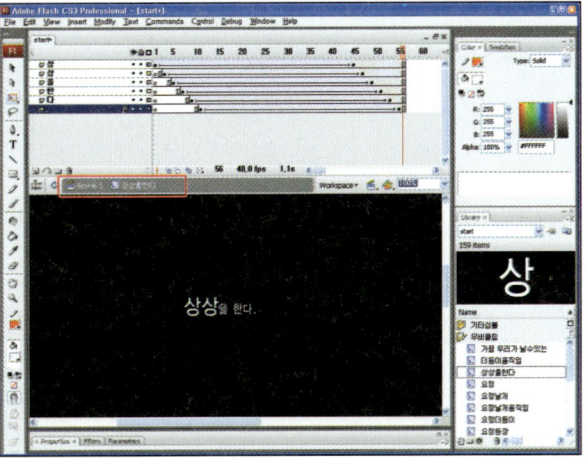

7 요정이 날아다니는 효과 만들기

이제 날갯짓하는 요정과 텍스트 모션 만든 걸 이용해서 요정이 날아다니는 모션을 만들도록 하겠습니다.

❶ [Library]의 [무비클립: 요정움직임텍스트]를 더블클릭해서 편집 모드로 이동합니다.

❷ 전체 프레임을 43번 프레임까지 늘리고 그림과 같이 가이드 라인을 생성한 후 [레이어: 첫번째움직임]의 35번 프레임에 F6을 눌러서 키프레임을 만듭니다. 이때 가이드 레이어는 여분 있게 늘려 주고 1번 키프레임에서 요정을 가이드 라인의 시작 위치에 둡니다.

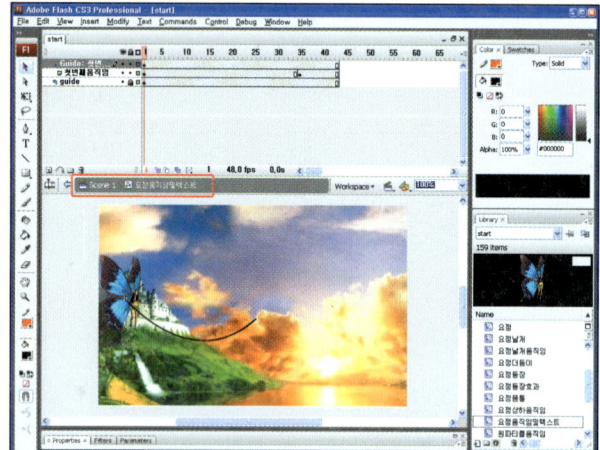

❸ [레이어: 첫번째움직임]에서 35번 프레임의 무비클립 위치를 중심점 기준으로 가이드 라인의 끝부분으로 이동합니다.

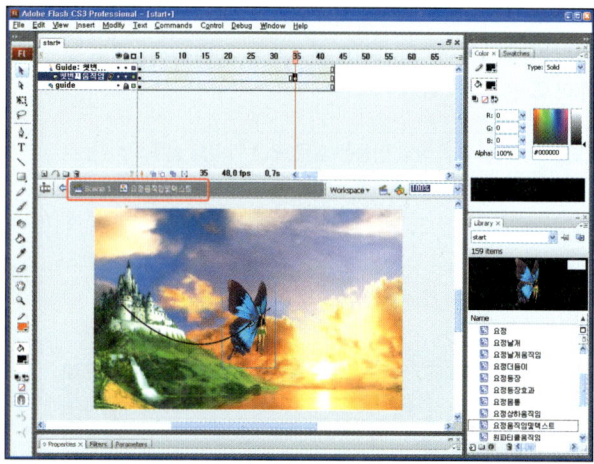

❹ 프레임 중간에 모션 트위닝을 적용하고 Ease 값을 100으로 설정합니다.

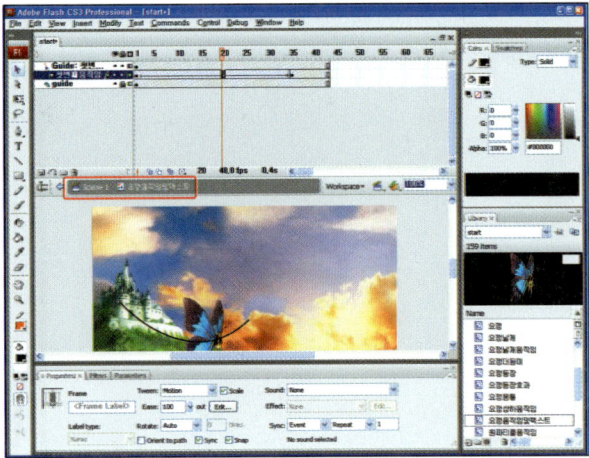

❺ 두 번째 움직임 레이어를 만들고, [레이어: 첫번째움직임]의 마지막 프레임에 있는 무비클립을 복사해서 44번 키프레임에 복제합니다. 이때 이전 무비클립과 같은 위치가 되도록 합니다.

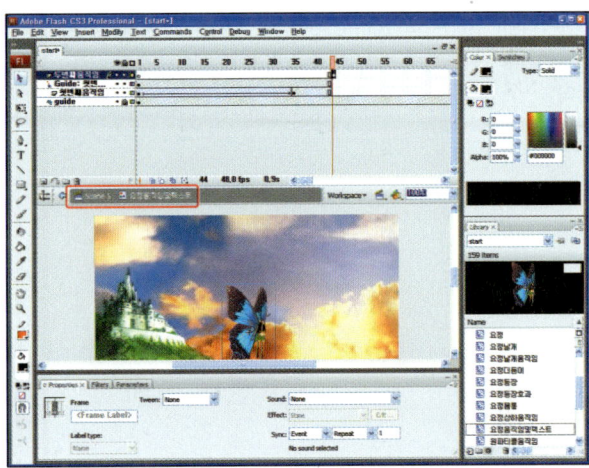

잠깐 Ctrl + C 로 복사한 후에 Ctrl + Shift + V 로 붙여 넣기하면 복제할 대상과 같은 위치에 복제됩니다.

❻ 77번 프레임에 F6 을 눌러서 키프레임을 생성하고, 위로 80픽셀, 왼쪽으로 80픽셀 이동합니다.

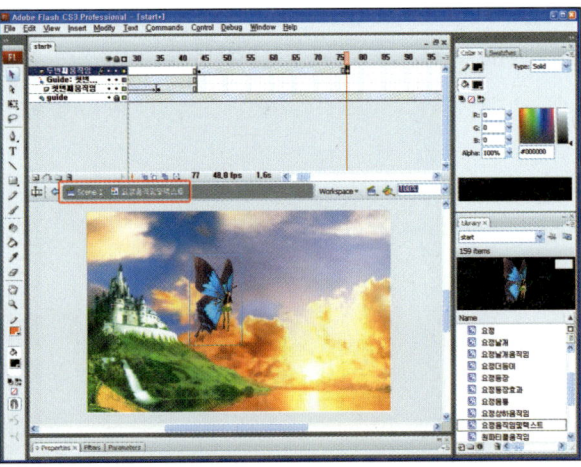

❼ 모션 트위닝을 적용하고 [레이어: 텍스트 모션1]을 생성합니다.

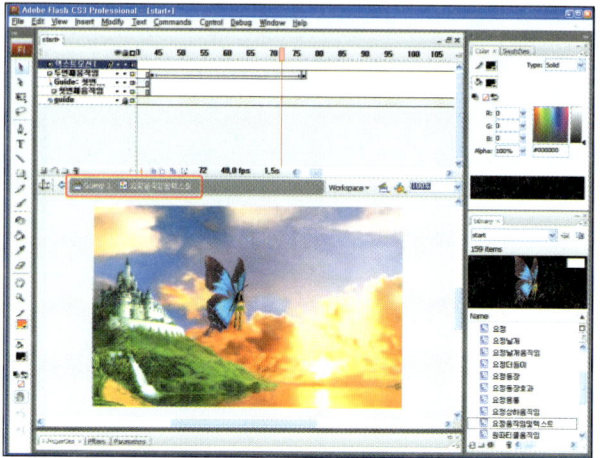

❽ [레이어: 두번째 움직임]의 프레임을 늘리고 [레이어: 텍스트모션1]의 77번 프레임에 F7 을 눌러서 빈 키프레임을 만듭니다.

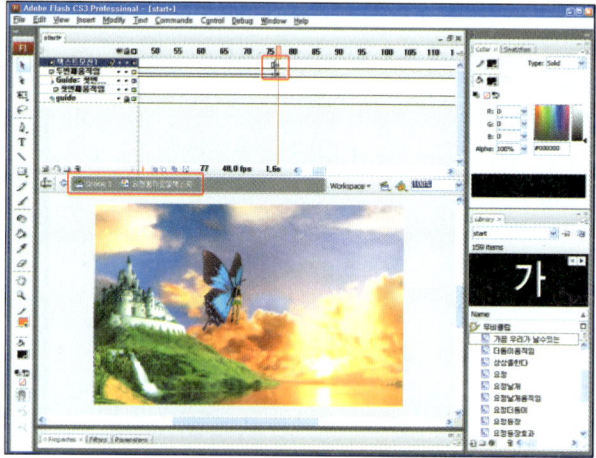

❾ [레이어: 텍스트모션1]의 77번 키프레임에 [Library]의 [무비클립: 가끔 우리가 날수있는]을 드래그해서 놓습니다.

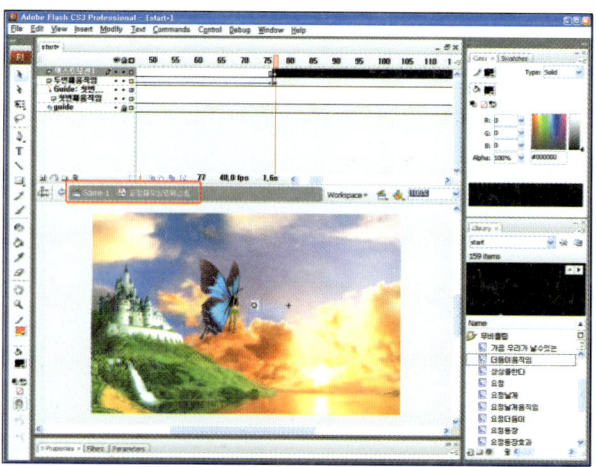

⑩ [레이어: 텍스트모션1]의 무비클립을 선택하고 Part01-Sec02-02에서 배운 **모션의 그룹화 기법**을 적용한 후 적당한 위치로 이동하여 자리를 잡습니다.

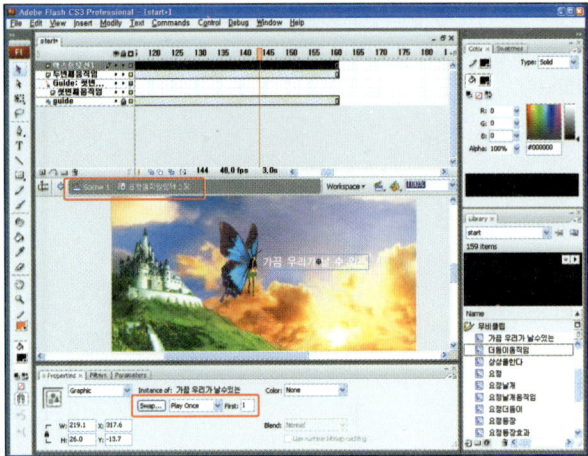

⑪ 세 번째 움직임 레이어를 생성하고, 154번 프레임에 두 번째 움직임의 무비클립을 같은 위치로 복제합니다.

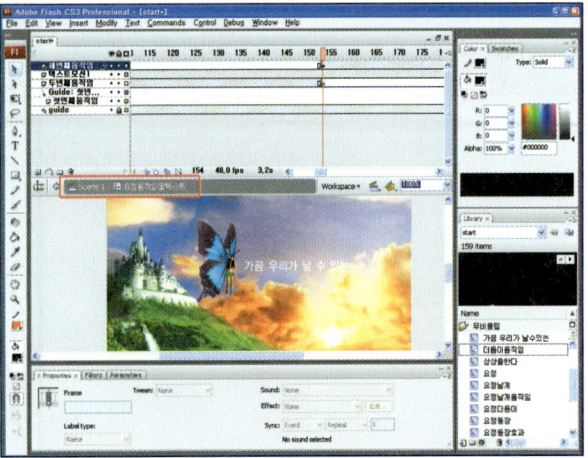

⑫ [레이어: 텍스트모션1]의 163번, 188번 프레임에 키프레임을 생성하고, [레이어: 세번째움직임]의 177번 프레임에 키프레임을 생성합니다. 그리고 [레이어: 텍스트모션1]의 189번 프레임에 F7 을 눌러서 빈 키프레임을 만들어 줍니다.

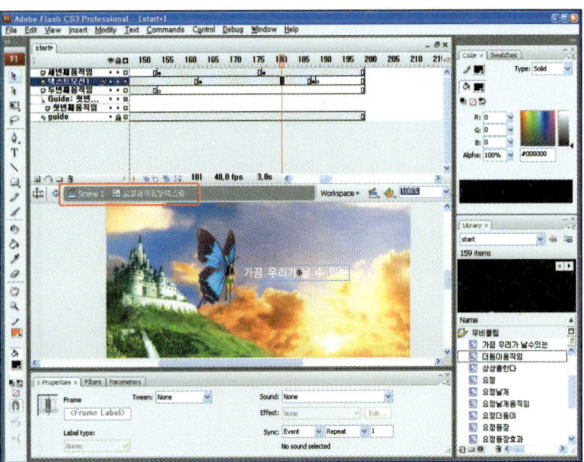

⑬ [레이어: 텍스트모션1]의 프레임에 모션 트위닝을 적용하고 188번 키프레임에 있는 무비클립의 Alpha 값을 0으로 설정합니다.

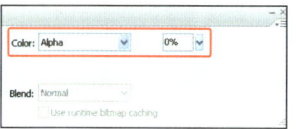

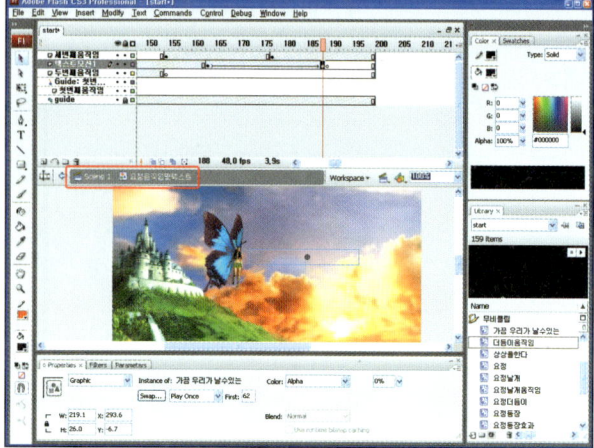

⑭ [레이어: 세번째움직임]의 177번 키프레임에 있는 무비클립을 아래로 60픽셀, 오른쪽으로 60픽셀 이동한 후 모션 트위닝을 적용합니다.

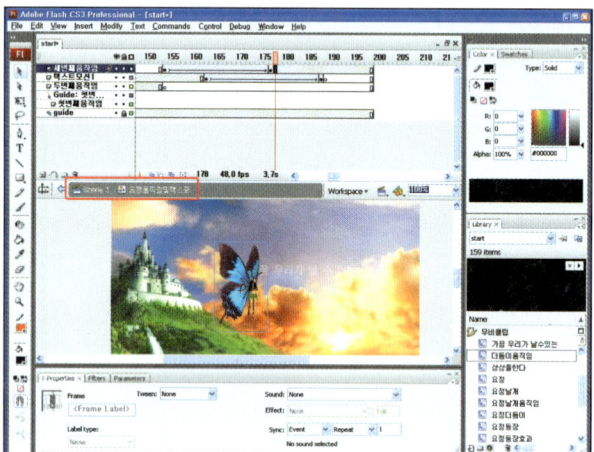

⑮ 텍스트 모션2 레이어를 생성하고, 218번 키프레임에 [Library]의 [무비클립: 상상을한다]를 드래그해 놓습니다.

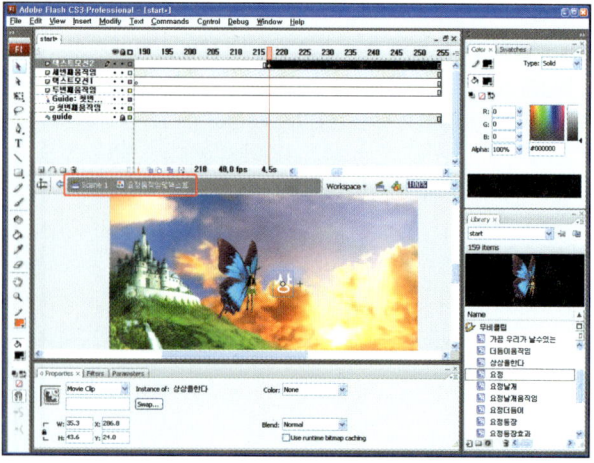

⑯ [레이어: 텍스트모션2]의 무비클립을 선택하고 Part01-
Sec02-02에서 배운 **모션의 그룹화 기법**을 적용한 후 적당한
위치로 이동하여 자리를 잡습니다.

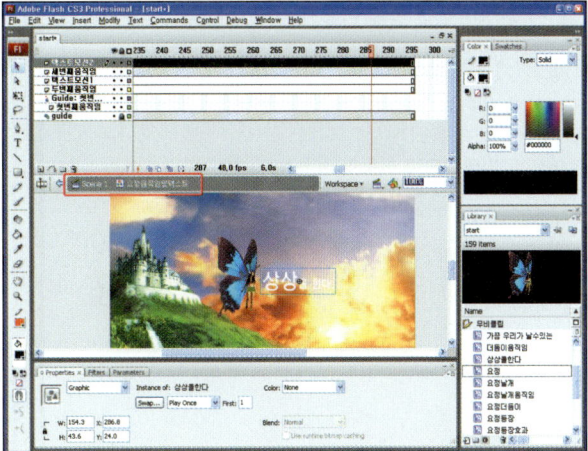

⑰ [레이어: 텍스트모션2]의 342번, 368번 프레임과 [레이어:
세번째움직임]의 358번, 387번 프레임에 F6 을 눌러서 키프
레임을 생성합니다.

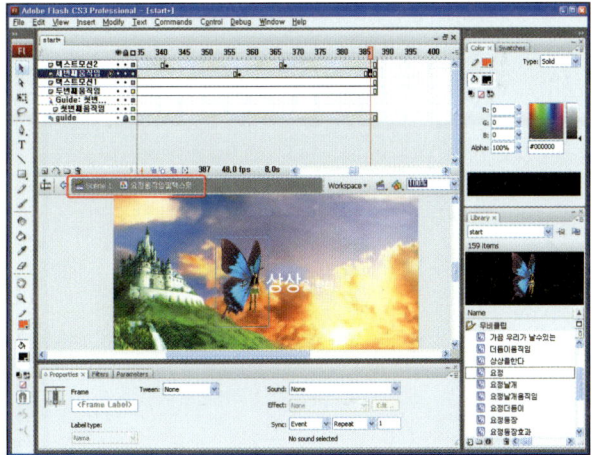

⑱ 각각의 프레임에 모션 트위닝을 적용하고, 마지막 무비클
립의 Alpha 값을 0으로 설정합니다.

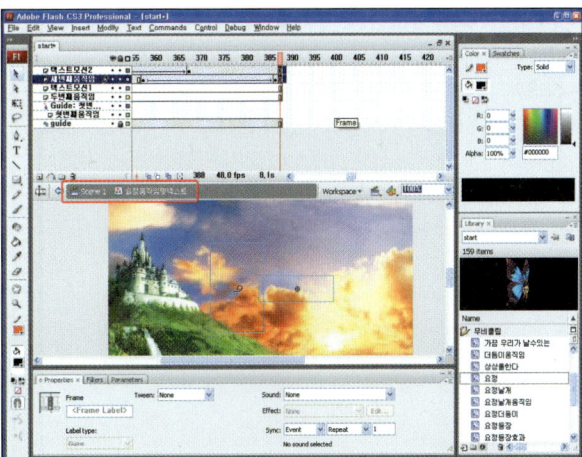

8 전체적인 모션 흐름 만들기

타임라인에서 전체적인 무비가 등장하도록 흐름 무비를 만들어 보겠습니다.

❶ 메인 타임라인으로 이동합니다.

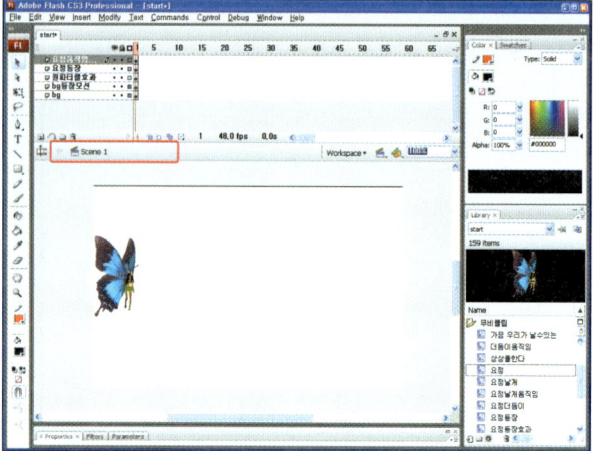

❷ [레이어: BG]의 전체 프레임을 660까지 늘립니다.

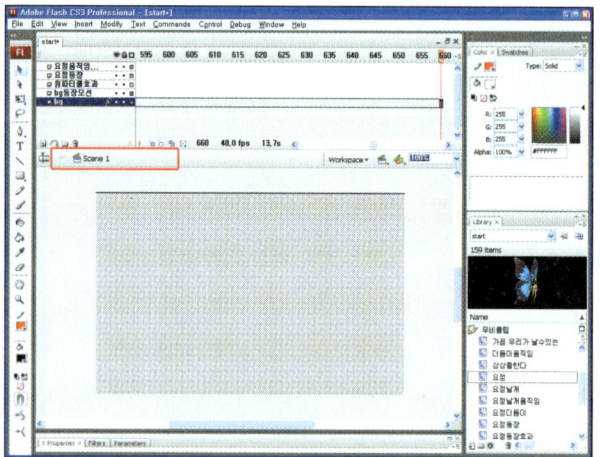

❸ [레이어: bg등장모션]의 무비클립을 선택하고 Part01-Sec02-02에서 배운 **모션의 그룹화 기법**을 적용한 후 프레임은 588까지 늘린 후 589번 프레임에는 F7 을 눌러서 빈 키프레임을 만들고 615번 프레임까지 늘려 줍니다.

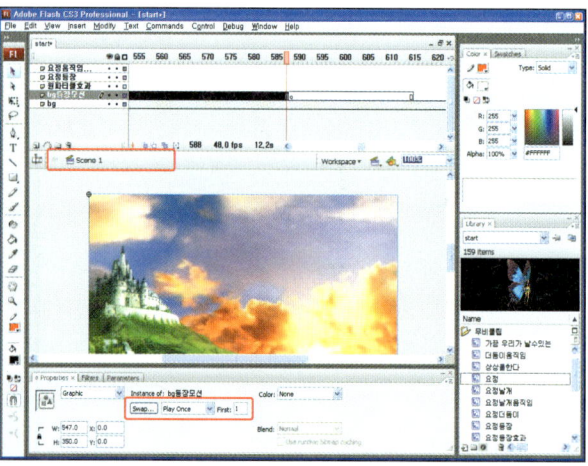

❹ 548번과 588번 프레임에 F6 을 눌러서 키프레임을 생성하고, 588번 키프레임에 있는 무비클립의 Alpha 값을 0으로 설정해 모션 트위닝을 적용합니다.

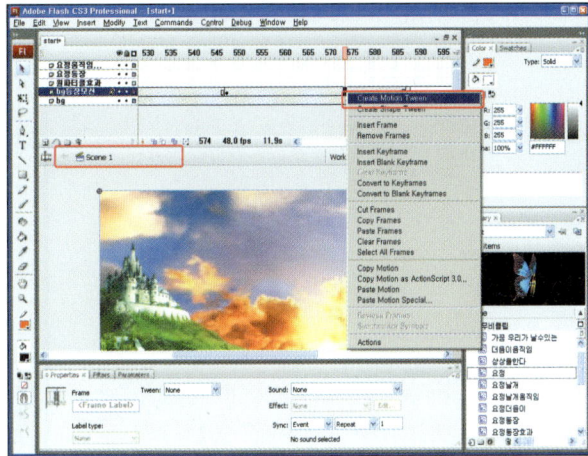

❺ [레이어: 원파티클효과], [레이어: 요정등장], [레이어: 요정 움직임 및 텍스트] 각각 무비클립의 프레임 위치를 53번, 63번, 149번 프레임으로 이동합니다.

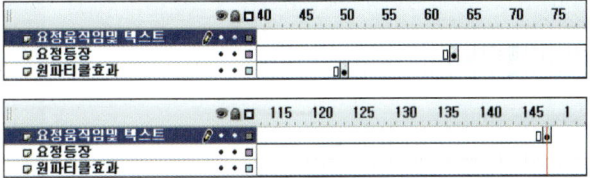

❻ [레이어: 원파티클효과]는 615프레임까지 늘려 줍니다.

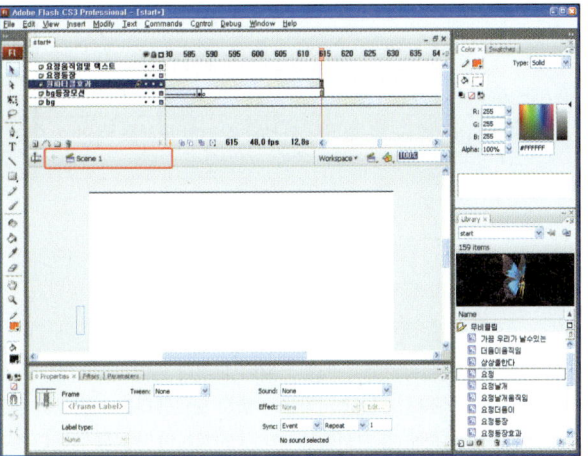

❼ [레이어: 요정등장]은 148프레임까지 늘려 줍니다.

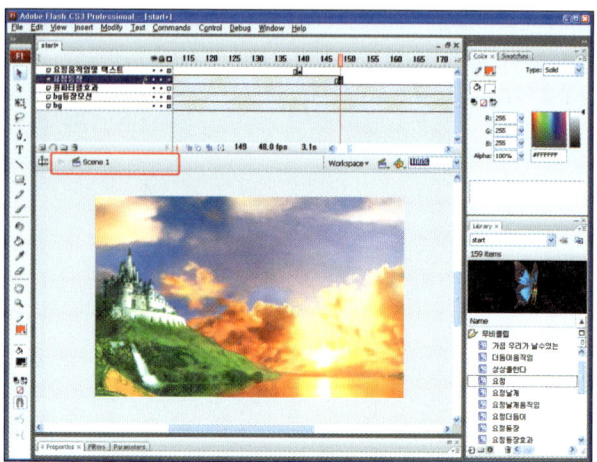

❽ [레이어: 요정움직임 및 텍스트]의 전체 프레임을 615까지 늘려 줍니다.

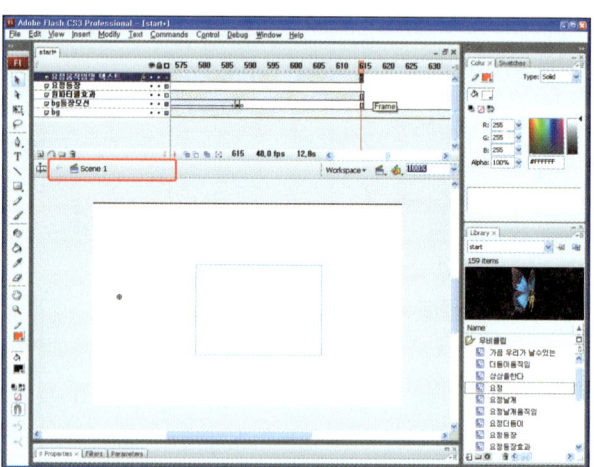

잠깐 Ctrl + Enter 를 눌러서 완성된 작업의 모션을 확인 합니다.

이번 단원을 마치며

전체적인 모션을 확인하고 튀는 느낌이 들거나 좀더 디테일한 부분이 필요하다면 해당 무비클립에서 눈으로 확인하면서 수정하면 됩니다. 어디서부터 모션을 시작해야 할지 모르겠다는 사람들이 많은데 먼저 작은 모션, 즉 움직임이라든가 파티클 효과 등의 모션 을 생성하고 나중에 그 모션들을 모아서 전체적인 흐름을 만들다 보면 모션의 실마리를 잡을 수 있을 것입니다.

SECTION

02 인트로 비주얼 모션 만들기

흐름이 있는 인트로성 모션을 만들어 보겠습니다. 문이 열리고 빛 효과와 기타 모션이 진행된 후에 사이트에 들어가도록 유도하는 효과를 넣도록 하겠습니다. 디테일한 모션에서 시작해서 흐름이 되는 모션을 제작해 보고 파티클 효과를 이해합니다.

P R E V I E W

| 인트로성 모션 만들기 | ◉ 부록CD/Sample/Part03/Sec02/end.swf |

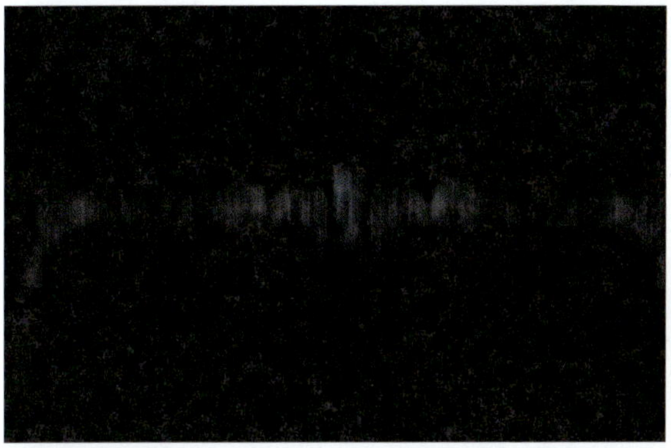

▲ 문이 열리는 모션

▲ 빛 파티클 등장

▲ 빛 파티클 등장

▲ 빛 파티클 등장

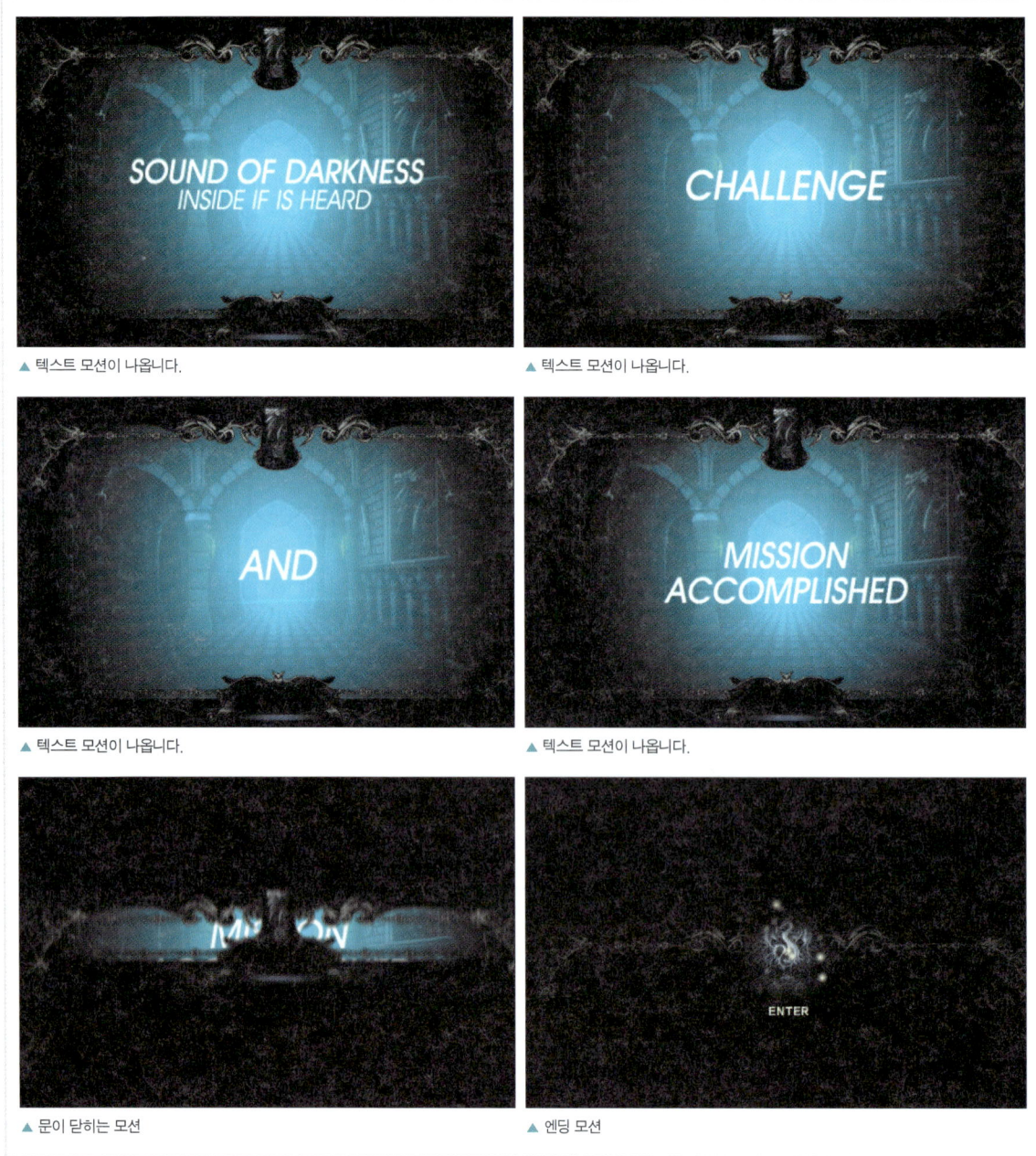

▲ 텍스트 모션이 나옵니다.　　　　　　▲ 텍스트 모션이 나옵니다.

▲ 텍스트 모션이 나옵니다.　　　　　　▲ 텍스트 모션이 나옵니다.

▲ 문이 닫히는 모션　　　　　　　　　▲ 엔딩 모션

●●●● 인트로성 모션 만들기

인트로 느낌의 모션 작업을 진행해 보겠습니다. 이번 장에서는 빛 효과 같은 부분은 외부 필터를 이용해서 작업했고 여기서는 소스로만 이용하겠습니다. 더 자세한 제작법은 다음 책에서 준비 중입니다.

완성 파일	부록CD/Sample/Part03/Sec02/end.fla
예제 파일	부록CD/Sample/Part03/Sec02/start.fla
Key Point	문 움직임, 블러 효과 응용, 전체적인 모션의 흐름 이해하기
모션 미리보기(문이 열리면서 사이트 특성과 느낌을 전달하고 클릭을 유도)	부록CD/Sample/Part03/Sec02/end.swf

1 예제 파일 열기

❶ '부록CD/Sample/Part03/Sec02/start.fla' 를 플래시로 열고, 새로운 이름으로 저장합니다. [Library] 패널에서 예제에 사용될 무비클립 심벌과 그래픽 심벌을 확인합니다. 등장하는 순서는 이미 레이어별로 정리했습니다.

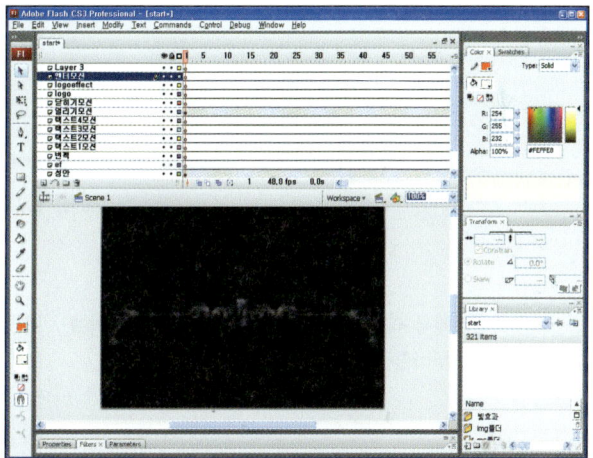

2 문 열리는 모션

문이 열리는 모션을 만들어 보겠습니다. 이때 블러 필터를 이용해서 더욱 느낌이 있는 모션을 만들겠습니다. 타임라인의 [레이어: 열리기모션] 부분에 들어가는 무비클립에서 작업합니다.

❶ [Library]의 [무비클립: 열리기모션]을 더블클릭해서 편집모드로 이동합니다.

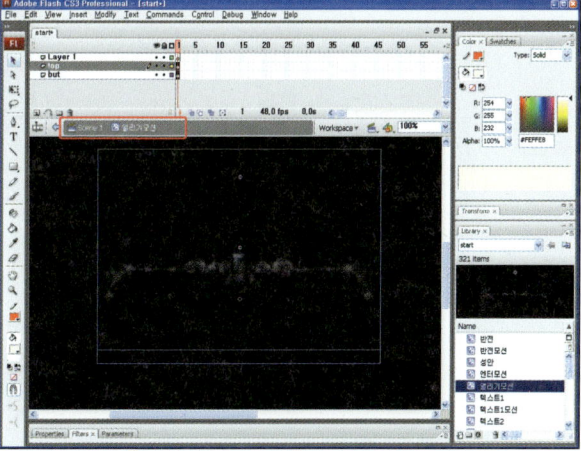

❷ [레이어: top], [레이어: but]의 1번, 30번, 82번 프레임에
F6 을 눌러서 키프레임을 생성해 줍니다.

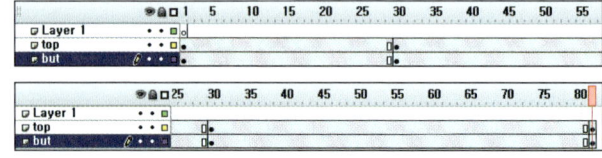

❸ [레이어: top], [레이어: but]의 30번 프레임에 있는 무비클
립을 선택하고 Filters 중 Blur 필터를 적용합니다. 설정 값은
Blur Y: 20을 줍니다.

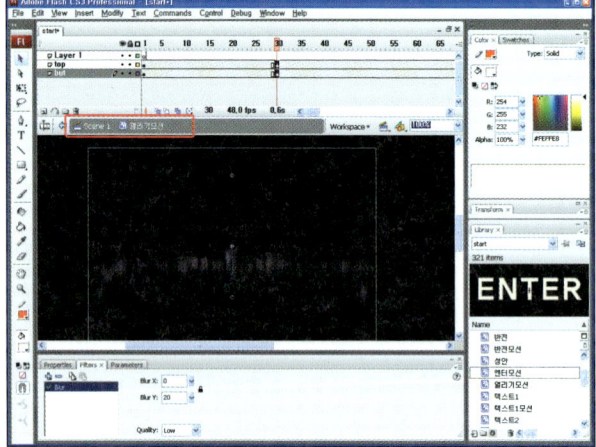

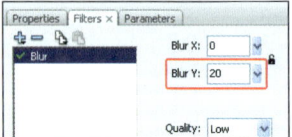

❹ 82번 프레임에서 [레이어: top] 무비클립을 위로 120픽셀,
[레이어: but]의 무비클립을 아래로 160픽셀 이동합니다.

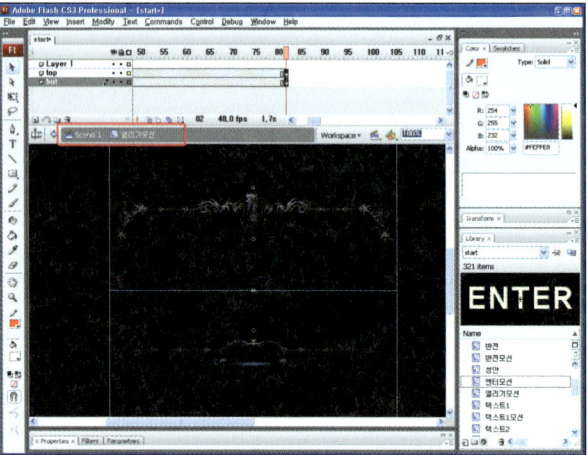

⑤ 프레임 모두를 선택하고 모션 트위닝을 적용한 후 Ease 값을 100으로 설정합니다.

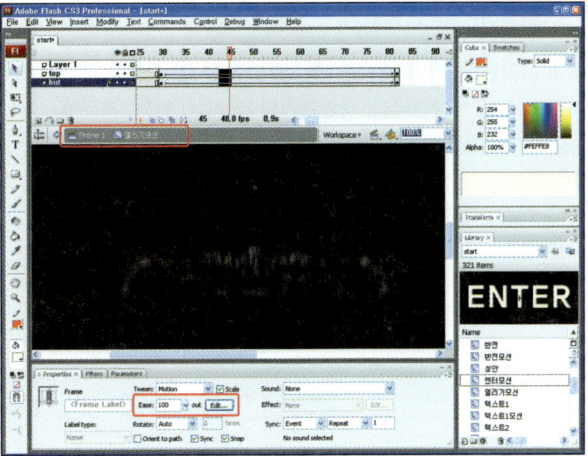

③ 빛 파티클 등장

빛 파티클은 외부 프로그램인 파티클 일루젼을 이용해서 제작되었습니다. 이 책에서는 이 부분은 생략하고 무비클립으로 다루는 방법에 대해서만 알아보도록 하겠습니다. 타임라인의 [레이어: ef] 부분에 들어가는 무비클립에서 작업합니다.

❶ [Library]의 [무비클립: ef]를 더블클릭해서 편집 모드로 이동합니다.

❷ 프레임 바이 프레임으로 이미지가 들어 있는 걸 확인하고 메인 타임라인으로 이동합니다.

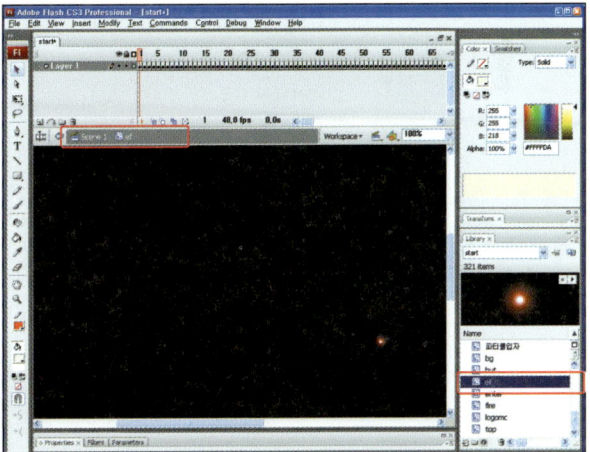

❸ 메인 타임라인의 [레이어: ef]에 있는 [무비클립: ef]를 선택하고 Part01-Sec02-02에서 배운 모션의 그룹화 기법을 적용합니다.

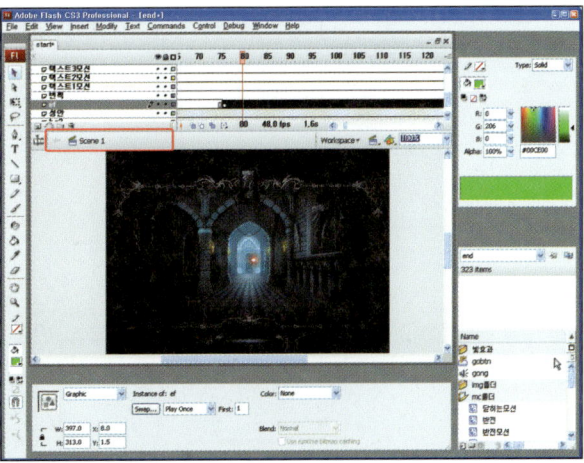

4 번쩍이는 강조 만들기

빛이 사라질 때 번쩍이는 효과를 줘서 사라지는 느낌을 극대
화해 보도록 하겠습니다. 타임라인의 [레이어: 번쩍] 부분에
들어가는 무비클립에서 작업합니다.

❶ [Library]의 [무비클립: 반전모션]을 더블클릭해서 편집 모
드로 이동합니다.

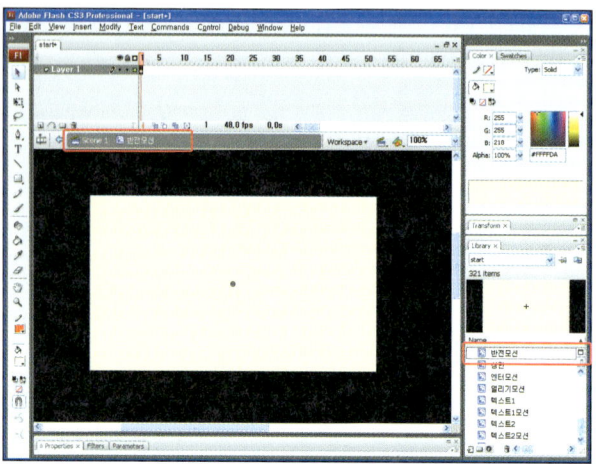

❷ 1번, 20번 프레임에 키프레임을 생성합니다.

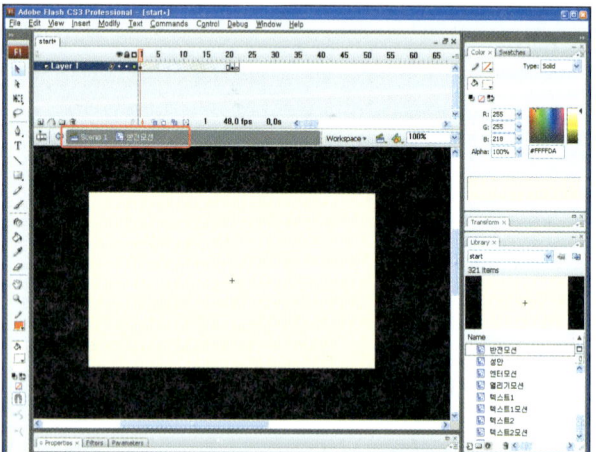

❸ 모션 트위닝을 적용하고 20번 프레임에 있는 무비클립의
Alpha 값을 0으로 설정합니다.

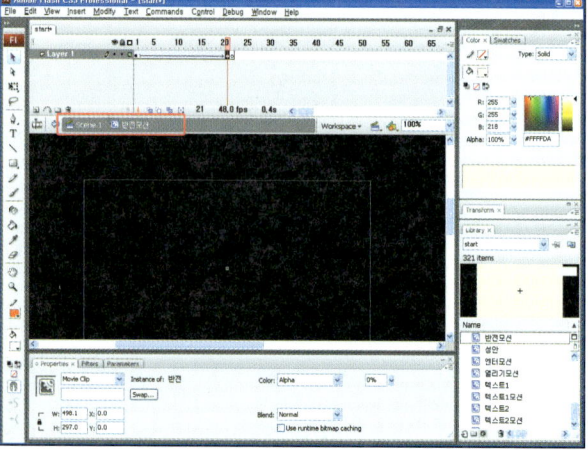

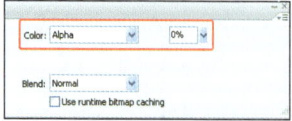

④ 메인 타임라인으로 이동 후 [레이어: 번쩍]의 [무비클립: 반전모션]을 선택하고 Alpha 값을 30%로 설정합니다.

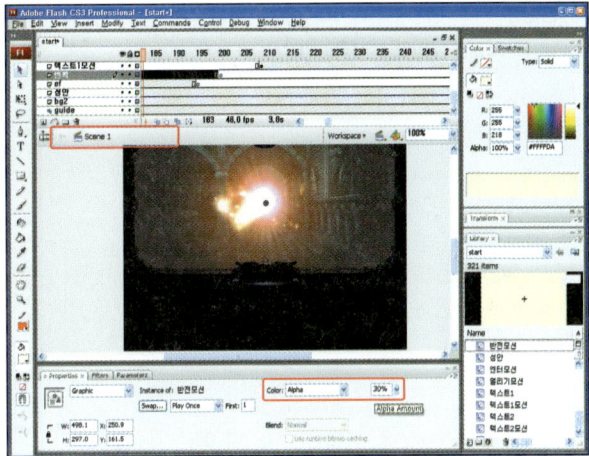

5 첫 번째 텍스트 모션 만들기

텍스트가 안쪽에서 나와서 바깥쪽으로 움직이는 모션을 만들어 보겠습니다. 공간감을 주려면 Z축의 느낌을 만들어야 합니다. 이는 Scale 값 조정으로 해결할 수 있습니다. 타임라인의 [레이어: 텍스트1모션] 부분에 들어가는 무비클립에서 작업합니다.

❶ [Library]의 [무비클립: 텍스트1모션]을 더블클릭해서 편집모드로 이동합니다.

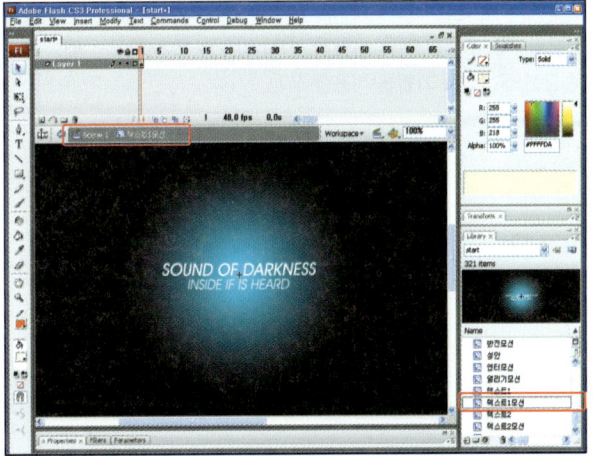

❷ 1번, 7번, 28번, 88번, 93번 프레임에 각각 [F6]을 눌러서 키프레임을 생성합니다.

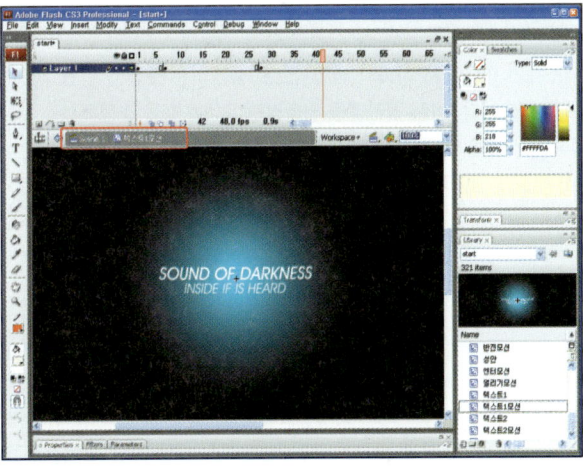

❸ 생성한 키프레임에 아래 표와 같은 설정으로 Scale 값을 조정하고 모션 트위닝을 적용합니다.

프레임	Scale 값
1	10%
7	87%
28	100%
88	110%
93	210%

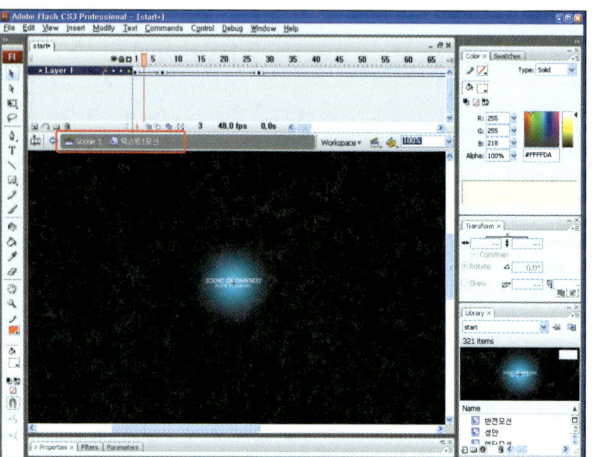

❹ 메인 타임라인으로 이동하고 [레이어: 텍스트1모션]의 [무비클립: 텍스트1모션]을 선택하고 Part01-Sec02-02에서 배운 모션의 그룹화 기법을 적용합니다.

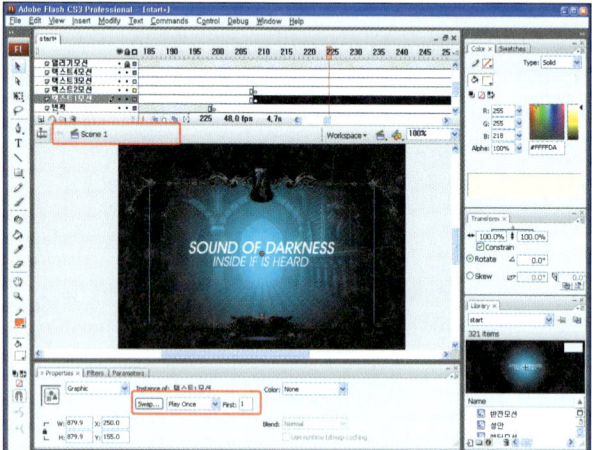

6 두 번째 텍스트 모션 만들기

텍스트가 안쪽에서 나와서 바깥쪽으로 움직이는 모션을 만들어 보겠습니다. 이런 공간감을 만들려면 Scale 값을 조정해서 Z축의 느낌을 냅니다. 이것은 타임라인의 [레이어: 텍스트2모션] 부분에 들어가는 무비클립에서 작업합니다.

❶ [Library]의 [무비클립: 닫히는모션]을 더블클릭해서 편집 모드로 이동합니다.

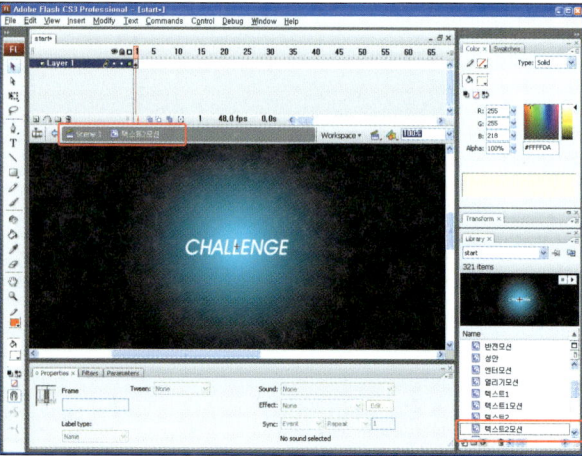

❷ 1번, 7번, 28번, 88번, 93번 프레임에 각각 F6 을 눌러서
키프레임을 생성합니다.

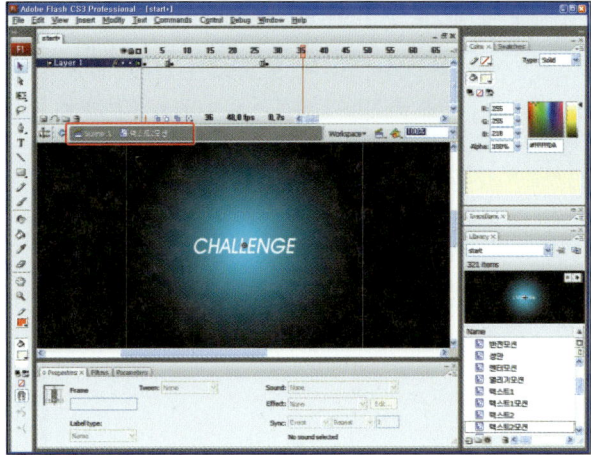

❸ 생성한 키프레임에 아래 표와 같은 설정으로 Scale 값을
조정하고 모션 트위닝을 적용합니다.

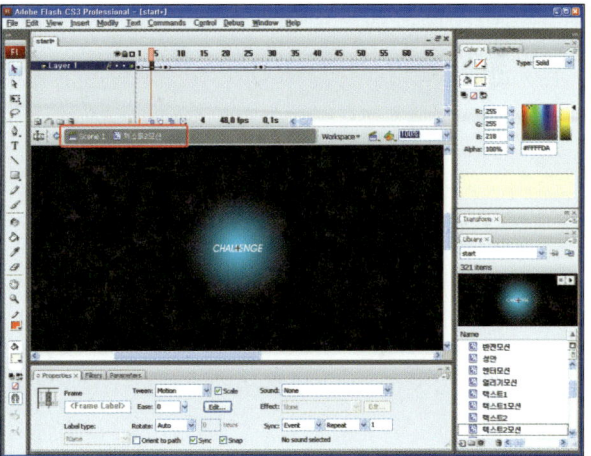

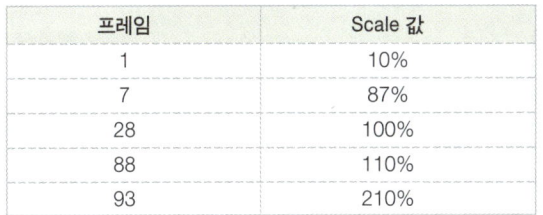

프레임	Scale 값
1	10%
7	87%
28	100%
88	110%
93	210%

❹ 타임라인으로 이동해 [레이어: 텍스트2모션]의 [무비클립:
텍스트2모션]을 선택하고 Part01-Sec02-02에서 배운 모션의
그룹화 기법을 적용합니다.

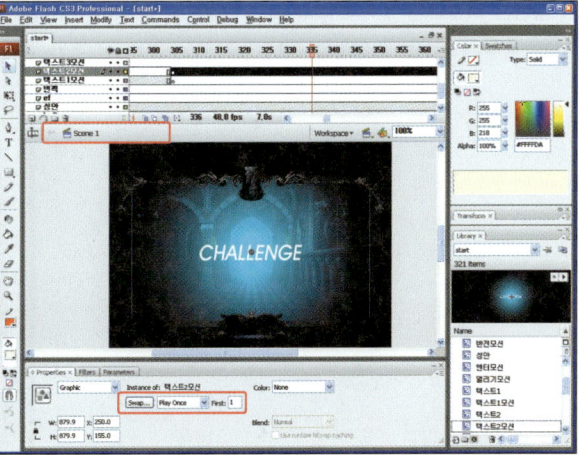

7 세 번째 텍스트 모션 만들기

텍스트가 안쪽에서 나와서 바깥쪽으로 움직이는 모션을 만들어 보겠습니다. 이런 공간감을 만들려면 Scale 값을 조정해서 Z축의 느낌을 냅니다. 이것은 타임라인의 [레이어: 텍스트3모션] 부분에 들어가는 무비클립에서 작업합니다.

❶ [Library]의 [무비클립: 텍스트3모션]을 더블클릭해서 편집 모드로 이동합니다.

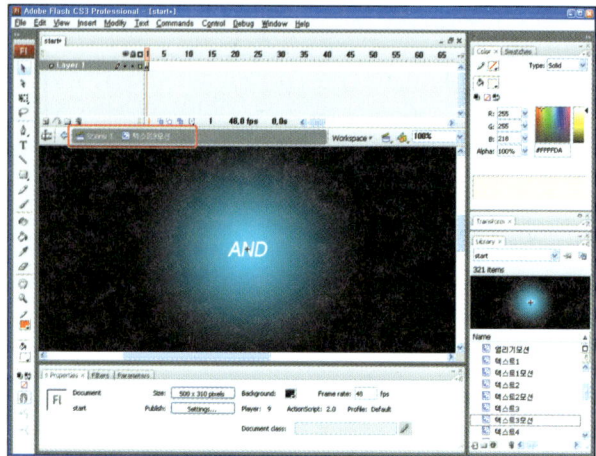

❷ 1번, 7번, 28번, 88번, 93번 프레임에 각각 F6 을 눌러서 키프레임을 생성합니다.

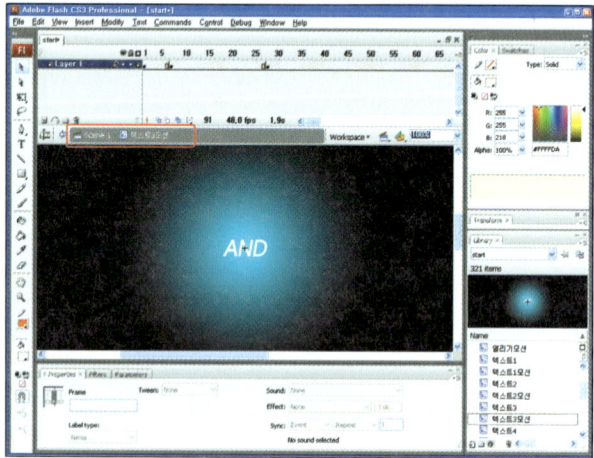

❸ 생성한 키프레임에 아래 표와 같은 설정으로 Scale 값을 조정하고 모션 트위닝을 적용합니다.

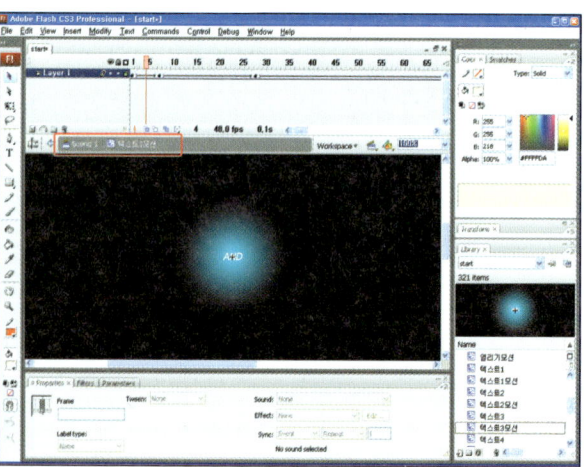

프레임	Scale 값
1	10%
7	87%
28	100%
88	110%
93	210%

❹ 타임라인으로 이동해 [레이어: 텍스트3모션]의 [무비클립:
텍스트3모션]을 선택하고 Part01-Sec02-02에서 배운 **모션의
그룹화 기법**을 적용합니다.

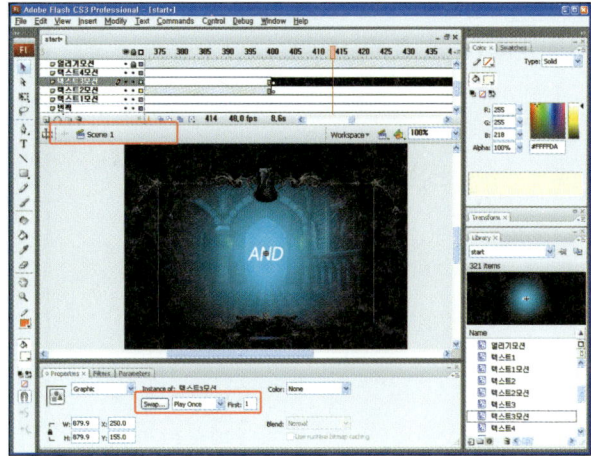

8 네 번째 텍스트 모션 만들기

텍스트가 안쪽에서 나와서 바깥쪽으로 움직이는 모션을 만들
어 보겠습니다. 이런 공간감을 만들려면 Scale 값을 조정해서
Z축의 느낌을 냅니다. 이것은 타임라인의 [레이어: 텍스트4모
션] 부분에 들어가는 무비클립에서 작업합니다.

❶ [Library]의 [무비클립: 텍스트4모션]을 더블클릭해서 편집
모드로 이동합니다.

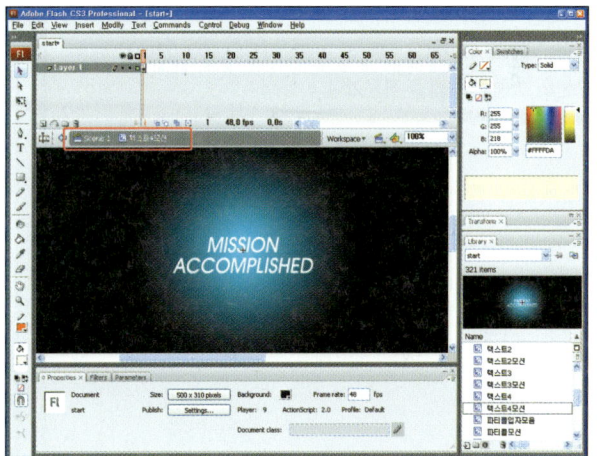

❷ 1번, 7번, 28번, 88번, 93번 프레임에 각각 F6 을 눌러서
키프레임을 생성합니다.

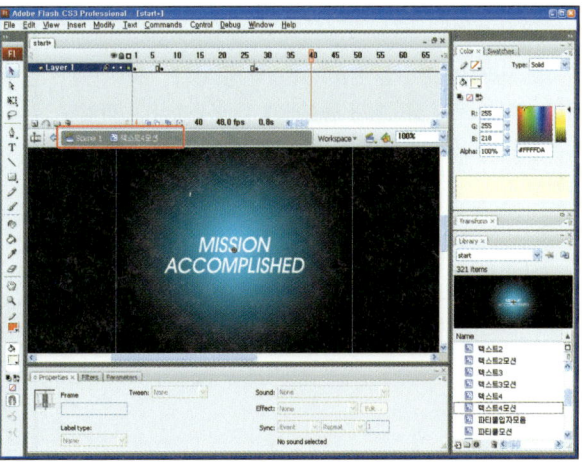

❸ 생성한 키프레임에 아래 표와 같은 설정으로 Scale 값을 조정하고 모션 트위닝을 적용합니다.

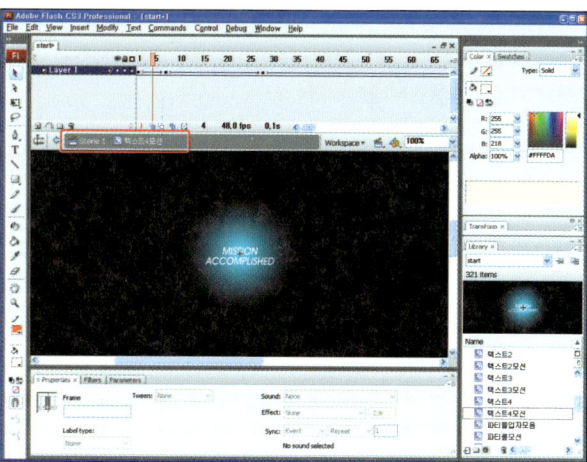

프레임	Scale 값
1	10%
7	87%
28	100%
88	110%
93	210%

❹ 메인 타임라인으로 이동해 [레이어: 텍스트4모션]의 [무비클립: 텍스트4모션]을 선택하고 Part01-Sec02-02에서 배운 모션의 그룹화 기법을 적용합니다.

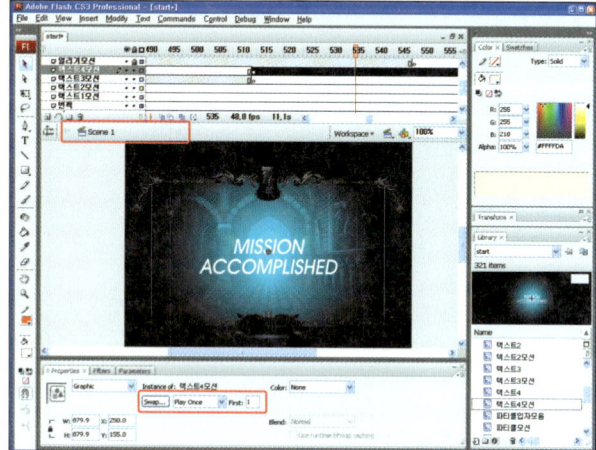

9 문이 닫히는 모션 만들기

알파로 사라지는 모션을 만들어 마지막 텍스트가 사라지면서 문이 닫히고 로고 이미지가 등장하게 해 보겠습니다. 타임라인의 [레이어: 닫히기모션] 부분에 들어가는 무비클립에서 작업합니다.

❶ [Library]의 [무비클립: 닫히기모션]을 더블클릭해서 편집 모드로 이동합니다.

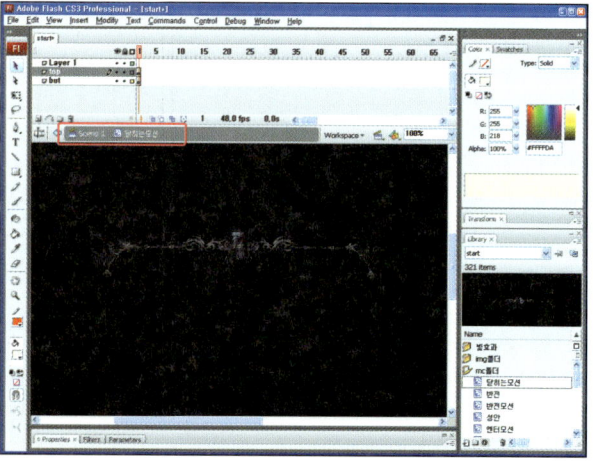

❷ [레이어: top], [레이어: but]의 1번, 37번 프레임에 F6 을 눌러서 키프레임을 생성합니다.

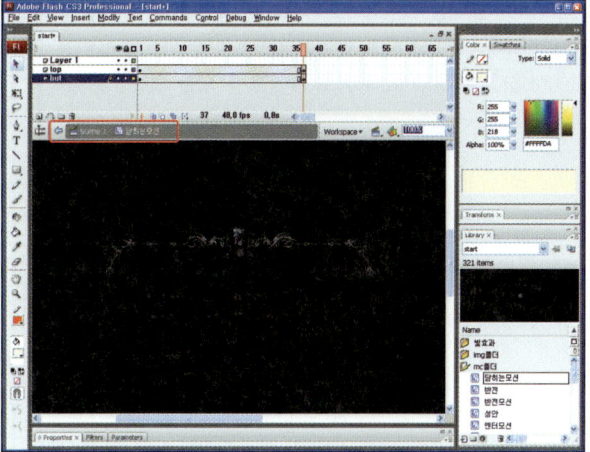

❸ 1번 키프레임에 있는 무비클립들의 블러를 Y축 25씩 주고, [레이어: top]의 [무비클립: top] 무비클립을 위로 120픽셀, 37번 프레임에 있는 [레이어: but]의 [무비클립: but] 무비클립을 아래로 92픽셀 이동하고 모션 트위닝을 적용합니다.

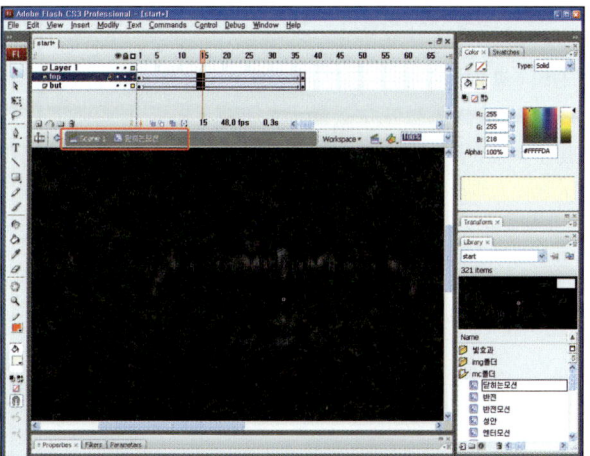

❹ 타임라인으로 이동하고 [레이어: 닫히는모션]의 [무비클립: 닫히는모션]을 선택하고 Part01-Sec02-02에서 배운 **모션의 그룹화 기법**을 적용합니다.

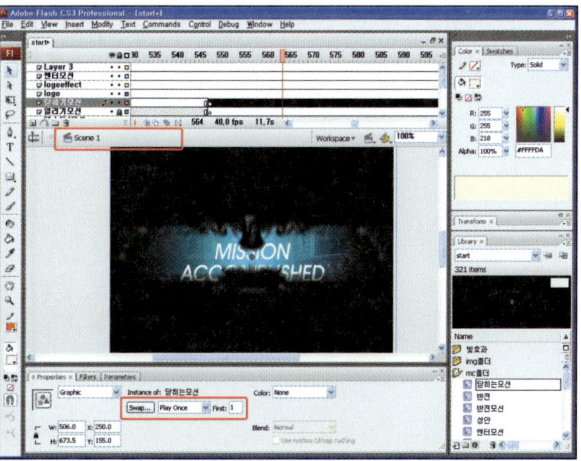

❺ [레이어: 닫히는모션]의 602번, 632번 프레임에 F6 을 눌러서 키프레임을 생성하고, 632번 키프레임에 있는 무비클립에 Tint 값을 #000000, 50%로 설정한 후 모션 트위닝을 적용합니다.

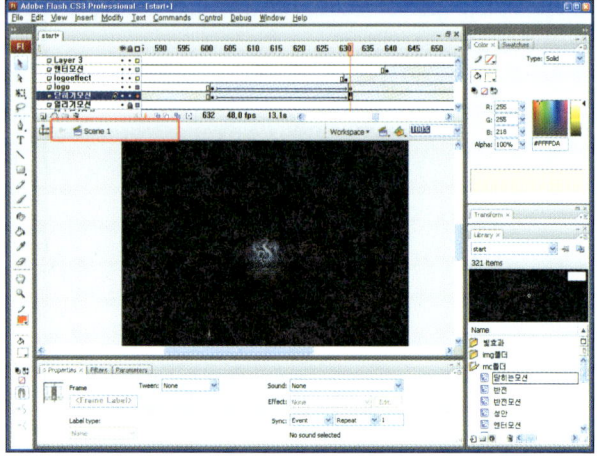

10 로고 등장 모션 만들기

모션이 사라지는 부분에 로고가 등장할 수 있도록 알파 값을 조정해서 모션을 잡아 보겠습니다. 타임라인의 [레이어: logoeffect] 부분에 들어가는 무비클립에서 작업합니다.

❶ [Library]의 [무비클립: 닫히기모션]을 더블클릭해서 편집 모드로 이동합니다.

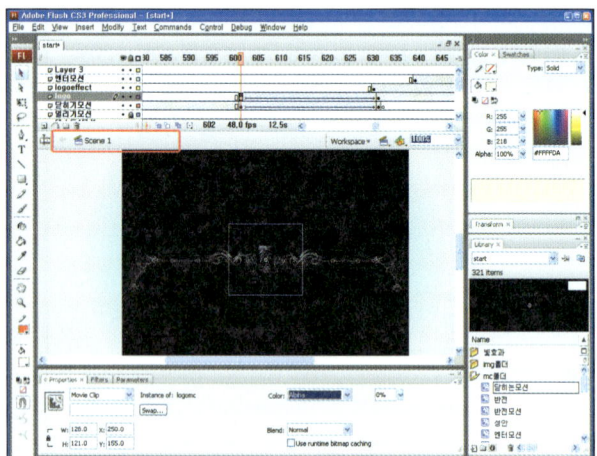

❷ 37번 프레임을 드래그로 선택한 후 F6 을 눌러 키프레임을 만들어 줍니다.

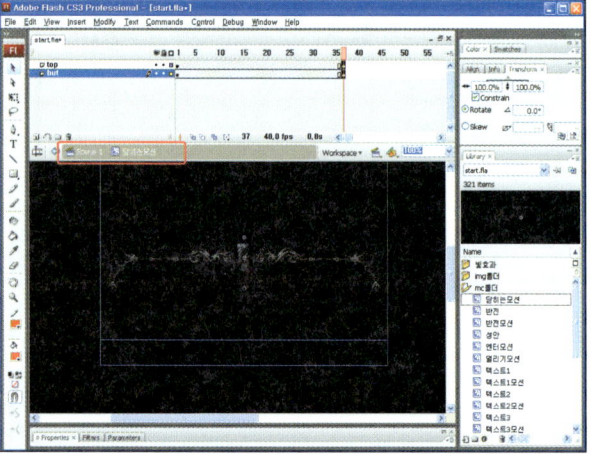

❸ 1번 키프레임에 있는 무비클립들의 속성 값을 다음과 같이 설정합니다.

[레이어: top]

	1번 프레임
Y좌표	-155
Blur Y	25

[레이어: but]

	1번 프레임
Y좌표	19
Blur Y	25

❹ 1번과 37번 프레임 중간을 선택하고 모션 트위닝을 적용합니다.

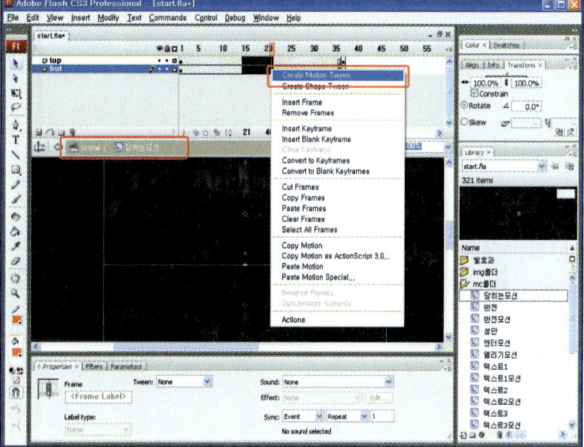

❺ 모션 트위닝을 적용한 구간을 선택하고 Ease 값을 100으로 설정합니다.

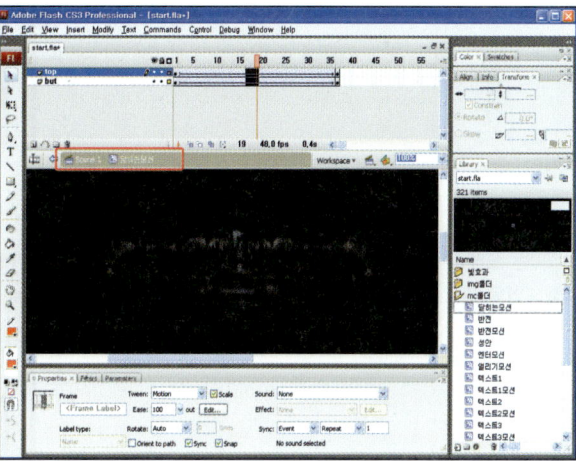

11 로고 이펙트 모션 만들기

로고 주위를 휘감으면서 움직이는 파티클을 만들어 보겠습니다. 가이드와 알파 값을 이용해서 신비스런 모션이 되도록 만들어 봅니다. 타임라인의 [레이어: logoeffect] 부분에 들어가는 무비클립에서 작업합니다.

❶ [Library]의 [무비클립: 파티클모션]을 더블클릭해서 편집 모드로 이동합니다.

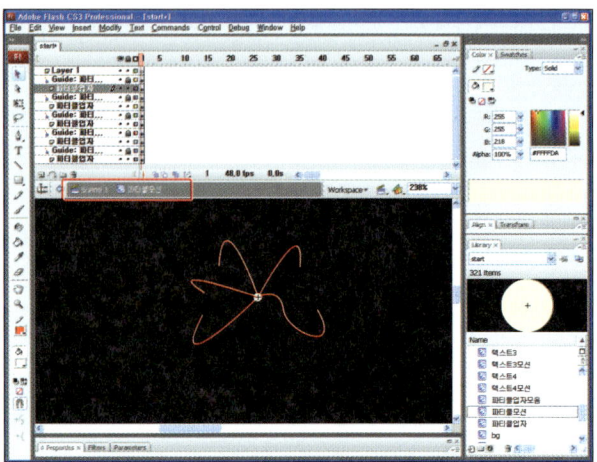

❷ 1번 프레임에 각각의 [레이어: 파티클입자]에 무비클립의 Scale 값을 랜덤하게 설정합니다.

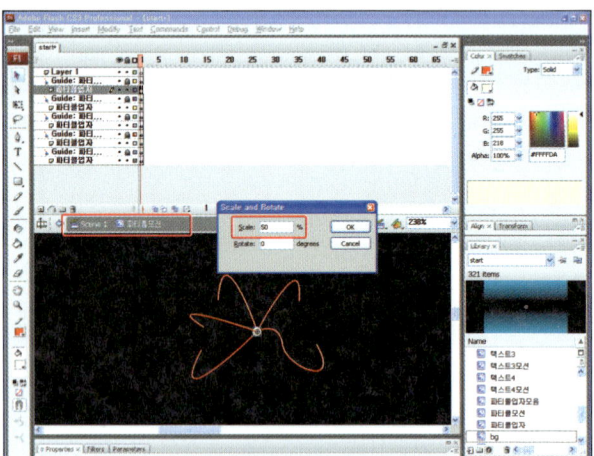

❸ 22번 프레임에 각각의 [레이어: 파티클입자]에 F6 을 눌러 키프레임을 생성합니다.

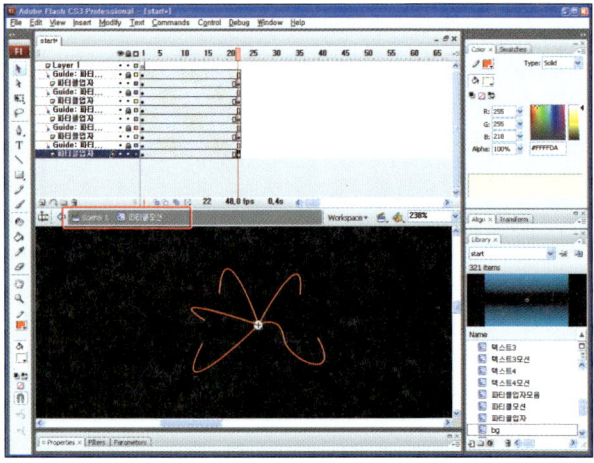

❹ 16번 프레임에 키프레임을 생성하고 각각의 무비클립을 그림과 같이 가이드 곡선의 최고점에 도달하도록 이동한 후 모션 트위닝을 적용하고 22번 키프레임에 있는 무비클립의 Alpha 값을 0으로 설정합니다.

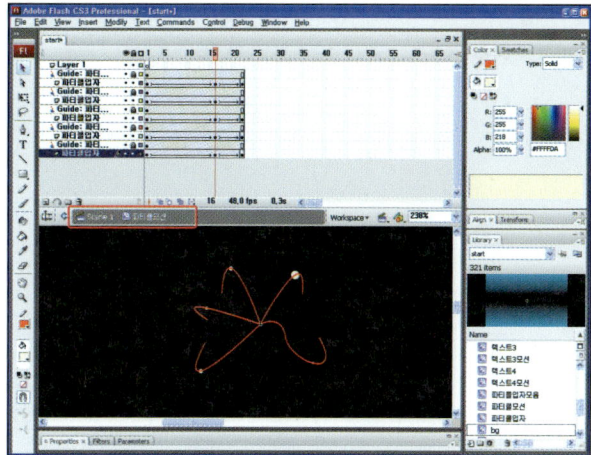

❺ 각각 레이어의 시작 위치를 랜덤하게 조절합니다.

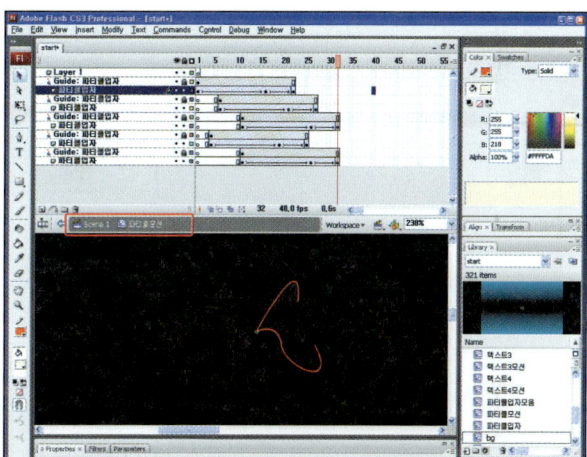

❻ [Library]의 [무비클립: 파티클입자모음]을 더블클릭해서 편집 모드로 이동합니다.

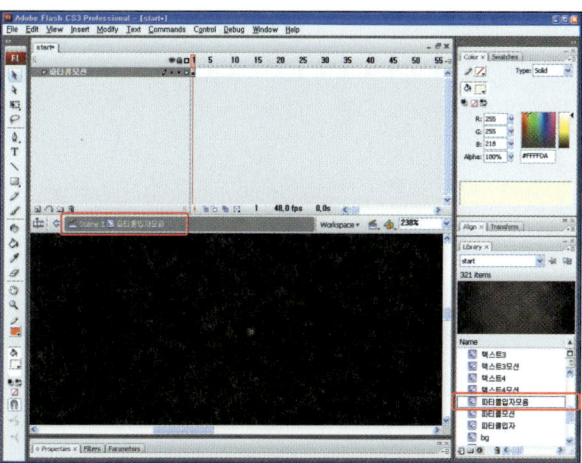

❼ 8개를 복사해서 각각의 레이어에 복제를 하고 로테이션 값을 랜덤하게 설정합니다.

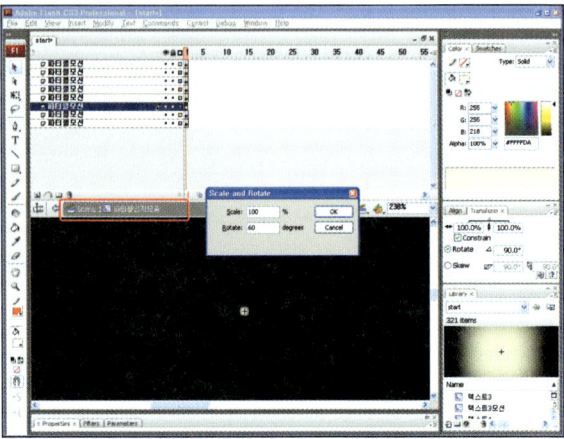

❽ 레이어별로 시작 프레임을 랜덤하게 이동하고 Action 레이어를 만들어서 맨 마지막 프레임에 stop( )을 걸어 줍니다.

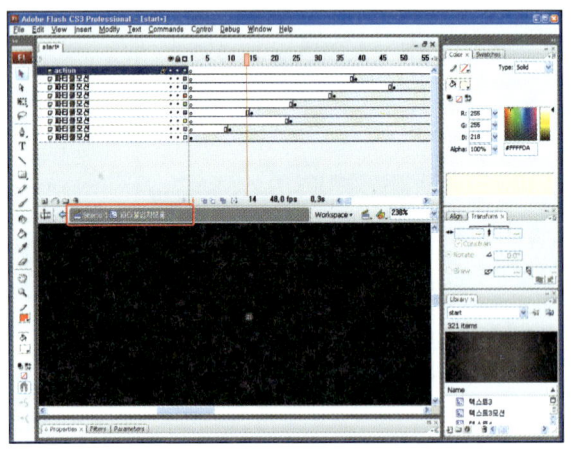 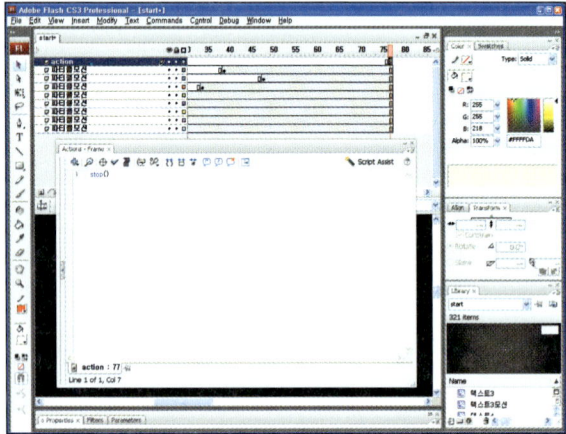

참고 키프레임의 프레임 이동은 실무 모션 가이드 실무 Tip 7번을 참고하세요.

12 엔터 모션 만들기

마지막으로 엔터라는 글자가 등장하는 모션을 만들어 보겠습니다. 타임라인의 [레이어: 엔터모션] 부분에 들어가는 무비클립에서 작업합니다.

❶ [Library]의 [무비클립: 엔터모션]을 더블클릭해서 편집 모드로 이동합니다.

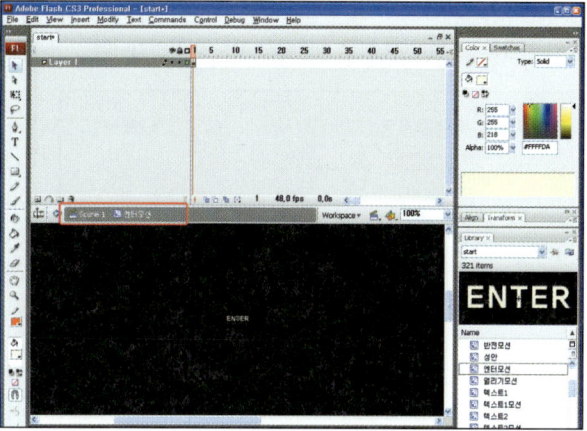

❷ 1번, 10번, 19번 프레임에 F6 을 눌러서 키프레임을 생성합니다.

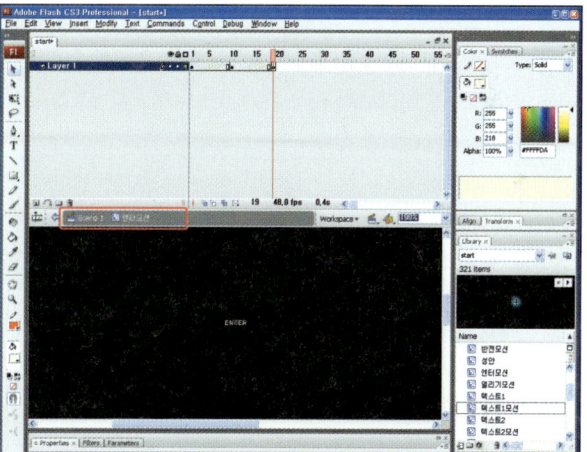

❸ 1번 프레임의 무비클립을 위로 30픽셀, 10번 프레임의 무비클립을 아래로 2픽셀 이동하고 모션 트위닝을 적용한 후 1번 프레임 무비클립의 Alpha 값을 0으로 설정합니다.

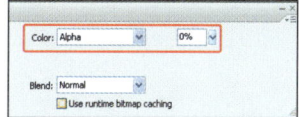

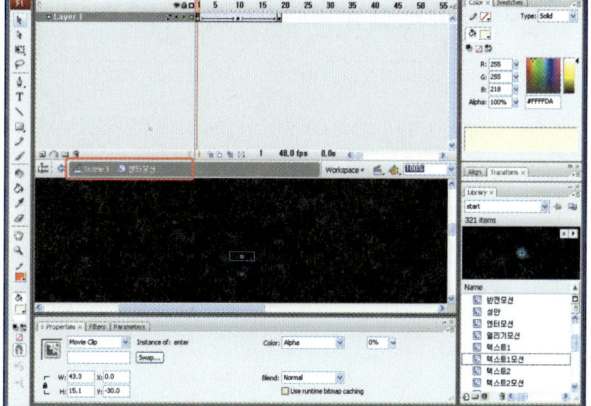

❹ 메인 타임라인으로 이동 후 gobtn 레이어에 있는 투명 버튼의 이름이 gobtn인지 보고 스크립트 부분을 확인합니다.

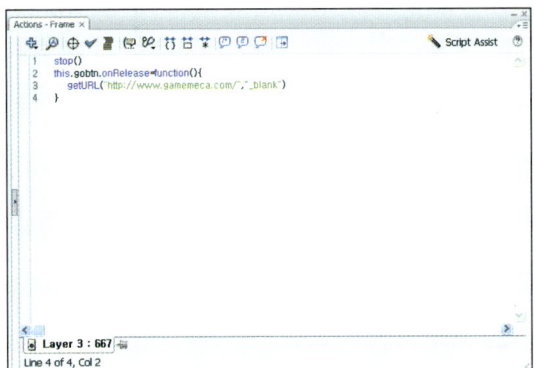

```
1  stop()
2  this.gobtn.onRelease=function(){
3      getURL("http://www.gamemeca.com/","_blank")
4  }
```

❺ 메인 타임라인에서 레이어를 생성하고 레이어 이름을 효과음이라고 설정합니다. [레이어: 효과음] 1번 프레임에서 Ctrl + R 을 눌러 효과음을 임포트한 후 프로퍼티 상자에서 효과음을 선택해 프레임에 삽입합니다.

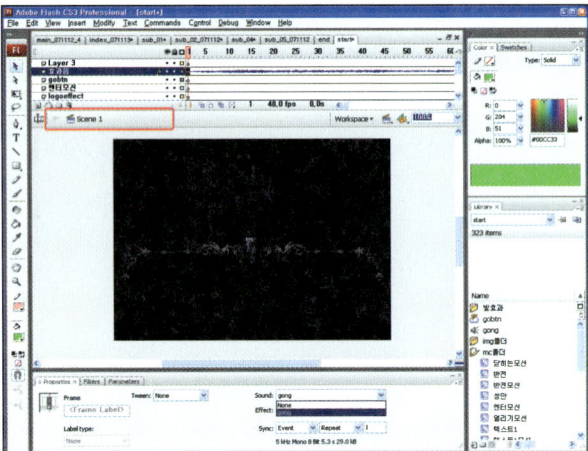

잠깐 Ctrl + Enter 를 눌러서 완성된 작업의 모션을 확인합니다.

이번 단원을 마치며

전체적으로 박진감 있게 만드는 것이 관건인 인트로 작업이었습니다. 블러 효과를 적절하게 사용하고 파티클 효과를 써서 모션의 퀄리티를 높이는 작업에 대해 알아보았습니다. 필자가 만든 모션과 비교를 하면서 어색한 부분을 수정해 봅시다.

SECTION

오브젝트 비주얼 모션 만들기

비주얼 오브젝트가 등장해서 만들어지는 형태의 모션 작업을 해 보겠습니다. 인트로에서 사용된 모션은 에펙에서
작업한 영상으로 이번 책에서는 이미 만들어진 영상을 이용합니다. 간단한 액션스크립트를 통해서 롤오버 효과를
만들고, 스크립트를 응용하는 방법도 간략하게 다루겠습니다.

PREVIEW

| 오브젝트 메인 모션 만들기 | ◉ 부록CD/Sample/Part03/Sec03/end.swf |

▲ 인트로 모션

▲ 종이와 요소 등장

▲ 오브젝트 등장

▲ 오브젝트 등장 완료

▲ 마우스 오버 효과

▲ 나비가 날아다니는 효과

오브젝트 메인 모션 만들기

오브젝트가 세팅되는 모션으로, 모션이 끝난 후 스크립트를 주기 위해 어떤 방식으로 레이어 구조를 만드는지에 대해서 알아보고 블렌드 모드에 대해서도 살펴보겠습니다.

● 디자인은 디자이너 임창원(Dignition) 님이 제공해 주셨습니다.

완성 파일	부록CD/Sample/Part03/Sec03/end.fla
예제 파일	부록CD/Sample/Part03/Sec03/start.fla
Key Point	스크립트를 주기 위한 레이어 구조와 브랜드 모드 이해하기
모션 미리보기(오브젝트 인트로 등장 후 각각의 메뉴 오브젝트 세팅)	부록CD/Sample/Part03/Sec03/end.swf

1 예제 파일 열기

① '부록CD/Sample/Part03/Sec03/start.fla' 를 플래시로 열고, 새로운 이름으로 저장합니다. [Library] 패널에서 예제에 사용될 무비클립 심벌과 그래픽 심벌을 확인합니다. 등장하는 순서는 레이어별로 정리했습니다.

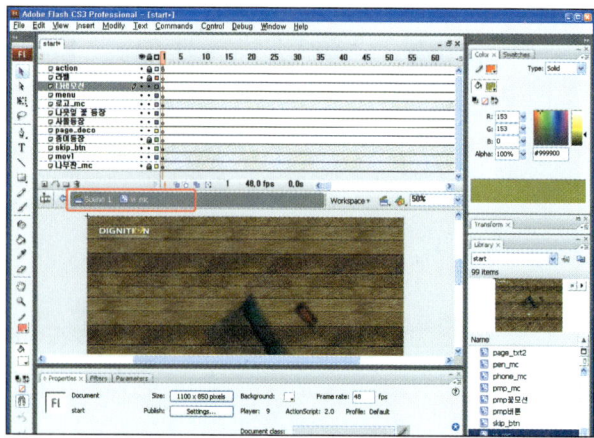

2 인트로 모션

인트로는 이미 에펙에서 작업한 영상으로 플래시에 무비클립 형태로 불러와서 넣어 놓았습니다. 무비클립을 선택하고 Properties에 Blend 모드를 적용해서 특별한 느낌이 나도록 했습니다.

● [무비클립: vi_mc]를 더블클릭해서 편집 모드로 이동한 후 [레이어: mov1]에 [무비클립: 첫번째]를 선택하고 Properties에 Blend 모드에서 Multiply를 적용합니다.

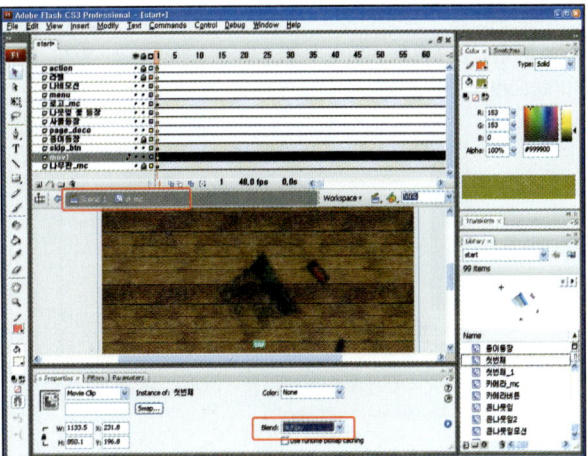

● [레이어: skip_btn], [레이어: mov1]의 451번, 469번 프레임에 F6 을 눌러서 키프레임을 생성합니다.

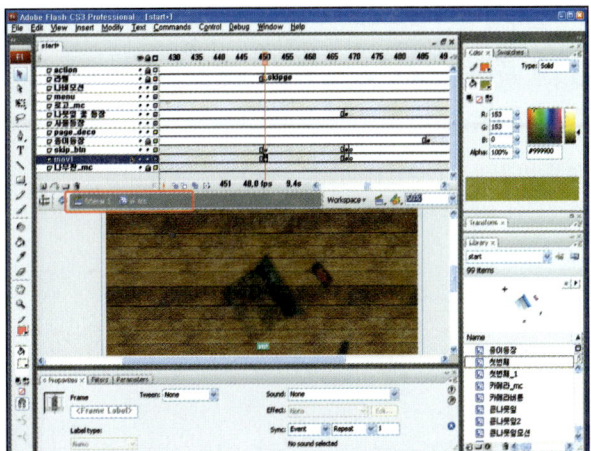

● 모션 트위닝을 적용하고 469번 프레임에 있는 무비클립의 Alpha 값을 0으로 설정합니다.

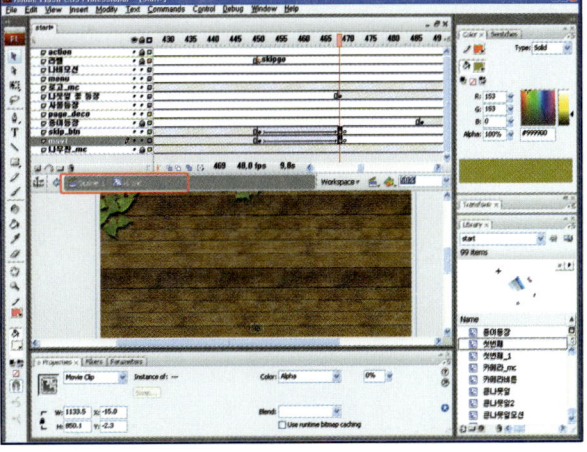

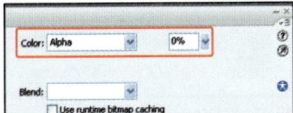

❹ Skip 버튼을 누르면 인트로 부분이 넘어가도록 [무비클립:
skip_btn]의 인스턴스 네임이 skip_btn인지 확인하고 [레이
어: action]의 1번 프레임에 다음과 같은 스크립트가 있는지
살펴봅니다.

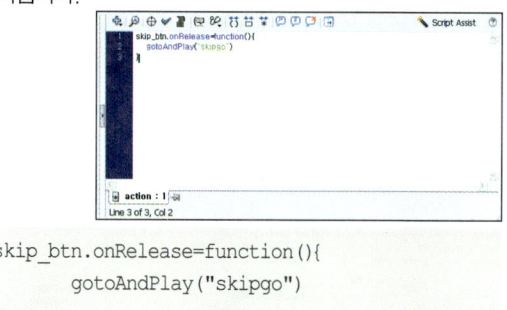

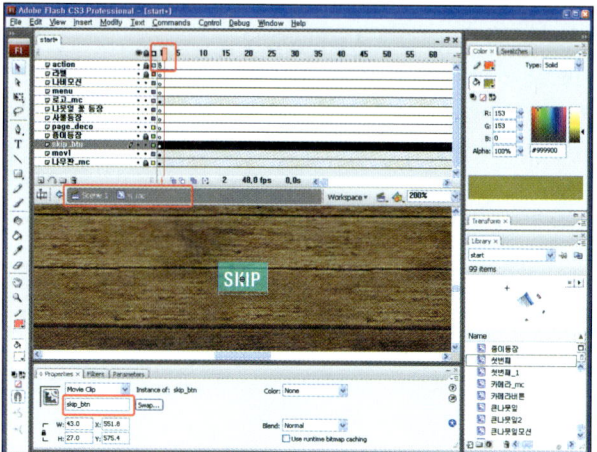

```
skip_btn.onRelease=function(){
        gotoAndPlay("skipgo")
}
```

3 나뭇잎 등장 모션 만들기

배경에 등장하는 나뭇잎 모션을 만들어 보겠습니다. 통통거리
면서 등장하는 느낌으로 모션을 잡습니다.

❶ [무비클립: vi mc]의 [무비클립: 나뭇잎꽃등장]을 더블클릭
해서 편집 모드로 이동합니다.

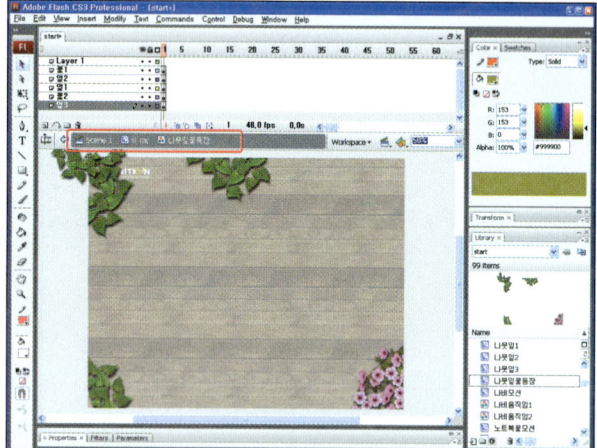

❷ 전체 레이어에 1번, 5번, 8번, 11번, 14번 프레임에 F6 을
눌러서 키프레임을 만들어 줍니다.

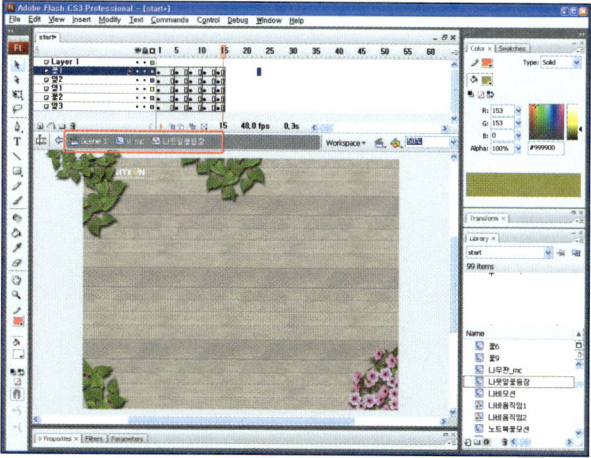

❸ 각각의 레이어에 키프레임에 있는 무비클립의 사이즈를 아래 표와 같이 설정하고 모션 트위닝을 적용합니다. 이때 사이즈 변경할 경우 한꺼번에 변경하지 말고 하나하나씩 선택해서 변경합니다.

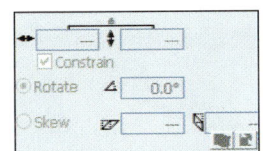

1번	5번	8번	11번	14번
10%	110%	90%	105%	100%

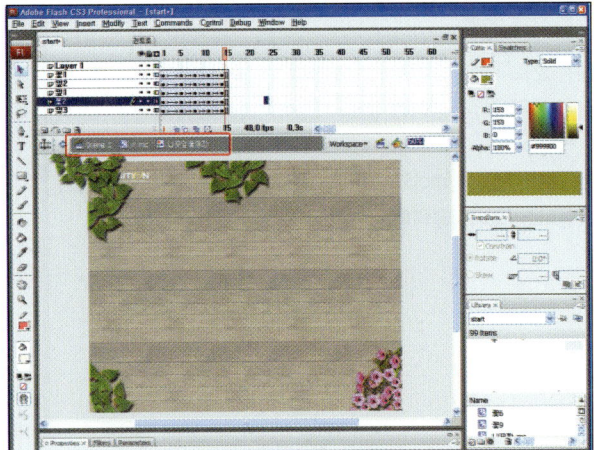

> **잠깐** Ctrl + T 를 누르면 Transform 패널이 나타납니다.

❹ 시작 프레임을 이동해서 랜덤하게 등장하도록 하고 꽃과 나뭇잎이 등장한 후에 바로 사라지지 않도록 프레임 길이를 동일하게 맞춰 줍니다.

> **참고** 키프레임의 프레임 이동은 실무 모션 가이드 실무 Tip 7번을 참고하세요.

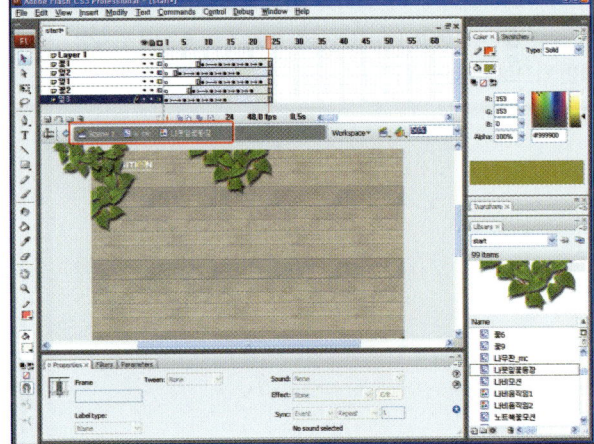

❺ [무비클립: vi_mc] 타임라인의 [레이어: 나뭇잎 꽃 등장]에 [무비클립: 나뭇잎 꽃 등장]을 선택하고 Part01-Sec02-02에서 배운 **모션의 그룹화 기법**을 적용합니다.

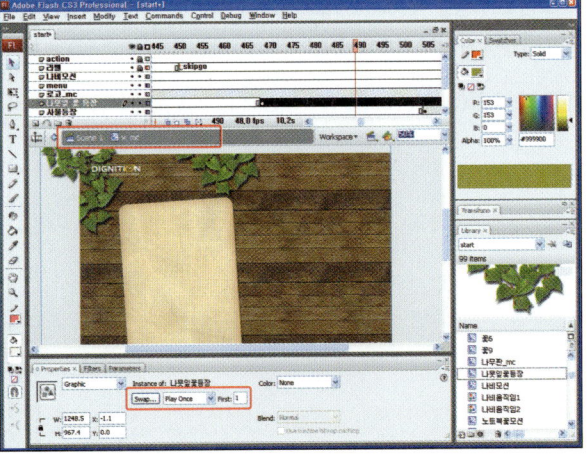

4 사물 등장

메뉴 오브젝트들이 등장하는 모션을 만들어 보겠습니다. 부드 럽게 움직여서 등장하는 형태의 모션 작업을 진행합니다.

❶ [무비클립: vi_mc]의 [레이어: 사물등장]에 있는 [무비클립: 사물모션]을 더블클릭해서 편집 모드로 이동합니다.

❷ 전체 레이어의 1번 프레임과 30번 프레임에 F6 을 눌러 키프레임을 생성하고 1번 프레임에 있는 오브젝트의 위치를 화면 밖으로 이동합니다.

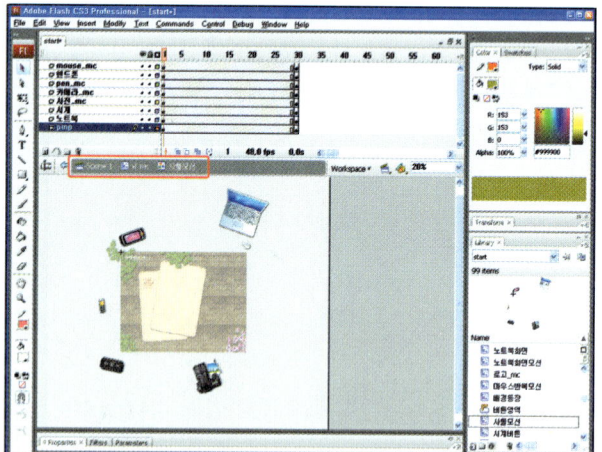

❸ 모션 트위닝을 적용하고 Ease 값의 Edit를 눌러서 그림과 같이 베지에 곡선을 설정합니다.

참고 플래시 CS3 기초 가이드 11번 Easing EDIT를 참고하세요.

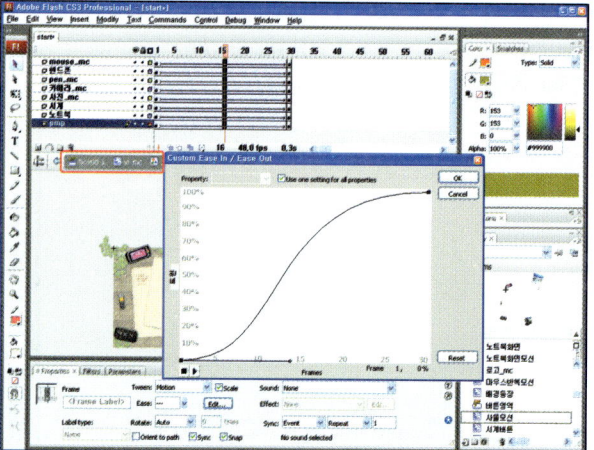

❹ 각 레이어의 시작 프레임 위치를 그림처럼 조정합니다.

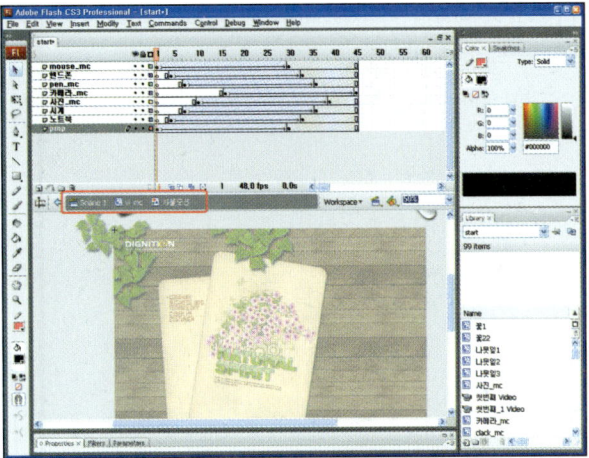

❺ [무비클립: vi_mc] 타임라인의 [레이어: 사물등장]에 [무비클립: 사물모션]을 선택하고 Part01-Sec02-02에서 배운 **모션의 그룹화 기법**을 적용합니다.

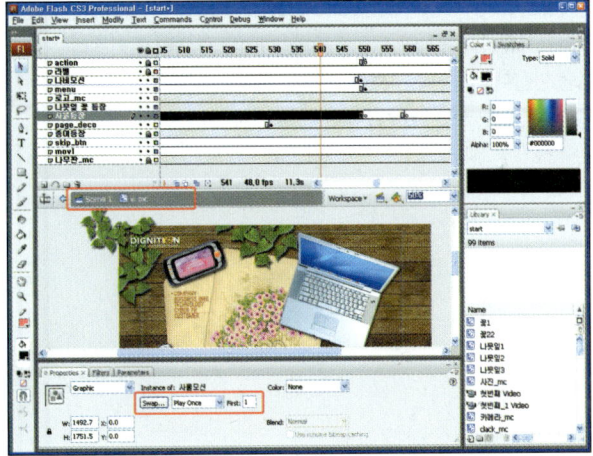

5 나비 등장

나비의 움직임을 만들어 효과를 줘 보겠습니다. 나비가 날갯짓하는 동작은 이미 여러 번 배운 모션 기법이니 이번 장에서는 전체적인 흐름을 만드는 모션만 제작해 보겠습니다.

❶ [무비클립: vi_mc]의 [무비클립: 나비모션]을 더블클릭해서 편집 모드로 이동합니다.

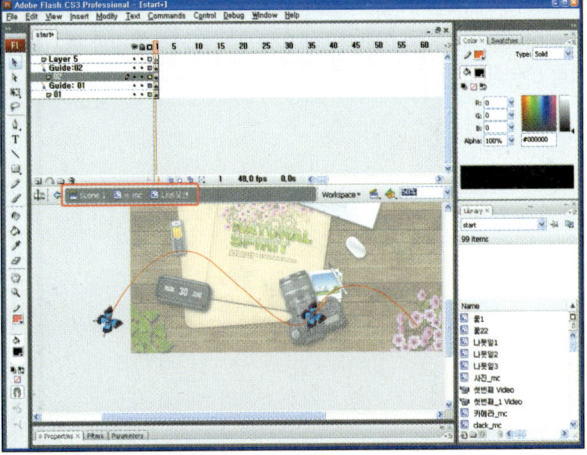

❷ [레이어: 02]와 [가이드레이어: 02]의 프레임 위치를 150 프레임으로 이동합니다.

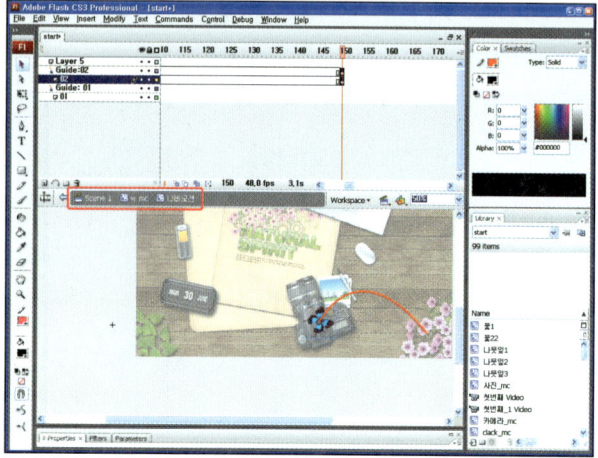

❸ [레이어: 01]과 [가이드레이어: 01]의 프레임을 149까지 늘리고, [레이어: 01]의 115번 프레임에 F6 을 눌러서 키프레임을 만듭니다.

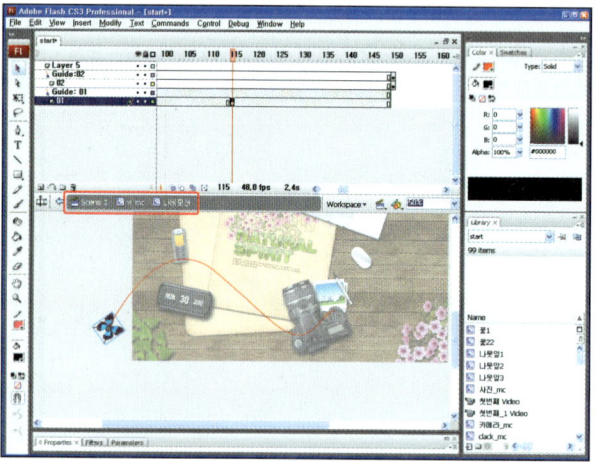

❹ [레이어: 01]의 115번 키프레임에 있는 무비클립의 위치를 [레이어: 02]의 150번 키프레임에 있는 무비클립과 동일한 위치로 이동합니다.

X: 712, Y: -3

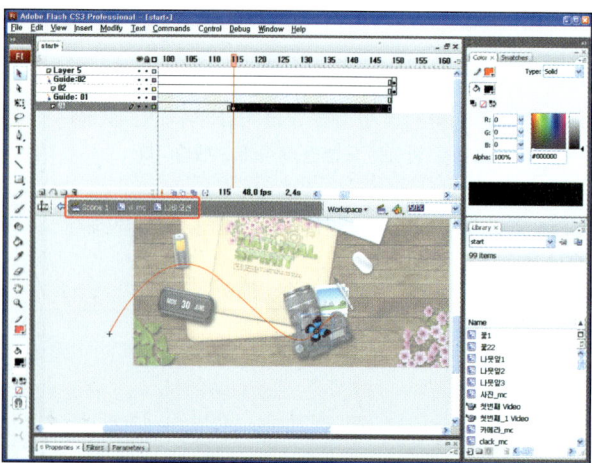

❺ [레이어: 01]에 모션 트위닝을 적용하고 Ease 값을 100으로 설정하고 프로퍼티 창에서 Orient to path를 체크합니다.

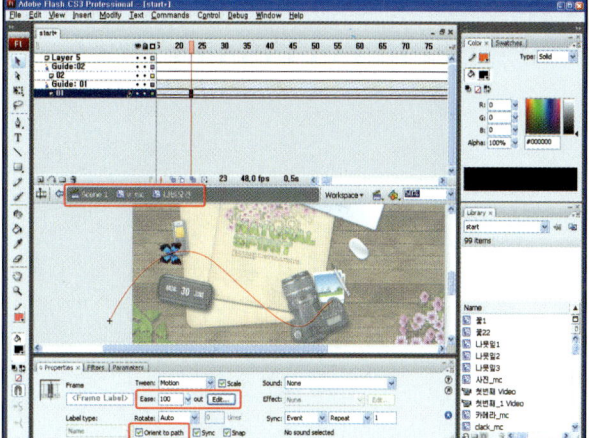

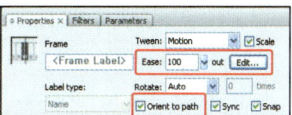

❻ [레이어: 02]와 [가이드레이어: 02]의 프레임을 368까지 늘리고, [레이어 :02]의 325번 프레임에 F6 을 눌러서 키프레임을 만듭니다.

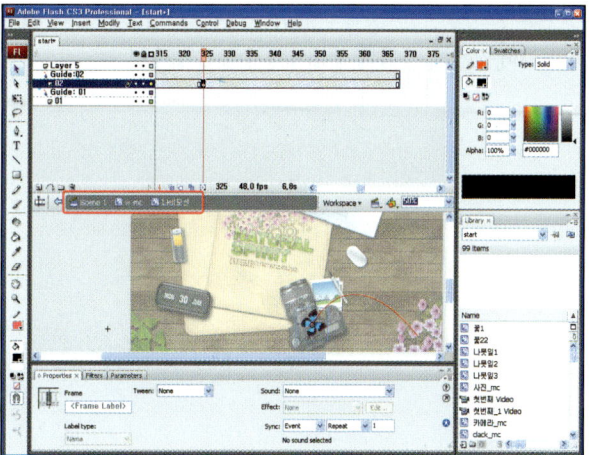

❼ [레이어: 02]의 325번 프레임에 F6 을 눌러서 키프레임에 있는 무비클립의 위치를 꽃 오브젝트 위치까지 이동하고, 무비클립의 나비 방향을 아래로 향하도록 돌립니다.

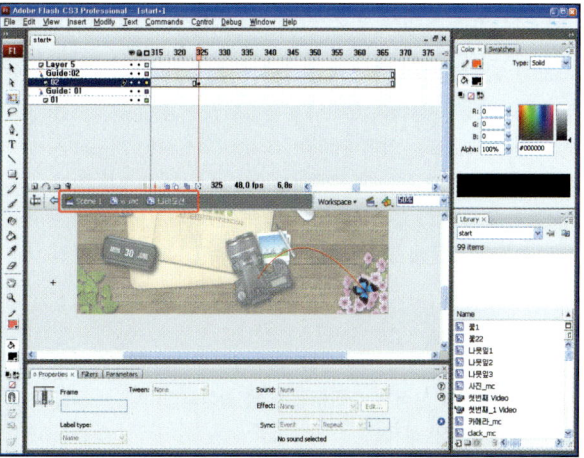

❽ [레이어: 02]에 모션 트위닝을 적용하고 Ease 값을 100으로 설정하고 프로퍼티 창에서 Orient to path를 체크합니다.

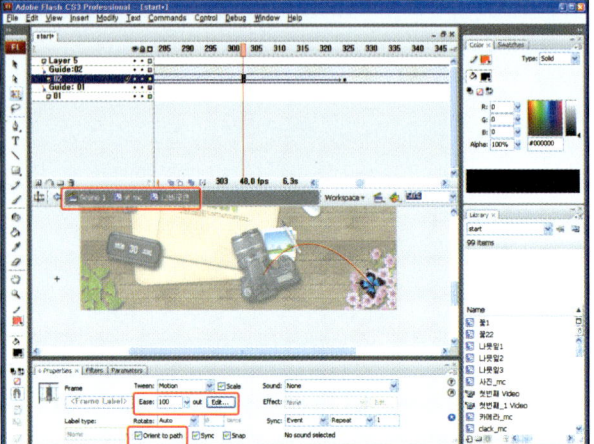

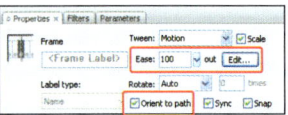

❾ [레이어: Layer 5]의 368프레임에 F7 을 눌러서 빈 키프레임을 만들고 stop( ) 액션을 넣어 줍니다.

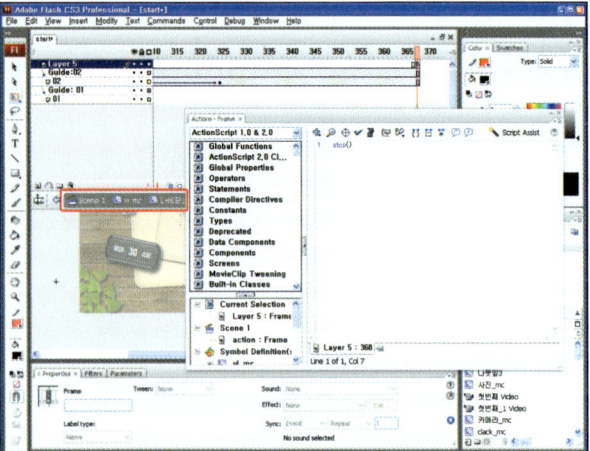

6 오브젝트 오버시 효과 주기

각각의 오브젝트에 마우스가 오버되면 모션이 이루어지도록 된 스크립트를 이용하여 오버시 반응하는 모션을 만들어 보겠습니다. 스크립트는 이미 [레이어: action]의 551번 키프레임에 만들어져 있습니다. 이 책에서는 액션에 대한 부분은 다루지 않고 응용 쪽만 알아봅니다. 각각의 오브젝트를 제작하는 방식은 같기 때문에 노트북 활성화 모션을 기준으로 설명하겠습니다.

❶ [레이어: Action]의 [무비클립: vi mc]의 551번 키프레임을 선택하고 F9 를 눌러서 스크립트 창을 활성화합니다. 스크립트 설명은 참고만 하세요.

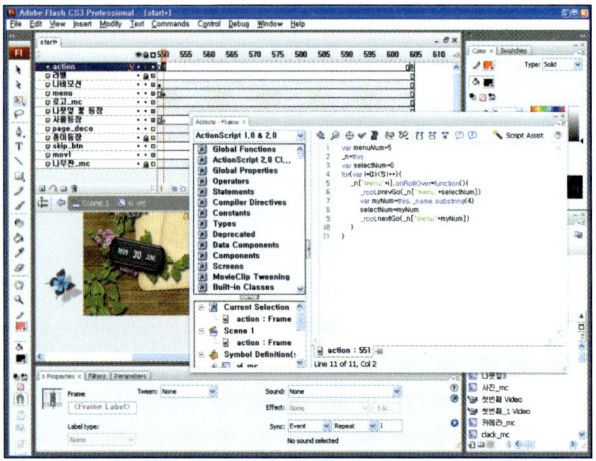

```
1   var menuNum=5
2   _n=this
3   var selectNum=0
4   for(var i=0;i<5;i++){
5   _n[ "menu"+i] .onRollOver=function(){
6   _root.prevGo(_n[ "menu"+selectNum] )
7   var myNum=this._name.substring(4)
8   selectNum=myNum
10  _root.nextGo(_n[ "menu"+myNum] )
11  }
12  }
```

1행: • 메뉴 개수

2행: • 현재 텝스 표시를 위한 변수 선언

3행: • 이전 메뉴 비활성화를 위한 변수 선언

6행: • 메뉴 오버시 이전 메뉴 비활성화 모션 진행을 위한 함수

10행: • 메뉴 오버시 현재 메뉴 활성화 모션 진행을 위한 함수

❷ [레이어: menu]의 무비클립들에 인스턴스 네임이 menu0 ~menu4로 되어 있는 걸 확인합니다.

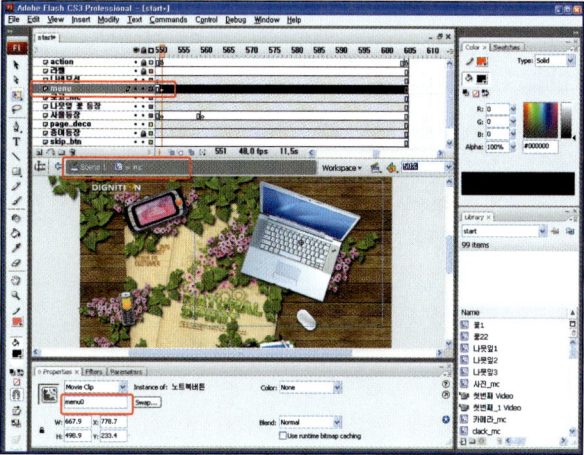

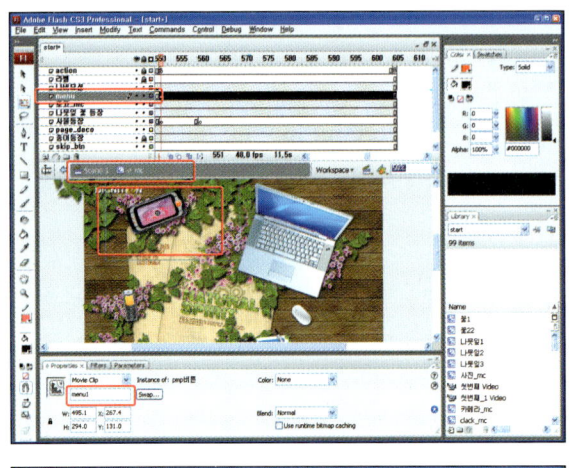

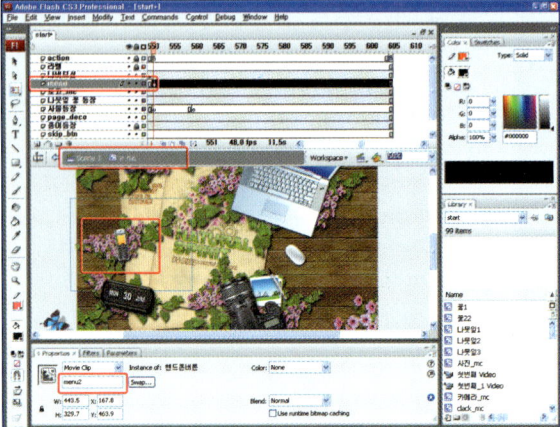

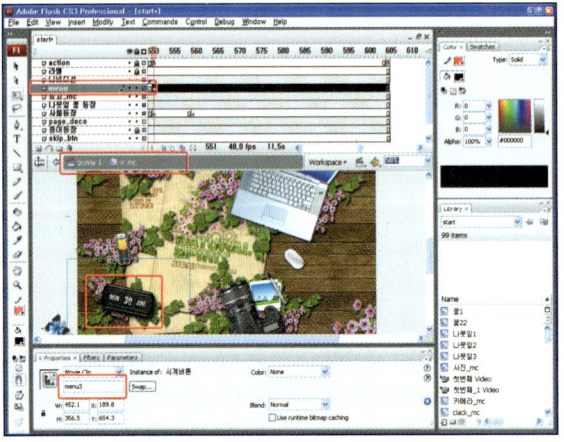

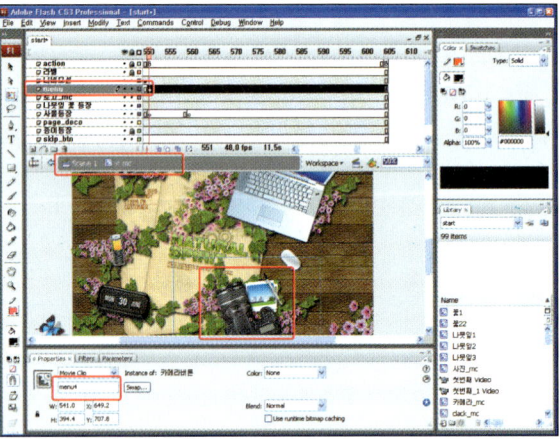

❸ [레이어: menu]의 [무비클립: 노트북 버튼]을 더블클릭해서 편
집 모드로 이동합니다.

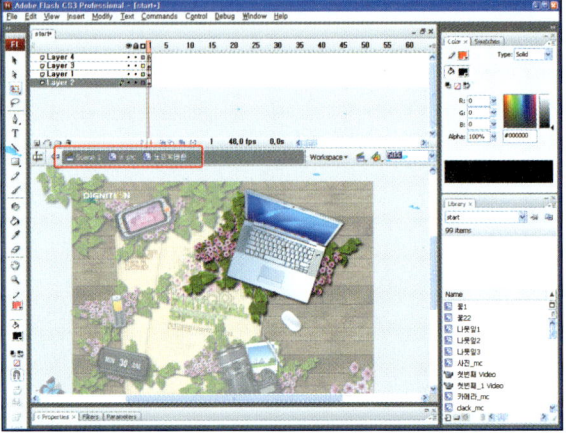

❹ [레이어: 노트북꽃모션]에 있는 무비클립을 더블클릭해서 편집 모드로 전환합니다.

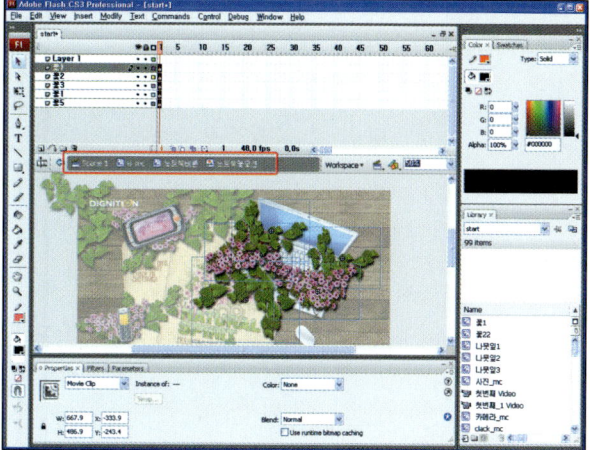

❺ 레이어 전체의 14번 프레임에 F6 을 눌러서 키프레임을 생성합니다.

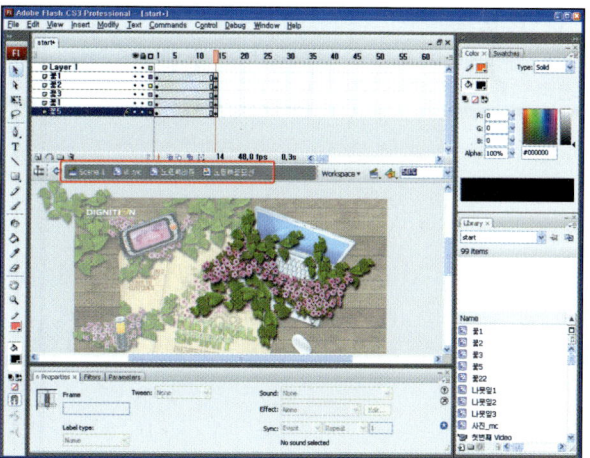

❻ 1번 키프레임에 있는 무비클립을 선택하고 Properties의 Color 옵션 중 Advanced를 고르고 Setting을 눌러 세팅 창을 활성화한 다음 그림과 같이 설정을 합니다.

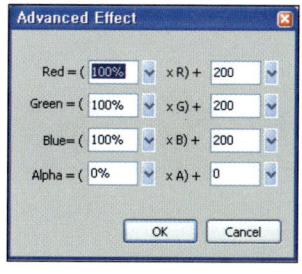

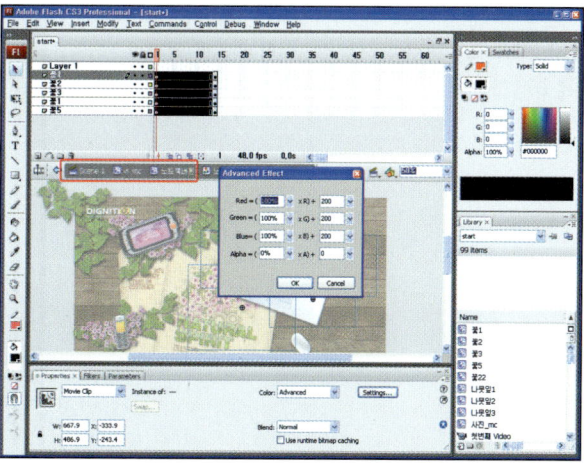

❼ 모션 트위닝을 적용하고 각각의 시작 프레임을 이동한 후 마지막 프레임을 전체적으로 27프레임까지 늘립니다.

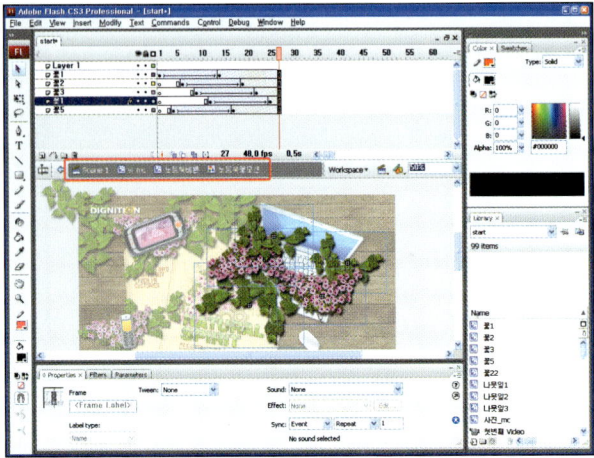

❽ [무비클립: 노트북버튼]으로 편집 모드를 이동한 후 [무비클립: 노트북꽃모션]을 선택하고 Part01-Sec02-02에서 배운 **모션의 그룹화 기법**을 적용합니다.

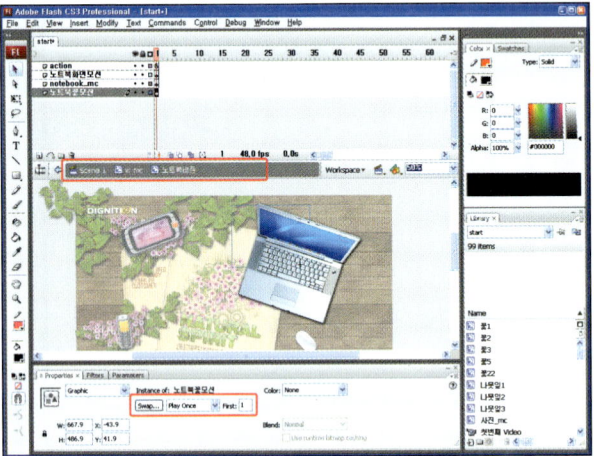

❾ 전제 프레임을 53프레임까지 늘리고 [레이어: 노트북화면모션]과 [레이어: 노트북꽃모션]의 시작 위치를 각각 2프레임으로 이동합니다.

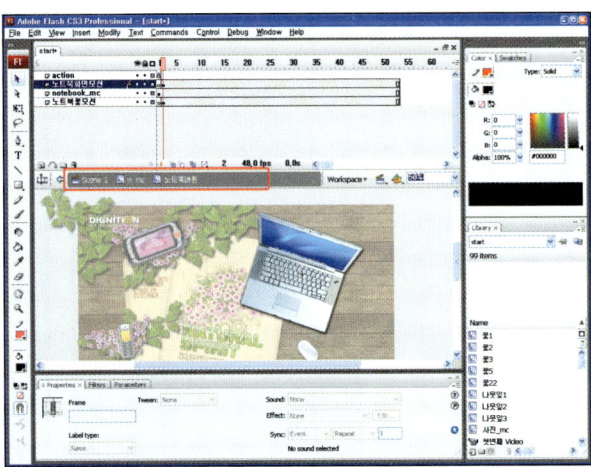

⑩ [레이어: 노트북화면모션]과 [레이어: notebook_mc]의 2
번 프레임과 15번 프레임에 F6 을 눌러서 키프레임을 생성합
니다.

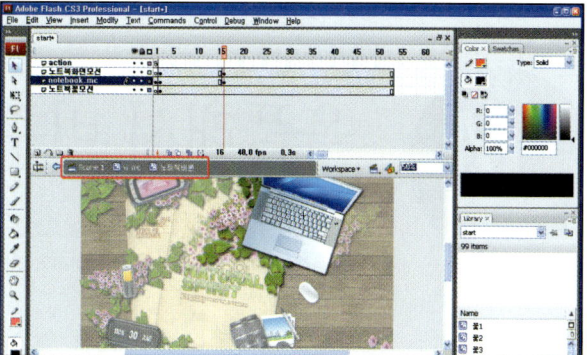

⑪ [레이어: 노트북화면모션]의 2번 프레임에 있는 무비클립
의 Alpha 값을 0, [레이어: notebook_mc, 화면]의 15번 프
레임의 Scale 값을 105% 늘리고 모션 트위닝을 적용합니다.

⑫ [레이어: action]의 1번 프레임에서 stop( ) 액션을 확인합
니다.

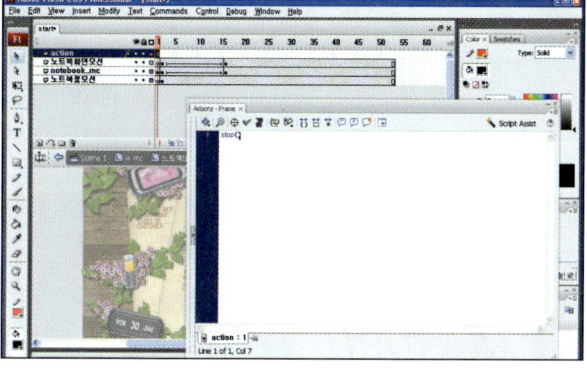

> **잠깐** 이와 같은 방식으로 나머지 오브젝트에 마우스가 오
> 버시 나타날 활성화 모션을 만들어 줍니다. Ctrl
> + Enter 를 눌러서 완성된 작업의 모션을 확인하고,
> 각각의 오브젝트에 마우스를 움직여서 반응 모션도
> 살펴봅니다.

이번 단원을 마치며

플래시 작업은 크게 모션 영역과 액션 영역으로 나누어집니다. 하지만 결과물은 두 가지 영역이 어우러져서 작업이 되는 경우가 대
부분입니다. 이번 장에서와 같이 모션 진행 후 스크립트 부분은 다시 한 번 무비클립을 이용해서 작업을 하는 구조로 만들어집니다.
오버시 보일 모션을 만드는 구조를 이해하려면 모션만 공부하는 것보다 어느 정도 스크립트를 이해하는 것도 필요합니다. 필자가
만들어 놓은 샘플과 비교하면서 구조를 잡아 보세요.

SECTION

올플래시 비주얼 모션 만들기

기초적인 올플래시 사이트에 들어갈 모션을 작업해 보겠습니다. 각각의 페이지 모션을 제작하고 간단한 스크립트를 통해서 불러 오는 작업을 하겠습니다. 인트로에 쓰인 영상은 에프터이펙트에서 작업한 영상입니다.

P R E V I E W

올플래시 사이트 모션 만들기 ◉ 부록CD/Sample/Part03/Sec04/end/index.swf

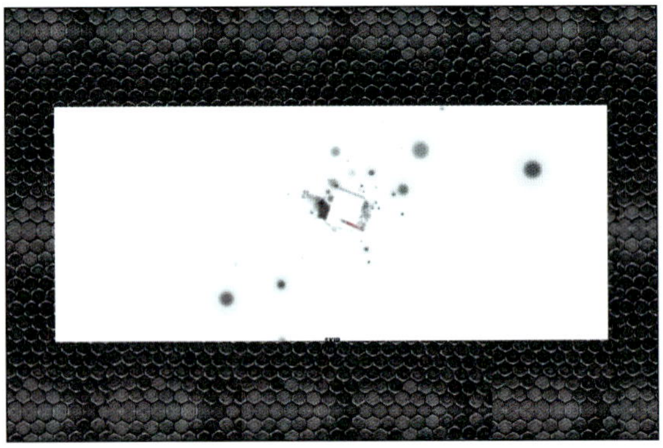

▲ 인트로

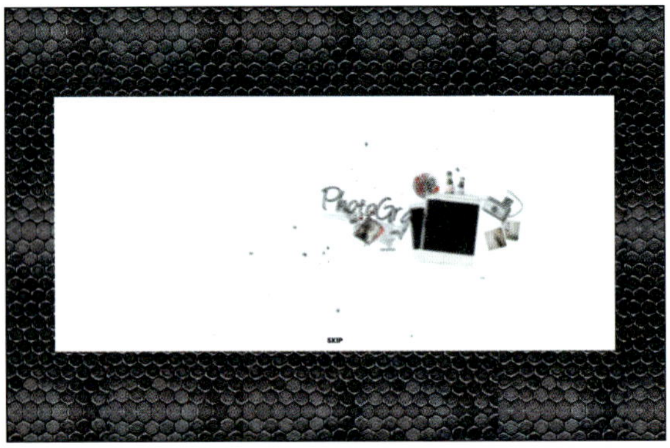

▲ 인트로

▲ 인트로

▲ Sub0 모션

▲ Sub1 모션

▲ Sub2 모션

▲ Sub3 모션

올플래시 사이트 모션 만들기

올플래시 사이트를 만들기 위한 기본 구조를 알아보고, 각각의 페이지 모션을 만들어 보겠습니다. 인트로와 각각의 페이지 모션을 만들어 스크립트를 통해서 불러옵니다.

● 디자인은 정글 아카데미 웹 실무반 한주현 학생 작품입니다.

완성 파일	부록CD/Sample/Part03/Sec04/end/index.fla	부록CD/Sample/Part03/Sec04/end/bg.fla
	부록CD/Sample/Part03/Sec04/end/sub0.fla	부록CD/Sample/Part03/Sec04/end/sub1.fla
	부록CD/Sample/Part03/Sec04/end/sub2.fla	부록CD/Sample/Part03/Sec04/end/sub3.fla
	부록CD/Sample/Part03/Sec04/end/navi.fla	
예제 파일	부록CD/Sample/Part03/Sec04/start/index.fla	부록CD/Sample/Part03/Sec04/ start/bg.fla
	부록CD/Sample/Part03/Sec04/start/sub0.fla	부록CD/Sample/Part03/Sec04/start/sub1.fla
	부록CD/Sample/Part03/Sec04/start/sub2.fla	부록CD/Sample/Part03/Sec04/start/sub3.fla
	부록CD/Sample/Part03/Sec04/start /navi.fla	
Key Point	올플래시 사이트 제작을 위한 기본 구조 및 모션 이해	
모션 미리보기(디자인에 맞춘 모션 작업)	부록CD/Sample/Part03/Sec04/end/index.swf	

1 예제 파일 열기

❶ '부록CD/Sample/Part03/Sec04/start/index.fla' 를 플래시로 열고, 새로운 이름으로 저장합니다. 이때 같은 위치에 다른 파일들도 있어야 합니다. Index.swf에서 bg.swf, navi.swf, sub0.swf를 LoadMovieNum을 이용하여 각각의 레벨로 불러 옵니다. 이 책에서는 간단한 스크립트를 통해서 올플래시 사이트의 기본 구조를 만들어 보았습니다. 스크립트 설명은 전반적인 이해가 필요한 부분이라 이 책에서는 다루지 않고 어떤 방식으로 적용되는지에 대해서만 알아봅니다.

> ❶ Index.swf에서 level10으로 bg.swf 로드
> ❷ 로드된 bg.swf의 모션 완료 후 sub0.swf, navi.swf가 각각 level15, level 20으로 로드
> ❸ 메뉴 클릭시 level15에 해당 페이지 로드

2 index.fla

Index의 기능은 bg.swf를 로드하는 것입니다. 로드되는 스크립트 이외에 특별한 기능은 없습니다.

❶ [레이어: action]의 1번 키프레임에 F9 를 눌러서 액션을 확인합니다.

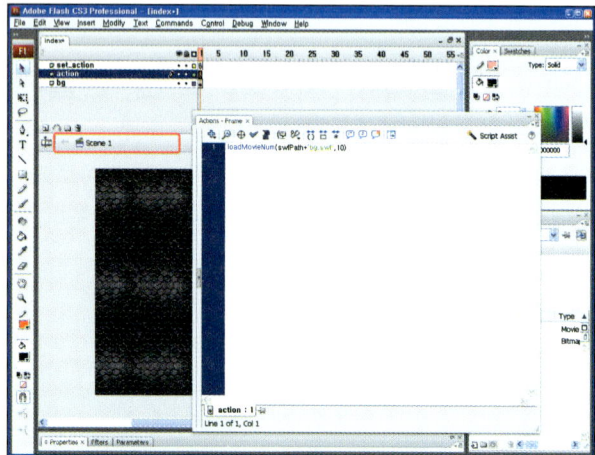

```
1   loadMovieNum(swfPath+"bg.swf",10)
```

3 bg.fla

bg.fla 파일은 인트로 영상 보여주기, 사이트 bg가 될 종이 모션 등장, skip 메뉴, navi.swf와 sub0.swf 로드 등의 기능이 있습니다.

❶ 레이어와 프레임 구조를 확인합니다.

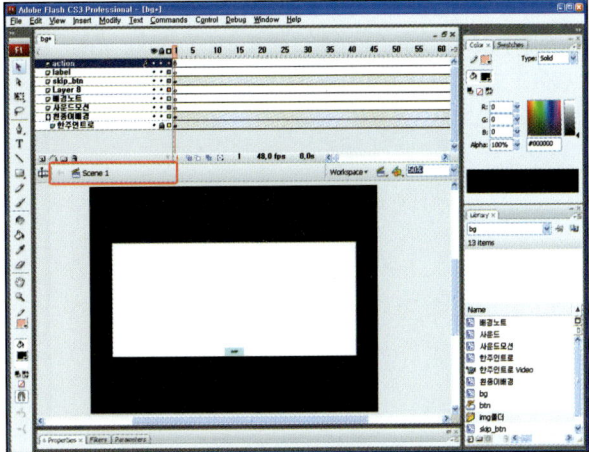

❷ [레이어: 흰종이배경]의 무비클립 높이를 조정해서 영상이 등장하는 효과를 만들어 보겠습니다. 158번 프레임에서 F6 을 눌러서 키프레임을 만들고, 1번 프레임에 있는 무비클립의 Height를 1픽셀로 줄인 후 모션 트위닝을 적용합니다. 마스크가 적용되어서 인트로 영상이 등장하는 걸 확인할 수 있습니다.

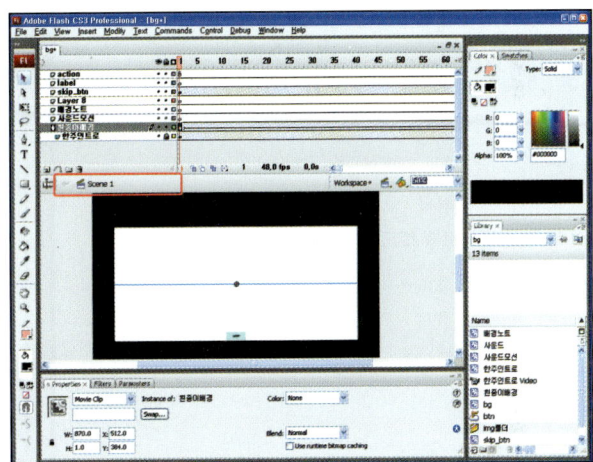

❸ [레이어: skip_btn]의 746번과 766번 프레임에 F6 을 눌러서 키프레임을 만들고 766번 프레임에 있는 무비클립의 Alpha 값을 0으로 설정한 후 모션 트위닝을 적용합니다.

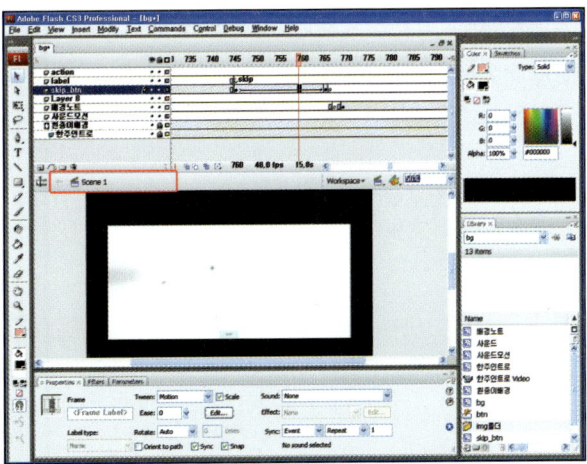

❹ [레이어: 배경노트]의 800번 프레임에 F6 을 눌러서 키프레임을 만들어 준 후 770번 프레임의 무비클립 크기를 10%로 줄이고 모션 트위닝을 적용합니다. 이때 Filter의 Blur X: 5, Filter의 Blur Y: 20으로 설정합니다.

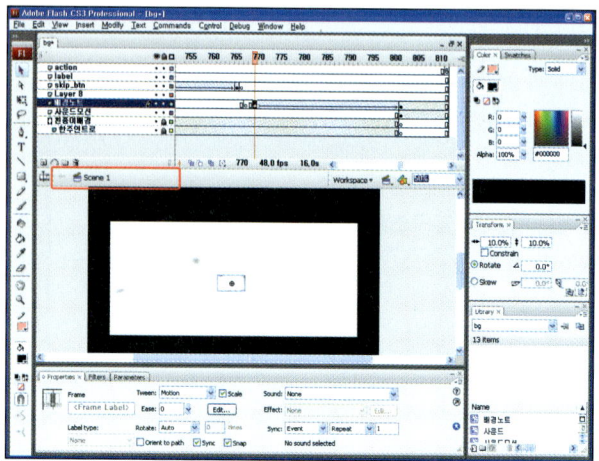

❺ [레이어: action] 812번 프레임의 액션을 확인합니다.

```
1   loadMovieNum(_level0.swfPath+"sub0.swf",15)
2   loadMovieNum(_level0.swfPath+"navi.swf",20)
3   stop( )
```

각각의 레벨에 swf를 로드합니다.

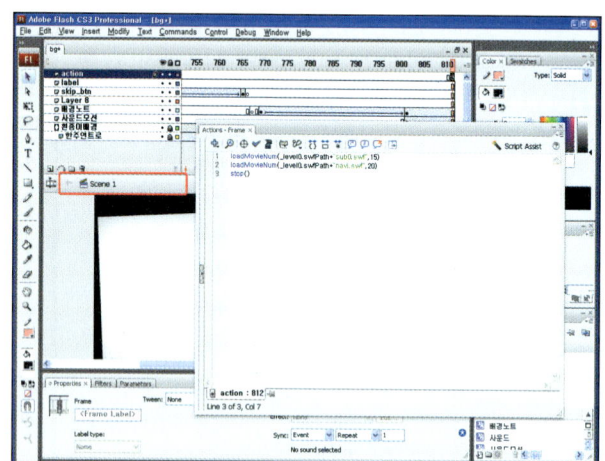

4 navi.fla

navi.fla 파일은 메뉴에 관련된 모션과 메뉴 클릭시 해당 페이지로 이동하는 역할을 합니다.

❶ 레이어와 프레임 구조를 확인합니다.

❷ [레이어: 조명]에 있는 [무비클립: 작은조명모션]을 더블클릭해서 편집 모드로 이동합니다.

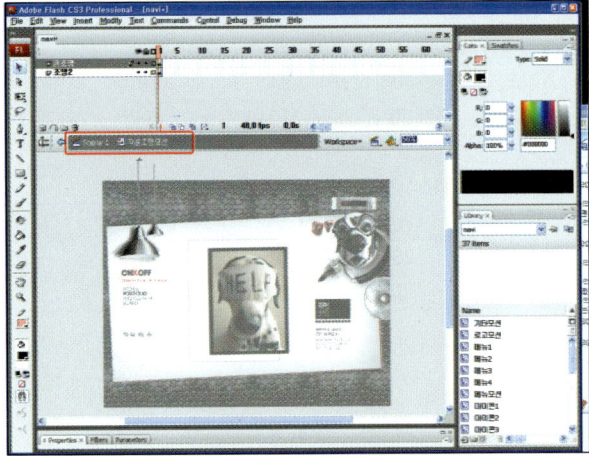

❸ 1번, 6번, 9번, 12번, 15번, 18번, 21번, 24번 프레임에 F6 을 눌러서 키프레임을 만듭니다.

❹ 각각 키프레임의 Y 값과 Y 블러 값을 아래 표와 같이 설정한 후 모션 트위닝을 적용합니다.

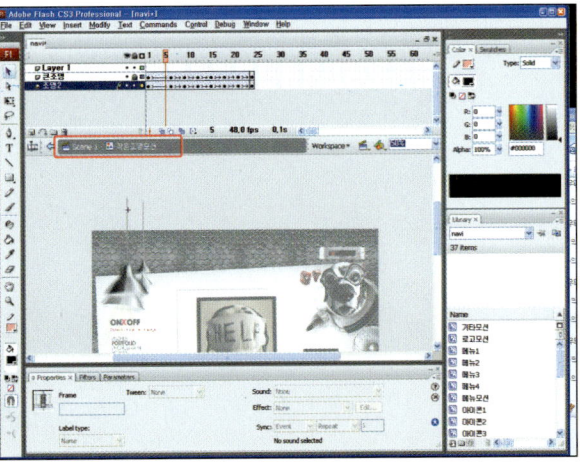

[큰 조명]

	1	6	9	12	15	18	21	24
Y좌표	-300	24	-18	14	-12	10	-8	0
Y Blur	20	10	5	5	5	5	5	0

[조명 2]

	1	6	9	12	15	18	21	24
Y좌표	-286	38	-4	28	2	24	6	0
Y Blur	20	10	5	5	5	5	5	0

❺ 전체 프레임 구조를 그림처럼 만들어 줍니다.

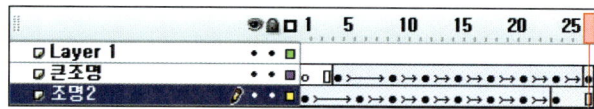

❻ 타임라인의 [레이어: 조명]에 [무비클립: 작은조명모션]을 선택하고 Part01-Sec02-02에서 배운 **모션의 그룹화 기법**을 적용합니다.

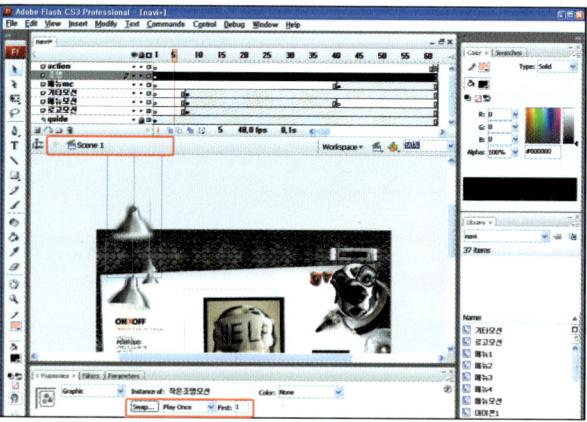

❼ 로고 모션을 만들어 보겠습니다.

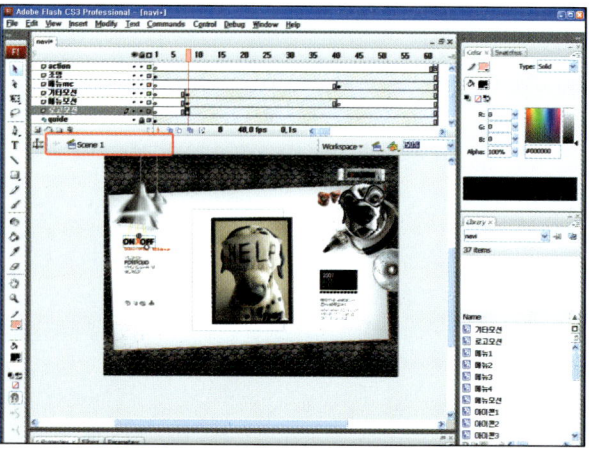

❽ [레이어: 로고모션]에 있는 [무비클립: 로고모션]을 더블클릭해서 편집 모드로 이동합니다.

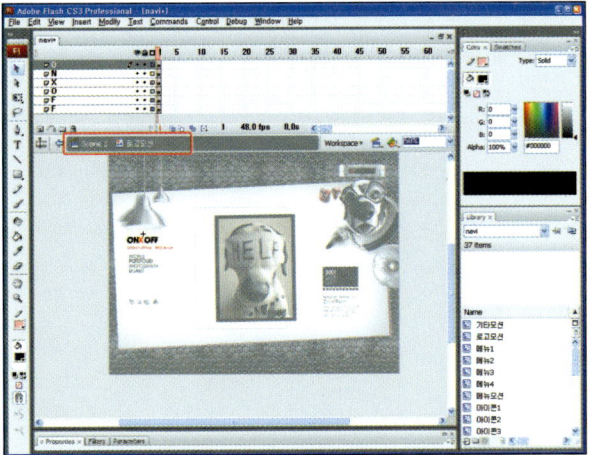

❾ 전체 레이어의 프레임 중 1번, 13번, 16번 프레임에 F6 을 눌러서 키프레임을 만들어 줍니다.

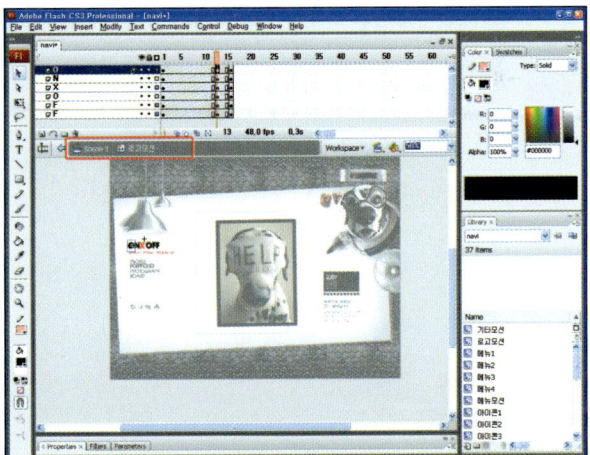

❿ 1번 키프레임에 있는 무비클립을 모두 모아서 위쪽으로 300픽셀 이동한 후 Tint 값을 #FFFFFF로 설정합니다.

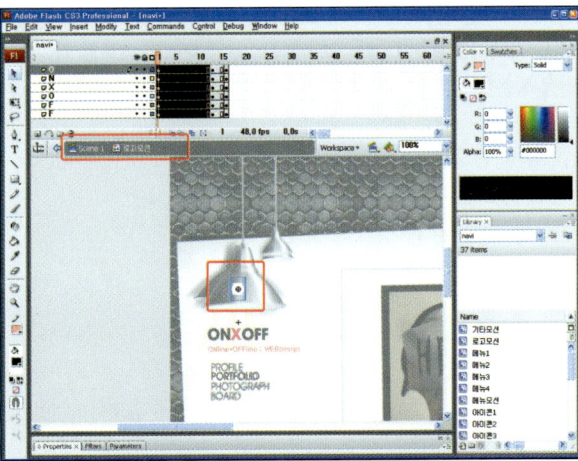

⓫ 13번 프레임에 있는 무비클립 전체를 아래로 3픽셀 이동
합니다.

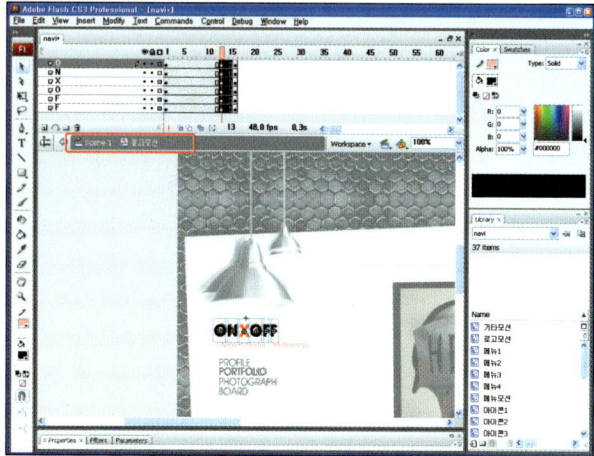

⓬ 모션 트위닝을 적용하고 전체 프레임 구성을 화면처럼 만듭
니다.

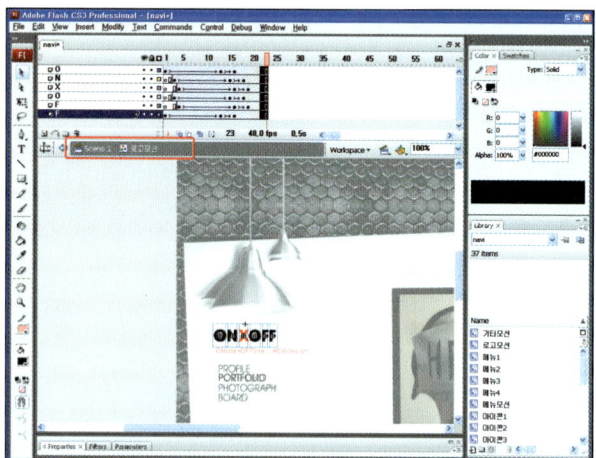

⓭ 메인 타임라인의 [레이어: 로고모션]에 [무비클립: 로고모
션]을 선택하고 Part01-Sec02-02에서 배운 **모션의 그룹화 기
법**을 적용합니다.

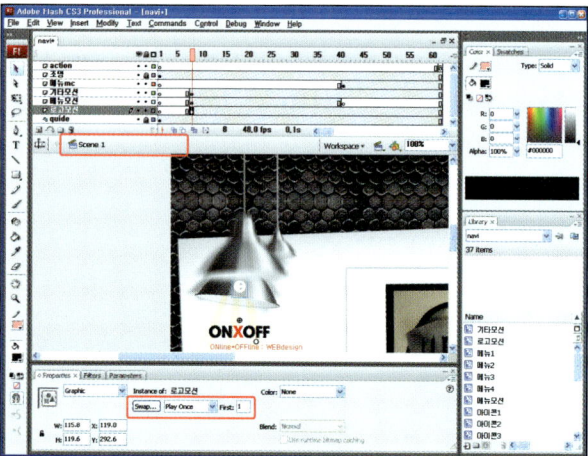

⓮ 메뉴 모션을 만들어 보겠습니다.

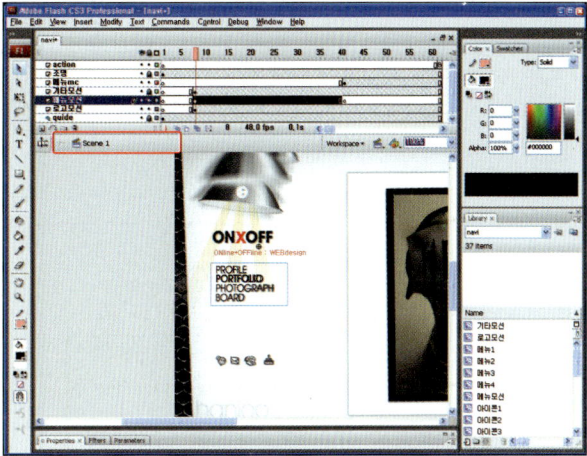

⓯ [레이어: 메뉴모션]에 있는 [무비클립: 메뉴모션]을 더블클릭해서 편집 모드로 이동합니다.

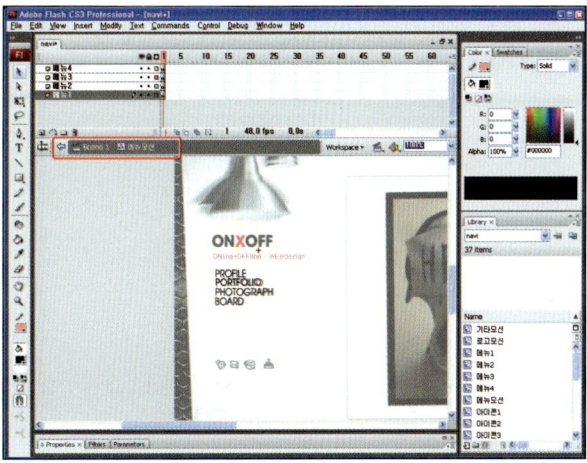

⓰ 레이어 전체에 1번, 6번, 12번 프레임에 F6 을 눌러서 키프레임을 만들어 줍니다.

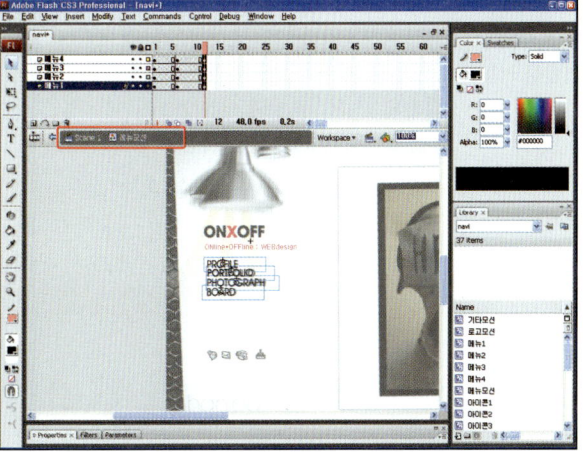

⑰ 1번 프레임에 있는 무비클립의 위치를 위로 40픽셀, 6번
프레임에 있는 무비클립의 위치를 아래로 4픽셀 이동한 후 1
번 프레임에 있는 무비클립의 Alpha 값을 0으로 설정합니다.

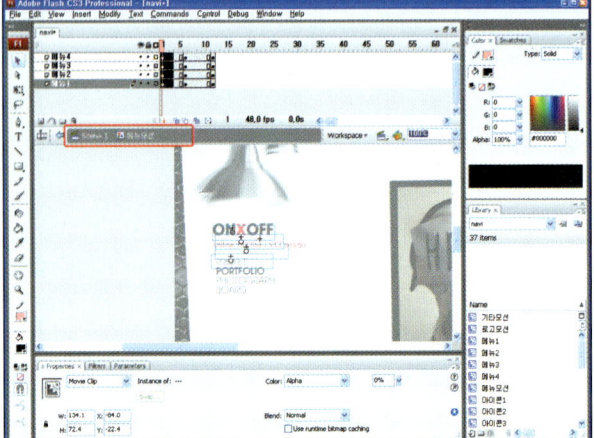

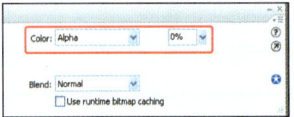

⑱ 모션 트위닝을 적용하고 그림과 같이 프레임 구조를 만들
어 줍니다.

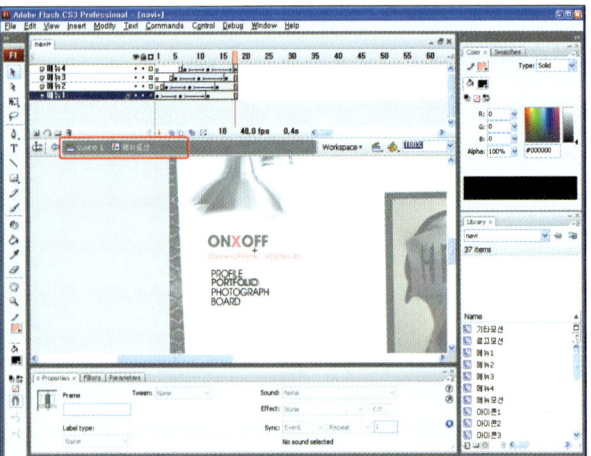

⑲ 메인 타임라인의 [레이어: 메뉴모션]에서 [무비클립: 메뉴
모션]을 선택하고 Part01-Sec02-02에서 배운 **모션의 그룹화
기법**을 적용합니다.

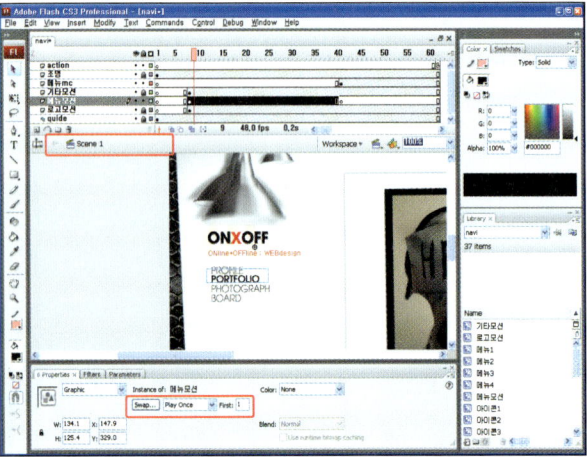

⑳ 기타 모션을 만들어 보겠습니다.

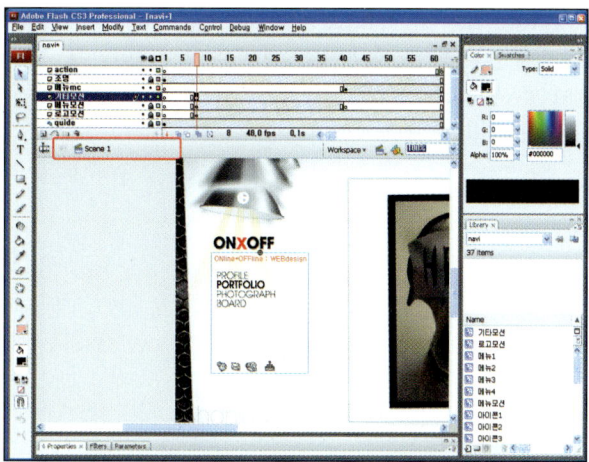

㉑ [레이어: 기타모션]에 있는 [무비클립: 기타모션]을 더블클릭해서 편집 모드로 이동합니다.

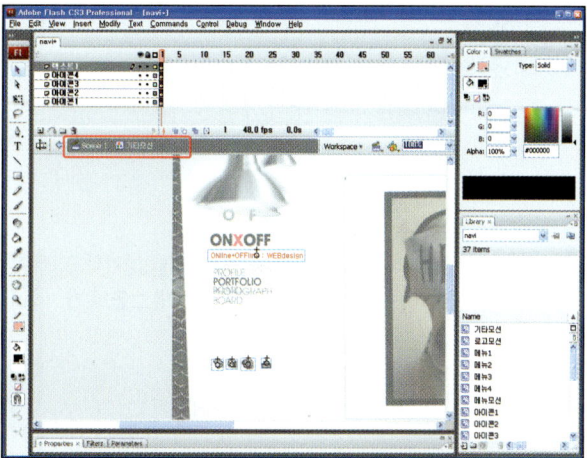

㉒ 전체 레이어에서 7번, 15번 프레임에 F6 을 눌러서 키프레임을 만들어 줍니다.

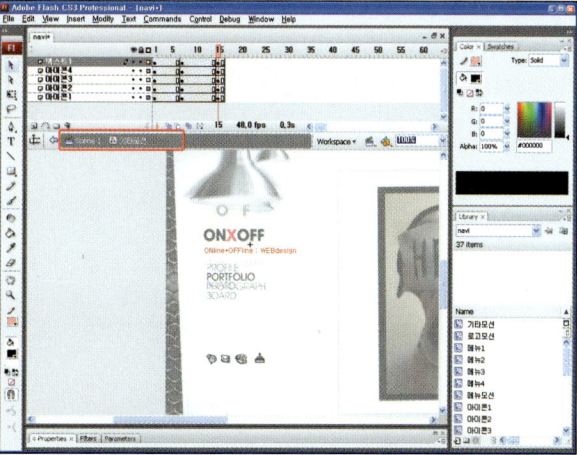

㉓ 1번 프레임에 있는 무비클립의 위치를 위로 30픽셀, 7번 프레임에 있는 무비클립을 아래로 3픽셀 이동하고, 1번 프레임에 있는 무비클립의 Alpha 값을 0으로 설정한 후 모션 트위닝을 적용합니다.

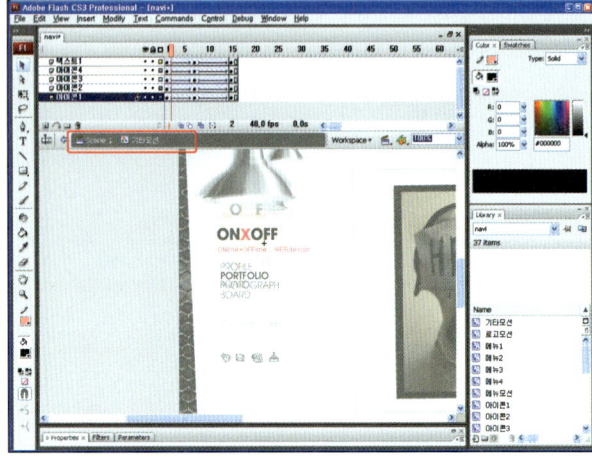

㉔ 전체 레이어 구조를 그림처럼 만들어 줍니다.

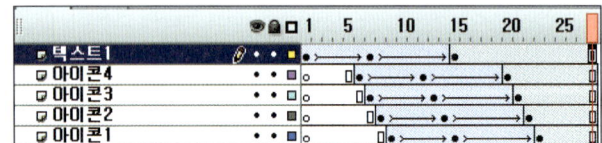

㉕ 메인 타임라인의 [레이어: 기타모션]에 [무비클립: 기타모션]을 선택하고 Part01-Sec02-02에서 배운 **모션의 그룹화 기법**을 적용합니다.

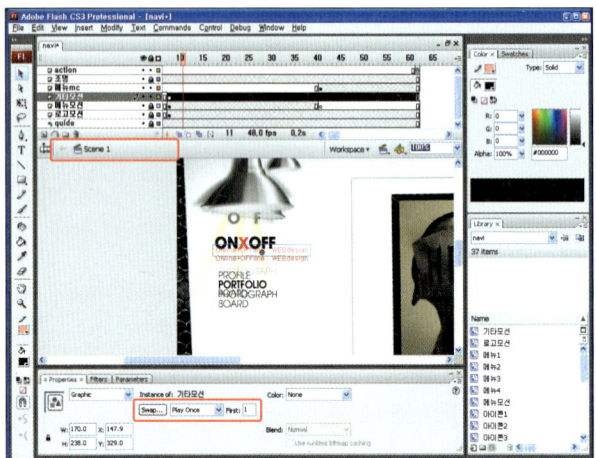

❷❻ 메인 타임라인에서 41번 프레임에 있는 메뉴를 무비클립
으로 만들어서 인스턴스 네임을 주었습니다. 하단 레이어에
있는 메뉴 모션은 40번 프레임까지만 보이도록 했습니다. [레
이어: action]의 마지막 프레임에 있는 스크립트는 메뉴 클릭
시 해당 swf를 불러올 수 있도록 되어 있습니다.

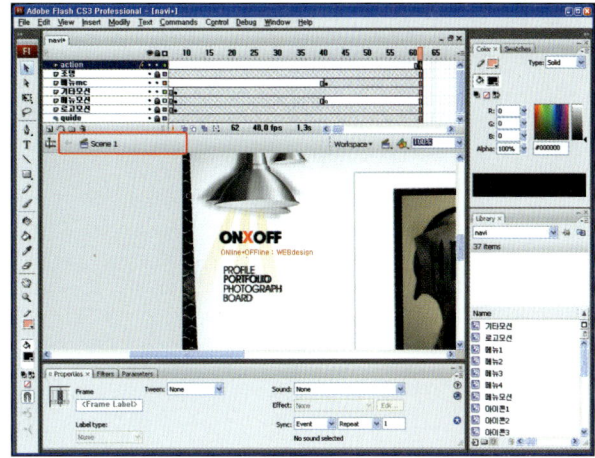

5 sub0.fla

sub0.fla 파일의 모션을 만들어 보겠습니다. 디자인에 맞춰서
오브젝트가 세팅되는 모션입니다.

❶ 레이어와 프레임 구조를 확인합니다.

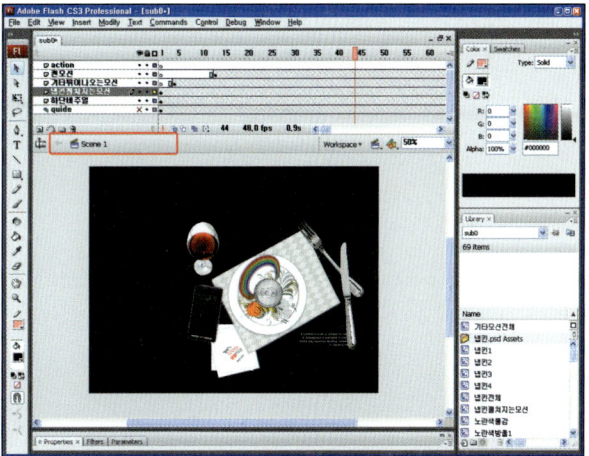

❷ 하단 비주얼을 만들어 보겠습니다.

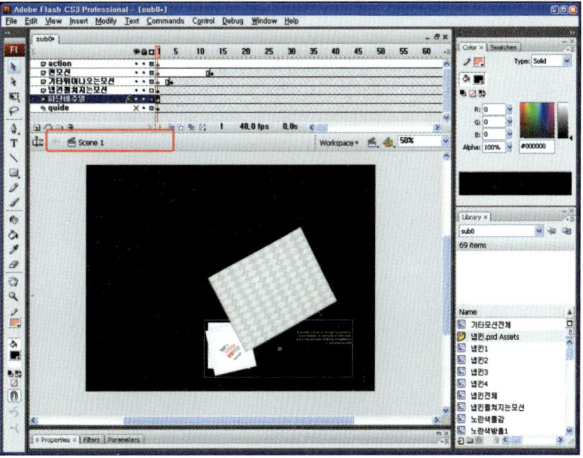

❸ [레이어: 하단비주얼]에 있는 [무비클립: 하단비주얼]을 더블클릭해서 편집 모드로 이동합니다.

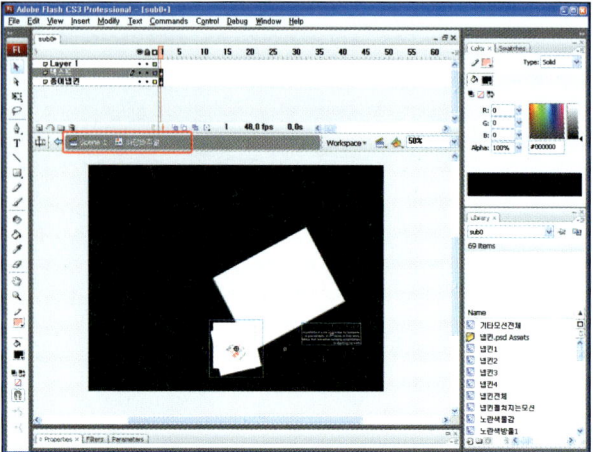

❹ 14번 프레임에 F6 을 눌러서 키프레임을 만들어 줍니다.

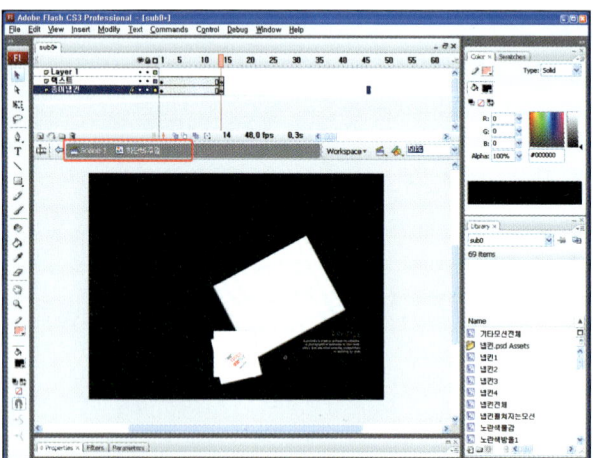

❺ [레이어: 종이넵킨], [레이어: 텍스트]의 1번 프레임 모션을 아래에서 등장하도록 위치를 이동하고, Alpha 값을 0으로 설정한 후 모션 트위닝을 적용합니다. [레이어: 종이넵킨]의 1번 키프레임에 있는 무비클립의 Rotate 값을 -40으로 설정합니다.

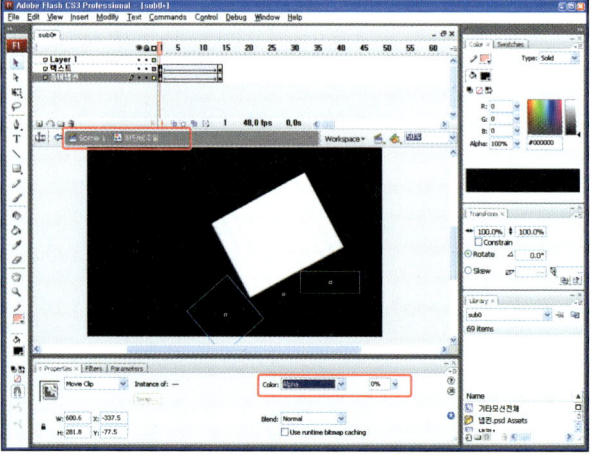

❻ 프레임의 구조를 그림처럼 만들어 줍니다.

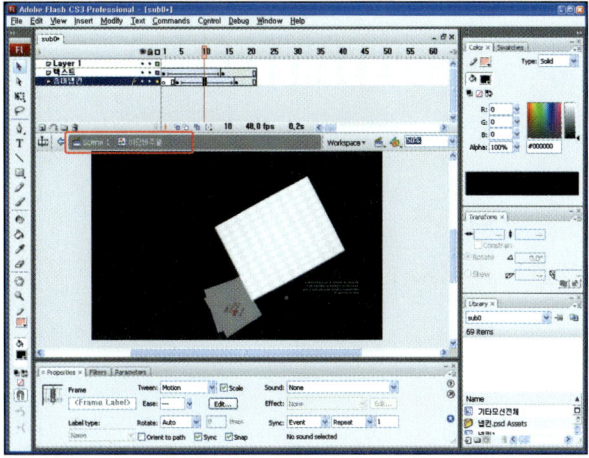

❼ 메인 타임라인의 [레이어: 하단비주얼]에 있는 [무비클립: 하단비주얼]을 선택하고 Part01-Sec02-02에서 배운 **모션의 그룹화 기법**을 적용합니다.

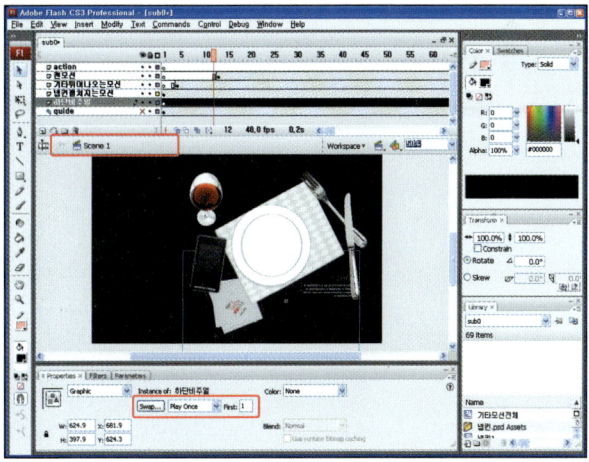

❽ 넵킨이 펼쳐지는 모션을 만들어 보겠습니다.

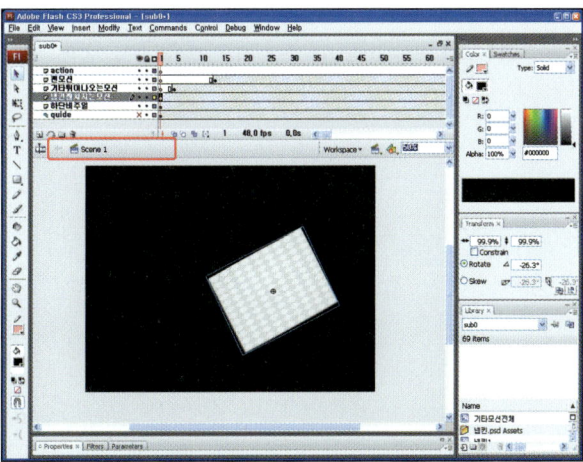

⑨ 메인 타임라인의 [레이어: 넵킨펼쳐지는모션]에 있는 [무비
클립: 넵킨펼쳐지는모션]을 더블클릭해서 편집 모드로 이동합
니다.

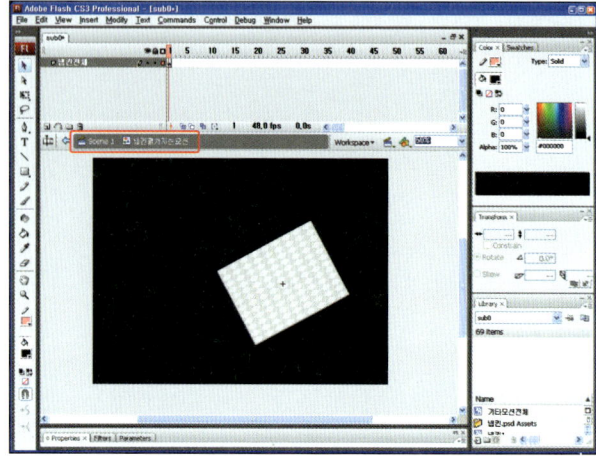

⑩ 16번 프레임에 F6 을 눌러서 키프레임을 만들어 줍니다.

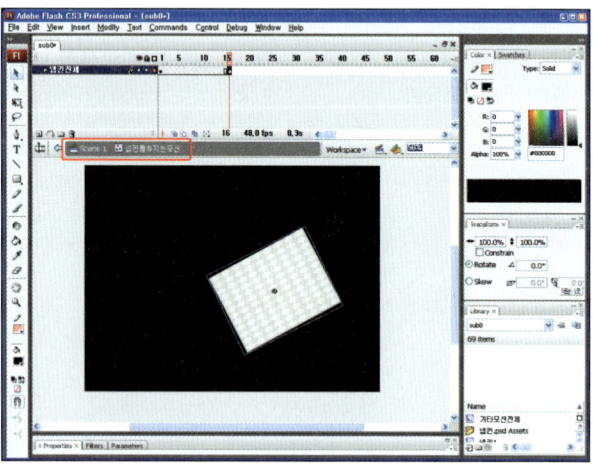

⑪ 1번 키프레임에 있는 무비클립의 Width 값을 50으로 줄이
고 모션 트위닝을 적용합니다.

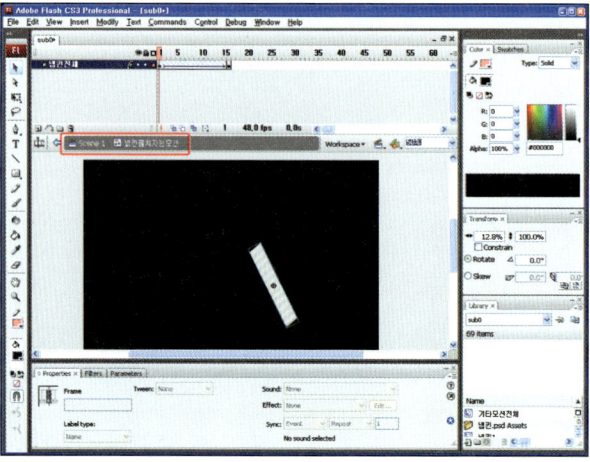

⓬ 메인 타임라인의 [레이어: 넵킨펼쳐지는모션]에서 [무비클립: 넵킨펼쳐지는모션]을 선택하고 Part01-Sec02-02에서 배운 **모션의 그룹화 기법**을 적용합니다.

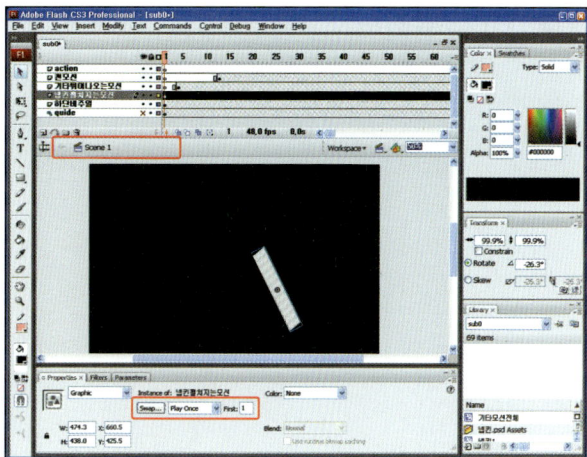

⓭ 기타 튀어나오는 모션을 만들어 보겠습니다.

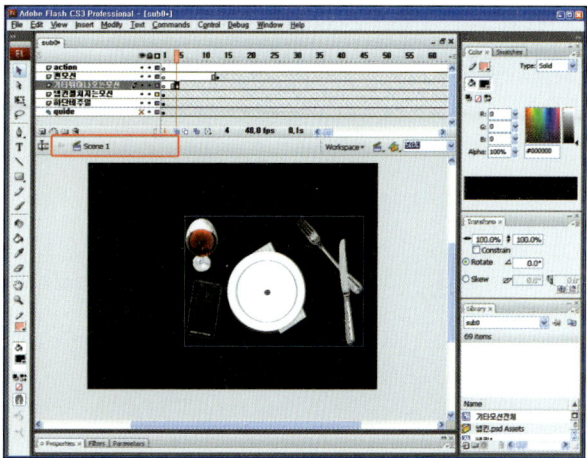

⓮ [레이어: 기타튀어나오는모션]에 있는 [무비클립: 기타모션 전체]를 더블클릭해서 편집 모드로 이동합니다.

⑮ 8번, 15번 프레임에 F6 을 눌러서 키프레임을 만들어 줍니다.

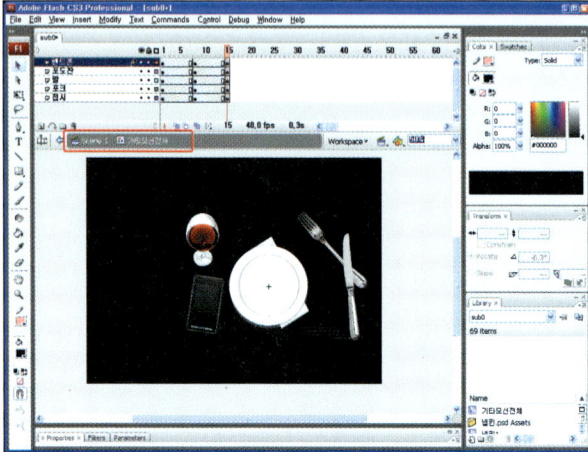

⑯ 1번 키프레임에 있는 무비클립을 가운데로 모으고 Scale 값을 50%로 만들어 준 후 Alpha 값을 0으로 설정합니다.

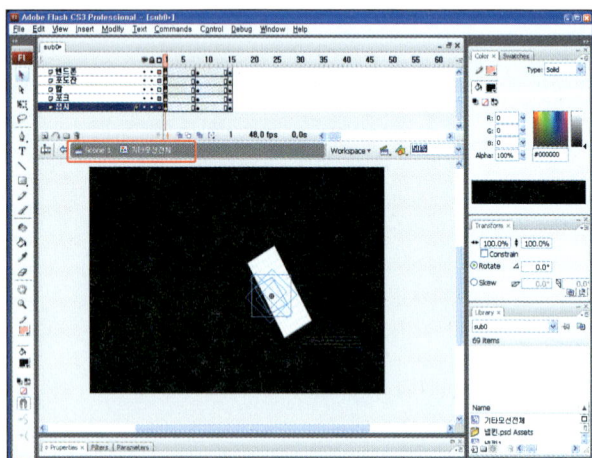

⑰ 8번 키프레임에서 [레이어: 접시]에 있는 무비클립의 크기는 120%로 설정하고 나머지 무비클립은 각각의 방향으로 조금씩 이동합니다.

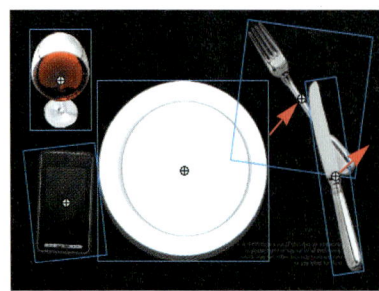

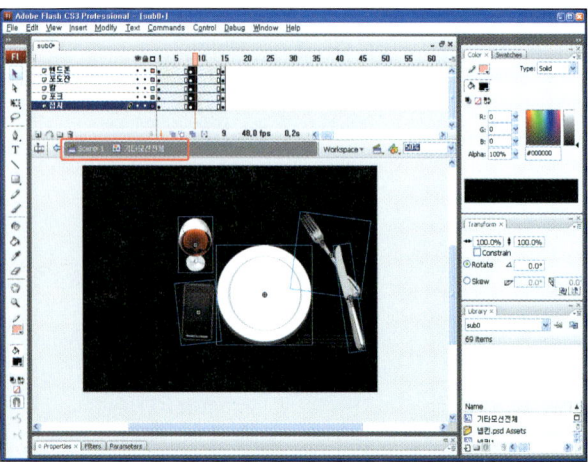

⑱ 모션 트위닝을 적용하고 프레임 구조를 그림처럼 만들어 줍니다.

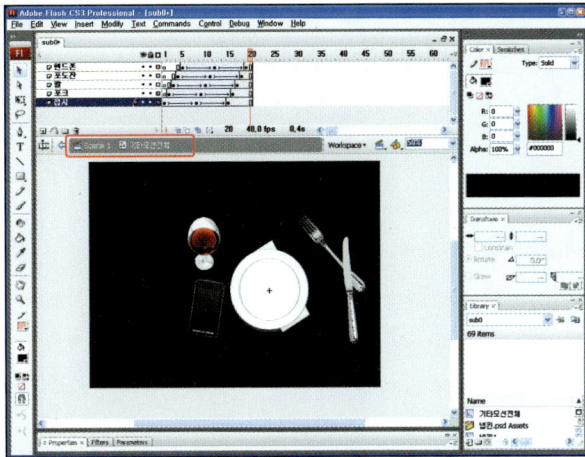

⑲ 메인 타임라인의 [레이어: 기타튀어나오는모션]에 [무비클립: 기타튀어나오는모션]을 선택하고 Part01-Sec02-02에서 배운 **모션의 그룹화 기법**을 적용합니다.

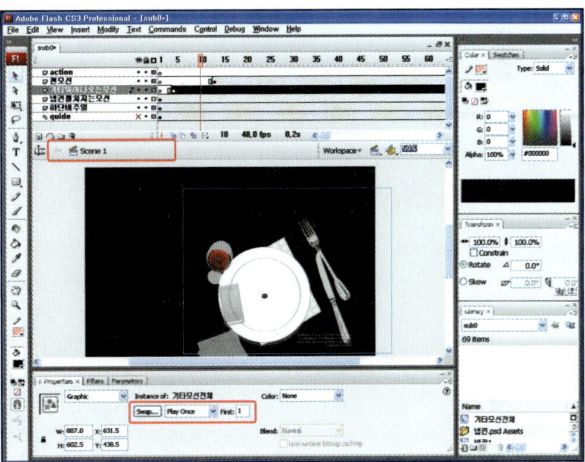

⑳ 캔 모션을 만들어 보겠습니다.

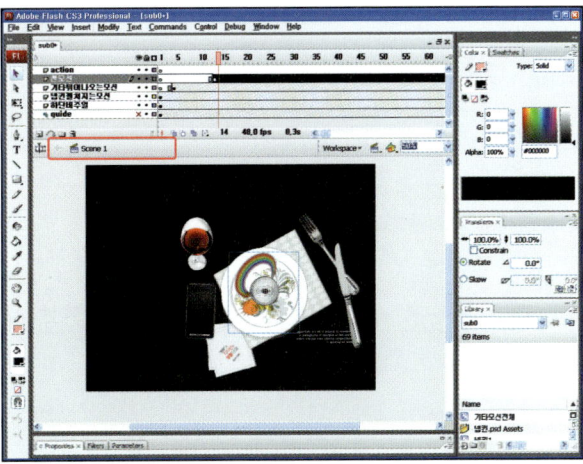

㉑ [레이어: 캔모션]에 있는 [무비클립: 캔모션]을 더블클릭해서 편집 모드로 이동합니다.

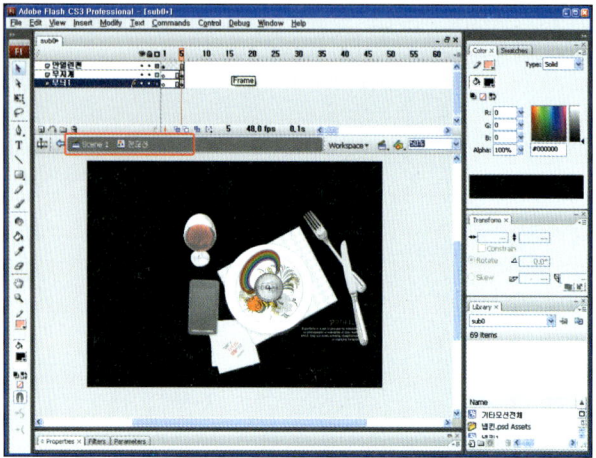

㉒ 다음 표와 같이 프레임에 키프레임을 만들어 줍니다.

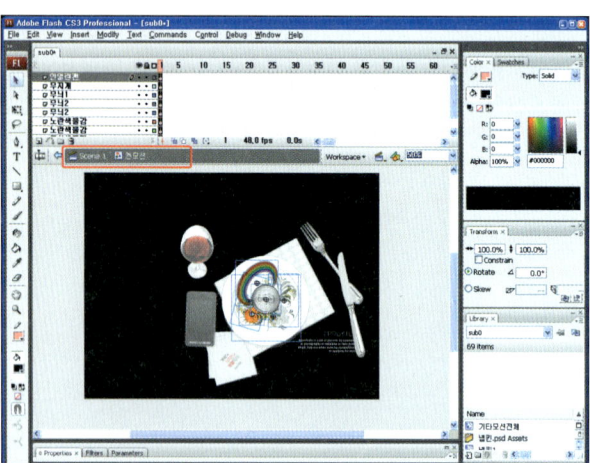

안 열린 캔	1번, 4번, 8번
무지개	1번, 8번
무늬1	1번, 6번, 10번
무늬2	1번, 6번, 10번
무늬3	1번, 6번, 10번
노란색 물감	1번, 6번, 10번
노란색 물감	1번, 6번, 10번
주황색 물감	1번, 6번, 10번
주황색 물감	1번, 6번, 10번

㉓ [레이어: 안열린캔], [레이어: 무지개]의 키프레임에 있는 무비클립의 속성을 아래 표와 같이 만들어 줍니다.

[레이어: 안열린캔] 설정속성: Scale(Transform 창)

	1	4	8
Scale	10%	120%	100%

[레이어: 무지개] 설정속성: Scale(Transform 창)

	1	8
Scale	10%	100%

❷❹ 나머지 레이어의 1번 키프레임의 무비클립을 모두 선택하고 Scale 값을 50%, 6번 키프레임의 무비클립을 105%로 설정합니다.
(스케일 조정 창을 활성화: Ctrl + Alt + S)

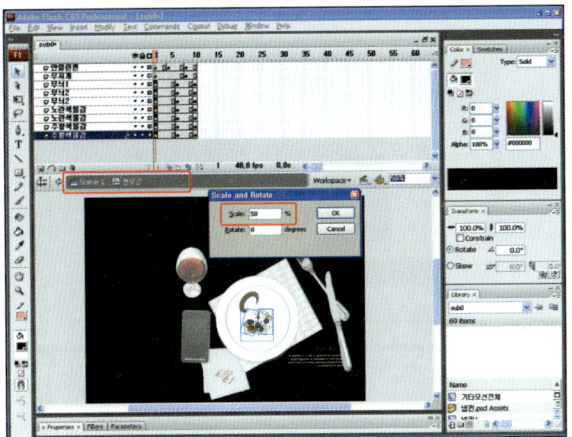 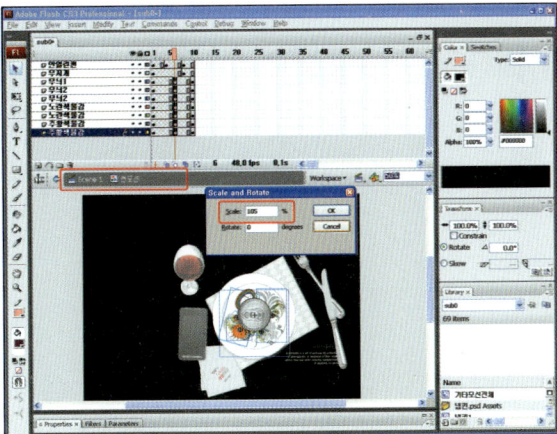

❷❺ 모션 트위닝을 적용하고 프레임 구조를 그림처럼 만들어 줍니다.

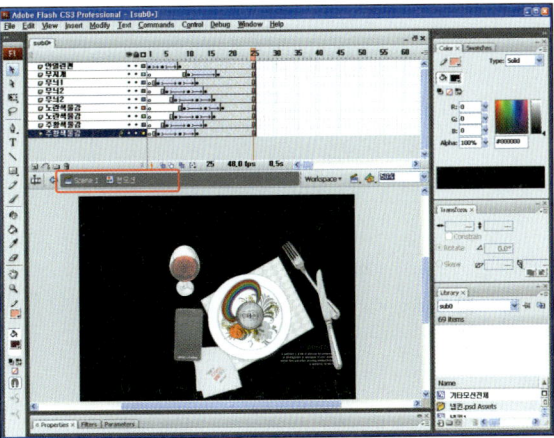

❷❻ 타임라인의 [레이어: 캔모션]에 [무비클립: 캔모션]을 선택하고 Part01-Sec02-02에서 배운 **모션의 그룹화 기법**을 적용합니다.

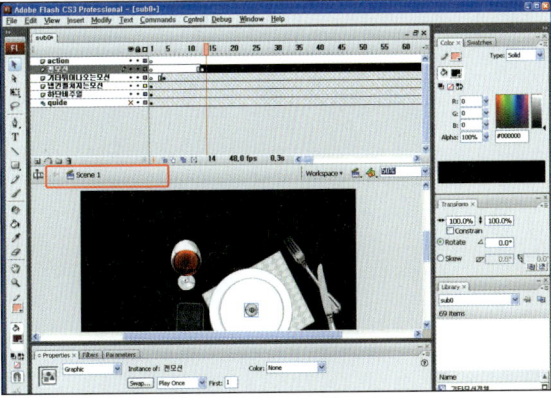

6 sub1.fla

sub1.fla 파일의 모션을 만들어 보겠습니다. 디자인에 맞춰서
오브젝트가 세팅되는 모션입니다.

❶ 레이어와 프레임 구조를 확인합니다.

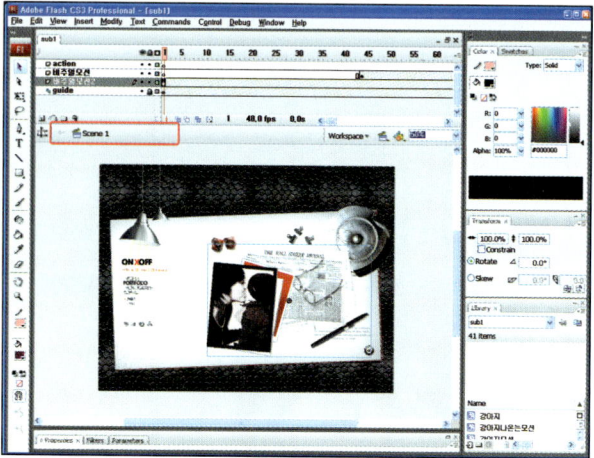

❷ 비주얼 모션2를 만들어 보겠습니다.

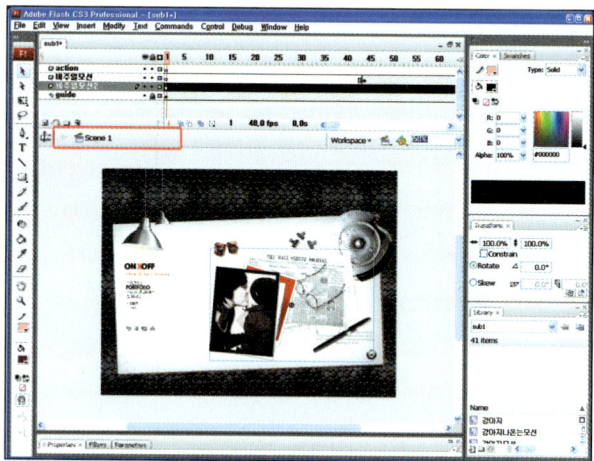

❸ [레이어: 비주얼모션2]에 있는 [무비클립: 비주얼모션2]를
더블클릭해서 편집 모드로 이동합니다.

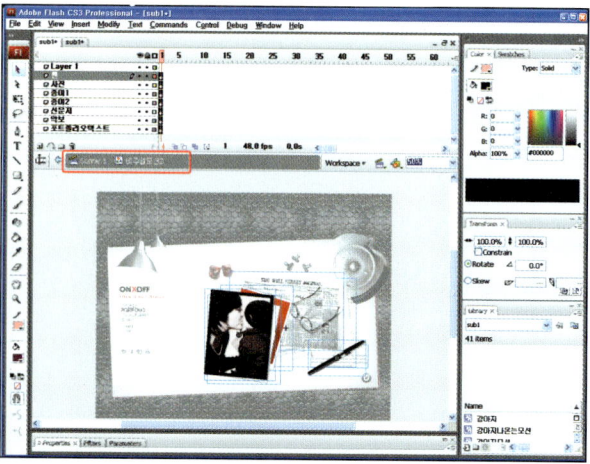

❹ 다음 표와 같이 프레임에 키프레임을 만들어 줍니다.

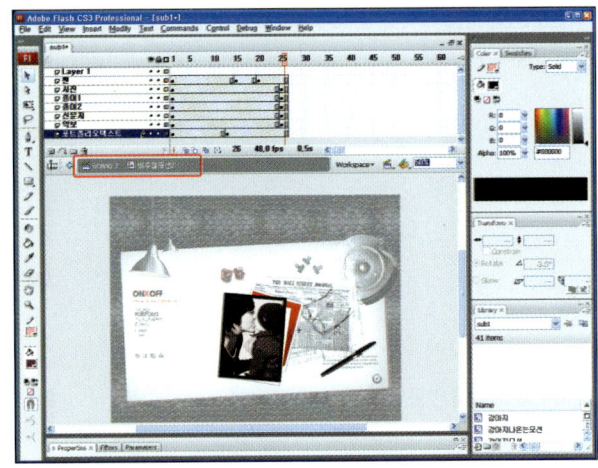

펜	1번, 15번, 20번
사진	1번, 25번
종이1	1번, 25번
종이2	1번, 25번
신문지	1번, 25번
악보	1번, 25번
포트폴리오 텍스트	1번, 13번

❺ 각 레이어별 무비클립의 속성 값을 아래 표와 같이 설정합니다.

[레이어: 펜] 좌표: Properties, Alpha: Properties, Rotate: Transform

	1	15	20
X좌표	187	177	177
Y좌표	70	100	100
Alpha	0	100	100
Rotate	30	-3	0

[레이어: 사진] 좌표: Propertie, Alpha: Properties, Rotate: Transform

	1	25
X좌표	-96	-160
Y좌표	-45	24
Alpha	0	100
Rotate	-20	0

[레이어: 종이1] 좌표: Properties, Alpha: Properties, Rotate: Transform

	1	25
X좌표	-86	-145
Y좌표	-40	40
Alpha	0	100
Rotate	20	0

[레이어: 종이2] 좌표: Properties, Alpha: Properties, Rotate: Transform

	1	25
X좌표	-50	-102
Y좌표	-88	0
Alpha	0	100
Rotate	-20	0

[레이어: 신문지] 좌표: Properties, Alpha: Properties, Rotate: Transform

	1	25
X좌표	60	0
Y좌표	-137	-57
Alpha	0	100
Rotate	-20	0

[레이어: 악보] 좌표: Properties, Alpha: Properties, Rotate: Transform

	1	25
X좌표	118	58
Y좌표	-100	-20
Alpha	0	100
Rotate	20	0

[레이어: 포트폴리오텍스트] 좌표: Properties, Alpha: Properties

	1	13
X좌표	184	184
Y좌표	114	94
Alpha	0	100

❻ 모션 트위닝을 적용하고 전체 프레임 구조를 그림과 같이
만들어 줍니다.

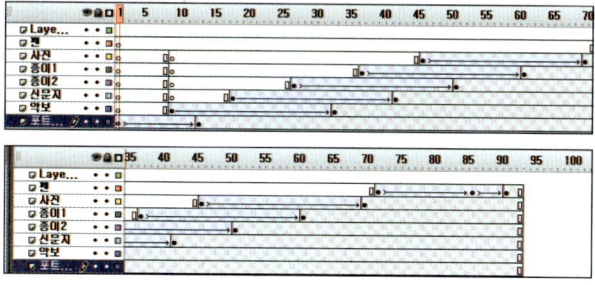

❼ 비주얼 모션을 만들어 보겠습니다.

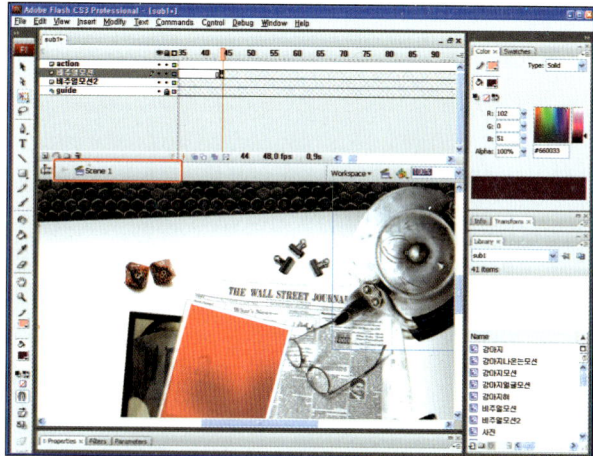

❽ [레이어: 비주얼모션]의 [무비클립: 비주얼모션]을 더블클
릭해서 편집 모드로 이동합니다.

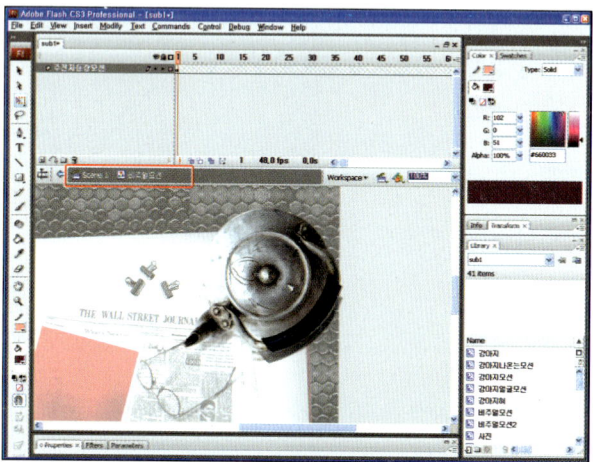

❾ [레이어: 주전자등장모션]의 [무비클립: 주전자등장모션]을
더블클릭해서 편집 모드로 이동합니다.

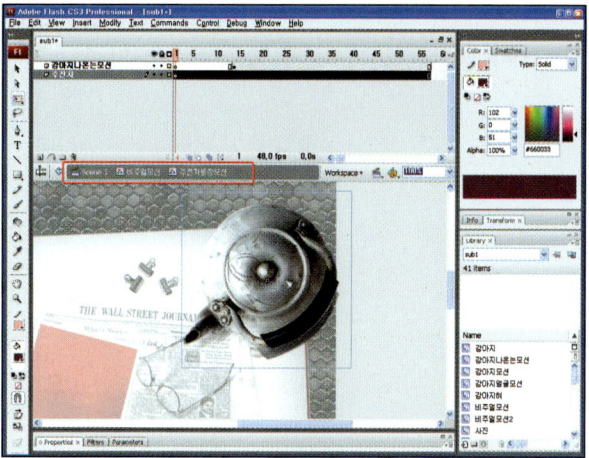

❿ [레이어: 주전재]의 7번, 12번, 14번 프레임에 F6 을 눌러
서 키프레임을 만들어 줍니다.

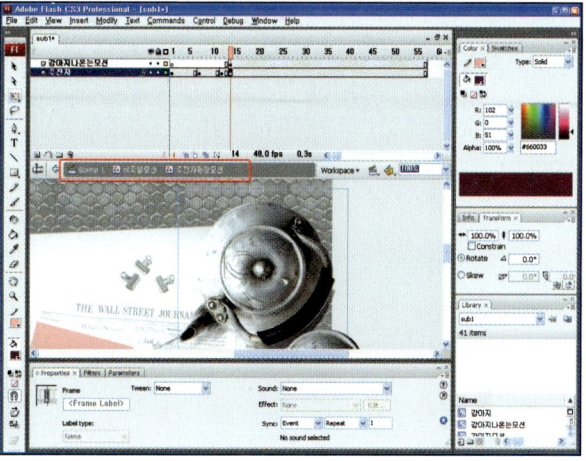

⓫ 프레임의 무비클립 속성을 아래 표와 같이 만들고 모션 트
위닝을 적용합니다.

Alpha: Properties, Rotate: Transform

	1	7	12	14
Alpha	0	100	100	100
Scale	200%	95%	110%	100%

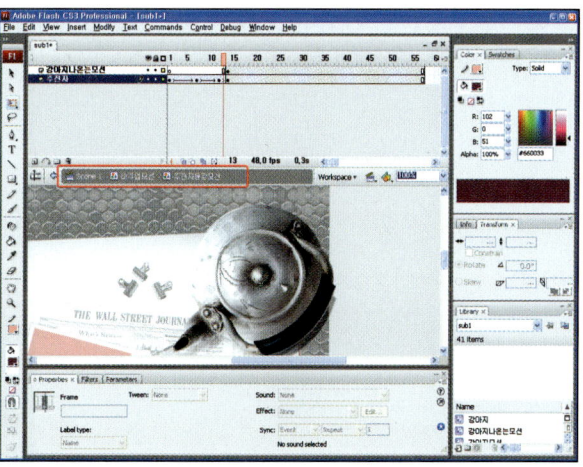

② [레이어: 강아지나오는모션]의 [무비클립: 강아지나오는모션]을 더블클릭해서 편집 모드로 이동합니다.

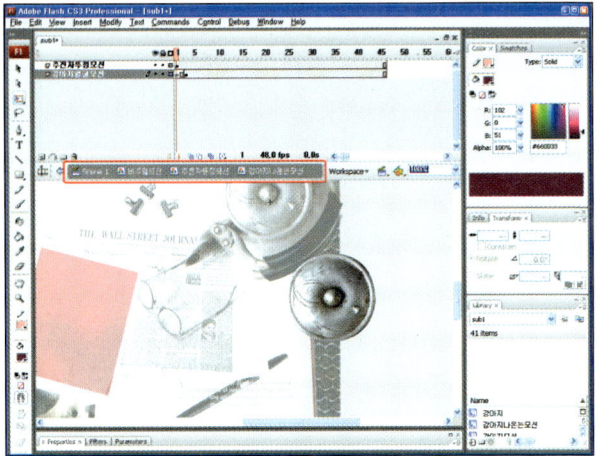

⑬ [레이어: 주전자뚜껑모션]의 [무비클립: 주전자뚜껑모션]을 더블클릭해서 편집 모드로 이동합니다.

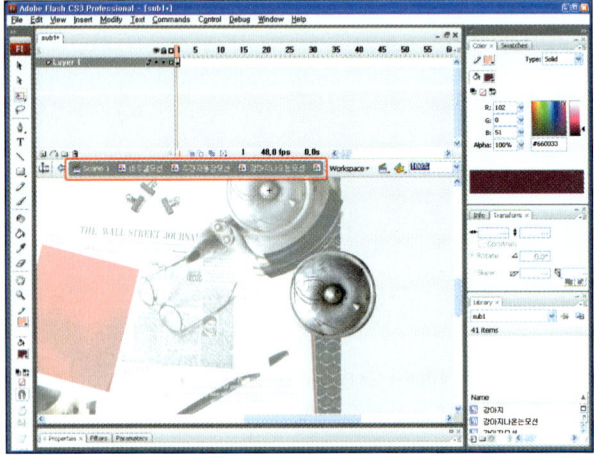

⑭ 1번, 4번, 8번, 12번, 14번, 16번, 17번, 19번에 F6 을 각각 눌러서 키프레임을 만들어 줍니다.

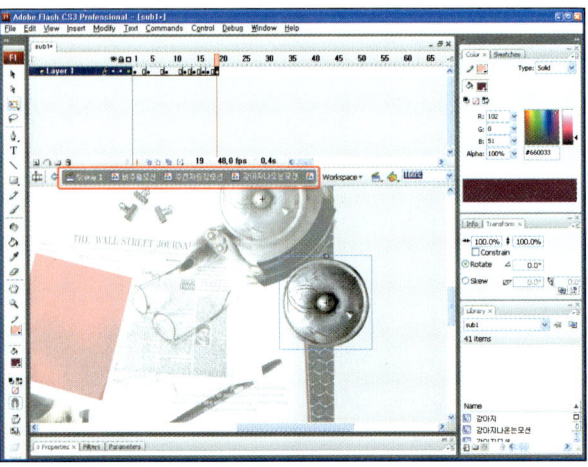

⑮ 각각의 키프레임 속성을 아래 표와 같이 설정합니다.

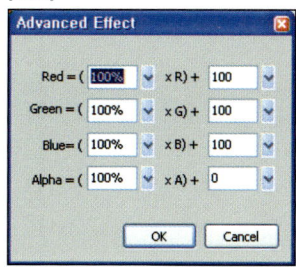

[세팅1]

	1	4	8	12	14	16	17	19
X좌표	0	40	80	110	107	111	109	110
Y좌표	0	40	120	180	174	178	177	177
Scale	100%	150%	110%	100%	100%	100%	100%	100%
Advanced	없음	[세팅1]	없음	없음	없음	없음	없음	없음

⑯ 모션 트위닝을 적용합니다.

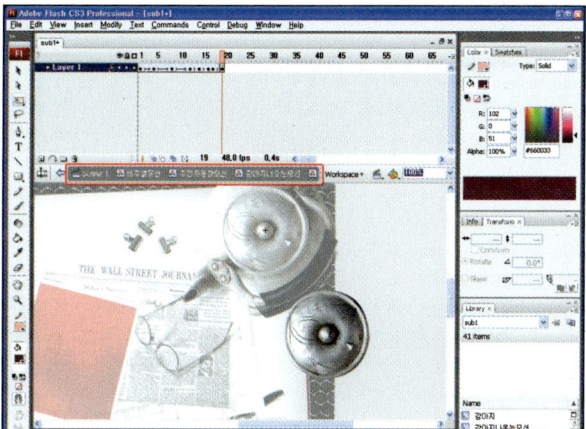

⑰ [레이어: 강아지나오는모션]에 [무비클립: 강아지나오는모션]을 선택하고 Part01-Sec02-02에서 배운 모션의 그룹화 기법을 적용합니다.

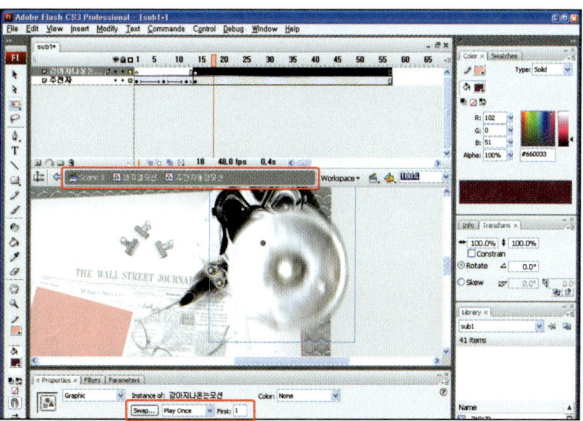

⑱ [레이어: 주전자등장모션]에 [무비클립: 주전자등장모션]을
선택하고 Part01-Sec02-02에서 배운 **모션의 그룹화 기법**을
적용합니다.

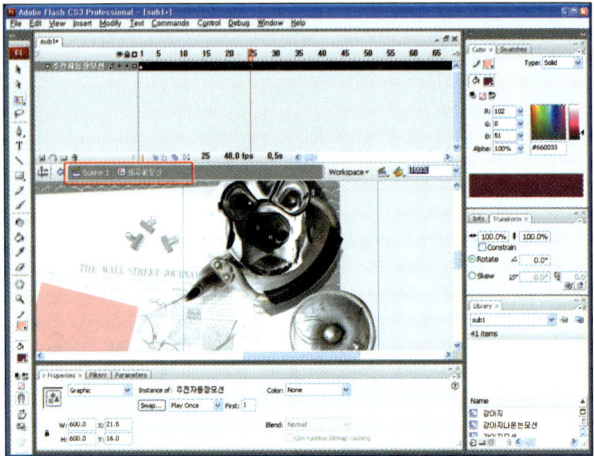

⑲ [레이어: 비주얼모션]에서 [무비클립: 비주얼모션]을 선택
하고 Part01-Sec02-02에서 배운 **모션의 그룹화 기법**을 적용
합니다.

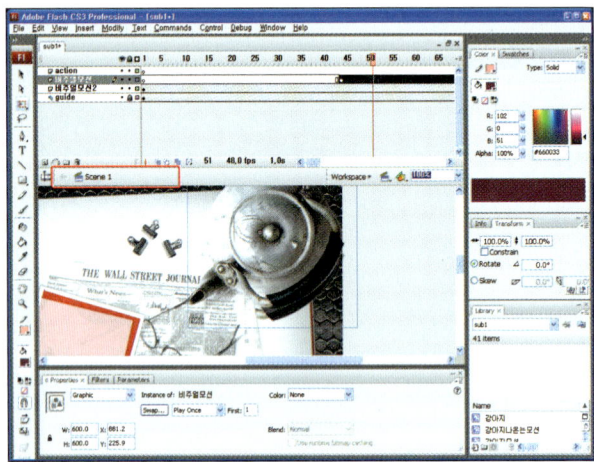

7 sub2.fla

Sub2.fla 파일의 모션을 만들어 보겠습니다. 디자인에 맞춰서
오브젝트가 세팅되는 모션입니다.

❶ 레이어와 프레임 구조를 확인합니다.

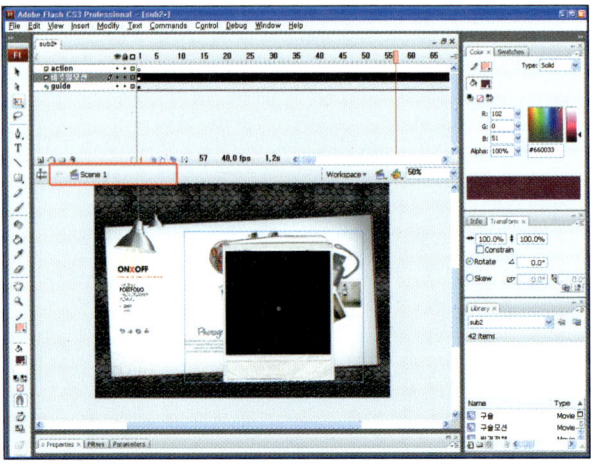

❷ [레이어: 비주얼모션]의 [무비클립: 비주얼모션]을 더블클릭해서 편집 모드로 이동합니다.

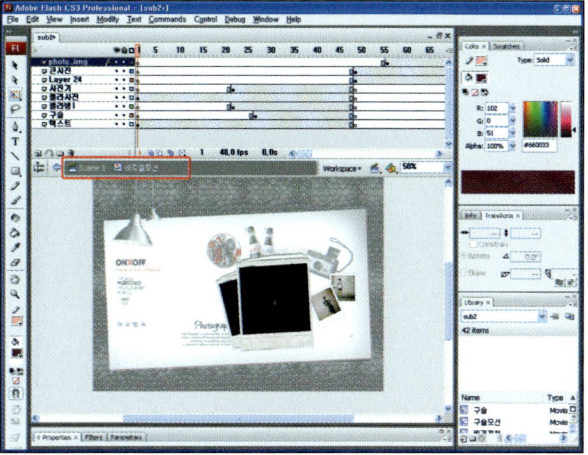

❸ [레이어: 텍스트]의 12번 프레임에서 F6 을 눌러서 키프레임을 만들어 줍니다.

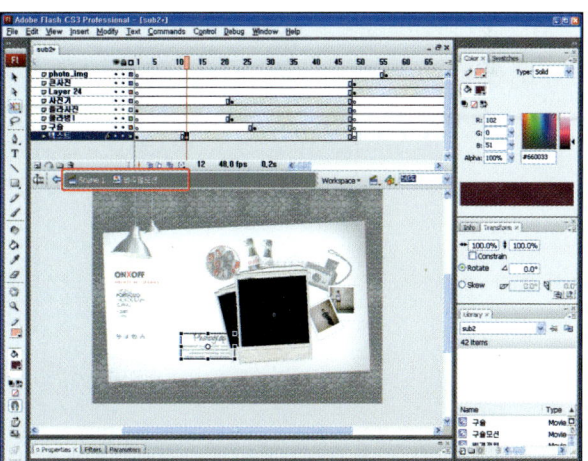

❹ 1번 프레임의 무비클립을 하단으로 30픽셀 이동하고 Alpha값을 0으로 설정한 후 모션 트위닝을 적용합니다.

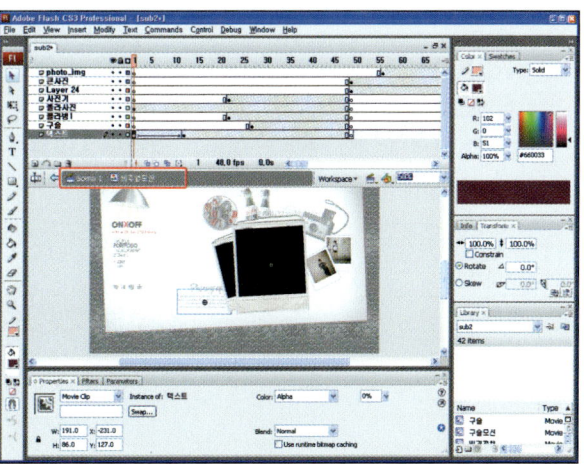

❺ [레이어: 폴라사진]의 [무비클립: 사진등장모션]을 더블클릭해서 편집 모드로 이동합니다.

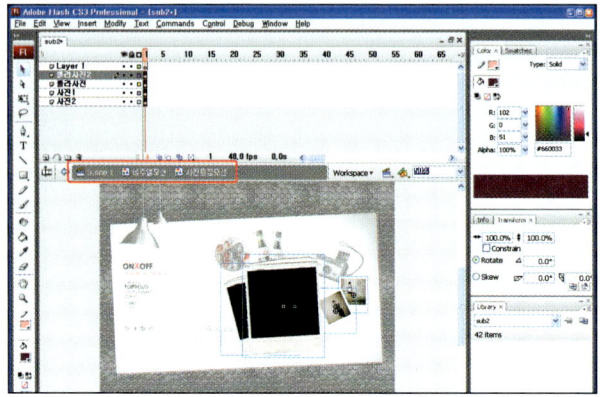

❻ 전체 레이어 프레임의 22번 프레임에 F6 을 눌러서 키프레임을 만들어 줍니다.

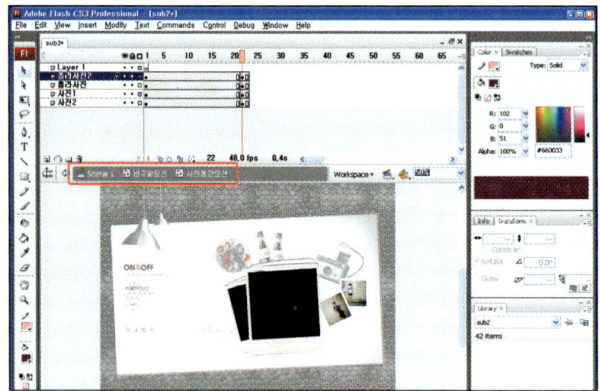

❼ 각각 레이어의 키프레임 속성을 아래 표와 같이 설정해 줍니다.

[레이어: 사진2] 좌표: Properties, Alpha: Properties, Rotate: Transform

	1	22
X좌표	349	204
Y좌표	-177	-38
Alpha	0	100
Rotate	-30	0

[레이어: 사진1] 좌표: Properties, Alpha: Properties, Rotate: Transform

	1	22
X좌표	287	142
Y좌표	-123	16
Alpha	0	100
Rotate	45	0

[레이어: 폴라사진] 좌표: Properties, Alpha: Properties, Rotate: Transform

	1	22
X좌표	27	-118
Y좌표	-128	10
Alpha	0	100
Rotate	30	0

[레이어: 폴라사진2] 좌표: Properties, Alpha: Properties, Rotate: Transform

	1	22
X좌표	106	-38
Y좌표	-139	10
Alpha	0	100
Rotate	-20	0

❽ 모션 트위닝을 적용하고 프레임 구조를 그림처럼 만들어 줍니다.

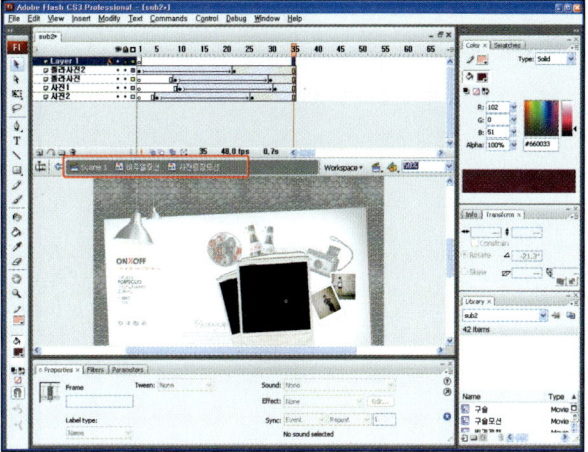

❾ [레이어: 폴라사진]에 [무비클립: 사진등장모션]을 선택하고 Part01-Sec02-02에서 배운 **모션의 그룹화 기법**을 적용합니다.

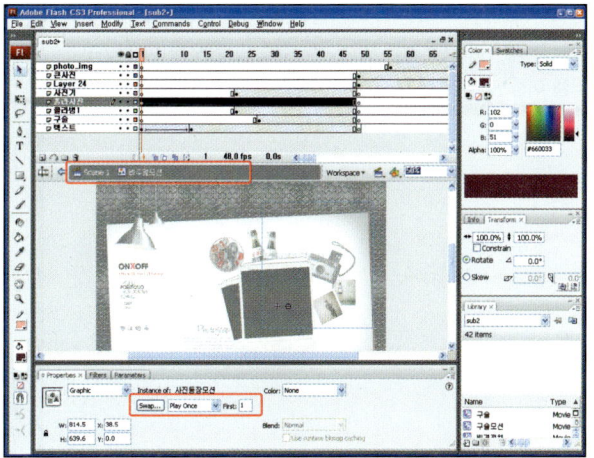

❿ [레이어: 콜라병1]의 [무비클립: 콜라병1]을 더블클릭해서 편집 모드로 이동합니다.

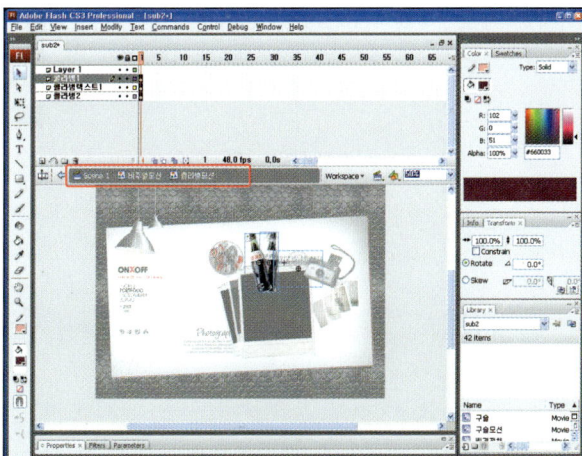

⓫ 1번, 8번, 15번 프레임에 F6 을 눌러서 키프레임을 만들어 줍니다.

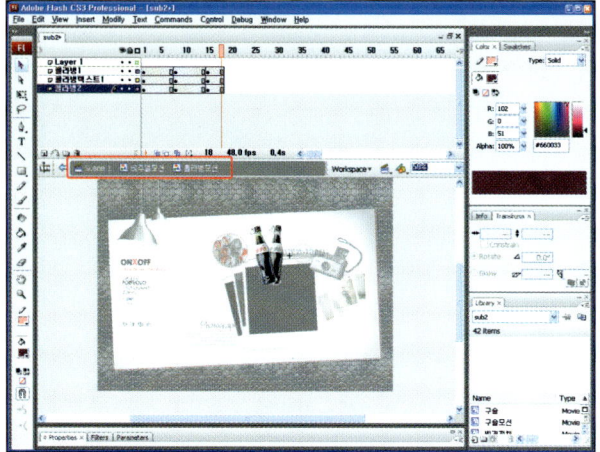

⓬ 1번 프레임에 있는 무비클립의 위치를 하단으로 40픽셀 이동하고, 8번 프레임에 있는 무비클립의 위치를 상단으로 3픽셀 이동한 후 모션 트위닝을 적용합니다.

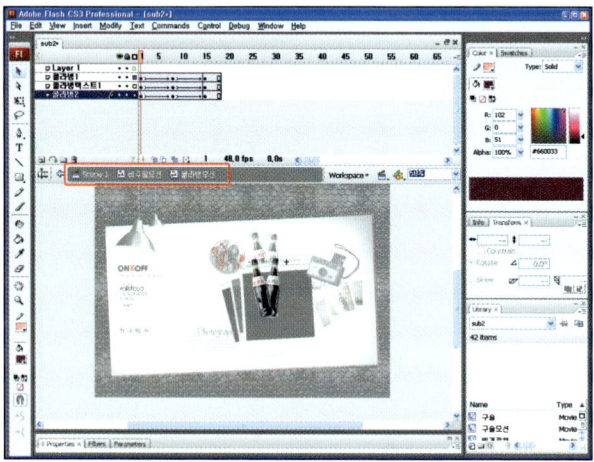

⓭ 전체 프레임 구조를 그림처럼 만들어 줍니다.

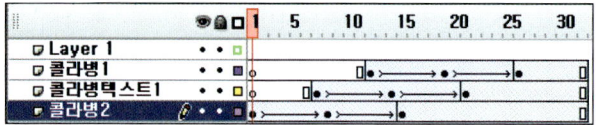

⓮ [레이어: 콜라병1]에서 [무비클립: 콜라병모션]을 선택하고 Part01-Sec02-02에서 배운 **모션의 그룹화 기법**을 적용합니다.

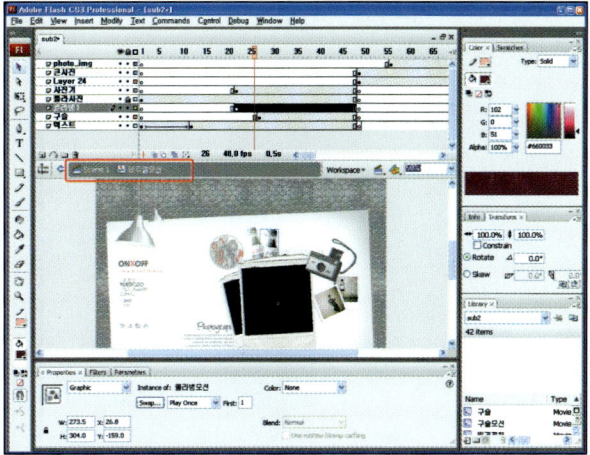

⓯ [레이어: 사진기]의 [무비클립: 사진기]를 더블클릭해서 편집 모드로 이동합니다.

⓰ 1번, 5번, 12번 프레임에 F6 을 눌러서 키프레임을 만들어 줍니다.

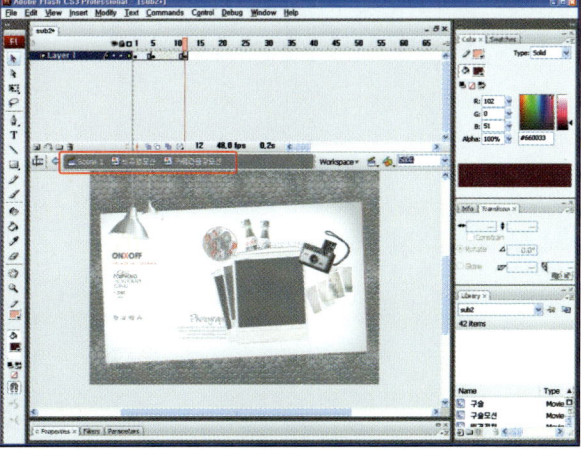

⑰ 각각 레이어의 키프레임 속성을 아래 표와 같이 설정하고 모션 트위닝을 적용합니다.

Alpha: Properties, Scale: Transform

	1	5	12
Alpha	0	100	100
Scale	144%	95%	100%

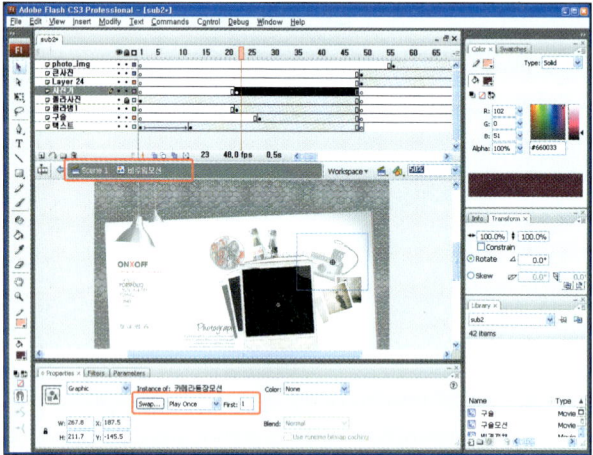

⑱ [레이어: 사진기]에서 [무비클립: 카메라등장모션]을 선택하고 Part01-Sec02-02에서 배운 **모션의 그룹화 기법**을 적용합니다.

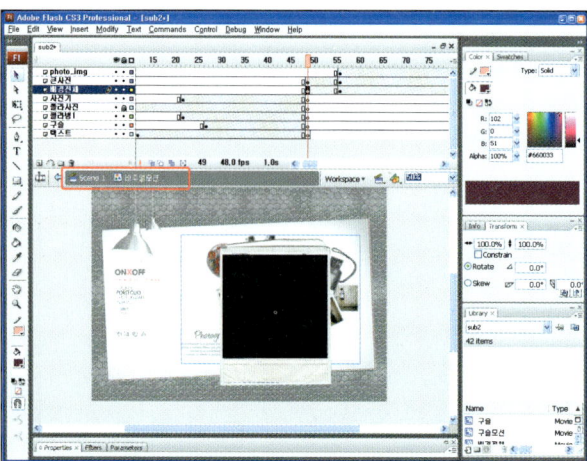

⑲ [레이어: 큰사진]과 [레이어: 배경전체]의 56번 프레임에 F6 을 눌러서 키프레임을 만들어 줍니다.

⑳ 각각 레이어의 키프레임 속성을 아래 표와 같이 설정하고 모션 트위닝을 적용합니다.

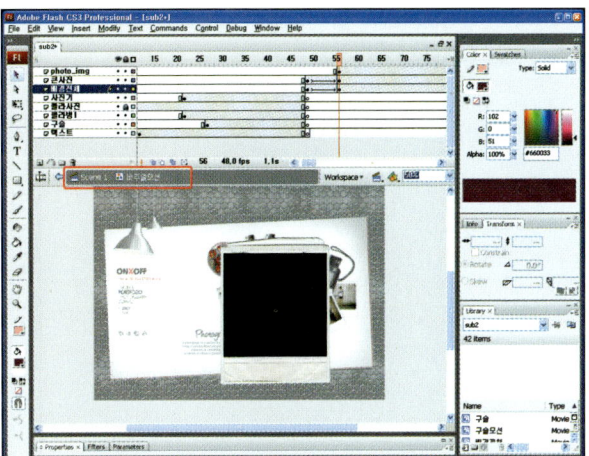

[레이어: 큰사진] Alpha: Properties, Scale: Transform

	49번	56번
Alpha	0	100
Scale	64	100

[레이어: 배경전체]

	49번	56번
Blur X, Blur Y	0	5

㉑ [레이어: photo_img]의 이미지 체인지는 Alpha 값 조정을 통해서 이미지가 등장하고 사라지게 하는 모션을 만들어 주면 됩니다. 이 무비클립은 필자가 만들어 놓은 프레임 구조를 보고 분석해 보세요.

8 sub3.fla

Sub3.fla 파일의 모션을 만들어 보겠습니다. 디자인에 맞춰서 오브젝트가 세팅되는 모션입니다.

❶ 레이어와 프레임 구조를 확인합니다.

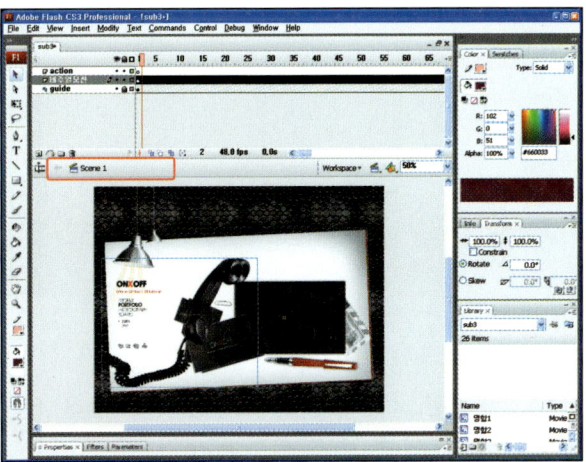

❷ [레이어: 비주얼모션]의 [무비클립: 비주얼모션]을 더블클릭해서 편집 모드로 이동합니다.

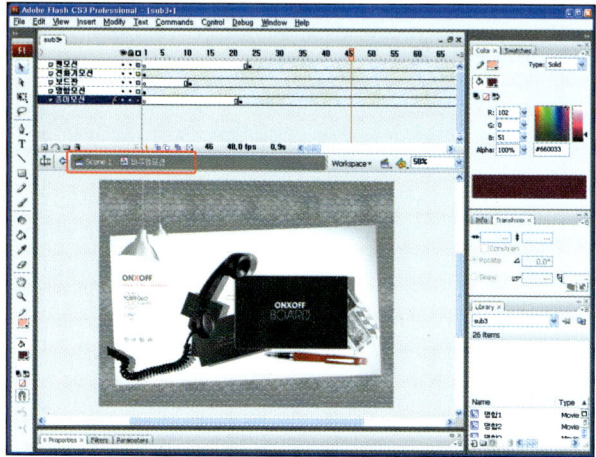

❸ [레이어: 전화기모션]의 [무비클립: 전화기모션]을 더블클릭해서 편집 모드로 이동합니다.

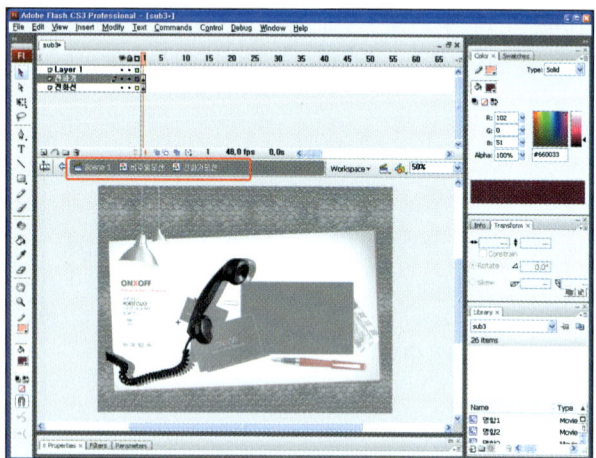

❹ 1번, 7번, 10번, 12번, 14번, 17번 프레임에 F6 을 눌러서 키프레임을 만들어 줍니다.

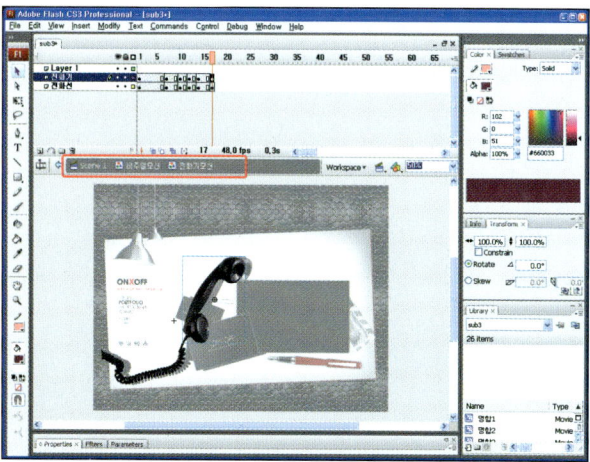

❺ 각 레이어에 있는 무비클립의 속성을 아래 표와 같이 만들어 줍니다.

[레이어: 전화기] 좌표: Properties, Blur: Properties-Filter

	1번	7번	10번	12번	14번	17번
X좌표	-134	174	115	149	129	141
Y좌표	-71	-71	-71	-71	-71	-71
Blur X	30	0	0	0	0	0

[레이어: 전화선] 좌표: Properties, Blur: Properties-Filter, Width: Properties

	1번	7번	10번	12번	14번	17번
X좌표	-238	-81	-112	-95	-103	-99
Y좌표	133	133	133	133	133	133
Blur X	30	0	0	0	0	0
Width	27	341	278	313	296	305

❻ 모션 트위닝을 적용합니다.

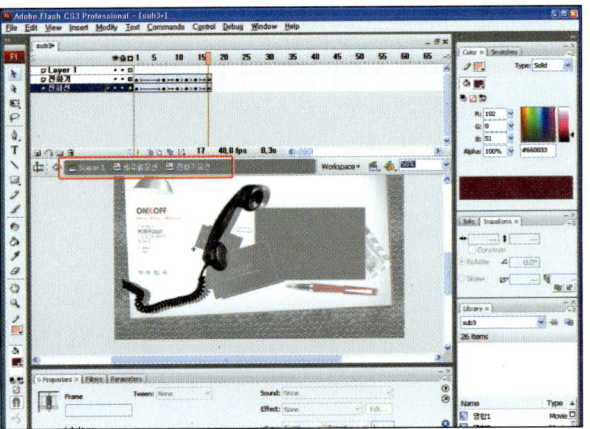

❼ 비주얼 모션 타임라인으로 이동한 후 [레이어: 명함모션]의 [무비클립: 명함모션]을 더블클릭해서 편집 모드로 이동합니다.

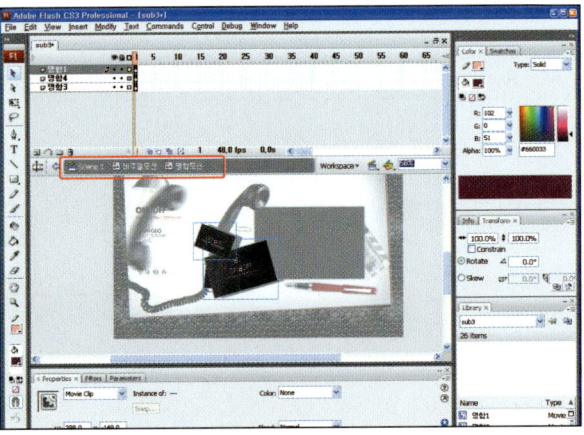

❽ 31번 프레임에 F6 을 눌러서 키프레임을 만들어 줍니다.

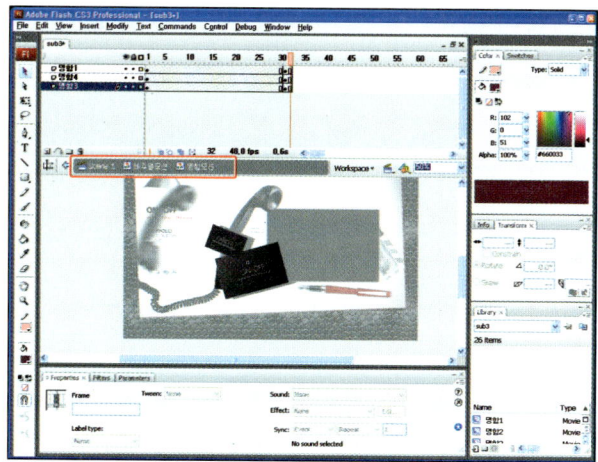

❾ 각 레이어의 속성을 아래 표와 같이 설정하고 모션 트위닝을 적용합니다.

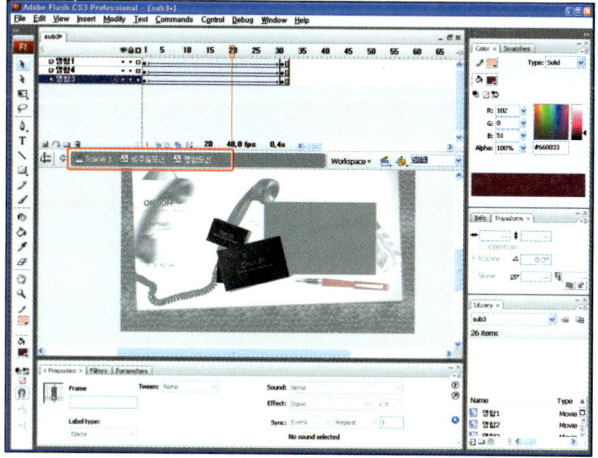

[레이어: 명함1] 좌표: Properties, Rotate: Transform

	1	31
X좌표	174	-72
Y좌표	-57	-68
Rotate	-30	0

[레이어: 명함4] 좌표: Properties, Rotate: Transform

	1	31
X좌표	263	16
Y좌표	38	27
Rotate	30	0

[레이어: 명함3] 좌표: Properties, Rotate: Transform

	1	31
X좌표	203	-44
Y좌표	67	56
Rotate	-45	0

❿ 프레임 구조를 그림처럼 만들어 줍니다.

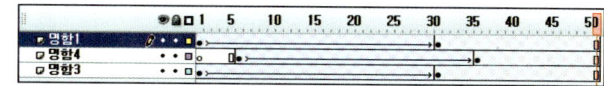

⓫ [레이어: 보드판]의 [무비클립: 보드판]을 더블클릭해서 편집 모드로 이동합니다.

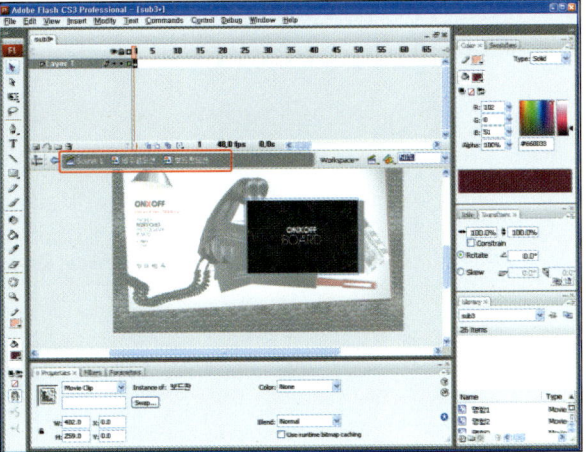

⓬ 1번, 10번, 20번 프레임에 F6 을 눌러서 키프레임을 만들어 줍니다.

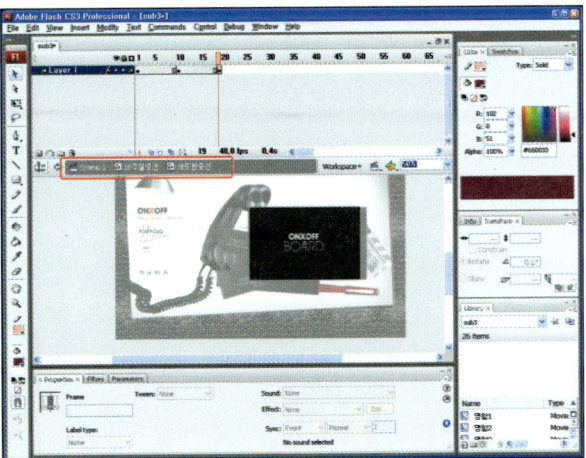

⓭ 각각의 프레임에 있는 무비클립의 속성을 표와 같이 만들고 모션 트위닝을 적용합니다.

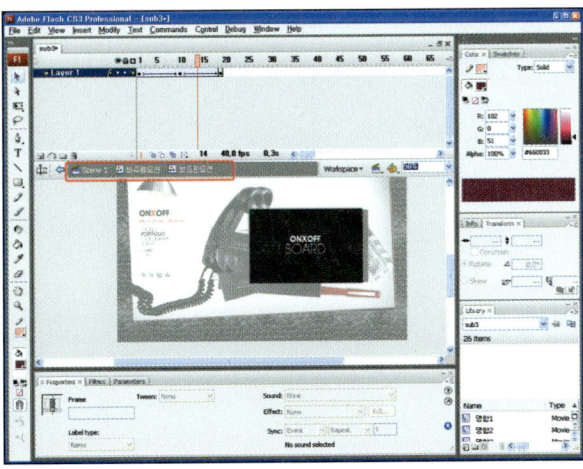

Alpha: Properties, Scale: Transform

	1번	10번	20번
Alpha	0	100	100
Scale	90%	105%	100%

⓮ [레이어: 펜모션]의 [무비클립: 펜모션]을 더블클릭해서 편집 모드로 이동합니다.

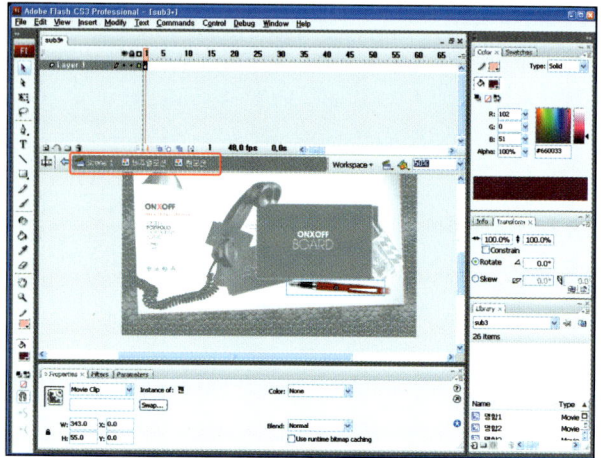

⓯ 28프레임에 F6 을 눌러서 키프레임을 만들어 줍니다.

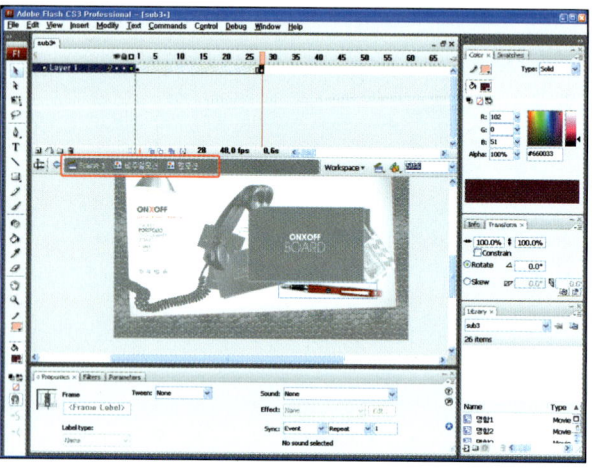

⓰ 1번 프레임에 있는 무비클립을 하단으로 50픽셀 이동하고, Alpha 값을 0으로 설정한 후 모션 트위닝을 적용합니다.

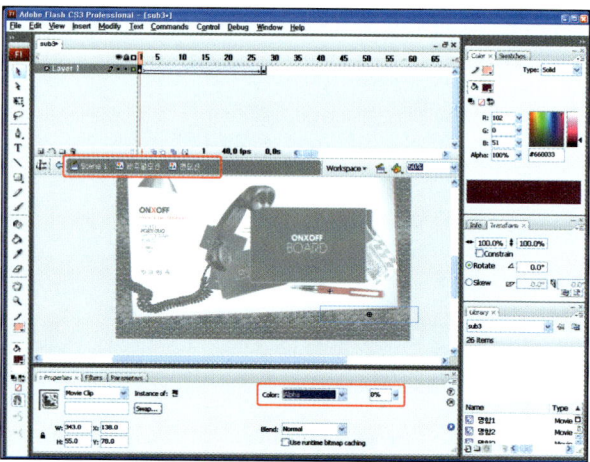

⑰ [레이어: 종이모션]의 [무비클립: 종이모션]을 더블클릭해서 편집 모드로 이동합니다.

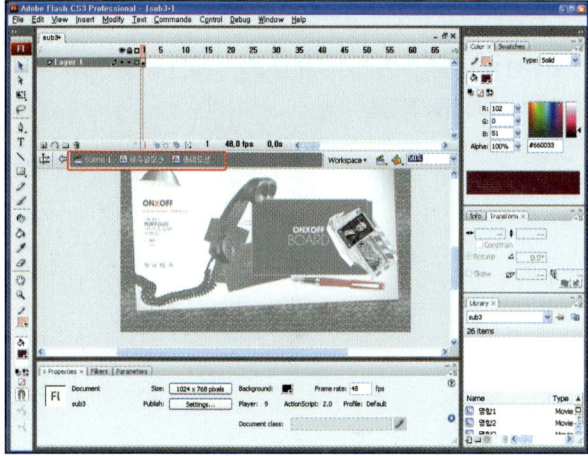

⑱ 17번 프레임에 키프레임을 만들어 줍니다.

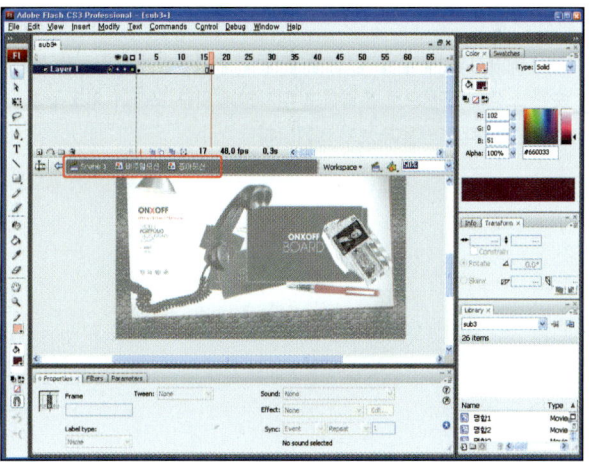

⑲ 1번 키프레임에 있는 무비클립의 위치를 왼쪽으로 100픽셀 이동하고 모션 트위닝을 적용합니다.

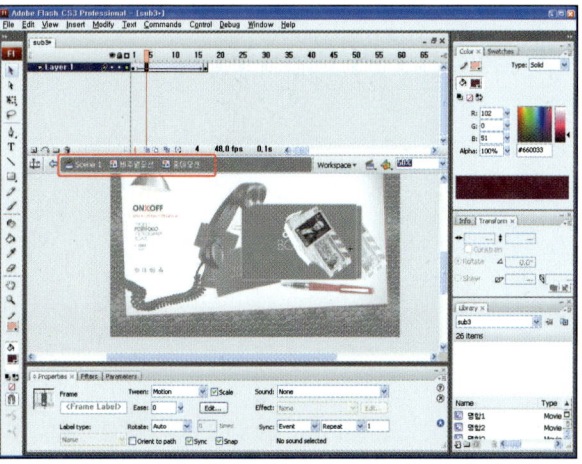

9 완성된 작업의 모션 확인하기

❶ 각각의 fla를 퍼블리싱해서 swf 파일을 만들고, index.swf 를 클릭해서 모션을 확인합니다.

이번 단원을 마치며

각각 페이지의 fla 파일과 모션을 만들어서 간단한 스크립트를 통해 기본적인 올플래시 사이트를 만들어 보았습니다. 전체적으로 비슷한 느낌의 모션으로 통일하고 디자인에 맞춘 모션이 되도록 했습니다. 이제까지 필자가 해석한 디자인 모션을 따라해 보았는데 다시 한번 각자 만들어 보기 바랍니다.

SECTION

일러스트 비주얼 모션 만들기

일러스트 아이콘이 등장하는 디자인의 모션 작업을 진행해 보겠습니다. 통통 튀는 느낌의 모션을 중심으로 각각의 일러스트 아이콘 모션이 모여서 큰 모션의 흐름이 되도록 하고, 레이어와 모션의 그룹화 기법을 익힙니다.

PREVIEW

일러스트 메인 모션 만들기　　　　　　　　　　　⊙ 부록CD/Sample/Part03/Sec05/end.swf

▲ 아이콘 등장 　　　　　　　　　　　▲ 아이콘 등장

▲ 아이콘 등장 　　　　　　　　　　　▲ 아이콘 등장

일러스트 메인 모션 만들기

일러스트 느낌의 아이콘이 통통 튀는 모션으로 등장하는 비주얼 모션 작업입니다. 작은 모션이 모여서 전체 모션을 이루는 걸 확인하면서 익히도록 하겠습니다. 작업 전에 필자가 만든 모션을 여러 번 보고 그 느낌이 들도록 만들어 봅시다.

● 디자인은 정글 아카데미 웹 실무반의 장기주, 신명선, 정순미, 홍혜린 조가 만든 팀 작업물입니다. 디자인을 제공해 주신 분들께 감사 드립니다.

완성 파일	부록CD/Sample/Part03/Sec05/end.fla
예제 파일	부록CD/Sample/Part03/Sec05/start.fla
Key Point	다중 모션 작업 진행시 레이어 관리
모션 미리보기(통통 튀는 느낌으로 아이콘과 오브젝트 등장)	부록CD/Sample/Part03/Sec05/end.swf

1 예제 파일 열기

❶ '부록CD/Sample/Part03/Sec05/start.fla' 를 플래시로 열고, 새로운 이름으로 저장합니다. [Library] 패널에서 예제에 사용될 무비클립 심벌과 그래픽 심벌을 확인합니다. 등장하는 순서는 이미 레이어별로 정리했습니다.

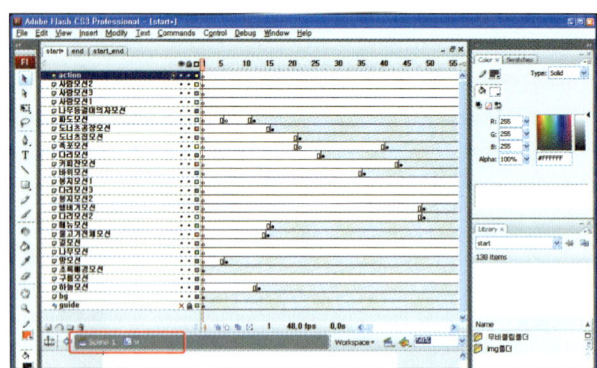

2 초록 배경 모션

초록색 배경이 출렁이는 모션을 만들어 보겠습니다.

❶ [무비클립: vi]를 더블클릭해서 편집 모드로 이동한 후 [레이어: 초록배경모션]에 [무비클립: 초록배경모션]을 더블클릭해서 편집 모드로 이동합니다.

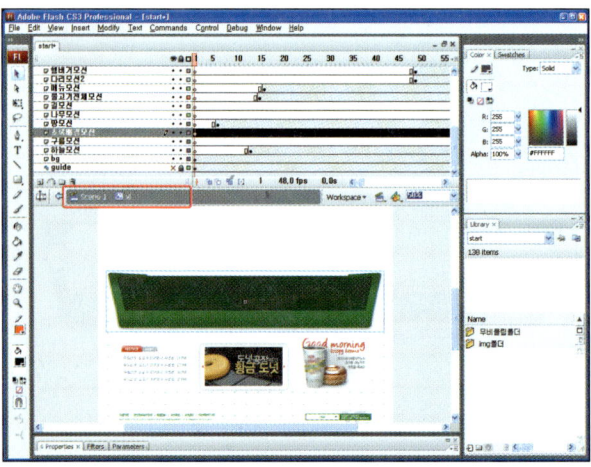

❷ 1번, 6번, 8번, 10번, 12번, 14번 프레임에 [F6] 을 눌러서
키프레임을 만들어 줍니다.

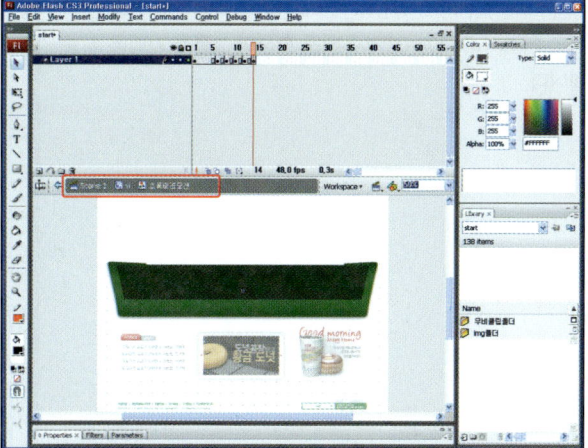

❸ 각각 무비클립의 크기와 속성을 아래 표와 같이 설정합니
다. 크기 속성은 [Ctrl] + [T] 를 눌러서 Transform 창을 활성화
한 후 조정하고 모션 트위닝을 적용합니다.

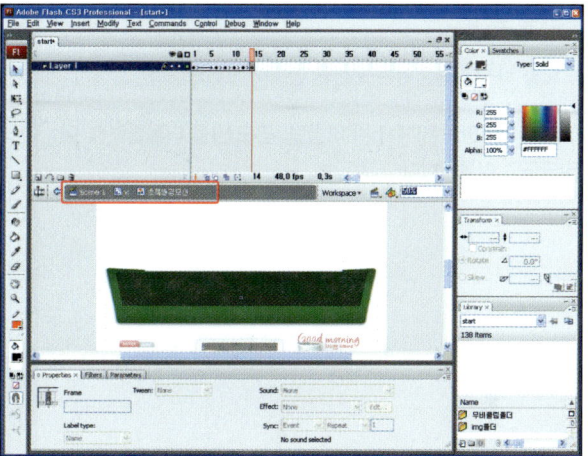

	1	6	8	10	12	14
W / H	7/116%	104/90%	97/108%	102/96%	99/103%	100/100%
Alpha	0	100	100	100	100	100

❹ [무비클립: vi]로 이동해 [무비클립: 초록배경모션]을 선택
하고 Part01-Sec02-02에서 배운 **모션의 그룹화 기법**을 적용
합니다.

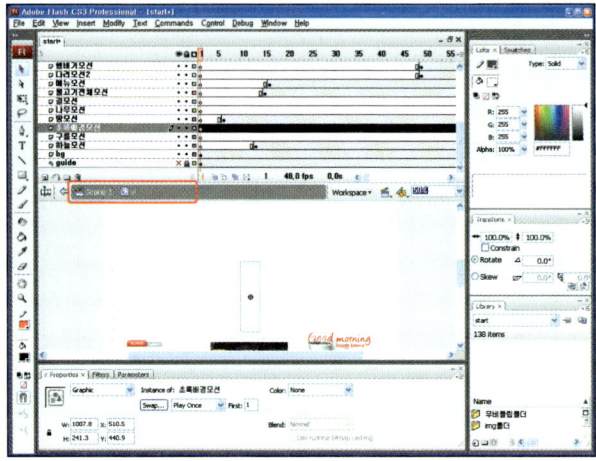

3 땅 모션

땅 모양 바닥이 출렁이는 모션을 만들어 보겠습니다.

❶ [레이어: 땅모션]에서 [무비클립: 땅모션]을 더블클릭해 편
집 모드로 이동합니다.

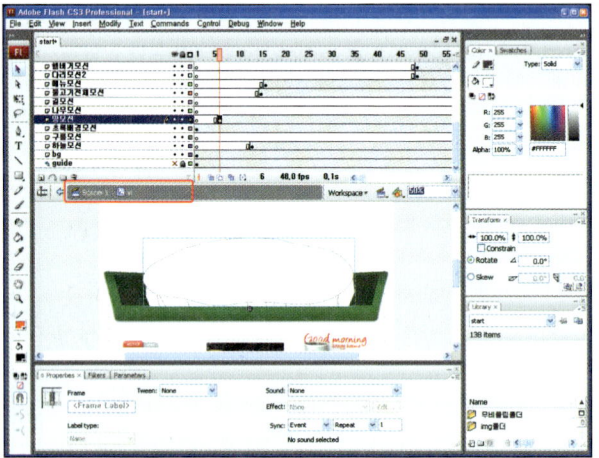

❷ 전체 프레임을 14프레임까지 늘리고, [레이어: 땅]의 1번,
6번, 8번, 10번, 12번, 14번 프레임에 F6 을 눌러서 키프레
임을 만들어 줍니다.

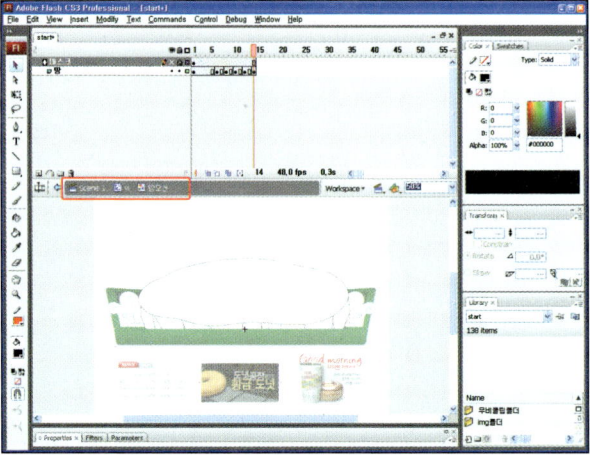

❸ 각각 무비클립의 크기와 속성을 아래 표와 같이 설정합니다. 크기 속성은 Ctrl + T 를 눌러서 Transform 창을 활성화한 후 조정하고 모션 트위닝을 적용합니다.

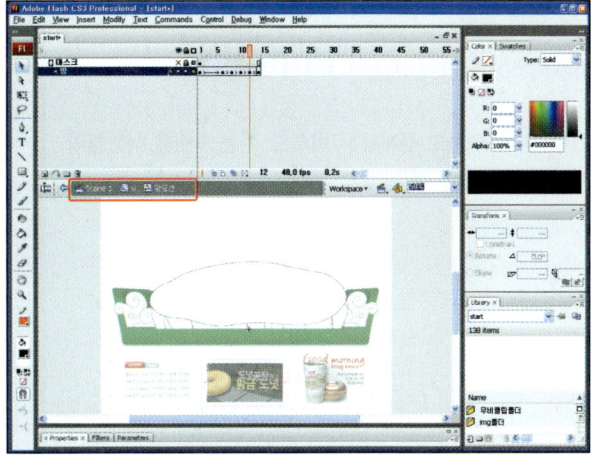

	1	6	8	10	12	14
W / H	10/10%	120/120%	90/90%	105/105%	95/95%	100/100%

❹ [무비클립: vi]로 이동해 [무비클립: 땅모션]을 선택하고 Part01-Sec02-02에서 배운 **모션의 그룹화 기법**을 적용합니다.

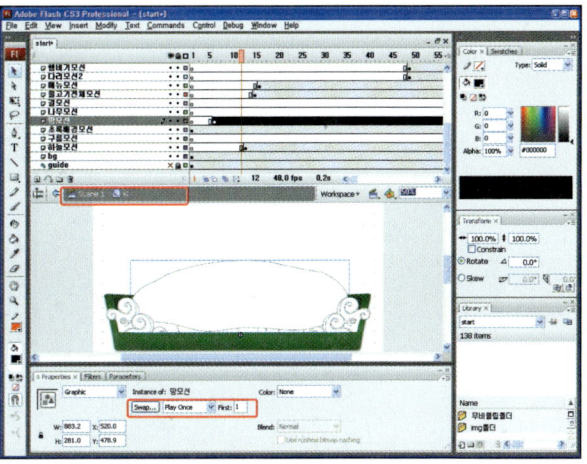

4 하늘 모션

하늘 배경이 등장하는 모션을 만들어 보겠습니다.

❶ [레이어: 하늘모션]에서 [무비클립: 하늘모션]을 더블클릭해 편집 모드로 이동합니다.

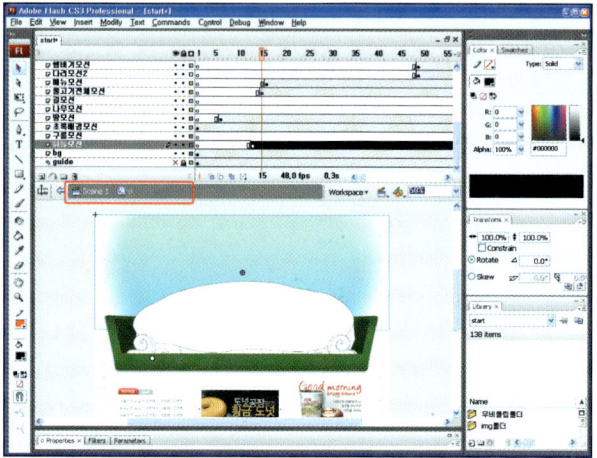

❷ 25번 프레임에 F6 을 눌러서 키프레임을 만듭니다.

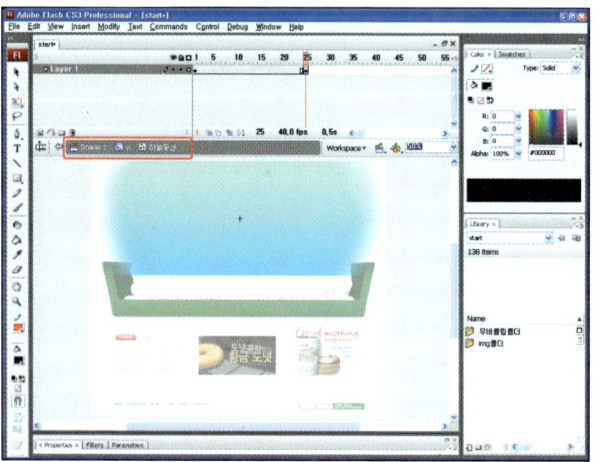

❸ 1번 키프레임에 있는 무비클립의 Alpha 값을 0%로 설정하고 모션 트위닝을 적용합니다.

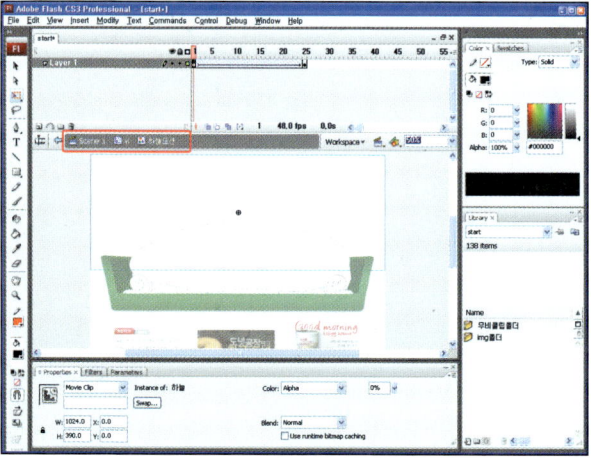

❹ [무비클립: vi]로 이동해 [무비클립: 하늘모션]을 선택하고
Part01-Sec02-02에서 배운 **모션의 그룹화 기법**을 적용합니다.

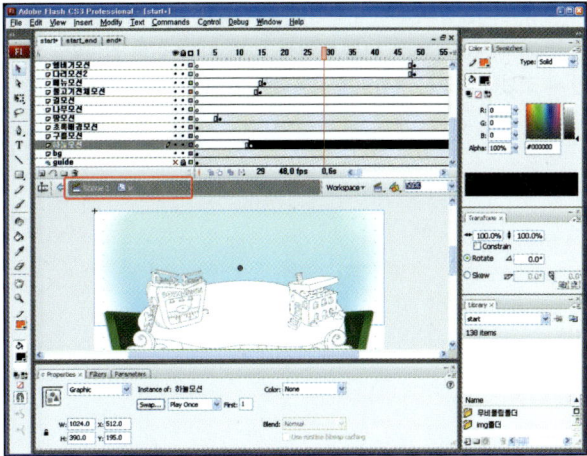

5 도너츠 공장 모션

도너츠 공장이 등장하는 모션을 만들어 보겠습니다.

❶ [레이어: 도너츠공장모션]에서 [무비클립: 도너츠공장모션]
을 더블클릭해서 편집 모드로 이동합니다.

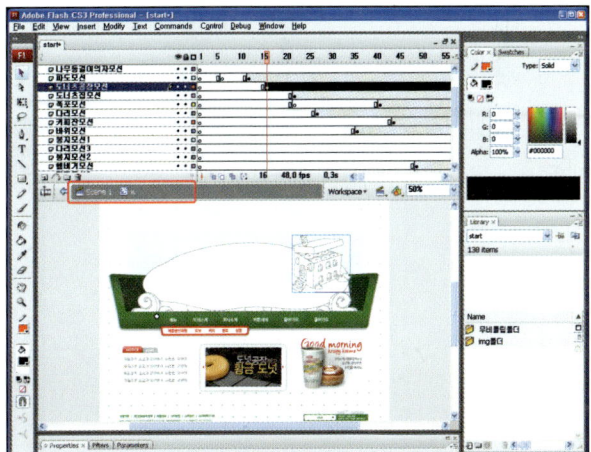

❷ 1번, 6번, 9번, 12번, 15번, 18번 프레임에 F6 을 눌러서
키프레임을 만들어 줍니다.

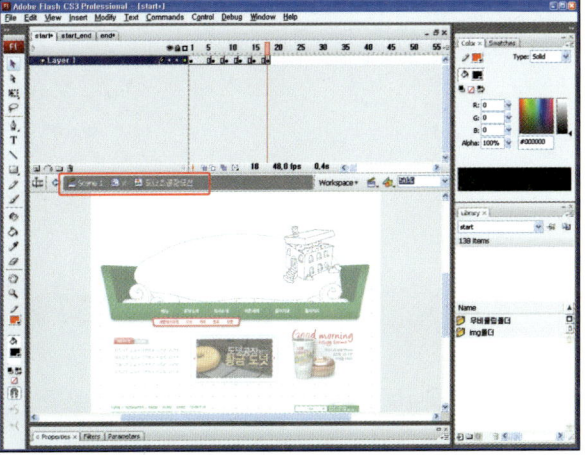

❸ 각각 무비클립의 크기와 속성을 아래 표와 같이 설정합니다. 크기 속성은 Ctrl + T 를 눌러서 Transform 창을 활성화한 후 조정하고 모션 트위닝을 적용합니다.

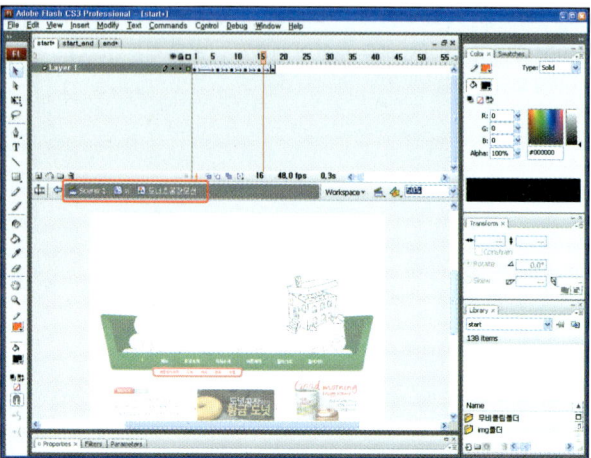

	1	6	9	12	15	18
W / H	84/122%	113/86%	91/106%	106/96%	96/103%	100/100%

❹ 1번 프레임에 있는 무비클립의 위치를 화면 밖으로 이동합니다.

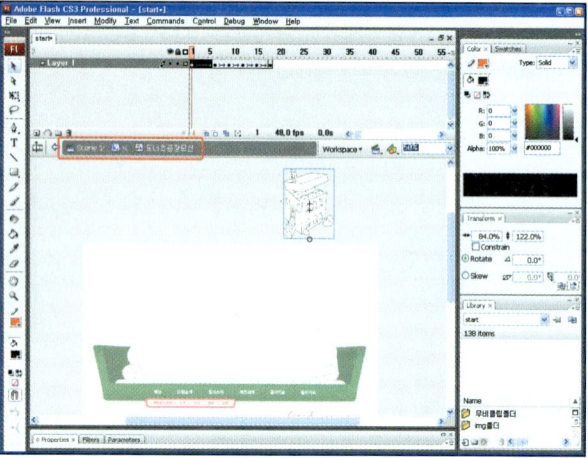

❺ [무비클립: vi]로 이동해 [무비클립: 도너츠공장모션]을 선택하고 Part01-Sec02-02에서 배운 **모션의 그룹화 기법**을 적용합니다.

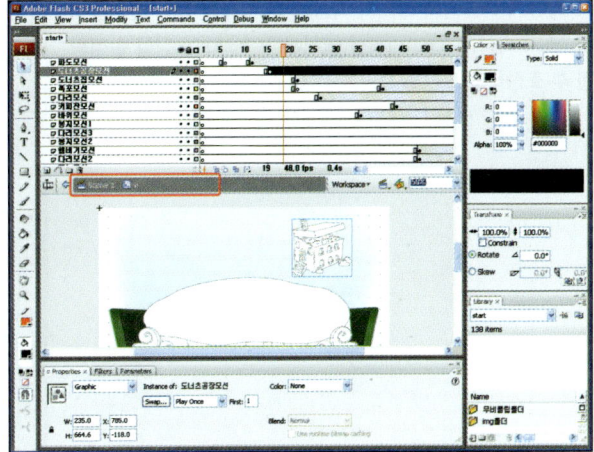

6 도넛 집 모션

도넛 집이 등장하는 모션을 만들어 보겠습니다.

❶ [레이어: 도너츠집모션]에 [무비클립: 도너츠집모션]을 더블클릭해서 편집 모드로 이동합니다.

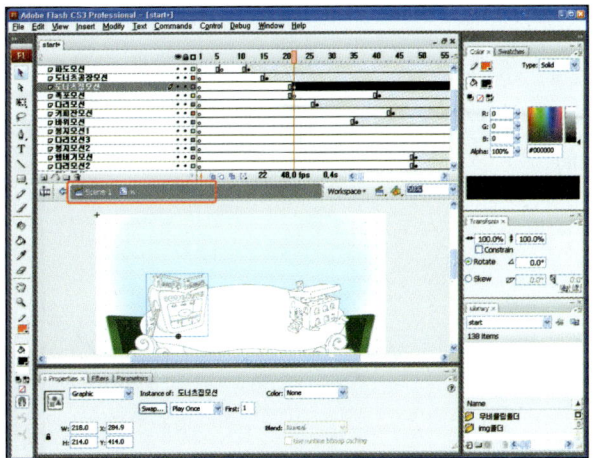

❷ 1번, 6번, 9번, 12번, 15번, 18번 프레임에 F6 을 눌러서 키프레임을 만들어 줍니다.

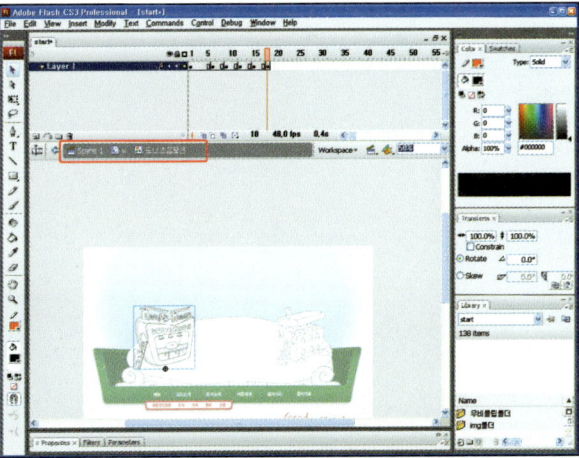

❸ 각각 무비클립의 크기와 속성을 아래 표와 같이 설정합니다. 크기 속성은 Ctrl + T 를 눌러서 Transform 창을 활성화한 후 조정하고 모션 트위닝을 적용합니다.

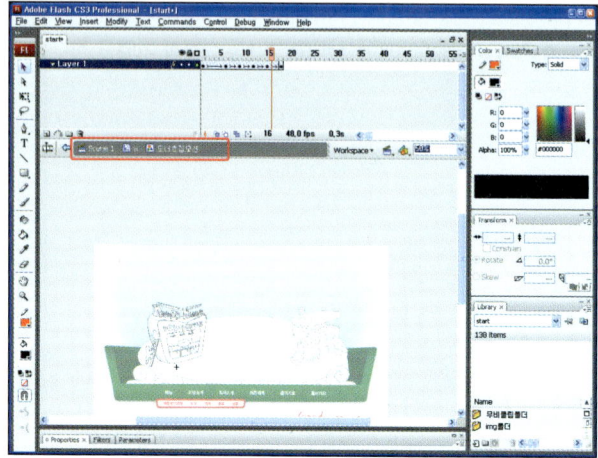

	1	6	9	12	15	18
W / H	84/122%	113/86%	91/106%	106/96%	96/103%	100/100%

❹ 1번 프레임에 있는 무비클립의 위치를 화면 밖으로 이동합니다.

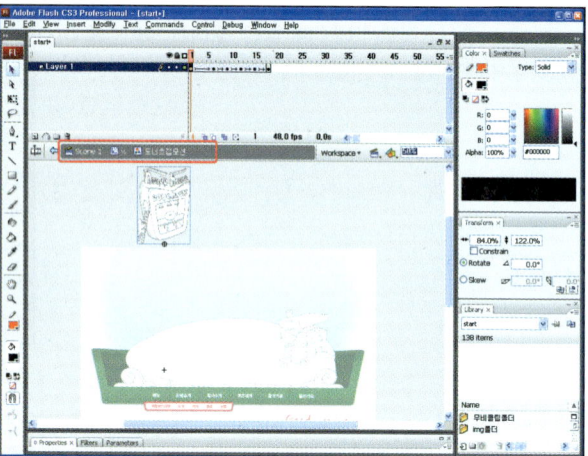

⑤ [무비클립: vi]로 이동해 [무비클립: 도너츠공장모션]을 선택하고 Part01-Sec02-02에서 배운 모션의 그룹화 기법을 적용합니다.

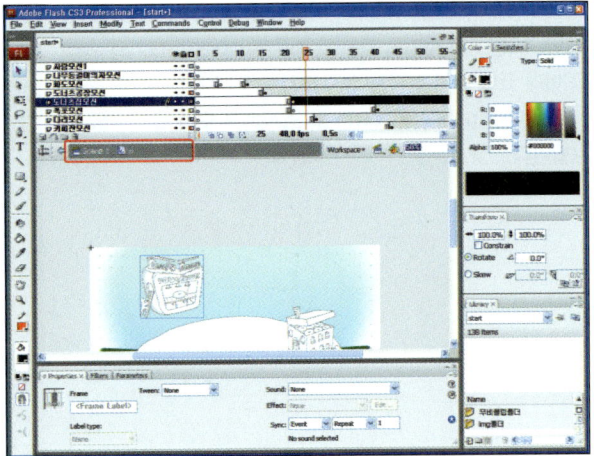

7 파도 모션

하단에 파도 일러스트가 등장하는 모션을 만들어 보겠습니다.

❶ [레이어: 파도모션]에 [무비클립: 파도모션]을 더블클릭해서 편집 모드로 이동합니다.

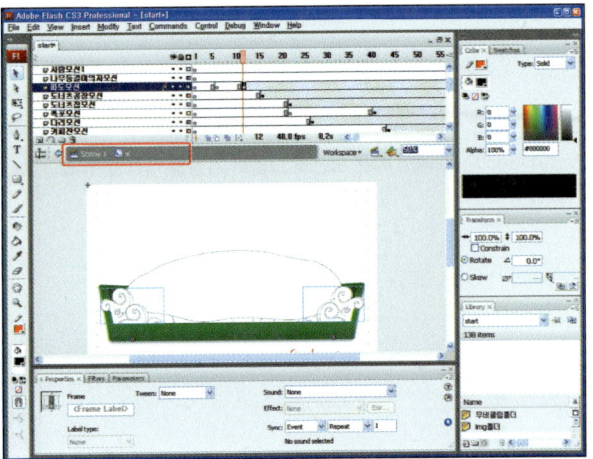

❷ 전체적으로 프레임을 29까지 늘리고 그림과 같이 프레임 구조를 만들어 줍니다.

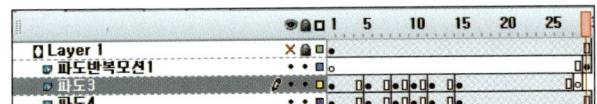

❸ [레이어: 파도3]과 [레이어: 파도4]에 1번, 5번, 8번, 10번, 12번, 15번 키프레임에 있는 각각의 무비클립의 크기와 속성을 아래 표와 같이 설정합니다. 크기 속성은 Ctrl + T 를 눌러서 Transform 창을 활성화한 후 조정하고 모션 트위닝을 적용합니다.

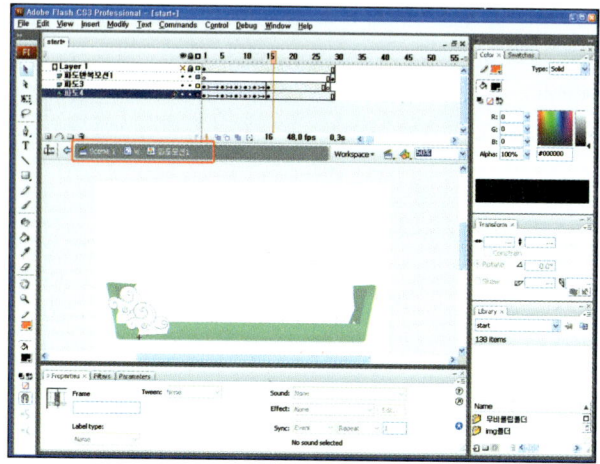

	1	5	8	10	12	15
W / H	10/10%	105/105%	95/95%	105/105%	98/98%	100/100%

❹ [무비클립: vi]로 이동해 [무비클립: 파도모션]을 선택하고 Part01-Sec02-02에서 배운 **모션의 그룹화 기법**을 적용합니다.

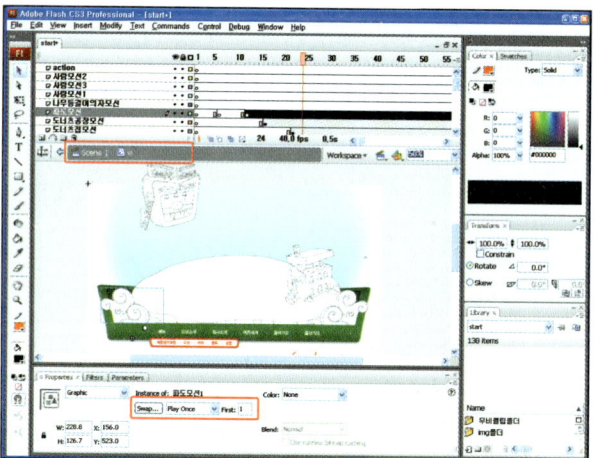

8 다리 모션

다리 일러스트가 등장하는 모션을 만들어 보겠습니다.

❶ [레이어: 다리모션]에서 [무비클립: 다리모션]을 더블클릭해서 편집 모드로 이동합니다.

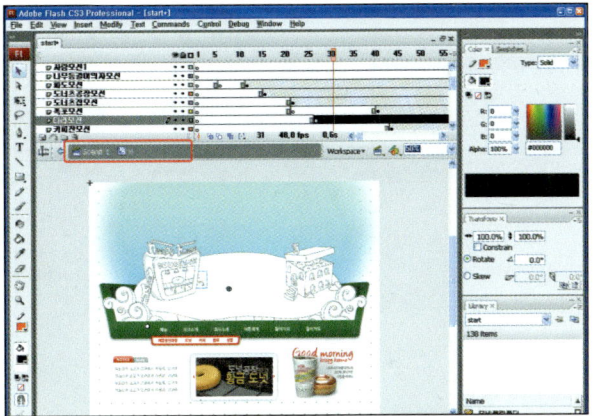

❷ 도구상자에서 붓 툴을 선택하고 프레임 바이 프레임으로 붓 칠을 해 줍니다.

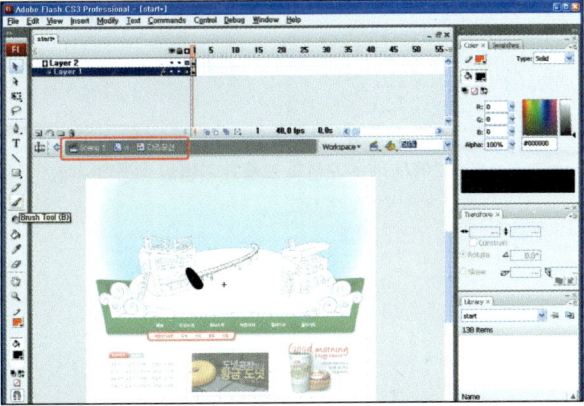

❸ 프레임 바이 프레임으로 붓 칠을 해 줍니다.

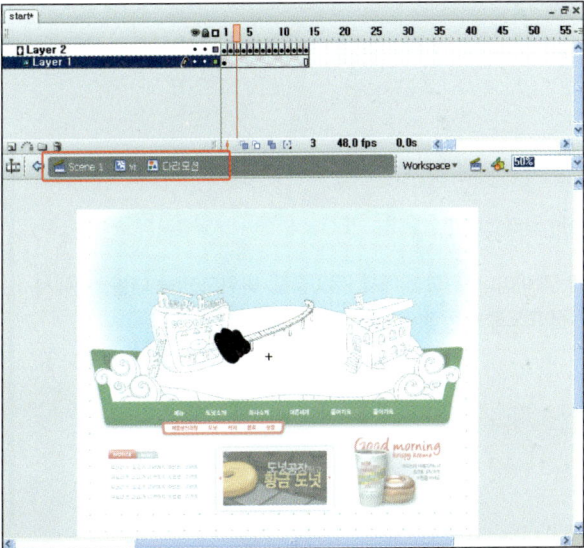

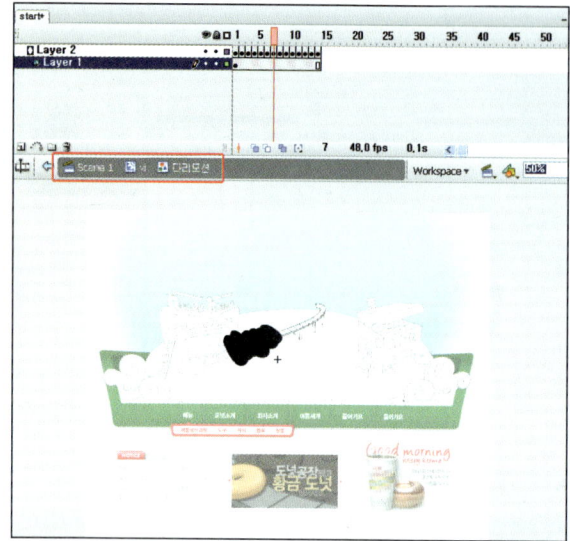

❹ [무비클립: vi]로 이동해 [무비클립: 다리모션]을 선택하고
Part01-Sec02-02에서 배운 **모션의 그룹화 기법**을 적용합니다.

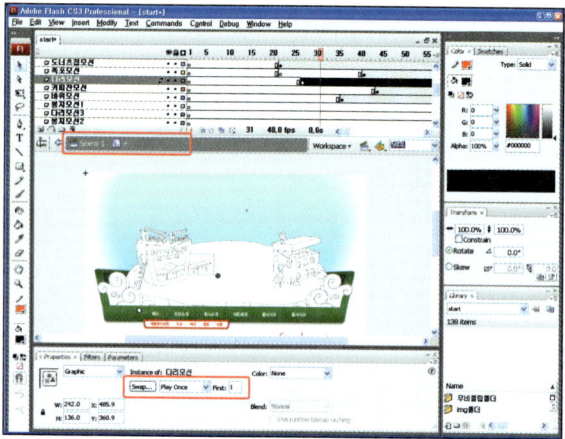

9 바위 모션

바위 일러스트가 등장하는 모션을 만들어 보겠습니다.

❶ [레이어: 바위모션]에서 [무비클립: 바위모션]을 더블클릭해서
편집 모드로 이동합니다.

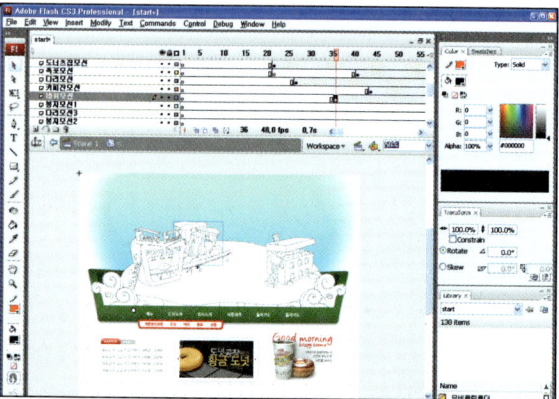

❷ 1번, 6번, 8번, 10번, 12번, 14번 프레임에 F6 을 눌러서
키프레임을 만들어 줍니다.

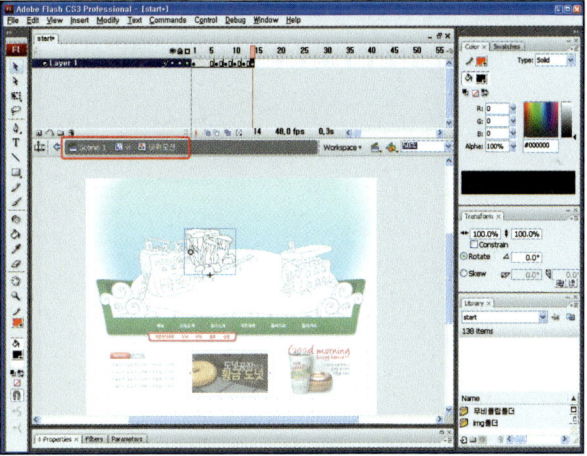

❸ 각각 무비클립의 크기와 속성을 아래 표와 같이 설정합니
다. 크기 속성은 Ctrl + T 를 눌러서 Transform 창을 활성화
한 후 조정하고 모션 트위닝을 적용합니다.

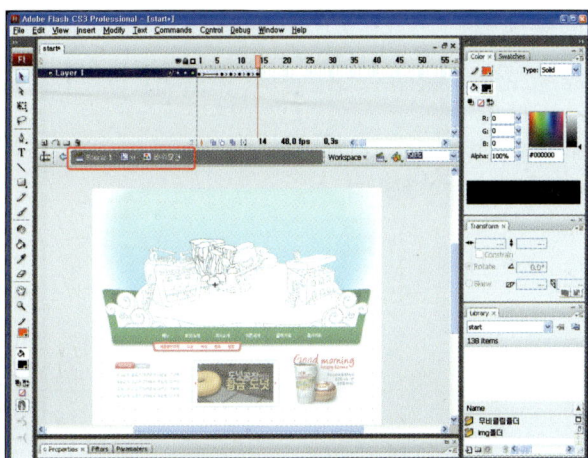

	1	6	8	10	12	14
W / H	10/10%	120/120%	90/90%	105/105%	95/95%	100/100%

381 ●

❹ [무비클립: vi]로 이동해 [무비클립: 바위모션]을 선택하고
Part01-Sec02-02에서 배운 **모션의 그룹화 기법**을 적용합니다.

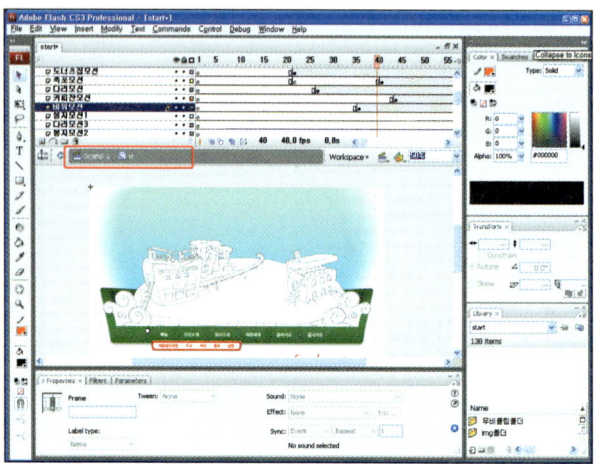

10 폭포 모션

폭포 일러스트가 등장하는 모션을 만들어 보겠습니다.

❶ [레이어: 폭포모션]에서 [무비클립: 폭포모션]을 더블클릭
해서 편집 모드로 이동합니다.

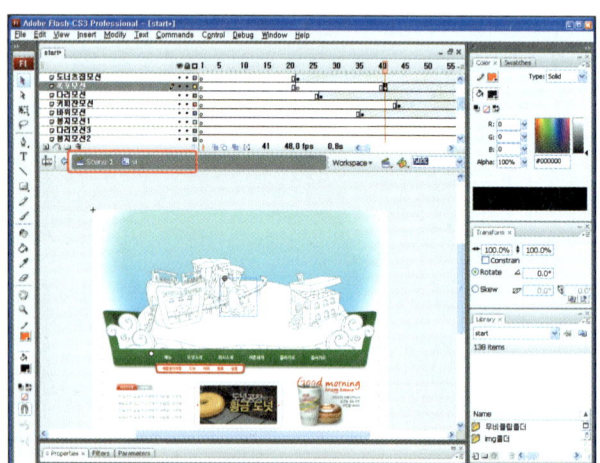

❷ 프레임 구조를 그림과 같이 만들어 줍니다.

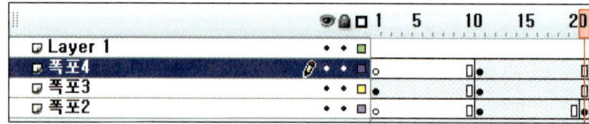

❸ [레이어: 폭포3] 1번 키프레임에 있는 무비클립의 Scale을 10%로 만들고 Alpha 값을 0으로 설정한 다음 모션 트위닝을 적용합니다.

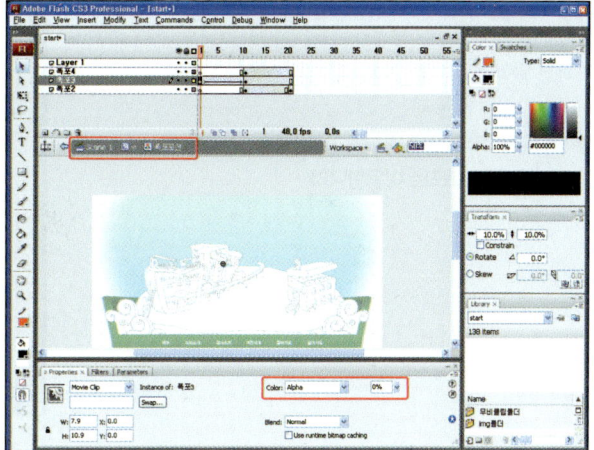

❹ [레이어: 폭포2] 10번 키프레임에 있는 무비클립의 Alpha 값을 0으로 설정한 다음 모션 트위닝을 적용합니다.

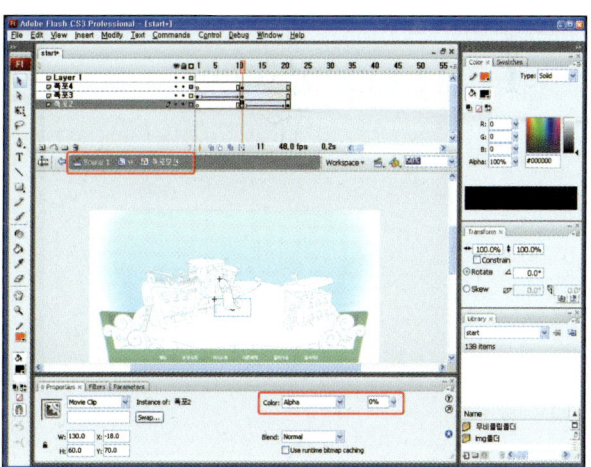

❺ [무비클립: vi]로 이동해 [무비클립: 폭포모션]을 선택하고 Part01-Sec02-02에서 배운 **모션의 그룹화 기법**을 적용합니다.

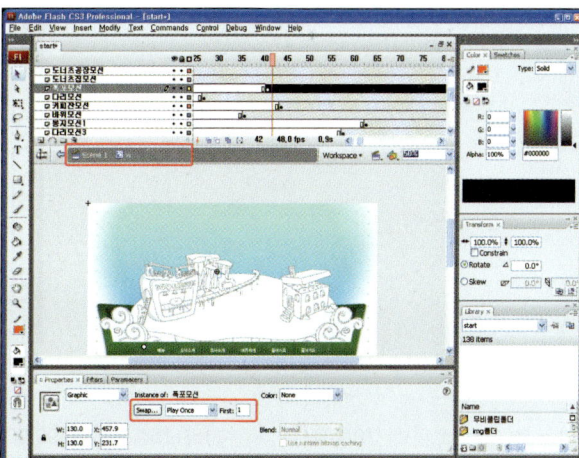

11 커피잔 모션

커피잔 일러스트가 등장하는 모션을 만들어 보겠습니다.

❶ [레이어: 커피잔모션]에서 [무비클립: 커피잔모션]을 더블 클릭해서 편집 모드로 이동합니다.

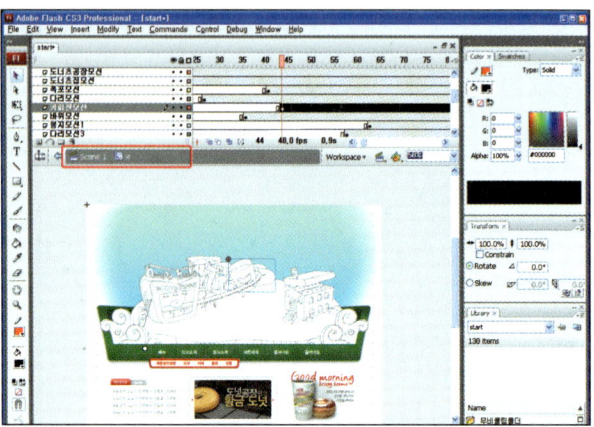

❷ 1번, 6번, 8번, 10번, 12번, 14번 프레임에 F6 을 눌러서 키프레임을 만들어 줍니다.

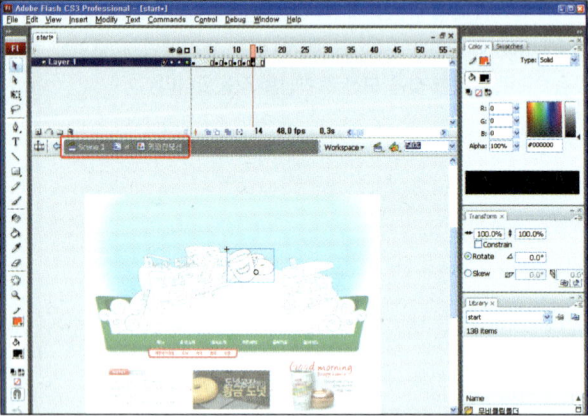

❸ 각각 무비클립의 크기와 속성을 아래 표와 같이 설정합니다. 크기 속성은 Ctrl + T 를 눌러서 Transform 창을 활성화 한 후 조정하고 모션 트위닝을 적용합니다.

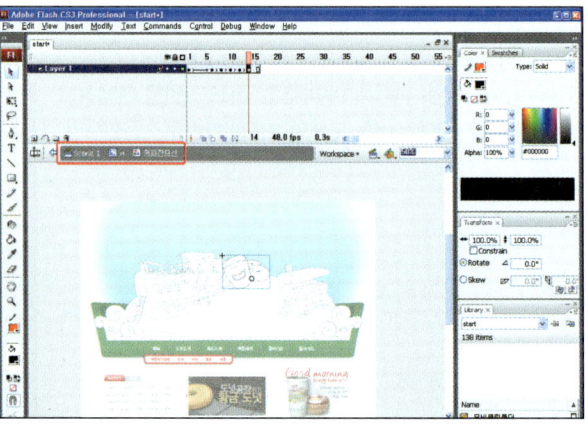

	1	6	8	10	12	14
W / H	10/10%	115/115%	90/90%	105/105%	95/95%	100/100%

❹ [무비클립: vi]로 이동해 [무비클립: 커피잔모션]을 선택하고 Part01-Sec02-02에서 배운 **모션의 그룹화 기법**을 적용합니다.

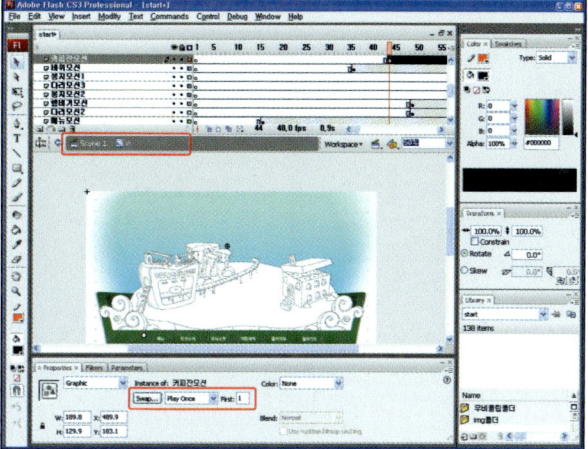

12 다리 모션2

다리 일러스트가 등장하는 모션을 만들어 보겠습니다.

❶ [레이어: 다리모션2]에서 [무비클립: 다리모션2]를 더블클릭해서 편집 모드로 이동합니다.

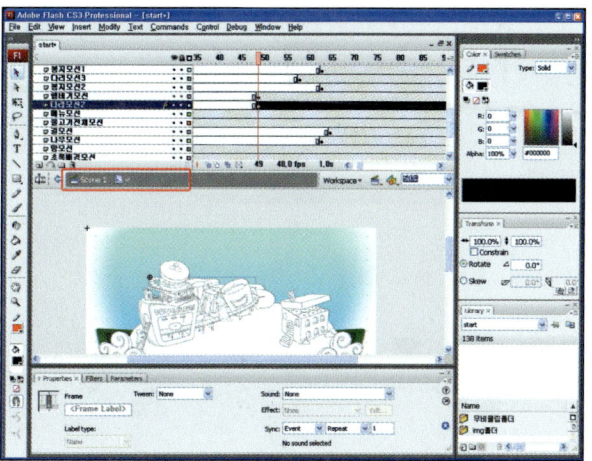

❷ 도구상자에서 붓 틀을 선택하고 프레임 바이 프레임으로 붓 칠을 해 줍니다.

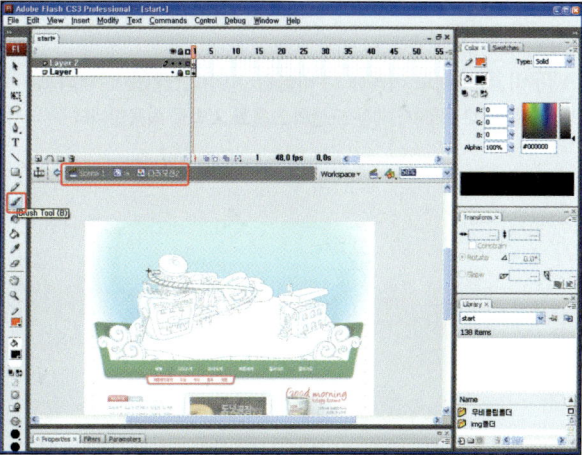

❸ 프레임 바이 프레임으로 붓 칠을 해 줍니다.

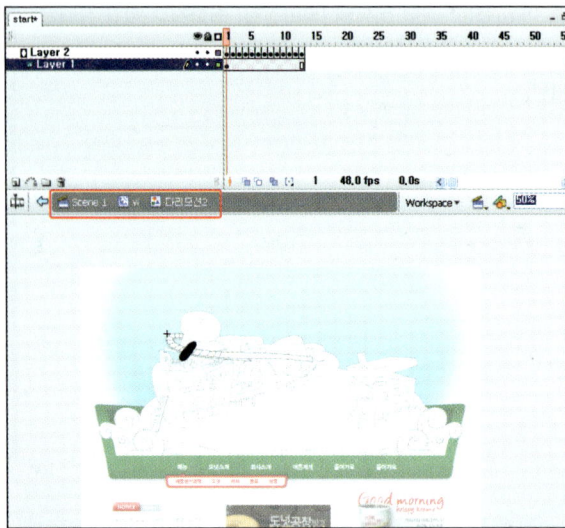

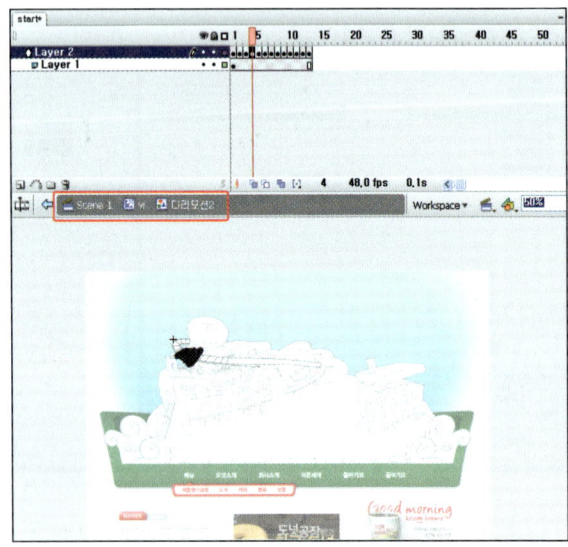

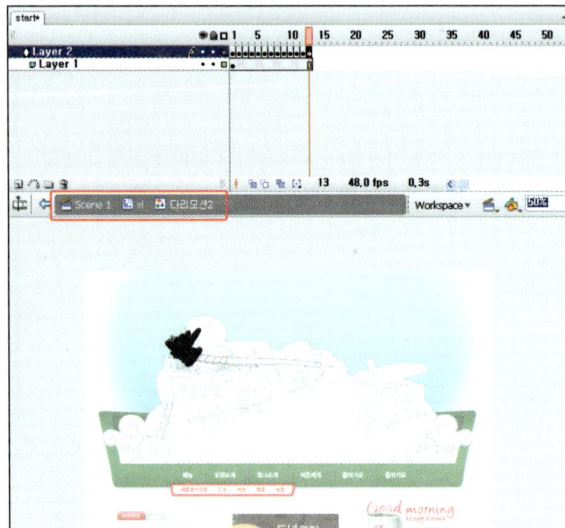

❹ [무비클립: vi]로 이동해 [무비클립: 다리모션2]를 선택하고
Part01-Sec02-02에서 배운 **모션의 그룹화 기법**을 적용합니다.

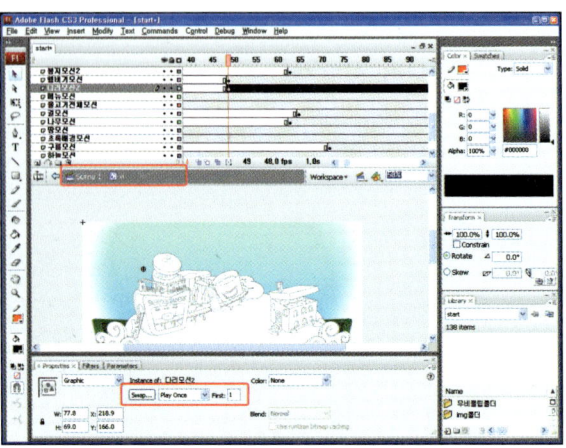

13 햄버거 모션

햄버거 일러스트가 등장하는 모션을 만들어 보겠습니다.

❶ [레이어: 햄버거모션]에서 [무비클립: 햄버거모션]을 더블 클릭해서 편집 모드로 이동합니다.

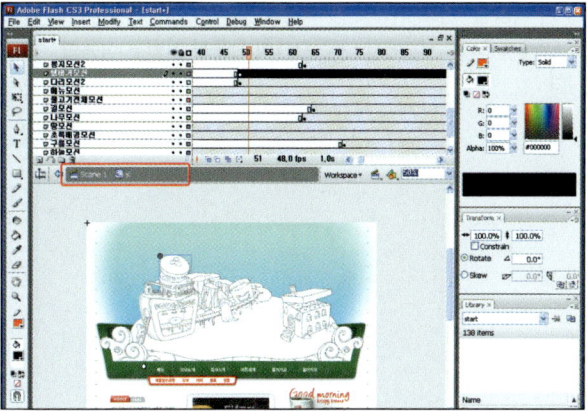

❷ 1번, 6번, 8번, 10번, 12번, 14번 프레임에 F6 을 눌러서 키프레임을 만들어 줍니다.

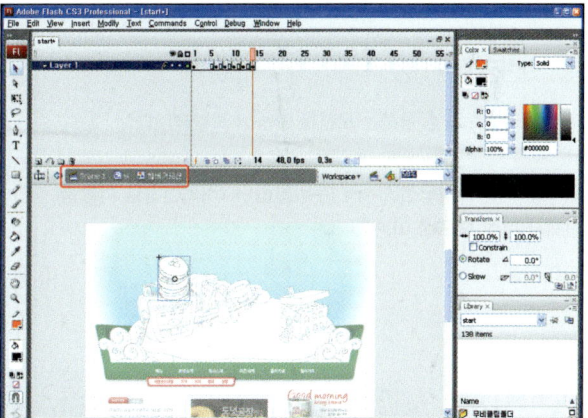

❸ 각각 무비클립의 크기와 속성을 아래 표와 같이 설정합니다. 크기 속성은 Ctrl + T 를 눌러서 Transform 창을 활성화한 후 조정하고 모션 트위닝을 적용합니다.

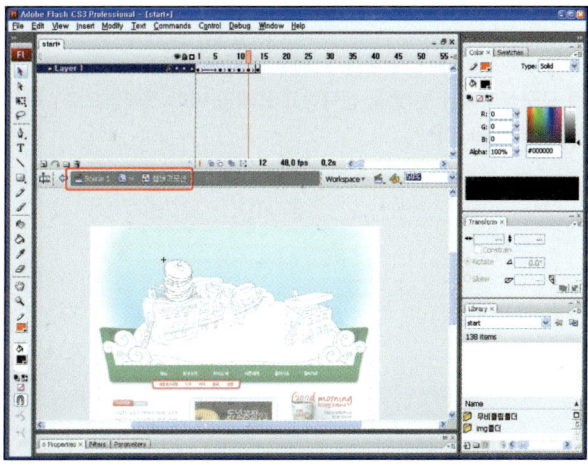

	1	6	8	10	12	14
W / H	10/10%	115/115%	90/90%	105/105%	95/95%	100/100%

❹ [무비클립: vi]로 이동해 [무비클립: 햄버거모션]을 선택하고 Part01-Sec02-02에서 배운 **모션의 그룹화 기법**을 적용합니다.

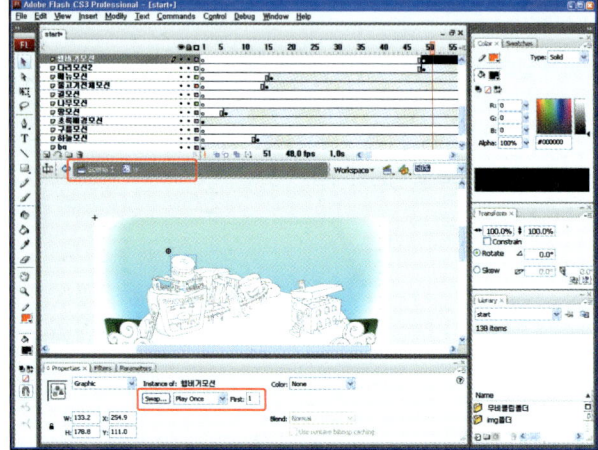

14 다리 모션3

다리 일러스트가 등장하는 모션을 만들어 보겠습니다.

❶ [레이어: 다리모션3]에서 [무비클립: 다리모션3]을 더블클릭해서 편집 모드로 이동합니다.

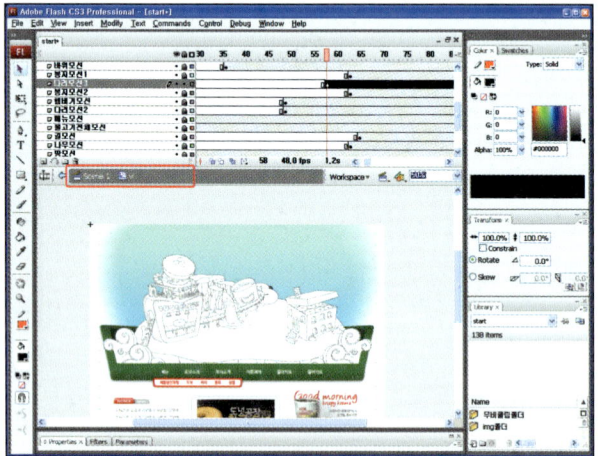

❷ 도구상자에서 붓 틀을 선택하고 프레임 바이 프레임으로 붓 칠을 해 줍니다.

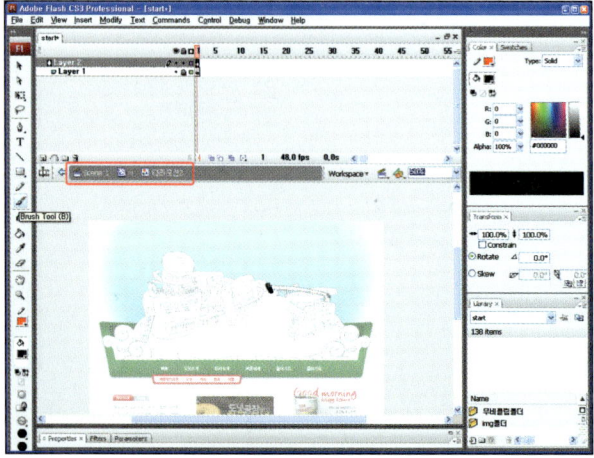

❸ 프레임 바이 프레임으로 붓 칠을 해 줍니다.

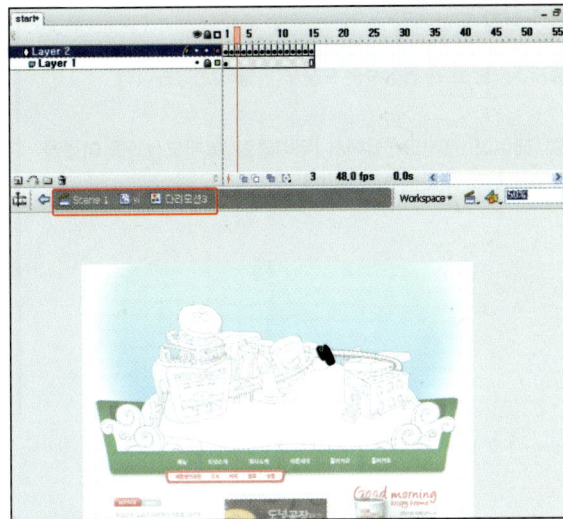

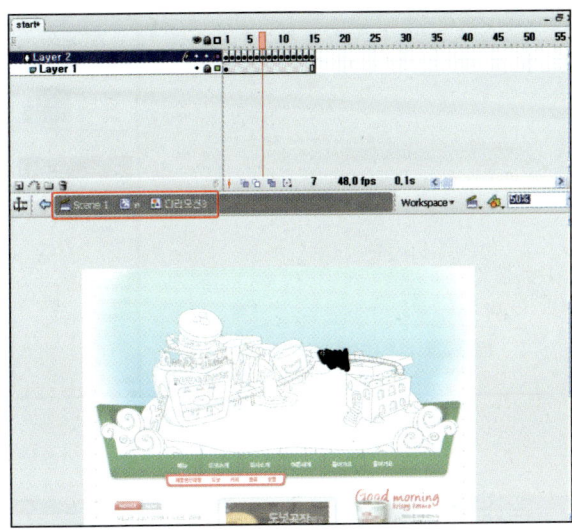

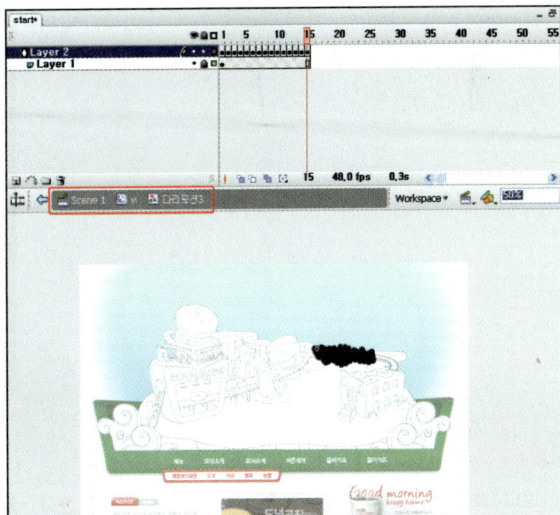

❹ [무비클립: vi]로 이동해 [무비클립: 다리모션3]을 선택하고
Part01-Sec02-02에서 배운 **모션의 그룹화 기법**을 적용합니다.

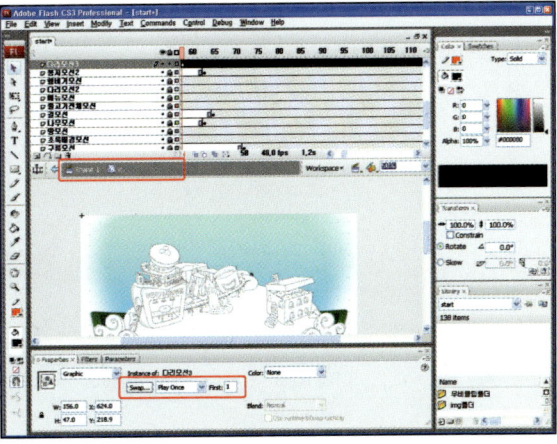

15 봉지 모션1

봉지 일러스트가 등장하는 모션을 만들어 보겠습니다.

❶ [레이어: 봉지모션1]에서 [무비클립: 봉지모션1]을 더블클릭해서 편집 모드로 이동합니다.

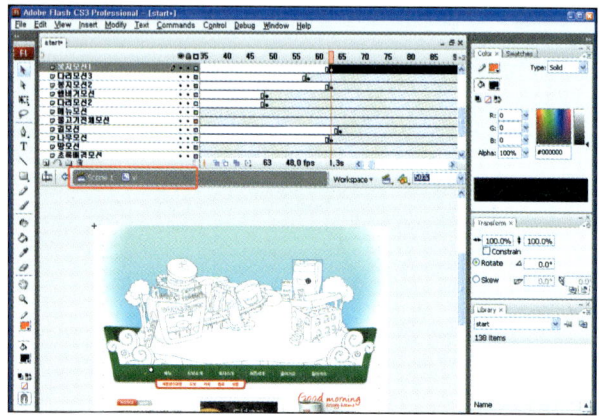

❷ 1번, 6번, 8번, 10번, 12번, 14번 프레임에 F6 을 눌러서 키프레임을 만들어 줍니다.

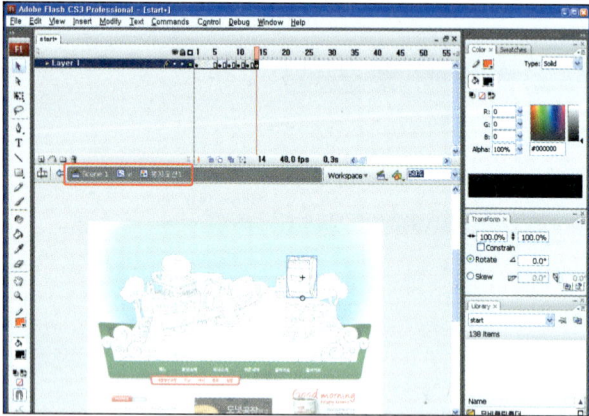

❸ 각각 무비클립의 크기와 속성을 아래 표와 같이 설정합니다. 크기 속성은 Ctrl + T 를 눌러서 Transform 창을 활성화한 후 조정하고 모션 트위닝을 적용합니다.

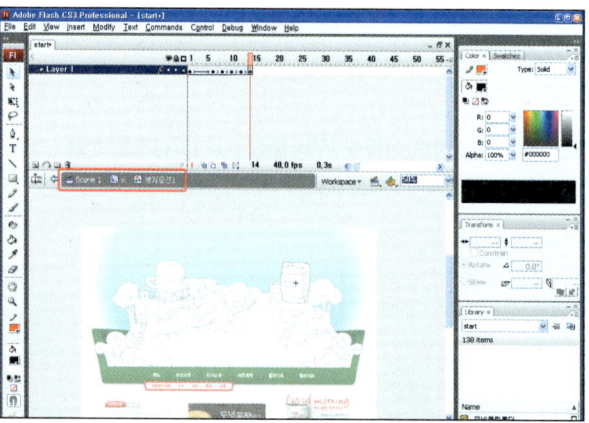

	1	6	8	10	12	14
W / H	10/10%	115/115%	90/90%	105/105%	95/95%	100/100%

❹ [무비클립: vi]로 이동해 [무비클립: 봉지모션1]을 선택하고
Part01-Sec02-02에서 배운 **모션의 그룹화 기법**을 적용합니다.

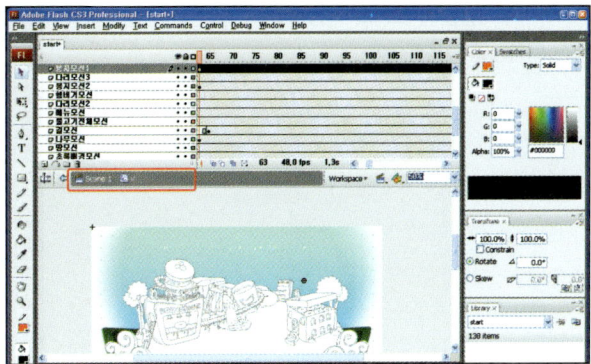

❺ [레이어: 봉지모션2]의 무비클립도 위와 같은 방식으로 만들어 줍니다.

16 나무 모션

나무 일러스트가 등장하는 모션을 만들어 보겠습니다.

❶ [레이어: 나무모션]에서 [무비클립: 나무모션]을 더블클릭
해서 편집 모드로 이동합니다.

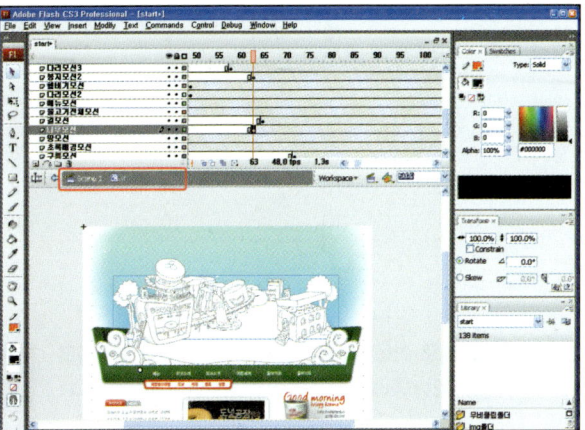

❷ 레이어 전체에 1번, 6번, 8번, 10번, 12번, 14번 프레임에
F6 을 눌러서 키프레임을 만들어 줍니다.

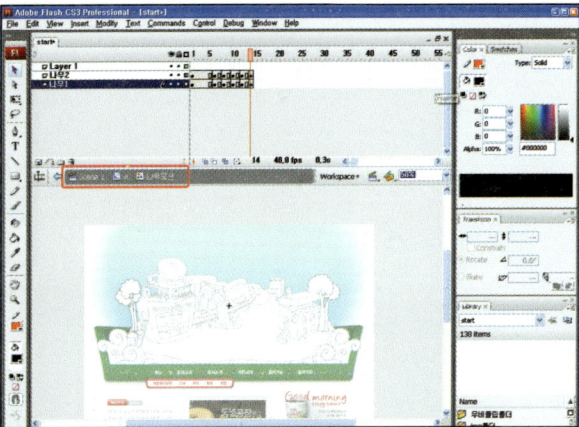

❸ 각각 무비클립의 크기와 속성을 아래 표와 같이 설정하고 모션 트위닝을 적용합니다.

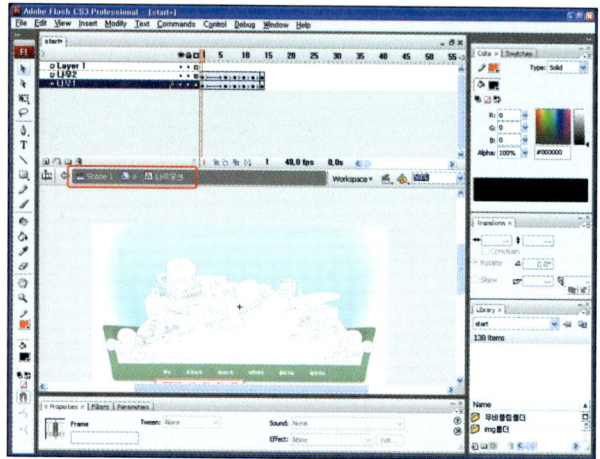

Rotate: Transform 창(Ctrl + T), Blur: Properties → Filters , [레이어: 나무2]

	1	6	8	10	12	14
Rotate	-70	8	-4	3	-2	0
Blur X	10	10	10	5	5	0

[레이어: 나무1]

	1	6	8	10	12	14
Rotate	70	-18	8	-4	2	0
Blur X	10	10	10	5	5	0

❹ [무비클립: vi]로 이동해 [무비클립: 봉지모션1]을 선택하고 Part01-Sec02-02에서 배운 **모션의 그룹화 기법**을 적용합니다.

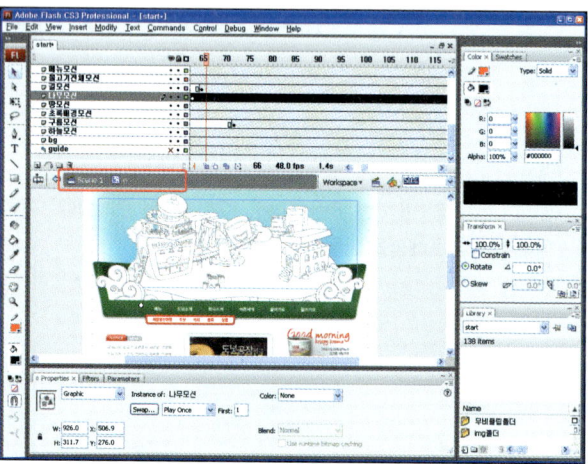

17 나무 등걸이 의자 모션

나무 등걸이 의자가 등장하는 모션을 만들어 보겠습니다.

❶ [레이어: 나무등걸이의자모션]에서 [무비클립: 나무등걸이 의자모션]을 더블클릭해서 편집 모드로 이동합니다.

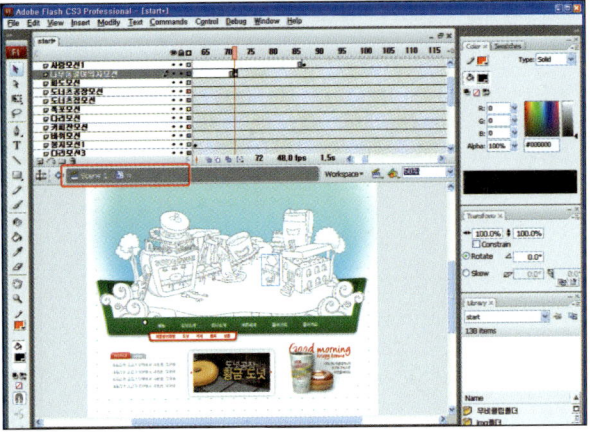

❷ 1번, 6번, 9번, 12번, 15번, 18번 프레임에 F6 을 눌러서 키프레임을 만들어 줍니다.

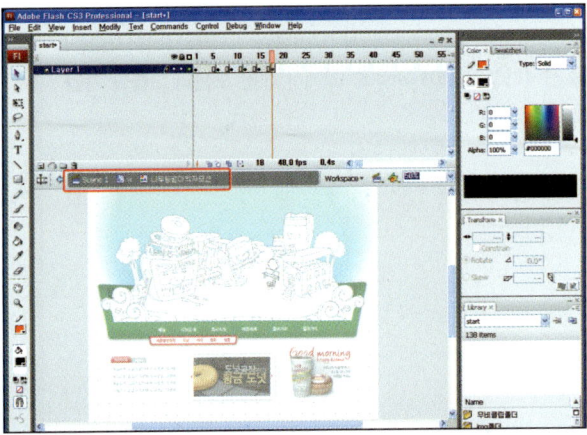

❸ 각각 무비클립의 크기와 속성을 아래 표와 같이 설정합니다. 크기 속성은 Ctrl + T 를 눌러서 Transform 창을 활성화 한 후 조정하고 모션 트위닝을 적용합니다.

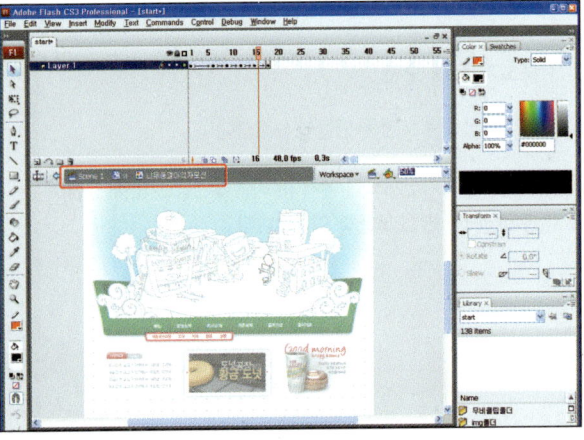

	1	6	9	12	15	18
W / H	84/122%	112/86%	90/106%	106/95%	95/102%	100/100%

❹ 1번 프레임에 있는 무비클립의 위치를 화면 밖으로 이동합니다.

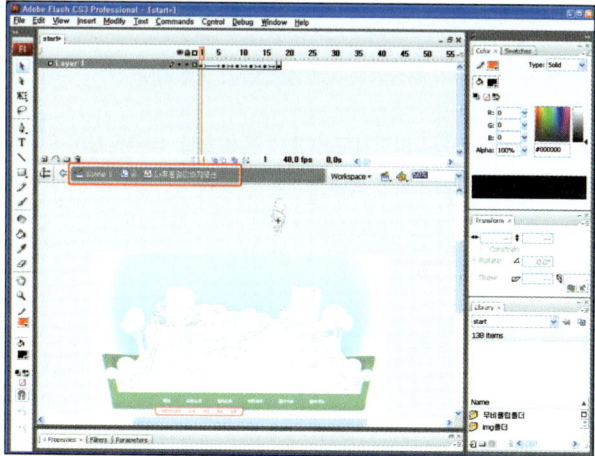

❺ [무비클립: vi]로 이동해서 [무비클립: 나무등걸이의자모션]을 선택하고 Part01-Sec02-02에서 배운 **모션의 그룹화 기법**을 적용합니다.

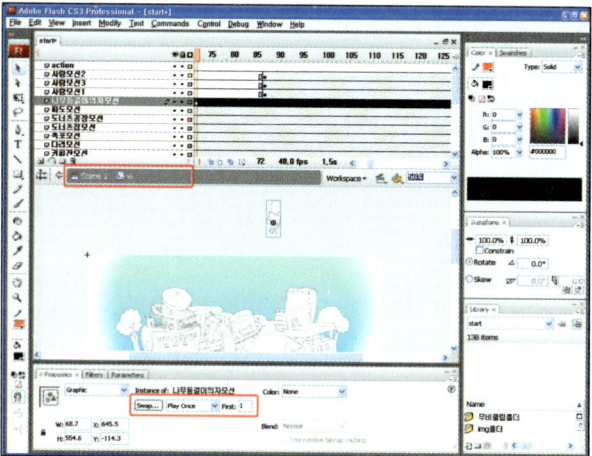

18 물고기 전체 모션

물고기가 등장하는 모션을 만들어 보겠습니다.

❶ [레이어: 물고기전체모션]에서 [무비클립: 물고기전체모션]을 더블클릭해서 편집 모드로 이동합니다.

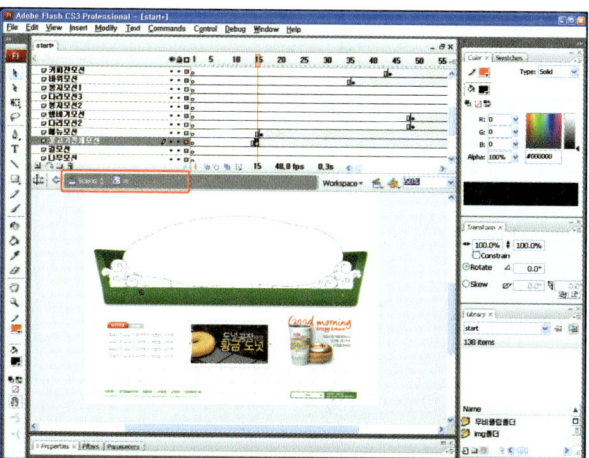

❷ [레이어: 물고기모션]에서 [무비클립: 물고기전체모션]을
더블클릭해서 편집 모드로 이동한 후 [무비클립: 물고기모션]
을 다신 한 번 더블클릭하여 [무비클립: 물고기모션]의 편집
창으로 이동합니다.

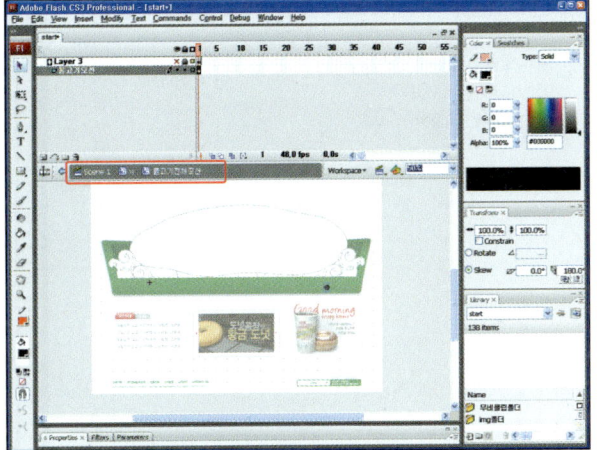

❸ 1번, 15번, 30번, 44번에서 F6 을 눌러서 키프레임을 만
들어 줍니다.

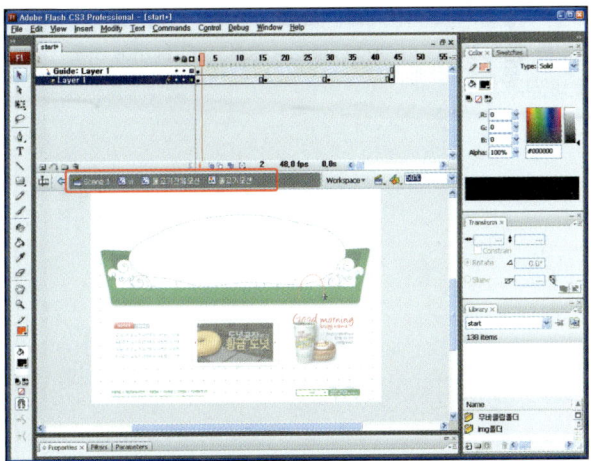

❹ 각각 키프레임의 물고기 위치를 그림과 같이 설정해 줍니다.

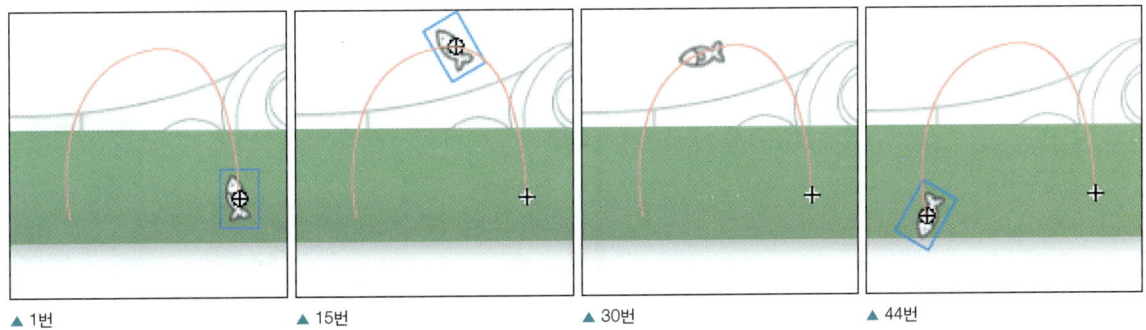

▲ 1번   ▲ 15번   ▲ 30번   ▲ 44번

❺ 모션 트위닝을 적용하고 Ease 값을 아래와 같이 설정합니다.

1번~15번: Ease 100
16번~30번: Ease 0
31번~44번: Ease -100

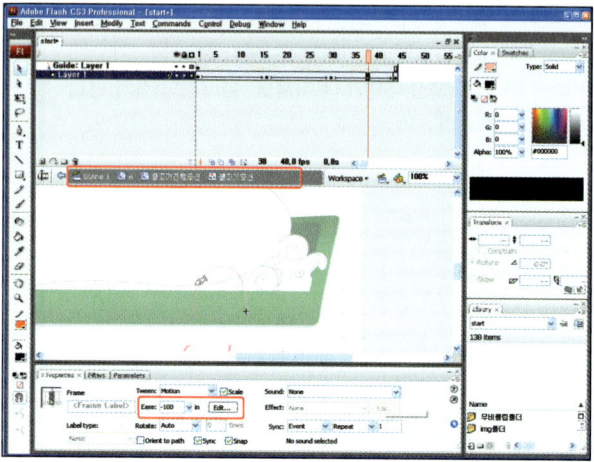

❻ [무비클립: 물고기전체모션]으로 이동하고 레이어를 2개 생성한 후 각각 물고기 모션2, 물고기 모션3으로 레이어 이름을 바꿉니다.

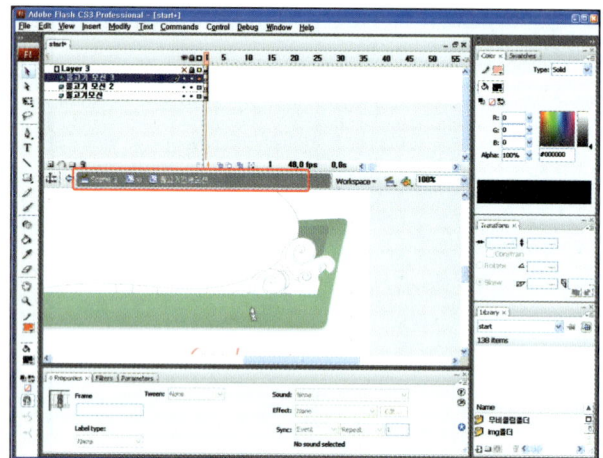

❼ 모든 레이어의 프레임을 80프레임까지 늘리고 [레이어 : 물고기 모션]에 있는 무비클립을 복사해서 [레이어 : 물고기 모션2]의 20번 프레임, [레이어: 물고기 모션3]의 35번 프레임에 복제하고 위치와 크기를 바꾸어서 물에서 물고기가 튀어나오도록 만듭니다.

참고 키프레임의 프레임 이동은 실무 모션 가이드 실무 Tip 7번을 참고하세요.

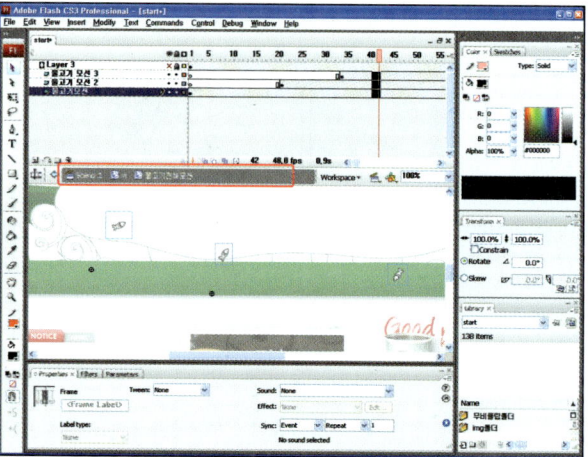

19 사람 모션1

작은 사람 일러스트가 등장하는 모션을 만들어 보겠습니다

❶ [레이어: 사람모션1]에서 [무비클립: 사람모션1]을 더블클릭해서 편집 모드로 이동합니다.

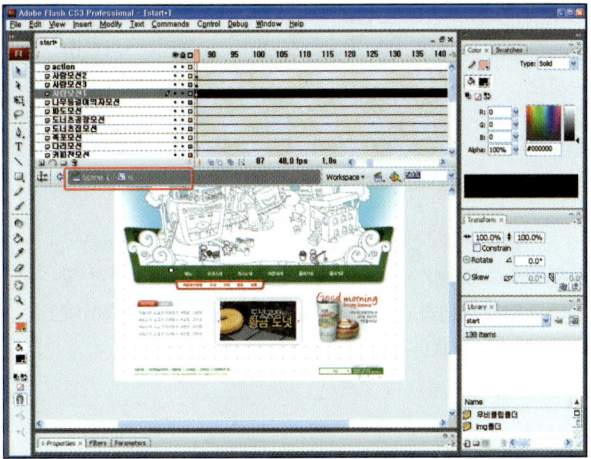

❷ 1번과 8번 프레임에 키프레임을 만들고, 1번 프레임에 있는 무비클립의 위치를 위로 50픽셀 이동합니다.

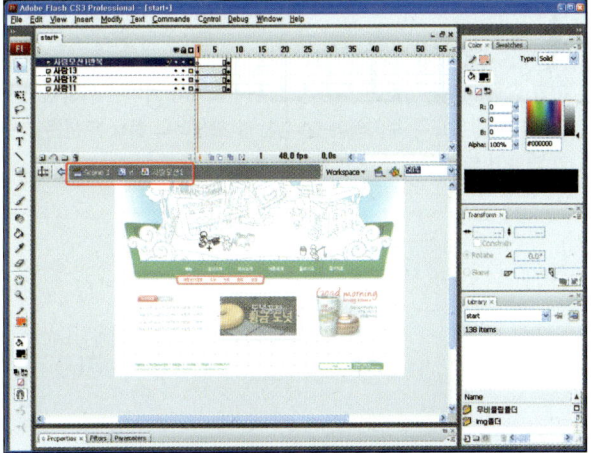

❸ 모션 트위닝을 적용하고 전체 프레임 구조를 화면처럼 만들어 줍니다.

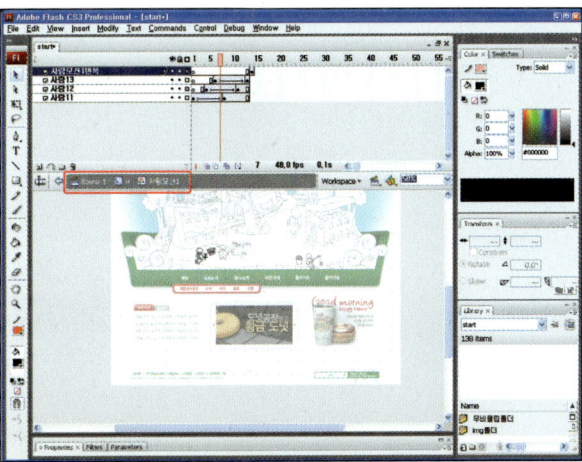

❹ [무비클립: 사람모션1반복]은 필자가 미리 만들어 놓은 애니메이션입니다. 여러분 각자가 더 좋은 아이디어로 만들어 보세요.

❺ [무비클립: v]로 이동해 [무비클립: 사람모션1]을 선택하고 Part01-Sec02-02에서 배운 **모션의 그룹화 기법**을 적용합니다.

❻ [레이어: 사람모션2]와 [레이어: 사람모션3]에 있는 모션도 같은 구조로 만들어 보세요. Ctrl + Enter 를 눌러서 완성된 작업의 모션을 확인하고 각각의 오브젝트에 마우스를 움직여서 반응 모션도 살펴봅니다.

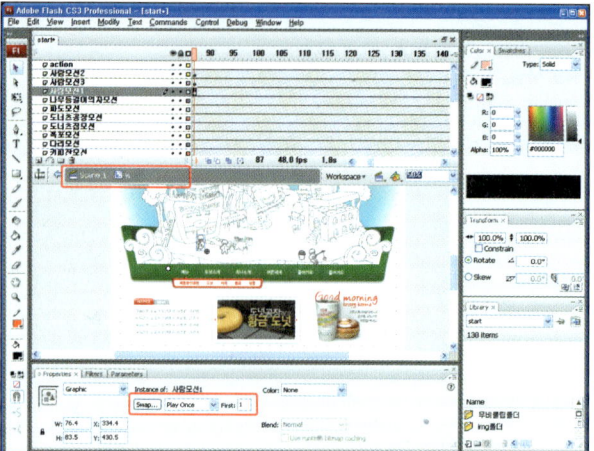

이번 단원을 마치며

이와 같은 아이콘 모션은 작은 모션들이 모여서 커다란 느낌을 만들어 냅니다. 그런 느낌을 만들 때 다른 것들과 상반되는 모션이 만들어지지 않도록 주의해야 합니다. 길 모션이나 하늘 모션은 다른 모션과 비슷한 형태의 반복이라서 다루지는 않았습니다. 필자가 만들어 놓은 모션을 보고 확인해 보세요.

SECTION

06 정적인 비주얼 모션 만들기

이미지 비중이 큰 웹 사이트의 메인을 제작할 때 사용하는 모션을 만들어 보겠습니다. 다른 예제들과 마찬가지로 모든 모션은 무비클립 안에서 만들고, 메인 타임라인에서는 모션들이 등장하는 위치나 순서를 잡아 주도록 프레임 구조를 설정했습니다. 필자가 만든 스타일 대로 따라해 보고, 여러분 나름의 느낌대로 재해석해서 꾸며 보세요.

PREVIEW

이미지 비주얼이 큰 사이트 모션

◎ 부록CD/Sample/Part03/Sec06/end.swf

▲ 비주얼 이미지 다중 마스크 기법 등장

▲ 박스 이미지 등장

▲ 박스 이미지 등장

▲ 이벤트 영역에 작은 모델 이미지 등장

▲ 이벤트 영역에 파티클 등장과 비주얼 이미지 교체   ▲ 비주얼 이미지 교체

이미지 비주얼이 큰 사이트 모션

책에서 배운 다중 마스크 기법과 파티클 효과를 이용하여 메인 사이트 비주얼 효과를 만들어 보겠습니다. 이번 예제에는 특히 마스크를 이용해서 모션을 보여 주는 효과가 많습니다. 마스크는 이미지를 가려서 보이는 역할 이외에 다양한 효과를 만드는 기법으로 사용할 수 있습니다. 마스크를 여러 가지로 응용해 보고 정적인 느낌의 사이트 모션을 만들어 봅니다.

완성 파일	부록CD/Sample/Part03/Sec06/end.fla
따라하기 파일	부록CD/Sample/Part03/Sec06/start.fla
Key Point	마스크의 활용과 정적인 느낌의 사이트 모션
모션 리뷰(비주얼 이미지 등장)	부록CD/Sample/Part03/Sec06/end.swf

1 예제 파일 열기

● '부록CD/Sample/Part03/Sec6/start.fla'를 플래시로 열고, 새로운 이름으로 저장합니다. [Library] 패널에서 예제에 사용될 무비클립 심벌과 그래픽 심벌을 확인합니다. 등장하는 순서는 이미 레이어별로 정리했습니다.

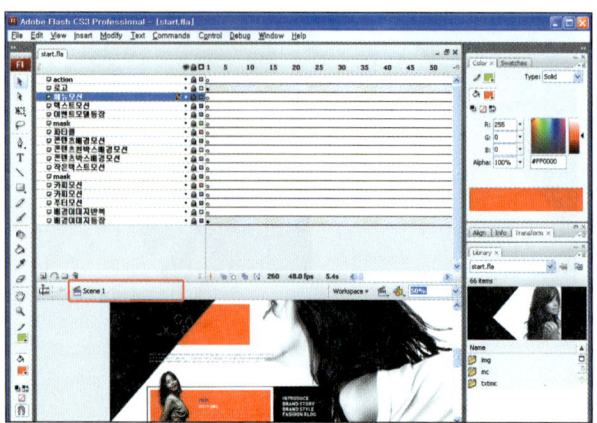

2 배경 이미지 등장

배경에 있는 여자 모델 이미지가 등장하는 모션을 만들어 보겠습니다. 이 책에서 배운 다중 마스크 기법을 이용해서 제작해 보겠습니다.

❶ [레이어: 배경이미지등장]에 있는 [무비클립: 배경모델등장]을 더블클릭하여 [무비클립: 배경모델등장] 편집 모드로 이동합니다.

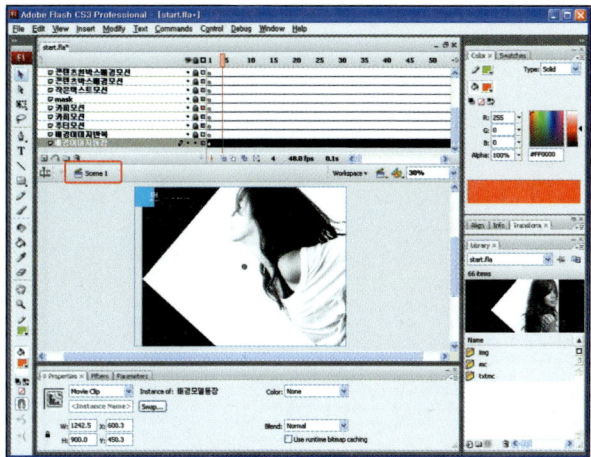

❷ [무비클립 : 배경모델등장] 편집 모드에서 [레이어: mask]에 있는 [무비클립: 마스크세로]를 선택한 뒤 더블클릭하여 [무비클립: 마스크세로]의 편집 모드로 이동합니다.

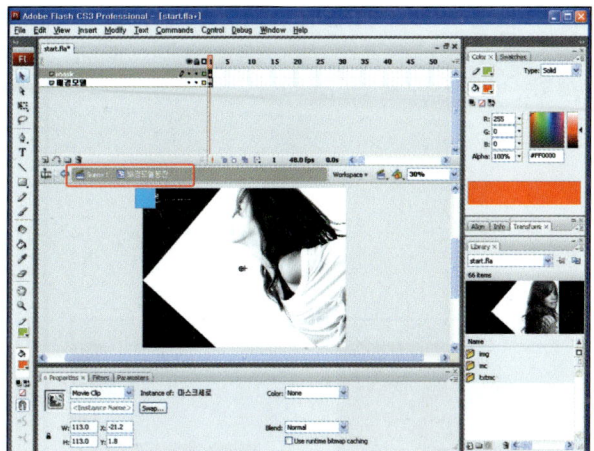

❸ [무비클립: 마스크세로] 편집 모드에서 [레이어: 마스크가로]에 있는 [무비클립: 마스크가로]를 더블클릭하여 [무비클립: 마스크가로]의 편집 모드로 이동합니다.

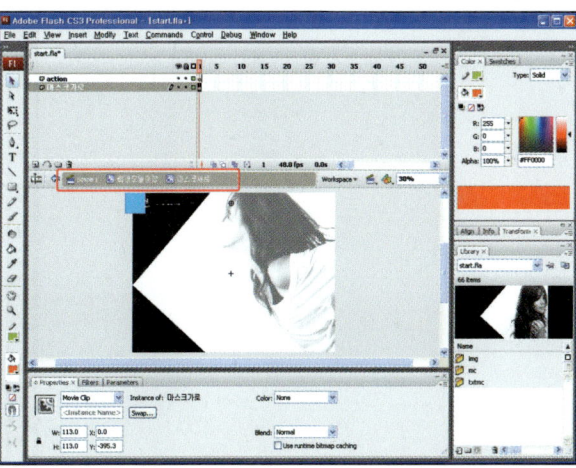

❹ [무비클립: 마스크가로] 편집 모드에서 레이어와 무비클립 구성을 확인합니다.

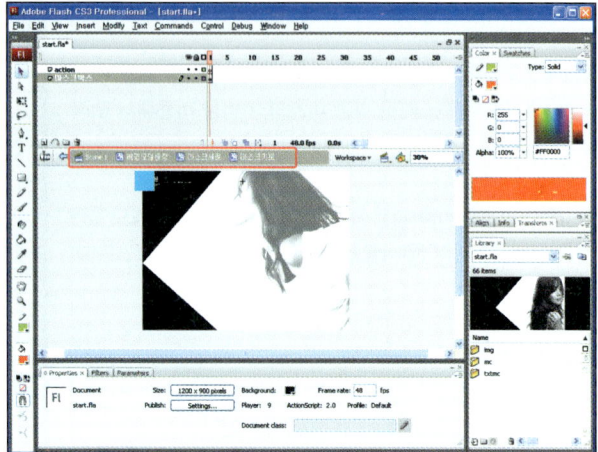

❺ [레이어: 마스크박스]에 있는 [무비클립: 마스크박스]를 선택하고 Alt 를 누른 채로 드래그하여 복제를 합니다. 이때 기존에 있는 박스 옆으로 복제를 합니다.

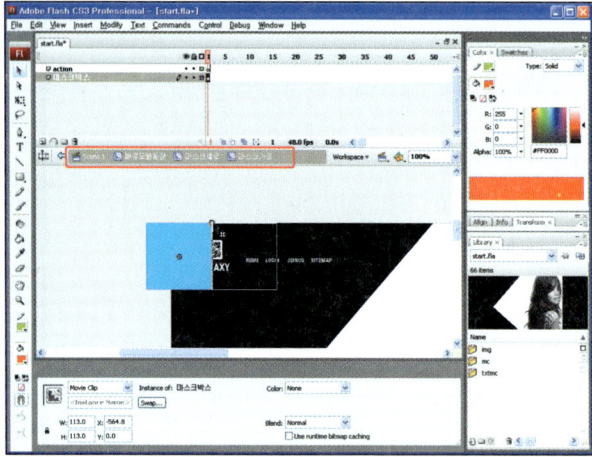

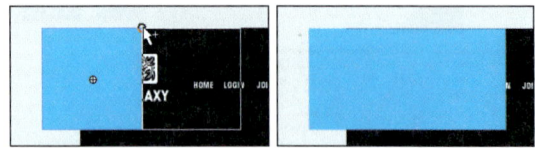

❻ 방금 복제한 방식으로 가로로 이미지가 가려지도록 복제합니다. 모두 복제가 되면 박스가 총 11개가 됩니다.

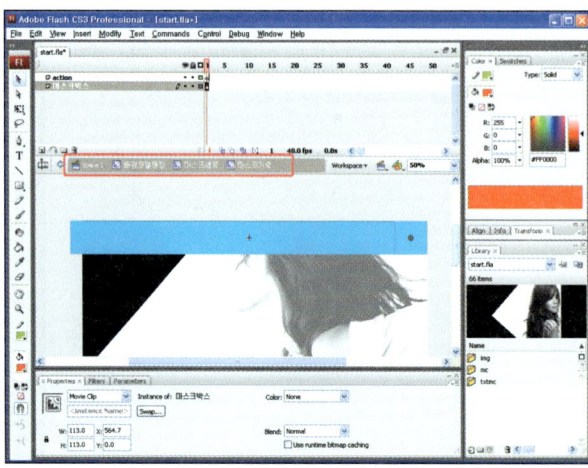

❼ [레이어: 마스크박스]에서 Ctrl + A 를 눌러 복제한 무비클립을 모두 선택한 후 마우스 오른쪽 버튼을 클릭하여 Distribute to Layers를 해서 레이어를 분리합니다. 혹은 단축키 Ctrl + Shift + D 를 사용합니다.

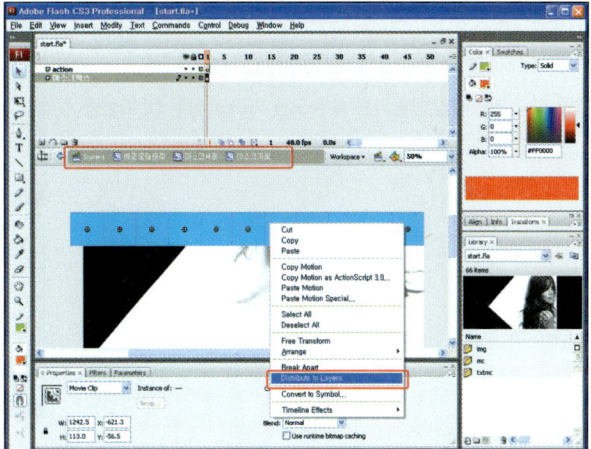

❽ 무비클립이 레이어별로 분리 되는 걸 확인합니다.

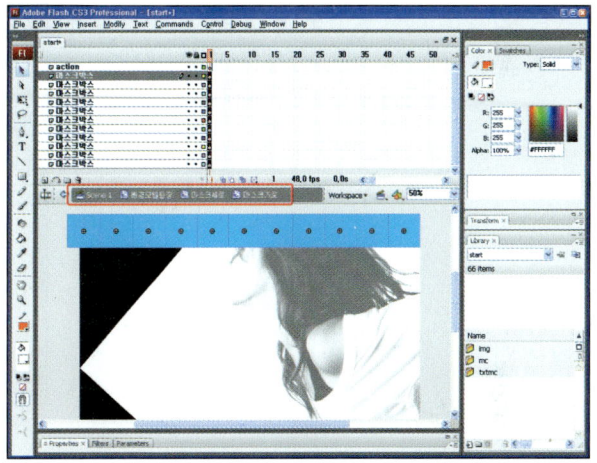

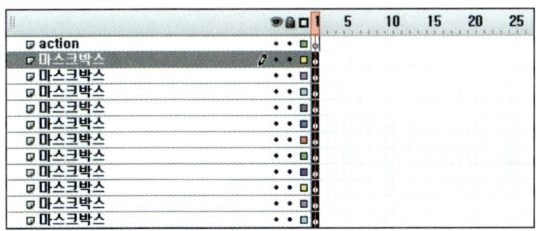

❾ 맨 아래 [레이어: 마스크박스]부터 차례대로 무비클립의 시작 위치 즉 키프레임을 2프레임씩 증가시키면서 뒤로 이동합니다.

참고 키프레임의 프레임 이동은 실무 모션 가이드 실무 Tip 7번을 참고하세요.

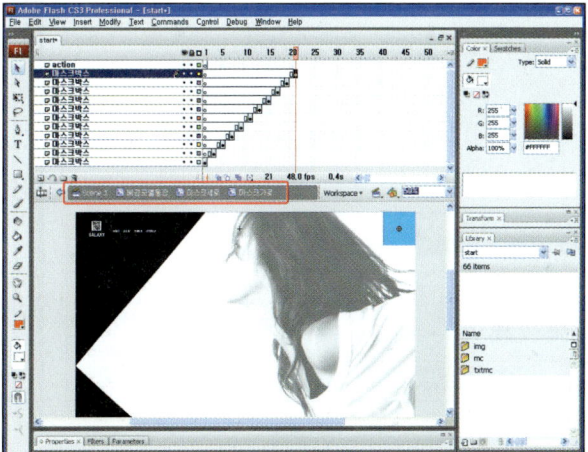

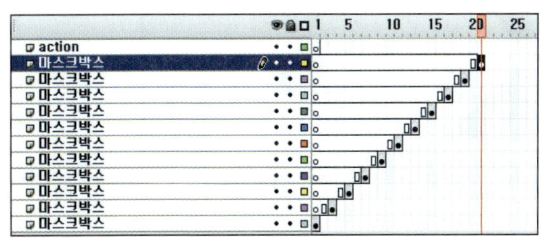

⑩ 모든 레이어의 39번 프레임을 드래그해서 선택한 후 F5
를 눌러 프레임을 늘려서 길이를 맞춥니다.

> 참고 다중 키프레임 만들기는 실무 모션 가이드 실무 Tip 9번을
> 참고하세요.

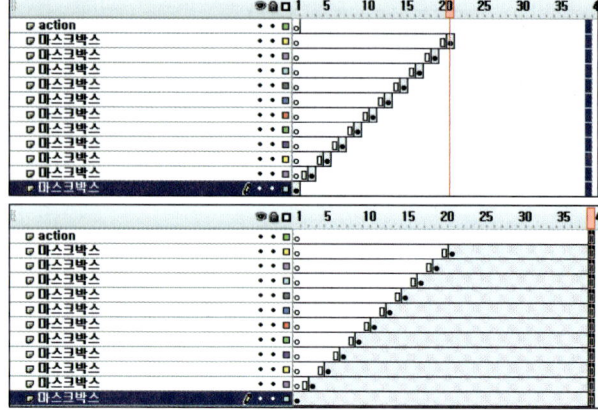

⑪ [레이어: action]의 39번 프레임에 F7 을 눌러 빈 키프레
임을 만들어 준 후 F9 를 눌러 액션 입력 창을 열고 stop( )을
넣어 줍니다.

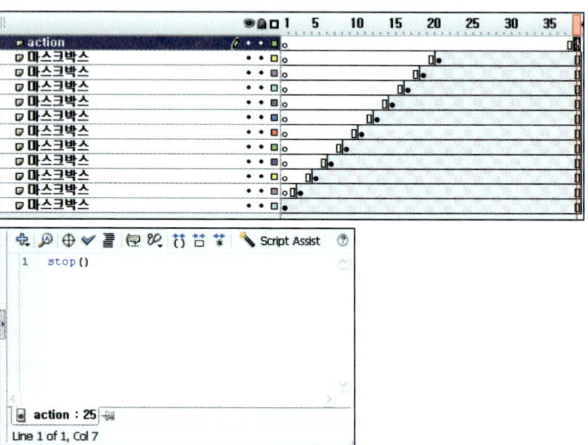

⑫ [무비클립: 마스크세로]의 모션 작업을 위해 에디트 툴바에
서 [마스크세로]를 클릭해서 화면을 이동합니다.

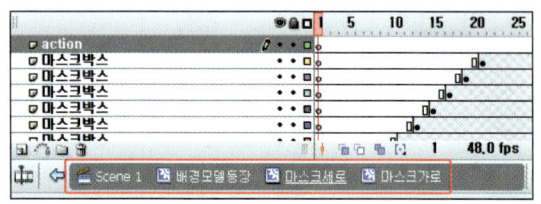

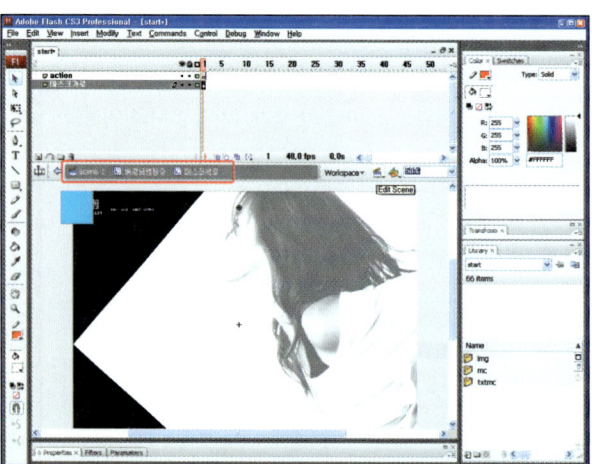

⑬ [무비클립: 마스크세로]에 있는 [무비클립: 마스크가로]를
[무비클립: 마스크가로]에서 박스를 복제한 방식으로 Alt +드
래그를 써서 세로로 복제합니다.

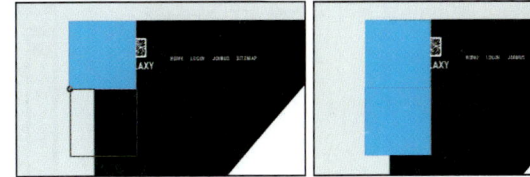

⑭ 같은 방식으로 세로로 화면이 채워지도록 복제를 하여 무
비클립의 개수가 8개가 되도록 합니다.

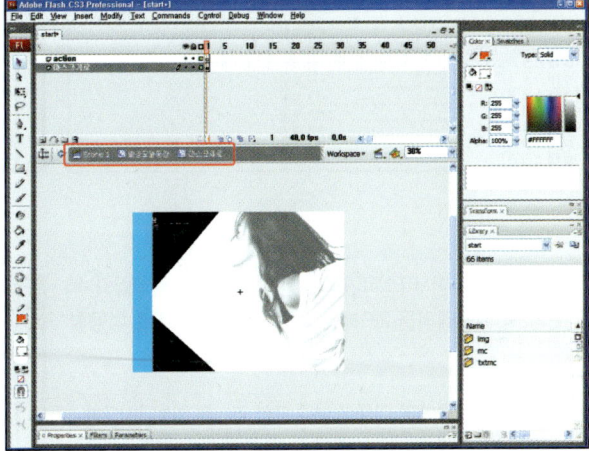

⑮ [레이어: 마스크가로]에서 Ctrl + A 를 눌러 복제한 무비클
립을 모두 선택한 후 마우스 오른쪽 버튼을 클릭하여 Distribute
to Layers를 해서 레이어 분리를 해 줍니다. 혹은 단축키 Ctrl
+ Shift + D 를 사용합니다.

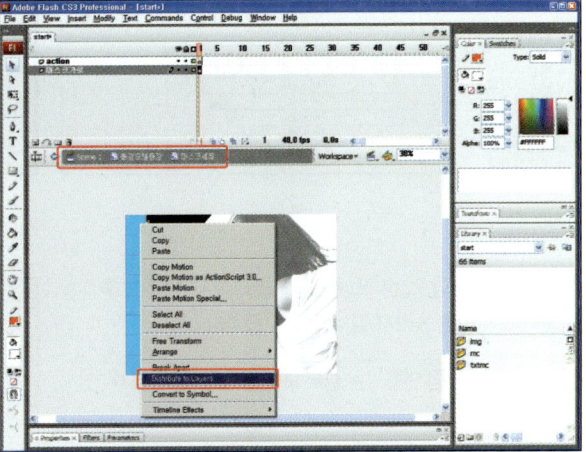

⑯ 무비클립이 레이어별로 분리 되는 걸 확인합니다.

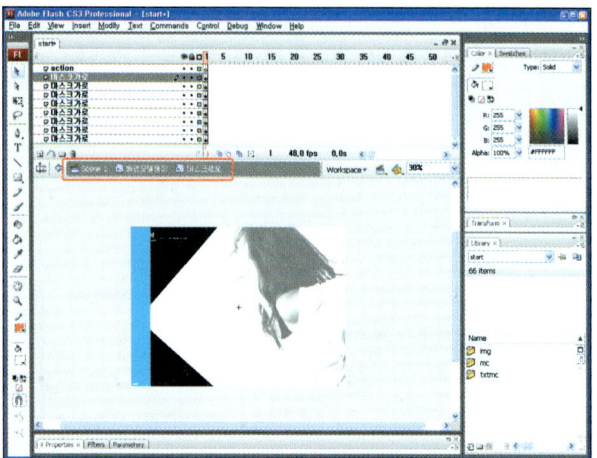

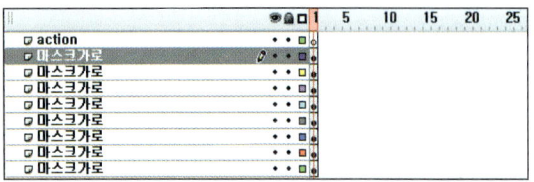

⑰ 맨 아래 [레이어: 마스크가로]부터 차례대로 무비클립의 시작 위치 즉 키프레임을 2프레임씩 증가시키면서 뒤로 이동합니다.

참고 키프레임의 프레임 이동은 실무 모션 가이드 실무 Tip 7번을 참고하세요.

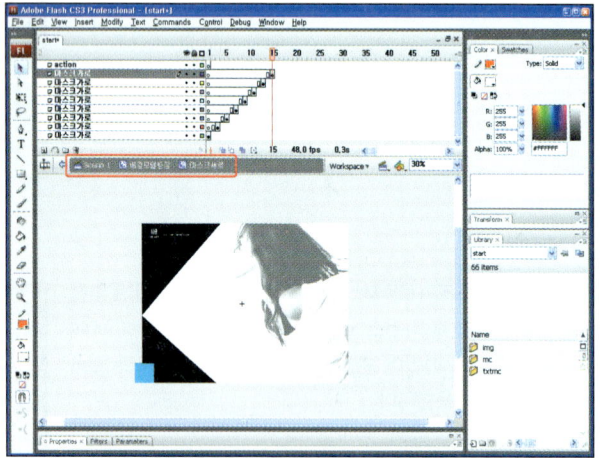

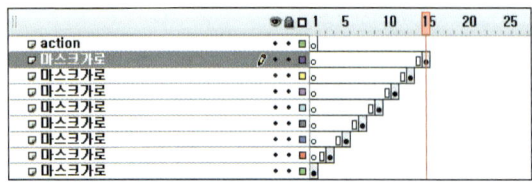

⑱ 모든 레이어의 22번 프레임을 드래그해서 선택한 후 F5를 눌러 프레임을 늘려서 길이를 맞춰 줍니다.

참고 다중 키프레임 만들기는 실무 모션 가이드 실무 Tip 9번을 참고하세요.

⑲ [레이어: action]의 22번 프레임에 F7 을 눌러 빈 키프레임을 만들어 준 후 F9 를 눌러 액션 입력 창을 열고 stop( )을 넣어 줍니다.

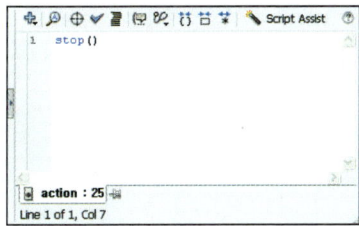

⑳ 박스가 등장하는 모션을 만들기 위해 Library에서 mc 폴더에 있는 [무비클립: 마스크박스]를 더블클릭하여 [무비클립: 마스크박스]의 편집 모드로 이동합니다.

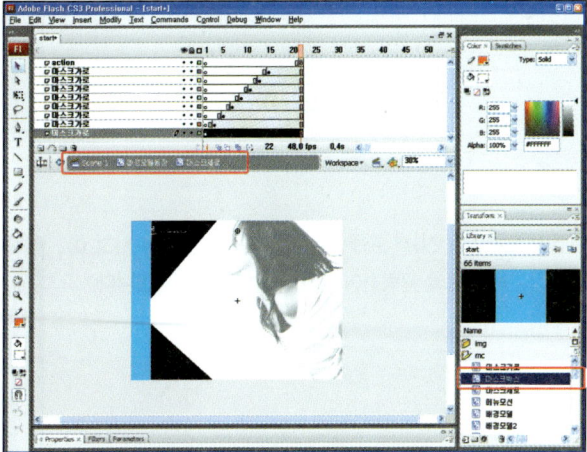

㉑ [레이어: box]의 50번 프레임에 F6 을 눌러서 키프레임을 생성합니다.

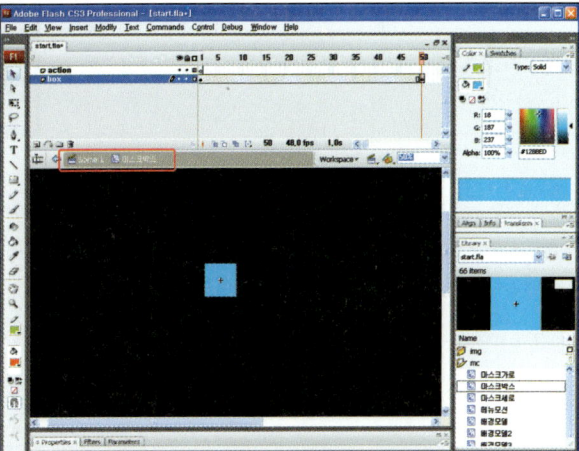

㉒ 1번 프레임에 있는 box 쉐이프를 선택하고 Ctrl + Alt + S 를 눌러서 스케일을 10%로 줄여 줍니다.

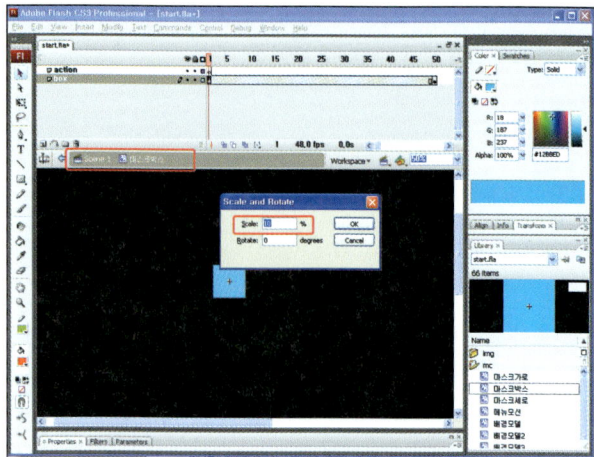

㉓ 1번 프레임과 50번 프레임의 중간 프레임을 선택하고 마우스 오른쪽 버튼을 클릭하여 쉐이프 트위닝을 적용합니다.

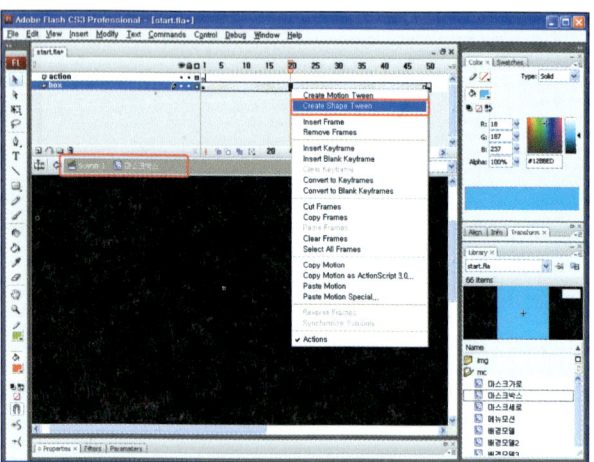

㉔ [레이어: action]의 50번 프레임에 F7 을 눌러서 빈 키프레임을 생성하고 F9 를 눌러서 액션 창을 활성화 한 후 stop( )을 넣어 줍니다.

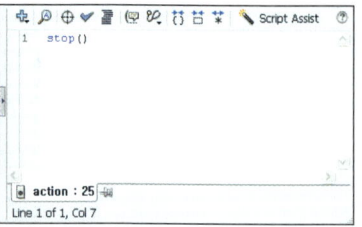

㉕ 마스크를 적용하기 위해 Library에서 mc 폴더에 있는 [무
비클립: 배경모델등장]을 더블클릭하여 [무비클립: 배경모델
등장]의 편집 모드로 이동합니다.

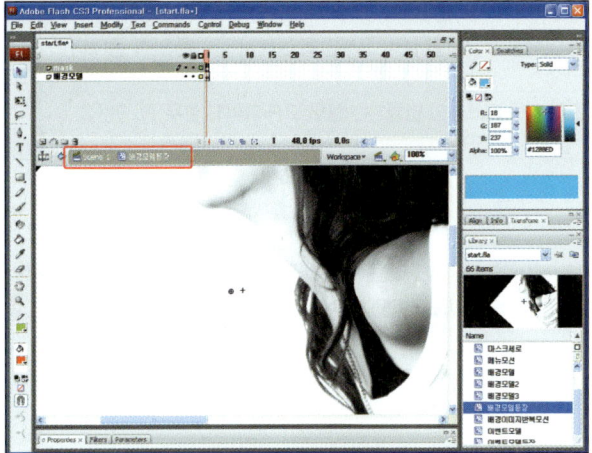

㉖ [레이어: mask]를 선택하고 마우스 오른쪽 버튼을 클릭하
여 메뉴에서 mask를 적용합니다.

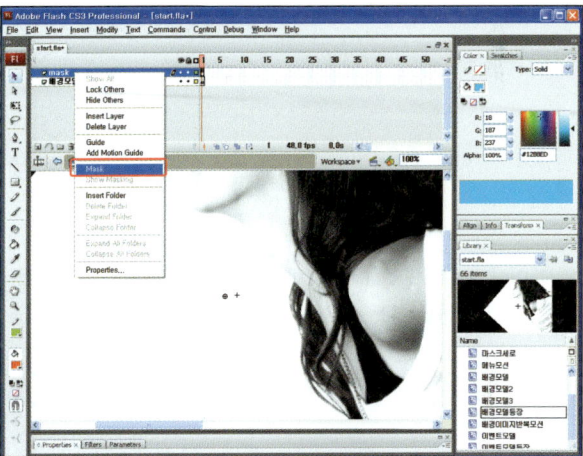

3 푸터 모션

❶ 메인 타임라인의 80번 프레임 중 [레이어: 푸터모션]에 있
는 [무비클립: 푸터모션]을 더블클릭하여 [무비클립: 푸터모션]
의 편집 모드로 이동합니다.

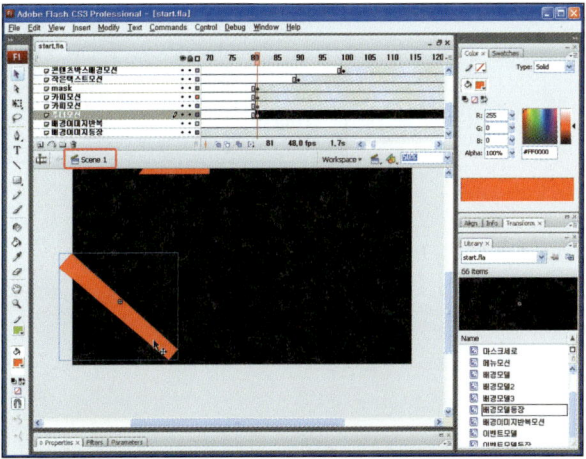

❷ [레이어: 푸터], [레이어: mask]의 30번 프레임을 드래그해서 선택한 후 F5 를 눌러 프레임을 늘려서 길이를 맞춰 줍니다.

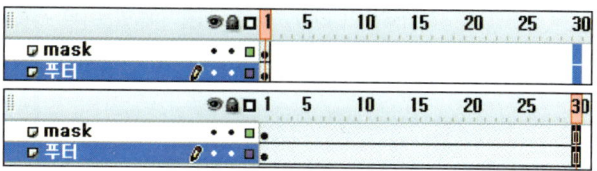

> 참고 다중 키프레임 만들기는 실무 모션 가이드 실무 Tip 9번을 참고하세요.

❸ [레이어: 푸터]에 있는 [무비클립: 푸터]의 30번 프레임에 F6 을 눌러서 키프레임을 만들어 줍니다.

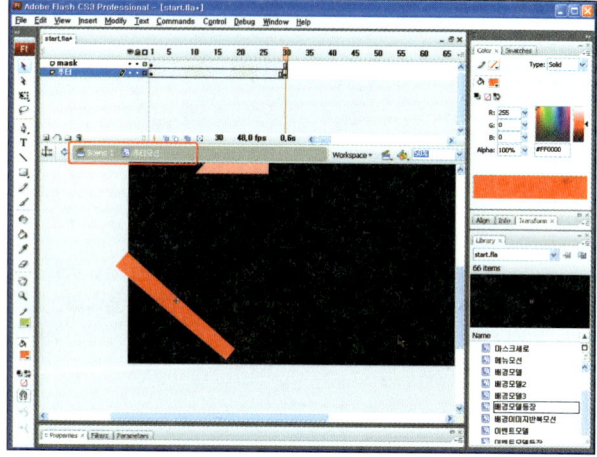

❹ [레이어: mask]의 Outline을 체크해서 마스크 영역을 라인으로 보이게 설정합니다.

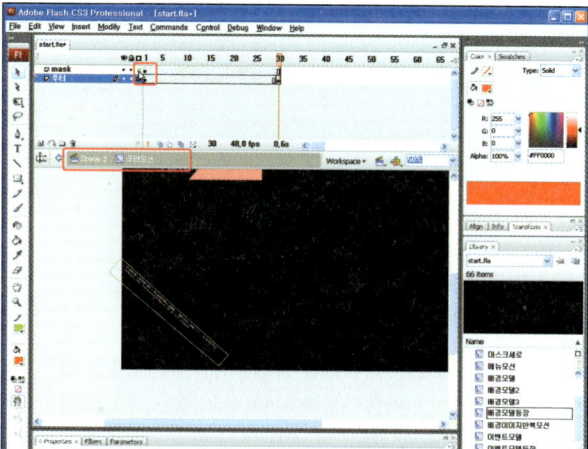

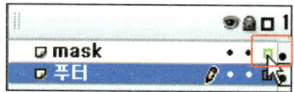

❺ [레이어: 푸터]의 1번 프레임에 있는 [무비클립: 푸터]의 위치를 마스크 영역 오른쪽 위로 이동합니다.

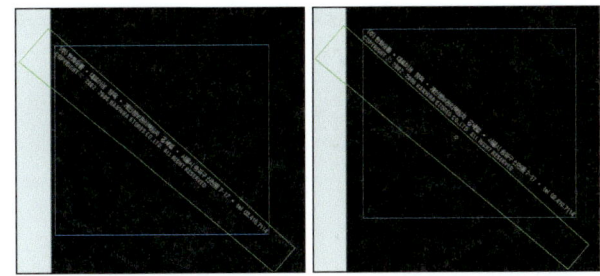

❻ [레이어: 푸터]의 1번 프레임과 30번 프레임 중간 부분을 선택한 후 모션 트위닝을 적용합니다.

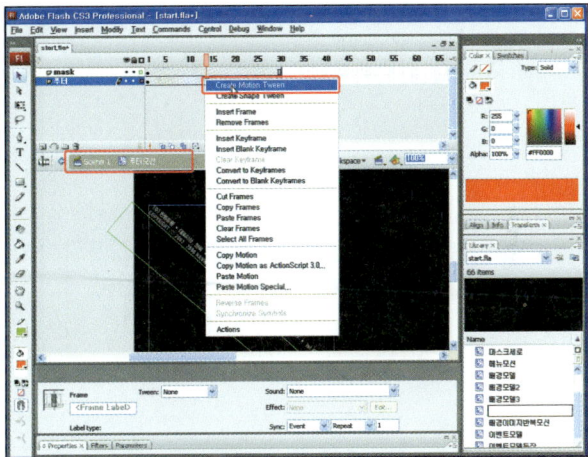

❼ [레이어: mask]를 선택하고 마우스 오른쪽 버튼을 클릭하여 메뉴에서 mask를 적용합니다.

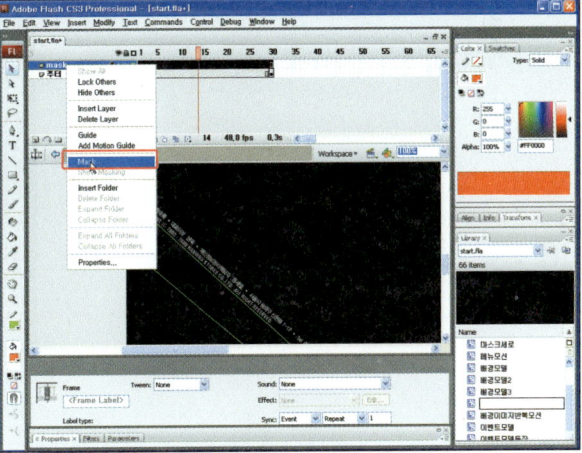

❽ 에디트 툴바의 Scene 1을 클릭해서 메인 타임라인의 편집 모드로 전환합니다.

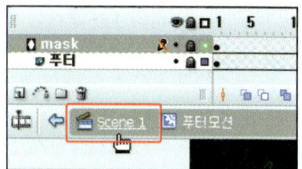

❾ 타임라인의 80번 프레임에 있는 [레이어: 푸터모션]의 [무비클립: 푸터모션]을 선택하고 Part01-Sec02-02에서 배운 모션의 **그룹화 기법**을 적용합니다.

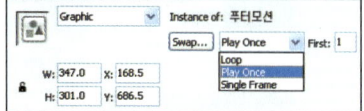

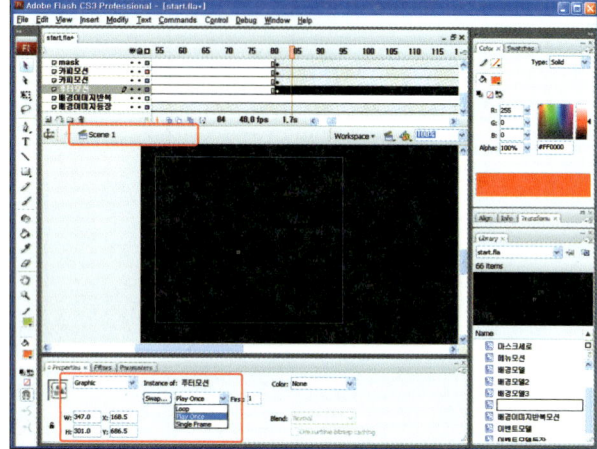

4 카피 모션

❶ 메인 타임라인의 80번 프레임 중 [레이어: 카피모션]에 있는 [무비클립: 카피모션]의 모션 작업을 시작해 보겠습니다.

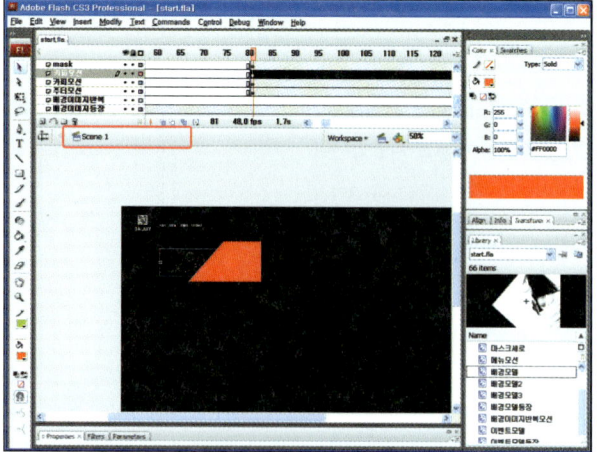

❷ 80번 프레임에 있는 레이어를 살펴보면 [레이어: mask] 아래 [레이어: 카피모션]이 2개가 있습니다. 각각의 [레이어: 카피모션]에 있는 무비클립은 같은 [무비클립: 카피모션]이 있는 상태입니다. 단 [레이어: mask] 아래에 있는 [무비클립: 카피모션]은 마스크 적용 대상이고 Tint도 검정색으로 설정되어 있습니다.

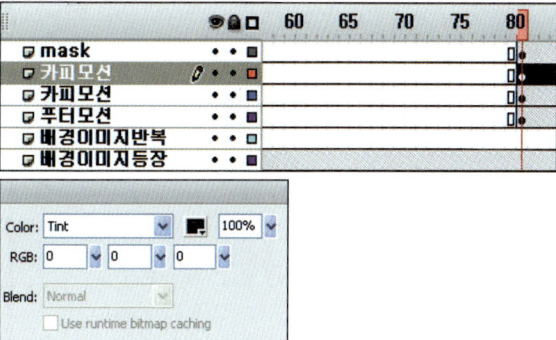

❸ [레이어: mask] 아래 [레이어: 카피모션]에 있는 [무비클립: 카피모션]을 선택한 후 더블클릭하여 [무비클립: 카피모션]의 편집 모드로 이동합니다.

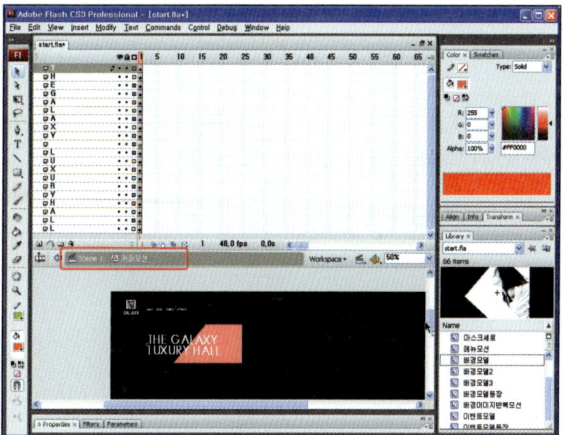

❹ 모든 레이어의 40번 프레임을 드래그해서 선택한 후 F6 을 눌러 프레임을 늘리고 키프레임을 만들어 줍니다.

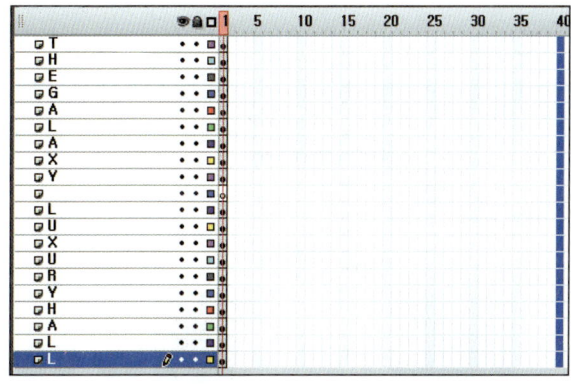
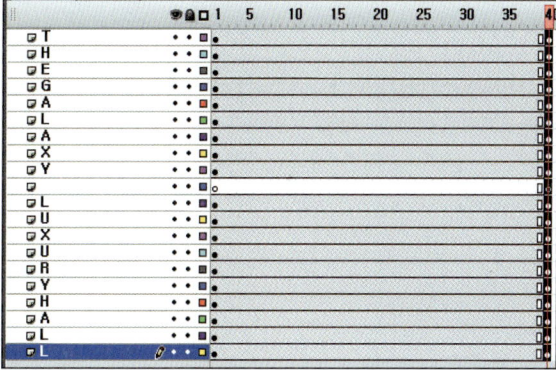

참고 다중 키프레임 만들기는 실무 모션 가이드 실무 Tip 9번을 참고하세요.

❺ [레이어: T,H,E,G,A,L,A,X,Y]의 1번 프레임에 있는 무비클립을 모두 선택하고 무비클립을 화면 왼쪽으로 40픽셀씩 이동합니다.

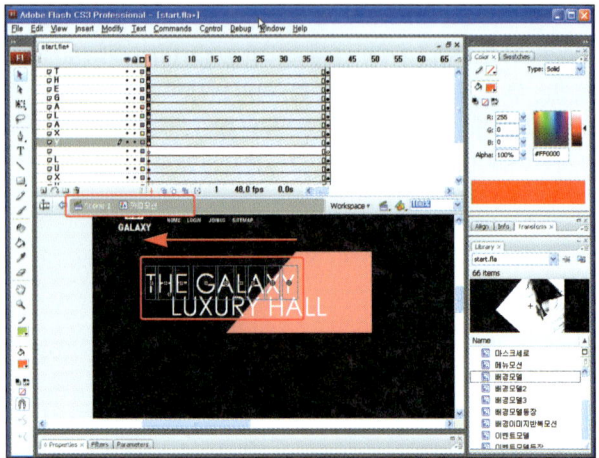

❻ [레이어: T,H,E,G,A,L,A,X,Y]의 1번 프레임에 있는 무비클립을 모두 선택하고 Alpha 값을 0으로 설정합니다.

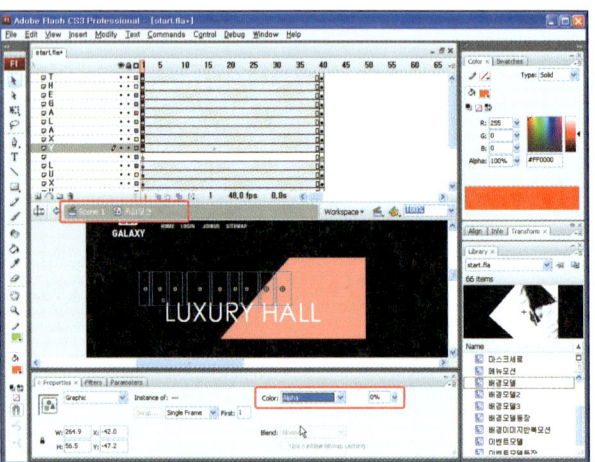

❼ [레이어: T,H,E,G,A,L,A,X,Y]의 프레임 중간을 드래그로 모두 선택하고 모션 트위닝을 적용합니다.

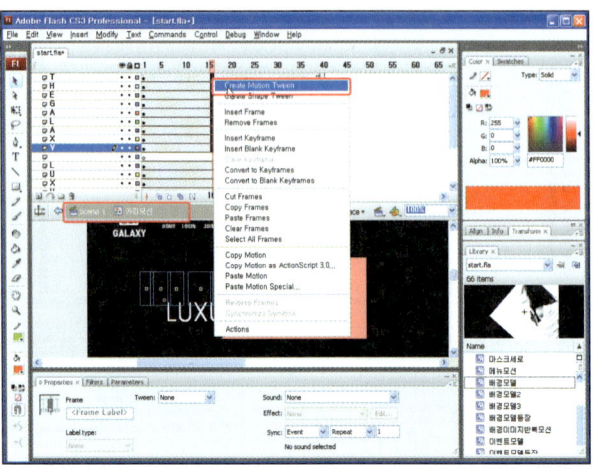

❽ 모션 트위닝을 적용한 프레임 구간을 드래그하여 모두 선택하고 Ease 값을 100으로 설정합니다.

> 참고 Ease 값은 실무 모션 가이드 실무 Tip 6번을 참고하세요.

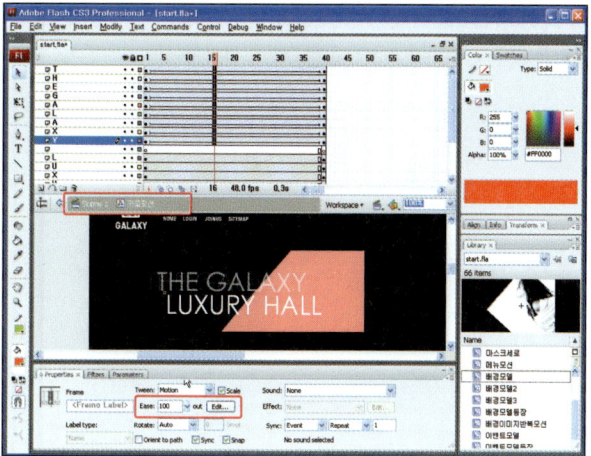

❾ [레이어: T,H,E,G,A,L,A,X,Y]의 시작 위치를 위에서부터 2프레임씩 증가시켜서 이동합니다.

> 참고 키프레임의 프레임 이동은 실무 모션 가이드 실무 Tip 7번을 참고하세요.

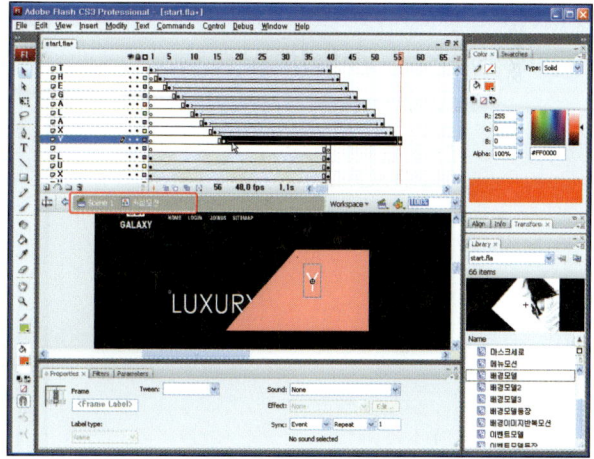

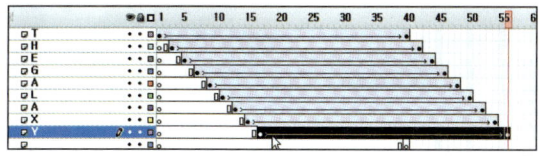

❿ [레이어: L,U,X,U,R,Y,H,A,L,L]의 1번 프레임에 있는 무비클립을 모두 선택하고 무비클립을 화면 오른쪽으로 40픽셀 이동합니다.

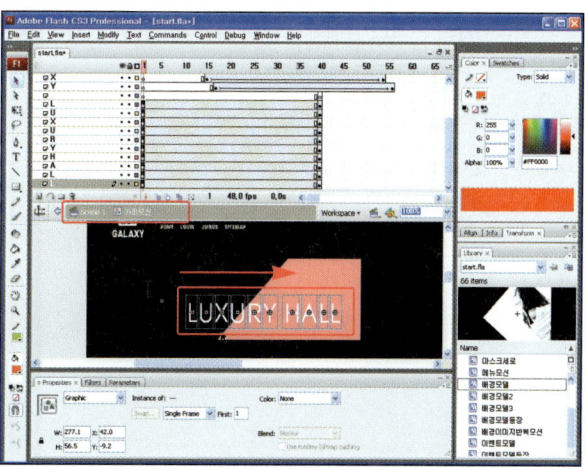

⓫ [레이어: L,U,X,U,R,Y,H,A,L,니의 1번 프레임에 있는 무비 클립을 모두 선택하고 Alpha 값을 0으로 설정합니다.

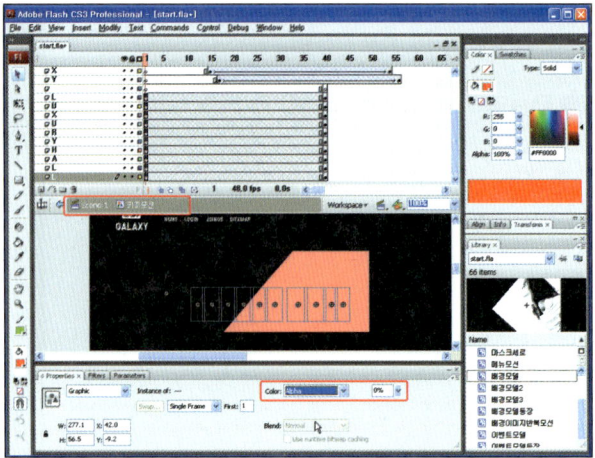

⓬ [레이어: L,U,X,U,R,Y,H,A,L,니의 프레임 중간을 드래그로 모두 선택하고 모션 트위닝을 적용합니다.

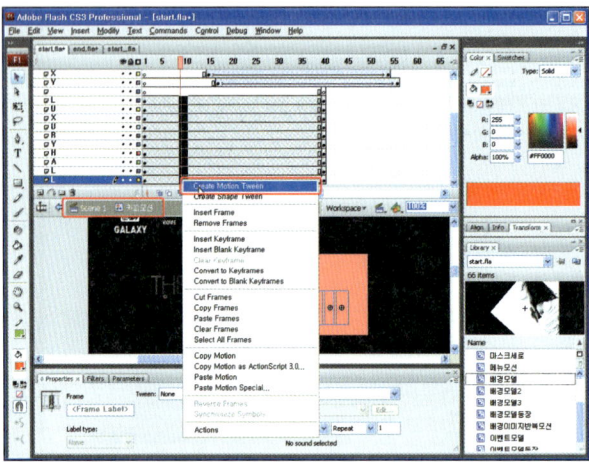

⓭ 모션 트위닝을 적용한 프레임 구간을 드래그하여 모두 선택하고 Ease 값을 100으로 설정합니다.

참고 Ease 값은 실무 모션 가이드 실무 Tip 6번을 참고하세요.

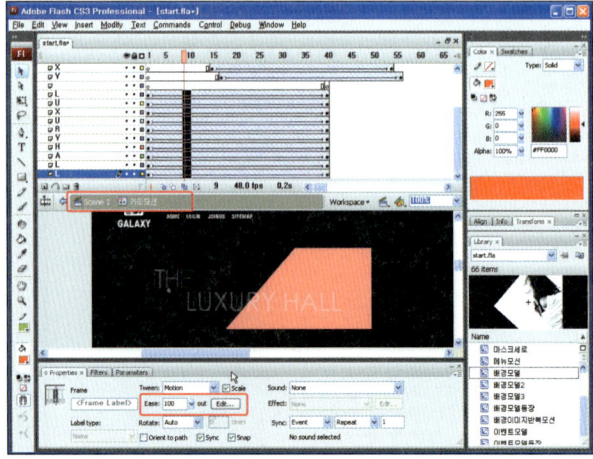

⓮ [레이어: L,U,X,U,R,Y,H,A,L,L]의 시작 위치를 위에서부터 2 프레임씩 증가시켜서 이동합니다.

> **참고** 키프레임의 프레임 이동은 실무 모션 가이드 실무 Tip 7번을 참고하세요.

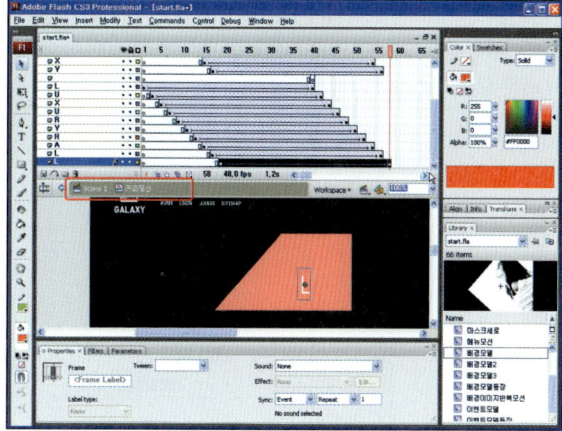

⓯ 모든 레이어의 60번 프레임을 드래그해서 선택한 후 F5 를 눌러 프레임을 늘려 줍니다.

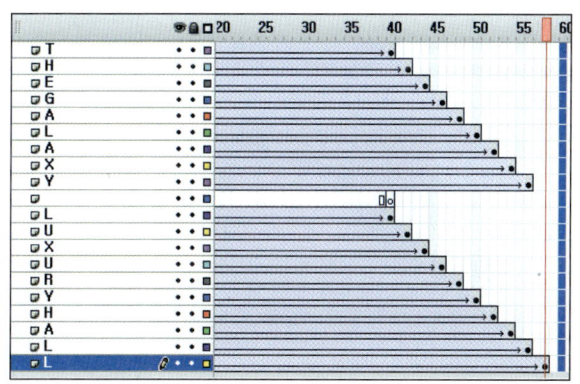
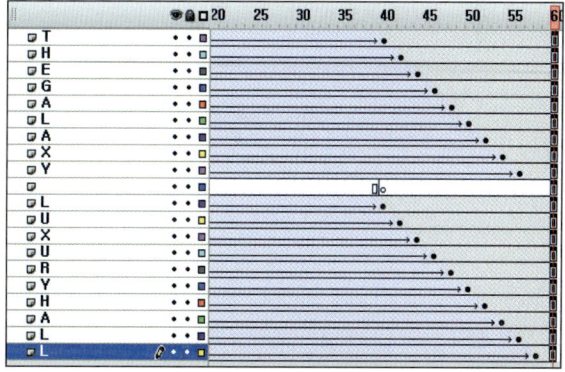

⓰ 에디트 툴바의 Scene 1을 클릭해서 메인 타임라인의 편집 모드로 전환합니다.

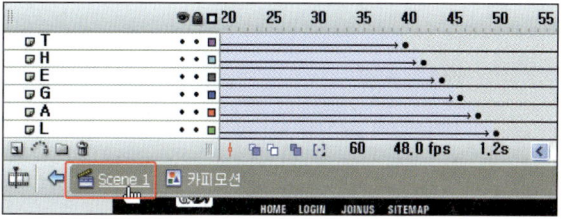

⑰ 타임라인의 80번 프레임에 있는 2개의 [레이어: 카피모션]
에서 [무비클립: 카피모션]을 선택하고 Part01-Sec02-02에
서 배운 **모션의 그룹화 기법**을 적용합니다.

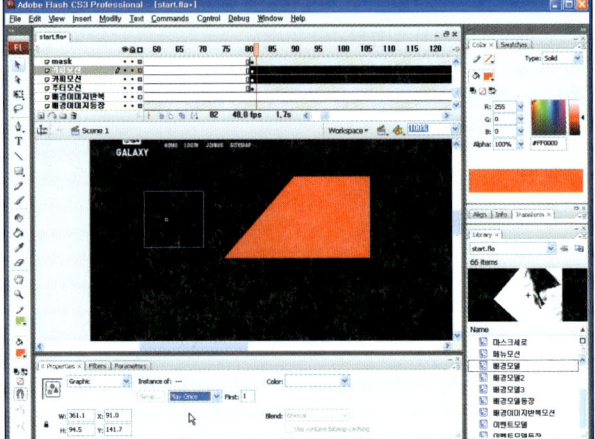

⑱ [레이어: mask]를 선택하고 마우스 오른쪽 버튼을 클릭하
여 메뉴에서 mask를 적용합니다.

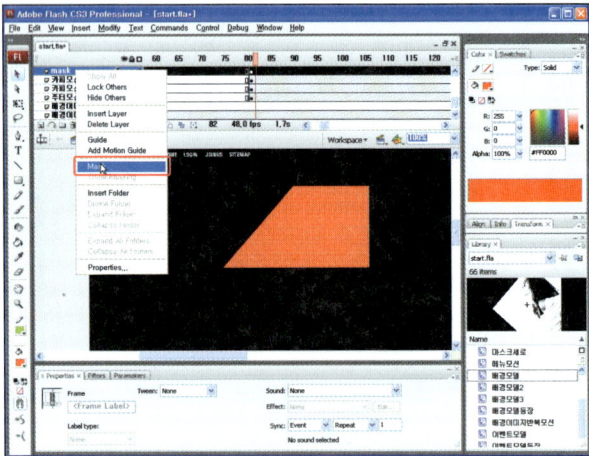

5 작은 텍스트 모션

❶ 메인 타임라인에서 [레이어: 작은텍스트모션]의 90번 프레
임에 있는 [무비클립: 작은텍스트모션]을 더블클릭하여 [무비
클립: 작은텍스트모션]의 편집 모드로 이동합니다.

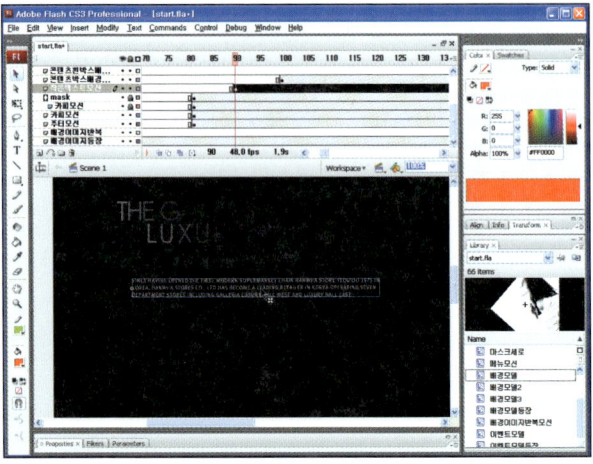

❷ [레이어: 작은텍스트]의 1번, 13번, 22번 프레임에 F6 을 눌러서 키프레임을 만들어 줍니다.

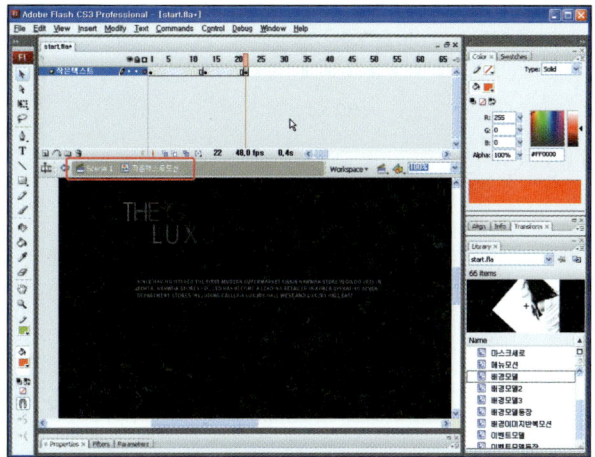

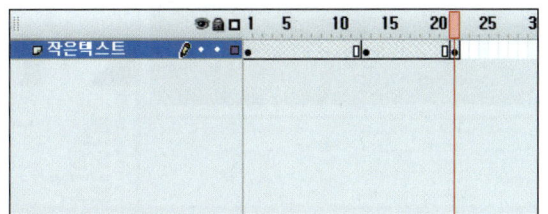

❸ [레이어: 작은텍스트]의 1번, 13번, 22번 키프레임에 있는 무비클립의 Y좌표 값과 알파 값을 표와 같이 설정합니다.

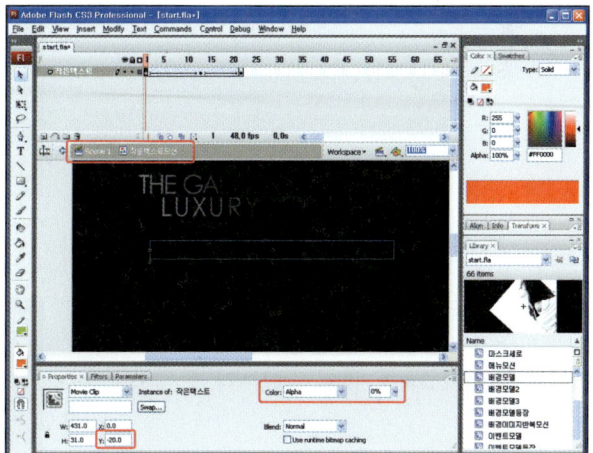

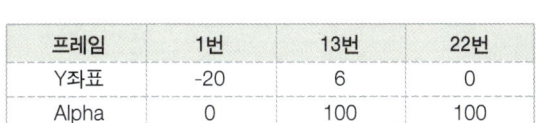

프레임	1번	13번	22번
Y좌표	-20	6	0
Alpha	0	100	100

❹ [레이어: 작은텍스트]의 1번 프레임부터 20번 프레임까지 드래그해서 선택한 후 모션 트위닝을 적용합니다.

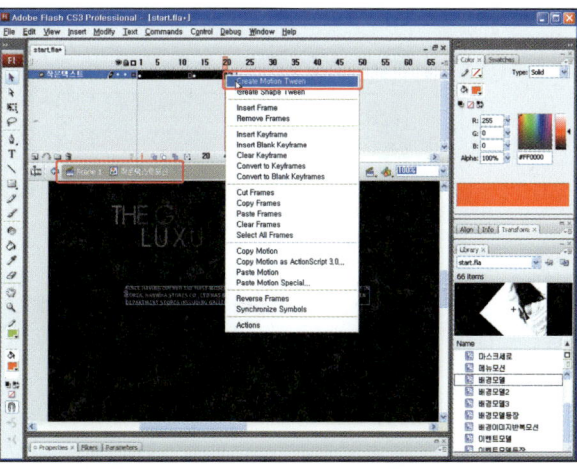

❺ [레이어: 작은텍스트]의 1번 키프레임과 13번 키프레임 중간을 선택하고 Ease 값을 100으로 설정합니다.

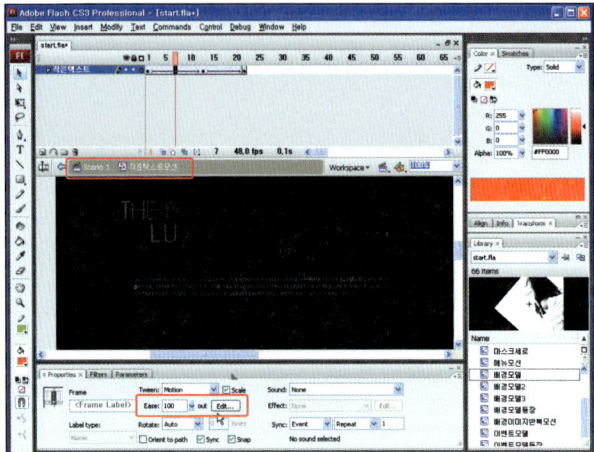

❻ 에디트 툴바의 Scene 1을 클릭해서 메인 타임라인의 편집모드로 전환합니다.

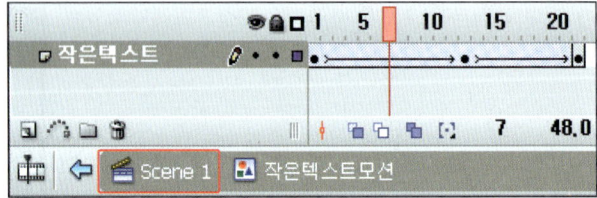

❼ 타임라인의 90번 프레임에 있는 [레이어: 작은텍스트모션]의 [무비클립: 작은텍스트모션]을 선택하고 Part01-Sec02-02에서 배운 **모션의 그룹화 기법**을 적용합니다.

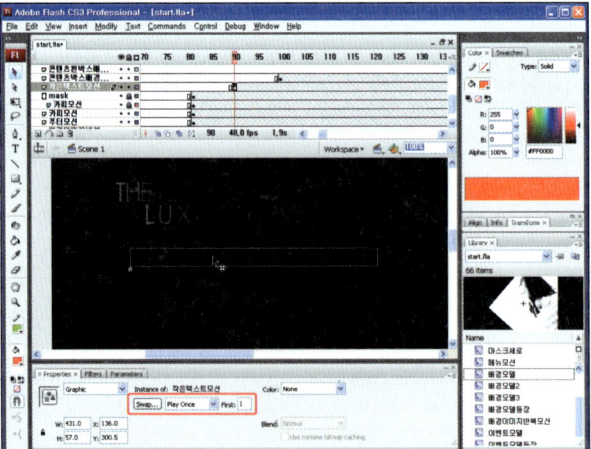

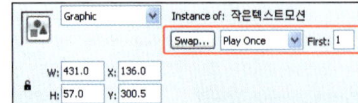

6 콘텐츠 박스 배경 모션

❶ 메인 타임라인에서 [레이어: 콘텐츠박스배경모션]의 100 번 프레임에 있는 [무비클립: 콘텐츠박스배경모션]을 더블클릭하여 [무비클립: 콘텐츠박스배경모션]의 편집 모드로 이동합니다.

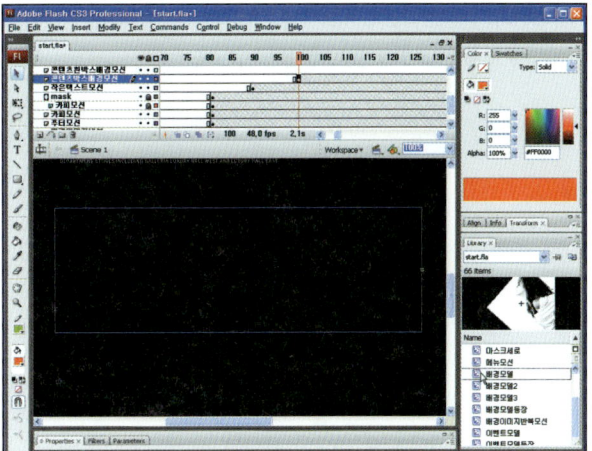

❷ [레이어: 콘텐츠박스배경]의 1번, 60번 프레임에 F6 을 눌러서 키프레임을 만들어 줍니다.

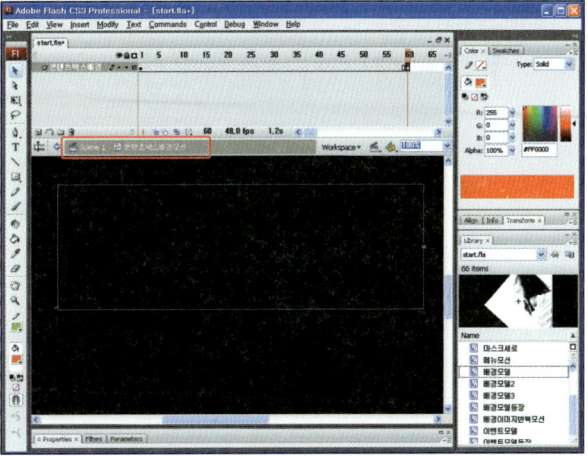

❸ [레이어: 콘텐츠박스배경]의 1번 프레임에서 60번 프레임 중간을 선택한 후 모션 트위닝을 적용합니다.

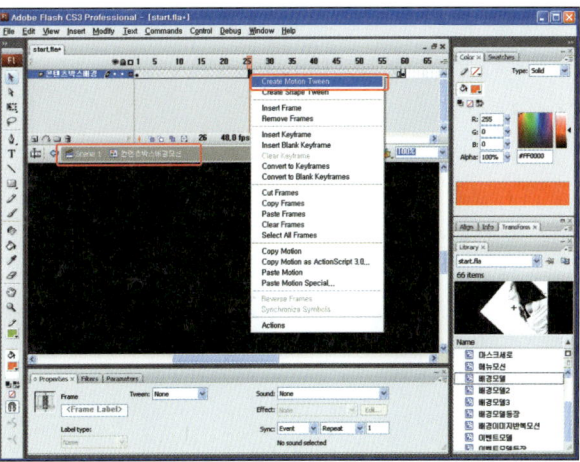

❹ [레이어: 콘텐츠박스배경]의 1번 프레임에 있는 무비클립의 Width 값을 13으로 만들어 줍니다.

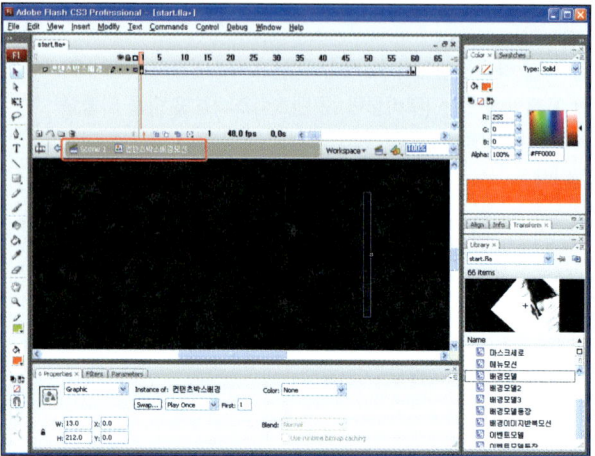

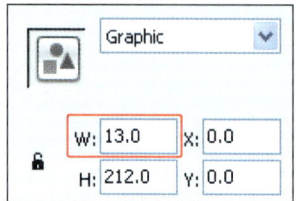

❺ 에디트 툴바의 Scene 1을 클릭해서 메인 타임라인의 편집 모드로 전환합니다.

❻ 타임라인 100번 프레임의 [레이어: 콘텐츠박스배경모션]에 있는 [무비클립: 콘텐츠박스배경모션]을 선택하고 Part01-Sec02-02에서 배운 **모션의 그룹화 기법**을 적용합니다.

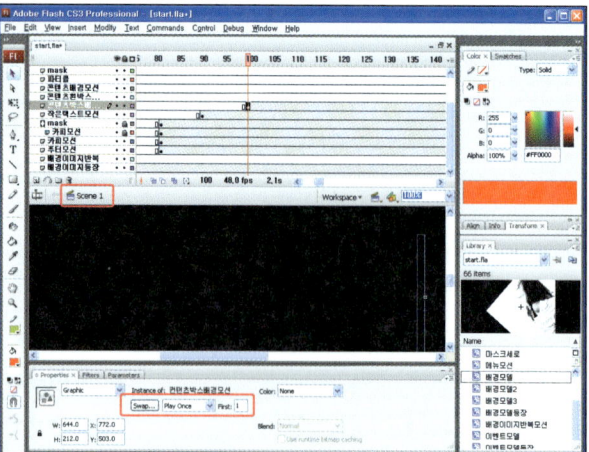

7 콘텐츠 흰 박스 배경 모션

❶ 메인 타임라인에서 [레이어: 콘텐츠흰박스배경모션]의
157번 프레임에 있는 [무비클립: 콘텐츠흰박스배경모션]을 더
블클릭하여 [무비클립: 콘텐츠흰박스배경모션]의 편집 모드로
이동합니다.

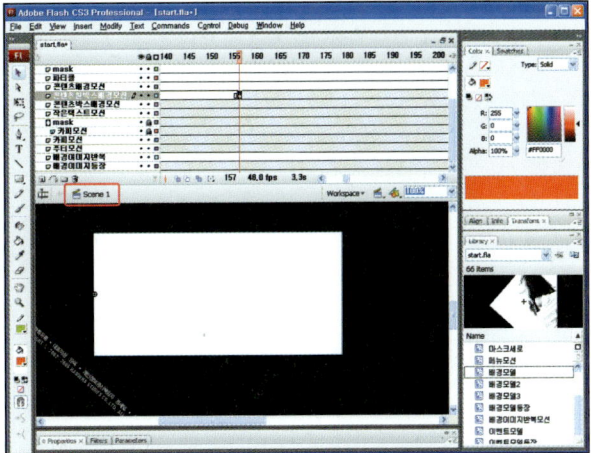

❷ [레이어: 콘텐츠흰박스배경]의 1번, 35번 프레임에 F6 을
눌러서 키프레임을 만들어 줍니다.

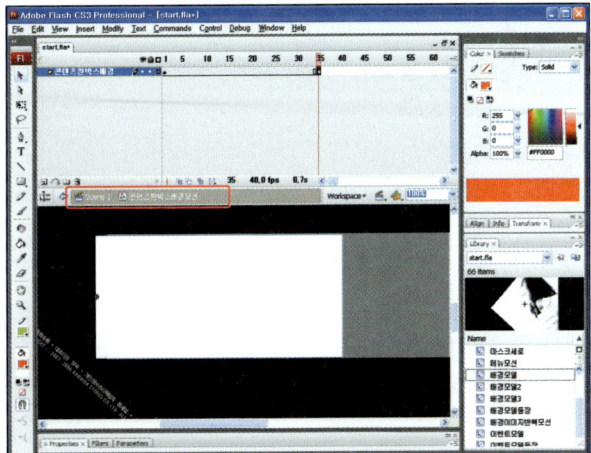

❸ [레이어: 콘텐츠흰박스배경]의 1번 프레임에 있는 무비클립
의 Width 값을 13으로 만들고 Alpha 값을 0으로 설정합니다.

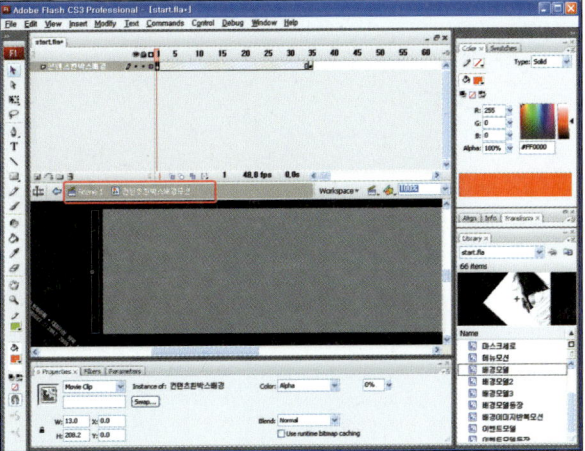

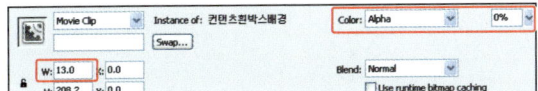

❹ [레이어: 콘텐츠흰박스배경]의 1번 프레임에서 35번 프레임 중간을 선택한 후 모션 트위닝을 적용합니다.

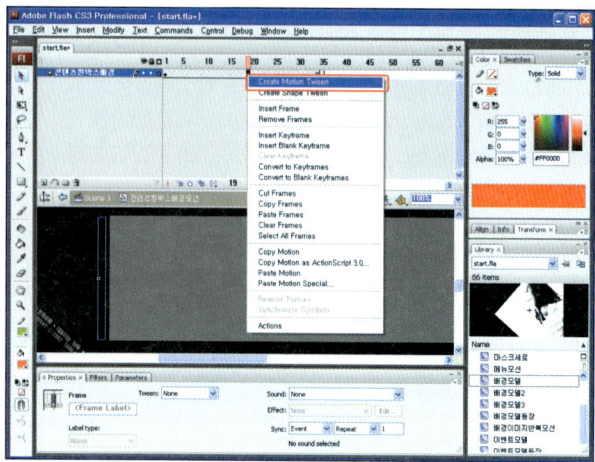

❺ 에디트 툴바의 Scene 1을 클릭해서 메인 타임라인의 편집 모드로 전환합니다.

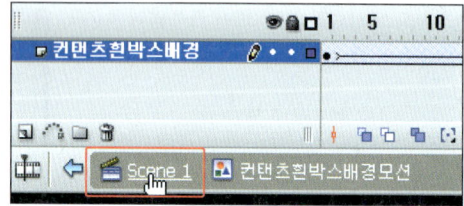

❻ 타임라인의 157번 프레임에 있는 [레이어: 콘텐츠흰박스배경모션]에 [무비클립: 콘텐츠박스배경모션]을 선택하고 Part01-Sec02-02에서 배운 모션의 그룹화 기법을 적용합니다.

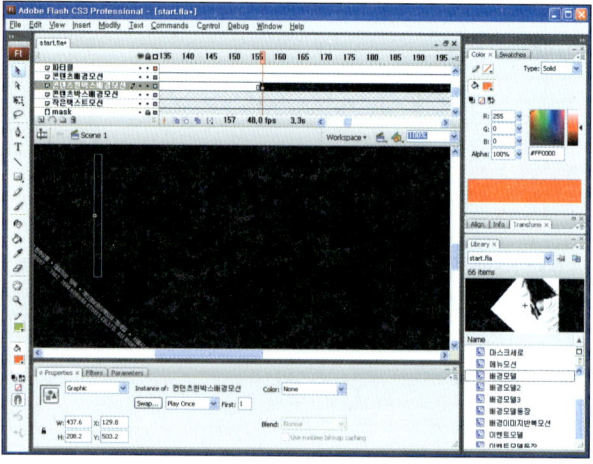

8 콘텐츠 배경 모션

❶ 메인 타임라인에서 [레이어: 콘텐츠배경모션]의 205번 프레임에 있는 [무비클립: 콘텐츠배경모션]을 더블클릭하여 [무비클립: 콘텐츠배경모션]의 편집 모드로 이동합니다.

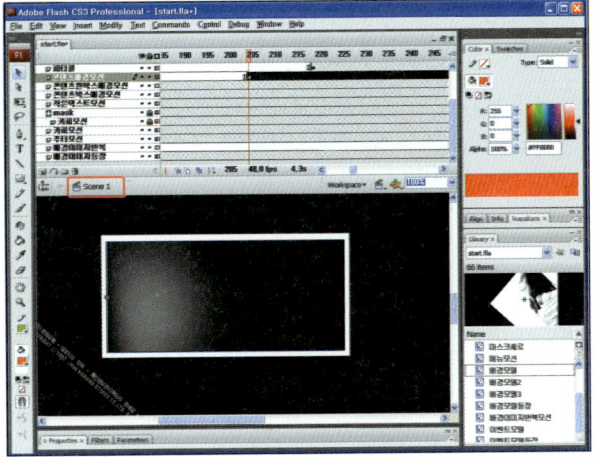

❷ [레이어: 콘텐츠배경]의 1번, 60번 프레임에 F6을 눌러서 키프레임을 만들어 줍니다.

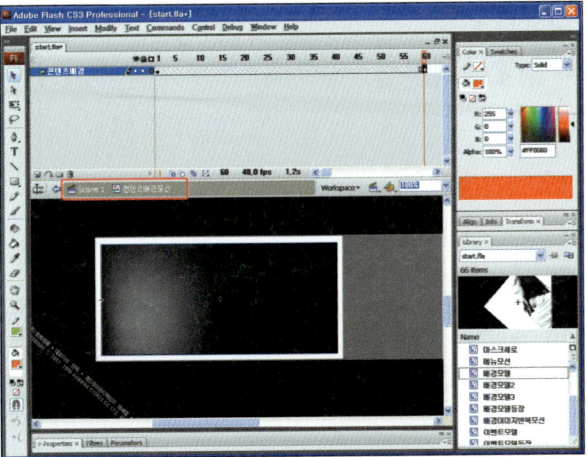

❸ [레이어: 콘텐츠배경]의 1번 프레임에 있는 무비클립의 Advanced 세팅을 다음과 같이 해 줍니다.

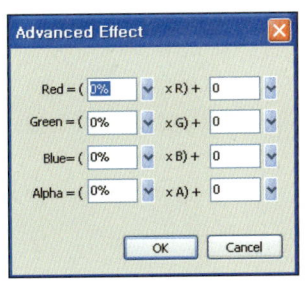

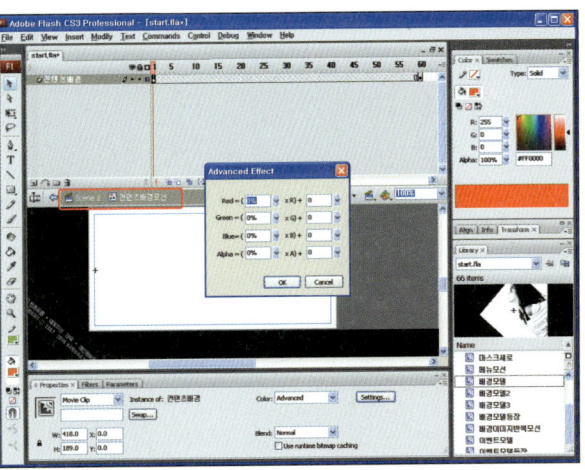

❹ [레이어: 콘텐츠배경]의 1번 프레임에서 60번 프레임 중간을 선택한 후 모션 트위닝을 적용합니다.

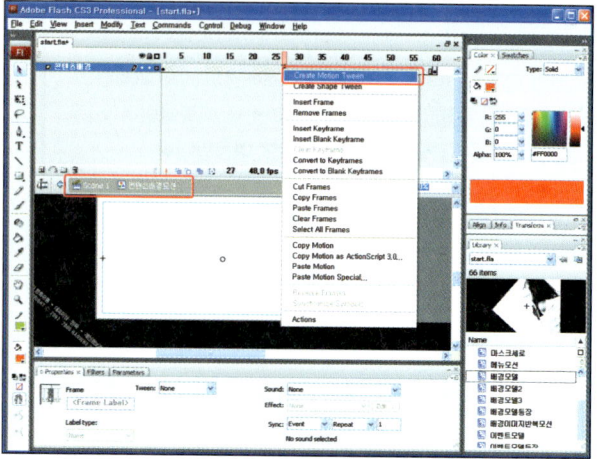

❺ 에디트 툴바의 Scene 1을 클릭해서 메인 타임라인의 편집 모드로 전환합니다.

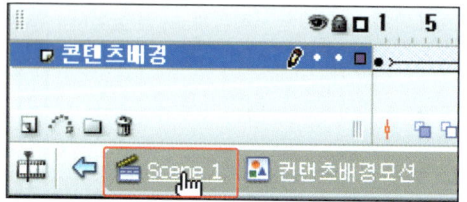

❻ 타임라인의 205번 프레임에 있는 [레이어: 콘텐츠배경모션]에 [무비클립: 콘텐츠배경모션]을 선택하고 Part01-Sec02-02에서 배운 **모션의 그룹화 기법**을 적용합니다.

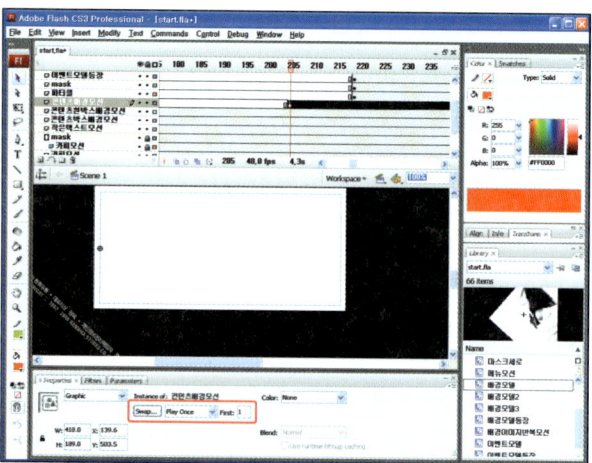

9 이벤트 모델 등장

❶ 메인 타임라인에서 [레이어: 이벤트모델등장]의 218번 프레임에 있는 [무비클립: 이벤트모델등장]을 더블클릭하여 [무비클립: 이벤트모델등장]의 편집 모드로 이동합니다.

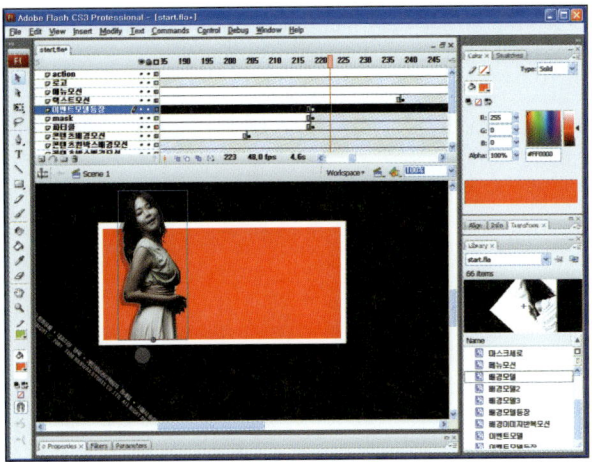

❷ [레이어: 이벤트모델]의 1번, 30번, 42번 프레임에 F6 을 눌러서 키프레임을 만들어 줍니다.

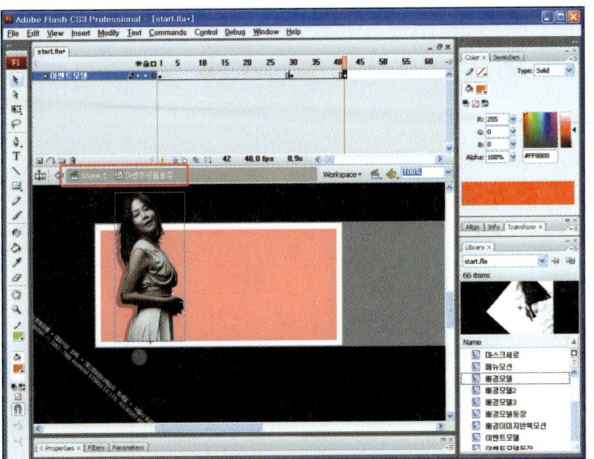

❸ 각각의 변화가 있는 키프레임의 속성을 옆 표와 같이 만들어 줍니다.

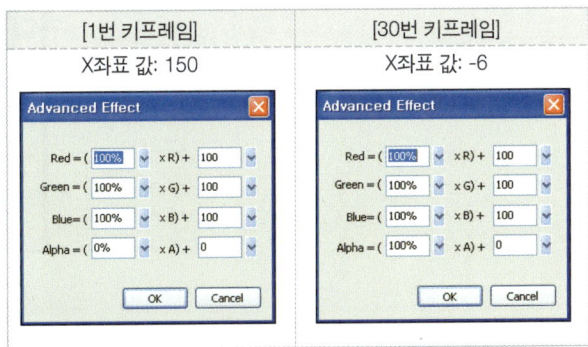

❹ [레이어: 이벤트모델]의 1번 프레임부터 36번 프레임까지
드래그해서 선택한 후 모션 트위닝을 적용합니다.

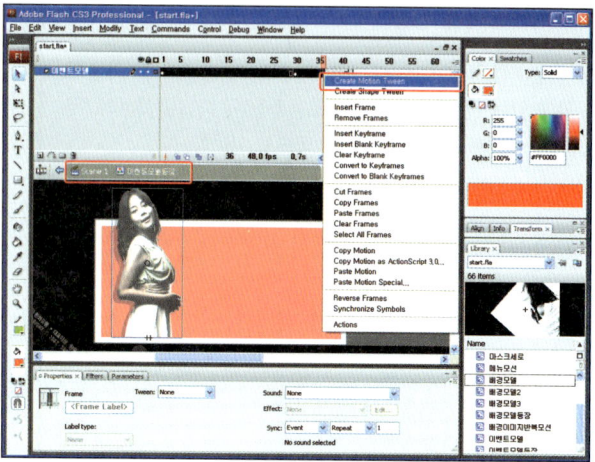

❺ 에디트 툴바의 Scene 1을 클릭해서 메인 타임라인의 편집
모드로 전환합니다.

❻ 타임라인의 219번 프레임에 있는 [레이어: 이벤트모델등
장]에 [무비클립: 이벤트모델등장]을 선택하고 Part01-
Sec02-02에서 배운 모션의 그룹화 기법을 적용합니다.

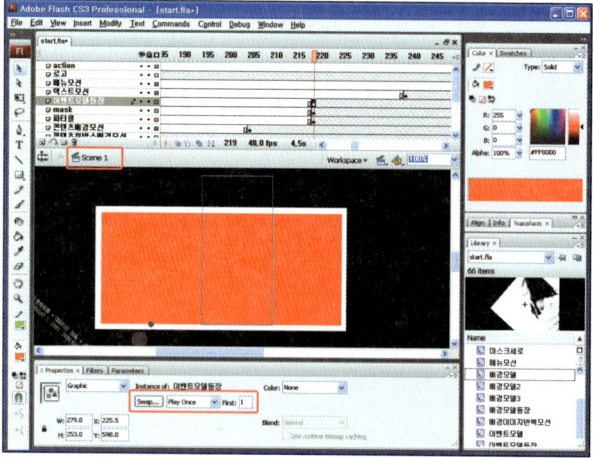

10 파티클에 마스크 적용하기

❶ 파티클을 만드는 작업은 이미 Part02/Sec02/08에서 다루 었습니다. 이번 예제에서는 파티클 제작법은 따로 다루지 않 도록 하겠습니다. 파티클 제작법이 궁금하신 분은 Part02/ Sec02/08을 다시 한번 확인해 보세요.

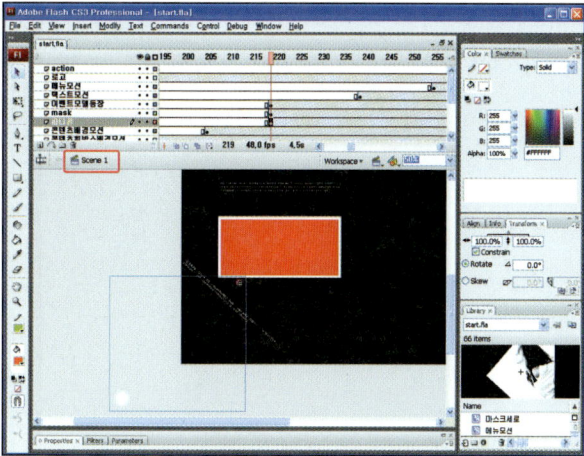

❷ [레이어: mask]를 선택하고 마우스 오른쪽 버튼을 클릭하 여 메뉴에서 mask를 적용합니다.

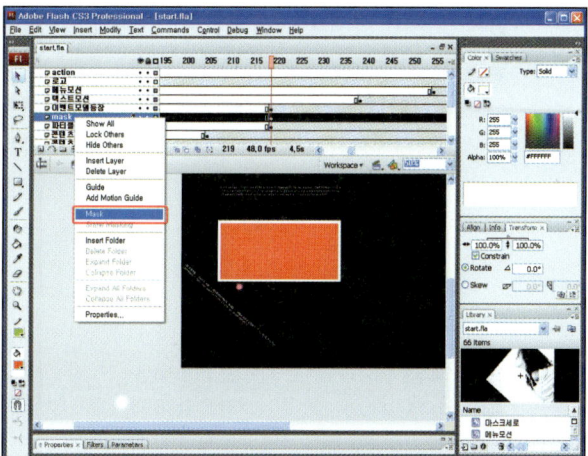

11 텍스트 모션

❶ 메인 타임라인에서 [레이어: 텍스트모션]의 238번 프레임 에 있는 [무비클립: 텍스트모션]을 더블클릭하여 [무비클립: 텍스트모션]의 편집 모드로 이동합니다.

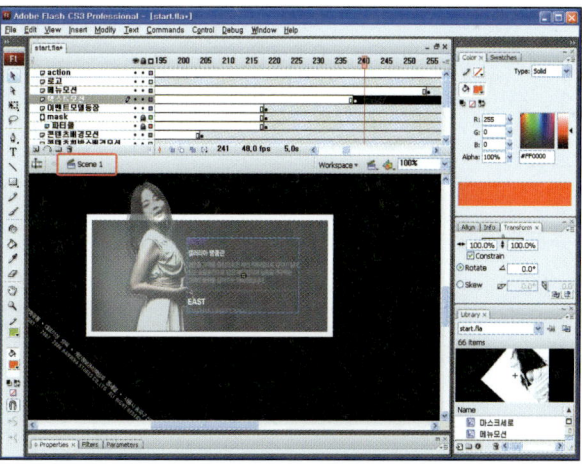

❷ [레이어: 텍스트]의 1번, 20번, 30번 프레임에 F6 을 눌러서 키프레임을 만들어 줍니다.

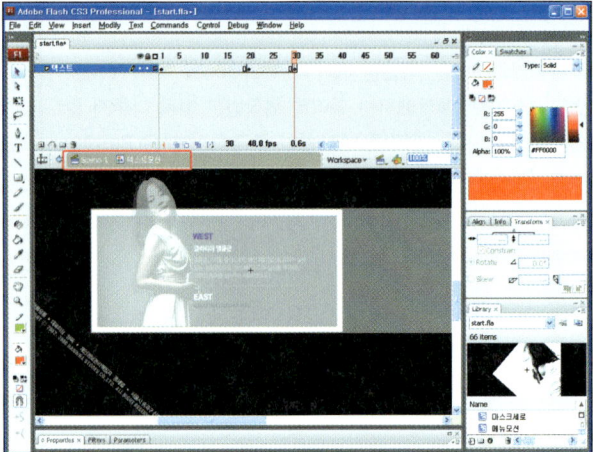

❸ 각각의 변화가 있는 키프레임의 속성을 다음 표와 같이 만들어 줍니다.

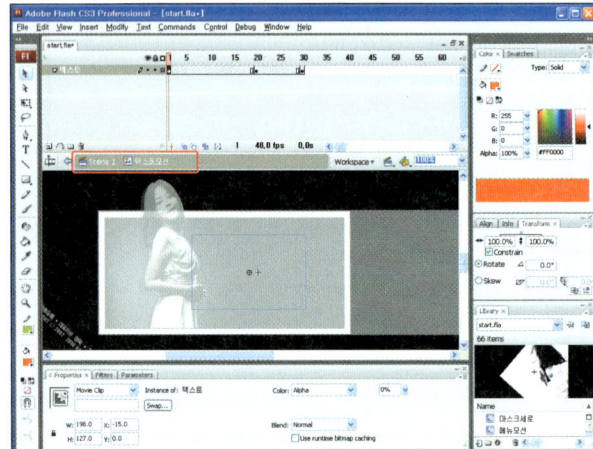

[1번 키프레임]	[20번 키프레임]
X좌표 값: -15	X좌표 값: 3
Alpha: 0	Alpha: 100

❹ [레이어: 텍스트]의 1번 프레임부터 25번 프레임까지 드래그해서 선택한 후 모션 트위닝을 적용합니다.

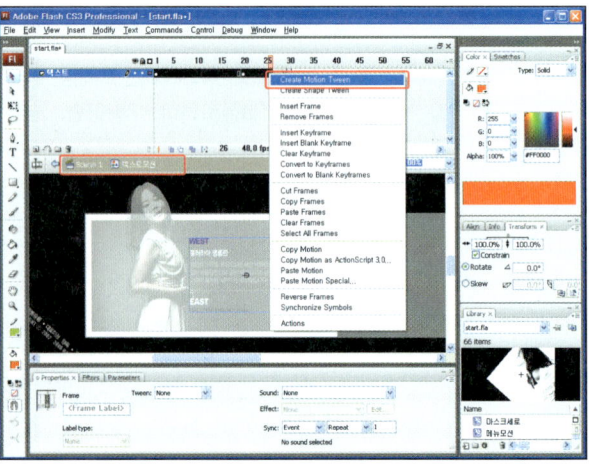

❺ [레이어: 텍스트]의 1번 키프레임과 20번 키프레임 중간을
선택하고 Ease 값을 100으로 설정합니다.

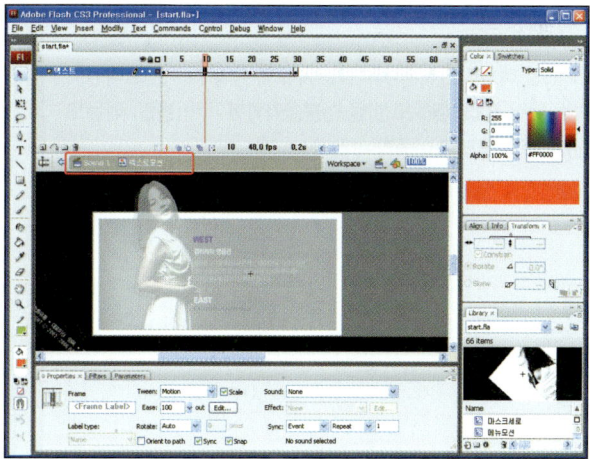

❻ 에디트 툴바의 Scene 1을 클릭해서 메인 타임라인의 편집
모드로 전환합니다.

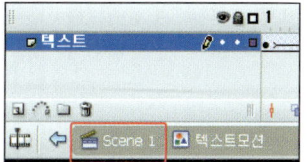

❼ 타임라인의 239번 프레임에 있는 [레이어: 텍스트모션]에
[무비클립: 텍스트모션]을 선택하고 Part01-Sec02-02에서 배
운 **모션의 그룹화 기법**을 적용합니다.

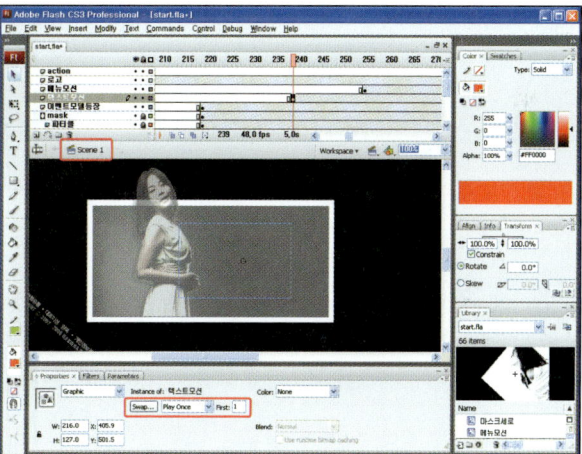

12 메뉴 모션

❶ 메인 타임라인에서 [레이어: 메뉴모션]의 255번 프레임에 있는 [무비클립: 메뉴모션]을 더블클릭하여 [무비클립: 메뉴모션]의 편집 모드로 이동합니다.

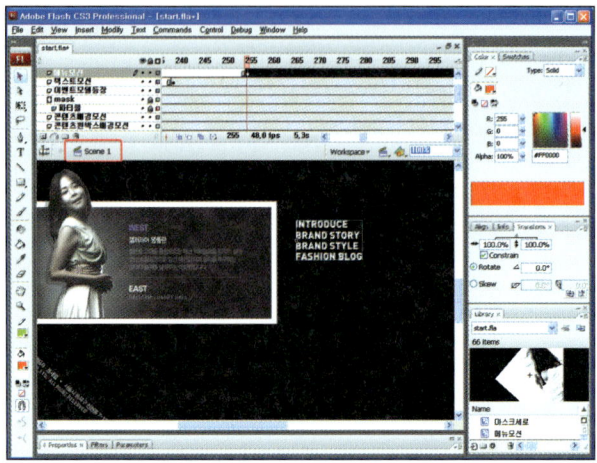

❷ [레이어: menu0, menu1, menu2, menu3]의 프레임을 한꺼번에 선택하고 1번, 11번, 17번 프레임에 F6 을 눌러서 키프레임을 만들어 줍니다.

> **참고** 다중 키프레임 만들기는 실무 모션 가이드 실무 Tip 9번을 참고하세요.

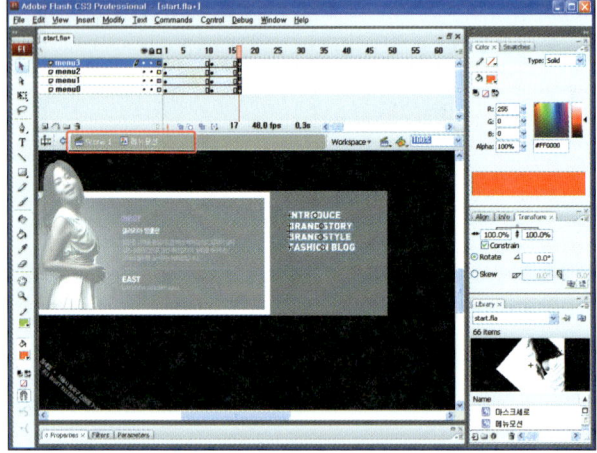

❸ [레이어: menu0, menu1, menu2, menu3]의 키프레임별로 한꺼번에 드래그해 선택한 뒤 다음 표와 같이 속성 값을 설정합니다.

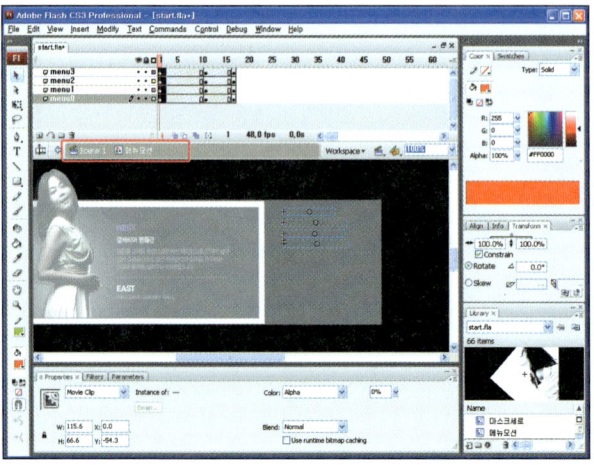

프레임	1	11	17
Y좌표	아래로 20픽셀	위로 2픽셀	0픽셀
Alpha	0	100	100

❹ 프레임 전체를 선택하고 모션 트위닝을 적용합니다.

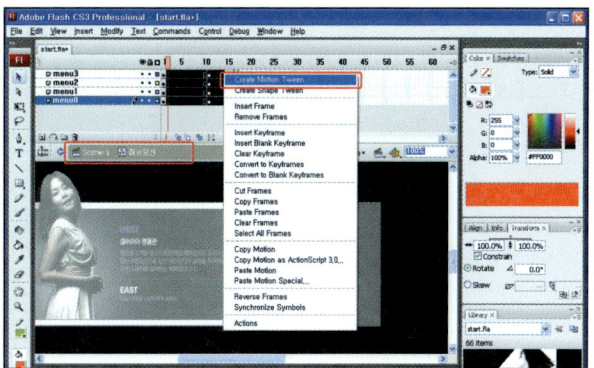

❺ [레이어: menu0, menu1, menu2, menu3]의 시작 위치를 맨 하단에서부터 3프레임씩 증가시켜서 이동합니다.

참고 키프레임의 프레임 이동은 실무 모션 가이드 실무 Tip 7번을 참고하세요.

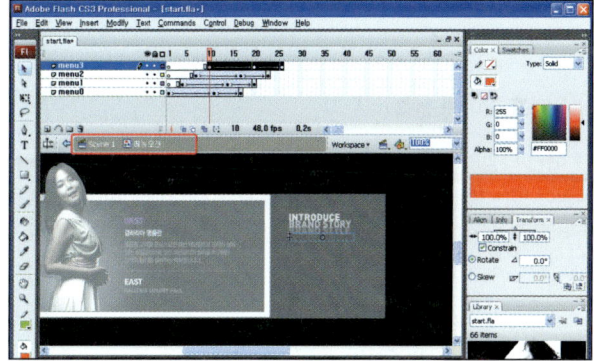

❻ 레이어 전체의 29번 프레임을 드래그해 선택한 후 F5 를 눌러서 프레임을 일치시켜 줍니다.

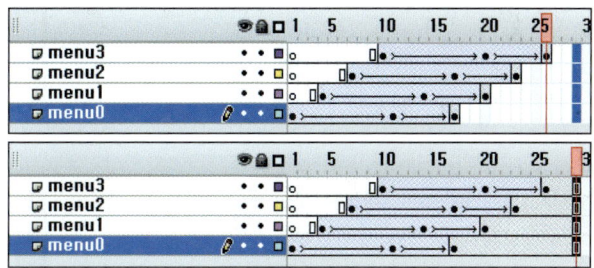

❼ 에디트 툴바의 Scene 1을 클릭해서 메인 타임라인의 편집 모드로 전환합니다.

❽ 타임라인의 255번 프레임에 있는 [레이어: 메뉴모션]에 [무비클립: 메뉴모션]을 선택하고 Part01-Sec02-02에서 배운 모션의 그룹화 기법을 적용합니다.

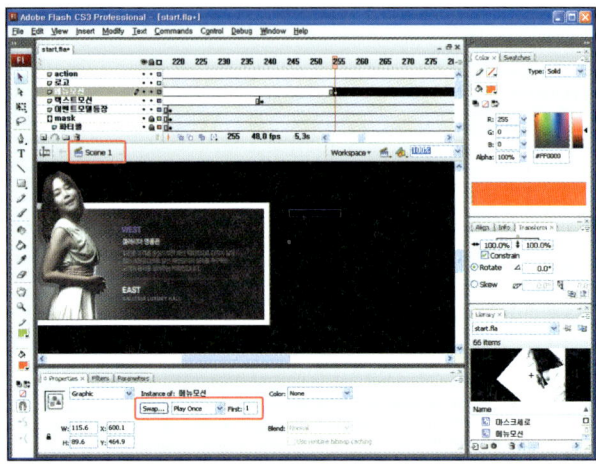

13 배경 이미지 반복

❶ 메인 타임라인에서 [레이어: 배경이미지반복]의 272번 프레임에 있는 [무비클립: 배경이미지반복모션]을 더블클릭하여 [무비클립: 배경이미지반복모션]의 편집 모드로 이동합니다.

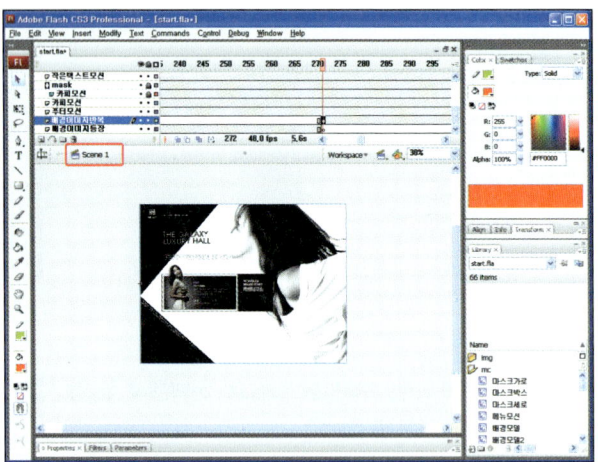

❷ [무비클립: 배경이미지반복모션]의 제일 하단에 있는 [레이어: 배경모델1]의 프레임을 100프레임에서 F5 를 눌러 프레임을 늘려 줍니다.

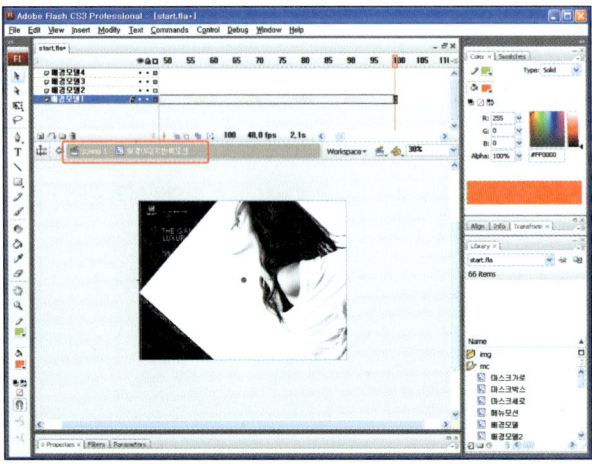

❸ [레이어: 배경모델2, 배경모델3, 배경모델4] 3개의 프레임
을 한꺼번에 50번 프레임에서 드래그로 선택한 후 F6 을 눌
러 키프레임을 만듭니다.

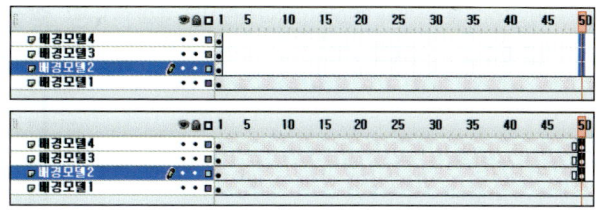

❹ [레이어: 배경모델2, 배경모델3, 배경모델4]의 1번 키프레
임을 한꺼번에 선택하고 Alpha 값을 0으로 설정합니다.

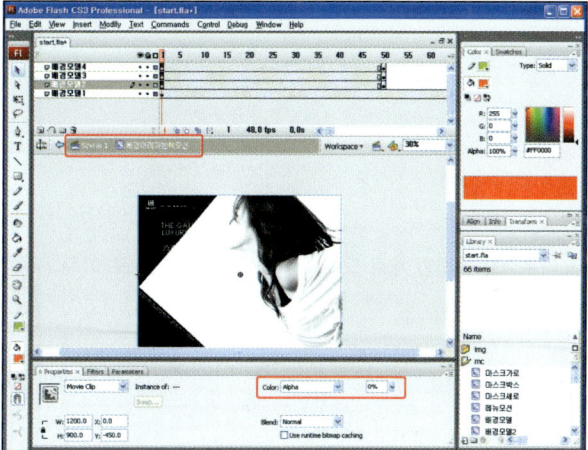

❺ [레이어: 배경모델1]을 제외한 모든 레이어의 프레임 중간
을 드래그로 선택하고 한꺼번에 모션 트위닝을 적용합니다.

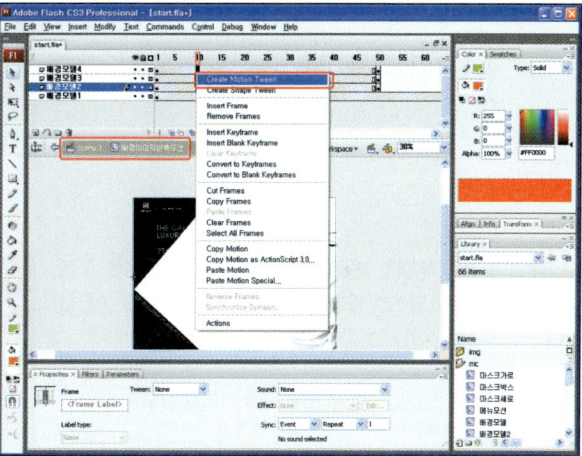

❻ 프레임 이동을 위해서 [레이어: 배경모델1]을 제외한 모든
레이어를 드래그로 선택합니다.

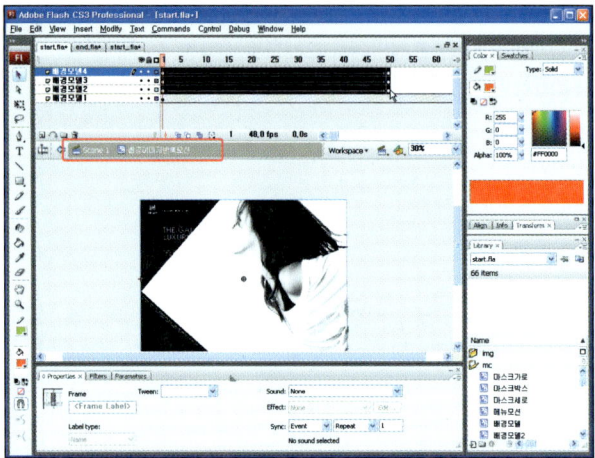

❼ 마우스를 클릭한 채로 드래그하여 50번 프레임으로 이동
합니다.

> 참고 키프레임의 프레임 이동은 실무 모션 가이드 실무 Tip 7번
> 을 참고하세요.

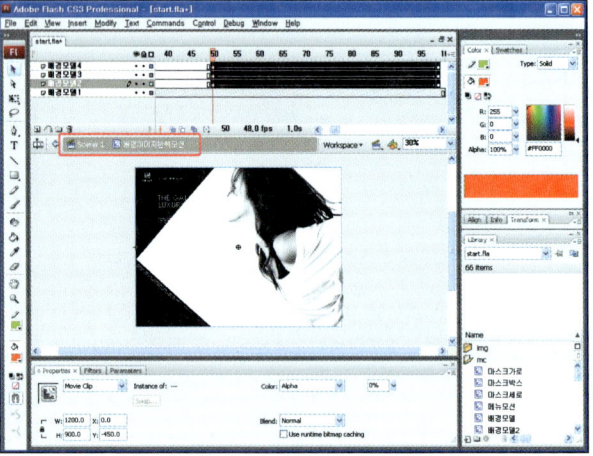

❽ [레이어: 배경모델3, 배경모델4] 2개 레이어 전체를 드래
그로 선택한 후 마우스로 클릭한 채 148번 프레임으로 이동합
니다.

> 참고 키프레임의 프레임 이동은 실무 모션 가이드 실무 Tip 7번
> 을 참고하세요.

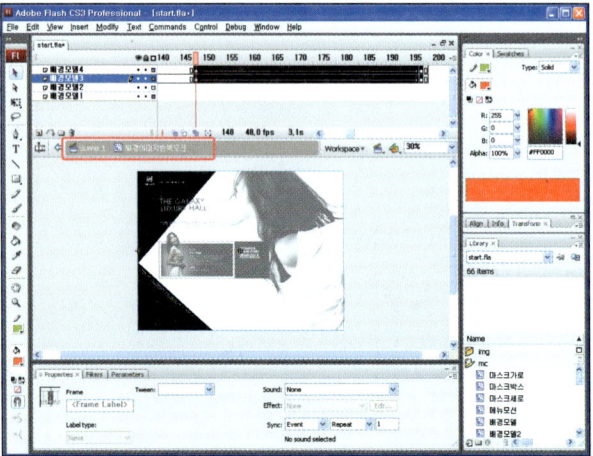

⑨ [레이어: 배경모델4] 레이어 전체를 드래그로 선택한 후 마우스로 클릭한 채 245번 프레임으로 이동합니다.

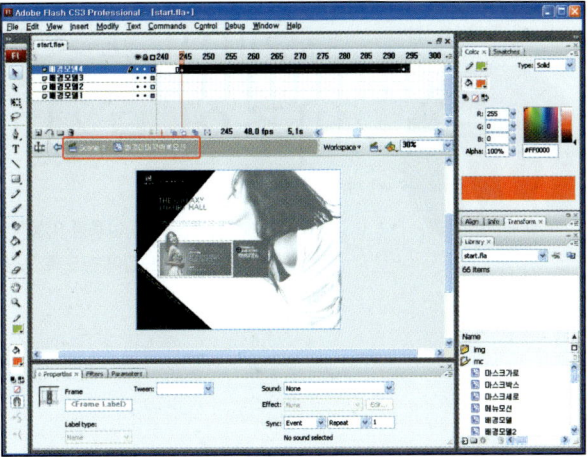

⑩ 오버랩 되는 모습을 만들기 위해 프레임을 늘려 주는 작업을 하도록 하겠습니다. 표와 같이 각각 레이어의 프레임을 늘려 줍니다. 이때 F5 를 눌러서 프레임을 늘려 주면 됩니다.

배경 모델2	배경 모델3	배경 모델4
194프레임	294프레임	347프레임

⑪ Ctrl + Enter 를 눌러서 완성된 작업의 모션을 확인하고 어색한 부분을 수정해 보세요.

이번 단원을 마치며

책에서 배운 예제를 응용해서 만들어 보았습니다. 적절히 사용하면 얼마든지 좋은 모션을 만들 수 있습니다. 항상 플래시에서 모션 작업을 할 때는 모션의 그룹화를 이용하여 타임라인에서는 전체적인 큰 흐름을 잡는 모션 작업을 해 주고, 각각의 무비클립에서는 디테일한 등장 모션을 작업하면 수정이나 레이어 모션 관리가 쉽게 되는 걸 확인할 수 있습니다.

프레임 구조를 이용한 비주얼 모션 만들기

가이드 라인과 블러 필터를 이용한 역동적인 움직임을 만들어 보겠습니다. 인라인 타는 사람이 화면을 지나가는 움직임과 스피커가 Z축 느낌이 들도록 등장시킵니다. 이때 전체적인 오브젝트가 같이 반응하는 느낌을 만들어 보겠습니다.

화면 전체를 이용한 모션 작업

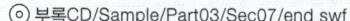 부록CD/Sample/Part03/Sec07/end.swf

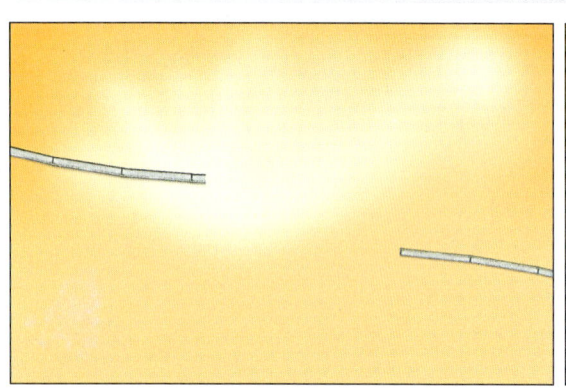

▲ 마스크를 이용한 담 라인이 등장합니다.

▲ 벽이 순차적으로 등장합니다.

▲ 오브젝트가 차례로 등장합니다.

▲ 스피커가 앞에서 뒤로 벽에 박히는 느낌으로 등장합니다.

▲ 이벤트 벽보가 등장합니다.

▲ 푸터와 텍스트 등장 모션.

▲ 사람 비주얼과 파티클 등장.

▲ 모션을 반복해서 주고 완성합니다.

 **화면 전체를 이용한 모션 작업**

가이드 라인의 활용과 블러 필터를 이용한 모션을 만들어 보고 특히 전체적인 모션을 타임라인에서 잡았을 때 작은 모션에 대해서 반응하는 방법에 대해서 알아보겠습니다.

완성 파일	부록CD/Sample/Part03/Sec07/end.fla
따라하기 파일	부록CD/Sample/Part03/Sec07/start.fla
Key Point	가이드 라인의 활용과 모션의 그룹화를 이용한 디테일 모션에 반응하는 전체 모션
리뷰 파일(역동적인 모션)	부록CD/Sample/Part03/Sec07/end.swf

1 예제 파일 열기

❶ '부록CD/Sample/Part03/Sec7/start.fla' 를 플래시로 열
고, 새로운 이름으로 저장합니다. [Library] 패널에서 예제에
사용될 무비클립 심벌과 그래픽 심벌을 확인합니다. 등장하는
순서는 이미 레이어별로 정리했습니다.

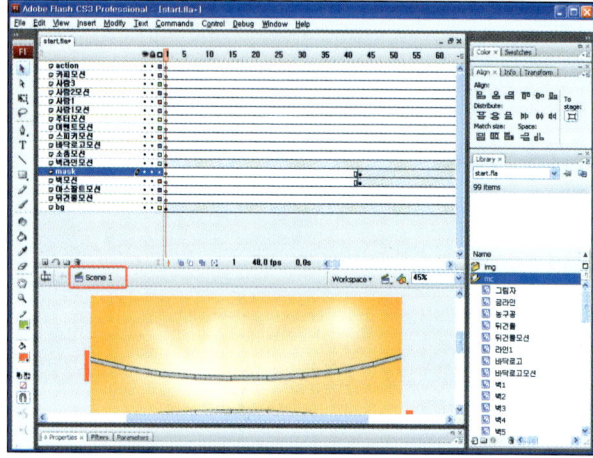

2 벽 라인 모션

❶ [레이어: 벽라인모션]에 있는 [무비클립: 벽라인모션]을 선
택한 뒤 더블클릭하여 [무비클립: 벽라인모션] 편집 모드로 이
동합니다.

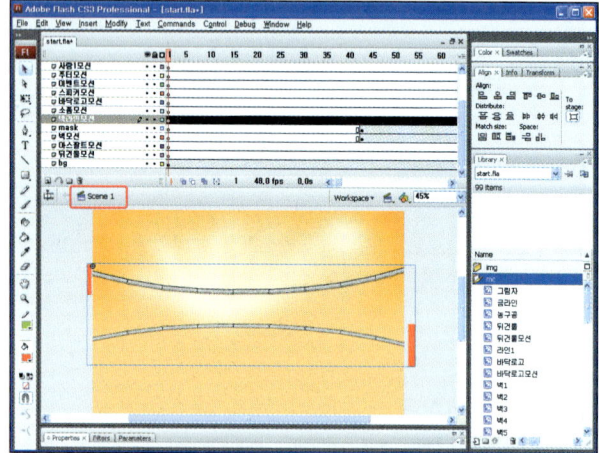

❷ [무비클립: 벽라인모션] 편집 창에서 [레이어: 벽위에라인]
에 있는 [무비클립: 벽위에라인모션]을 선택한 뒤 더블클릭하
여 [무비클립: 벽위에라인모션]의 편집 모드로 이동합니다.

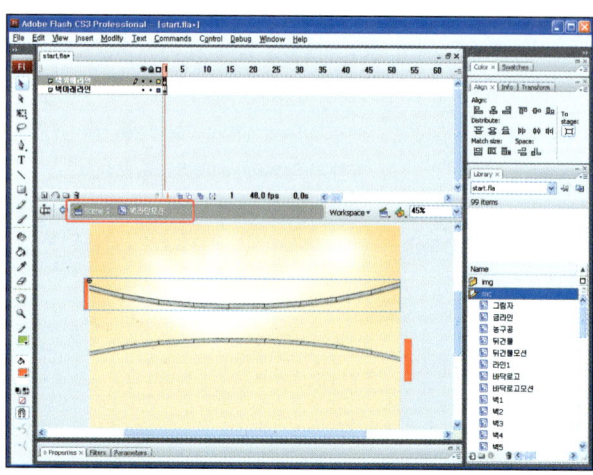

❸ [무비클립: 벽위에라인모션] 편집 창에서 [레이어: 벽위에 라인]의 97번 프레임에 F5 를 눌러 프레임을 늘려 줍니다.

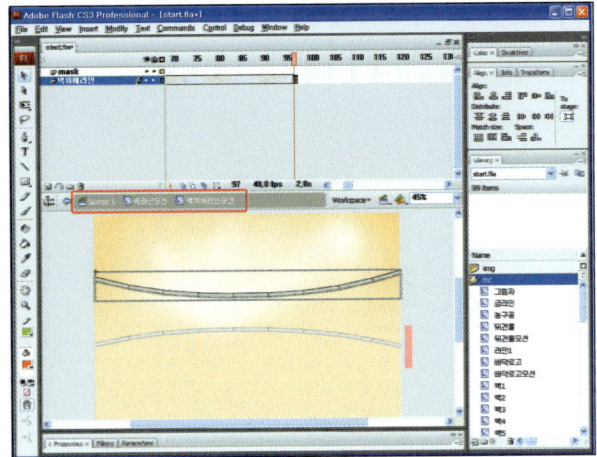

❹ [레이어: mask]의 10번 프레임에 F6 을 눌러서 키프레임 을 만들고 벽 라인의 첫 번째 마디까지 박스 쉐이프의 넓이를 늘려 줍니다.

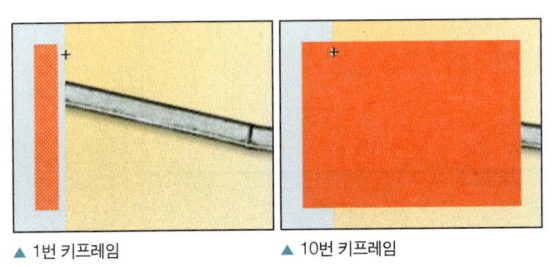

▲ 1번 키프레임   ▲ 10번 키프레임

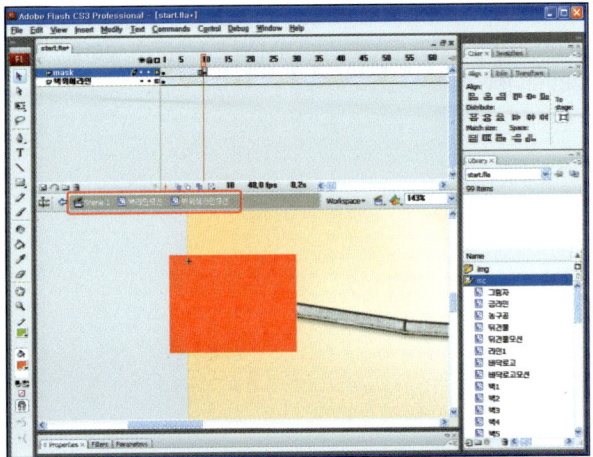

❺ [레이어: mask]의 중간 프레임을 선택하고 마우스 오른쪽 버튼을 클릭하여 쉐이프 트위닝을 적용합니다.

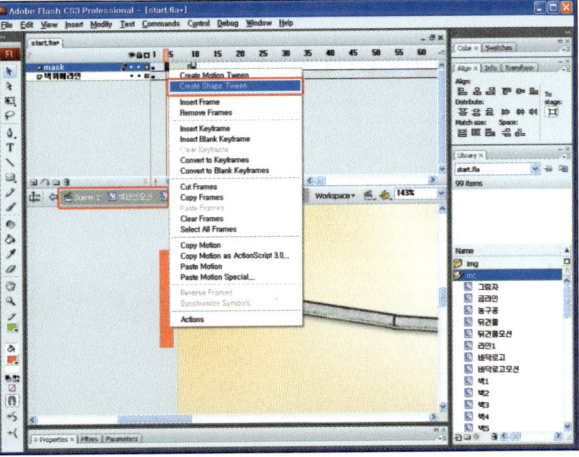

⑥ [레이어: mask]의 트위닝을 적용한 구간을 선택하고 Ease
값을 100으로 설정해 줍니다.

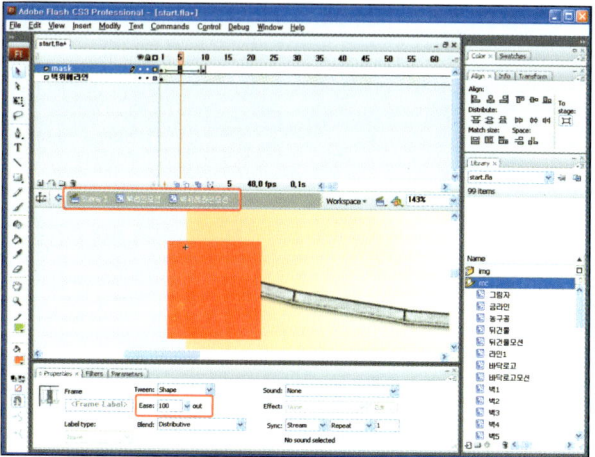

⑦ [레이어: mask]의 20번 프레임에 F6 을 눌러서 키프레임
을 만들고 벽 라인의 두 번째 마디까지 박스 쉐이프의 넓이를
늘려 줍니다.

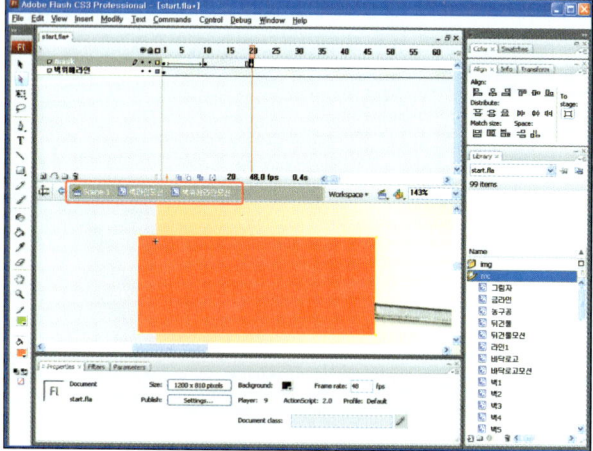

⑧ [레이어: mask]의 중간 프레임을 선택하고 마우스 오른쪽
버튼을 클릭하여 쉐이프 트위닝을 적용합니다.

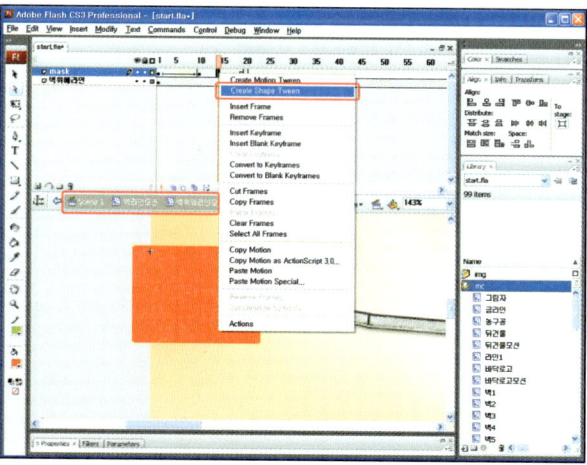

⑨ [레이어: mask]의 트위닝을 준 구간을 선택하고 Ease 값을 100으로 설정해 줍니다.

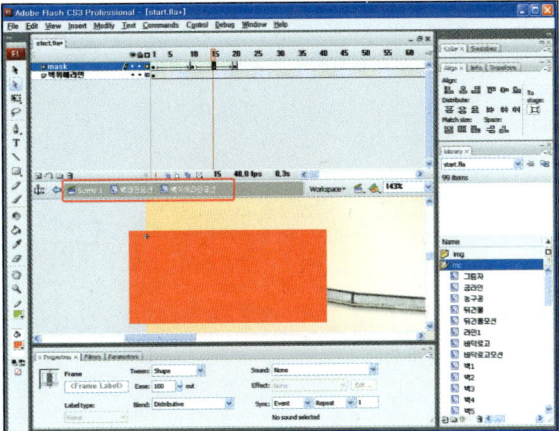

⑩ 위와 같은 방식으로 10프레임마다 한 번씩 90프레임까지 [레이어: mask]의 박스를 늘려 주고 쉐이프 트위닝과 Ease 값을 준 후 [레이어: mask]의 97번 프레임에 F5 를 눌러서 프레임 길이를 맞춰 줍니다.

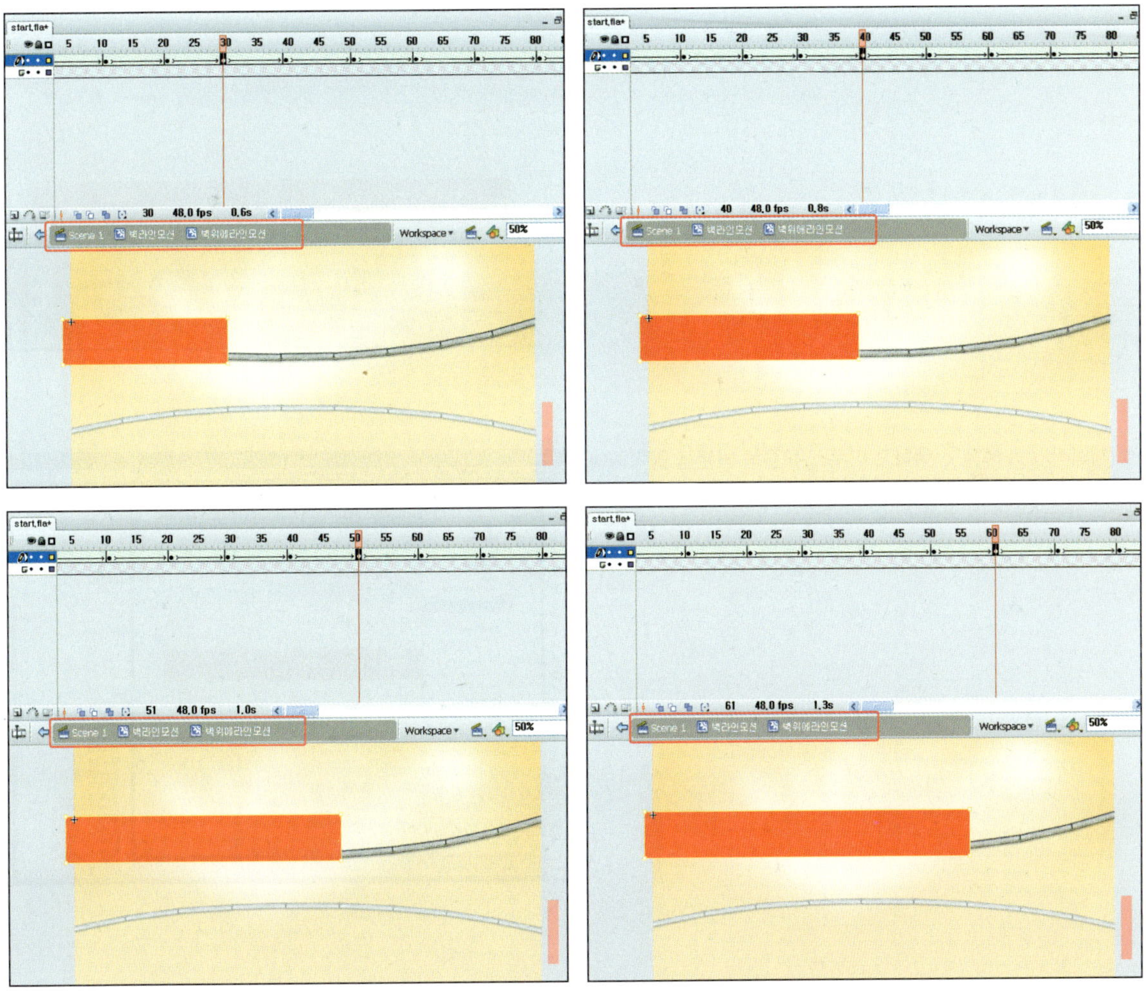

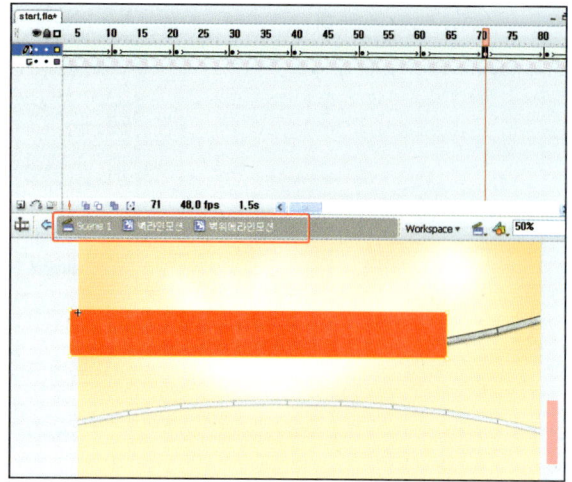

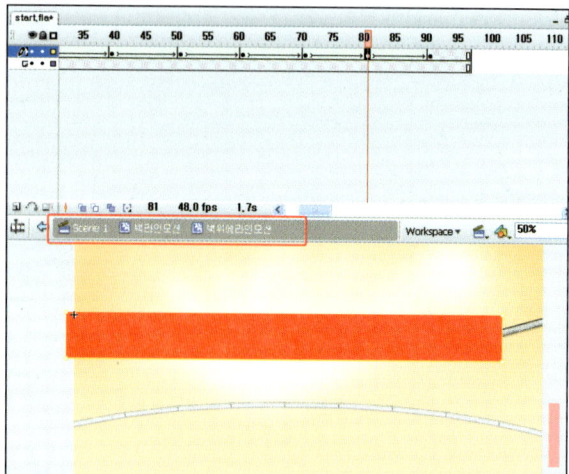

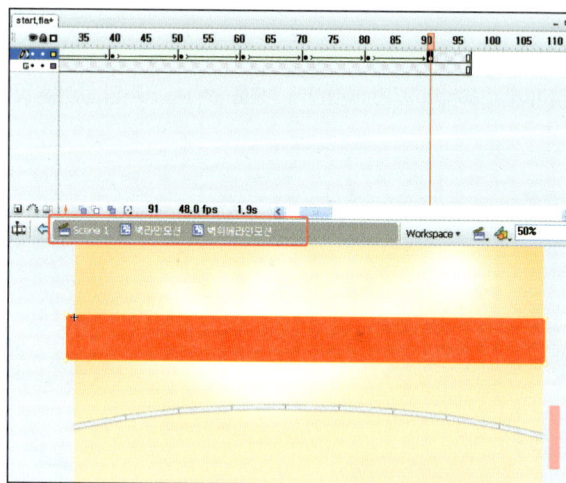

⑪ [레이어: mask]를 선택하고 마우스 오른쪽 버튼을 클릭하여
메뉴 중 mask를 적용합니다.

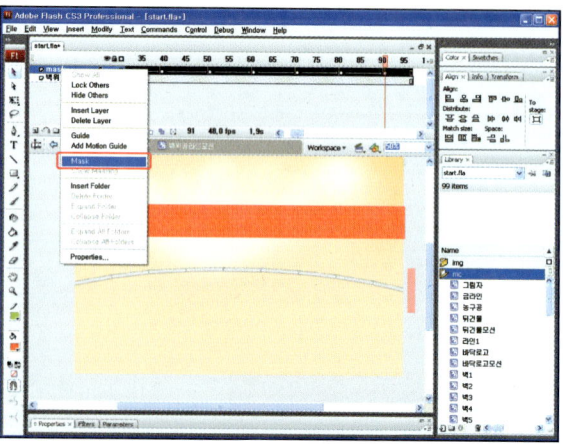

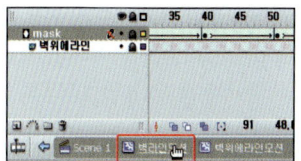

⑫ 에디트 툴바의 벽 라인 모션을 클릭해서 벽 라인 모션의 편집 모드로 전환합니다.

⑬ [레이어: 벽위에라인]의 114번 프레임에서 F5 를 눌러서 프레임을 늘려 줍니다.

⑭ [레이어: 벽위에라인]의 [무비클립: 벽위에라인모션]을 선택하고 Part01-Sec02-02에서 배운 모션의 그룹화 기법을 적용합니다.

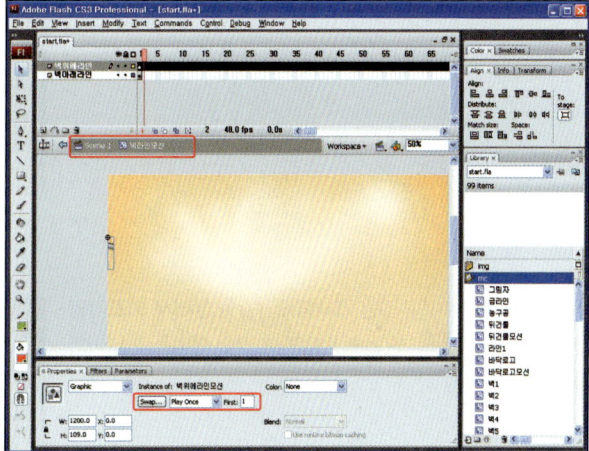

⑮ [무비클립: 벽라인모션] 편집 창에서 [레이어: 벽아래라인]
에 있는 [무비클립: 벽아래라인모션]을 더블클릭하여 [무비클
립: 벽아래라인모션] 편집 모드로 이동합니다.

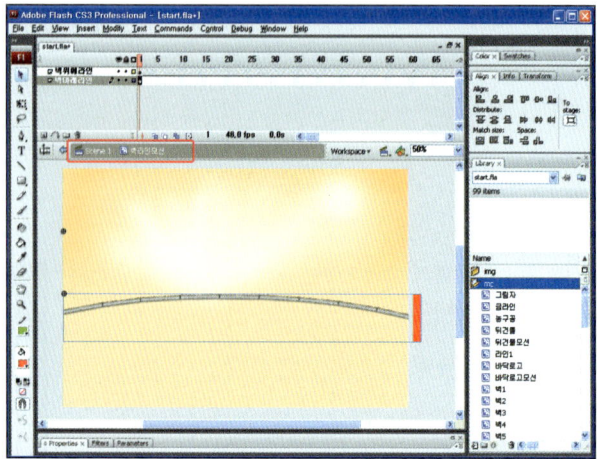

⑯ [무비클립: 벽아래라인모션] 편집 창에서 [레이어: 벽아래
라인]의 97번 프레임에 F5 를 눌러 프레임을 늘려 줍니다.

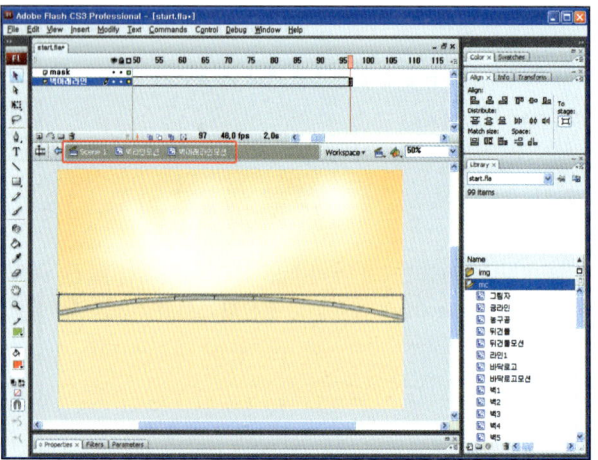

⑰ [레이어: mask]의 10번 프레임에 F6 을 눌러서 키프레임
을 만들고 벽 라인의 첫 번째 마디까지 박스 쉐이프의 넓이를
늘려 줍니다.

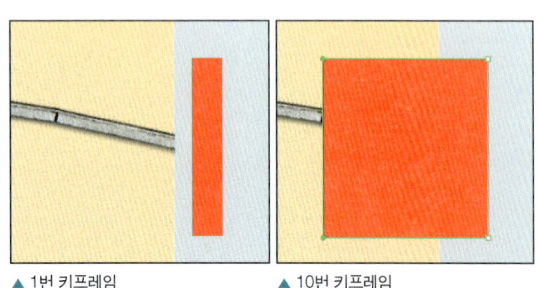

▲ 1번 키프레임   ▲ 10번 키프레임

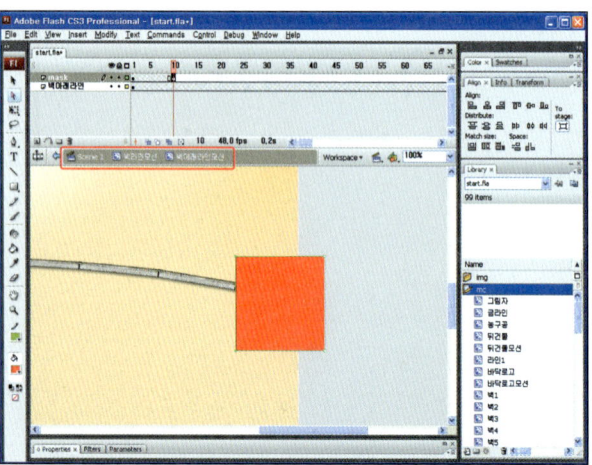

⓱ [레이어: mask]의 중간 프레임을 선택하고 마우스 오른쪽
버튼을 클릭하여 쉐이프 트위닝을 적용합니다.

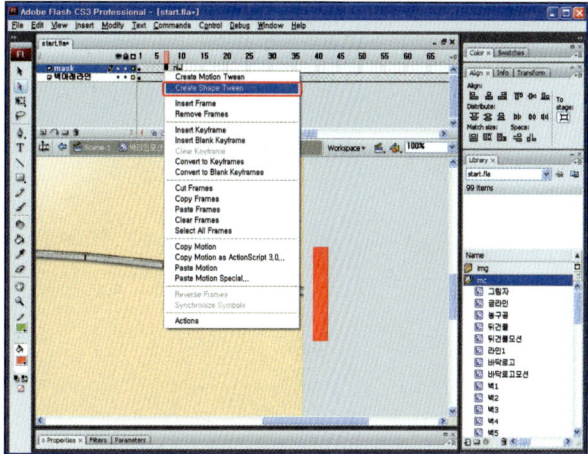

⓳ [레이어: mask]의 트위닝을 준 구간을 선택하고 Ease 값
을 100으로 설정해 줍니다.

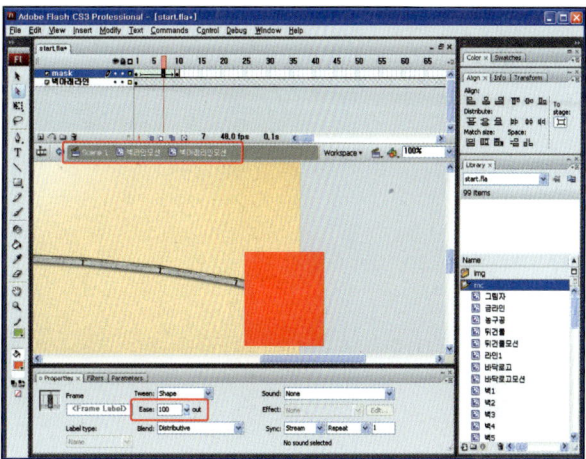

⓴ [레이어: mask]의 20번 프레임에 F6 을 눌러서 키프레임
을 만들고 벽 라인의 두 번째 마디까지 박스 쉐이프의 넓이를
늘려 줍니다.

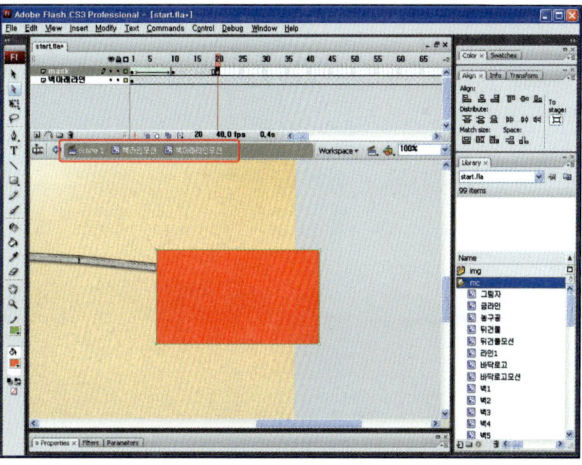

㉑ [레이어: mask]의 중간 프레임을 선택하고 마우스 오른쪽 버튼을 클릭하여 쉐이프 트위닝을 적용합니다.

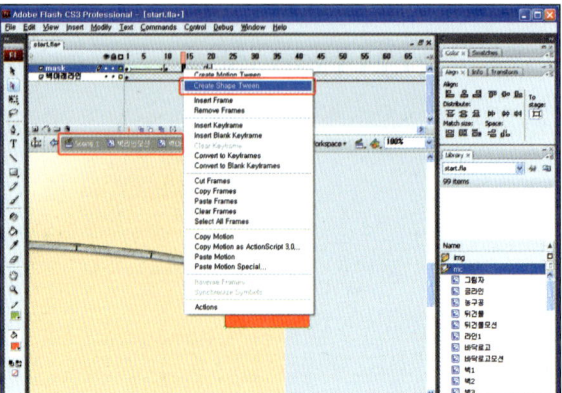

㉒ [레이어: mask]의 트위닝을 적용한 구간을 선택하고 Ease 값을 100으로 설정해 줍니다.

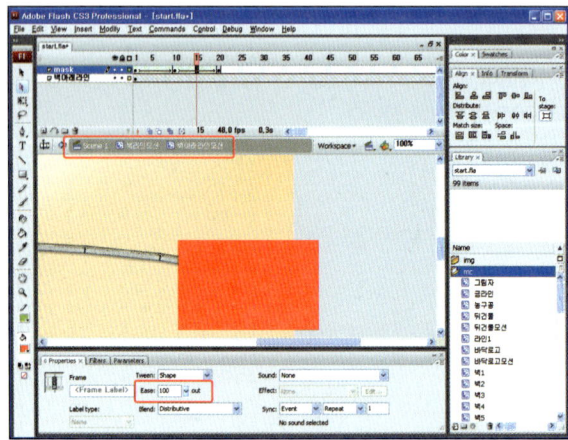

㉓ 위와 같은 방식으로 10프레임마다 한 번씩 90프레임까지 [레이어: mask]의 박스를 늘려 주고 쉐이프 트위닝과 Ease 값을 준 후 [레이어: mask]의 97번 프레임에 F5 를 눌러서 프레임 길이를 맞춰 줍니다.

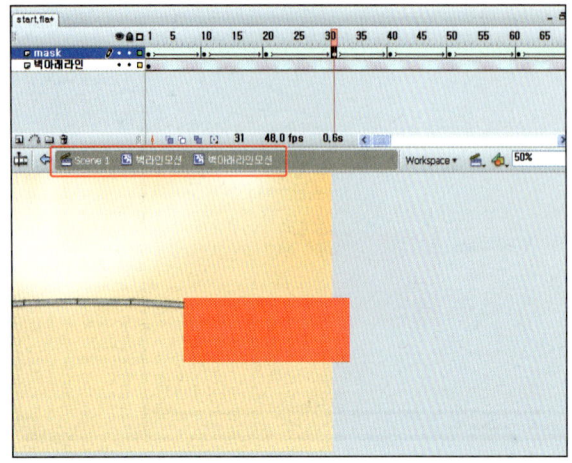 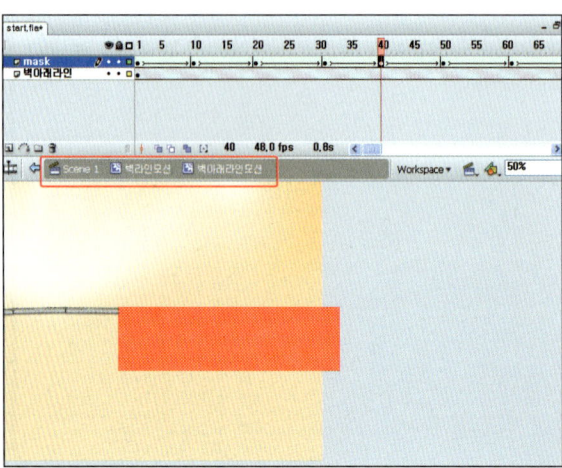

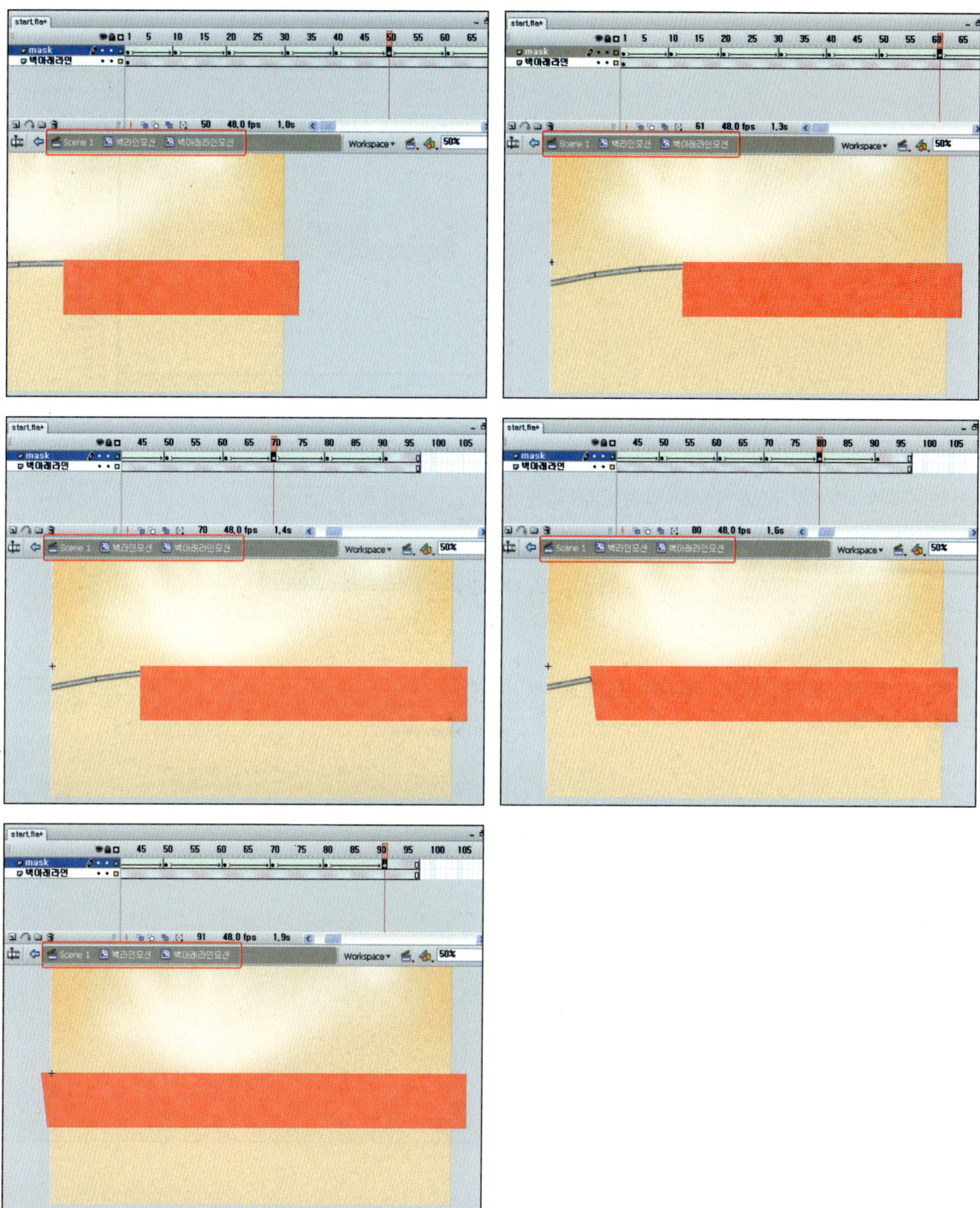

❷❹ [레이어: mask]를 선택하고 마우스 오른쪽 버튼을 클릭하여 메뉴 중 mask를 적용합니다.

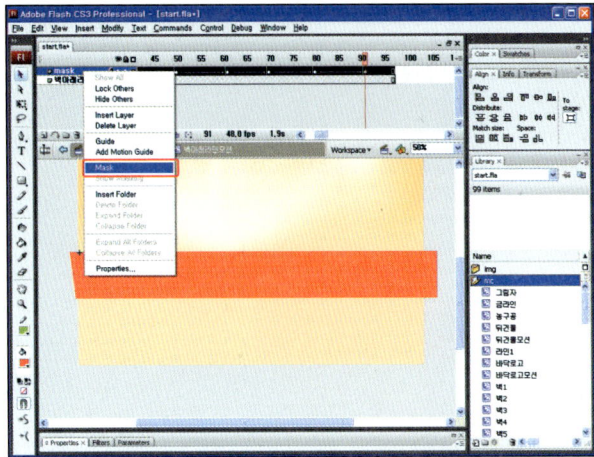

❷❺ 에디트 툴바의 벽 라인 모션을 클릭해서 벽 라인 모션의 편집 모드로 전환합니다.

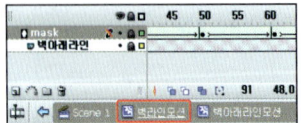

❷❻ [레이어: 벽아래라인]의 114번 프레임에서 F5 를 눌러서 프레임을 늘려 줍니다.

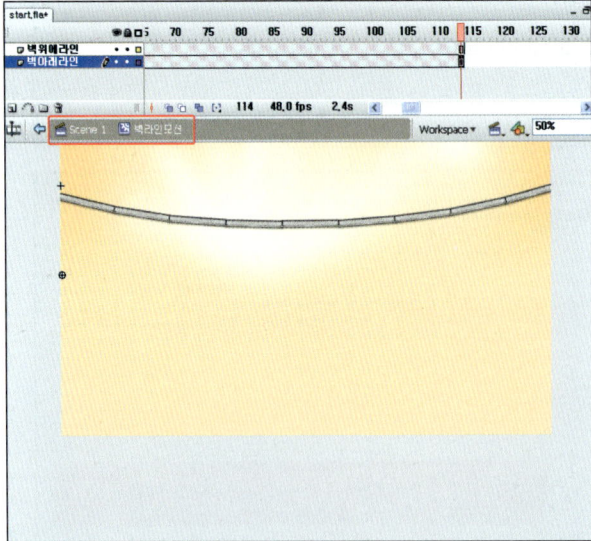

㉗ [레이어: 벽아래라인]의 [무비클립: 벽아래라인모션]을 선
택하고 Part01-Sec02-02에서 배운 **모션의 그룹화 기법**을 적
용합니다.

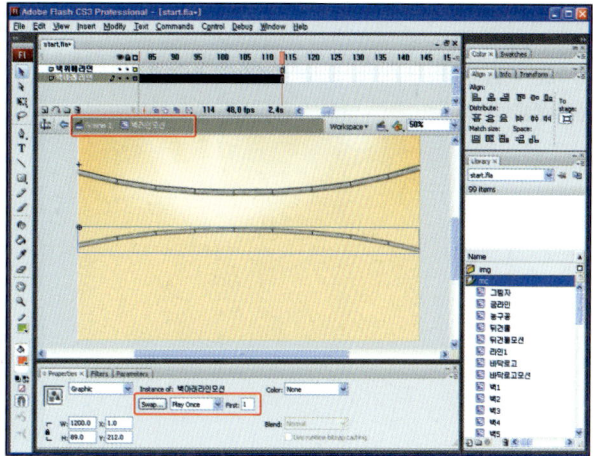

㉘ 에디트 툴바의 Scence 1을 클릭해서 메인 타임라인의 편
집 모드로 전환합니다.

㉙ 메인 타임라인의 [레이어: 벽라인모션]에 있는 [무비클립:
벽라인모션]을 선택하고 Part01-Sec02-02에서 배운 **모션의
그룹화 기법**을 적용합니다.

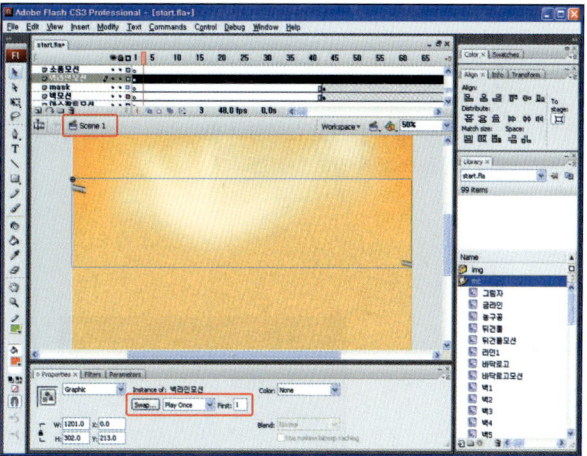

3 벽 모션

❶ 메인 타임라인의 [레이어: 벽모션]에 있는 [무비클립: 벽모션]을 더블클릭하여 [무비클립: 벽모션] 편집 모드로 이동합니다.

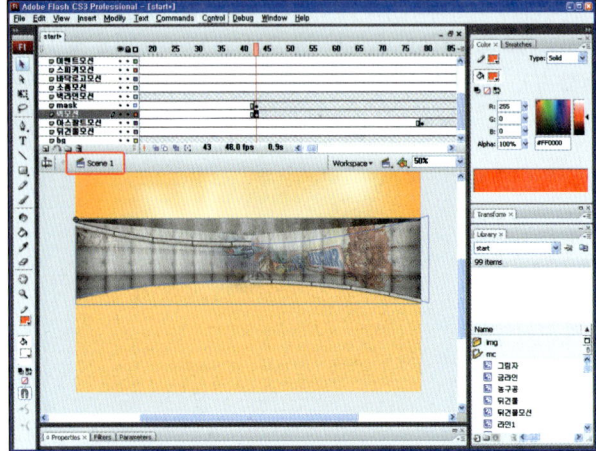

❷ 모든 레이어의 10번 프레임을 드래그해서 선택한 후 F6을 눌러 키프레임을 만들어 줍니다.

❸ 모든 레이어의 1번 프레임을 선택하고 한꺼번에 무비클립의 Advanced 값을 다음과 같이 설정합니다.

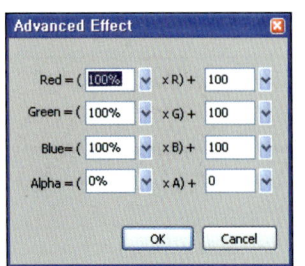

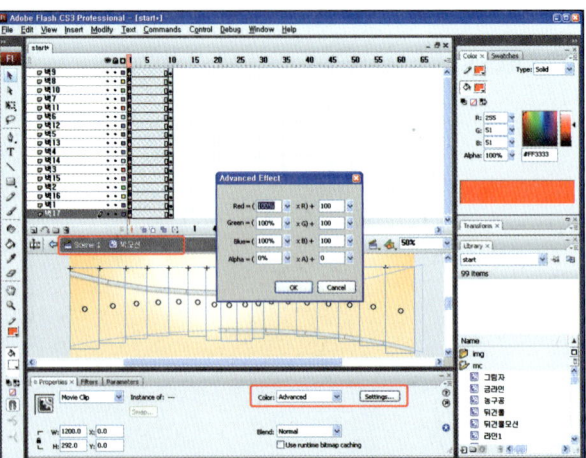

❹ [레이어: 벽9, 벽8]의 1번 프레임에 있는 무비클립을 선택하고 Ctrl+K를 눌러 Align 창을 활성화한 후 오브젝트 사이를 중앙 정렬시킵니다.

참고 Align 패널은 실무 모션 가이드 실무 Tip 8번을 참고하세요.

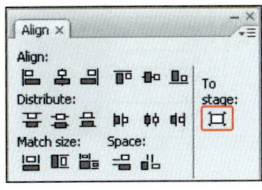

▲ To stage를 해제합니다.

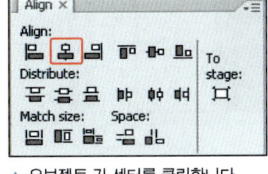

▲ 오브젝트 간 센터를 클릭합니다.

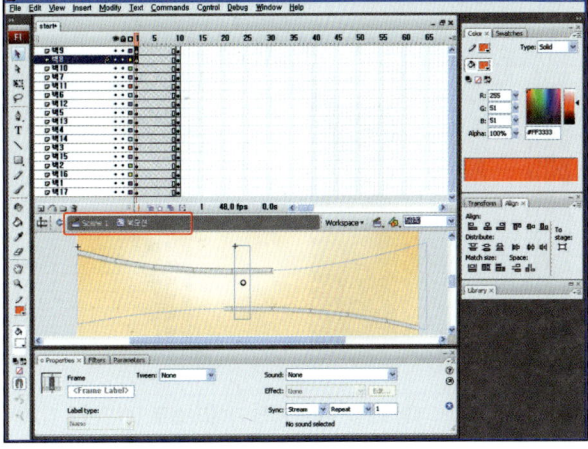

❺ [레이어: 벽9, 벽8]의 프레임 중간을 선택하고 마우스 오른쪽 버튼을 클릭하여 모션 트위닝을 적용합니다.

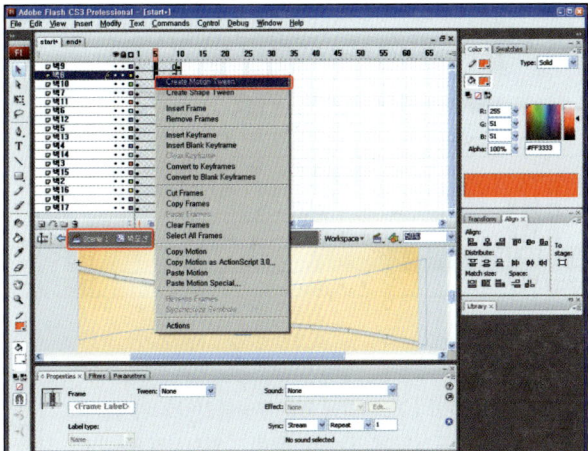

❻ [레이어: 벽9, 벽8]의 프레임 중간을 선택하고 Ease 값을 100으로 설정합니다.

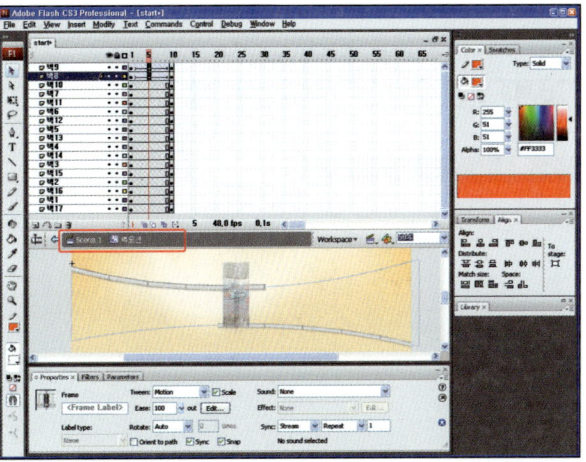

❼ [레이어: 벽9, 벽8]을 제외한 나머지 프레임을 드래그로 선택하고 10프레임으로 이동합니다.

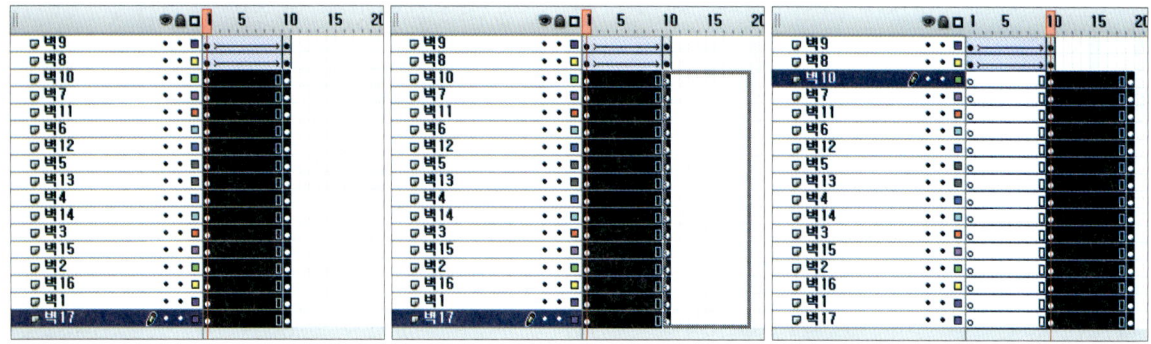

참고 키프레임의 프레임 이동은 실무 모션 가이드 실무 Tip 7번을 참고하세요.

❽ [레이어: 벽1]의 10프레임에 있는 무비클립의 X 위치를 [레이어: 벽9]의 10프레임에 있는 무비클립과 일치시켜 줍니다.

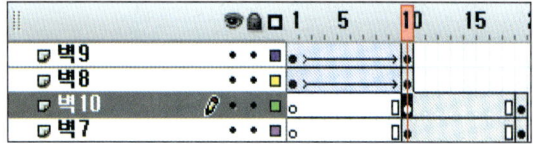

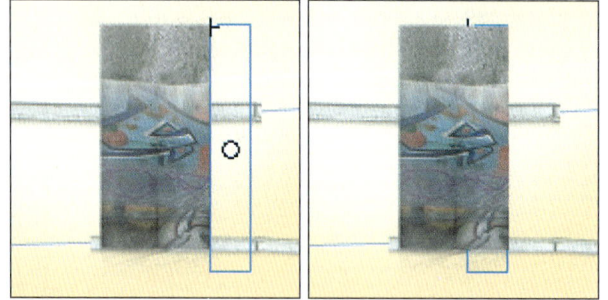

❾ [레이어: 벽7]의 10프레임에 있는 무비클립의 X 위치를 [레이어: 벽8]의 10프레임에 있는 무비클립과 일치시켜 줍니다.

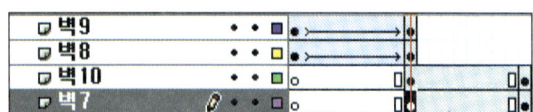

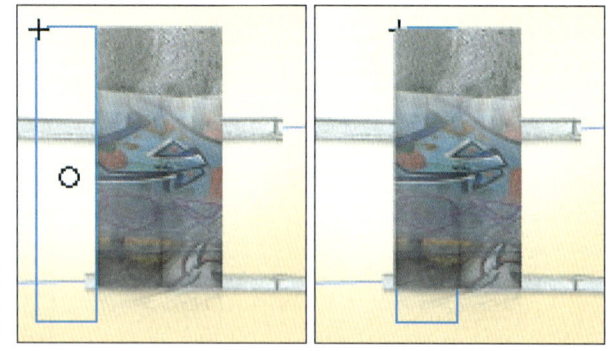

⑩ [레이어: 벽7, 벽10]의 중간 프레임을 선택하고 모션 트위닝을 적용합니다.

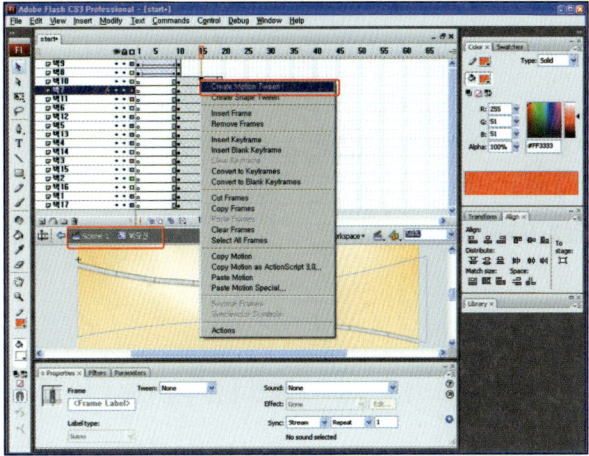

⑪ [레이어: 벽7, 벽10]의 프레임 중간을 선택하고 Ease 값을 100으로 설정합니다.

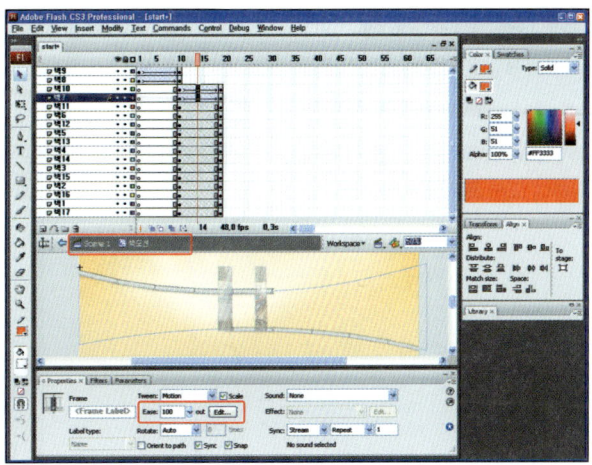

⑫ [레이어: 벽11]부터 [레이어: 벽17]까지 프레임을 드래그로 선택하고 20프레임으로 이동합니다.

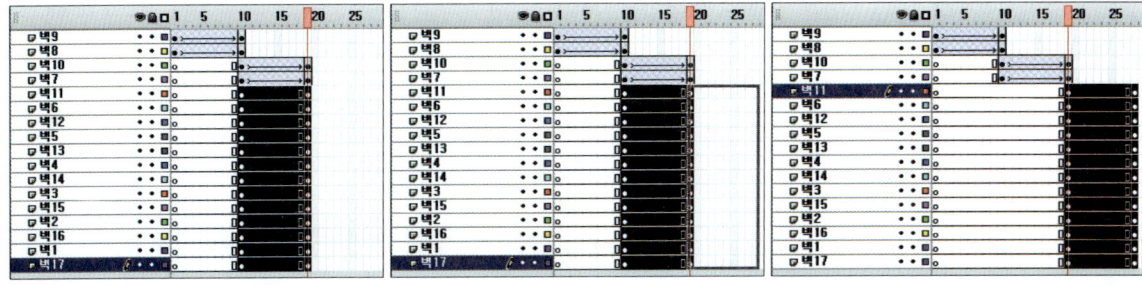

참고 키프레임의 프레임 이동은 실무 모션 가이드 실무 Tip 7번을 참고하세요.

⑬ [레이어: 벽11]의 20프레임에 있는 무비클립의 X 위치를 [레이어: 벽10]의 20프레임에 있는 무비클립과 일치시켜 줍니다.

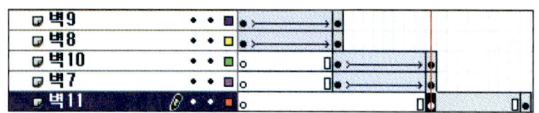

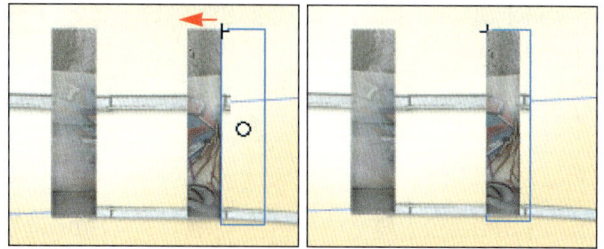

⑭ [레이어: 벽6]의 20프레임에 있는 무비클립의 X 위치를 [레이어: 벽7]의 20프레임에 있는 무비클립과 일치시켜 줍니다.

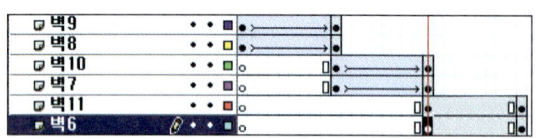

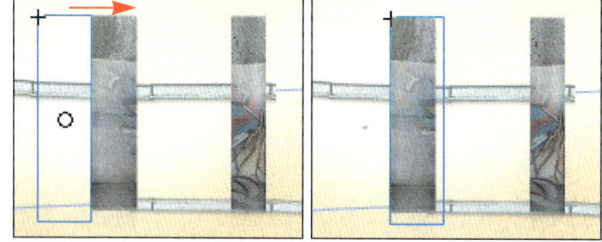

⑮ [레이어: 벽6, 벽11]을 선택하고 마우스 오른쪽 버튼을 클릭하여 모션 트위닝을 적용합니다.

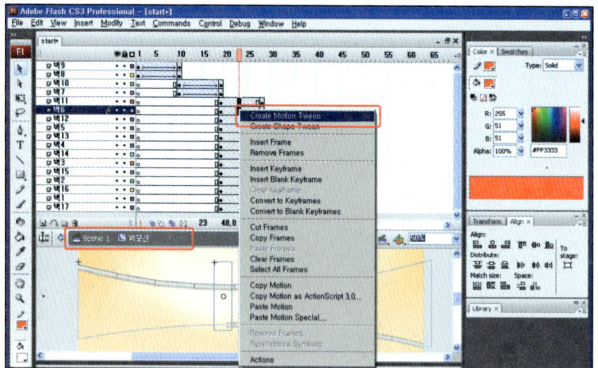

⑯ [레이어: 벽6, 벽11]의 프레임 중간을 선택하고 Ease 값을 100으로 설정합니다.

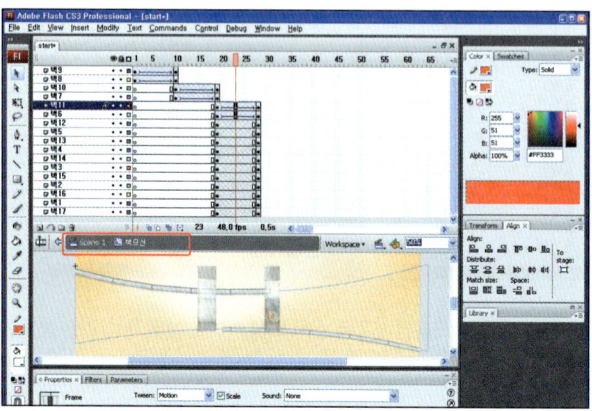

⑰ 위와 같은 방식으로 2개 레이어씩 모든 레이어에 모션을 줍니다.

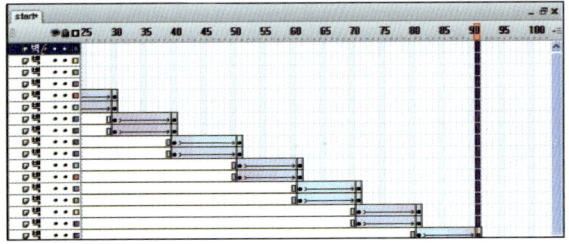

⑱ 모든 레이어의 90프레임을 드래그로 선택하고 F5 를 눌러서 프레임을 늘려 줍니다.

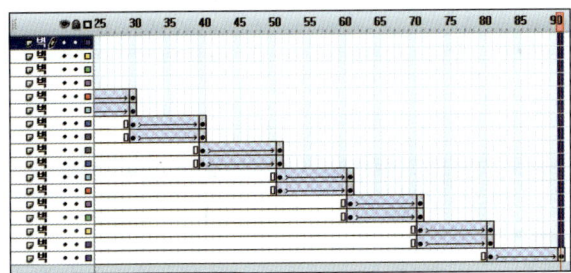
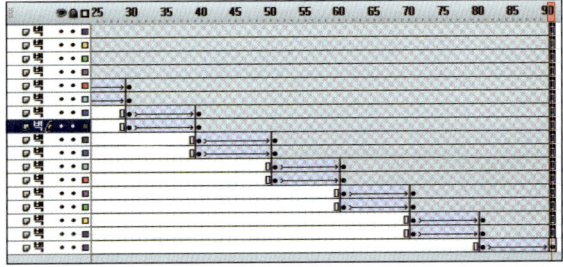

⑲ 메인 타임라인의 [레이어: 벽모션]에 있는 [무비클립: 벽모션]을 선택하고 Part01-Sec02-02에서 배운 모션의 그룹화 기법을 적용합니다.

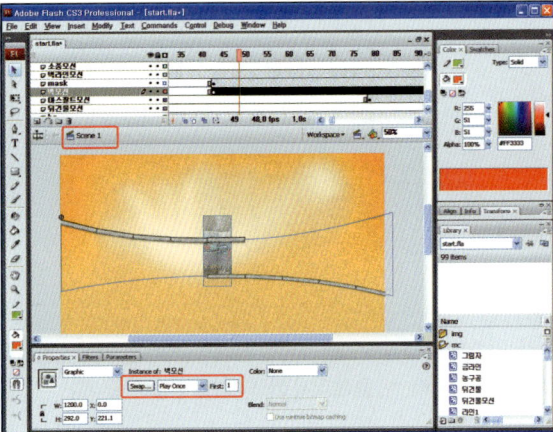

⑳ [레이어: mask]를 선택하고 마우스 오른쪽 버튼을 클릭하여 메뉴 중 mask를 적용합니다.

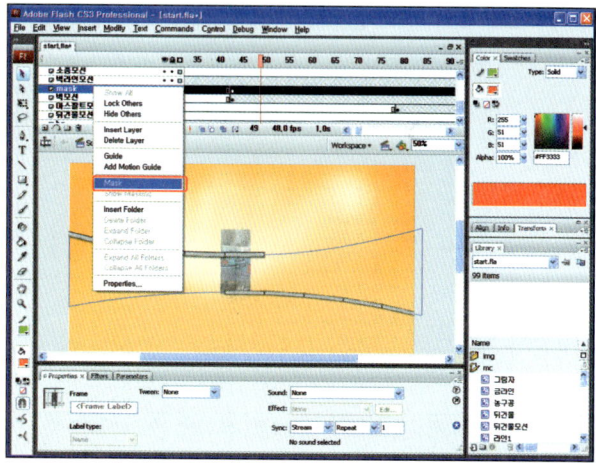

4 아스팔트 모션

❶ 메인 타임라인의 [레이어: 아스팔트모션]에 있는 [무비클립: 아스팔트모션]을 더블클릭하여 [무비클립: 아스팔트모션] 편집 모드로 이동합니다.

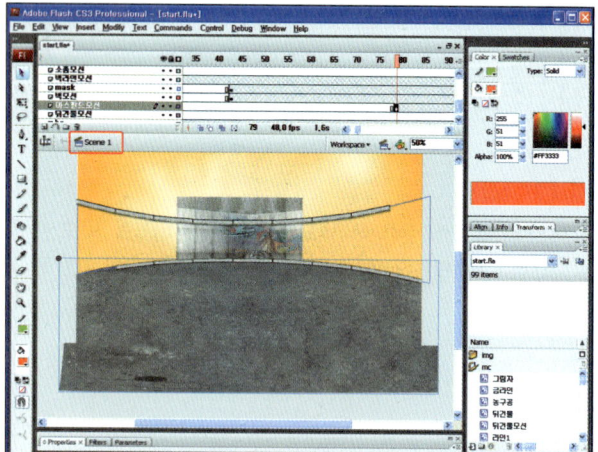

❷ [무비클립: 아스팔트모션]의 편집 창에서 [레이어: 아스팔트]의 20번 프레임에 F6 을 눌러서 키프레임을 만들어 줍니다.

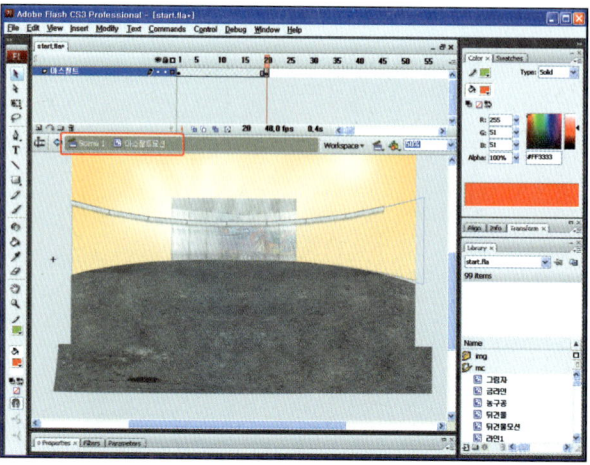

❸ 1번 프레임에 있는 무비클립을 선택하고 Advanced 값을 다음과 같이 설정합니다.

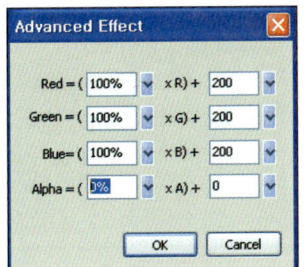

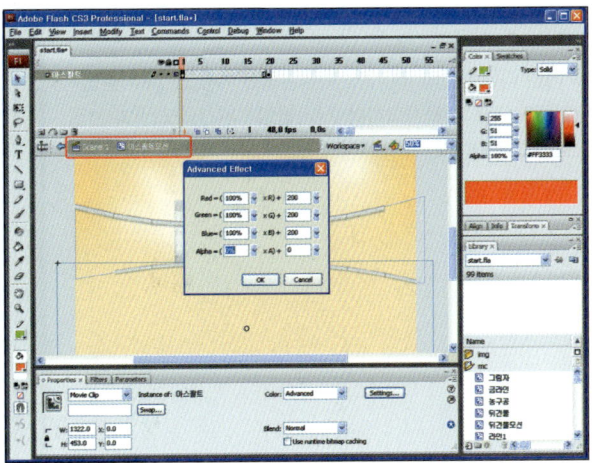

❹ 1번과 20번의 중간 프레임을 선택하고 모션 트위닝을 적용합니다.

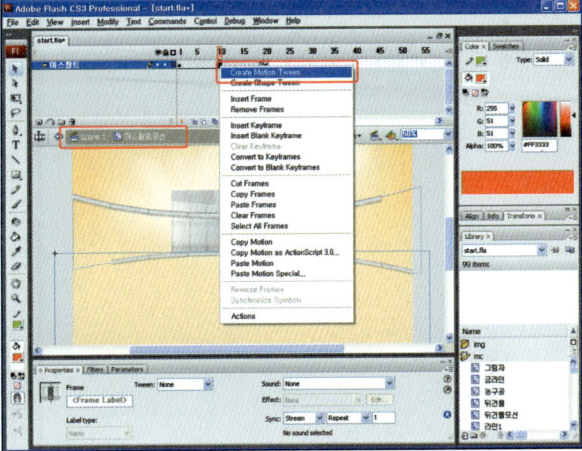

❺ 메인 타임라인으로 이동해서 [레이어: 아스팔트모션]에 있는 [무비클립: 아스팔트모션]을 선택하고 Part01-Sec02-02에서 배운 모션의 그룹화 기법을 적용합니다.

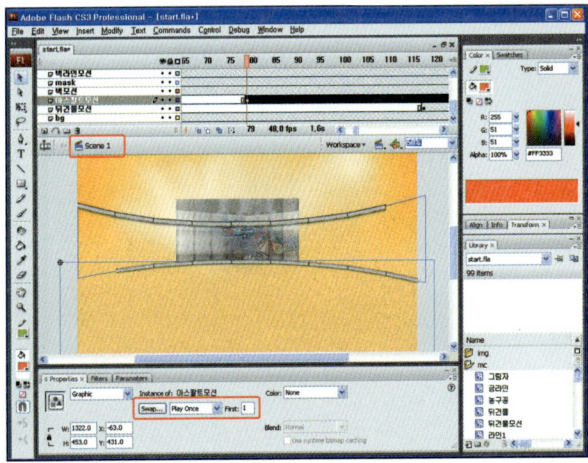

5 뒤 건물 모션

❶ 메인 타임라인의 [레이어: 뒤건물모션]에 있는 [무비클립 : 뒤건물모션]을 더블클릭하여 [무비클립 : 뒤건물모션]의 편집 모드로 이동합니다.

❷ [무비클립: 뒤건물모션] 편집 창에서 [레이어: 뒤건물]의 10번, 14번 프레임에 F6 을 눌러서 키프레임을 만들고 다음과 같이 키프레임의 속성을 만들어 줍니다.

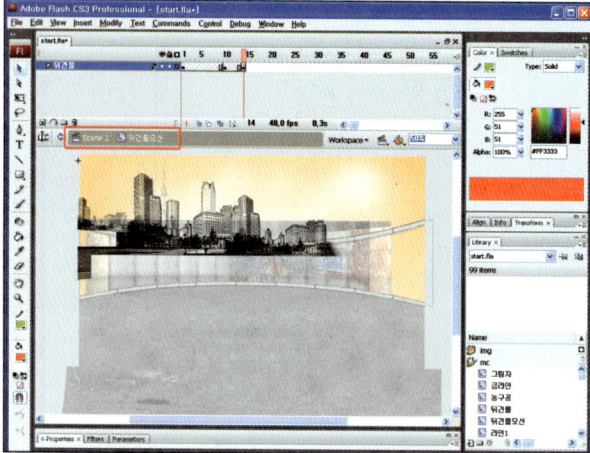

	1	10	14
Y좌표	240	-8	0

❸ 프레임을 드래그로 선택하고 모션 트위닝을 적용합니다.

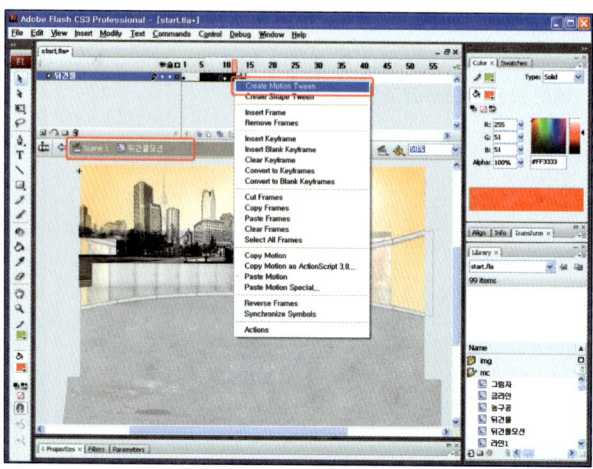

④ 1번과 10번 프레임 중간을 선택하고 Ease 값을 100으로 설정합니다.

⑤ 메인 타임라인으로 이동해서 [레이어: 뒤건물모션]에 있는 [무비클립: 뒤건물모션]을 선택하고 Part01-Sec02-02에서 배운 모션의 그룹화 기법을 적용합니다.

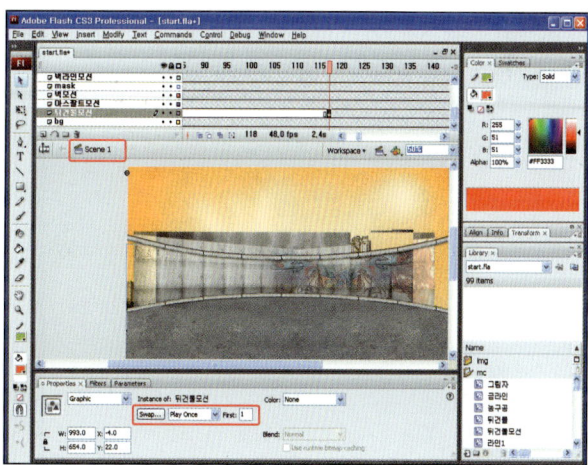

6 소품 모션

① 메인 타임라인의 [레이어: 소품모션]에 있는 [무비클립: 소품모션]을 더블클릭하여 [무비클립: 소품모션] 편집 모드로 이동합니다.

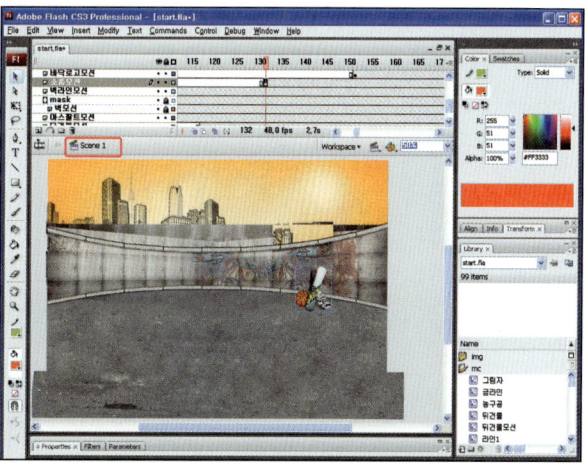

❷ [무비클립: 소품모션] 편집 창에서 모든 레이어의 7번, 12
번 프레임에 F6 을 눌러서 키프레임을 만들어 줍니다.

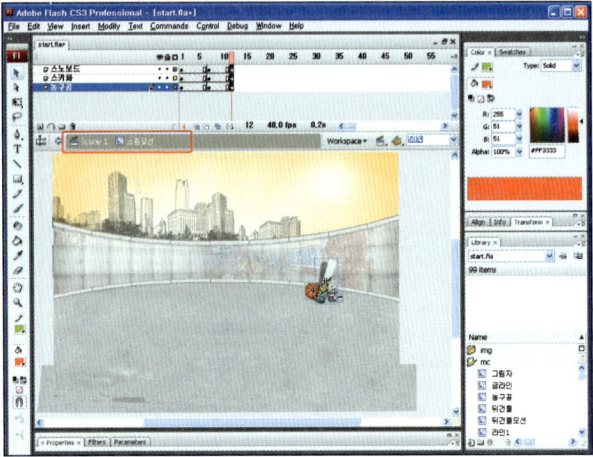

❸ 프레임을 드래그해서 선택하고 모션 트위닝을 적용합니다.

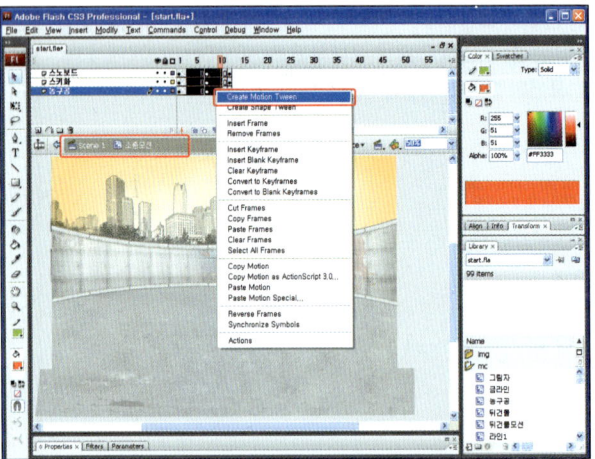

❹ 1번 프레임과 7번 프레임 중간을 선택하고 Ease 값을
100으로 설정합니다.

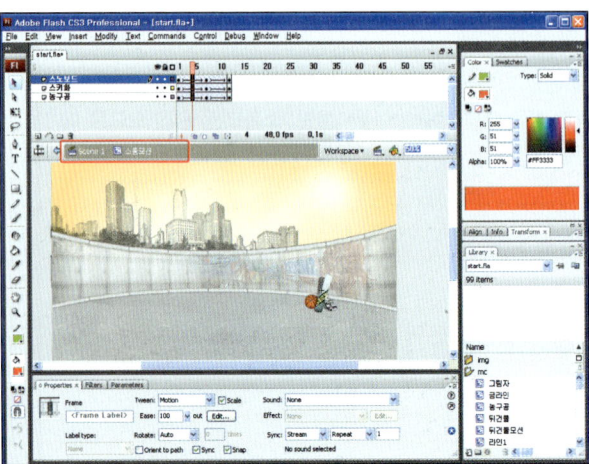

❺ 각각의 레이어 키프레임에 다음과 같이 Scale 값을 설정합니다.

	1번 키프레임	7번 키프레임	12번 키프레임
스노보드	X:1%, Y:1%	X:110%, Y:110%	X:100%, Y:100%
스키화	X:1%, Y:1%	X:110%, Y:110%	X:100%, Y:100%
농구공	X:1%, Y:1%	X:110%, Y:110%	X:100%, Y:100%

 잠깐 Scale 값은 Ctrl + Alt + S 로 조절 창을 열어 줍니다.

❻ [레이어: 스키화]의 모든 프레임을 선택하고 4프레임까지 키프레임을 이동합니다.

참고 키프레임의 프레임 이동은 실무 모션 가이드 실무 Tip 7번을 참고하세요.

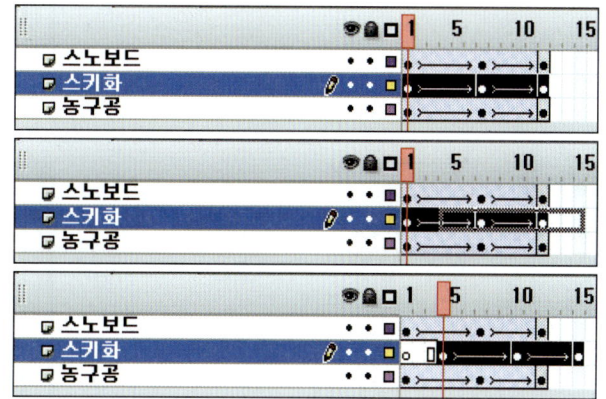

❼ [레이어: 스노보드]의 모든 프레임을 선택하고 8프레임까지 키프레임을 이동합니다.

참고 키프레임의 프레임 이동은 실무 모션 가이드 실무 Tip 7번을 참고하세요.

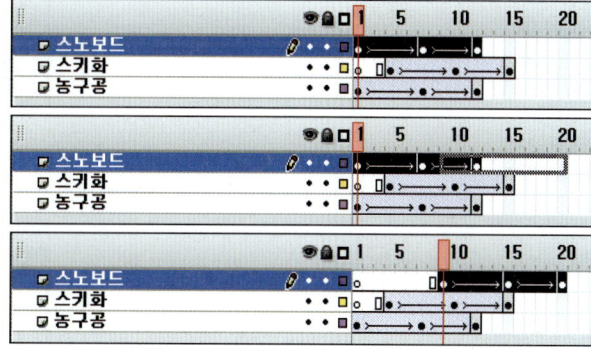

❽ 모든 레이어의 25번 프레임을 드래그로 선택한 후 F5 를 눌러서 프레임을 늘려 줍니다.

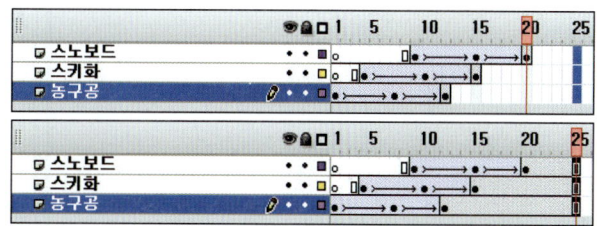

❾ 메인 타임라인으로 이동한 후 [레이어: 소품모션]에 있는
[무비클립: 소품모션]을 선택하고 Part01-Sec02-02에서 배운
모션의 그룹화 기법을 적용합니다.

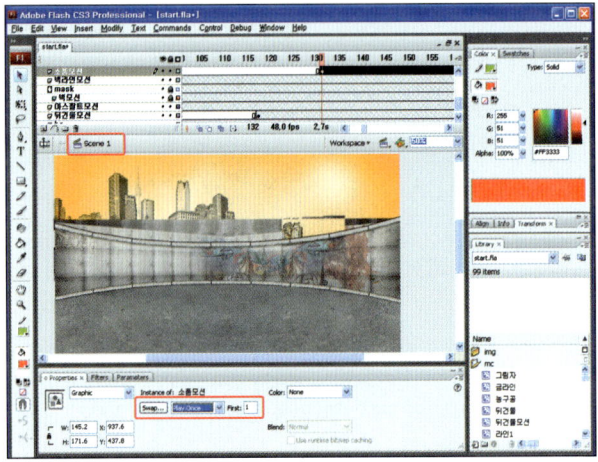

7 바닥 로고 모션

❶ 메인 타임라인의 [레이어: 바닥로고모션]에 있는 [무비클
립: 바닥로고모션]을 더블클릭하여 [무비클립: 바닥로고모션]
의 편집 모드로 이동합니다.

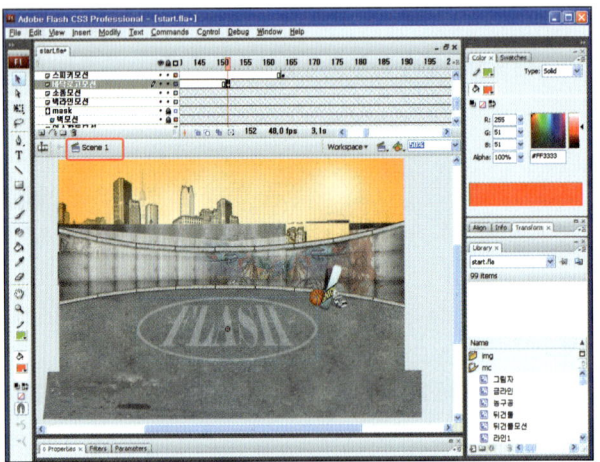

❷ [무비클립: 바닥로고모션] 편집 창에서 [레이어: 바닥로고]의
9번, 13번 프레임에 F6 을 눌러서 키프레임을 만들어 줍니다.

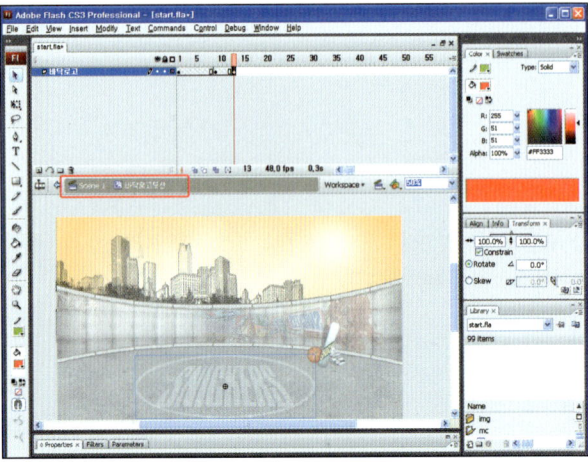

❸ 각각의 프레임 설정 값을 다음 표와 같이 만들어 줍니다.

	1번 키프레임	9번 키프레임	13번 키프레임
Y좌표	-840	8	0
Blur Y Filter	30	10	0

❹ 프레임을 드래그해서 선택을 하고 모션 트위닝을 적용합니다.

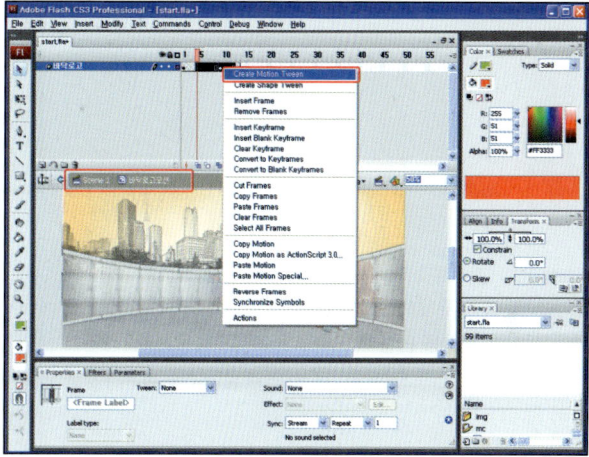

❺ 1번 프레임과 9번 프레임 중간을 선택하고 Ease 값을 100으로 설정합니다.

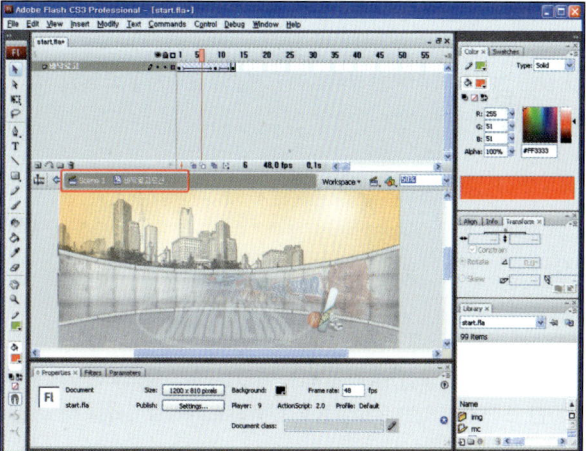

❻ 메인 타임라인으로 이동한 후 [레이어: 바닥로고모션]에 있는 [무비클립: 바닥로고모션]을 선택하고 Part01-Sec02-02에서 배운 **모션의 그룹화 기법**을 적용합니다.

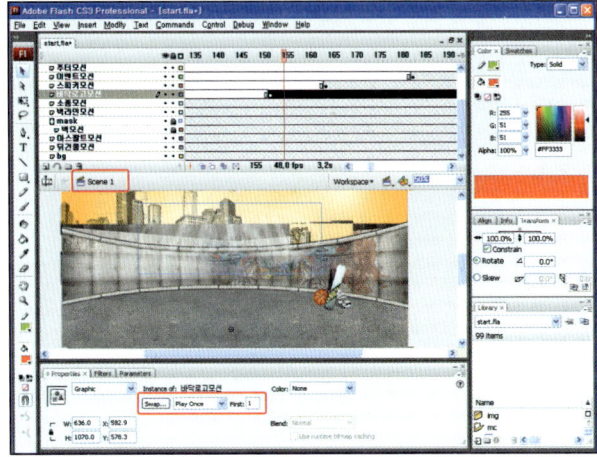

❼ 로고가 바닥에 떨어지는 순간 벽과 바닥, 벽 라인이 반동으로 움직이는 모션을 만들기 위해 [레이어: 소품모션, 벽라인모션, 벽모션, 아스팔트모션]의 160번 프레임을 선택하고 F6 을 눌러 줍니다.

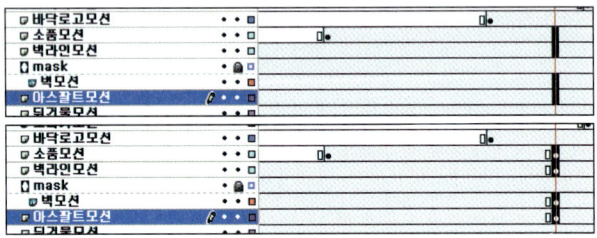

❽ 같은 방법으로 162번 프레임에도 F6 을 눌러서 키프레임을 만들어 줍니다.

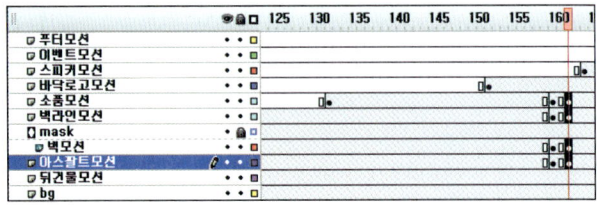

❾ [레이어: 소품모션, 벽라인모션, 벽모션, 아스팔트모션]의 160번 프레임에 있는 무비클립을 선택하고 아래로 5픽셀 이동합니다.

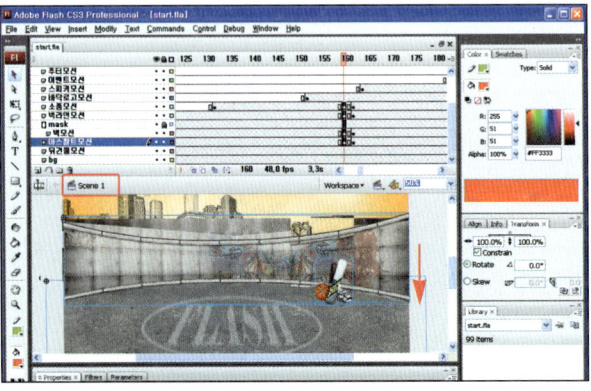

8 스피커 모션

❶ 메인 타임라인의 [레이어: 스피커모션]에 있는 [무비클립: 스피커모션]을 더블클릭하여 [무비클립: 스피커모션]의 편집 모드로 이동합니다.

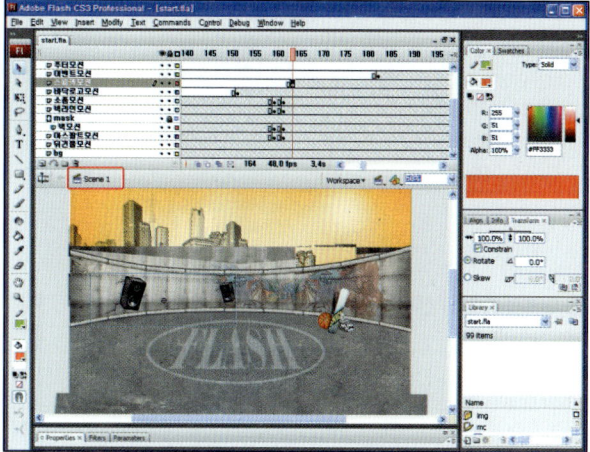

❷ [레이어: 스피커1]의 15번, 20번 프레임에 F6 을 눌러서 키프레임을 만들어 주고, 가이드는 20번 프레임에 F5 를 눌러서 프레임 길이를 맞춰 줍니다.

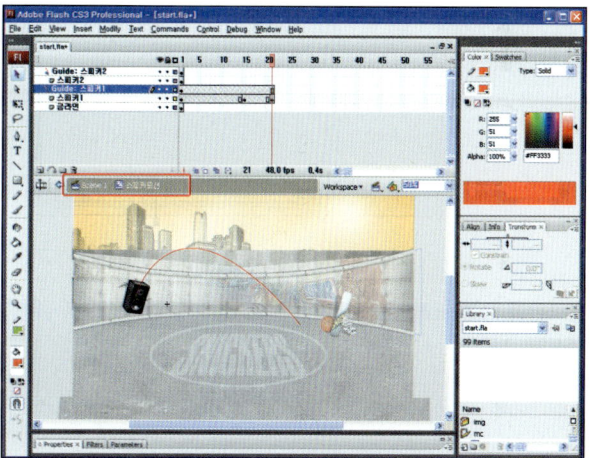

❸ [레이어: 스피커1]의 1번 프레임에 있는 무비클립의 위치를 가이드의 앞쪽으로 이동시킵니다.

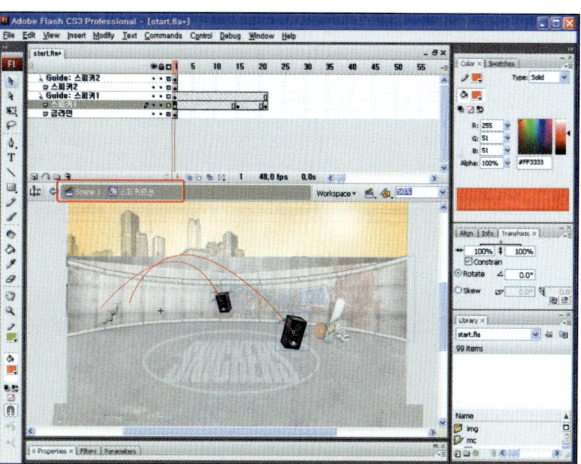

❹ 각각 키프레임의 설정 값을 다음과 같이 만들어 줍니다.

	1번 키프레임	15번 키프레임	20번 키프레임
Tnit	RGB: 255,255,255	none	none
Scale	X,Y: 300%	X,Y: 95%	X,Y: 100%
Blur	X: 30	X: 0	X: 0

❺ 프레임 중간을 선택하고 모션 트위닝을 적용합니다.

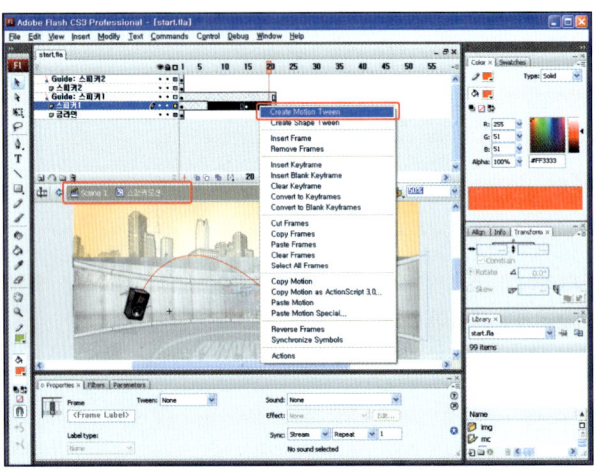

❻ 1번과 15번 프레임 중간을 선택하고 Ease 값을 100으로 설정합니다.

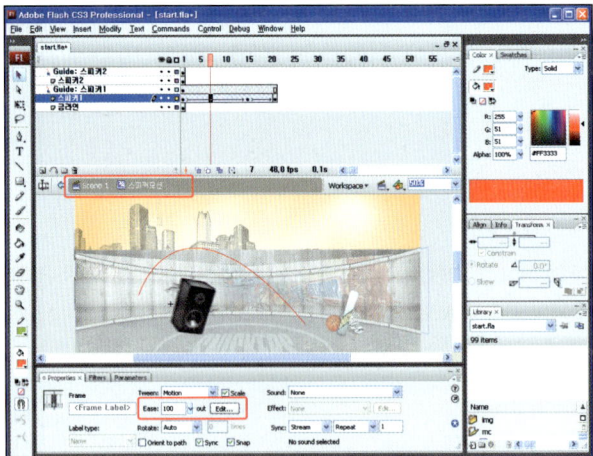

❼ [레이어: 스피커2]와 가이드를 10프레임으로 이동합니다.

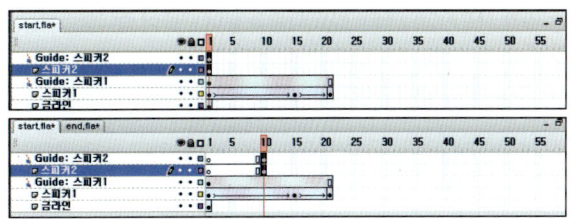

❽ [레이어: 스피커1]의 25번, 30번 프레임에 F6 을 눌러서 키프레임을 만들어 주고, 가이드는 30번 프레임에 F5 를 눌러서 프레임 길이를 맞춰 줍니다.

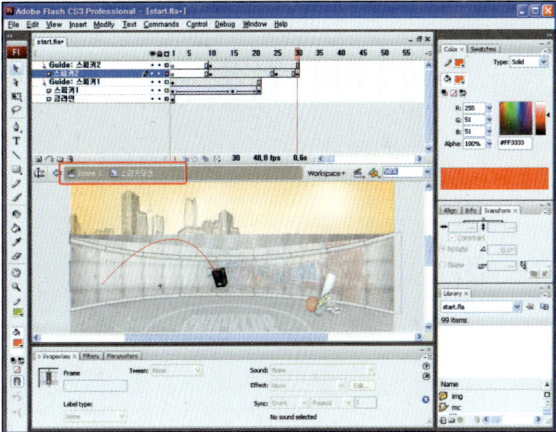

❾ [레이어: 스피커1]의 10번 프레임에 있는 무비클립의 위치를 가이드 라인 끝과 일치시킵니다.

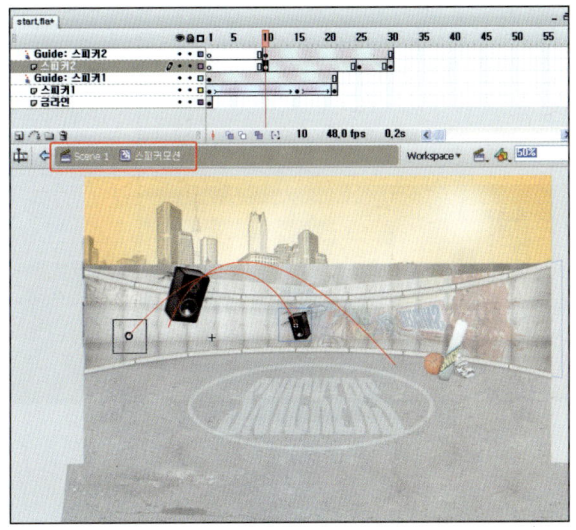
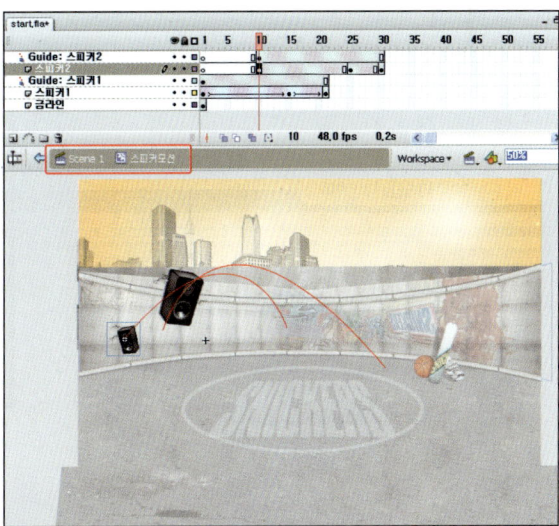

⑩ 각각 키프레임의 설정 값을 다음과 같이 만들어 줍니다.

	10번 키프레임	25번 키프레임	30번 키프레임
Tnit	RGB: 255,255,255	none	none
Scale	X,Y: 450%	X,Y: 95%	X,Y: 100%
Blur	X: 30	X: 0	X: 0

⑪ 프레임 중간을 선택하고 모션 트위닝을 적용합니다.

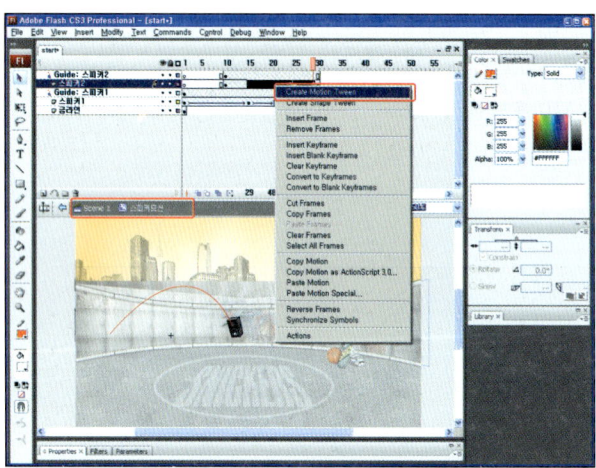

⑫ 10번과 25번 프레임 중간을 선택하고 Ease 값을 100으로 설정합니다.

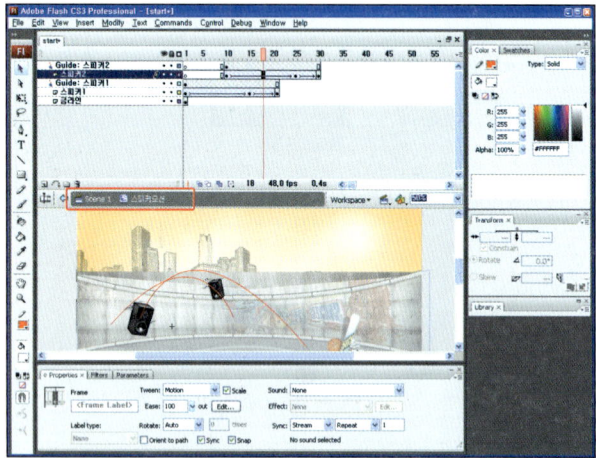

⑬ [레이어: 금라인]의 무비클립 위치를 15프레임으로 이동합니다.

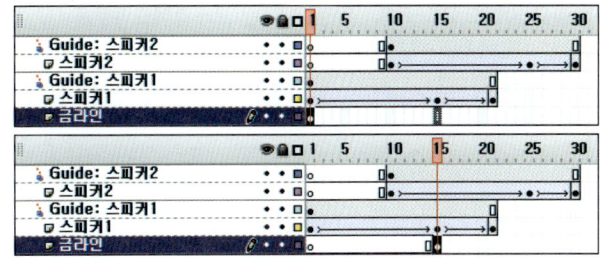

⑭ 모든 레이어의 48번 프레임을 드래그로 선택한 후 F5 를 눌러서 키프레임을 일치시킵니다.

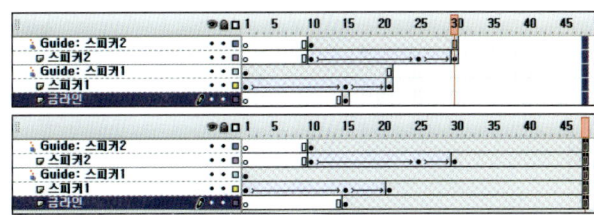

⑮ 메인 타임라인으로 이동한 후 [레이어: 스피커모션]에 있는 [무비클립: 스피커모션]을 선택하고 Part01-Sec02-02에서 배운 모션의 그룹화 기법을 적용합니다.

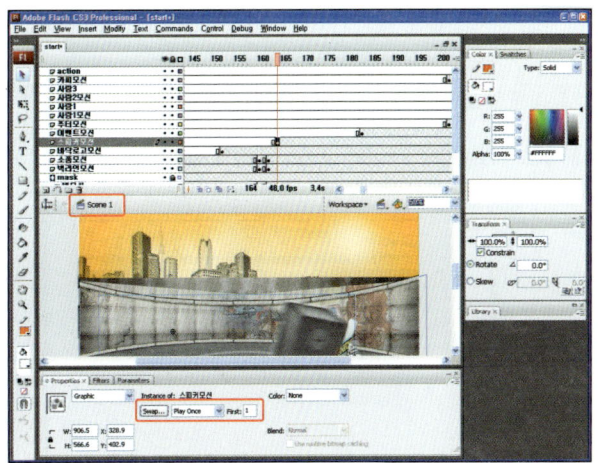

⑯ 스피커가 벽에 부딪치는 순간 벽과 바닥, 벽 라인이 반동으로 움직이는 모션을 만들기 위해 [레이어: 벽라인모션, 벽모션]의 178번 프레임을 선택하고 F6 을 눌러 줍니다.

⑰ 같은 방법으로 180번, 186번, 187번 프레임에도 F6 을 눌러서 키프레임을 만들어 줍니다.

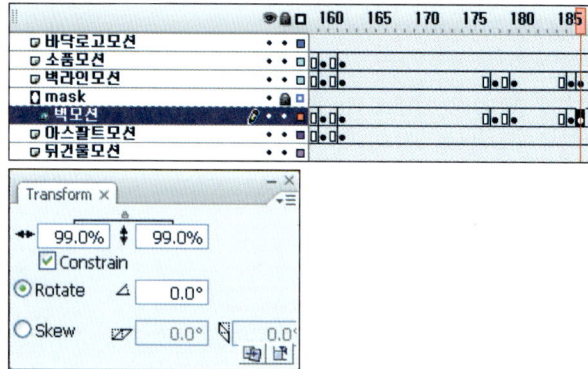

⑱ 반동 느낌을 내기 위해 [레이어: 벽라인모션, 벽모션]의 각각 178번 프레임, 186번 프레임의 무비클립의 Scale 값을 99%로 줄여 줍니다.

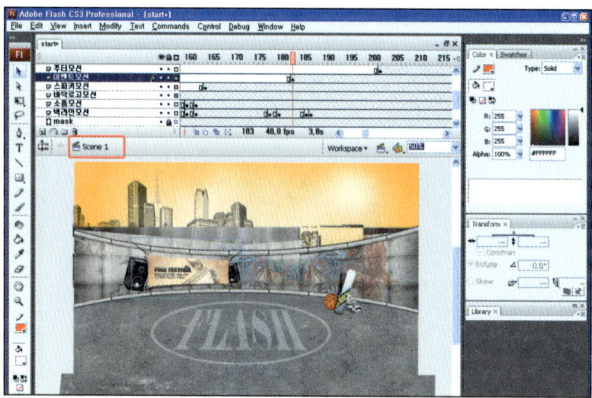

9 이벤트 모션

❶ 메인 타임라인의 [레이어: 이벤트모션]에 있는 [무비클립: 이벤트모션]을 더블클릭하여 [무비클립: 이벤트모션] 편집 모드로 이동합니다.

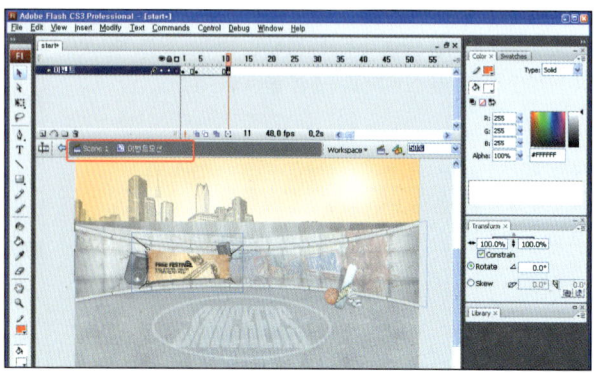

❷ [레이어: 이벤트]의 4번, 10번 프레임에 F6 을 눌러서 키프레임을 생성해 줍니다.

❸ 각각 키프레임의 속성 값을 다음과 같이 설정해 줍니다.

	1번 키프레임	4번 키프레임	10번 키프레임
Alpha	0%	100	100
Scale	10%, 10%	105%, 105%	100%, 100%

 잠깐

Ctrl + T 를 누르면 Transform 패널이 나타납니다.

❹ 프레임 중간을 선택하고 모션 트위닝을 적용합니다.

❺ 메인 타임라인으로 이동한 후 [레이어: 스피커모션]에 있는 [무비클립: 스피커모션]을 선택하고 Part01-Sec02-02에서 배운 **모션의 그룹화 기법**을 적용합니다.

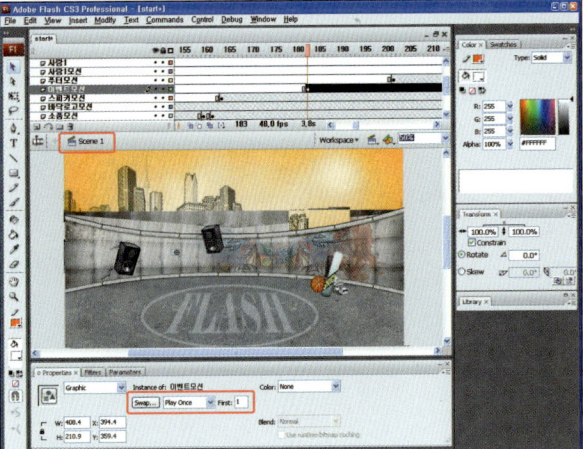

10 푸터 모션

❶ 메인 타임라인의 [레이어: 푸터모션]에 있는 [무비클립: 푸터모션]을 더블클릭하여 [무비클립: 푸터모션]의 편집 모드로 이동합니다.

❷ [레이어: 푸터]의 21번 프레임에 F6 을 눌러서 키프레임을 만들어 줍니다.

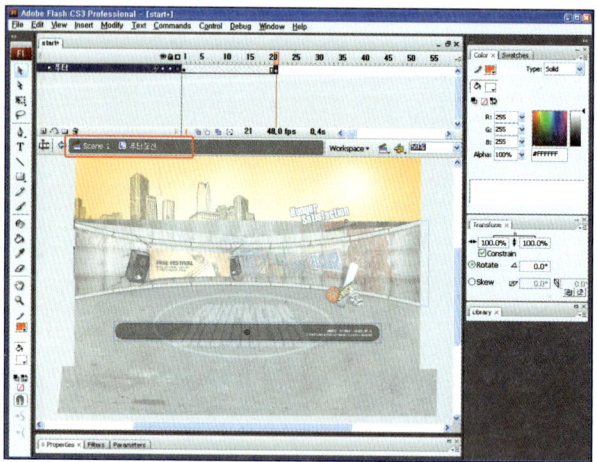

❸ 1번 키프레임에 있는 무비클립의 속성을 다음과 같이 설정해 줍니다.

	1번 키프레임
Alpha	0%
Y 값	60

❹ 프레임 중간을 선택하고 모션 트위닝을 적용합니다.

❺ 메인 타임라인으로 이동한 후 [레이어: 푸터모션]에 있는 [무비클립: 푸터모션]을 선택하고 Part01-Sec02-02에서 배운 **모션의 그룹화 기법**을 적용합니다.

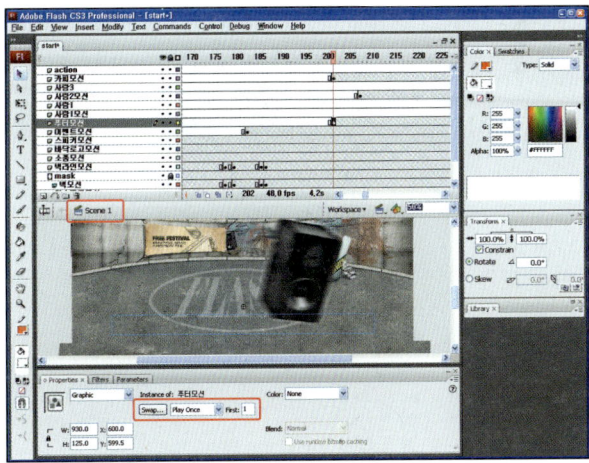

11 카피 모션

❶ 메인 타임라인의 [레이어: 카피모션]에 있는 [무비클립: 카피모션]을 더블클릭하여 [무비클립: 카피모션]의 편집 모드로 이동합니다.

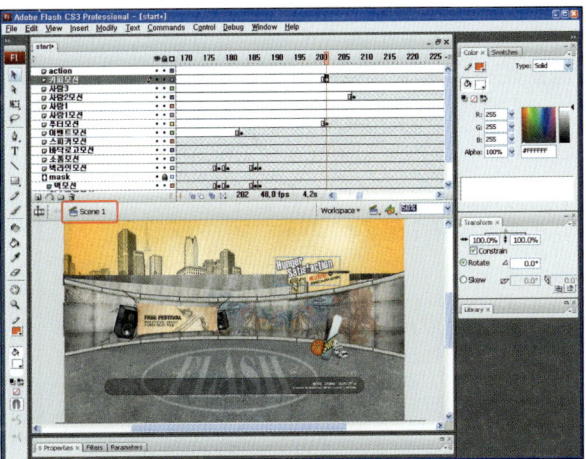

❷ [레이어: 카피2, 카피1]의 10번, 15번 프레임을 한꺼번에
드래그로 선택한 후 F6을 눌러서 키프레임을 생성합니다.

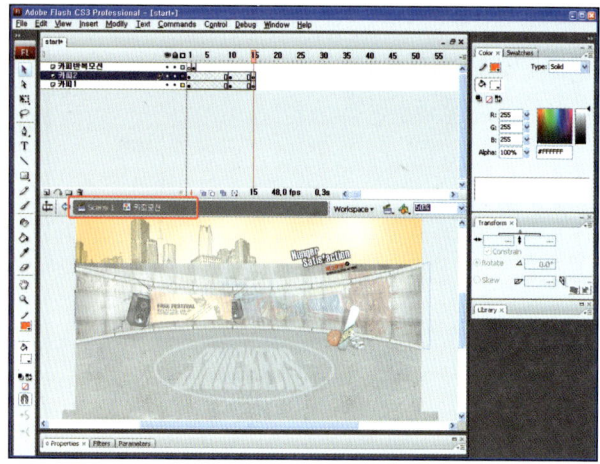

❸ [레이어: 카피2, 카피1]의 각각의 키프레임 속성을 다음과 같이 설정합니다.

[레이어: 카피2]

	1번 키프레임	10번 키프레임	15번 키프레임
Tint	255, 255, 255	none	none
Scale	300%, 300%	90%, 90%	100%, 100%

[레이어: 카피1]

	1번 키프레임	10번 키프레임	15번 키프레임
Tint	255, 255, 255	none	none
Scale	300%, 300%	90%, 90%	100%, 100%

 잠깐
Ctrl + T 를 누르면 Transform 패널이 나타납니다.

❹ [레이어: 카피2, 카피1]의 프레임 중간을 선택하고 모션 트
위닝을 적용합니다.

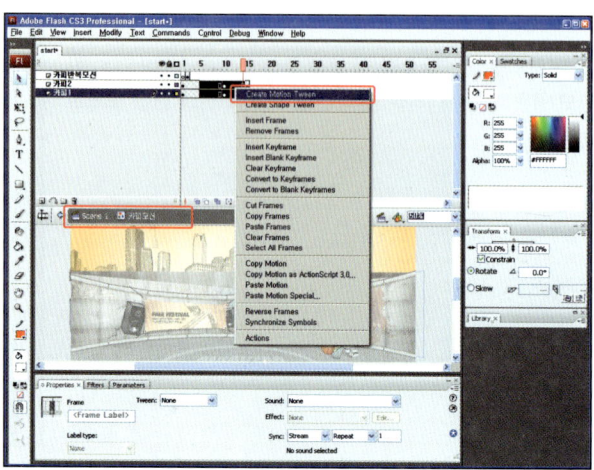

❺ [레이어: 카피1]의 프레임 시작을 5프레임으로 이동합니다.

참고 키프레임의 프레임 이동은 실무 모션 가이드 실무 Tip 7번
을 참고하세요.

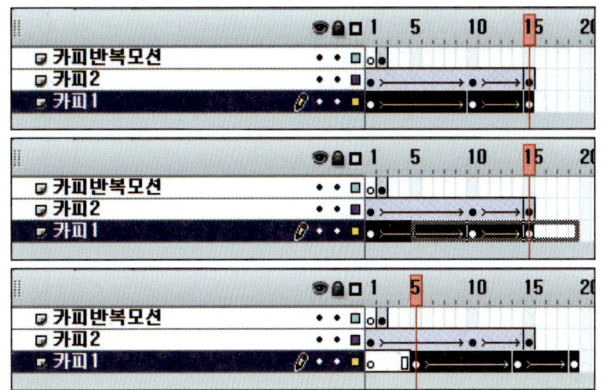

❻ [레이어: 카피2, 카피1]의 25번 프레임을 드래그로 선택하
고 F5 를 눌러서 프레임을 일치시킵니다.

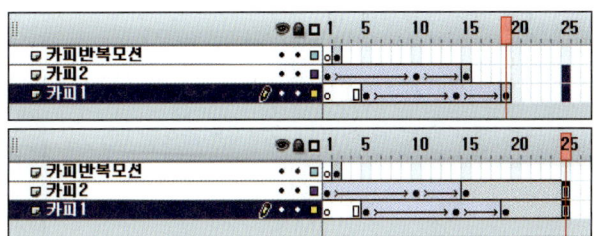

❼ [레이어: 카피반복모션]의 시작 키프레임을 26프레임으로
이동합니다.

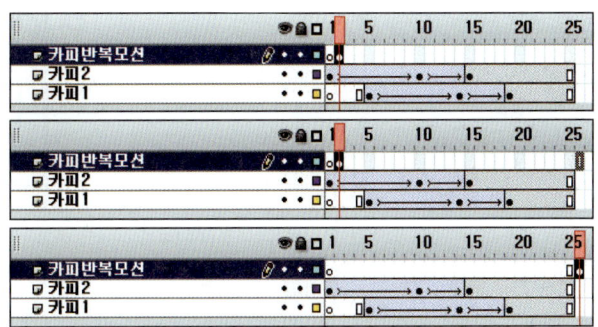

❽ [레이어: 카피반복모션]에 있는 [무비클립: 카피반복모션]을 더블클릭하여 [무비클립: 카피반복모션] 편집 모드로 이동합니다.

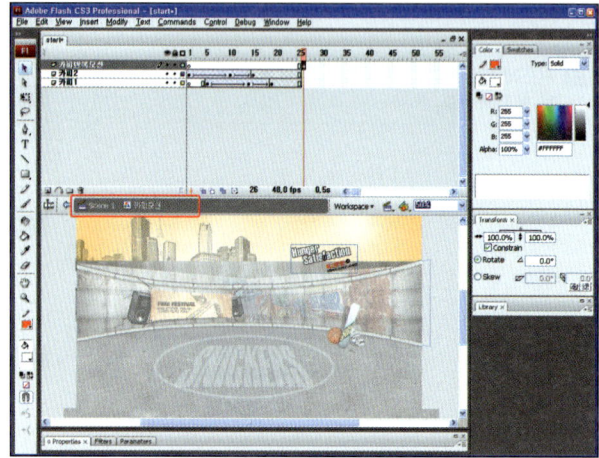

❾ [레이어: 카피2, 카피1]의 15번, 19번 프레임을 한꺼번에 드래그로 선택한 후 F6 을 눌러서 키프레임을 생성합니다.

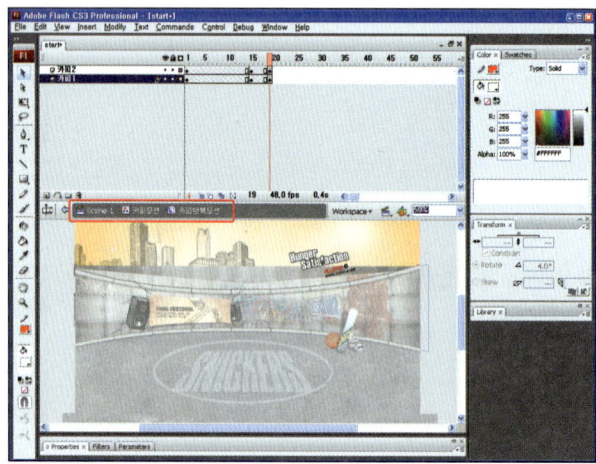

❿ [레이어: 카피2, 카피1]의 15번 키프레임에 있는 각각의 무비클립 Rotate 값을 4도로 설정합니다.

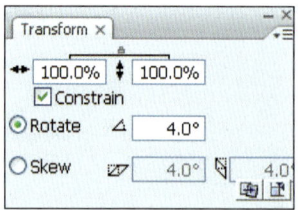

잠깐
Ctrl + T 를 누르면 Transform 패널이 나타납니다.

⑪ [레이어: 카피2, 카피1]의 프레임 중간을 모두 선택하고 모션 트위닝을 적용합니다.

⑫ [레이어: 카피2, 카피1]의 1번과 15번 프레임 중간을 선택하고 Ease 값 100과 Rotate를 CW 타입으로 1바퀴 설정합니다.

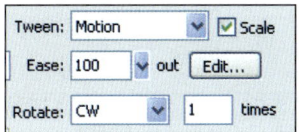

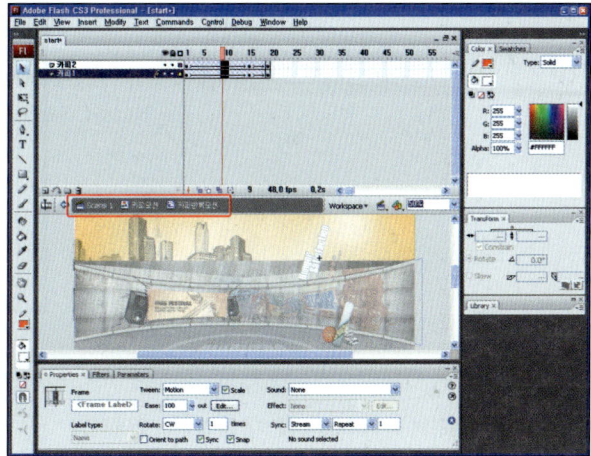

⑬ [레이어: 카피2]의 시작 프레임을 10프레임으로 이동합니다.

참고 키프레임의 프레임 이동은 실무 모션 가이드 실무 Tip 7번을 참고하세요.

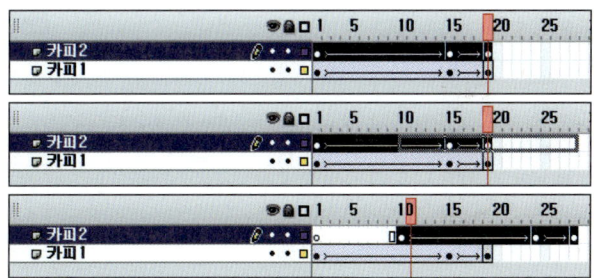

⓮ [레이어: 카피2, 카피1]의 143번 프레임을 한꺼번에 드래 그하여 선택한 후 F5를 눌러서 프레임 길이를 늘려 줍니다.

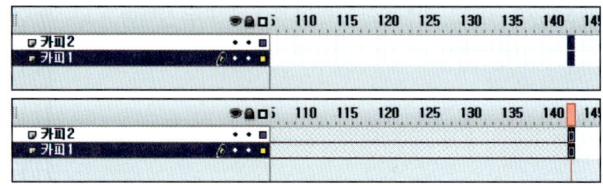

⓯ 메인 타임라인으로 이동합니다.

12 사람2 모션

❶ 메인 타임라인의 [레이어: 사람2모션]에 있는 [무비클립: 사람2모션]을 더블클릭하여 [무비클립: 사람2모션] 편집 모드로 이동합니다.

❷ [레이어: 사람2]의 37번 프레임에 F6을 눌러서 키프레임을 생성합니다.

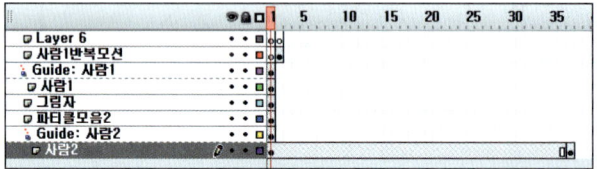

❸ [레이어: Giide: 사람2]의 57번 프레임에 F5를 눌러 프레임을 늘려 줍니다.

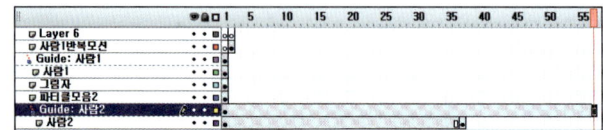

❹ [레이어: 사람2]의 1번 프레임과 37번 프레임에 있는 무비클립의 속성을 다음 표와 같이 설정합니다.

[1번 키프레임]   [37번 키프레임]

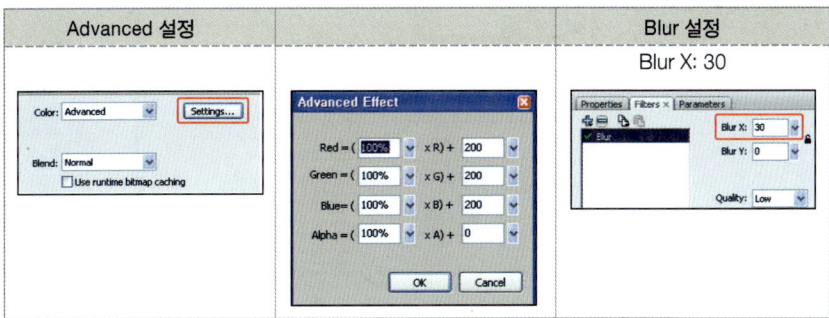

❺ [레이어: 사람2]의 37번 프레임에 있는 무비클립의 위치를
가이드 라인 끝부분에 일치시킵니다.

❻ 프레임 중간을 선택하고 모션 트위닝을 적용합니다.

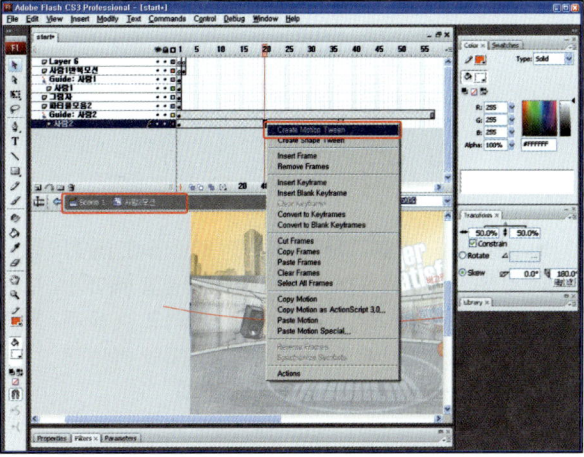

❼ 1번과 37번 프레임 중간을 선택하고 Ease 값을 100으로 설정합니다.

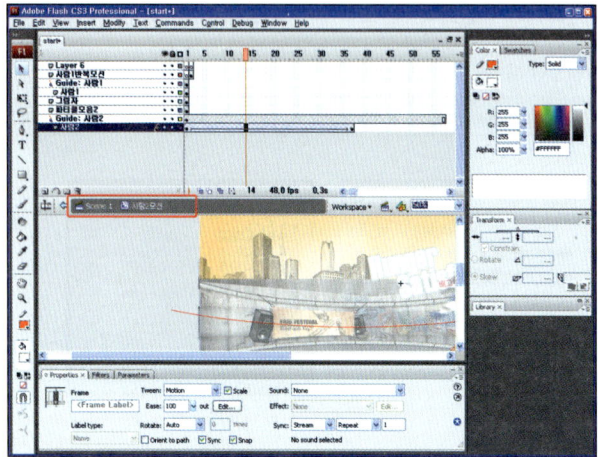

❽ [레이어: 파티클모음2, 그림자, 사람1, Guide: 사람1]의 시작 키프레임을 57프레임으로 이동합니다.

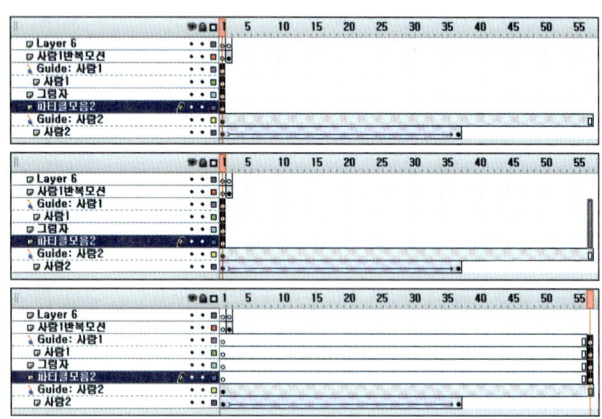

❾ [레이어: 사람1, 그림자, 파티클모음2]의 83번 프레임을 한꺼번에 선택하고 F6 을 주어서 키프레임을 만들고 [레이어: 사람1, 그림자]의 89번 프레임을 한꺼번에 선택하고 F6 을 주어서 키프레임을 생성한 후 [레이어: 파티클모음2]의 89번 프레임에 F5 를 눌러 프레임 길이는 맞추어 줍니다.

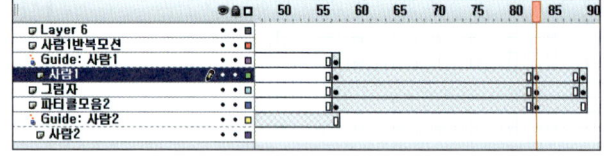

❿ [레이어: Guide: 사람1]의 89번 프레임에 F5 를 눌러 프레임을 늘려 줍니다.

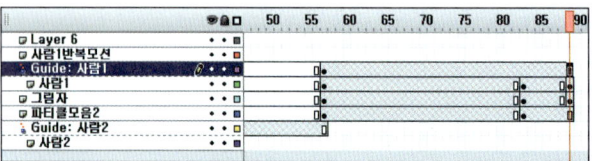

❶ [레이어: 사람1] 키프레임의 Blur 값을 다음과 같이 설정합니다.

	57번 키프레임	83번 키프레임	89번 키프레임
Blur X	30	20	0

❷ [레이어: 사람1]의 57번 키프레임에 있는 무비클립의 위치를 가이드와 일치시킵니다.

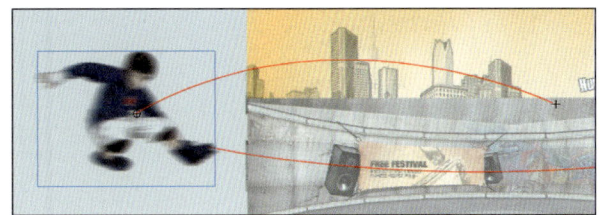

❸ [레이어 : 그림자, 파티클모음2]의 57번 키프레임에 있는 무비클립의 X좌표를 [레이어: 사람1]의 57번 키프레임에 있는 무비클립의 위치와 같은 X좌표로 이동합니다.

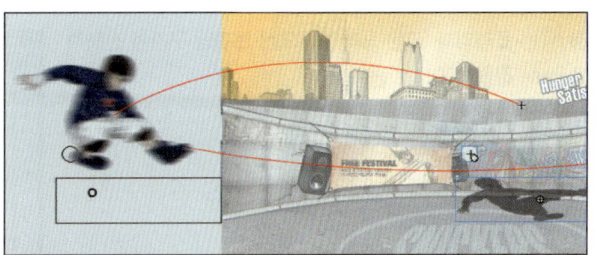

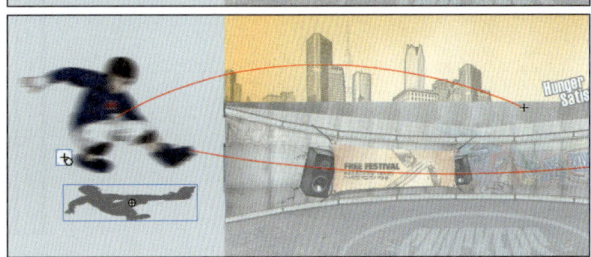

> **잠깐** 파티클을 만드는 모션은 이미 이 책 Part02/Sec02/08에서 다루었습니다. 이번 예제에서는 파티클 제작법은 따로 다루지 않도록 하겠습니다. 파티클의 제작법이 궁금하신 분은 Part02/Sec02/08을 다시 한 번 확인해 보세요.

❹ [레이어: 사람1, 그림자, 파티클모음2] 3개 레이어의 57번과 87번 프레임 중간을 드래그하여 선택하고 모션 트위닝을 적용합니다.

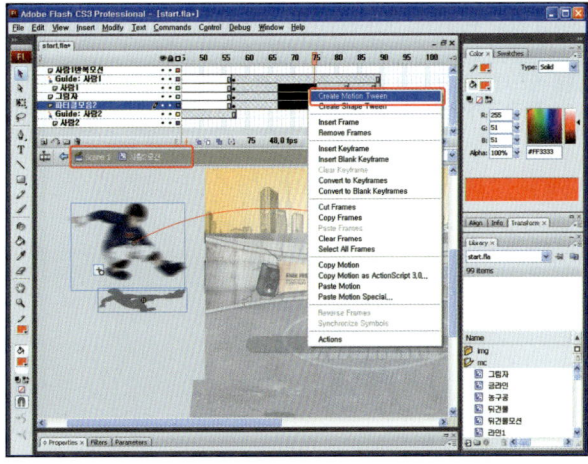

⑮ [레이어: 사람1, 그림재 2개 레이어의 83번과 89번 프레임 중간을 선택하고 모션 트위닝을 적용합니다.

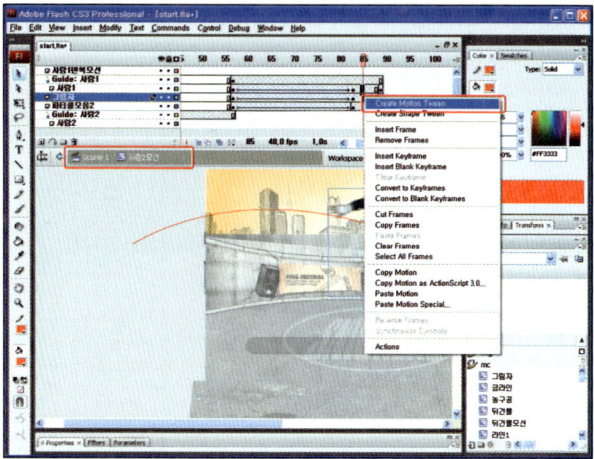

⑯ 57번 프레임과 83번 프레임의 모션 트위닝 구간을 선택하고 Ease 값을 100으로 줍니다.

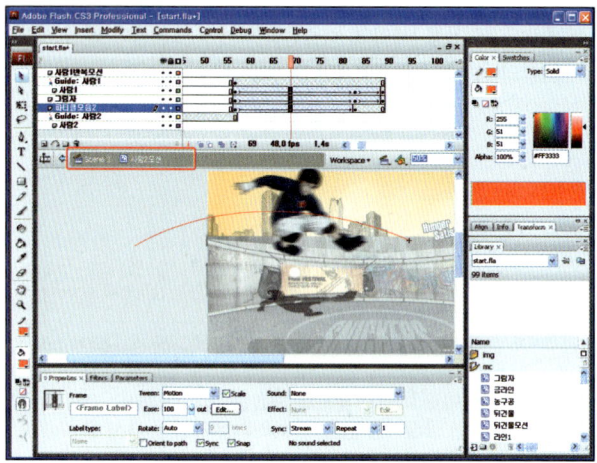

⑰ [레이어: 사람1반복모션]의 2프레임에 있는 무비클립을 선택하고 시작 프레임을 90프레임으로 이동합니다.

참고 키프레임의 프레임 이동은 실무 모션 가이드 실무 Tip 7번을 참고하세요.

⑱ 메인 타임라인으로 이동한 후 [레이어: 사람2모션]에 있는 [무비클립: 사람2모션]을 선택하고 Part01-Sec02-02에서 배운 **모션의 그룹화 기법**을 적용합니다.

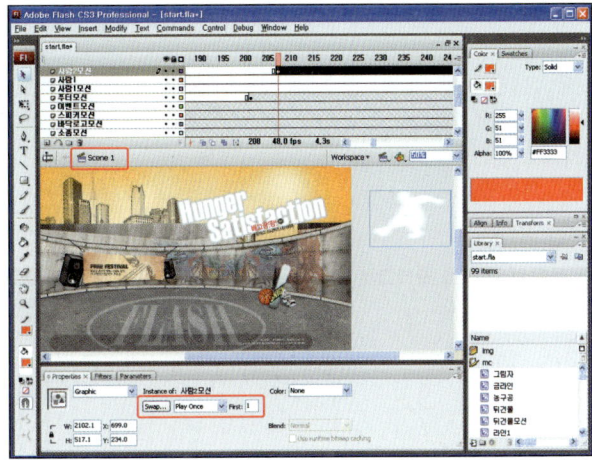

13 사람3

❶ 메인 타임라인의 [레이어: 사람3]에 있는 [무비클립: 사람3]을 더블클릭하여 [무비클립: 사람3]의 편집 모드로 이동합니다.

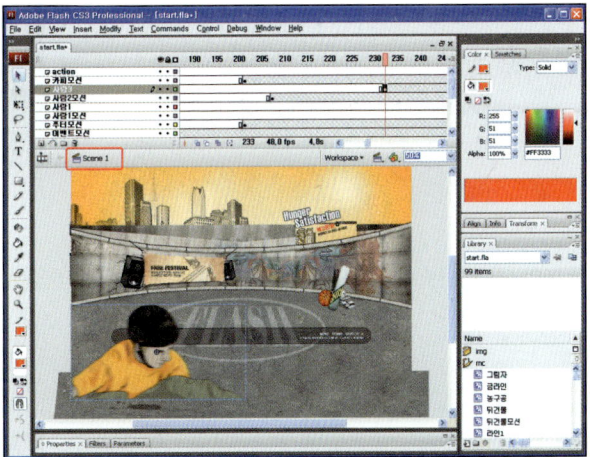

❷ [레이어: 사람3]의 14번과 21번 프레임에 F6 을 눌러서 키프레임을 생성합니다.

❸ 각각의 키프레임 속성 값을 다음과 같이 설정합니다.

	1번 키프레임	14번 키프레임	20번 키프레임
Blur X	30	20	0
X 값	-640	6	

❹ 프레임 중간을 드래그로 선택하고 모션 트위닝을 적용합니다.

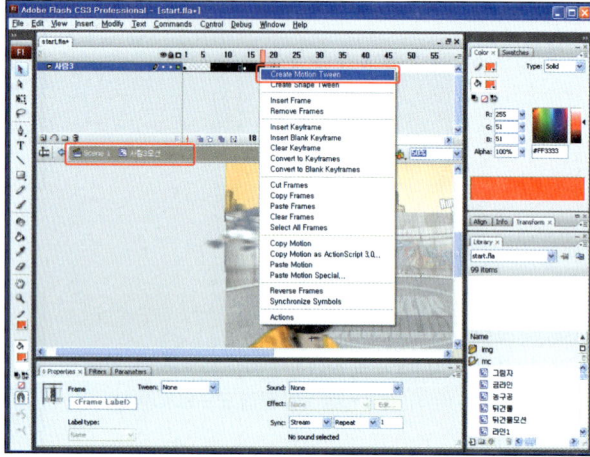

❺ 메인 타임라인으로 이동한 후 [레이어: 사람3]에 있는 [무비클립: 사람3]을 선택하고 Part01-Sec02-02에서 배운 **모션의 그룹화 기법**을 적용합니다.

14 사람1 모션

❶ 메인 타임라인의 [레이어: 사람1모션]에 있는 [무비클립: 사람1모션]을 더블클릭하여 [무비클립: 사람1모션]의 편집 모드로 이동합니다.

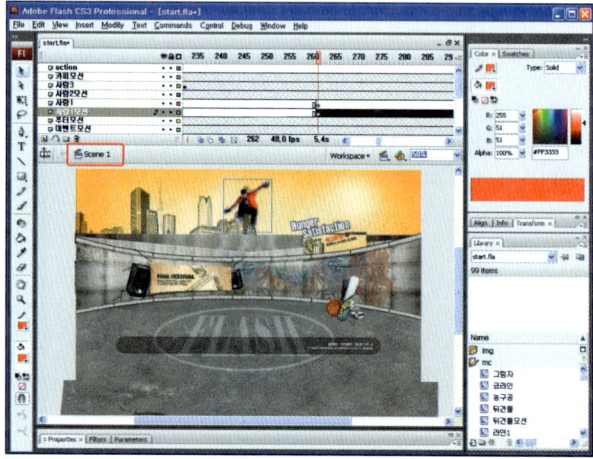

❷ [레이어: 사람1]의 10번, 15번 프레임에서 F6 을 눌러서 키 프레임을 만들어 주고 다음과 같이 속성 값을 만들어 줍니다.

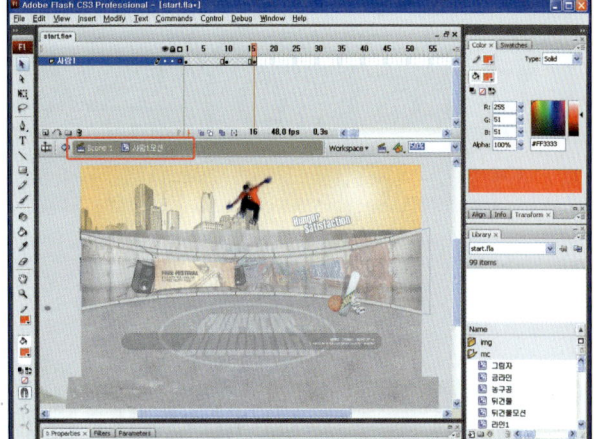

	1	10	16
Y좌표	92	6	0
Alpha	0%	100%	100%

❸ 프레임 중간을 선택하고 모션 트위닝을 적용합니다.

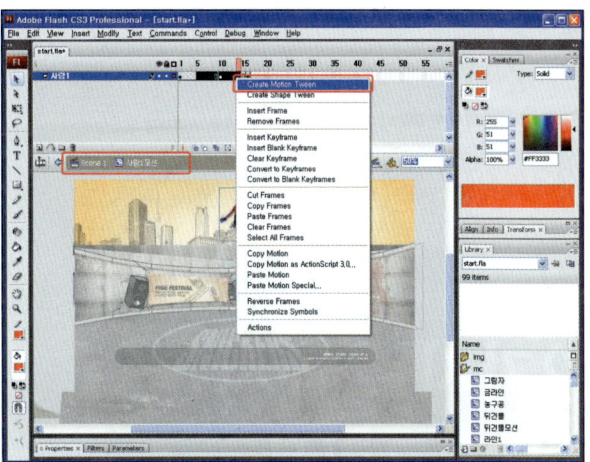

❹ 메인 타임라인으로 이동한 후 [레이어: 사람1모션]에 있는 [무비클립: 사람1모션]을 선택하고 Part01-Sec02-02에서 배운 **모션의 그룹화 기법**을 적용합니다.

 잠깐

Ctrl + Enter 를 눌러서 완성된 작업의 모션을 확인하고 어색한 부분을 수정해 보세요.

이번 단원을 마치며

타임라인에서 다른 모션에 반응하는 모션을 제작해 보았습니다. 또한 가이드를 이용한 기법으로 더 재미있는 효과가 되도록 만들어 봅시다. 특히 Blur 필터 값을 적용하면 좀더 박진감 넘치는 움직임을 만들 수 있습니다.

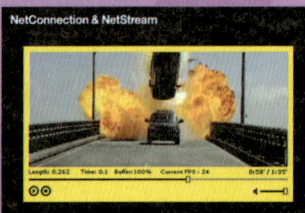
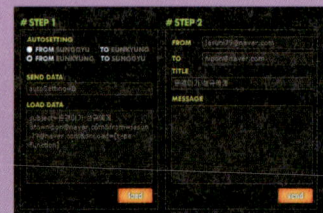
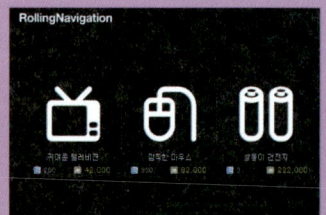